【世纪人生系列丛书】

仁者寿

文化名人的艺术人生

上海市文史研究馆 编　沈祖炜 主编

［上册］

中西書局

《仁者寿：文化名人的艺术人生》

编辑委员会成员

沈祖炜　沈飞德　游　伟
解白桦　陆　斌　秦明章
赵家翔　张建华　张　鑫

主　　编　沈祖炜
副 主 编　沈飞德
执行副主编　张　鑫
执行编辑　章　洁

编辑

张　鑫　秦明章　章　洁
杨之立　朱　力　曹新芳

特约编审　姚以恩
装帧设计　王震坤

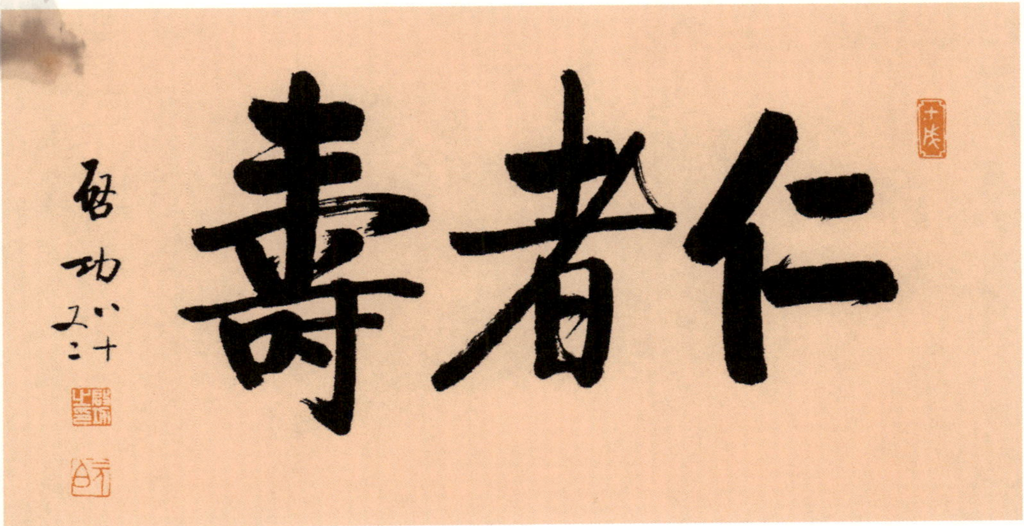

仁者寿　1994年作　46cm×69cm

启功（1912—2005）曾任中央文史研究馆馆长、中国书法家协会主席

[序]

追求真善美

近代以来，上海城市的开放性特点，尤其是中外文化的交汇、传统与现代的碰撞，为艺术家的创作和各种艺术流派的形成提供了重要的外部环境。各地艺术人才纷至沓来，在上海这个艺术大舞台施展才华，追求各自的艺术人生，使上海成为人文荟萃的中国艺术中心之一。

一些成就卓著的艺术家乃是上海之魂、国家之宝。上海市文史研究馆自1953年成立以来，先后汇聚了大批艺术精英，体现了党和政府对老年知识分子的关怀，也体现出文史馆荣誉性和统战性的特点。为了将馆员中众多艺术家的事迹记载下来，展示馆员的艺术风采，用以教育大众，启迪后人，文史馆组织编写了这部《仁者寿：文化名人的艺术人生》。

艺术家是民族文化的传播者，正是他们在艺术传承和创新上所做出的杰出贡献，才使中国艺术在世人面前展现出迷人的魅力。这是中国国家软实力的体现，也是中华民族复兴的力量源泉。

很多馆员艺术家，人生经历复杂，他们是跨越了不同时期的历史参与者和见证者。有的馆员所走过的艺术道路坎坷曲折，他们的艺术人生风波跌宕。但是无论事业发展顺畅，还是身处逆境，他们都无怨无悔地与艺术结缘。有的馆员生活过得波澜不惊，他们心境恬淡，与世无争，可是对于艺术高峰的登攀，却从未有丝毫的懈怠。我们可以毫不夸张地说，很多馆员艺术家为艺术奉献了自己的一生。这不能不令人由衷地钦佩！

无论是哪一种门类的艺术，诸如绘画、书法、诗词、音乐、戏剧、电影，都必然体现艺术的真谛，那就是追求真善美，给人以美的享受，陶冶民族的情操，并让生活更美好。真正的艺术家与平庸艺人的区别，除了技艺高低之分以外，恐怕更在于艺术境界的不同。许多艺术家讲究以自己的艺术作品来体现道德情操、精神风貌，他们从艺，是为了追求高尚的人生境界。他们对于自己的艺术工作精益求精，一丝不苟，唯一的心愿就是登上艺术的高峰。所谓“草木一秋，人生一世”，人类常常拷问自己，生命应该留下点什么？那么真正的艺术家都知道，“雁过留声，豹死留皮”，艺术家留给后人的应该是“香草和玫瑰”，是不褪色的精神财富。

我景仰艺术家们的艺术成就。我觉得他们不仅怀抱崇高的理念，而且常常为之付出艰辛的努力。他们长期秉持甘于寂寞、淡泊名利的信念，又保持咬定青山不放松的坚毅韧劲。认真做事，清白做人，不甘平庸，追求卓越，几乎是他们的共同特点。

艺术贵在创新。但是，要创新须有扎实的基础。而这个基础，必来自艺术传承。许多艺术家都乐于讲师承关系，讲流派渊源，盖因师承关系和流派渊源都是形成艺术规范的要义之所在。艺术应当遵循的规范，也是来自师承前辈和承继传统。艺术家都很赞同“推陈出新”的口号，也很认同“百花齐放”的政策，因为这个口号和这一政策符合艺术发展的规律。只有在各自传承的基础上，不同艺术流派和艺术门类之间互相竞争，互相学习，互相渗透，才能出现艺术的创新。一些不讲艺术规范、没有艺术传承的时髦之作，也许可以取悦部分受众于一时，但是对于这样的作品，钟情于中华优秀文化的艺术家则是不屑一顾的。

艺术创新需要从生活中汲取养料，因为艺术不是简单地记录自然之美和人性之美，而是通过艺术的创作，使客观世界得到升华，使瞬息即逝的客体在艺术作品中得以永存。所以艺术家乐于深入生活，观察社会，体察自然。艺术还讲究“韵味”，我以为，此种“韵味”更多来自艺术家自身的理念和文化涵养。我们常说，从事艺术工作是要有天赋的，指的正是艺术家的悟性与禀赋。有了艺术的悟性与禀赋，艺术作品才会散发出使人回味无穷的“韵味”。

现在呈现给读者的“世纪人生系列丛书”之二《仁者寿：文化名人的艺术人生》（上、下册），讲述了文史馆部分馆员艺术家的人生经历，我觉得可谓精彩纷呈，读来饶有兴味。这部介绍馆员中的艺术家群体的著作，一定会给读者诸多教益。我要对写入本书的各位馆员表示深深的敬意，同时也要感谢众位撰文者的辛勤工作。

谨此为序。

沈祖炜

2015年春

（作者为上海市文史研究馆原馆长）

目录

精益求精　追求卓越

推陈出新
继往开来

宽着期限，紧着课程。

——沈尹默

沈尹默：腕力遒时字始工

沈培方

沈尹默（1883—1971），现代杰出书法家、书法理论家，著名诗人、学者。历任北京大学教授、北平大学校长、河北省教育厅厅长等职。解放后任中央文史研究馆副馆长、全国政协委员、上海中国书法篆刻研究会主任委员。1953年任上海市文史研究馆馆务委员。

沈尹默是一位跨世纪的重要历史人物。他一生经历清末、民国、新中国，曾两度留学日本，不仅亲历了这段历史中的重大政治、历史事件，担任过重要职务，并且与这一历史时代的著名政治人物及文史界的众多名流有着广泛而深厚的交谊。他将近一个世纪波澜壮阔的生平事迹，讲述着丰富多彩的人生故事，而几乎伴随他一生的书法艺术，更是铸就了他辉煌灿烂的艺术人生。他是20世纪杰出的书法家、书法理论家和教育家，是书法自学成才的典范。

初学的迷途

沈尹默的祖父沈际清（1807—1873），号拣泉，为前清解元，是潘世恩、何凌汉（何绍基父）的门生，曾在京做官，后随左宗棠入陕，任定远厅（今陕西巴县）同知，遂移居陕西。其父沈祖颐（1854—1903），亦官定远，定居至殁。

1883年6月11日，沈尹默诞生于陕西省兴安府所属之汉阴厅（今属陕西省安康市汉阴县），原名君默。生长在世代书香的氛围中，沈尹默幼承庭训，稍长即在私塾读书，于古典诗词尤为用功，青年时代便有了扎实功底。沈尹默天生高度近视，但对书法兴趣浓厚。父亲忙于公务，无暇亲授，遂为其找来一位湖南宁乡的不第秀才吴老夫子教授书法。这位欧阳询的老同乡实在是不辨良莠，入手便让沈尹默临习清末黄自元临的欧阳询《九成宫醴泉铭》。黄自元的字是典型的馆阁体，面目妩媚可人，初学者极易迷恋上手。沈尹默年幼好学，因而“不辨美恶地依样画着葫芦”（据沈尹默《学书丛话·初学的回忆》，以下引文同）。就是这样一个无辜而随意的选择，使沈尹默在学书的起跑线上与传统正脉失之交臂。因天性使然，沈尹默喜爱流利秀美的书风，其行书则深受父执仇涞之的影响，误入歧途而迷恋不觉。

十五岁那年，父亲教沈尹默学邓石如的篆书，因“性情不和”，“没有能写成功”。同年，父亲嘱他写三十把带骨的扇面，又嘱他用鱼油纸（一种油性纸，透明而不渗化）在正教寺高壁上勾摹祖父所书的长篇古诗，颇不能从心所欲。这两件事使沈尹默深感不能悬腕作书之苦。

二十岁那年，沈尹默在西安遇到碑学名家蔡师愚，蔡师愚赠以包世臣《艺舟双楫》，并宣扬碑学。沈尹默“未以为然”，对包世臣的著作“也未好好学”。之后，又遇到了被于右任誉为“三百年来笔一支”的王世镗（1868—1933），深于碑学的王世镗以一本《爨龙颜碑》相赠，但两位书学前辈推崇碑学的热忱，没能改变沈尹默喜爱帖学的初衷，都“没能好好地去学”。

陈独秀的针砭

沈尹默二十一岁时，父亲病逝。遂变卖了祖屋，与母亲、祖母初移西安，归里吴兴，随后移家杭州。此时沈尹默的诗词创作已经取得了相当的成就，书法也开始小有名气。先后在杭州高等师范学校、杭州两级师范学校及杭州第一中学任教。这一时期，沈尹默结交了陈独秀、刘三（季平）、柳亚子、章士钊、马一浮、周树人、张宗祥、苏曼殊、陈叔通等名家，眼界大开，学问日进。

1907年，沈尹默二十五岁时，发生了一件改变沈尹默书法命运亦堪称近代书法史上佳话的事件。某日，快人快语的陈独秀来到沈尹默寓所，一进门便拉高嗓门对沈尹默说：“昨天在刘三家看到你写的诗，诗很好，字则其俗在骨。”这一振聋发聩且一针见血的批评，顿使既有些自我陶醉但却又迷惘多年的沈尹默极为震撼，并陷入了痛苦的反省之中。今天看来，陈独秀这句脱口而出的话语，既无恶意，或许也谈不上是深思熟虑的见解。但有一点似乎可以肯定，作为五四新文化运动的先驱和闯将的陈独秀，对沈尹默旗帜鲜明地表达了对日益衰靡的帖学书法的猛烈抨击和雄风犹在的碑学书法的坚决肯定。

一句针砭，惊醒了沈尹默，震撼了帖学书坛，而中国近现代帖学书法的振兴，却由此从沈尹默的努力探索开始发生转机，并使他最终成为帖学书法的旗帜。

他找出当年蔡师愚、王世镗相赠的碑学著述和碑版字帖，深刻反省到自己不能悬腕、运腕以至腕下无力的缺憾，决心从头做起。他认真研读了《艺舟双楫》的论书理论，从指实掌虚、掌竖腕平做起，每天取一刀尺八毛边纸，先用大羊毫笔蘸淡墨悬腕临写汉碑，一纸一字，待字干后再蘸浓墨，一纸四字，再干后，翻转纸来背临体悟，如此坚持了数年，手臂渐渐能抬了起来，手腕开始觉得有了力量。

五四时代的好友，摄于周作人苦雨斋。前排右起：钱玄同、徐耀辰、马裕藻、刘半农、沈士远；后排右起：苏民生、沈兼士、沈尹默、周作人。

沈尹默全家福。

沈尹默临《圣教序》。

师古不泥古，路漫漫其修远兮

1913年，三十一岁的沈尹默因友人——杭州工业学校校长许炳堃，北京大学代理校长何燏时、预科学长胡仁源的合力推荐，到北京大学国文系任教，寓居南小街什方院36号。教学之余，沈尹默几乎将所有的精力都用在了练字上。他继续并调整了从杭州带来的日课，加大训练的力度，到了卧薪尝胆的程度。他开始“一意写北碑，从《龙门二十品》入手，对《爨宝子碑》、《爨龙颜碑》(注：此两碑实为晋碑，但深具北碑意趣)、《郑文公碑》、《崔敬邕碑》，尤其是《张猛龙碑》，着意于横平竖直，遂取《大代华岳庙碑》，刻意临摹，每作一横，屏气为之，横成始感畅意呼吸……在此期间，除写信外，不常以行书应人

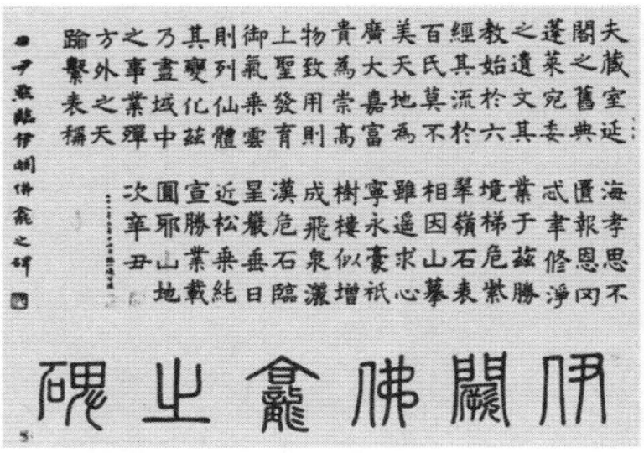

沈尹默临《伊阙佛龛碑》。

沈尹默夫妇共研书法。

请求，多半是写正书，这是为要彻底洗刷以前行书所沾染的俗气的缘故”。这段沈尹默的自述，仿佛使人想见包世臣、何绍基作书“万毫齐力”、“全身力到”、屏气运笔乃至大汗淋漓的情景，如此心力交瘁的发奋努力，经常使沈尹默的同事钱玄同等人为他的健康担忧。

从沈尹默的秉性和他最终形成的清圆秀润的书风来推测沈尹默此刻的心理，似可想象，终年面对的那些粗犷甚至有些面目狰狞的“穷乡儿女之碑”必定不是沈尹默内心真实所爱。他也不是不想像仇涞之那样流利地挥洒行书来放松一下绷紧的神经。然而既定的目标和清醒的理智，使他明白良药苦口利于病，他知道积习虽然难改，但唯有痛改前非才有成功的希望。

1916年，北魏《元显儁墓志》和《元彦墓志》出土，这两件墓志拓片的获得，给沈尹默带来了无法抑制的喜悦，他如获至宝，“暇即临习”。因为这两件北魏墓志的书风已开隋唐楷法之先声。沈尹默抓住机遇，潜心临摹，如饥似渴地从中汲取营养，希望自己的书法艺术的体魄更快地强壮起来。他继续增强临帖的力度，并且通过“背临”温故知新。他学以致用，尽量将临过的字运用到创作中得以巩固。从沈尹默1921年（时年三十八岁）的《蒋太夫人墓志》中，我们可以初见端倪。

1925年，故宫博物院成立，沈尹默得以经常观摩馆藏丰富的历代书法名迹，之后又购得了米芾的《草书七帖》，王羲之的《丧乱帖》、《孔侍中帖》，王献之的《中秋帖》（实为米芾临本），王珣的《伯远帖》等名迹照片，朝夕钻研、临摹，眼界顿开。他从这些魏晋唐宋名家清晰的墨迹里，逐渐悟得：“碑”和“帖”并非水火不容，关键是要能厘清笔法及其原理，探明原理，则书法传承的脉络便能了然于胸。

面对这些精美绝伦的古代名迹，沈尹默欣喜无比，如获至宝。他用这些年打下的碑学根基，尝试临摹，他尽量放慢书写速度，一笔一画着意把运笔的起承转合交代清楚。可喜的是，当他发现要做到“翰不虚动，下必有由”（孙过庭《书谱》）并非易事时，他理智地觉得还应该在楷书上继续狠下功夫。这一时期的他找到了被誉为“广大教化主”的褚遂良书法。有意思的是，后来陪伴他终老的夫人褚保权即是褚遂良的后代，正可谓是“天作之合”。褚遂良是初唐杰出的书法家、鉴定家，他的著名书迹《孟法师碑》、《伊阙佛龛碑》、《圣教序》，端庄秀丽而蕴藉古雅，有“美人婵娟，不胜罗绮”之美，因而让沈尹默倍觉亲切。他像宋代大书法家米芾一样，对褚字分外心仪，学最久而获益终生。

脱胎换骨，振帖学于式微

1932年，因反动政府开除学生的事件，时年五十岁的沈尹默愤然辞去北平大学校长的职务，离开居住二十年的北京卜居上海，任中法文化交流出版社委员会主任，兼任孔德图书馆馆长。居所即是任所，先在环龙路（今南昌路）志丰里，后迁至大西路（今延安西路）美丽园，历时七年。在繁忙的公务之暇，沈尹默寸阴是竞，继续着对褚遂良书法的深入探索。他日日临池，勤奋思考，逐渐发现褚遂良的楷书与东汉名碑《礼器碑》有着水乳交融的渊源联系；他又察觉，冠名褚书的名迹《枯树赋》、《唐太宗哀册》为米芾临本，并且怀疑传世的其他的褚遂良名帖也有可能出自米芾之手。对褚书的临习和研究，为沈尹默打开了一扇明亮的窗子，他上溯到了褚字源头，又顺流而下，寻觅到了米芾的“风樯”，他开始感悟到什么叫书法的传统和“承上启下”，领悟到抓住褚遂良这支书法的船桨，可以上溯到“二王”的源头，借助米芾清晰逼真、丝丝入扣的墨迹，可以“得笔”，可以得“学之理”。找到了学书的立足点，沈尹默在以临习和探究褚遂良楷书为重心的同时，潜心临习陆柬之、李邕、徐浩、孙过庭等唐代名迹，并且对五代杰出书法家杨凝式的《韭花帖》、宋初李建中的《土母帖》以及元代赵孟頫等名家的墨迹都下了认真临摹的苦功。通过认真审视墨迹清晰的起承转合、牵丝往来，他“透过刀锋看笔锋”（启功《论书绝句》），仿佛看到了先前临过的那些漫漶斑驳的碑刻最初“书丹”的真实面貌。他领悟到，碑与帖其实并非势不两立，碑学与帖学之所以在清代引起激烈纷争，分庭抗礼，主要原因是笔法的失传导致了帖学书法偏离了传统正脉以致江河日下；而碑学书法的倡导者对碑版的雄强朴茂及其因自然风化产生的“金石气”这一特殊艺术效果偏爱有加，其孜孜不倦地实践也别开生面，取得了令人瞩目的成就，然而偏于一执，全盘推倒帖学，未免走向极端。值得注意的是，沈尹默持之以恒的思考和实践，基本获得了“以腕运笔”的真谛，湮没数百年的书法真谛的重新发现和发掘，挽救了沉寂的帖学，弥合了碑、帖势不两立的纷争，使之交汇合流。

1937年，沈尹默为报吴湖帆、陈定山为自己手书卷轴题句，以诗人本色，写出了平生第一篇论书诗——七绝四首，可以视为他对半生书法探索的首次经验总结。他对米（芾）、薛（绍彭）并称的两位宋代书法家的点评：薛为“落笔纷披”，米则“稍加峻丽”，言简意赅；认为“李（邕）赵（孟頫）名高太入时”，评价审慎；而“董（其昌）文（徵明）堪薄亦堪师”的点评，轻重得当。诗中“使笔如调生马驹”的名句，发前人所未发，形象生动，示人以法，并以“腕力遒时字始工”一句，表达他辛勤探索的由衷感慨。这一年，距离陈独秀的针砭恰整三十年，此时的沈尹默犹如一位长途跋涉的登山者，他已经攀上了一座巍峨的山峰，他坐下来小憩一下，回顾一路走来的山重水复的路程，想来是百感交集的。四首论书绝句，凝结着沈尹默的心血，表达了跃向顶峰的志向，他又开始了新的征途。

而以褚遂良为基本骨格风神的楷书，奠定了沈尹默书法的根基，他的挚友谢稚柳先生评价他的书法尤其是他的楷书“数百年来，书家林立，盖无人能出其右者”，允为笃论。

“不务正业”的监察委员

1937年，抗战全面爆发，上海沦陷，年近耳顺之年的沈尹默西走重庆，长达八年。他应老友于右任之请任国民政府监察委员，但他无心“监而不察”的虚衔，几乎将全部精力投入到书法更高境界的探索。属下沈尹默自诩“不务正业”，上司于右任则捋髯默许。

在重庆时期，沈尹默的生活非常有规律，每天黎明即起，先磨好一池墨，然后用早餐。如无他事，一上午就是临帖或自运，友人来访，他边叙边写。他把随身携带的历代名迹临了又临，尤其对米芾的《草书七帖》时时把玩，细加揣摩。久而久之，他对帖中“又无索靖真迹，看其下笔处”一语突然心领神会。沈尹默领悟到，米芾在这里不说用笔，而是说下笔，这个“下”说得很有分寸，至关重要。于是，他就依照米芾的观点（注：沈尹默在《学书丛话·初学的回忆》中将米芾的话视为指示，可见重视）逐一审视《草书七帖》的所有字，对每一个下笔处，都不轻易放过，终于“恍然大悟”，认识到这就是从来所说的“用笔之法”，非如此，笔锋就不能够中，牵丝就不容易对头，笔势往来就不合。明白了这个道理，去着手随意临写历代名家书法，细心地求其同，发现了所同者，恰恰就是下笔皆是如此，这就是中锋，其他皆不妨存异（文义所据同上）。

“众里寻他千百度，蓦然回首，那人却在灯火阑珊处。”如用王国维比喻的治学最高境界来形容此刻的沈尹默，恐怕是再恰当不过了。米芾的一个“下”字，九百年来，没有人去留意，但在顷刻之间却开启了沈尹默数十年来苦思冥想的头绪，一个“下”字，使沈尹默对笔法有了由量变到质变的升华。他在静止的书法墨迹中，看到了生动活泼的动态与萦带关系，中锋行笔、牵丝之妙、笔势往来……这些笔法的关键和肯綮在刹那间被捕捉到了，似有了生命。他犹如解牛的庖丁，能够游刃有余地深入到所有历代名家书法的骨骼肌腱之间，包括莫衷一是的碑学及其推崇的光怪陆离的往代碑刻，都可以“去着手随意遍临”。沈尹默是治学严谨而谦逊的学者和书法家，他会在此刻说出“随意”两个字，是在他亲历了“独上高楼，望尽天涯路”、“衣带渐宽终不悔，为伊消得人憔悴”的呕心沥血的艰难探索后吐露的由衷之言，是绝非随意的，表明他已进入了“通会之际”。

撰写于1943年的沈尹默的第一篇书法论文《执笔五字法》，表明了这位执著的书法家在书法实践和理论研究上的成熟。这篇空前的书法论文以五言韵语写成，不足千字，言简意赅，再现诗人本色。以《执笔五字法》为嚆矢，沈尹默笔法理论的基本框架已奠定，他晚年所写的一系列理论著述，筑基于斯，层层深入，终成体系而蔚为大观。

“漫凭俗手遮高眼，肯遣精心赴远搜。新样鸳鸯终绣得，金针自度岂他求。”这是沈尹默1945年（六十二岁）时写的《题伯鹰书评后五绝句》之一首，诗的内涵似也可看作是夫子自道。“新样鸳鸯”，用以比作沈尹默静美儒雅的书风，似乎也是贴切的。我们欣然地看到，这位“不务正业”的监察委员，在重庆留下了一大批宝贵的书法精品，奠定了他现代帖学盟主的地位。一大批流寓山城的书法名流和他的弟子，如章士钊、潘伯鹰、张大千、乔大壮、傅抱石、谢稚柳、曾履川、汪东、顾随、张充和等，聚集在以沈尹默为核心的书法圈，在抗战的烽火中，呈现清末民国以来书法界难得的兴盛局面。

老骥伏枥，壮心不已

1946年，抗战胜利后，沈尹默东归上海，住虹口区海伦路504号直至逝世（今已辟为沈尹默故居）。他在族曾孙沈迈士（1891—1986）的陪同下到南京辞去监察委员的职务后，开始了鬻书自给的生涯。在“字同生菜论斤卖”（沈尹默诗句）的清苦生活中，他临摹、创作了数量巨大的书作，并且投入较大的精力研究怀素草书《小草千字文》，改变了他往昔大多以行书和楷书面世的格局。

1947年，沈尹默与褚保权（1903—1990）结为伉俪，久年知音，终结良缘。

1949年，上海解放不久，陈毅市长在李亚农陪同下访问知识分子，沈尹默为第一人。席上，沈尹默被聘为上海市文物保管委员会委员，后又被中央人民政府聘为上海市人民政府委员，1953年任上海市文史研究馆馆务委员。1960年与陈寅恪、谢无量、徐森玉等人被国务院聘为中央文史研究馆副馆长，曾任全国人大代表、政协委员等职。

在建国以后风云际会的社会变动和繁忙的艺事生涯中，沈尹默将大量精力用于书法组织的筹建、毕生书法研究的经验总结、书法艺术的传播和书法人才的培养，如春蚕吐丝，不辞艰辛。

沈尹默在少年宫教孩子们书法。

1961年，沈尹默借助与周恩来、陈毅等国家领导人的交谊，八方筹措，发起组织新中国第一个书法家团体——上海中国书法篆刻研究会并任主任委员。他用《诗经》“周虽旧邦，其命维新”为喻，表白了他“应该当仁不让地承担起这个历史所赋予我们发扬光大书法的新任务”（沈尹默《为上海中国书法篆刻研究会成立讲几句话》），并集宋人诗句成一首诗“家家图画有屏风（王安石），每岁烟花一万重（陈与义）。更拂乌丝写新句（陆游），忽惊云海戏群鸿（苏轼）”，以记一时之盛。他为书法组织建设的开创之功，有目共睹并为历史所认可。

1962年，上海市文化局为庆祝沈尹默八十寿辰举办了《沈尹默先生书法展览》，盛况空前，影响巨大。参展的一百二十件形体多样的作品，受到社会各界人士的欢迎。

周恩来总理观看了书法展览后，请沈尹默作书。沈尹默欣然书写两幅毛泽东《沁园春·雪》，请周总理选一幅，总理说：“两幅都好，我全部收下。”

为了更广泛地传播书法艺术，沈尹默在晚年双目几乎失明的情况下，为青少年写了《大楷习字帖》（甲种本）、《小楷字帖——毛主席诗词二十一首》，由上海教育出版社出版后，影响巨大。笔者至今珍藏着这两本字帖，虽然世事沧桑鲜明地留在逐字逐页，甚至不免残破，但它们对今天六七十岁的书法爱好者，以及业已取得成功的这一代书法家们的启蒙作用，功不可没。

作为杰出的教育家，沈尹默深知培养书法骨干的重要意义。他不顾年迈，亲自领衔并延请在沪的众多书法名家组成强大的师资队伍，在上海青年宫举办书法班，以科学的教程和名师带教的方式，培养了一大批书法中坚，被上海书坛誉为“黄埔一期”。遗憾的是由于政治气候的突然变化而不得不中止，但以沈尹默为首的书法前辈们的鸿鹄之志和辛劳付出，令人永远缅怀。为了更广泛地传播书法，沈尹默不顾年迈，利用一切机会深入到全国各地的学校、基层传授书法；他的书房一年到头向世人敞开，有教无类，传道授业，“循循然善诱人”。他不愧是书坛的领袖，更是书法爱好者们最平易近人的良师益友。

“文革”十年动乱严重摧残了沈尹默一向强健的体魄，逼迫他中断了七十年来“日日临池”的翰墨创作，中止了他正如日中天的书学研究。这位五四新文化运动的先驱、杰出的书法领袖，被打倒，被视为“反动学术权威”。他无奈地将数十年积累的诗稿、著述、墨迹泡在浴缸里化为纸浆，让家人在深夜撒向荒郊的田野，倒入苏州河……

1971年6月1日，沈尹默含冤走完了他八十九年的起伏人生。遵其遗嘱，家人把他的骨灰撒进大海。想来唯有大海宽广的怀抱才能够接纳和包容这位壮心不已的书法大家吧！令人遐思的是，沈尹默故居的对面，就是一个儿童公园。老人生前临池之暇，总会凭窗看看孩子们欢乐嬉戏，因此而由衷欣悦。他选择“六一”儿童节这个特殊的日子告别世界，颇有深意。二十六年后，他的挚友谢稚柳（1910—1997）也在这个日子，羽化而去。两位老人是否生前有约，不得而知。但他们弘扬和振兴祖国书法艺术的共同志向以及寄希望于后辈的愿望，必定是一致且默契的。为此，我们永远深深地怀念他们。

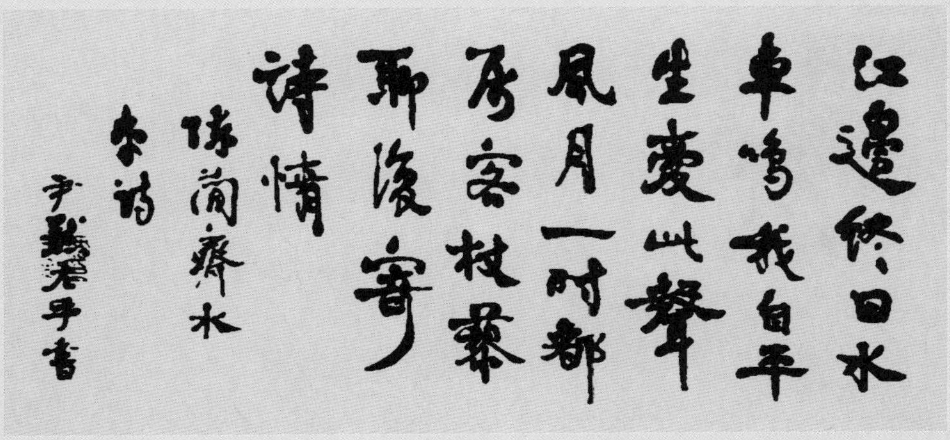

沈尹默左手书。

我画画快乐，把快乐给了别人，别人感到快乐，我更加快乐。

——颜文樑

颜文樑：丹青圣手　桃李天下

李禾禾

颜文樑（1893—1988），著名油画家和教育家，中国美术家协会顾问、中国美术家协会上海分会副主席。长期从事美术教育工作，历任苏州美术专门学校校长、中央美术学院华东分院副院长等职，著有《色彩琐谈》、《美术透视学》等画论。1962年被聘为上海市文史研究馆馆员。

在中国近代油画史上，颜文樑是与徐悲鸿、刘海粟、林风眠同样重要的代表人物。这位将艺术作为认识社会、认识自然、促进社会进步重要手段的艺术家，早年留学法国巴黎；为培育英才，创办苏州美专，任教上海美专，献身美术教育事业；为追求艺术之真谛，九十高龄仍一日无歇。半个多世纪以来，他创导的油画写实作风和提出的艺术家对艺术要充满热忱的理念，至今影响着画坛。

姑苏城里的才俊

颜文樑，字栋臣，1893年7月20日生于苏州干将坊本宅。颜文樑的祖父行医，二十八岁因伤寒去世。父颜纯生，拜清末大家任伯年为师，其书画被同时代著名书画家吴昌硕、陆廉夫等看重。其母也善丹青，常是父亲画人物，母亲补景。颜文樑出生后，其父认为颜文樑五行缺木，所以将“梁”换为“樑”。

在父母的熏陶下，颜文樑自幼爱涂抹，喜用实物做描绘对象，尤爱用毛笔画火车、轮船。颜文樑十三岁时，曾临摹画家胡三桥作品《钟馗》，吴昌硕看后觉得仿得精到，大加赞赏。十六岁时，颜文樑创作了《苏州火车站》，被美术界前辈推举，送至南京南洋劝业会陈列。

虽然颜文樑有美术天赋，但是他更是血性男儿。高小毕业，他想报考保定军官学校，以改变国家积贫积弱、受外国欺凌的状况。但是，报名军校要家长同意，而其父力阻，无奈，颜文樑只得报考商务印书馆。当时报名者达四百人，而只录取三十名。颜文樑凭其国学功力和美术水平被录用。当时，商务印书馆已经采用西方先进技术进行设计和印刷。有绘画基础的颜文樑在那里学习了铜版雕刻印刷，还师从日本画家松岗正识学习透视、油画等。但是，颜文樑喜爱的毕竟是美术，所以他还是在两年之后，辞职回苏州专心学画。

他买了多册西洋油画杂志，但唯缺油画材料。于是他自行试制，先以熟菜油调以中国画色彩试之，不能干燥。又以蓖麻子油调以色粉试之，也不能干燥。于是再试以瓷漆，则色粉调入粘住不易着笔。他又听说用熟桐油调以色粉，似可溶化，但是黏性过强，滞涩殊甚，难以开笔。后再求教漆匠，知道可用鱼油（现名清漆）加松香水，调入色粉，这样易溶速干，可以作画。颜文樑的第一张油画《石湖串月》，就是用松香水加鱼油画的。

用鱼油作画，虽效果尚佳，但无立体感，他又试用亚麻仁油调色，发现性质优良，宜于作画。于是，颜文樑所作第二张油画《飞艇》，就用的是亚麻仁油。

不久，颜文樑至上海，画大世界游艺场夜景。为试验各种画布的不同性能，他曾用肥皂、铅粉、胶水混合涂于竹布试之。画至一半，油彩剥落，乃知此法不可用。他还用柴油、火油、石粉等调和作底，涂于布面，使油彩得以黏附。为学习油画，一切画具、材料都得靠自己摸索试验。

颜文樑也很重视水彩画和粉画的学习与创作。1917年，二十四岁的颜文樑为上海来青阁书坊画杭州、苏州与无锡风景水彩画十六幅，分为四组，以当时少见的三色彩版印刷，受到人们的欢迎。1920年，他尝试了粉画创作《厨房》。作品以写实手法重现典型中国式厨房全景，形象逼真，色彩调和，全面体现了光线与背景的关系，表现了厨房的正面、侧面、斜面、直线、曲线、圆形、方形、不规则形，以及光影之高低、左右、前后等距离及不等距离各种透视变化。这幅画为颜文樑数年来学习、观察及实验透视学诸法则的总成果。

颜文樑还创作了粉画《肉店》。开始他以苏州陆稿荐肉铺为作画对象，借对街一钟表店作写生之地。次日，陆稿荐老板忽暴病而亡，店门紧闭。开业后，其后人出于迷信，不允颜文樑继续作画。于是颜文樑经学生张德铨介绍，以其叔父所开设的“老三珍”肉铺代替，写生位置设于其对门之“朝天禄”糖果店内。由于构图精巧，充满生活气息，《厨房》和《肉店》这两幅画后来都成为中国粉画代表作，并进入巴黎沙龙展出。

民间办学育新人

颜文樑所处的是西风东渐的时代，以油画、雕塑为代表的西方艺术逐渐被国人接受，但是由于缺乏美术专门学校，所以不少爱好美术的青年入门无路。为此颜文樑有个愿望，那就是创办一所美术学校，培养年轻人。

那是在1919年1月。那时，颜文樑正在与葛赉恩、潘振霄、徐泳清、金天翮及杨左陶共同发起美术画赛会，商定展品陈列范围定为“国粹画、油色画、水色画、气色画、钢笔画、炭画、蜡画、漆画、焦画、照相着色画、刺绣画等各种画件”。陈列的作品须是个人创作或是学校的作业，不能是抄袭或临摹的作品。参展的

颜文樑绘画作品《厨房》。

百余件作品在1919年元旦于苏州万寿宫展出后，颜文樑深感美术人才的缺乏，尤其是西画人才。于是1922年7月，他与胡粹中、朱士杰、顾仲华、程少川等画坛同仁在苏州海红坊苏州律师公会会所创办了苏州美术暑期学校，但是由于条件简陋，只得中途停办。正在颜文樑愁眉不展之时，1927年，北伐革命成功，颜文樑的学生蒋靖涛新任苏州公益局长。他力主颜文樑主持重修沧浪亭。颜文樑应公益局之聘，任沧浪亭保管员，受命筹设苏州美术馆。

青年颜文樑。

中年颜文樑。

于是，颜文樑以保管员的名义接收沧浪亭，除筹建美术馆，陈列当代中西画家作品之外，颜文樑多了个心眼，将园中其他多余房间稍加修葺，由公益局会同教育局批作美专校址，将苏州美专从县立中学迁入沧浪亭内。从此沧浪亭这座乾隆皇帝下江南的行宫，大门左右两边分别挂着苏州美术馆和苏州美术专门学校两块牌子。1928年元旦，苏州美术画赛会十周年展览暨苏州美术馆开馆典礼在修葺一新的沧浪亭举行。沧浪亭成了近代中国第一座由地方政府设立的美术馆，而苏州美专也成了培养国内美术人才的高等学府。

苏州美专创立之初，整个中国作为学生锻炼素描基础的石膏模型设备，寥寥无几。

1928年9月，颜文樑赴法国巴黎留学。在法国四年的时间里，他到法国各大美术馆临摹作品，还抽空购买了一批又一批，共计460件希腊、罗马古代名家雕刻的复本石膏像托运回国。其中有《掷铁饼》、《大卫头像》、《奴隶》、《拔刺》、《小孩抱鹅》、《蹲着的维纳斯》等。数量超过了当时全国用于美术教育的石膏像总和。该批石膏像无论数量还是质量均为全国之最，其中最负盛名者为直接从米开朗基罗所作之大卫像原作上翻制的大卫头像（据称值一万美金）。可惜的是"文革"中被毁。今仅剩一具在日本东京。他还辗转自欧洲运回一万余册图书给苏州美专。

1936年，颜文樑与苏州美专学生社团沧浪画会成员合影。

有一次，他听说与他同在巴黎学画的一位家境富裕的犹太学生学习期满急于回国，其画室里的石膏像想出卖。颜文樑倾其所有，将这些石膏像一并买来。这些石膏像不但质量好，而且类型多。他回国时还带回了专供教学用的人体解剖模型，以及马体和各种马体的动作及解剖。此外还有专门装饰用的古希腊瓶及各种浮雕。细心的颜文樑还将法国学生用的画架、画椅、画箱等设备一一画下图样，标上尺寸，回国后照图纸复制成套画具。

此段经历颜文樑记忆颇深，他在《我印象中的巴黎和罗浮宫》一文中回忆道："我的生活素来主张节俭，衣服也都是从国内带去的。这样，在生活方面尽量节省，才有节余的钱买石膏像，买美术书籍。买了石膏像之后麻烦就来了，分块（石膏像高达两米以上）、衬垫、装箱、写字、托运、保险，所有的事情都无可推诿的由我一人干到底。有一次半夜下雨，想起有十箱石膏像尚在露天堆放着，急着披衣出门，奔到火车站，租了一幅大油布。油布体积大，分量重，出租小汽车装不进，只好拖着跑。拖到电车站，装进电车，运到寓所附近堆放箱子的场地，终于将箱子遮盖严实。"

颜文樑感到要成为一个艺术家，不能没有良好的生活习惯和学习态度，所以，他对学生的要求很严格，认为只有严格之后才能使学生自珍自爱。如果放任的话，那就不堪设想，什么事情都做不成了。他举例说："站要像英国皇家军队一样，立正之后，一动都不动。如果要开步，也要像英国皇家军队一样，即使要掉到河里也不能后退。搞艺术也是这样，没有一往无前的勇气就不能到达彼岸。"

他重视基础练习，要学生一遍又一遍地练习，要求学生学画时，一定要写实，一定要规规矩矩。有一次他带来一幅水果静物油画，看上去罩在油画外面的玻璃上有一滴水珠，于是一个学生想用衣袖将它擦去，可就是擦不去。于是再仔细一看，原来这水珠是颜文樑画在水果上的。看到这样逼真的画，学生们知道了写实的厉害。

颜文樑要求学生养成观察细致的习惯。他对学生说："譬如烟囱里的烟，一般人看到的是灰色而已，但是作为画家那就要看出烟未抽前冒出的烟是冷色调，而吸入后吐出的烟则为暖色调。”他还经常带学生去写生，认为这样的画最有生气。如在画太阳落山的景色时，他告诉学生：“太阳落山时的辰光，夕阳是橘黄色的。但你回转头来看看，旁边的颜色都是蓝的，你不能拿心里边的颜色去看，心里边的颜色是错误的，要看一刹那，这就是印象。”

颜文樑做其他事情时喜欢慢条斯理，但是画画时，却异常快速。他说：“画色彩就要像猫捉老鼠一样，一捉就要捉牢，若是慢慢地走过去，老鼠要跑掉的。普通人认为色彩要慢慢辨别，我说不对，看色彩慢了会褪脱的，越辨越不好，一定要拿油画板上的颜色画到油画布上，色彩才可以确定，假使用油画板上拼好的颜色画上去，是不对的。看见红的，一定要抓准绿色；看见绿色，一定要抓准红的，这是原则。”这种重视实践、讲究实战的教育法使得他培养的学生艺术鉴赏能力和创作能力都强。

有专家在评论颜文樑对中国美术教学体系的建立所做出的贡献时，认为颜文樑的全部优势和缺陷都是自己的。比之同时代其他画家，颜文

颜文樑在写生。

颜文樑为学生示范如何画画。

颜文樑教外国学生。

樑在教育上与在绘画上孜孜不倦、辛苦耕耘长达半个多世纪，且画风如一的韧性是少有人能比的。而颜文樑所具备的情感上的真诚与感受上的敏锐也是独一无二的。苏州美专在抗战时期曾被迫解散，颜文樑后来在上海租房继续办学，并拒绝了日军要其回苏复校的威胁利诱，表现了他的民族气节。抗战胜利后，苏州美专复校，颜文樑再任校长，并兼中央大学艺术系代主任、之江大学以及上海幼稚师范专科学校教授。

颜文樑教书育人长达六十多年，不仅苏州美专历届毕业生中名家辈出，如中央美院之董希文、李宗津、罗尔纯、卢沉，浙江美院之莫扑、费彝复，广美之杨之光，与万氏三兄弟齐名之动画片元老钱家骏皆出自苏州美专，而且在20世纪50年代和60年代，他从事过教育工作的浙江美术学院和上海美术专科学校，都飞出了像陈逸飞、夏葆元、魏景山这样的杰出人才。

油画艺术探索者

颜文樑能成为一代油画大师与他年轻时到油画的发源地欧洲勤奋学习分不开，更与他有强烈的爱国主义情怀分不开。1928年9月，三十五岁的颜文樑在上海乘法国二万吨邮轮帕朵斯号启程赴法国巴黎留学。时值中秋，尚在途中。月色皎洁，在波平浪静的大海中，中国留学生不免有思乡之感，于是群聚船中餐厅挂起中国旗，颜文樑也吹起了思乡之笛。不料一些法国人阻拦要取下中国旗，换上法国旗，经过斗争，得以中国旗与法国旗交替挂出。此情此景使颜文樑感到国贫民弱的悲哀，也激起了他要奋发报国的信念。

到了法国，颜文樑按照好友徐悲鸿的建议拜荣膺欧洲六国国家院士的达仰为师。颜文樑呈上所作粉画《厨房》，敬求指教。达仰谛视良久，说道："我以为不错，只是图中二小孩形象稍有不足。"由于达仰年事已高，且没有石膏像等画具，于是介绍颜文樑到巴黎高等美术学校教授皮埃尔·罗昂士那里学习美术。

颜文樑先是在石膏室学习素描，那个石膏室有石膏像数千，凡希腊、罗马有名石像，以至历代著名建筑浮雕、塑刻等名作，无不尽有。颜文樑在那里如饥似渴地临摹。为了拓宽视野，他还到各大博物馆、美术馆去临摹原作。如此学习半年后，颜文樑开始画模特和石膏像，同时也开始系统地学习油画创作。为了得到欧美美术的真谛，颜文樑周游了意大利米兰，欣赏了达·芬奇名作《最后的晚餐》，又到德国、波兰、苏联等国，参观了美术馆、博物馆。他还创作了《巴黎凯旋门》、《巴黎铁塔》、《罗马古迹》、《英国议院》、《弗洛伦萨》等一批油画佳作。三年的留学生活，奠定了他的现实主义画风，也使他能吸收印象派、抽象派等不同流派，作为对自己风格的补充。正如他自己所说："我自己喜欢怎样作画，一定照自己的画，这个不会变的，我是喜欢画风景画、室内画的，这是不改变的。自己从小到现在从来勿改变的，不会一会儿画中国画，一会儿画西画，不会的。我一直画油画，因为这是我喜欢的画。"

颜文樑是个既豁达，又很有自知之明的艺术家，他主张和而不同，兼容并蓄，虚怀若谷。有一次，有人问他与徐悲鸿有什么不同时，他很诚恳地回答："我同徐悲鸿都是主张写实的，但是做法不同，我喜欢画风景画，徐悲鸿素描好，人物画也画得很好，尽管我们两人艺术表达方法不同，但是两个人的画风都是写实派，都是主张写实的。"至于问起两人分别属于什么画派时，颜文樑说："我对于画派是不论的，也不反对的。"他还举例说："林风眠的画与我不同，但是我不反对他，他也不反对我。我就是同刘海粟也不同的。画派犹如人的面相，没有相同的，如果相同的话就不得了了。世界上各人的面相幸亏不同，所以画派一定要有不同。"他还谈到法国安格尔和德拉克洛瓦，说："风格越多越好，越是不同越好。我主张各有特长，都要融洽，所以我对于画派没有什么（偏见），统统一样的。"

颜文樑活到老，学到老，画到老。晚年时光，他常在自己画的一幅园中小景前默默无语。这幅画画的是颜文樑居所的庭院。画面上他的外孙女坐在躺椅上悠闲地玩着，外孙女微如小拇指一节，旁边一只猫小如指甲，猫眼冉冉，细致入微。

颜文樑绘画作品《黄浦江畔》。

人生好似多棱镜

颜文樑是多才多艺的。他曾说道:“我也是会做做诗的,但不是做诗的专家;唱歌,我亦懂的,自己还会作歌曲,但是毕竟不是音乐家;提琴我亦会拉的,提琴还是小时候拉的,现在丢掉了;我还会吹喇叭,吹Conet(短号)、Trumpet(小号),布号吹得很多,还教过别人,布号的拍子很多,但我不是专家……”

自然,颜文樑也不是个“书蠹头”,而颇有经营头脑。譬如当年如果他不趁办美术馆的机会,不借助学生蒋靖涛的力量,不在沧浪亭边搞几间房间,那么苏州美专也就办不起来。再譬如如果他不果断地将快毕业的犹太学生的精品石膏像一下子买下来,也不可能使苏州美专拥有这么多石膏像。最能看出他经营头脑的是他要学生付学费一律用米价来结算,这样就可避免通货膨胀给学校带

颜文樑绘画作品《印度洋夜航》，创作于1928年，苏州美术馆藏。

来损失。

作为一个画家，他不搞四面出击，而是扬长避短。颜文樑称自己就是一直画画，而且画得很多，但是他说："国画是父亲在时画的，总不及他们画国画的人好。他们画国画的人第一条——题诗、写字都好，我题诗、写字不好，我就是画油画。"就是画油画，他也不是抱残守缺。颜文樑晚年的艺术已经炉火纯青，色彩愈臻明丽。但是他仍不断继承传统，并接受新事物，将写实主义的造型与印象主义的笔法结合起来。

颜文樑晚年所处的时代是俄罗斯画派及中国学院式教学模式一统天下的时代，而艺术家又属于被教育的对象，想保持个人艺术风格、自身特色是很困难的。在这种大背景下，也不时有批评、贬斥颜先生者。一些一知半解的所谓评论家常光顾颜宅，他们往椅上一靠，支起二郎腿对颜先生的作品品头论足，说什么他的画色调偏黄不合时宜，所画内容暗部太多，光明面太少……尽管这些评论让见多识广的颜文樑觉得好笑，可是这位认真的艺术家也会仔细思索一番，看看有没有其合理成分存在，因为他觉得即使是谬误，也或许会有那么一点可以借鉴的呢。

颜文樑绘画作品《月光河》。

颜文樑是一代绘画大师，但他没有架子，平易近人。无论老少贵贱，只要登门，一律来者不拒，都能得到他的亲切接待。他先是拿出一个本子，一支蘸水钢笔，请大家签名。然后每人清茶一杯，安顿坐下。如果来客想看看他的作品，他会不顾自己已是八九十岁的老人，举步维艰地亲自翻箱倒柜取出他历年的画作，为来客讲解，毫无倦色。到了告别时刻，尽管颜文樑行路拖沓，脚已不能离地，但总是坚持送至门口，笑容可掬地向大家挥手致意，直到不见访客身影方才回屋。

爱画风景的颜文樑画过旭日东升、海浪潮涌、风花雪月、姑苏园林、沪都街景，画过欧亚大陆的美丽风光，也画过些他并不擅长的作品。但是晚年返璞归真，颜文樑十分喜欢的还是自己的园林小景。颜文樑常说："我的画画到一半时最好，别人这时把我的笔夺走，就好哉！"这是为什么呢？也许是颜文樑喜欢率真，画到一半是他心情的流露，而再画下去，就会受时潮的影响而画不由衷，让他画些无谓的、甚至赶时髦的东西。

颜文樑大度谦和。尽管他从年轻时就喜欢收集各国名表，但是当他知道曾任教西安美院的一位老师也喜欢收集表，于是在他去颜宅时，颜文樑将一口袋手表倒出来让他挑选。颜文樑常说："我画画快乐，把快乐给了别人，别人感到快乐，我更加快乐。"20世纪50年代，颜文樑的一位学生连续多日携油画到颜文樑家，请老师为他修改，颜文樑不厌其烦，亲自为之修改。80年代，一位教师于暑假每天到颜文樑家中，临摹他的原作，颜文樑也一边介绍技法，一边指导画法。陈逸飞曾深情地回忆过20世纪70年代的一天，颜文樑参观上海油雕院画展的情景。那天正好发大水，颜文樑为了扶掖后辈，竟然坐黄鱼车前来参观画展，令在场者无不动容。他的一位远房亲戚在“文革”期间受迫害，“文革”后想去香港从事音乐教学，但是经济拮据，颜文樑主动予以关心，使她成行。不久前她与笔者通话时，告诉笔者，她今天事业有成与颜老是分不开的。

颜文樑有着宗教般的仁慈。颜文樑不吃鸡肉，不吃牛肉，原因是他看到过杀鸡宰牛时鸡和牛的无奈，听到过它们的惨叫。他在苏州美专处理过一件偷窃案。一位女生因为想回家，偷了同学五元钱。颜文樑不声不响地将五元钱垫了出来。后来那位女生给颜文樑写了一封信，并寄还了五元钱，说这是她一辈子的教训。而颜文樑之所以这样做是因为他不愿意这位女同学为了五元钱而将自己的未来毁了。半个多世纪了，有过多少人去过他的寓所拜访他已记不清，有多少人得到他的当面赐教也说不清，而他帮助过多少人更记不清楚。虽说客来客往看似平淡，但是几十年不厌烦，为接待他人而付出属于自己生命的时间，坚持诲人不倦，实属不易。

晚年的颜文樑心态十分平和，常常要求自己和别人都经常向前看。“文革”时期，颜文樑从欧洲极其艰辛弄来的石膏像被摧毁，他心痛至极，但还是对同事说，要看开些，只要国家太平了，以后总是有希望的。

1988年，颜文樑离开了他珍爱的人世间。从1893年到1988年，颜文樑几乎活了一个世纪。20世纪沧海桑田，天翻地覆，颜文樑没有存下万贯家产；20世纪人文复杂，流派纷呈，颜文樑没有什么门户之见，也不想名闻天下。他只是想用自己的画笔记录潮起潮涌，记下此消彼长；只是想用一颗炽热的心培育一代代的丹青爱好者。复杂的人生经历，多变的时代思潮，使他的一生好似多棱镜，有着不同的色彩和镜像。独自徘徊、独自思考、独立而行，从他蜿蜒走过的路看过去，后人会发觉他的执著，他的淡定，他的愚憨，他的聪慧……

艺术的作用与人生的意义是完全一致的。人活着不单是吃饭、穿衣、娱乐，总要对这个时代、人民、国家做些有益的工作。艺术的作用，应该不单是满足人们的精神享受，而是要在精神享受之中得到一点东西。

——应野平

应野平：身居“愚楼”胸贮万壑

陆其国

应野平（1910—1990），中国美术家协会会员、上海市美术家协会常务理事、上海市书法家协会名誉理事、上海中国画院画师。解放前曾任新华艺术专科学校教授，解放后任上海人民美术出版社编辑室主任。出版有《应野平山水画册》等。1979年被聘为上海市文史研究馆馆员。

走进上海，生命的转折

2014年9月下旬的一天，上海突然下起大雨。因此前已经约好，所以我还是如约赶到上海愚园路上的“愚谷邨”，采访坐落在“愚谷邨”的“愚楼”楼主，已故海上著名山水画家应野平的后人。当时大雨如注，雨点砸在地上，好像整条马路都在炒豆子，一片噼啪爆响。不过这并不影响我采访。通过应野平的儿孙等人，我采撷到了画坛巨擘应野平诸多从艺和人生的故事。

应野平系浙江宁海人。他父亲是清末秀才，曾任宁海教育会长。由于父亲的熏陶，应野平从小临摹古人法帖，并喜爱上了绘画。应野平十一岁那年，时年二十四岁的画家潘天寿从浙江一师毕业后回到家乡小学教书，此后他不时走进应家，与应野平父兄谈画论艺，有时兴之所至，还会当场挥毫，那泼墨淋漓、气势磅礴的大写意作品，直让一旁的应野平看得如痴如醉，钦佩不已，心想什么时候自己也能画出这样的作品该多好。

后来应家因家境不济，十四岁的应野平经老乡介绍，到上海模范工厂电刻部当学徒。学徒期满后，进入富华礼品公司当画工，专画银盾上的工艺画。此时应野平在绘画上已大有长进，而且他非常勤奋。那时只要一有空，他不是去向朋友借任伯年、费晓楼的人物画稿，回来揣摩绘习，就是一头钻进街上的裱画店，欣赏、品味装裱好挂在墙上的他人佳作。借来的画稿，他可以对照着钩描，但挂在裱画店墙上的他人作品没法借，也不可能在现场钩描。对此，应野平就采取默记的方法，记住那些画的整体布局、线条勾连、色彩层次、细节运用……回家以后就进行背临，也就是在宣纸上重新还原所默记的作品。最初他还会记三落四，有所遗漏，但几次过后，他的头脑简直可以媲美照相机，复原画作几达原貌，有时候甚至几根草、几棵树、几座山都一一呈现。后来这一功夫竟成为他的独门绝技。

说来也巧，此时潘天寿已在杭州西湖美专任教，同时也在上海美专等学校兼课，应野平就有机会可以不时拿着自己的作品去请教。潘天寿对他总是热情指教，让他受益良多。应野平自十六岁后专攻山水画，从“四王”入门，继而上溯“元四家”及北宋诸家，对石涛也心摹手追，加上受到像潘天寿这样的大家指导，尤其是后来他进入吴昌硕主持的海上题襟馆及黄宾虹、钱瘦铁的蜜蜂画社，在绘画创作上突飞猛进。

据应野平儿子，同为画家的应洪声说，他父亲生性开朗乐观，喜爱交友，极有人脉，尤其是经常与老辈画家和同辈画友交流画艺，切磋画理，合作画画。

应洪声尤其提到，他父亲临摹稿本，主要是在阅读中体会和理解，然后心存目想，再流注笔下，所以他的作品在仿古中有变化，在构图、笔墨、气韵上有自己的特点。

应洪声举例说他父亲三十岁时仿元代王蒙的《林麓幽居图》，原画是在好友王季迁家所见，他细察笔墨意韵、精神内涵，心领神会后，回到家即铺纸挥毫，把自己的理解和创造融会贯通于作品中，于是就变王蒙的繁密为简练、苍茫为润泽，设色清净淡雅，得苍古雅逸的意韵，显现了父亲深厚的传统功力和多方面的艺术修养。这幅画后来被日本友人收藏，并在1978年选入日本出版的《世界名画·中国名画集》。这是后话。

1942年，应野平终于在上海大新公司举办个人画展，展出他不同时期创作的两百多幅作品。展期七天。画展结束，这两百多幅作品大多被人争相购买，可见他的画受欢迎的程度。也是从这一年开始，应野平成为一位职业画家。这时候他对自己的要求也更高了，有一阵，他的家人常常看到他不停地在画，但又不停地画了又撕，原来他对自己的这些画都不满意。

1947年，应野平在西藏路宁波同乡会再次举办个人画展，并出版个人画集，这也标志着他的作品在沪上画坛影响更大。这时候应野平一家已住进“愚谷邨”，他也因此给自己的画室取名“愚楼”。而他在“愚楼”里创作出来的一系列作品，则分明在告诉世人：“愚楼”主人身居“愚楼”，却胸贮万壑！这样的心境，尤其体现于1949年以后的应野平画中。因为这个时候，他开始走出画室，以极大的热情投身于新的时代。

不断变幻，妙契无痕

1949年后，应野平曾在上海人民美术出版社供职，一如往常，他依然乐于助人。连环画大师贺友直回忆道，“我对应老虽未行拜师礼，但心目中敬他为师”，“应老待人坦诚，凡有求教，必悉心指点”。贺友直非常珍视应野平的指点，所以一直以来，他都珍藏着他当年求教时，应野平为他作示范时随手画的画稿。

1954年华东美术家协会成立，应野平开始任专职画师。为了让自己的作品更好地贴近人民生活，应野平与许多画家一样，背起画夹，深入民间，边体验，边写生，足迹遍及苏北、福建、舟山等地。每到一处，他都认真观察，勤于速写。回来以后，潜心创作。如从苏北一处盐场体验生活回来不久，他就创作出了表现盐场工人生活的巨幅新国画《盐廪》，这幅作品后来参加全国美展，并在《人民文学》杂志发表。相信这一刻对于应野平来说，成功的喜悦早已使他忘却当初在盐场体验生活时所经历的惊险。原来那天应野平在盐场体验生活时，正沿着海滩走，突然遇到海水涨潮，因为走得深，等到他惊慌失措、跌跌撞撞地跑到岸边，海水早已淹到了胸口。当他喘着气终于爬上岸时，想不到一条凶猛的大狗又冷不防朝他扑来，惊得他本能地用手中的画夹去驱赶狗。最后狗是被赶跑了，但画夹上的画稿也顿时成了“天女散花”。

当然，这样的经历不会降低应野平深入生活的热情。他的同事，同样是画家的黄振亮回忆道，1957年夏天，他和应野平北上组稿，途经泰安时，他们去登泰山。爬山时，应野平不时爬爬停停，他不是累了休息，而是为眼前的景致所陶醉，因此忍不住驻足往速写本上画上几笔。这样走走停停，直到傍晚才到达二天门，借宿在简陋的农家旅店。第二天清晨，黄振亮睁开眼睛，发现应野平已不见身影。“走出户外，但见山崖下浓云拥聚、墨峰似岛，应先生早已在崖旁山石上坐定作画了。匆匆早餐后，继续登程，应先生又是不断作画……泰山归来后，应先生曾创作大量画卷，其中有一幅《旭日东升》中堂画，宏伟壮丽、气象万千，富于艺术感染力，那正是泰山观日景象的艺术再现”，黄振亮说。

应野平愿意将自己的创作融入新时代的热情由此可见。这段时期人是辛苦的，但收获也是丰富的。而且不仅自己佳作迭出，应野平还组织出版了徐志摩夫人、画家陆小曼的作品。

1960年后，应野平开始任教于上海美术专科学校。1972年他与唐云合作的巨幅山水挂于上海接待国家元首的宴会厅。此时他的作品愈臻炉火纯青，所作笔墨苍润拙朴，格调清新明快，画面气韵生动，作品多次在国内外展出并获奖，并为中国美术馆等单位收藏；其中，他的中国画《澜沧江畔》入选第六届全国美

应野平绘画作品《溪山无尽图》。

展优秀作品展。

1986年4月，应野平应邀在日本东京、大阪等地举办个人画展，并出版《应野平山水画集》。所作《水墨山水》获日本“86现代水墨画展”优秀奖。1988年6月在中国美术馆举办个人画展，标志着他在艺术创作上

1986年4月应野平(左)在日本大阪举办个人画展时,大阪领事(右)为展览会剪彩。

1960年4月应野平(右二)在舟山群岛深入生活。

应野平(右一)和唐云、朱屺瞻等合影。

达到了新的高度。

值得一提的是,应野平进入晚年后,恪守"笔墨当随时代,时代需要精品"的创作理念,反复锤炼绘画语言,精勤探究表现形式,熔铸古今,强化个性,为丰富、完善现代水墨画的笔墨技巧做出了不可磨灭的贡献。晚年他的笔墨趋于厚重、凝练、旷逸、雄健,善以简约、拙秀的书法笔意刻画山石、树木、流泉、村居,兼用浓淡多变的墨色晕染、皴擦;增加物象的厚度和层次感,以块面代替点、线,局部留白、虚化,表现光照与色阶;敷色或浓重,或雅淡,色墨相渗,韵致微妙,既得南派山水的秀润、清隽,又具北派山水的厚重、朗实。一画既成,喜题自作诗词,集诗、书、画于一炉,以精、气、神赋新格,终臻人画俱老之炉火纯青境界。

应野平的作品自在日本巡展及在中国美术馆举办个展之后,声名远播中外,成为继张大千、吴湖帆、傅抱石之后现代山水画坛又一位重量级艺术大师。他所留存的精品力作也深受中外藏家青睐。据粗略估算,应野平一生留下上千幅山水画作品,几乎涵盖新中国各个时期的风雨历程、峥嵘岁月，堪称一部浓缩的有代表性的新中国新山水画画史。正如程十发先生所言，新中国成立后，“给应野平先生的画幅增加了勃勃的生机，画风也起了明显的变化，在章法、形式上摆脱了旧形式的束缚，增添了新趣，而又出古人的法度之外。可以说，传统之流和造化之源的汇合，使应野平先生的山水画灿然日新”。程十发还说应野平对作画抱有无比虔诚的责任感，每当素笺在案、毫端着墨之时，便物我皆忘，驱使着笔墨运行的只有对艺术的一腔忠贞，对人生的无限深情，即具备了古人所说的“气”。

多年来，应野平“外师造化”的深厚积累，在创作过程中，由“中得心源”而演化成的天地山川，都笼罩在对生活、对艺术一片至诚的浩然正气之中。苏东坡有词云“一点浩然气，千里快哉风”，其意境即能从应老的画面上映现。他常常是乘兴抒写，坦荡率真，游刃有余，运斤成风。胸中块垒，脚底风云，尽在有意无意之间凝于画面上。

有论者指出，欣赏应野平山水画，如能在运笔、用墨、用色及用水上细加琢磨，收获会更大。他的作品提倡气势壮阔，一气呵成，充分发挥了水、墨、色在宣纸上只有第一次落笔时才可能产生的奇妙效果。水与墨的渗化作用，在整个创作进程中，不断变幻，妙契无痕。这里有阳光照耀下石棱、峰侧的强烈反光，有浓阴绿纱在山阴云霭间的冥冥氛围，烟云舒卷，溪涧湍急，静者坚凝，动者流盼，是浑然一片的天然画图。难怪日本艺术家赞叹他为“中国山水画家第一人”。

不想当寿星，只想画画

应野平平时喜欢交友，十分看重情谊，所以他的朋友也多。其实在他交友，尤其是与朋友谈艺论画的过程中，他也在汲取“养分”。他和评弹名家杨振雄成为朋友，就是一个很好的例子。

应野平爱听评弹，尤其喜欢杨振雄的《长生殿》。杨振雄曾经回忆说，当时上海政协里有政协俱乐部，每星期四是画家、书法家、金石家等艺人集会搞活动的时间。每次活动，大家都论诗作画，随意挥洒。有时合作写诗绘画，应野平也会凑凑热闹，涂上几笔，时间一长，大家也就熟了。杨振雄与应野平后来经常相互走访。应野平的艺术表现在笔墨宣纸上，杨振雄的艺术表现于舞台上。杨振雄说他演出时，应野平是他的座上客；应野平作画时，他也时常在旁观摩。他对应野平说："看画家画画是一大乐事，明明是一张白纸，片刻之间便是层峦叠嶂，万壑争流，画家的用笔、构图、调色、题词，对我的弹词表演来说，在说法、布局上大有帮助，可以免俗增雅。"应野平告诉杨振雄："听你的《长生殿》之脱靴、磨墨，可使画家更增画兴。"又说，"文艺本来是触类旁通的，可以互相吸收，如唐之张旭观公孙大娘舞剑而得狂草之法，诸如此类不可胜数"。

应野平在作画，时年六十七岁。

应野平热爱艺术，也热爱生活，更是一位性情中人。他一生经受了许多磨难，而越是磨难，越能表现出他的乐观和顽强。他中过风，因手颤而无法握笔，连一位医生朋友也说，应先生恐怕不能再画了。但是，奇迹般康复之后，他不但顽强地拿起笔，而且画作更为老辣沉着。

应野平晚年不幸患上食道癌，但他并没有因此沮丧，他曾把病中写的几首诗寄给上海知名记者，也是他的忘年交郑重。诗中说："小病生来得小休，暂抛笔砚且优游。"当时许多人都以为应野平不能再画了。郑重去看望他，却发现墙壁上又挂着应野平水墨淋漓的新作，并题有"病后试笔"的字样。郑重见后，很是宽慰。本来，应野平在病中生活得很当心，身体一天天在向好的方面发展。到了秋天，阳澄湖蟹上市，应野平忍不住开忌吃了一只蟹，自此癌症一发而不可收。应野平有些后悔，还写了一首诗给郑重：“天不亡人人自亡，病从一蟹入膏肓。此身倘得回春日，暂勿轻尝八足王。”信末附语：“不吃蟹，也不再画蟹了。”但是这次病魔再也不给他回春的机会了，病情每况愈下。有一次在他的病床前，郑重说：“你今年八十一岁，可称‘九九翁’了。”应野平说：“我不想当寿星，只想画画。”但是他的生命已经来日无多。1990年5月不幸因病去世。

作为现代中国水墨山水画的卓越开拓者、海派艺术的杰出代表，应野平践行“人无我有，人有我新，人新我特，人特我精”的十六字创作宗旨，在长达六十余年的艺术生涯中，坚持“原创性、艺术性、探索性、前瞻性”的审美理念，满怀强烈的创新意识和担当意识。他淡泊名利，甘于寂寞，不辞辛劳，不避艰险，以敏锐的艺术触角，创作了数量众多、题材丰富、形式新颖的作品。应野平认为，画家用笔要带情，作画不能单凭技巧，而是要用感情来画。从他各个时期的写生作品中，不难看出他摆脱旧程式的束缚，笔墨技法日趋成熟、完美，一些古人从未涉及的题材、一些今人视为畏途的形式，他敢为人先，运用自如，不露凿痕。《广州纪游册》中的输电铁塔、巨型吊车，《桐庐纪游册》中的稻田、民居……充盈画幅的是时代风尚、劳动者的风采，以及传统绘画的笔墨情趣。这些，均凸显着应野平热爱生活的炽烈情感。

不要老是看人家的短处，应该看人家的长处，只有这样才能不断进步。

——陈佩秋

陈佩秋：心无旁骛为艺术而生

陈启伟

陈佩秋（1923—　），上海中国画院一级画师。中国美术家协会会员，上海市美术家协会、书法家协会理事，西泠印社理事，上海书画院院长，上海中国画院艺术顾问，上海大学美术学院兼职教授。画作《红满枝头》获全国美展铜奖。出版有《陈佩秋画集》等。2000年被聘为上海市文史研究馆馆员。

一位九旬高龄的老人，在功成名就、已经站立在艺术之巅时，依然丝毫不敢懈怠，依然远离安逸的生活，继续从事艺术创作、对艺术鉴定的研究。为了创作，为了研究，时常夜阑人静时伏案夜战，通宵达旦直至东方破晓。她就是独步当代画坛的领军人物、第六届上海文学艺术奖“终身成就奖”获得者陈佩秋先生。

近几年来，时有机会聆听陈佩秋先生关于中国画艺术鉴赏和创作的心得，听得最多的两个字，就是“美”和“难”。她将中国画艺术作为自己永远不变的人生主题。她把一生倾注于钟爱的绘画艺术，在年近七旬时，依然不懈学习，吸收西方绘画的色彩精华，创新变法，探索出独具个人风格的“叠彩法”，为中国画艺术开拓出一片新天地；年逾八旬时，依然孜孜以求“亦美亦难”的艺术真谛，厚积薄发，在中国画鉴定领域打开一扇窗户，对一些人们习以为常、深藏各大博物馆的古代名画提出了自己的真伪见解，让人们领略到，她是一位活到老、学到老、探究到老、真诚到老的一代书画大师和鉴定大家。

受教中西　结缘书画

陈佩秋，字健碧，1923年2月出生。出生时正好是农历小年夜，按照中国人的习惯，出生即算一岁，出生时加一岁，过了两天变成农历新年又加一岁，因此在1923年出生的当年，陈佩秋已经是两岁的婴孩了。由此推算，2015年陈佩秋先生应该是九十四岁高龄。

陈佩秋先生的父亲是河南人。出生前，父亲在四川参加了护国战争，和蔡锷等合作共事，一起参加了讨伐袁世凯的战争。因为籍贯是河南信阳，人们一直以为她出生在河南。但在提及自己的出生地时，陈佩秋表示，自己从小生活在云南昆明，因为母亲是四川人，而父亲当年又在四川从军，只有可能在四川或云南出生，不会生在河南。

在陈佩秋出生的那年，整个中国动荡不安。1911年辛亥革命爆发，一直到1924年，国民党才召开第一次代表大会。由于父亲的军人身份，年幼的陈佩秋很少见到他。陈父经常在上海、江西、四川，还有香港等地，和那些军阀、他以前的同学在一起共事。他和朱德是同学，与当时的云南省主席龙云都是行伍出身，都是“讲武堂”的人。据陈佩秋回忆，她的父母和朱德很熟。那时候，朱德在四川，还没有加入共产党，他们两家业余时间时常在一起打麻将娱乐。

年幼的陈佩秋在教育方面接受的是中西结合的教育。她的哥哥姐姐从小在家里念私塾，老师是一位上了年纪的长着白胡子的老先生，是父亲特意从外面请来的贡生。后来，陈父又让子女读洋学堂，接受新式教育，但学中文还是用传统的私塾教育方法。

在家里读私塾，哥哥姐姐读四书五经，她就站在旁边学，喜欢凑热闹。老先生就对年幼的陈佩秋说，我教你念《三字经》吧，聪慧的陈佩秋一学就会，她把《三字经》背得滚瓜烂熟，许多古文的底子，就是小时候打下的。陈佩秋说，那个时候也不理解《三字经》的意思，像小和尚念经一样，觉得十分好玩。对于《三字经》的内容，一直到读了大学才开始理解。时至今日，陈佩秋对一些历史知识、朝代顺序脱口而出，就是那个时候烙在了心里。

陈佩秋六七岁时开始上小学，念了六年，十三岁进入中学。许多人都对当初的陈佩秋是否对艺术有特别的爱好感兴趣，但陈佩秋说，那时还真没有对艺术发生兴趣。只是美术老师常夸奖她画得不错，有时候和小朋友去文庙玩，玩累了，她会坐在空地上拿出纸和笔，画棵树或者画画眼前的风景。记得有一次，下课回家，路过文庙又在那里画画，一位游客模样的人站在她身边看了许久，说："你的画画得很好的嘛。"

一转眼，陈佩秋高中毕业了，选择继续深造的专业却不是艺术。当初，她在学校时，喜欢理工科，但遭到父亲的反对，于是遵从父亲意愿，考入了西南联大的经济系。进了大学，读了一年，觉得经济专业的课程枯燥乏味，当时又在打仗，经常拉警报，一拉警报就散课躲避，一年中也没上几堂课。随着日子一天天过去，陈佩秋越发感觉自己不喜欢经济，她和父亲提出想改学其他专业，但父亲固执己见，说你不学经济就不要去读书了。而倔强的陈佩秋真的就不去上学，待在了家里。

就在这时，有一些画家陆续来昆明办画展，让年轻的陈佩秋生平第一次知道什么是中国画，欣赏到了高水准的国画，这其中，就有后来影响中国当代美术史的张大千、徐悲鸿、黄君璧、傅抱石、谢稚柳等。一次，黄君璧来昆明办画展，陈家有个亲戚跟黄君璧熟悉，于是带陈佩秋一同前往看画展。这是陈佩秋第一次看到国画，觉得很新鲜。当时的昆明还比较闭塞，平时学生看见的是一些铅笔画。那天，黄君璧也在场。在观看了黄君璧先生的画展后，陈佩秋与黄先生有了交流，她向黄君璧提了许多问题。遇见对艺术有如此天分的年轻后生，黄君璧说："你倒是喜欢这个的。既然这样，你就去考美术学校吧。"黄君璧建议她去考艺术专业，他当时已是国立艺专的兼课老师，和谢稚柳都在重庆沙坪坝的中央大学教书。

由于当时已停课在家，这次不期相遇，为陈佩秋打开了人生一条新路。以前从没有想过学美术的她，竟然阴差阳错去报考了重庆国立艺术专科学校。父亲见陈佩秋不愿读西南联大的经济专业，对于她要读艺术专业，这回父亲却没有反对，同意她去重庆考试。就这样，陈佩秋顺利地考取了国立艺专。

卧枕宋元　丹青出新

当时，中央大学艺术系在沙坪坝嘉陵江的那边，过了嘉陵江，就是国立艺专所在地盘溪，学校的校舍是用竹子搭建的，相当简陋。回想当年求学的经历，陈佩秋说："当年确实艰苦。那时我们学生住的宿舍很小，床是木头做的，四根木柱就是四条腿，加几根横档就搭成了简易的床铺。床是双层铺，睡在上铺的人，一不小心就会从上面翻滚下来。宿舍中间就放一张粗糙的台子，那环境就像贫民窟。最吓人的是蚊子，重庆山上的蚊子特别大，在昆明从来就没有见过。"

陈佩秋睡在上铺，晚上有很多蚊子，没有办法入睡，于是几个女生就用硫黄纸条熏蚊子，一长条的硫黄把人熏得气都喘不过来。那时也根本不讲环境污染、对人体好不好，只要能熏走蚊子就行。她每天早上去上课，下雨天走的全是烂泥路，女同学穿的皮鞋上全沾满了泥，有的同学只好把皮鞋脱了穿草鞋。

在家时连一个杯子都没有洗过的陈佩秋，在重庆，晚上上食堂吃饭或打热水，要走一条山路，一个人提着灯笼，走在黑夜里，心里非常害怕。有时走着走着，会想起小时候家里老人说的鬼故事，就毛骨悚然，于是一路小跑逃回宿舍。

陈佩秋绘画作品。

当时正值抗战时期，在那么艰苦的环境下，无论教学条件好坏，都有用功和不用功的学生。有些学生很用功，有些也不要读书，整天混日子。在重庆的一年里，陈佩秋先是临画，临黄君璧的作品。学校的主要课程是素描课和写生课，临潘天寿、吴茀之的花鸟画是高年级学生的课。

抗战胜利后，学校迁到了杭州，一些同学还是很懒，一到冷天就躲在宿舍不去上课。有一次，《东南日报》的记者到学校来采访，教室里没有几个人。抗战八年，把人心都搞散了，许多人迷失方向，失去了追求。那天，不知道哪来的那么好的兴致，陈佩秋一个人在教室里画画。那个记者进来了，脱口而出："你们这里怎么没有人呢？"陈佩秋抬头一看，果然教室里其他同学都走光了。最可气的是，那天老师也没来。陈佩秋就一个人在那里临画。记者就拍了一张照片，后来在《东南日报》登了出来。40年代后期，盛行演话剧，许多同学晚上都去礼堂看戏，陈佩秋还是在教室里画画。从宿舍到教室的路上要路过大礼堂，里面戏演得很热闹，每次路过那里，她居然熟视无睹，没有丢下学业去消磨时光。她只有一个理念，自己是来学画的，就要在画上下功夫，首先是要把画画好。

到杭州后，大环境好了，读书也心定了，再加上老师经常带好的作品给大家看，让学生长了知识，开了眼界。那段时间，学校主要请画家郑午昌给大家上课，他带了很多收藏家珍藏的书画作品的照片让学生看，要求他们临摹。也就在这时，陈佩秋第一次认识了“四王”和其他宋元大家的作品。后来，黄宾虹先生也来授课了。他的观点和郑午昌的明显不同，黄宾虹对宋元一路并不待见，而郑午昌则竭力推崇。

当时在黄宾虹先生处上课，学生就是临摹黄先生的画稿，但在陈佩秋眼里，这些画比较简单，大家一学就像了。一次，她到图书馆去看古代绘画资料，遇到郑午昌，郑老师写过一本《中国画学全史》，在学生眼里是个有学问的导师，于是她向郑午昌请教如何学习绘画。郑午昌说：“学画嘛，你到图书馆里去学，那里有很多绘画资料，可选择自己喜欢的古代画家作品，自己去学就可以了。”陈佩秋就到图书馆去找资料，看到五代画家赵幹的作品，就喜欢上了。那是由神州国光社出版的珂罗版赵幹作品，很小的一幅画，那画上有船又有人，船上有一个小孩靠着篾竹编的船篷边，那船篷的篾竹的线条画得清清楚楚。陈佩秋花了一周的时间进行临摹。后来被黄宾虹看见了，他问陈佩秋：“你怎么画这东西，这是匠人画的。”看到老师不屑一顾的神情，陈佩秋知道，老师不是出于恶意，只是他不喜欢罢了。平时，她和黄先生的关系很好，还经常到黄先生家去玩，同时将黄先生的作品带回教室供同学临摹。对于尚在求学阶段的陈佩秋来说，她有种直觉，文人画不细致，匠人画细致；文人画容易上手，而匠人画难画。临摹匠人画，一遍、两遍都不一定能临像，而临文人画，好多人一临就像，而且很差的学生也临得很像。就说那幅赵幹的画，她放大临摹用了一个星期，那篾竹的线条真的很难画，难度高。她在临摹的过程中，对黄先生的话打了问号。后来遇到郑午昌先生时，就问他赵幹的画怎么样，郑午昌说，赵幹的画很有水平，是好画，可以临摹。两位先生讲的观点不一样，这就促使陈佩秋开动脑筋，她想，艺术这个东西应该要有高难度，不是人人能够弄出来的才是好的艺术，而宋人的画恰恰如此。这是陈佩秋第一次领教了五代艺术的魅力，也是她人生第一次有了自己对好的艺术的评判标准。几十年后，陈佩秋说，如果当年跟着黄先生的路子走，恐怕就不会有今天的成果。

在学校期间，陈佩秋学山水从赵幹入手，南宋主要的山水画家和元四家都临摹过。到了上海，还临摹过董源的画。一直到20世纪50年代，她还在临摹。以前是用珂罗版临摹，到了上海后条件好了，可以借到原作了，因此她的艺术有了很大的提高。

杭州的学习生活，让陈佩秋结下了同学情谊，到了后来，她还时不时地接济一些老同学。陈佩秋说："人能几十年还保持联系，这是一种缘分。不是接济，是彼此之间照顾。我的同学中，有的已经不再从事绘画工作，退休金也不多。我是尽自己的可能，有时送些药，有时为他们写些字，或许还可救急。以前在学校的时候，在学业上，我和他们比也就多几分，并不比别人好到哪里去。但后来，他们中有的人改行了，有的也没有坚持下去。我是一直画下去。我并非天赋比别人强，只是我的机遇比别的同学好，我有坚持的机会而已。有些人虽然有一点聪明才智，但更主要的是后天的努力奋斗，事业是否有成，关键是能否坚持不懈。自己的才气顶多就占二三分，七八分是要靠后天的努力。"

1950年，毕业后的陈佩秋在上海市文物管理委员会找到了工作。这份工作给予她大量机会浏览古代名家名作，其间又多次向朋友借来宋代花鸟作品进行临摹，后来流传的《花鸟杂册》，便是她精于宋代工笔花鸟画技法的集中体现。

20世纪50年代，经应野平先生介绍，当时的朵云轩木刻水印部来找她，希望她到朵云轩工作，并承诺给最高的工资，每月一百八十元，当时三十元就可以养活一家人了，但是她没有去，一心只想能有更多时间画自己喜欢的画。之后，作为新中国第一批年轻的画家，陈佩秋步入了新成立的上海中国画院，成为一名专职画师。也是在50年代，她与当代著名鉴定家、书画家谢稚柳先生结成秦晋之好，成为一对艺术夫妻。由于在学校期间的出色成绩，潘天寿先生请陈佩秋去杭州为母校学生上课，因为当时学校的几位国画先生都是教写意中国画的，潘先生想让她去教工笔画，让学生打下扎实的基础，但当时已成家的陈佩秋不愿放弃照顾家庭的职责，婉言谢绝了学校的盛情。

"美""难"之际　上下求索

陈佩秋求"美"，有其独特的审美标准。她不是囫囵吞枣地吃进别人的"美"，再吐出别人的"美"。而是用她的心智，将自然造化的美，经过她艺术细胞的转化，创造出具有陈氏风格的花鸟山水画。她"卧枕宋元，丹青出新"，在注重笔墨的同时，寻求中国画色彩运用上的突破，"从传统青绿山水中揭示古人用色的真谛，从大千世界中概括色彩的自然组合，从西方绘画中借鉴科学的用色之道"。几十年的努力、探索和不断积累，使得陈佩秋在运用中国画色彩时游刃有余。她用色彩来表现大千世界的美，用色彩表现世界和光的关系，她成了光和色彩的主宰。

20世纪80年代开始，在中国大地改革春风的吹拂下，陈佩秋有机会走出国门，领略世界艺术的精华，开始对周围的新事物进行新的观察。除了继续坚持临摹古画，她更多地开始关注西方艺术。她以超过花甲的年龄，开始探索新的中国画表现形式，以极大的艺术勇气改变自己的画风。她欣赏马奈、雷诺阿及德加的色彩和精炼明确的笔触，并将印象派的用色技法运用于中国传统画上。

由于对光有极其敏锐的反应，无论是花鸟作品，还是山水作品，陈佩秋带给我们的是一种似梦似幻的艺术境界。在她的作品中，光能够被淋漓尽致地表现出来，那种光能够让观者迷恋忘返，如入桃花源而不知归途。所有这一切，正依赖于陈佩秋拥有一双西方印象派画家的慧眼，它能特别感受到光和色的美，捕捉到光和色的变化，并能够通过自己的画笔，将瞬间美妙的光影通过心智的过

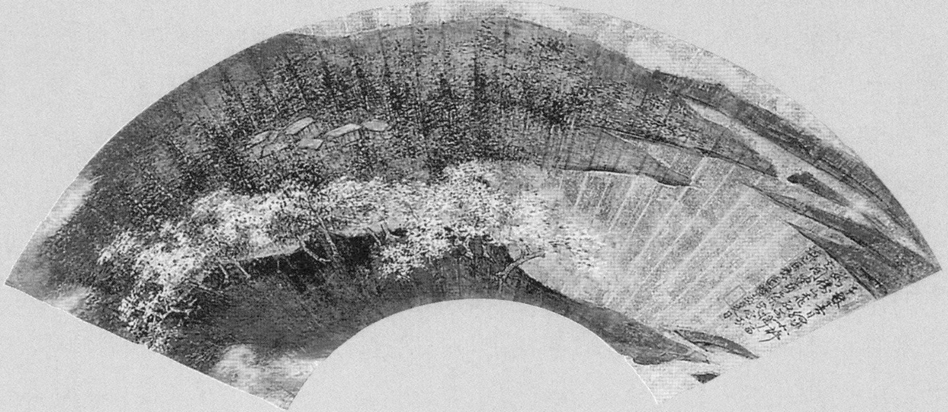

陈佩秋扇面作品。

滤，固定在画面上，将一个色彩缤纷的世界呈现在观众面前。

陈佩秋常说："我这一生，既然选择了学画，并把它作为职业，这便是长期的事。前人说学无止境，到老来，我更体会到这是经典之言。学，是为应用，所学的越多，也越能派用场。所派用场的大小和价值，是看自己所学的东西对不对路。"几十年来，她以"学而时习之，不亦说乎"的敬业精神，在中国画坛默默耕耘，在对前人、今人的借鉴与取舍中，在对大自然的概括取舍中，在对艺术风格形式的甄别取舍中，逐渐登堂入室，攀登艺术高峰。

陈佩秋求"难"，在于她对绘画认识后的顿悟，在于她不急功近利地"慢慢学"、"慢慢画"的心态。于是，精工细绘后的作品让人读出厚实感，读出韵味来。

在学生时期，陈佩秋起先总是临摹一些近现代画家和老师的作品，但她天生的倔强性格，养成了独立思考、不迷信权威的求学精神，她能够对老师的审美观提出质疑，也总是挑一些自己喜欢的，但被老师说成是匠人之作的宋元画去临摹。毕业后，因不受时间限制，可以博览古画，有条件慢慢地学、慢慢地看、仔细地听。在日后的感言中，她说："慢学能分别哪些画是易学的、简练的，哪些画是难度较高的、复杂的。易学的画易于上手，难学的画，一时不易学成。"不仅如此，她还发现了一个真理，绘画之难是艺术的真谛所在。如果人人都能完成，那还要艺术家干什么？她总是通俗地教诲后生，儿童的绘画和画家的绘画要有本质上的区别，那就是审美和难度。

陈佩秋早年学唐宋人的画，工丽严谨，三矾九染，一丝不苟。这从她50年代获得全国大奖的作品中可窥一斑。50年代以来，她以花鸟画耕耘于画坛。历经三十余年的上下求索，她将唐宋画家的创作内涵参悟，在她的笔下衰年变法，变拘谨为放逸，以自悟的“亦美亦难”的创作原则，将中国画无论花鸟还是山水，在创作上兼收并蓄，拿来创新；审美上与时俱进，别出蹊径。90年代后的作品，“多用方构图，不拘泥只用勾皴和点法。从浅着色慢慢学画重彩，并开始探索传统大青绿”。

由于一次不期而遇的机缘，陈佩秋在美国洛杉矶见到大自然山中两旁的花树，“色繁如锦，令人动心”。她渴望将它们收入自己的画中，于是反复琢磨，就有了这幅《江南春色》，从此奠定了陈佩秋艺术创作全盛时期的标高。

《江南春色》就是一幅光和色彩完美统一的美丽画卷。当人们看到这幅画时，第一印象就想到了西方印象派的作品。那绿树以及树丛中斑驳穿梭的光影，会使大家想起莫奈《徜徉在蒙梭公园的巴黎人》中那树丛上的光和影；那娇嫩的粉红、淡紫以及蓝白青红，使人仿佛看见了《吉维尼花园》里道路两旁的花丛。然而，让人惊奇的是，它不是油画，它分明是地地道道的中国画。

看《江南春色》，我们可以发现，它近看是由红绿相间的色点组成的。它的独特性，在于描绘光与影的笔触是传统的中国画的笔触。陈佩秋用中国画不同的笔法，在宣纸上进行大点和小点的组合，用一点点的色块组成了和谐的色彩世界。毋庸置疑的是，在视觉观察方面，陈佩秋是一位富于创造的画家。她和西方的印象派大师一样，善于从光与色的相互作用中发现传统中国画中的空白，从而进一步找到最适合自己表达的光与色的明暗度。她的山水画，因为有了光，黑而不死，重而不沉，深暗仍有色彩感。在她的构图中，常把物体美妙动人的一面，用色彩的深浅、景致的远近、光的明暗来呈现，使画面浑然一体，把以红绿为主的不同层次的色彩交织在一起，描绘出大自然的田园交响诗。

《江南春色》是陈佩秋20世纪80年代，在美国洛杉矶居住时画的。她说："这幅画功夫花得大了，每次都是定下心来再画，一次画一点，有时一连画好多天。有时画不下去了，就停下来，过一段时间，有了感觉再去画。"

1988年开始，她每年要和谢稚柳到在美国定居的儿子家里去居住一段时间，有时一住就是大半年。洛杉矶是个美丽的城市，道路两边的树，又高又大，路边全是花草树木。陈佩秋说："多么美的环境呀，这是客观决定你的主观意识。画家画的很多作品是主观的，但主观受制于你的客观发现。"当时住在洛杉矶，房子的前后左右都是花园，每天睁开眼满目都是色彩。日子久了，就有一种创作的冲动。但用传统的中国画的色彩无法表现所见之美。

事实上，陈佩秋对于西洋绘画经验并不多。她在洛杉矶居住期间，为了在中国画色彩上有所突破，除潜心钻研、反复实践外，就是经常研究西方画家的作品。她是洛杉矶书店的常客，因为书店里摆放着各种西方艺术家的画册。那段时间她常到书店去，"每天都是定定心心地去看画册，吃过中饭去，看到吃晚饭的时间；早上去的话，就一直看到吃中饭的时间。有时实在觉得好的，价钱不贵，就花钱买下来"。她还是各大博物馆的常客，悉心观摩，仔细探究。"就在那个时期，我的颜色不自觉地发生了变化。印象派的作品给我的影响比较大。印象派的作品颜色变化多，那可是真好啊。我觉得人老了还是要学习呀。"

在20世纪80年代末到90年代之间，陈佩秋的主要精力放在对色彩的实践上面，她希望把印象派的用色特点借鉴到中国画中来。然而，这对于中国画是很难的。油画先调色，可以看到色彩深浅效果，可以一次完成。而她则是用皮纸作画，颜色用得不对，就要重新画。有时，一小块颜色就要加很多遍，否则没有层次感。颜色要点上去，要有笔触、有笔法，有粗笔，也要有细笔。她的画全是中国画的那种技法，用的是中国的毛笔。中国画和西画的用笔是不相同的。宣纸湿的时候看上去颜色是对的，干了以后效果就不对了，只好再画。一直要画到干了以后效果对了才罢手。

这幅《江南春色》前后大约花了她两年多时间。初步完成以后，过了一年，她再加颜色，不断地让画面丰满起来。有时画到画不下去了，就放下来。画到最后，才添七只小黄鹂，画鸟的时候，想起了一段名句，后来就题在上面了：暮春三月，江南草长，杂花生树，群莺乱飞。单看原作，那些黄鹂，小得几乎看不清形状，但个个栩栩如生。再看画册，放大了以后的黄鹂笔触鲜明，笔笔到位，此非一日之功所为。

而早在20世纪70年代，陈佩秋就在研究用色问题了。“文革”以前，她也是比较喜欢看西画的。“文革”以后，更是留心观摩西画。改革开放后，有机会出国进行艺术交流，看的东西也多了，但真正开始实践，是在美国居住的那段时间。那么多的花，颜色那么丰富，让她就想把那种色彩画出来。人们关心她所用的颜料，陈佩秋毫无保留地告诉同行，自己用的是最好的颜料，水彩、丙烯、水粉颜料都有。许多颜色都是从国外买的。有时要用一种颜色堆上去的，就用丙烯颜料。有时重要的那几点，就用颜料堆上去。她说，现在也有人在作品上堆颜料，但中国画堆颜料上去要有节奏感。一幅画，“点”的好坏大有讲究。画中有大点子，有小点子，要一笔下去不可改动，否则效果就不对。颜色的浓淡要合适，笔触要到位，这是比较难的地方。她还热心地将自己所用的颜料赠送给同行画家。

质疑名画　平地惊雷

进入20世纪90年代后期，在世纪之交，同样出于对艺术“美”与“难”的追求，和对中国古代绘画艺术的崇敬和执著，陈佩秋开始悉心钻研中国古代绘画的鉴定工作。半个多世纪的临摹和研究，终于使得她在21世纪来临之际，将自己在古代绘画方面的鉴定认识，以一种严谨的学术态度，公布于众。

陈佩秋曾经是一位专业画家，因为鉴定家、画家、丈夫谢稚柳的缘故，五六十年代，她接触了许多名画古画，当初是顺便看看，或为了临摹之用。改革开放后，有更多的机会使她在各大博物馆观摩古代书画作品，包括到海外的博物馆和海外大收藏家家里去观摩研究。不料，这些积累在几十年后，厚积薄发，竟然使她对古书画鉴定一发不可收。

在陈佩秋看来，研究古代名画国宝，正是为了今天去芜取精，更好地继承和发扬中国传统文化。今天应该继承什么，发扬什么，她认为还是唐宋画家的“外师造化，中得心源”精神。这句话虽然是唐代人提出来的，但在宋代画家中进行了深入的实践。如荆浩隐居太行山的洪谷，写松万本；范宽隐居终南山，与自然风月默以神会；郭熙饱游山川，山山水水罗列于胸；赵昌晨露写生，易元吉深山窥猿等，几乎没有一个有成就的画家，不是“外师造化，中得心源”的。而从元代起，这一精神便衰落了。倪云林的画笔墨是好的，但构图章法总是三段，未免千篇一律，远不及宋画的千岩万壑来得多姿多彩。

陈佩秋认为，唐画与宋画有区别，区别就在线条上。唐宋画家的线条都很挺，但唐末期的画家的线条已经走细。唐人画的人物，造型上是胖胖的，很饱满，线条上是厚重的；而宋画的线条相比较唐画要显得秀气，没

2014年陈佩秋（左）为上海书画善会揭幕。

陈佩秋观摩海上印社展品。

2014年陈佩秋（右排前排左二）出任海上印社首任社长。

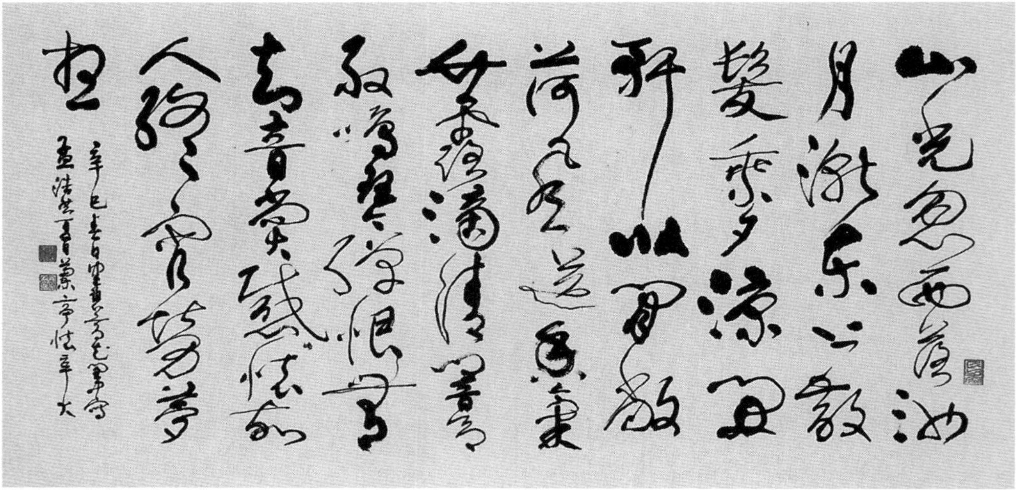

陈佩秋书法作品《夏日南亭怀辛大》(孟浩然)。

有唐画的线条厚重。这些艺术规律,有助于今天的鉴定工作。

进入新世纪,陈佩秋花了将近十年的时间,对故宫博物院、辽宁省博物馆、上海博物馆、台北故宫博物院收藏的阎立本、董源、马远、夏圭等六幅作品进行了系统研究,提出了它们是伪作的结论,引起国内外学术界的关注。

2001年4月30日,媒体发表了对陈佩秋的专访《张大千、谢稚柳生前质疑"董源真迹"》和《陈佩秋称,有必要研讨三画》。她以实事求是的艺术勇气,将谢稚柳生前对董源《潇湘》三图的疑问告知天下。董源《潇湘》三图向来被认为是中国画中山水画的代表性作品,也是董源作品的标杆,它们花费了包括张大千在内的中国一代大家的毕生心血。谢稚柳晚年在病榻上推翻了自己一生研究的结论。然而,谢稚柳终因病魔缠身,无法将研究整理成文。陈佩秋不仅公布了谢先生的最终结论,还花费了大量的时间和精力,继续谢先生未竟的事业,潜心研究,推翻了《潇湘》三图是董源所作的结论,引起强烈关注。2004年底,她应邀出席在沈阳举行的学术研讨会,将张大千、谢稚柳未竟事业继承完成,在那次学术会上,她公布了耗费几年心血的研究成果,引

陈佩秋书法作品《梧桐晚翠》。

陈佩秋绘画作品《九月海棠》。

起与会中外专家的关注。2002年11月13日，媒体又发表了《还〈步辇图〉真实面目——陈佩秋谈即将在上海展出的阎立本作品真伪》。她又对一向被称为唐代画家阎立本代表作的《步辇图》提出了质疑，为中国画坛带来一声惊雷，引起艺术界的震撼。

“峰高无坦途，艺高人胆大。”陈佩秋正是如此实践，获得了如此的境界。

无论生活里有多少磨难，只要有了文学，就有了希望。因为文学净化了我的灵魂，锻造了我的脊梁。

——沈　寂

沈 寂：沉浮在文学的苦难与欢乐中

葛昆元

沈寂（1924— ），原名汪崇刚，上海电影制片厂一级编剧，荣获“上影六十年杰出电影艺术家”称号。电影剧本《一年之计》获文化部优秀影片荣誉奖，《珊瑚岛上的死光》获优秀编剧奖。著有《一代影星阮玲玉》等传记文学作品。2012年被聘为上海市文史研究馆馆员。

柯灵引导他步入文学殿堂

那天在我采访沈老时，一开始他就告诉我：他喜欢文学艺术，是源于父亲对他的影响。他从三四岁起就经常跟着父亲看戏、看电影，甚至因看戏被绑架也在所不惜。他后来能够走上文学创作道路，是得到了柯灵对他的提携和引导。

沈寂7岁时与母亲合影。

1994年1月，（左起）吴承惠、沈寂、贺友直等相聚在一起

1943年大学时代的沈寂。

1937年“八一三”淞沪抗战爆发后，日军的飞机大炮炸死炸伤无数的上海市民，也炸毁了沈寂二姐家的房子和父亲经营的棉花公司，致使他家破产。国恨家仇，点燃了这个十四岁的格致公学学生复仇的火焰。他得到吴学谦等同学的鼓励，和同学蒋礼晓、毛乾丰、薛根福发起创办油印刊物《合群》，写了许多宣传抗日爱国的文章，刊登在《合群》上，并在校内四处张贴。不料，在刊印第二期《合群》时，学校当局慑于日军的淫威，竟然开除了沈寂等四名同学。

离开格致公学后，他参加了青年会图书馆的“青年读书会”。他看到

1951年沈寂（左）与导演杨华在摄影棚内。

1952年被港英政府驱逐后，沈寂与同事在广州合影。后排：蒋伟、马国亮、刘琼、杨华、舒适；前排：狄梵、齐闻韶、白诏、沈寂、卢钰。

报摊上有《熠火文艺小丛刊》第一辑《暴风雨》，刊有描写沦陷区人民苦难生活的小说、散文，激起了他创作的欲望。回到家中，他根据“八一三”淞沪抗战中，一位车夫将一卡车日军开入黄浦江的英勇事迹，写成一篇短篇小说，投寄给《熠火文艺小丛刊》，文章竟然在第二辑《海燕》上发表了。兴奋之余，他又根据上海十一位女学生渡江北上、参加新四军的故事，写成短篇小说《十一个》，投给周楞伽主编的文学杂志。不久也发表了。

太平洋战争爆发后，沈寂参加了新四军，亲眼目睹战友们与日伪军英勇战斗，深受鼓舞。

半年后，他因病从抗日根据地返回上海，考入复旦大学西洋文学系，并与同学王树平（即著名外交官王殊）、慎仪成立了一个文学小组，出版油印刊物《青的果》，刊出了沈寂写的短篇小说《盗马贼》（根据他三舅讲的故事创作而成），以及王树平的散文、慎义的《曹禺研究》。

一天，沈寂听说著名进步作家柯灵在主编《万象》杂志，就斗胆将《盗马贼》投了过去。能否发表，他不抱希望。然而，仅仅过了一星期，他就收到了柯灵的来信，嘱咐他再写一篇。他马上又写了一篇短篇小说《大草泽的犷悍》寄去。一星期后，柯灵又来信，还要他再写一篇。于是，他又根据上海京剧界某些坤伶堕落而引发的凶杀案，写成小说《被玩弄者的报复》寄给柯灵。他认为，柯灵这样做是在考查他的创作能力，是否能发表，他不敢奢望。但是，令他十分意外的是，柯灵竟在《万象》杂志上，连续三期发表了他的三篇小说，还特地请著名画家江栋良为他的《盗马贼》绘插图，还在《编后记》里热情地向读者推荐："沈寂是文学界的新人，定能引起读者的重视。"这使得沈寂很快成为一名令人瞩目的青年作家。

他非常感激柯灵的提携和帮助，因为是柯灵让他尝到了文学创作的欢乐。柯灵是引导他步入文学殿堂的恩师。为了表示感激，他又写了一篇题为《鬼》的短篇小说寄给柯灵。小说通过一位逃荒的老妪之口，讲了人世间的"鬼"要比阴间的鬼更可怕，因为这些人世间的"鬼"，杀人放火，掳掠别人的财富。

订婚夜他被抓进日本宪兵队

沈寂记得，那些天他真是好事连连。不仅小说连续发表，而且他的爱情也开花结果了：他未来的岳父读了他发表在《万象》上的三篇小说后，同意了他和自己女儿朱明哲的婚事，并举行了订婚仪式。

谁知，天有不测风云，人有旦夕祸福。就在沈寂沉浸在欢乐和幸福之时，一场灾难突然降临，他被日本宪兵队逮捕了！

那天是他订婚的日子，也是1943年12月24日圣诞夜。

他被带到日本宪兵队司令部，扔进了一号牢房。他从地上爬起来，坐到一个角落里。就着昏暗的灯光，他看到这间牢房内已有五个人。他不言不语，心里只是胡乱猜想：是日本宪兵知道自己参加过新四军，还是自己写的抗日文章被他们发觉了？

一会儿，一个翻译将他押到三楼审讯室。

一个日本军曹大声呵斥沈寂，胆敢写宣传抗日的文章，并威吓说，这是要死拉死拉的！

沈寂知道，在日本宪兵从他家抄去的一大堆书刊中，就有发表他小说的杂志。他等候发落。

不料，那个军曹突然厉声问沈寂："是否认识蒋礼晓？什么时候见过面？蒋礼晓现在逃到哪里去了？"

他和蒋礼晓等几个同学一起被格致公学开除后，起初，他们一起参加青读会，后来沈寂去参加新四军，两人就没有联系了。但他知道蒋礼晓一直在进行抗日活动。难道蒋礼晓的抗日活动，被敌人发觉了？蒋礼晓逃跑了？敌人正在抓捕他？如果是这样，他就必须保护蒋礼晓，决不能说出他的去向（沈寂后来才知道蒋礼晓与一些爱国青年组织了一个"白刃社"，专门暗杀鬼子、汉奸。可是不久即被叛徒出卖。他逃走后，放在家中的日记被日本宪兵查获，日记中记有沈寂姓氏的拼音字母及地址）。

于是，他面对满脸横肉的日本军曹，连答三个"不知道"。话音刚落，日本军曹厚厚的巴掌和橡皮棍就重重地打在沈寂的脸颊和头上，打得他疼痛难当，在地上打滚……过了好一会儿，翻译才把他拉起来，要他在一张纸上签名。他签名时，看到这个凶恶的军曹名叫竹世谷传造。

沈寂被扔回牢房后，难友们都围上来关心他。一位老人还细心地抹去沈寂头上的血渍，并安慰他说："你只是一个学生，早晚会被释放的。"沈寂感激地点点头。

这位老人是中学校长，他因每周一早晨，坚持带领全校师生对着孙中山遗像念"总理遗嘱"而被捕。

另外一位难友给他讲了夏丏尊先生在狱中进行绝食斗争的英勇事迹，鼓励他向夏老学习。

就连那个德国犹太犯人罕斯也很关心沈寂。一天他用英语在沈寂耳旁轻声地说："你下一次可能会上刑，不要怕！犹太所罗门王有句名言叫做'一切都将过去'。上刑必有痛苦，你要熬过去，他们逼你说话，你……"他摆摆手，沈寂明白他的意思。

难友们的关心和鼓励，增强了他与鬼子斗争的勇气。

果然，第二天，鬼子真的给沈寂上了老虎凳。沈寂默念着"一切都将过去"，咬牙挺了过来，得到了难友们的赞扬。

过了新年后，日本宪兵队由于没有掌握沈寂与“白刃社”的任何证据，在以抗日嫌疑罪关押了他四十二天后，释放了他。回到家里，沈寂担心未婚妻的父母会害怕受牵连而悔婚。未婚妻却笑着告诉他，她父亲说：“被日本人抓去的都是好人！”沈寂闻言，激动地一把将未婚妻拥抱在怀中。

几天后，沈寂看到柯灵在《万象》上发表了他创作的短篇小说《鬼》，并鼓励他继续创作。这对他是巨大的鼓舞。不久，沈寂就写了小说《大荒天》，揭露日伪用细菌毒害我国农村儿童的罪行。送审后，竟被删去十七处之多。柯灵却坚持发表，被删处均以“××”代之，让读者看到敌伪审查的痕迹，表示了柯灵大无畏的反抗精神。

之后，他遵命为貌似汉奸刊物的《杂志》写稿（解放后，他才知道《杂志》原来是由地下党员袁殊、恽逸群等负责的）。他以“谷正櫆”为笔名，和石琪、郭朋、徐慧棠、沈毓刚等青年作家一起，在《杂志》、《万象》、《春秋》等刊物上连续发表小说，集中描述沦陷区下层人民的苦难生活，被读者誉为“五虎将”。

监狱的生活就像一座大熔炉，将他从一个热血青年，锻炼成一个有理想、有担当的青年爱国作家。

舒适热情推荐他的电影剧本

上海解放后，沈寂申请恢复被国民党查禁的三本文艺刊物，未获批准。正在他焦虑徘徊之际，他收到了香港永华影业公司老板李祖永的来信，邀请他去香港当电影编剧。因为之前沈寂的小说《盐场》已被永华改编拍成电影。沈寂读了信后，既高兴又担心。高兴的是，他又有用武之地了；担心的是，他从未写过电影剧本。但是，上海市军管会文艺处副处长李之华却极力支持他去香港，并相信他很快就能胜任电影编剧工作。李处长还叮嘱他与香港一批爱国电影工作者多联系。回到家中，他就埋头研读电影剧本，为赴港做准备。

1950年初，沈寂偕妻子来到香港，正逢永华公司裁员，老板无暇接待他。一时间，他无工作，无收入，不知怎么办。无奈之下，他就去看望《盐场》的导演舒适。舒适告诉他,《盐场》拍成影片后,改名《怒潮》,因内容进步,香港当局不准放映。舒适还关心地对他说:“永华虽然改组,但不会很快拍戏,你如有剧本,可给我,我可帮忙推荐到别家电影公司去。”

舒适的话让他感到温暖和兴奋。他知道,舒适是在帮助自己渡难关。回到家中,他立刻就着手将自己一部未写完的中篇小说《古屋》(内容是揭露、鞭挞地主迫害佃农、包办婚姻的恶行),改编成电影剧本,并将片名改为《狂风之夜》。五天后,他将《狂风之夜》初稿交给舒适。很快舒适就传来好消息,长城影业公司同意投拍。这对沈寂是个莫大的鼓励。不久后又应舒适之邀,将短篇小说《红灯笼》改编成电影剧本,还为李萍倩导演创作了喜剧电影剧本《白日梦》,都先后拍成电影,放映后,反响很好。沈寂也从一个小说家成功转为一名电影编剧。

早在沈寂到香港以前,香港爱国电影工作者就成立了一个香港影人协会,并以“读书会”的名义,经常组织大家学习进步图书、报刊上的文章。当时港英政府明令不准挂五星红旗,香港进步影人便用人体拼成五星,拍成照片,宣誓热爱新中国。同时,还成立了一个合作性质的“五十年代影业公司”。舒适、刘琼等都是该公司的主要成员。沈寂来到香港后,他们就经常邀请沈寂参加学习,到广州为解放军举行慰问演出等活动。和他们在一起,沈寂感到特别快乐。

当代表讨欠薪被驱逐出香港

几天后,李祖永终于“挤出时间”约见了沈寂,要求他与姚克尽量提供故事,供自己选用。可是,他俩提供的所有故事都犹如石沉大海,杳无音信。其实,当时李祖永正处于一个两难境地:他既不敢得罪台湾方面,又害怕公开反共会失去他在上海的大量产业。因此,他好久不拍片,处在观望和等待之中,是他脚踏两条船的权宜之计。

尽管如此,开始一段时间李祖永还能按时给员工发薪水,可是到了1951年秋天,他就以永华公司停产日久,资金短缺为由,开始拖欠员工薪水。到10月,总共拖欠员工三个多月的薪水,致使全厂一百多名员工的生活陷于极度困难之中。沈寂也因女儿出生，生活开支增加，不发薪水连女儿的奶粉也无钱购买，更无钱寄给上海病重的母亲。

每天，员工们都到厂里等待发薪消息。李祖永总是避而不见。于是，员工们推选沈寂与副导演杨华两人作为正式代表去和厂方交涉，要求先发清三个月的欠薪，否则就停工。

李祖永老奸巨猾，毫无诚意，表面答应，事后抵赖。他还企图拉拢、收买沈寂，提出送沈寂赴美国进修电影专业。在遭到沈寂拒绝后，他竟然气急败坏地警告沈寂："不要被共产党利用！"

于是，李祖永非但不发欠薪，而且还指责员工擅自停工，无理取闹，并宣布开除沈寂与杨华，以吓唬广大员工。这激起了全厂员工的无比愤怒，纷纷表示愿意和两位代表共进退，天天到厂里抗议，要求发还欠薪，并对来采访的媒体说明闹工潮的真相。其间，"读书会"的朋友更是经常前来关心和声援永华公司的员工。在强大的社会舆论压力下，李祖永终于被迫在1952年元旦发出书面通知：答允于1月10日发清全厂职工三个多月的欠薪。

沈寂和员工们都认为，这一次大家肯定能领到欠薪了。可是，就在1月10日清晨，沈寂还未起床，竟然被四五名便衣人员，抓到扯旗山上的警署里，宣布将他"终生驱逐出境"，并立刻将他押送到罗湖口岸，要他下车往深圳方向走。当沈寂走到深圳关口，向一位解放军军官说了自己的姓名和情况后，那名干部似乎早就知道他要过来，立刻热情地伸出手来表示欢迎。这使沈寂非常感动，差点落下泪来。

在深圳和广州，沈寂见到了同样被港英当局驱逐出港的爱国电影界人士马国亮、司马文森、刘琼、舒适、杨华等。起先大家都怀疑是李祖永暗中搞鬼，后来才知道是英国情报局负责亚洲方面的特派员指使香港政府，以"永华风潮"为由，驱逐了香港进步影人。

沈寂等人受到广州市有关领导的热烈欢迎，内地各大报纸均以特大篇幅，刊载了港英当局无理驱逐内地爱国电影工作者的消息。广州市有关部门还设法接回了滞留在香港的沈寂、杨华、司马文森的家属。这使沈寂十分感动。他积极响应广州市领导的倡议，写了电影剧本《蜜月》和《中秋月》，支援香港进步电影界同行。后来《蜜月》由香港长城影业公司拍摄放映,《中秋月》由凤凰影业公司拍摄放映。

阿章鼓励他写出了《阮玲玉传》

回到上海后,沈寂又应香港朱石麟导演之邀,写了一部名为《一年之计》的电影剧本,拍摄后在上海等地放映。当沈寂在电影院里看这部电影时,他心里既高兴又遗憾。因为,自从他进入上海联合电影制片厂(后改为上海电影制片厂)后,他就不能写剧本了。

原来,在当时极左路线的影响下,他们这些从香港回来的电影编创人员,已被打入另册,不予信任,不可重用。

之后,厄运一直伴随着他。1957年,他莫名其妙地被打成了右派。后来才知道,他是顶替上官云珠当了“右派”。

“文革”中,沈寂被扣上反动文人、逃兵、叛徒、香港派遣特务、右派五大罪名,遭到无情地批斗。继而,他还被工宣队清除出文艺队伍,押送到工厂去当了一名工人。

“文革”结束,大地重光。沈寂才被调回上海电影制片厂,他立刻焕发出巨大的创作热情,创作了电影剧本《开枪,为他送行》和《珊瑚岛上的死光》。这两部电影放映后,观众好评如潮,却受到来自上面的批评。

就在此刻,昆仑公司原副导演黄祖模向上影厂建议,拍摄一部讲述阮玲玉悲惨遭遇的电影,这是他姐夫郑君里生前想做而未做成的事情;同时,他还提议,阮玲玉的电影剧本最好请沈寂写。沈寂接到任务后,立刻到上海图书馆和《解放日报》社查阅资料,其间得到了《解放日报》“连载小说”主编阿章的大力支持。谁知,就在他要动笔的时候,厂里来人通知,叫他不要写了。因为副厂长要亲自写《阮玲玉》的电影剧本。

接到这个通知后,沈寂无奈地对阿章说:“我不能写《阮玲玉》电影剧本了。”阿章却爽朗地对沈寂说:“剧本不写不要紧,你可以写成传记文学作品,在

沈寂编剧的电影《珊瑚岛上的死光》剧照。

沈寂编的《上海四十年代文学作品系列》部分图书书影。

2012年沈寂（中）与孔海珠（右）、任溶溶出席孔另境纪念活动时合影。

我们‘连载小说’上连载。”

沈寂觉得有道理，便埋头创作，十几万字的《一代影星阮玲玉》一气呵成。一经连载，立即引起轰动。新加坡、中国香港等地的报刊也随之转载。

《一代影星阮玲玉》的创作成功，使沈寂在无意中，从电影文学创作转向了传记文学创作。

接着，他又应阿章之邀，创作了《一代歌星周璇》，在《解放日报》连载后，再次引起轰动。

他的《大亨》风靡了上海滩

其间，有个朋友请沈寂去看了一场内部电影，是香港拍的《反毒英雄黄金荣》。沈寂认为这部影片是颠倒黑白，胡编乱造。黄金荣明明是一个贩卖毒品起家的黑帮头目，怎么能把他美化成“反毒英雄”呢？他觉得自己有责任写出一个真实可信的黄金荣。

沈寂说干就干。年过六旬的他，每天坐在阁楼上，赤膊挥汗写作。他写了黄金荣贩卖毒品、巧取豪夺、杀人越货的种种罪恶行径，但也写到了当年黄金荣曾派人保护孙中山，事后孙先生亲笔书写“博爱”二字，赠送给黄金荣的史实。之后，他又采访了杜月笙的账房黄国栋等人，写出了杜月笙、张啸林这两个黑帮人物的故事。然后，在吴承惠先生提议下，以《大亨》为书名在《新民晚报》连载，引起了轰动，一时间成为上海市民茶余饭后的谈资。上影厂的同事和那位弄堂里叫传呼电话的老伯都直接叫沈寂"大亨"。他在乘公交车和逛公园时，也听到有人在议论《大亨》。有的说《大亨》写得蛮真实的；有的则指出什么地方写错了；有的感慨地说，现在大亨也可以写了，政策是真的变了。最令沈寂意外的是，著名漫画家华君武还专门写信给《新民晚报》，称赞《大亨》写得好，是一本近代十里洋场史，也是一篇帝、封、流氓的结合史。这些都给沈寂以莫大的鼓舞。

之后，他在传记文学创作上一发而不可收。不久，他在《解放日报》总编辑王维的鼓励下，写出了《豪门秘史——哈同外传》(后改名为《上海大班》出版)，还原了一个真实可信的哈同，并在《解放日报》连载。同样，他在写《上海大世界》时，既写了大世界艺人们的血泪史，也写了大世界老板黄楚九的兴衰，尽量做到客观公正，还历史本来面目。

沈寂自"文革"结束至今，已经出版了22本书，共200余万字。其中，除了6本有关电影的图书之外，最突出的成就就是传记文学作品。

历史是公正的。沈老一生对文学苦苦追求，终于得到了人们的尊重，他的优秀作品也得到了应有的荣誉。

1988年，《中秋月》被海外影评人评选为"中国十大名片"之一。2008年，沈寂编剧的《珊瑚岛上的死光》荣获优秀编剧奖。2009年，上影厂举办纪念建厂六十周年庆典活动，他又荣获"杰出电影艺术家"称号。那天，沈寂悲喜交加，感慨万千。他告诉我，1952年自己被港英当局驱逐出境；1971年自己在干校被工宣队清除出文艺队伍；今天，又获得"杰出电影艺术家"称号。这先后三个"出"字，既是他六十年间坎坷命运的真实写照，同时也折射出我国许多知识分子的坎坷命运。

说到这里，他笑了。

我觉得，这位年届九十高龄的老作家，笑得是那样的坦然，那样的自信；同时，又是那样的沧桑，那样的深邃……

美是一种感动。人，应当一切都是美的。

——焦　晃

焦 晃：艺无止境 唯美人生

星 宴

焦晃（1936— ），主演话剧及影视剧数十部。曾荣获文化部话剧“金狮奖”终身荣誉奖、上海文学艺术终身成就奖、白玉兰戏剧表演特殊贡献奖、中国电视艺术终身成就奖、“飞天奖”最佳男演员奖和建国六十周年杰出贡献艺术家奖、中国电视“金鹰奖”男演员奖和突出成就奖等。2010年被聘为上海市文史研究馆馆员。

话剧的种子

1936年，夏天，焦晃出生在北京。按北京人的说法，他是家里的老儿子，上面还有两个姐姐。焦家的祖籍在河北怀安城，爷爷焦璧是当地热心教育事业的乡绅；父亲焦树藩从燕京大学经济系毕业后留任经济系主任，后来出任中央银行总行国库局襄理；

焦晃和姐姐合影。

大学时代的焦晃。

母亲柳颖翘，曾是怀安城第一代女教师。焦晃百日的时候，爷爷也赶到了北京，全家围着这个长房长孙，设想过他将来的种种，唯独没有料到，他日后会成为一名演员。

焦晃出生后一年，发生了卢沟桥事变。在焦晃的童年记忆中，先是日本鬼子来了，深更半夜，鬼子兵枪托的砸门声惊心动魄。有一次母亲带他去宣化探亲，正碰上鬼子要抓抗日分子。站台上旅客黑压压的一片，鸦雀无声，鬼子从人群中挑出十几个人，母亲也被点到了，鬼子用刺刀将行李一件一件挑开……后来北京呆不下去了，母亲决定带着三个孩子投奔随中央银行转移到重庆的父亲。这一路，跋山涉水，走走停停就是几个月。伴随着烽火硝烟的逃难，成了他人生的第一课。

在重庆，先是住北碚，又搬去了歌乐山，上学就在山脚的高店子小学。当时的重庆是抗日话剧演出的中心，一到周末，各个剧院、操场甚至简陋的棚子，不分专业、业余，都在演出。焦晃至今记得在北碚看的第一个话剧，大幕拉开，梳着一根大辫子的张瑞芳打了一套

焦晃和母亲合影。

拳，舞台后部有张床，上面躺着一个老头。很多年后，已是演员的焦晃和张瑞芳说起这个场景，张瑞芳说这个剧名叫《民族至上》，躺着的老头是魏鹤龄。

在歌乐山高店子小学，一天老师把焦晃叫到办公室，给了他一个剧本——因为他会说北京话，老师让他和高年级同学一起排话剧。此时他字还认不全，却要演一个抗日的团长，对词的时候，把“原谅她”念成了“原京她”，惹来哄堂大笑。一天夜里歌乐山突然沸腾了，到处是人群、火把和欢呼——抗战胜利啦！于是，全家又跟随父亲，从重庆搬到上海。

刚到上海的时候，焦晃还不会说上海话，有天语文课上，被老师抽到念课文。硬着头皮，只好用北京话念了一遍。没想到，教室里的同学全羡慕地看着他：“捣蛋鬼居然还有这一手！”于是，这个还在忙着打弹子、打垒球的皮大王，被老师送进了学校的话剧队。那是在麦伦中学，焦晃有了第一次登台演出。谢幕的时候，他忽然感觉到了从未有过的庄重。也是在这一刻，他萌生了要做一名演员的志向。

成为一名演员

高中三年，焦晃主要忙着三件事：阅读世界名著，锻炼身体，排练演出。他看《约翰·克里斯朵夫》落泪，被托尔斯泰小说感动，念拜伦、普希金的诗，念到刻骨铭心……大量古典名著的阅读，给他打下了一个最基本的人生底线：人道主义。在他成年后经历的那段政治风暴中，这些来自青少年时的阅读体验，就像点点星火，温暖着他熬过人生绝望的冬天。

1955年，他考进了熊佛西任院长、朱端钧任教务长的上海戏剧学院表演系。从此半个多世纪直到今天，站在华丽又朴素，浪漫又坚贞，喧哗又寂寞的话剧舞台上，在聚光灯下，与一批又一批、一代接一代的观众同呼吸、共心跳，度过了无数个激动人心的美好夜晚。

进入上戏表演系的学生是幸运的，班主任是话剧演员出身的胡导，西洋舞老师是中国第一代芭蕾舞演员胡蓉蓉，民族舞老师是昆曲传字辈的方传芸，台词课老师还包括京剧名丑艾世菊等。更幸运的是，苏联专家、人民演员康士坦丁诺夫娜·列普科夫斯卡娅来到上戏，亲自带教这个班的表演课。

20世纪50年代，苏联曾先后派出过好几位表、导演艺术家来我国讲学，举办各种类型的表、导演师资培训班、进修班，为传播有关斯坦尼斯拉夫斯基的艺术理论体系，为造就我国新一代戏剧人才，起了奠基石的作用。列普科夫斯卡娅是列宁格勒戏剧学院表演教授。见面的第一天，她送给中国学生的是一套放大了的积木，让学生们通过尽情的想象，将其组合成各种场景，展开想象建立生活。在专家、老师的循循善诱下，年轻的焦晃渐渐悟到了演员创作之所以能令人念念不忘在于他们创造了人物的精神世界。

一次课堂汇报，焦晃自己编了个小品——爬屋顶抓麻雀。大麻雀没抓住，只好逮小麻雀，可麻雀窝洞口太小，便折了树枝掏啊掏……一波三折加上口技配音，活灵活现。可是一向和蔼的老太太却连连摇头说："你这个小品挺有意思的，但是你们现在太年轻，还不懂，以后你们就会明白，在台上让这么可爱的小鸟发出难受的叫声，是违反审美的。我建议最后可以让小鸟飞走，或者把蛋打碎了，把这个小品改成一个喜剧。"

这堂课给焦晃的记忆是如此清晰、深刻，演戏是一种审美描述，要剔除所有不符合美学规律的东西。他懂得了，表演是演员通过自己审美抉择之后，产生的一种具有感人力量的创作真实。

契诃夫有句隽永的话："人，应当一切都是美的。"焦晃的"美"和"美感"的概念，涵盖了一个人的修养、人格和理想，是一种精神气质的高贵，人生境界的高远，而绝不止于外表的潇洒漂亮。艳俗和矫揉造作，永远与美绝缘。在他眼里，舞台是圣地，而他就是朝圣的苦行僧。

大学四年，除了学到表演技术之外，更重要的是，他懂得了演戏首先是做人——"每天都要爱一样东西。如果你自己没有美好的情感，又怎么去理解角色的精神世界？"不管周边

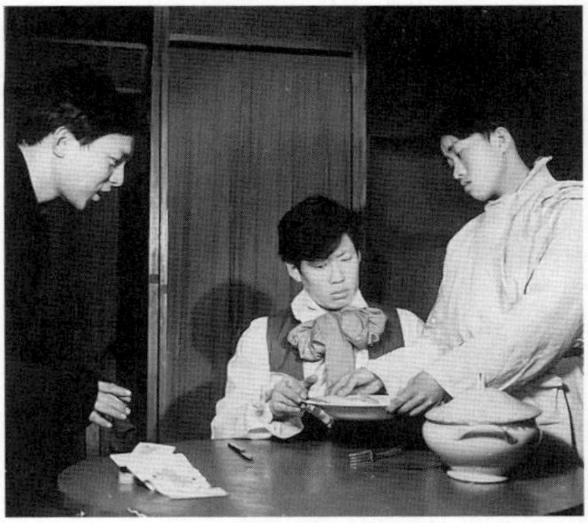

焦晃（中）大学二年级排练《钦差大臣》。

焦晃（左）于《美国来的妻子》饰元明清。

焦晃（左）于《无事生非》饰佩尼迪克。

是红尘滚滚还是风云晦变，只要站在舞台上，他就要创造美，并把这种美，在与观众的共同呼吸中，传递到每个人的心底。

表演是什么

从1959年毕业进入上海实验话剧团（后改名青年话剧团）至今，焦晃在舞台、银屏、银幕上塑造了许多角色，也收获了无数的赞美和荣誉。年轻时演莎士比亚被称作“莎剧王子”，退休后，他又因为在电视剧《雍正王朝》、《乾隆王朝》、《汉武大帝》中的表演被称作“皇帝”。半个多世纪的演剧生涯，古今中外的剧目，形形色色的人物，从《年轻的一代》到《红房间·白房间·黑房间》，从《无事生非》到《安东尼与克莉奥佩特拉》，从《背叛》到《悲悼》，从《工程师们》到《拓荒者的足迹》，从《遗落在湖畔》到《美国来的妻子》，从《钦差大臣》到《Sorry》，从《忠诚》到《北平无战事》，各式各样的情感，各式各样的人性，绝无雷同地在焦晃的身上长出生命，生出灵魂。不管是清晨的激情，还是正午的灼日，或是晚霞的绚烂；不管是符合人伦纲常的正剧，还是离经叛道的悲喜剧甚至荒诞剧，无一例外。

随着年岁的增长，焦晃对于舞台、对于艺术、对于美，那种孩童般的激情，反而越来越强烈。表演是什么，他说这是他终身的课题。

面对年轻的同行讨教表演秘诀，他常常会这样回答：“我们未必能记得母亲的眼睛长多少厘米，鼻子高多少厘米，但任何时候、任何情景，只要一提起母亲，她的形象就会清晰地出现在脑海里。那我们是怎么记住母亲的？我们记住的是母亲的整体形象，是她老人家日常中点点滴滴积攒自然而然留存在我们心里的气质神态，是她的精神品质。这种由内而外渗透出来的精神品质，就是人物的生命密码，也是我们演员塑造人物的所在。”毫不夸张地说，每演一个角色，作为演员就要“脱胎换骨”、“死去活来”一次。

他说，“自我”是演员开始工作的出发点，向人物出发。那人物应是与自我有所区别的“非我”。但那个人物应该是真实的，有生命的，这又要求演员不能丢失自己的天性，所以又是“非非我”。创作出来的人物，应该是在“自我”基础上一个新的“自我”。演员创造许多人物，应该都“不是我——非我”，但又都“不是不是我——非非我”。也就是说，让角色从自己的身上长出来。

在六十年的表演生涯中，焦晃都经历过艰辛的“脱胎换骨”。直到今天，他依然保持着做案头的习惯：我是谁。什么时候。什么地方。做什么事。为什么。分析、构思务求深入细致。内心生活死抓不放，外部体现必须真实生动，让在自己身上长出来、活起来的形象具有一个系统的力量。

老而弥坚

在焦晃塑造的近百个角色中，差不多三分之一是他退休以后的作品。十年“文革”中遭受的种种苦难，最痛心的莫过于白白浪费了生命中最美好的创作年华。“文革”之后，他疯了一样投入到排练演出，几乎每一部戏的排练，他都是带着铺盖住进排练场。夜阑人静的时刻，他独自徘徊在布景里，与角色对话，人称“戏疯子”。后来国家转型市场经济，剧场艺术一时陷入转型困境，加上各种新型娱乐的出现，一些文艺院团经历了一段低谷，生存艰难，甚至以年龄“一刀切”，安排大家“提前退休”。

在困难的日子里，焦晃坚守着“达则兼济天下，穷则独善其身”的传统文人操守，坚守着艺术标准，绝不为赚钱而轻易接戏。物质上他是清苦的，但他以大量的阅读，亲近着他热爱的艺术。他读经悟禅，思考人生的境界。

1998年，他在电视剧《雍正王朝》中扮演康熙，常年对中国传统文化“外施儒术，内用佛老”的思考，在这个角色上厚积薄发。1999年元旦，该剧在中央电视台首播，一时万人空巷，迅速风靡两岸三地，成为电视剧艺术的标志性经典之作。他也因此囊括了当年电视剧评奖男演员的所有奖项。从此，他从话剧界的“莎剧王子”成为全国观众喜爱的“皇阿玛”。

尽管电视剧能带来显而易见的名声并迅速致富，但焦晃始终认为自己是一

焦晃于《雍正王朝》饰康熙。

焦晃于《乾隆王朝》饰乾隆。

焦晃于《钦差大臣》饰赫列斯柯托夫。

个话剧演员，尽管片约蜂拥而来，但他依然初心不改，在他的接戏要求里，审美意义是唯一的标准，搞艺术创作，与娱乐无关，与发财无关。“我的根在戏剧、在舞台，演电视剧就只是客串。”只要有合适的剧本，他马上又回到剧场，沉浸在清贫却神圣的舞台艺术中。

2009年，在上戏毕业五十周年的聚会上，他组织了一批老同学和校友，排演当年因政治运动而未能演出的毕业大戏——俄罗斯剧作家果戈理的《钦差大臣》。集资、排练、演出，他身兼策划和主演，全力以赴。从上海到北京，这台戏的演员们的平均年龄达七十岁，激起了业界和观众对话剧经典的热情，成为一个文化事件。2012年，他再度以自身的号召力，汇聚一批老艺术家，重新排演在1986中国第一届莎士比亚戏剧节上演并第一次向全球直播的《安东尼与克莉奥佩特拉》。时隔二十六年，他和他的伙伴们重披战袍，激情依然。他说：“演员创作的道路是没有止境的，演员要创造活生生的、有血有肉的真实生命，揭示人物深刻的精神世界。演员一生都需要以高标准的审美尺度来要求自己、难为自己。以这样的品格要求自己的创作，就是上海话剧舞台的主流传统……我想我和我的同事们，在舞台上的身心投入，还是给上海这座城市，增添了几分诗意的情感……”

书法艺术体现一个人的精神、品格、道德、情操。书学，人学也。我在艺术中寻找真理，孜孜以求，皓首穷年，乐此不疲。

——吴柏森

吴柏森：逐梦书坛 老而弥坚

孔明珠

吴柏森（1936— ），书法艺术家、书法理论家、书法教育家。擅长楷书、行书，后专攻草书，被誉为“无色之画卷，无音之音乐”。发表专业论文四十余篇，出版《吴柏森书法作品选》、《书法心语》等专著以及十多种书法教学著作。1996年被聘为上海市文史研究馆馆员。

吴柏森先生出生于1936年，年近八旬的老人看上去比实际年龄小十岁。他满脸红光，精神矍铄，说话声如洪钟，握手的时候我能感觉到他手腕的力量。书法家，每天站立着运笔，乐观而沉着地思考，果然是艺术家中最可能长寿的人，活到百岁绝不是梦。

欣赏吴柏森先生的书法作品，

1939年，幼年吴柏森依偎在祖父身旁。

1955年吴柏森于杭州卫生学校药剂科毕业后被分配至浙江金华县澧浦卫生所。

扑面而来的是浓浓的书卷气，显现出中国传统知识分子深厚的文化功底。尤其是他艺术成熟期以来的草书，书风潇洒、恬淡，雅逸脱俗，收放自如，仿佛闲庭信步的君子。书学即是人学，吴柏森先生书法艺术风格的形成，与他在人生道路上苦苦寻找真理，追求完美，永不言败密切相关。

早年失亲，寂寞青年追寻真理

吴柏森先生出生于上海，祖籍无锡，母亲是苏州人。早先，吴先生的祖父在上海做五金生意，家产颇丰。吴先生的父亲是长房长子，吴柏森是长孙。按理说，吴先生应该是蜜罐里长大的孩子。可是，吴先生三四岁的时候，父亲因祖父严厉责备而不服，居然不告而别，离家出走杳无音信（从此再没见过），母亲愁苦之下转至无锡乡下独居，小柏森留在上海由祖父抚养。

虽然小柏森吃穿不愁，也有学上，但是失去父母的关爱，内心孤独无人诉说，变成性格内向的孩子。初中一年级起，小柏森去了上海的教会学校徐汇中学读书，是寄宿生，学杂费都由祖父承担，经济上没有拮据的窘况出现，但是平日里却无人前来宿舍嘘寒问暖，就好像一个孤儿似的。

升入初二，柏森转到条件更好的杭州之江大学附中继续学业，也是住读。1952年初中毕业，国家因解放初期大量需要各方面技术人才，柏森被直接保送到杭州卫生学校读中专，分配在药剂科就读。这个身心缺爱的十六岁少年性格内向，对医学没有兴趣，药剂科需要背很多高深的化学公式，他不喜欢，但还是勉力当了个好学生，受到语文老师的喜爱。却不料那位很有思想的老师在政治运动中被打为“胡风分子”，接近他的学生竟然也受到牵连，中专毕业时，柏森被分配去金华乡下，在澧浦卫生所当所谓的药剂师，每天只有十几个方子的药需要配，其他时间就是烤烤火，剥剥花生果吃，才二十岁不到就过上了“退休”的日子。

内心的孤独与寂寞使柏森向外寻求出路，他去附近中学图书馆借书，阅读了馆内所有的书籍，狼吞虎咽般补充文化营养。夜深人静之时他问自己，难道我就这样度过人生吗？可以吗？我甘心吗？回答是：不可以。于是他立志要考大学。没有想到，经过两年的文化补课、准备，当他向领导提出考大学的申请时遭到了拒绝。愤懑之下，年轻人冲动地给当地《金华日报》写了一封群众来信，主题是有关知识青年的“大材小用”问题，追问年轻人的出路在哪里？！

这封信很快在《金华日报》上刊登出来，随即在社会上引起反响，而年轻气盛的柏森不知道彼时彼境说真话的后果，他不会料到大祸即将临头，因为1957年反右斗争的火已经悄悄点燃……

遇见贵人，书法艺术点亮心灯

人的一生也许都会遇见一些高人，运气好的话，其中会有你命中的贵人。七十多岁的吴柏森先生回忆道，此时，第一个贵人出现了，就是当时在金华县卫生院当副院长的侯剑。侯剑是一位老革命，曾经在枪林弹雨中出没，解放后当上了地方的领导，有社会经验且心地善良。吴柏森代表卫生所经常去县城里进药，那时候认识了侯副院长。因县城远，出差总要住一晚上，吴柏森就有机会在卫生院宿舍里与侯副院长聊天，这位年轻好学的药剂师与侯副院长很谈得来，一来一去变得像忘年交一样。当老侯得知小吴不自量力发表“错误言论”并已在报纸上公开发表之后，鉴于当时政治运动形势，他预感到小吴处境有危险，便建议他立即打退职报告，离开原单位回上海去，以免遭受到批判、处分甚至更大的不幸。

吴柏森听从了长者苦口婆心的劝导，他虽然还没有想通自己到底错在哪里，但人的趋利避害本能指引了他。退职报告到了侯副院长手里，他大笔一挥通过。吴柏森拿了三样东西匆匆离开金华，这三样东西吴老至今记得：两个月工资八十二元钱、退职证明、袋袋户口。

回到上海，吴柏森成了一个真正的三无人员，无房、无工作、无户口，因为他在上海的唯一亲人祖父，已经在他中专毕业的时候去世了。当时闻讯赶去奔丧的长孙吴柏森，坚持用自己省下来的钱为抚养他长大成人的亲祖父买了一口棺材。送走老长辈，树倒猢狲散，大家庭散了，那个年轻的后祖母自己有六个孩子需要抚养，所以根本不可能再接纳吴柏森。

幸而附中同学李大为是个讲义气的朋友，家庭条件也很好，吴柏森得以暂住。每天借了辆自行车外出找工作。从中山公园骑车到杨浦区军工路，经过几番努力，终于在江宁区工厂联合保健站医务室找到药剂师工作，在上海立下脚跟。1958年起吴柏森进入普陀区第八联合诊所，后改成街道医院，一直工作到退休。

听到这里，读者和我一样，已经明白了吴柏森先生所说的童年到青年时期的“苦”。正是生命中注定要承受的这些苦，使他拥有了坚强的意志，锤炼出韧性的性格，同时，寂寞人生培养了他内省反思的习性，养成喜欢读书的好习惯。学好书法必备的素质已有，契机便奇迹般地出现了。

说起来，中华书法这一艺术形式于青年吴柏森来说完全是个陌生的领域，在参观上海书法展这一重要日子到来之前，书法在吴柏森看来只是毛笔蘸墨汁写的字而已。那是1963年早春三月的一个休息日，吴柏森独自上街闲逛，路过如今的上海展览中心，当时叫“中苏友好大厦”，看见里面有书法展，他为打发时间就进去瞧瞧。大厅里有很多书法家的作品在展出，吴柏森一站到署名李天马的条幅面前，就觉得那上面秀气、文雅的字令他十分舒服，进而喜欢。此时李天马先生正被很多人围着在做书法现场表演，因挤不进内圈，吴柏森便转到摊位侧旁盖章处看了一会儿。他说当时心里有很多问题想问问书法家，但人太多没可能，这时他发现桌上有一个装图章的旧信封，上面写着李天马家的地址，灵机一动就抄了下来。

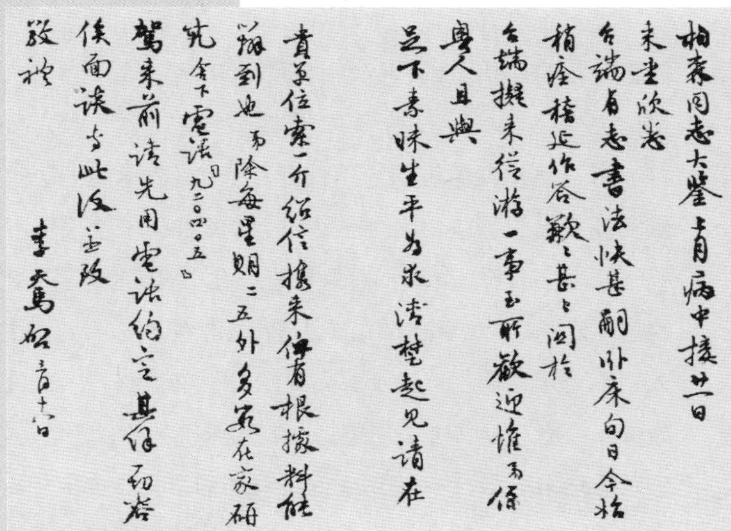

柏森同志大鉴：青病中接廿日
来书欣悉
台端有志书法，快甚。嗣以[illegible]向日令[illegible]
稍叅稽近作，[illegible]歉歉甚甚。闻於
台端拟来从游一事，正所欢迎。惟正系
粤人，且与
足下素昧生平，为求清楚起见，请在
贵单位索一介绍信，据来俾有根据，[illegible]能
办到也。正除每星期二、五外多数在家研
究。舍下电话：九二〇四〇五。
驾来前请先用电话约定，[illegible]
俟面谈。专此复并致
敬礼
李天马 启 十二日

李天马写给吴柏森的第一封信。

在这之前，二十七岁的单身青年吴柏森除了爱好阅读外，业余时间已经学过吉他，学过日语，还去教堂做过礼拜，十五岁的时候祖父还介绍他学过中医，但他都没有长性，半途而废。这次他再次萌发出拜师学习书法的念头，没有多加考虑，便提笔写信给李天马，请求拜师学写字。

1965年冬吴柏森（左）与李天马老师游豫园时合影。

吴柏森没有想到，当时已经成名的李天马老师被这封既莽撞又真诚的素不相识的小青年信上的言辞所打动，他用毛笔郑重回信，让吴柏森带着单位的介绍信去他家见面。

可是吴柏森单位领导不肯开介绍信，也不能怪医院领导，药剂师去学书法确实算不上正当理由。吴柏森不管，大着胆子空手上门，李先生见状让他用毛笔写几个字看看，当年吴柏森毛笔是没学过，钢笔字不错，看下来见先生对那字脸色还满意，吴柏森连忙拍响胸脯说，李先生你看我人的长相，你要相信我是好人！小青年端端正正像正派人，李天马老师沉吟一会，郑重答应了，并提出三个条件：一是学习书法必须坚持；二是不收学费；三是送给你东西要拿！吴柏森感动得热泪盈眶，一口答应，商定每周到李先生家上两次课，其余时间每天要练字。这次莽撞的拜师学艺成功了！零基础的吴柏森当上了恭恭敬敬的学生，每天回家埋头苦练，内心变得无比充实。

热爱艺术，跋涉书海无怨无悔

“工作着是美丽的”，这话虽然不错，但是人的一生如能工作与爱好兼顾，那就更“美丽”了，一般这样的几率并不高，在一行怨一行的人是大多数。由于学医不是吴柏森年轻时自愿的选择，他心里一直有点耿耿于怀。从金华调回上海进了正规的医院，他还是干老本行，因为是小医院，药剂师不太忙。

拜师李天马老师，进入到书法艺术领域，就像打开一扇窗，吴柏森业余时间都扑在练字上面，反复写，反复琢磨，每天晚上6点直练到12点，雷打不动。他狂热地陷入这门中华传统技艺文化中，在一篇题为《倾心书画三十年》的文章中，吴柏森这样说：“我终于找到了一位可以倾诉衷肠的挚友，喜不自胜。”

李天马老师是从广东调到上海的，因书法才华出众被聘为上海市文史研究馆馆员，每月有六十元津贴，他妻子是英文老师，家里生活条件好。李老师喜欢柏森，留他吃饭，送他笔墨纸砚，不收一分钱学费，还尽量提供机会让他接触书界，去上海市文史研究馆开会都将他带在身边，谆谆教诲他，“书法与学问有密切的关系，腹中空空的人，其书法绝写不出高的意境”，“必须多读古文，多读书，提高文化素质”。

1965年5月12日下午，李天马老师特意安排吴柏森将三本字帖送到书法篆刻大师级人物沈尹默老先生家里，请他鉴赏。吴柏森怀着忐忑的心情见到大名家，虽心里紧张，还是挡不住想抓住机会请教一二的私心。他小心地提了一个书法上的问题，没有料到，沈尹默先生十分高兴，兴致勃勃地侃侃而谈，将自己毕生研修书法艺术的心得体会详细地讲解给这位初次见面的好学青年听。八旬老人足足讲了两个小时，最后竟站立起来主动写了一首毛泽东诗送给吴柏森，让他受宠若惊到话也说不出来。

第一次见沈老的场面在吴柏森的《三见沈尹默》一文中详详细细地记载了下来，那些宝贵的专业经验，沈老现场运腕使毫、淋漓尽致的表演，使他茅塞顿开，这次会晤深深镌刻在初涉书海的青年人心中，一辈子都视为珍宝。沈老身后，吴柏森还常常去看望沈师母，帮助她配药，嘘寒问暖。

榜样的力量是无穷的，吴柏森感到自己是幸运的，能在学习书法的起步时期就亲泽大书法家的恩惠，更加坚定了这一生定要在这条艺术道路上有所成就的决心。吴柏森很早就失去双亲，结婚也比较晚，幸好他遇到一位通情达理的妻子，一家五口人包括他丈母娘挤在很小的房子里，和谐地生活，丈母娘和妻子承包了所有家务，保证他有练习毛笔字的时间与空间。

著书立说，书法教育惠泽众生

随着书法艺术的精进，吴柏森渴望与同道交流。“文革”期间，他结识了沈尹默的学生王壮弘先生。说起来王壮弘也是有些传奇的人物，他比吴柏森大五六岁，原本是在“朵云轩”站柜台的，单身又傲气，人非常聪明，他有三大本事：一是太极拳打出名堂被誉为“王式太极拳”，人民公园晨练的没有人不认识他，曾被邀请到新加坡与美国教授太极拳；二是有名的自学成才的碑帖鉴定专

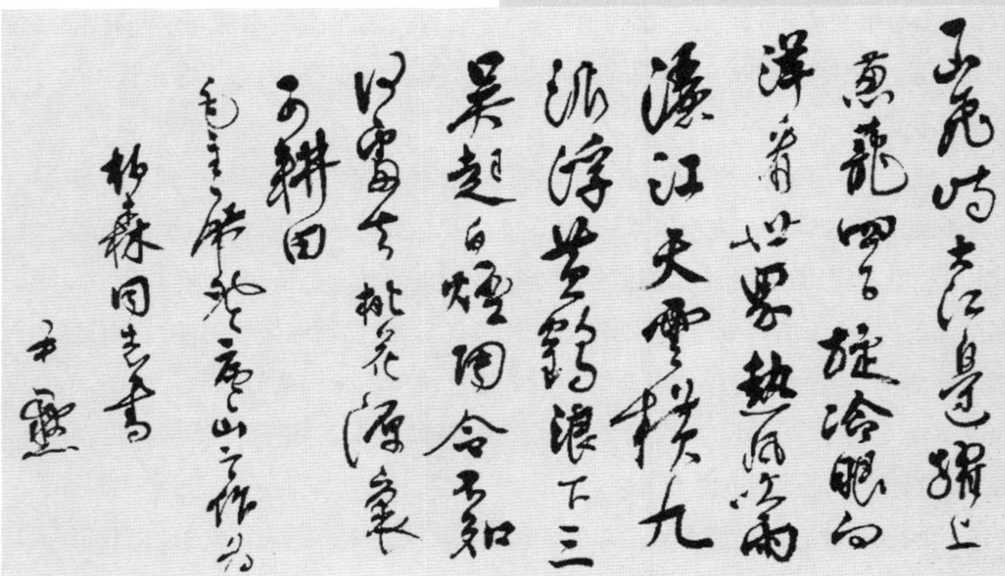

沈尹默书赠吴柏森的毛泽东诗。

家，专业著作很多；三是对书法有研究，能讲出很多道道。

吴柏森与王壮弘一见如故，每周要见面一到两次，倾心相谈艺术，在书法理论上探讨。王壮弘为吴柏森诊断写字的优点与破绽，比如一个最普通的“大”字，吴柏森一直写不好，心中纠结好多年，王壮弘指出他“大”字的重心掌握得不好，必须在写竖笔的时候直着向下，过了横一点后再撇过去。王壮弘那里资料丰富，两人在一起研究古人名家高手的帖如何写“大”字，仔细切磋，吴柏森茅塞顿开，一生受益。

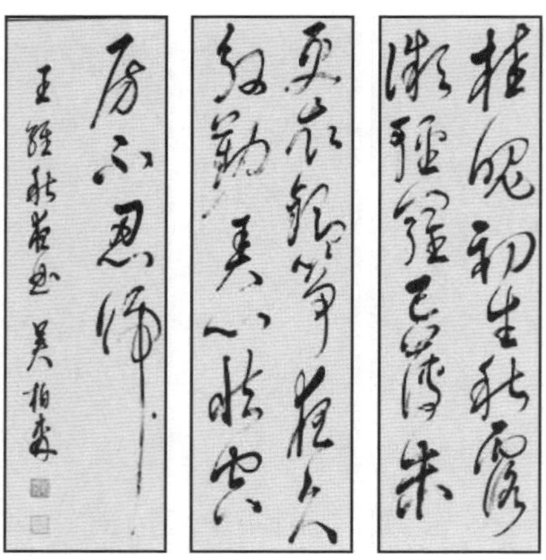

吴柏森书法作品。

2011年上海市文史研究馆举办"重阳敬老祝寿会",吴柏森与书画家(从右至左)钱茂生、王克文及时年七十大寿的刘小晴合影。

"文革"期间世道很乱,吴柏森什么派别也不参加,一心练字,与有相同爱好的朋友聊天,拜师学艺,进步相当快。其间他结婚,抚养两个女儿长大,为自己简陋局促的小家东奔西走想要改善环境,终于在写了几百封群众来信之后,由长宁区房管所分配了两居室的房子,他才安定了下来。

到1979年吴柏森字已经写得很好,他主动去普陀区沪西工人文化宫书法行书班义务执教,学会了讲课。1981年他的作品《苏舜钦词水调歌头 · 沧浪亭》在专业杂志《书法》第5期刊登了出来,拿到了有生以来第一笔稿费二十元人民币,欣喜不已的他连忙去与哥们王壮弘分享。两个完全靠自学成才的人决定一起将对书法的研究付诸文字,结集成书。

1982年4月吴柏森的另一幅行书作品《辛弃疾沁园春词 · 带湖新居将成》在上海市书法展览会上露面了,此时吴柏森还不是书法家协会的会员,能入展非常荣耀,再一次激励了他。1984年吴柏森倾心研究的书论《米芾侧锋用笔浅说》、《欧阳询用笔论注释》连续发表在《书法研究》、《书法》这样大名鼎鼎的杂志上,让人感叹当年的书坛风气真好,因为吴柏森还是个名不见经传的书法爱好者啊。

检视吴柏森先生一生的著作，有《吴柏森书法作品选》、《书法心语》、《吴柏森书法集》；教学著作有《欧阳询九成宫临写法》等四册，《书法考级应试指导》、《中学生字帖欧体书法教学》、《草书百日通》、《草书辨识指南》、《草书技法指南》、《名句佳联集字字帖》、《实用书法教程》等十多种，摊在桌上拍摄时蔚为大观，足见吴柏森先生学问上的渊博，教学上的无私奉献，在这个社会是多么令人崇敬。

2005年，书法的春天到来，国家教育部重视这门艺术，在上海师范大学开设书法本科专业班，首届学生就聘请吴柏森先生前去执教。

谦虚大度，为人处世堪称楷模

1985年吴柏森加入了中国书法家协会上海分会，成了名副其实的书法家。那时候他还在医院工作。和所有国营单位一样，单位人不多但人事关系与利益分配却很复杂。工作并不顺利，他心情郁闷想离开是非之地，到一个清静的地方实现更大的书法梦。

于是吴柏森找到机会去位于巨鹿路675号小楼内的上海书法家协会办公室帮忙打杂，因为调动困难，他借调在那里一待就是三年。做上自己喜欢的事情，经常接触书法同道，信息多了，朋友多了，让吴柏森如虎添翼。他刻苦撰写书法理论文章，去市、区老干部大学教授书法，非常敬业。吴柏森老师的书法课特别打动人，他先要对学生讲道理，分析示范，再让学生写。他课上的学生可以一跟就是三年，不舍得毕业。后来吴柏森教书法的名声大到中共上海市顾问委员会都托人请他去上课。

吴柏森是个热心的人，喜欢帮助人。在书协的几年中，他乐呵呵的工作精神感染了身边很多人，在1989年书协换届大会上，吴柏森的名字不在候选人中却被意外地选为第四届书协理事，人缘之好被传为佳话，之后第五届连任书协理事。

吴柏森先生在1992年提前退休，1996年满六十岁之时，经著名篆刻家高式熊先生推荐，被聘为上海市文史研究馆馆员。1998年被选为上海文联第五次代表大会代表，2003年被推举为上海市第十届政协委员。

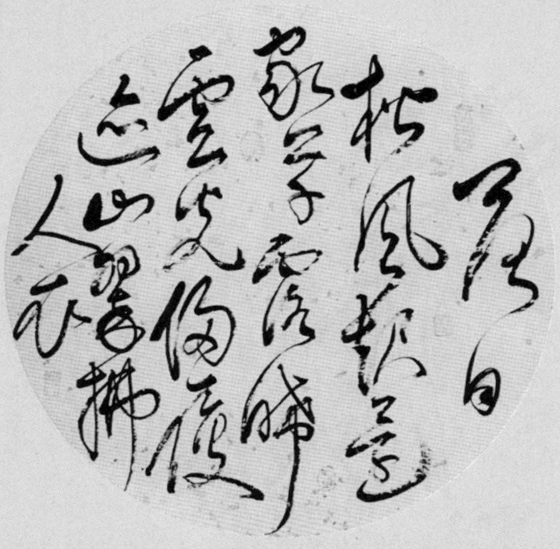

吴柏森书法作品。

吴柏森先生是个懂得感恩的人，珍惜生活中对他好的每一个人。他的结发妻子病逝之前在床上躺了八年之久，吴柏森无怨无悔地照顾她，为她最终还是没能赶上住宽敞的新房子而心存抱歉。他的言传身教使女儿、女婿都对他很孝顺，这样的晚年幸福是他自己平生积攒来的，上帝很公平。

正如吴柏森先生发表在《新民晚报》“夜光杯”上的《六十以后再青春》一文中所说：“依自然规律而言，人生理上渐渐衰老是不可避免的，但若以心理而言，由于入馆（上海市文史研究馆）后受到前所未有的关怀和照顾，享受着‘老来福、真正福’的生活，心中温暖、愉悦，也能勃发出熊熊的精神活力，做成一些事，说明人是可以老而弥坚、老有所为的……”

我还记得2009年10月于上海市文史研究馆举办的“吴柏森书法展”开幕式，真像是过节。红光满面的吴柏森偕夫人、作家孔海珠站在门口接待前来祝贺的嘉宾，笑得合不拢嘴巴。

中国书法学问博大精深，由于历代优秀书法家不断创新，后继有人，书法艺术在中国群众基础很好，在世界上拥有崇高的地位，各国爱好者众多，这一切使得中国书法在2009年被列入世界文化遗产。其中就有吴柏森先生贡献给书法艺术的一份功劳，让我们一代又一代，继续为保护好这份老祖宗留下的文化遗产而努力吧。

生活是艺术的沃土，美感来自心灵。

——胡振郎

胡振郎：画途追梦路遥遥

张鑫　章洁

胡振郎（1938—　），国家一级美术师、上海市黄浦画院院长、中国美术家协会会员、上海中国画院兼职画师等。著有《怎样画水墨山水》、《胡振郎山水画集》、《行迹——胡振郎山水画作品选集》、《中国百景》、《中国山水画技法》等大型画集十多集。

永康位于浙江中部山丘盆地，古称丽州。三国赤乌八年（公元245年）置县，至今已有两千年历史。相传孙权之母吴国太因到此进香，祈求永葆安康，故得名。1938年画家胡振郎于这片神奇的土地上呱呱坠地。他逆境中成才，一生爱画入骨髓，从艺五十多载，收获硕果累累。

一悲一喜　命运转折

胡振郎生不逢时，抗战乱世，降生同时娘殁，未曾吃过亲娘一口奶。三岁仍骨瘦如柴，不能走路，不能说话，奄奄一息中被古山镇一户好心肠的铁匠夫妇抱养。此后在养母精心呵护下才健康成长。虽无血缘，母子却情深似海。养母是其生命中首个重要贵人，仅三十多岁，累成“祥林嫂”。起早贪黑，白天干农活，夜晚搓草绳、打草鞋、做包子，天蒙蒙亮就挑着重担去集市卖，挣钱养家。乡间弯曲的田埂小道上常常能见她摇摇晃晃的背影。她对养子道：“不读书会受苦，我再苦再累也要送你进学堂。”还说做人要勤奋，“如果天上掉下金子，还得起早才能捡到呀”。

幼年的经历，催生胡振郎早熟、独立的性格。刚懂事便帮养母打下手，上山捡柴，下地种菜。田埂小道上老实巴交的村妇背后又多了一个纤弱矮小的背影……

上小学时，放学后，别的同学撒腿去野地玩耍，唯他独往村里身患类风湿的阿根叔家跑。阿根叔为老秀才之子，富藏书，工诗文，能滔滔不绝地讲《三国志》、《水浒传》、《西游记》、《薛平贵东征》等故事。他聪明手巧，传授胡振郎剪纸、做灯笼、泥塑飞禽走兽等手艺，又教他如何用花卉野草和矿物质提取物制作国画颜料，画佛像、画太公太婆真人像。胡振郎模仿画几遍就惟妙惟肖了。

真正展示胡振郎绘画才能是在小学毕业前夕。为庆祝家乡解放，图画课老师胡召贤派他临画马恩列斯朱毛的木炭画。陈列后顿时引来众人啧啧称赞，“图画大王”的美誉广传。

小学毕业，胡振郎考取免费读书的浙江省立金华一中。读书一年，渐入佳境，图画课老师劳坚清发现他的艺术专长，常带他外出写生并开小灶给他辅导。正在此时却得悉养母久病无钱医治而病逝的噩耗。两次失母之痛，失去家的依靠，精神上几近崩溃，但走过撕心裂肺的痛苦后，却也使少年胡振郎拥有了超出常人的意志、坚韧和勇气。

他含泪料理完后事，暂别柴门，投奔了萧山开铁匠铺的伯父（养父的兄长）

胡金枝，开始闯荡江湖。

俗语道人生三苦：打铁，撑船，磨豆腐。胡振郎由于家庭变故，不得不从事打铁。在破旧屋子正中放个大火炉，炉边架一风箱，风箱一拉，风进火炉，炉膛内火苗直蹿。锻打的铁器先在火炉中烧红，然后移到大铁墩上，由师傅掌主锤，下手握大锤进行锻打。他们打制农具，如犁、耙、锄、镐、镰等；生活用品，如菜刀、锅铲、刨刀、剪刀等。

收工后，铁哥们去逛街市，他争分夺秒自学初中、高中课本，做笔记，直到把书翻烂。不过瘾，淘旧书店，购得《中国美术发展史》、《中国历史扼要》、《中国文学发展史》、《钢铁是怎样炼成的》、高尔基"三部曲"、《苦儿流浪记》等文学书籍读，如饥似渴。

日历终于翻到1954年。政府倡导公私合营，推行手工业合作化。大小分散的铁匠铺纷纷合并，组建了一定规模的工厂，胡振郎伯父的铁匠铺被政府纳入萧山河上区铁工厂。结束家庭式作坊，生活有了安顿，月月拿微薄但稳定的薪水，户口也农转非。守着太平日子的胡振郎心活了，向厂长道要考大学。

厂长说，萧山县政府已批准你当厂干部，不要再折腾。不甘于循规蹈矩的胡振郎，按捺不住萌动的求艺之心，说："我要去考大学！""你考什么大学？""美术学院。"厂长露出不屑的神情："你这是癞蛤蟆想吃天鹅肉。"胡振郎仍决意要考。厂长震怒，把他的城镇户口迁回原籍。骨子里有反叛精神的胡振郎更坚决：迁就迁！

破釜沉舟的壮举，留给胡振郎的出路是返回农村老家。白天，修水库；晚上，办夜校，帮左邻右舍扫盲和打临工维持生计。仿佛是上天埋在他生命里的机缘。一天，他到杭州看望一位小学同学，路上见一电线杆上贴满广告，凑近看，民办的"中国文学进修班"招生，是专为文科大学考前补习的班。他马上按图索骥，毫不犹豫报了名，并于附近借租裁缝家，十二元一月包吃住。一间并不宽敞的老屋，老裁缝隔出一隅，一床一桌一凳围成一旮旯，成了胡振郎遮风挡雨的"家"。

上私教徐老师的课，没有学生落课。他授课条理分明，提纲挈领。一打听，原来是杭州大学中文系教授，因右派被离职。胡振郎虚心求教作文。徐老师言浅理邃："现在用文言作文行不通，八股文时代早过了，要写白话文，才能适应当今社会。"他们素昧平生，可徐老师却私下把考大学的经验作了交待：作文六十分，余四十分考古典文学基础知识、造句等。考前你要准备三篇文章，即记叙文、小品文、论文。历史一般考中国历史为主，国际历史知识考题占分极少。末了叮嘱：你考艺术，记住别多画，多不代表你的能力，考试主要是考你的思维能力。点石成金的一席话，胡振郎一一记住了。

报考大学时，他的第一志愿是浙江美术学院（下称浙美），第二志愿是杭州大学中文系。考前得知浙美国画、油画、版画、雕塑班全国仅招四十个名额。其中国画只有十五个名额（公招十三名，浙美附中直升两名）。成败在此一举：考得取，重续画梦；考不取，回家种田。

1958年初夏，胡振郎住在金华婺江边的一家小旅店半个多月，日夜备考，经过几轮紧张考试后，体力不济，累倒了，生了一场病。好在这一搏，终于从千百名考生中脱颖而出，从此命运被彻底改写了。

"点将"来沪　一画成名

坐落在幽静西子湖畔的浙江美术学院前身为国立艺专，是中国培养艺术家的摇篮。后几经易名，1958年更名为浙江美术学院。许多知名艺术家在此耕耘、播种，学习、教学，如画坛代表人物林风眠、黄宾虹、颜文樑、潘天寿、关良、陆维钊、诸乐三、吴茀之，周昌谷、李震坚等。院长是七岁就描摹《三国演义》等通俗小说插图的奇才潘天寿。胡振郎入浙美时，刚巧潘天寿第三次受邀浙美，并荣获苏联艺术研究院名誉院士称号。在全院师生大会上，潘院长讲："中国画一定要有中国的传统，我们要提倡绘画领域全方位教育，学生诗、书、画、印都要学习。学西方艺术也不反对，学生可以学水彩、素描。"他们这届学生，五年寒窗，前三年系统学习绘画技法、绘画创作及艺术理论，后两年开始分"人物"、"山水"、"花鸟"三科，胡振郎被分到人物画科。

中国画在当时被批为资产阶级的一套。潘院长领导下的浙美写生课，竟能照常画裸模，但不公开。首堂课给胡振郎全新的印象：与《芥子园》传统的点线描绘不同，写体可用西式素描精准地写生。

潘院长很讲究、重视国画的基本功和艺术修养，亲自给学生上唐诗宋词课，要求学生背诵。学生有时上厕所也在背。一上他的课，个个提心吊胆，生怕被抽到。他还强调书法，专门从杭大请来书法老师陆维钊。教学生篆刻和花鸟写生的，是大名鼎鼎的吴昌硕大弟子诸乐三。胡振郎受到了全面滋养。

恐怕没有多少学生会把完整版的潘天寿讲义一直收藏至今，但景仰他的学生胡振郎做到了。他的一句名言：“艺术之高下，终在境界，境界层上一步一重天。”成了胡振郎的座右铭，艺术追求的理想境界。

1958年8月，中共中央在北戴河召开政治局扩大会议，会议公报中号召全党和全国人民用最大努力，为在1958年生产1 070万吨钢而奋斗，于是掀起了轰轰烈烈的全民大炼钢铁运动。此风盛行，连大学校园也未幸

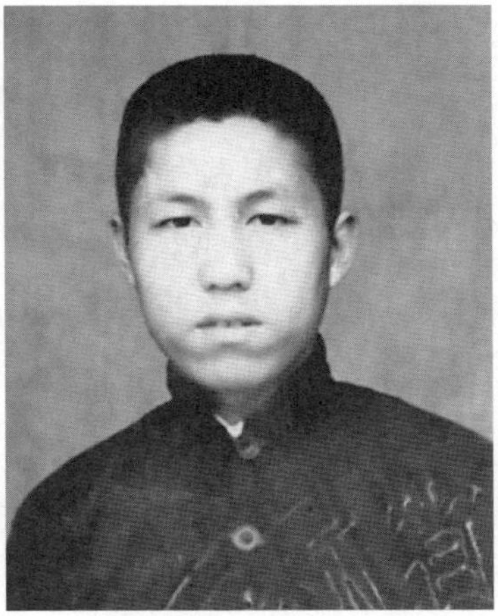

1955年的胡振郎。

1961年胡振郎（左三）与浙江美术学院的同学首次来上海参观学习时在外滩留影。

毕业文凭

学生胡振郎系浙江永康人，现年二十五岁，于一九五八年九月　日入本院中国画系学习五年，按教学计划完成全部课程，成绩及格，准予毕业。

浙江美术学院

院长潘天寿

一九六三年七月　日　文凭登记浙美字第63001号

浙江美术学院院长潘天寿签发的胡振郎毕业证书。

免。浙美的大操场上，荒诞地筑起高炉，挂上东风机械厂的招牌。

这促成了胡振郎二次打铁经历，并与著名革命版画家、“左翼美术家联盟”负责人之一、中央美术学院华东分院原院长江丰不期而遇。江丰1957年被划为右派分子，此时却为胡振郎打下手——拉风箱。胡振郎曾看过江丰的版画，很敬佩，于是处处为他减负，重活自己包揽。小憩时，江丰谈人生故事、中国画艺术流派发展。胡振郎听得津津有味。

没日没夜地学习、干重体力活儿，胡振郎这只“陀螺”终于累垮了，连续几日高烧不退，结果经医生诊断为开放性肺结核，被单独隔离。大病创造了一个机会：离群索居中忘我读书。考大学时，为掌控时间倾囊从旧货店淘来的马蹄表伴着他嘀哒走着，他像一位虔诚的朝圣者，用大量时间泡院图书馆，手不释卷，几乎翻遍典藏的中外美术书籍。

1960年，胡振郎因表现积极，被浙美发展为第一批学生党员。临近毕业，同学大多赴舟山写生，他却返回空气清新的故乡，深入生活。在指导老师、班主任周昌谷（与人物画老师李震坚等都是浙派水墨人物画开创者）指导下，他创作了《老来红》毕业作品，被中国美院收藏。病亦在山清水秀的故乡痊愈。

1963年上海市级重大项目之一是到浙美、中央美院、四川美院、西安美院等急调应届毕业生中学中国画、会人物画的中共党员，充实中国美术家协会上海分会（下称上海美协）的干部力量，胡振郎被选中。

上海美协属专业性团体，服务于上海老中青美术家，辅导基层业余美术创作，举办多种美术展览，为全国美展组织、推荐、选拔美术作品等。

胡振郎到坐落于上海静安、长宁两区交界处的延安西路238号报到，领导分配他负责上海国画组创作工作，对内联络协会画家的创作，对外跑基层，指导群众业余美术创作活动及策划组织大型画展。他的实干精神，得到上海美协领导的好评，夸他是“四能干部”（能跑，能写，能画，能说）。

1964年上海美协准备首次举办“生活新赞”国画人物专题画展，胡振郎完成大量组织工作，同时自己利用业余时间创作《兽医姑娘》、《不断前进》、《学恩公创奇迹》，后同时入选了每五年举办一次的第五届全国美术作品展览会，并公开发表于《人民日报》、《美术》等十七家报纸杂志，博得了名声，成了新闻人物。

下基层时他跑遍上海区县，发现了当时的新鲜事物：土生土长的金山农民画。它贴近生活，大俗大雅，风土人情跃然纸上：有趣的农民生活、真实的情感。此后，他积极推荐并经常去金山，与在金山文化馆工作的画家吴彤章共同辅导农民作画，传授绘画知识，很受欢迎。首批农民画家就此成长起来了。

他很仰慕现代画家林风眠、傅抱石、黄宾虹、石鲁等，常看他们的艺术作品，视野得到延伸，博采众长，触类旁通，诱发顿悟，受到影响和助益，艺术熏陶中羽翼逐渐丰满，而此时，“文革”的脚步也越走越近。

“文革”搅动中国，搅动画界。知名画家挨个批斗，大字报铺天盖地……人性的丑恶暴露无遗。工宣队、军宣队派他调查前辈和同事的“黑”材料时，他明白替他们喊冤叫屈无济于事，只有暗中做“手脚”：尽力洗刷开脱，如为沈柔坚、吕蒙“洗罪”，虽困难重重，但他还是固执地去做。最终沈柔坚、吕蒙成为上海局级干部中最早得到平反的。

“文革”后期　转画风景

建国后，上海除工人新村外，几乎无新房建造，人口却成倍增长，大部分居民住弹丸之地。胡振郎一家四口蜗居十平方米，设法搭建阁楼“自救”，作书房兼卧房。不料一次绘画时不慎从阁楼坠落，头上连缝了六针，留下个“纪念品”。

灰暗的生活一直延伸到1972年，中美建交前夕，中国外交走到了一个关键的转折点，胡振郎也望见一缕曙光，不久迎来了艺术生命的最大转折。

假如“文革”没发生，胡振郎在共同开创浙派人物画、创建现代中国画人物画教学新体系的周昌谷、李震坚的教诲下，也许早就成了水墨人物画坛之翘楚。然而历史没有假如。主题先行，人物的模式化，倡导高、大、全，作品呆滞、麻木、撞车，令画人物画的胡振郎激情慢慢消蚀。

胡振郎绘画作品《春江晨韵》。

人与人关系淡漠、紧张、尔虞我诈，中国画又走向何方？迷惘徬徨之际，组织上临时决定，将胡振郎调往上海中国画院，并让他与陈秋草、应野平、胡若思、林曦明、姚有信等十多个丹青妙手参与一项政治任务：为美国总统尼克松访华做环境布置。中央有不卑不亢的精神，指示布置可画山水风景、花鸟鱼虫，文化控制似有所“松绑”。

老画家笔下苍劲浓厚、气势磅礴、笔法洒脱凝练的大幅画卷，深深吸引住胡振郎。他感到久违的舒坦。陶醉山水，忘记烦恼，触景生情，故乡山水在他心中全盘复活。他提笔参与其中，尽情挥洒。

作画现场与前辈艺术家共同切磋，耳濡目染，再次让胡振郎亲眼目睹他们笔墨恣意的创作过程，领略形、神、意的表现手法。从此，他拿起笔，笔下不“玩”受限制的人物画，而是画让人心情舒畅愉悦的风光，展现万物之美。

大家风范、满腹经纶的前辈画家，与胡振郎亦师亦友，对他的艺术思想等产生重要影响。任务完成后，他们均留在画院，唯胡振郎回原单位上海美协。分别前夕，有的老先生专门惠赐佳作赠予胡振郎。他把这些画视作生命，出再大价钱也谢绝移主，因为这里有太多的感情和珍贵回忆。他半开玩笑半认真地对买家说:“我不会卖的,胡振郎不会出卖感情。”

1974年3月,中央调遣北京、沈阳、上海三市绘画家、雕塑家和裱画师约二十多人赴藏,筹建“阶级斗争展览会”及贯彻知识分子走与工农兵相结合的道路。上海五个名额,其中包括两名上海博物馆的裱画师。报名处少人问津,因为那里空气稀薄,生活艰苦。胡振郎心却动了,自己年纪轻,吃得起苦,多跑跑见世面挺好。于是谁劝也劝不住,他报了名。

出行前,组织安排他为组长。他们一行先坐火车到四川成都,再乘坐一周一次的飞机进藏。天气多变,他们等了将近十来天。好不容易乘机抵达目的地:地处海拔三千七百多米高的拉萨。安排入住布达拉宫前面的西藏“阶级斗争展览会”筹备处。才兴奋不久,一个个竟东倒西歪,扛不住了。年纪最小的戴家骅鼻子大出血,呼吸困难,马上送拉萨医院,后魏景山、张连也进医院了。胡振郎熬受三天后,高原反应稍稍缓解。

西藏生活艰苦,他们走访罗布林卡和日喀则、林芝。林芝几乎人烟绝迹,原始森林的树高大粗壮,几个壮汉围抱不住。在煤紧缺的年月,树被砍下后,当柴禾烧。他们想从河里捞条鱼,改善生活,万没想到捞上一具尸首。之后再没有动过“邪念”。

到中印边境的列麦体验生活,交通不便,乘坐特派专车颠簸数天才抵达。一到当地,民风民心的纯朴,触动了胡振郎柔软的心,他破例为解放了的农奴画了许多肖像,签名送给他们。回沪后,他激情创作《风雨无阻建新图》、《无限风光在险峰》、《天大寒人大干》等气势恢宏的山水佳作。

物资极度贫乏,加上5时日出,20时以后日落,生物钟被打乱,画家中有的人撑不住,先后返回大城市。胡振郎咬牙硬挺,他想作画不是凭空想象,而是来自生活。现在有机会体验,就要抓住机会,否则象牙塔里作画,能注入多少鲜活的东西呢?

巍峨的珠穆朗玛峰,胡振郎仰慕已久的神山。一天,他与中央美术学院毕业返藏工作的同道约定登山,感受它的魅力。他们乘一辆面包车,向“世界屋脊”上的绒布寺进发了。

途中云雾迷漫，风吹积雪，四溅飞舞。神山夹杂幽深冰洞，蜿蜒的冰冻溪流，林木茂密及藏民的生产聚集地，一景一世界。当登上六千多米高的登山运动员的营地时，凌空一望，眼前金光闪闪，雄壮的珠峰褪去面纱，呈现出峥嵘，美啊！他的心完全被大自然的美丽雄伟征服。胡振郎迅速打开海鸥牌相机，把美景一一摄下，当作珍贵史料。

胡振郎在西藏生活了六个半月，说这是一生中最值得的投资，大自然不仅陶冶了情操，更开阔了胸襟。每次出差返沪，妻子敏感地觉得他像变了个人，变得开朗、潇洒，啥都看得懂，看得透。去次西藏，像是受了次洗礼。笔下山水画趋于意境淡远、辽阔苍茫。

首创“黄浦”　墨海寄情

改革开放，无疑对艺术发展打开了一片自由天地。“百花齐放”中美术作品的唯政治化被打破，艺术逐步走上多元化，艺术家迎来了发展的新阶段。胡振郎跨进四十不惑、五十知天命的壮年，满脑子构想的他，孕育着新的突破。

岁月蹉跎了胡振郎，但其艺术的个人风格悄然成型。解除思想禁锢，摆脱条框束缚，柳暗花明。画作不像以前需经严格审查，他进入创作的高产期，创作态度是厚今也厚古。几乎天天作画，巨幅作品越来越多，艺术作品出神入化，风格更为强烈鲜明。从“写实”到“写意”，由“再现”到“表现”，勇于拓展心灵与艺术的无限空间，创作转入一个鼎盛时期。1979年，他的《新安江畔》与刘海粟、吴湖帆、贺天健、胡若思等四位山水画大家的作品共赴美国十大城市巡展，《春晓》、《避暑山庄》、《天目清流》入选第六、七、八届全国美展；山水画《家乡雨露》获1985年上海美展一等奖;《春晓》获上海市首届文学艺术创作三等奖和全国美展佳作奖;《漓江帆影》获日本国际美展金奖。1989年，日本收藏家桥本太乙先生编纂的《中国近现代绘画》，收藏了吴昌硕、林风眠、唐云、程十发等大家的作品，而胡振郎成了该画册中最年轻的一位。连连得殊荣，画界地位节节攀升。

仕途对他已乏味。组织上询问："单位要分口归类。你是靠行政级别还是艺术级别？"他未加思考，脱口答："归艺术吧！"评级时，单位限额两名，同仁众推胡振郎。关键时刻他却让即将退休的老同志先评。大家开始不理解，得知实情后认为他当之无愧，向他投去敬重的目光。第二次评级时再次一致推选了他。

1993年3月上海市高级职称评审委员会审核胡振郎的材料后，以高票数通过，评定他为国家一级美术师。

20世纪80年代，思想解放，国门打开，中外文化艺术交流的活动日益频繁。1982年初胡振郎会同乔木、戴明德于上海美术馆举行三人画展。业界画友看惯了胡振郎的人物画，进展见到其四五十幅山水画，以为走错地方。仔细观察后，彻底颠覆印象中他只画人物画的形象。

杰出画家、美术教育家刘海粟曾如此评价，胡振郎山水画"色外生香饶隐秀，意中飞动更如神"。

1986年胡振郎随沈柔坚访问日本，进行对外文化交流。他观摩了东京、大阪、京都、名古屋等地的美术馆，大开眼界。发现画中运用西画透

胡振郎绘画作品《江南水乡》。

胡振郎绘画作品《草原之春》。

胡振郎绘画作品《漓江》。

1999年胡振郎画展于日本东京新宿开展，胡振郎夫妇和两个女儿在展厅合影。

胡振郎主持首届上海黄浦画院书画展。沪上书画名家程十发夫妇（右三、右四）等到场祝贺。

1996年8月胡振郎于日本东京宫城为学生示范中国画。

视与印象主义光色，或重彩浓抹或简约清新，令他耳目一新。回国途中，他的心潮波澜起伏：有日本民间画院光顾上海、北京、南京、杭州进行文化交流，我们为什么不可以呢？再说国外民间画院比比皆是。上海海派文化，海纳百川，多元共存，曾涌现许多颇具声望的民间艺术团体，直接推动了海派绘画的繁荣发展。改革开放使沉寂的美术界复苏，若能搭建民间的艺术交流平台，随时与国内外美术界良性互动，无疑是件好事。

刚提出建上海黄浦画院的提案时，业界煮开了锅，有表示赞赏，有表示反对。能否报批通过，根本没底。但胡振郎坚持！他先上门

胡振郎绘画作品《家乡雨露》。

找老画家请教沟通，寻觅知音。当找到沪上画界“法老”、上海中国画院院长程十发时，程说：“这件事好啊，好好，我完全赞同。上海中国画院，上海黄浦画院……如果诞生更多的不就是百花齐放吗？”他在公开场合表态，在持反对意见的人面前表态，不厌其烦作解释。程先生当得悉画院开幕需要出画册，但资金短缺时，主动奉献寓意画坛春天的《花卉》拍卖，所得款项，权充出版画册的费用。为表支持，亲自出马担任黄浦画院名誉院长。时任上海美协主席沈柔坚，副主席吕蒙、徐昌铭等上海美协老领导先后担任画院艺术顾问。

上海黄浦画院这一纯粹民间艺术团体从构思到浮出水面，酝酿期五个月。画院成为沪上乃至全国最早的属民办公助型画院，可说是开风气之先。它属非国家编制负担的民间画院，方针为“以知名带未名”，主张增进艺术家、文化界之间的交流。沪上主要中青年国画家加盟上海黄浦画院，成为主力。举办首届画展时，程十发先生携全家出席开幕式，上海众多著名书画家、社会名流、美术爱好者齐聚展厅，盛况空前。

上海黄浦画院在院长胡振郎的带领下，开展艺术切磋、繁荣书画创作活动，至今在国内外举办了上百次各种类型的画展，出版了各种画册近四十多集。年年组织对外美术交流活动，为培养、扶持美术新秀长期无偿举办美术进修班。上海黄浦画院的创立历史已写入中国美术馆主编的《中国美术年鉴1949—1989》以及《上海美术志》等。

对中国画传承、普及、教育有着强烈使命的胡振郎，倾注极大热忱，忘情做着这份“无名英雄”的工作，由浅入深地编撰讲课教材八十余万字。抽空或挤时间，再苦再累见缝插针去大、中学校，文化馆、文化宫、群艺馆授课。背地里，别人说他“寿头”、“傻瓜”，他不在乎，充分发挥教学与实践相长，培养更多绘画爱好者，让艺术走进大众，成就更多人的画家梦。与此同时，他常赴加拿大、日本、新加坡等办展和讲学，传播中国文化，还为报纸、刊物撰写有思想深度、独到见解的美术评论。

晚年的胡振郎作画到了忘我的境地，拼命的程度。他淡泊名利，宠辱不惊，探索绘画语言多样化，阐发遨游艺术太空的感悟，探寻人与自然的和谐。一是有独到的诗意眼光，体现出笔墨创造诗境的审美情趣、“画为有形诗”的诗意，使画与诗于意境审美相通，只是形式的表现不同，两者互相融合，产生了画有尽而意无穷的艺术效果，引发朦胧的能生发无限联想的含蓄之美。二是借助笔墨媒介传达心境，引发互动和共鸣，抒发人生感悟。如夏山苍翠如滴，秋山明净如妆；野花独自舞，幽鸟不成啼；白雪皑皑万籁空，关山皓月向青天。把人生的不幸、感伤、苦难、愁绪、激情、力量等，挥洒得淋漓尽致。三是匠心独运，禅意入画，寻找国画中力与柔的美。他说，中国文化博大精深，禅即是一种心境，是清水般的大智慧。已到“望八”的年轮，是“远看山有色，近听水无声”、“入林不动草，入水无波动”的时间段了，创作画里，笔意简练，意境空阔，寂而不灭，淡而有味，禅意不知不觉地在笔下流淌了。静寂空无，虚无之美，与以前画表现的朦胧接近。万里江山，百舸争流，是一类；一点一线的远山，万象云烟，大笔简淡的笔墨勾勒，是一种；“人闲桂花落”，纯自然生态，超凡脱俗，是一态。事物已不是平常人眼中的事物，是超然物外的……

马蹄表嘀哒走着，似乎叮咛他珍惜剩余的时光。胡振郎似一头永不停歇的牛，用马拉松的精神激励自己在养艺斋里专心耕耘国画这片中国人生生不息的文化田园。他说，“画不尽江山美景，道无穷人间真情”，“国画艺术路漫漫，我仍是一个探索者”。

为这个世界留下音乐爱好者对我的怀念。

——陈燮阳

陈燮阳：中国第一流交响乐指挥家

孔　曦

陈燮阳（1939—　），国家一级指挥、上海交响乐团名誉音乐总监、中国国家交响乐团特邀指挥。致力于发展中国的交响乐事业，曾率团完成APEC会议期间音乐会等重要演出，并赴美国、欧洲等地巡演，在美国林肯艺术中心、维也纳金色大厅举办音乐会等。2010年被聘为上海市文史研究馆馆员。

青涩记忆

多年以后，当陈燮阳面对一个又一个充满敬意的采访记者，谈起他的艺术人生时，总是会说起1953年夏天带他赶考的姐姐，说起破格让他面试的老师。

那年，常州武进县的一个寻常夏日，身材瘦削的他坐上了开往南京的

童年时代的陈燮阳。

1981年陈燮阳于纽约音乐中心听美国作曲家作品。

火车，他身穿一件白布汗衫，背着一把二胡，新剃的头。姐姐写信来叫他去南京，再带他到沪报考上海音乐学院附中。

这把二胡是他用邻居家的破京胡加工的。没有老师教，他自己拉出了所有音位，奏出了一首首歌曲。

当时在前线歌舞团担任钢琴伴奏的陈钢回忆说："一天，一位合唱队的女队员陈力行来找我，说她有个弟弟要试试考上海音乐学院附中，想让我给听一听。他手中提一把二胡，只记得他的演奏颇有乐感，手一上弦，音波就随着心潮的起伏上下颤动，令人侧耳动心。后来几天，我对他进行了强化训练。"

来到上海，姐弟俩一路打听，终于找到了上海音乐学院附中的招生处。老师们摊开招生简章，说："这上面写得明明白白，我们只招小学毕业生，这个男孩已经读初二。况且，报名的截止日期已经过了。"姐姐当初只看到中学招生，又能免学费，一激动，没看清细则。

二十岁的陈力行恳求再三："给我弟弟一个机会吧，请老师听他拉拉看，哪怕不录取，听听也好。"爱才惜才的招生老师起了恻隐之心，答应请示一下校长。时任附中校长的姜瑞芝是著名音乐家贺绿汀先生的夫人，她同意破格面试。陈燮阳先用二胡拉了一首《二郎山》，又唱了一段《歌唱井冈山》。几位主考老师甚感惊奇——这个乡下少年的音准、节奏和记忆都好极了。从未正式接触过的和声，也能准确地复述。几位老师一致同意，给他一张准考证，编号是“特1号”。

通过了文化课的考试，陈燮阳被附中录取了。报到的第一夜，端详着印有“中央音乐学院华东分院附属中等音乐学校”（即上海音乐学院附中）字样的校徽，他失眠了。

放下二胡，他坐到了钢琴前。黑白琴键成了他的船桨，引领他在广袤的音乐海洋里遨游。他如饥似渴地学习、练习大师的作品，汲取养分。巴赫、莫扎特、贝多芬、勃拉姆斯、柴可夫斯基……他们穿越时空，成了他的好朋友。

有些同学回家返校，常常带回很多零食。陈燮阳每月只有姐姐从十五元津贴里省下的五元生活费，只够买点肥皂草纸、牙刷牙膏。礼拜天，他一个人躲在宿舍里听一张又一张唱片，在琴房练琴。有一年冬天，姐夫到上海出差，看到他的跑鞋开了一个大窟窿，脚面被冻得通红。姐夫鼻子一酸，把自己的鞋脱下和他对换。

有一回上民歌课，张民权老师教他们唱河北民歌《小白菜》：“小白菜呀，地里黄呀，三两岁呀，没了娘呀……”一曲歌罢，陈燮阳泪流满脸，同学们都惊讶地看着他。张老师柔声细语的安慰，才让他止住了悲伤。

无论古今中外，艺术的密码都是相通的。只有能被艺术作品打动的人，才具备用艺术作品打动他人的潜质。小泽征尔听二胡独奏《二泉映月》，曾失声痛哭。

陈燮阳也有一个早逝的母亲，还有一个不顾家的父亲。母亲朱铭庆是大家闺秀，琴棋书画样样精通。母亲喜爱的京剧、昆曲和绘画，启蒙了他童年的艺术教育。

从他记事起，父亲，只是偶尔回来看望他和姐姐的陌生人。十岁那年，他才知道父亲另有一个家。父亲陈蝶衣是20世纪三四十年代闻名上海的词作家，也是《明星日报》、《万象》杂志的元老，在上海的报业、音乐界和电影界都颇具知名度。他创作的三千多首歌词，有许多被传唱了半个多世纪，比如《凤凰于飞》、《花外流莺》、《南屏晚钟》、《情人的眼泪》等著名歌曲。

郁郁寡欢的母亲三十九岁时因癌症过世，那年，陈燮阳十二岁。不久之后的某一天，父亲的报馆关门，远走香港，从此杳无音讯。

陈燮阳说过："有很多人，对我来说很重要。"那些曾经在艺术人生中为他推开一扇窗的人，或是在黑夜里为他点亮一支烛的人，他铭记终身。

进入附中第二年，陈燮阳就尝试着作曲，赢得了老师们的肯定。当时的上海音乐学院副院长、著名作曲家丁善德对他也颇为嘉许。附中七年，陈燮阳或独自创作，或与别人合作，创作出《山区公路通车啦》、《新运河》、《养蜂场》等曲目，被制作成唱片全国发行。

作曲和指挥，两个专业，陈燮阳都喜欢。究竟应该选哪个呢？老师们发现，陈燮阳能演奏多种乐器，并且具备统领乐队的才能。1960年，他从附中毕业。上海音乐学院的作曲系和指挥系抢着要他，不得不开会讨论。结果，指挥系赢了。

大学本科，陈燮阳师从苏联留学归国的黄晓同。对这个特别好学的开山弟子，黄老师教得很努力，很认真，常常为他开小灶。后来，汤沐海、侯润宇、余隆、瞿春泉、谭利华、张国勇、王永吉等一批中国顶尖指挥家，都成了陈燮阳的同门师弟。

1965年，陈燮阳大学毕业，担任上海芭蕾舞团管弦乐队常任指挥，执棒芭蕾舞剧《白毛女》，一挥就是十六年。《白毛女》为年轻的陈燮阳带来了公众知名度，让他在"文革"中得以继续从事艺术工作，并结识了身为京剧演员的妻子王健英。陈燮阳回忆道："没有这段经历，不可能练就对舞蹈音乐的节奏感的把握，也不可能体会到那种奔放的激情。"

与此同时，师长们遭受的磨难，使他深深地不安和痛心——自杀的顾圣婴，被枪毙的陆洪恩，被批斗、停止工作的黄贻钧……有"海外关系"的他，不得不随大流参加各种批判会，以示进步。得知恩师黄晓同被批斗、受迫害，他也不敢去探望。内心的担忧、恐惧和煎熬，只能一个人默默承受。

十年浩劫中，日复一日、年复一年的单一旋律，扑不灭他心灵深处的理想。业余时间，陈燮阳废寝忘食地研读西方交响乐的总谱，闭门聆听大师们的作品。

走向世界

1981年秋，陈燮阳应美中艺术交流中心邀请，前往美国纽约学习考察，师从著名指挥教育家奥托·缪勒教授。缪勒知识渊博、严谨细致，令他获益匪浅。白天，陈燮阳聆听乐团排练、在图书馆查阅资料、在乐谱唱片商店流连忘返；晚上，他听音乐会、观歌剧、赏芭蕾……波士顿交响乐团、费城交响乐团、芝加哥交响乐团等一流乐团的音乐会，使他感受到了CD唱片无法体现的、前所未有的震撼。仿佛回到了三十年前，他再一次沉浸在音乐的海洋里，尽情地感受时代的节奏。

他结识了伯恩斯坦、小泽征尔、玛捷尔、普列文等指挥大师，得以观摩排练，领受教导。在小泽征尔的波士顿家中，两人促膝长谈，煮酒论英雄。言谈间也喜欢手舞足蹈的小泽说："我觉得我们东方民族的智力是很高的，任何科学和艺术的尖端领域，都有东方人。"陈燮阳则意气风发地说："我要用我的一生把中国交响乐推向世界！"

1981年12月14日，纽约，寒冷的冬夜。纽约现代音乐演奏团的演出，气氛热烈。由陈燮阳执棒的"中国现代作品音乐会"令美国观众异常惊喜——原来，中国也有交响乐，还有能娴熟地指挥西方交响乐的出色指挥家。

1982年夏，陈燮阳应邀参加科罗拉多州第三十三届阿思本音乐节。他准备的曲目是中国作曲家奚其明的芭蕾组曲《魂》、莫扎特的《第四小提琴协奏曲》和勃拉姆斯的《第二交响曲》。陈燮阳以独特的风格、昂扬的激情打动了千万名西方观众。当交响曲的最后一个和弦结束，全场响起了经久不息的掌声和欢呼。陈燮阳被再三请出来谢幕，演奏员们十分激动，兴奋地跺响台上的地板。音乐会后，美国著名教授陶勒赛·迪蕾向陈燮阳祝贺演出成功，有的指挥家当场就想租用《魂》的总分谱，也有的希望得到录音或唱片。

在美期间，他指挥了布鲁克林交响乐团、檀香山交响乐团，演出了十多首中

陈燮阳和妻子王健英。

2014年9月29日，陈燮阳于庆祝中华人民共和国成立六十五周年音乐会上。

国作品。还考察了纽约、华盛顿、波士顿、檀香山等十多个城市的交响乐团管理和演出等课题。一年多的考察、学习和演出，使陈燮阳具备了世界级的开阔视野和前瞻眼光，帮助他完成了艺术人生的又一次重大飞跃——从芭蕾舞团管弦乐队指挥到中国一流交响乐职业指挥。他开始走向世界乐坛。

1982年2月，陈燮阳结束了在美国的进修回国，途经香港时，他终于和阔别三十载的父亲相见。在机场，他一眼就认出了父亲，一声"爹爹"，一声"燮阳"，融化了多年前儿子对父亲的怨怼。

2002年，澳门举行"陈蝶衣作品音乐会"，陈燮阳登台指挥。那场音乐会的尾声，陈蝶衣在热烈的掌声中走上舞台，与儿子深情拥抱。那一年，陈蝶衣九十四岁，陈燮阳六十三岁。父子两人不约而同地从事了音乐事业，先后成为中国文化界和音乐界的标志性人物，实在是一段难得的佳话。

陈燮阳回国后，北京和上海两地开始了一场人才争夺战，惊动了中央高层，以至于邓小平亲自过问此事。

陈燮阳（右）与父亲和继母在一起。

1982年陈燮阳在阿思本音乐节上担任指挥。

争执的结果开了我国音乐界的一大先例，陈燮阳同时担任上海交响乐团和中央乐团的常任指挥。最终，他“花落”沪上，于1984年担任上海交响乐团团长。

1986年12月12日上午，上海交响乐团排练大厅，上海市文化局负责人与新任命的上海交响乐团音乐总监陈燮阳各代表一方，签署了交响乐团体制改革合同书。上海市有关领导见证了中国第一位文艺院团艺术总监的诞生。此事被媒体评为当年中国十大文化新闻之一。

当时的中国，音乐总监还是一个新名词。陈燮阳成了第一个“吃螃蟹”的中国指挥家。

音乐总监负责制，是大多数国家的交响乐团长期采用、行之有效的管理体制，音乐总监必须由艺术造诣较高的指挥家担任。乐团必须围绕音乐总监的艺术主张，组织演出季的音乐表演风格。乐团摒弃机关事业单位的管理方法，一切业务和行政事务由音乐总监聘任的经理经营管理。音乐总监负责制可以较好地解决艺术表演团体内多头领导的弊端，使总监有更多的精力、更集中的权力从事艺术活动。

率团从美国、苏联、日本等地演出归来后，这位音乐总监多次在公开场合表示：“和国外的著名乐团相比，现在的上海交响乐团恐怕只能算三四流。首先，我们要把上交建成中国最优秀的乐团。再通过努力，争取冲出亚洲、走向世界，跻身于世界优秀乐团的行列。”目标远大，头脑清醒。

通过他的努力，乐团以不菲的薪资从国外引进了一批优秀的管乐演奏员。有不理解的团员前来诘问，陈总监据实相告，以理服人："为了充实上交的演奏力量，提高乐团的演奏水平。"

经过他的奔走，上海发展交响乐事业基金会成立，他被推选为理事长。董事会成员的名单上，金山石化总厂、锦江联营集团、宝山钢铁公司等大型企业赫然在目，为乐团解决了经济上的后顾之忧。

经由他的呼吁，上海交响乐爱好者协会成立，他出任会长，带领乐团赴基层讲解交响乐的ABCD，以推广交响乐、培养观众。借助电视等大众传媒的威力，他成了家喻户晓的明星指挥，不少基层的音乐会都点名请他指挥。

1985年，贝多芬诞辰二百一十五周年，上交推出了这位作曲家的全部交响作品；1986年，柴可夫斯基作品系列音乐会隆重举行……

上海掀起了交响乐热。

1988年，陈燮阳的太太王健英赴香港定居，年迈的父亲也多次要求他去香港团聚。第二年年底，陈燮阳离开上交来到香港，在香港中乐团担任客席指挥。一年多的时间，他让这个乐团面貌一新，被当地媒体誉为"中乐指挥杀手"。

团聚的快乐，难以抵消他对交响乐事业的热爱。他的内心一直有一个声音在说："一个指挥家离开了乐团，等于一无所有。"1991年春天，陈燮阳应上海市领导的延请回沪。抵达上海的第二天，他被市文化局再次任命为上交的音乐总监。当晚，他重又站到了熟悉的指挥台上，指挥了捷克作曲家斯美塔那的交响诗套曲《我的祖国》。

多年之后的2000年，陈燮阳第三次被任命为上海交响乐团音乐总监兼中央歌剧院院长，再度身兼两职，京沪穿梭。

对交响乐事业的热爱和执著，促使陈燮阳一次又一次刷新着个人艺术生涯乃至中国音乐史的纪录。

1998年春节，维也纳金色大厅"中国春节民族音乐会"的序幕拉开。在这个站过卡拉扬、马泽尔、祖宾·梅塔、阿巴多、小泽征尔等大师的舞台上，陈燮阳带领中央民族乐团，让欧洲观众认识了二胡、琵琶、唢呐、古筝、笛子等中国乐器。那一晚，除了座位票，还售出了三百多张站票。高雅音乐的长期浸淫，练就了奥地利观众的耳朵，他们很快就被东方乐器迷住了。奥地利国家电视台、欧洲卫星三台等五家电视台转播了音乐会的盛况。

最初接到演出邀请，陈燮阳本人也颇感意外。原来，主办方在全国范围内遴选了多次，既能指挥西方交响乐，又能指挥民族音乐作品的指挥家，非他莫属。

幼年和少年的经历，使陈燮阳熟悉了民乐。读上音附中时，二胡是他的第二乐器。早在留美期间，陈燮阳就指挥过谭盾等作曲家的作品。香港中乐团客席指挥的历练，更让他能“中西兼顾”。在他眼里，中国民乐与外国音乐差别很大，轻响快慢的节奏不同，传统民乐的独特韵味更是只可意会不可言传。

“西乐中奏”是陈燮阳擅长的一种创新方式。在维也纳金色大厅，新年音乐会返场的必演曲目是《拉德茨基进行曲》，陈燮阳把京剧里的锣、钹等打击乐曲加到交响乐里，给《拉德茨基进行曲》镀上了浓浓的京韵，大受欢迎。

从维也纳到柏林、格拉茨再到慕尼黑、丹麦，一个个声名赫赫的音乐殿堂，留下了中国民乐的绕梁余音。1999年，他们再度来到这里演出，在欧洲掀起了中国民乐热。此后，有着狮子般发型的陈燮阳在国际上成了中国民乐的形象大使。

民乐的现代化涉及作曲、演奏、乐器和乐队编制等多方面因素。陈燮阳认为，传统民乐要为现代人接受，就要适应人们变化了的审美观，与当代人的情感产生共鸣。中国民族音乐吸收西方交响乐创作的一些手法、技术，是必要的，但要保持民族音乐的特色。

陈燮阳带领的上交还出访意大利、英国、德国、法国、瑞士等多国演出。

2003年夏天，陈燮阳率领上交巡演美国的夏威夷、洛杉矶、华盛顿、亚特兰大、旧金山、纽约等十一座大城市，演奏中国的交响作品，大获成功。在波士顿演出时，数千观众不顾消防铃声的警告，静候《北京喜讯到边寨》一曲终了，起立、鼓掌。散场后，仍有大批观众在剧院门口等待，以期一睹中国指挥和演奏员的风采。

2004年6月，陈燮阳带团去柏林爱乐音乐厅演出，建团一百二十五周年的上海交响乐团，成为中国第一个登上欧洲古典音乐“圣坛”的交响乐团。陈燮阳对团员们说："我们是来考试的。"王西麟的《火把节》、郭文景的笛子协奏曲《愁空山》，既有浓郁的中国风情，又不乏现代作曲技巧，德国观众立即被打动了。拉赫玛尼诺夫的《e小调第二交响曲》，更是异常出彩，掌声雷动。每一曲终了，陈燮阳都要多次谢幕。最终，加演三曲，谢幕五次，全场两千多名柏林观众起立喝彩鼓掌十分钟。前柏林交响乐团首席指挥、柏林高等艺术学院教授布云特先生说："在这里，除了柏林爱乐等本地乐团，外来的乐团能让观众如此疯狂的，太罕见了！你们的音乐会太棒了！"德国政要、中国驻德国大使及夫人纷纷向中国音乐家表示祝贺。慕名而来的演出商当场预约了明年上交在挪威、西班牙的五场巡演……陈燮阳很自豪，他说："对指挥来说，真正的本事，是你站在指挥台上，把乐队训练成了高水平的乐队。"

接下来的马赛之旅，陈燮阳和上交的演奏家们，在三十摄氏度的夏日，在没有空调的马赛歌剧院，震撼了马赛的观众。

四十年来，作为指挥的陈燮阳，足迹遍及世界各国和中国港澳台等地区，指挥上交或当地著名乐团，每次都载誉而归。

与陈燮阳合作过的作曲家名单，堪称中国当代交响乐史的缩写——贺绿汀、丁善德、朱践耳、郭文景、谭盾、陈其钢、盛宗亮、周龙、陈怡、黄安伦、许舒亚、瞿小松、叶小钢……

与他合作过的演奏家和歌唱家，差不多就是一幅海内外乐坛精英的"全家福"——小提琴家夏哈姆、薛伟；大提琴家马友友、王健；钢琴家傅聪、许忠、孔祥东、李云迪；歌唱家张建一、马梅、黄英、廖昌永……

1989年，由他指挥上海交响乐团、俞丽拿独奏的《梁祝》小提琴协奏曲，获中国"金唱片"奖。

六十年的艺术生涯，在上海交响乐团的二十多年，陈燮阳创造了中国指挥家中的诸多第一——

第一个在维也纳金色大厅指挥中国民族音乐；

第一个身兼北京、上海两大专业团体的院长和音乐总监；

第一个两次录制贝多芬交响曲全集；

录制作品获奥斯卡最佳电影音乐大奖第一人(电影《卧虎藏龙》);

世界三大男高音紫禁城音乐会上执棒的第一人……

此外,开展乐团体制改革、引进音乐总监负责制、聘请外援、成立交响乐爱好者协会、成立发展交响乐事业基金会、推广中国作曲家的作品等,陈燮阳事事走在了前面。

对中国交响乐,陈燮阳有着殷切的期望:“交响乐是一种国际性的艺术,代表着一个国家的文化。中国的交响乐要真正走向世界,必须得到社会和政府的支持。各地应该努力把交响乐团建设好,让乐团能经常为当地民众演出,普及高雅艺术。”

尾声

2009年,陈燮阳从上海交响乐团音乐总监的岗位上退了下来,现在,他是上海交响乐团名誉音乐总监、中国国家交响乐团特邀指挥、中央民族乐团特邀指挥、上海市文史研究馆馆员、二级教授。他的生活宗旨是生命不息,执棒不止。中国第一棒,依然熠熠生辉。

2014年9月29日晚,人民大会堂一片喜庆祥和。庆祝中华人民共和国成立六十五周年音乐会“美丽中国 光荣梦想”在京举行。习近平、李克强等党和国家领导人与首都各界欢聚一堂,共同欣赏了音乐会。像之前的很多国家级重要音乐会一样,指挥,还是陈燮阳。

对一个艺术家而言,幸运女神的公式,是百分之一的天赋,加上百分之九十八的勤奋,再加上百分之一的机遇。没有天赋,再多的勤奋,也得不出等号右边的答案;倘若没有机遇,这个算式,也同样无解。著名指挥家李德伦称赞陈燮阳是“我国当代最有才华的指挥家之一”。陈燮阳登上了中国乐坛的珠穆朗玛峰,成为中国当代指挥界的一座里程碑。

他的人生格言很质朴——“做一个人,一定要‘真’和‘诚’。”

他最大的希望,是“为这个世界留下音乐爱好者对我的怀念”。

我没有别的，就是认真做事，认真做人。

——俞丽拿

俞丽拿：那些你不知道的幕后台前

盛曙丽

俞丽拿（1940— ），上海音乐学院教授，上海市音乐家协会原副主席，小提琴演奏家。演奏小提琴协奏曲《梁山伯与祝英台》获首届“金唱片”奖。曾作为第一小提琴手组建了第一个中国女子四重奏组合，在国际比赛中获奖，填补了中国室内乐的空白。2010年，被聘为上海市文史研究馆馆员。

俞丽拿，你知道吗？

采访俞丽拿之后，我常在朋友中作微调查：你知道俞丽拿吗？

“知道啊。怎么啦？”

“知道她，也关心她。俞丽拿带给我们的《梁祝》，是最荒诞的年代里，最美的外国乐器和最美的中国民族乐曲的天作之合，是当时绝无仅有

俞丽拿指导学生黄蒙拉(获“帕格尼尼”比赛冠军)。

俞丽拿与丈夫、上海交响乐团长笛首席演奏家李国良。李国良获中国长笛联合会颁发的终身成就奖。

的一朵艺术奇葩。我们这一代、我妈妈一代、我女儿一代,都忘不了她,并喜欢她。”

是,你知道俞丽拿。知道她的《梁祝》,也可能知道黄蒙拉是她的学生。可是,你知道俞丽拿睡教室,知道俞丽拿爬楼梯,知道她有时候夏天洗不上澡的窘迫,知道俞丽拿在上海这座挤挤挨挨的都市里生活的情景吗?

艺术家舞台下面的生活,有时候会以另一种形态更艺术地打动人心……

俞丽拿发短信

我给俞丽拿打电话。打了两个,没人接。

要不,发条短信?转念一想:俞老师比我大十岁多,该七十多岁了。给七十多岁的人发短信,礼貌上不周到,还不一定有用。

犹豫半天,还是发了条短信:俞老师,我受文史馆委托,要去采访您。不知您有空吗?下周二可以吗?盛曙丽。

晚上看到回复:周二我要上十二小时的课。周六、周日行吗?俞丽拿。

行啊!就周日。采访需要点时

间，上午行吗？哈，俞老师会发短信的！

回复马上来了。还是长长的一条。采访就定在周日。俞丽拿告诉我，她住哪里，如果坐地铁，坐几号线，地铁下来怎么走；如果开车，走哪条高架，高架下来怎么走，拐几个弯，进了小区怎么走。

清清爽爽！

嘿，短信发得这么利落，状态肯定好。一天还要教十二个小时的课！钞票肯定挣得"摸老老"（沪语，意为很多很多）。住银桥花园，别墅吧？

十多年前，曾采访过俞丽拿。记得俞老师好像是住市中心的。现在住别墅了。可是，别墅怎么会301室呢？

各种想法，纷至沓来。

两天后，坐在俞丽拿的家里，和心中仰慕的艺术家聊着天，那些想法，一一被清洗……

俞丽拿买房子

银桥花园不是别墅，是一个不新的"新"小区。

爬上三层楼梯，是这里吗？和想象的不一样呵。犹豫着敲了门：俞老师！

马上有了应答。狗也叫起来了。

是印象中的俞丽拿：高个子，黑发浓密，眼眸漆黑有神，举手投足依然雍容优雅。健聊。忘了她说什么了，逗得我哈哈笑了好几次。忘不掉的是，俞丽拿随手穿上的毛外套，肘上竟有些破了。

这是一套三复四的房子。客厅和餐厅还是错层的。走几步，要上下几格楼梯……这些日子，我常常会担心那几格楼梯。两个老人，一只老狗，上上下下，稍有不慎，有个磕绊，可不是小事情！

房子是俞丽拿1997年买的。期房。1998年5月到手，装修好，住进去已是1998年底了。150平方米左右。37万左右。现已经涨了8倍，市值超过200万了吧。

买房真的偶然。

当时的家太小了，隔音又差。丈夫一吹长笛，俞丽拿就想躲，躲到一个自己也可以练琴的地方去。正巧同事来电话，说在“银桥”买了新房，新房很大，隔音当然没问题。完全对俞丽拿的心思，放下电话，她就动身去看“银桥”。

去了，还真买了。筹款，办公积金贷款，好一阵忙，想到有大房子住了，想到可以不再有干扰地练琴了，无比兴奋的俞丽拿还带动了一帮音乐学院的老师在这儿买了房。

像这样买房子、置大产的，大概只有俞丽拿吧。实在没时间啊，也不想在这方面花时间。

一晃，已经在“银桥”住了十六年了，现在音乐学院还住在这里的，寥寥无几，大多都搬走了。到底太远了，不方便呵。

一楼是客厅、餐厅、盥洗室，二楼有两个卧室，还有起居室和盥洗室。

看得出俞丽拿是喜欢这套房子的。她指着窗外，“这套房子是我们小区视线最好的，你看……”窗外，郁郁葱葱的大树，碧绿碧绿的草地，儿童乐园里孩子正嬉戏……

十多年住下来，有感情了。

可是，回到家先要爬三层楼梯，进了家还要爬楼梯。膝盖不大好了，医生说她：“俞丽拿，你的膝盖，一不能爬楼梯，二还是不能爬楼梯！再爬楼梯，膝盖就完了！”

不爬楼梯，怎么办？只能少爬楼梯。进门了就少出门；下了楼就少上楼；拿东西啥的，算算好，一次性带下去，一次性带上来……

老伴八十岁，她七十三岁，不是爬楼梯的年龄了。

当年贸贸然买下房子，实在是想住一套想什么时候练琴就什么时候练的房子，没挑也没选……没想到一下子年纪就大了，爬不动楼梯了。

俞丽拿还没退休，学校和教委都没让她退。不仅没退，俞丽拿扛着的是两个半人的工作量。年逾古稀了，不想爬楼梯了，不想老远地赶来赶去，想住在学校附近的愿望越来越强烈了，如果步行就能走到学校、就能教上孩子多好啊，可是，学校附近的电梯房每平方米都五六万了。

俞丽拿开车

“俞老师,你一天要教十二小时课,那么多学生,应该买得起房子呀!”

“嗬!”俞丽拿笑了,“我教的学生,都是音乐学院的,我挣的是工资呀!”

“工资是多少?”反正破了忌讳,我接着问。和俞老师聊天,她会让你很放松,想说啥就脱口说了。

“国家工资加校内工资。校内工资平时多一点,寒暑假少一点。月收入一万多点。我的钱是够用了,但我买不起房子。”

搬到银桥花园,和丈夫各练乐器是不干扰了,但离单位远了。每天上班,坐公共汽车到莘庄,再换地铁1号线。有时眼看着车子来了,紧着追,车没追上,哮喘倒犯了!年纪大了,跑不动了!

桌子上放着药盒,小格子里放着各种药。今天明天后天,早上中午晚上。这个药那个药。一身是病,吃药是必须认真对待的事了。这样赶公交车、赶地铁,真的吃不消。

五十九岁那年,俞丽拿决定学开车。那时规定六十岁不可以学车,要赶上“最后一班车”。驾照一到手,俞丽拿买下一辆二手车。

真的像长了一双翅膀!

清晨5点多,俞丽拿就起床了。6点许,她的车就在沪闵高架上畅然驰行。八十码,半个小时,到音乐学院了!真正飒爽英姿!英姿飒爽!

可是,生活总是要“可是”!

5点多起床,一天尚可,天天这样,上课就没精神了。晚上回家还老是堵车,急人。俞丽拿就想住到市区的老房子里,可老房子的停车位少,开着车围着老房子转圈找车位,一圈、两圈,人都要疯掉。索性,俞丽拿既不去老房子,也不回“银桥”了。

把课时集中起来,五天的课集中在四天。一天上十二个课时。周一去学校,周四晚回家。一周只去一趟学校。把路上的时间拿到手了。

放不下的,是病狗贝贝。俞丽拿跟老伴商定,周一到周四,老伴照顾;周五到周日,丽拿照顾。再请个钟点工帮助家务。

就这样,俞丽拿在教室的一隅摆了一张小床,在学院住下了。

冬天还可以。学校5点关空调，尚有余温，在床边放一只暖汀，睡得还实。到了夏天，一个6月一个9月，暑热难耐，睡不好不说，还没地方洗澡。

学校让俞丽拿去住招待所。招待所是承包的，她俞老师去一天两天揩揩油还可以，一个月两个月怎么办？偶尔去洗把澡，自己还难为情！

夏天不能洗澡，是个事儿。今年，音乐学院租给当系主任的儿子一套小房子，俞丽拿说，今年夏天洗澡可以去儿子那里解决了吧！

我提了个问题，这问题很多人都跟我提：现在的私教可挣钱了，别说俞丽拿这样的大牌，一般的，起板就二百，俞丽拿为啥不收私教？不去赚那个钱？她不动心？

俞丽拿说，我不是不做私教，有才气的孩子来找我，我肯定会教他。但是，如果只为了赚钱，我不动心。我要确保精力教学校的孩子。课时一直很满，我也没精力再做学校以外的事了。

听着俞丽拿的回答，我说不出一句话来，只觉得喉头发紧，眼眶发热。

也有人说，赚钱有啥不好的，俞丽拿太清高了！

是，私教没啥不好，赚钱也好，但像俞丽拿这样一个国际级的小提琴家，一个二十多次出任国际提琴大赛的中国评委，一个在学校的轨道上行走了半个多世纪的教育家，叫她怎么肯为了赚钱，去教一个初学者？那个架子，俞丽拿得端着，哪怕不为自己，也得为国家啊！

况且，她的学生每年都能捧回国际大奖，那不也是“收入”？是比钱更大的收入吧！

俞丽拿缺钱，需要钱，如果有钱，她就可以在学校附近买套电梯房，不用再爬楼梯，再睡教室了。

我想，俞丽拿每年为国家培养出一批优秀的小提琴家，有关方面有没有办法帮她解决困难啊？

俞丽拿和小狗贝贝

贝贝跟俞丽拿十四年四个月了，是只又娇又傲的狗。按人一年狗七年算，它近一百岁。俞丽拿说:“阿拉屋里三个老人,老伴八十,我七十三,贝贝一百。”两个老人,照顾一只老贝贝。

贝贝老了,有病了,动不动就喘成一团。

俞丽拿不停地安抚贝贝,一边作碎碎念:“阿拉乖,阿拉老乖格的,阿拉是乖小囡。”贝贝安静下来,渐渐睡去。但只要一有响声,就挣起来拼了老命叫,一声一声,身体抖得像只筛子。

午饭时间,俞丽拿从冰箱拿出准备好的两只小碗,一只装了两勺米饭,一只装了两块红烧肉。在微波炉热了,俞丽拿把红烧肉慢慢嚼碎,用手拌了米饭,一口一口喂贝贝:“阿拉贝贝吃饭了,慢慢吃噢,慢慢吃。再吃一口,还好吃一口伐?再吃一口好伐?好好交吃噢!”

贝贝吃得还香,但站不稳,两脚不停地抓着地。剩下最后一口,不吃了。

每天要抱贝贝上楼睡觉,抱贝贝下楼,喂它吃饭,喂它吃药,还要给它做衣服。

在俞丽拿的床上,放着两条已经裁好的小裤头,要缝了给贝贝穿的。贝贝现在要穿纸尿裤,纸尿裤外得套一件裤头。

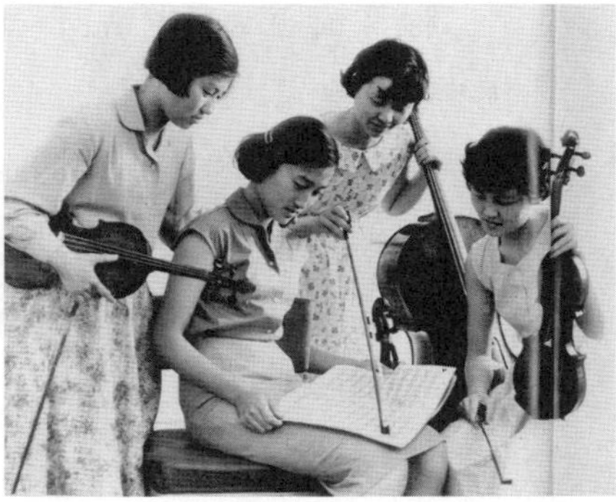

20世纪60年代,俞丽拿在德国柏林参加比赛。

20世纪70年代末,俞丽拿与同伴们下部队深入生活。

俞丽拿和《梁祝》作者何占豪(右)、陈钢。

刚和俞丽拿通电话，得知贝贝走了，4月4日下午，它去了另外一个世界。因为年老衰竭。最后几天，俞丽拿几乎整夜整夜不能成眠，一歇歇喂它喝水，一歇歇给它擦身，终于，贝贝的头再也抬不起来了。

小小的准备缝的小裤头，摊在床边，老是晃在我的眼前。想象俞丽拿坐在阳光下缝小裤子的情境，不禁泪从中来。那双手，那双拉提琴的手呵，曾拨动过多少人的心弦……

象数达人俞丽拿

不是亲眼见到，亲耳听到，不敢相信俞丽拿还是个象数达人。

俞丽拿挽起棉毛裤，腿上很多地方贴着一张张小纸条，上面有一串数字。关节不好，念这串数；消化不好，念那个数；腰椎、颈椎不好，念这个数。“是呵，我念象数的呀。当然有用！”

“同学来上课，垂头丧气的，胃痛煞啦！我就叫他念一串数字，来，把数字贴胃上……过一会儿，哎，人精神起来了，胃不痛了，好拉琴了！”

“是史蜀君教我的。”俞丽拿说，“我和史蜀君在第一届中青年知识分子联谊会上就认识了。一次聊天，史蜀君告诉我象数能治病。就此，我学上了象数”。

俞丽拿是要么不做，要做就认真做的人。她把有关象数的书看了一遍，觉得有道理，又方便，只消认真念数，把数字贴在痛处，就能治病。没有一点负反应的事，为什么不做？

真的有用。

我的腰椎和颈椎都不大好，俞丽拿把一串数字写在我的采访本上：“回去好好念，写下来贴在痛的地方，肯定有用！”

知道象数多年了。尤其老人堆里，都拿象数当法宝。睡不着了，念一串数字；脚痛了，念一串数字……没想到俞丽拿也是个象数达人，真像遇到一个欢喜知音。

“踩了”总理的脚

俞丽拿说，因为，我拉了《梁祝》。

这句话从俞丽拿嘴里说出来，是见心胸，见诚挚，见天地的。在近半个世纪的现代中国音乐史上，俞丽拿有谁也不能替代的重要一页。但她却作如是一说。

从1956年，在全国音乐周开幕式上，十六岁的俞丽拿代表上海音乐学院，第一次上台独奏小提琴开始，到今天她众多的学生获国际金奖，近六十年里，俞丽拿的名字和她的琴声响彻世界乐坛。

俞丽拿还说，我不是很有悟性的人，我就是做事认真、执著、努力的人。

除了认真努力，俞丽拿还很纯粹。她不懂政治，也不想沾政治。那时没有奖金，没有红包，她就是一股认真劲。《梁祝》作曲陈钢给俞丽拿取过一个外号“戆娘”。

还有件事足见俞丽拿的“戆”。“文革”前，俞丽拿是中国外交的一张大牌。参加外交活动和国际交流是经常的事，因此，她认识了周恩来总理。

周总理陪外国元首来上海，安排文艺演出，就点《梁祝》。

当时，俞丽拿还是大学生呢。一次演出后的舞会上，总理邀俞丽拿跳舞。俞丽拿不会跳舞，一紧张踩了总理的脚。这没啥。有啥的是，总理跟她商量：“能不能和《梁祝》的两位作曲家说一下，改得短一点？”

俞丽拿听总理这样说，发了愣。见她为难，总理说：“当然，这只是我个人的意思，供你们参考。”

俞丽拿很忐忑：如果回去说，从上到下都会极度重视，已经成熟的乐曲，有一定的曲式规格，改动很可能牵一发而动全身。总理只是跟她商量，不用大肆张扬吧。曲子后来没作改动，但是按总理的意见经常用“片断”演出。

有人拿着鸡毛当令箭，俞丽拿拿着令箭当了鸡毛。

俞丽拿不沾政治，却为中国的百姓做了大量政治家做不到的事情。文化最荒芜的年代，不要说中国的老百姓听俞丽拿的《梁祝》如久旱逢甘霖，就是外国人听了，也非常感动。美国作家斯诺听了《梁祝》之后，感慨道：“中国的对外宣传，其实不要说很多道理，让大家来听听《梁祝》吧，比任何宣传都更有力量。”

20世纪90年代，俞丽拿（前排中）在台湾东吴大学讲学。

俞丽拿与世界著名小提琴演奏大师梅纽因。

90年代，台湾艺术家邀请俞丽拿去台北演出，在当时，这件事非常难。三番五次，曲曲折折，当俞丽拿一个人带一把提琴先到广州，再深圳，再香港，再拿到入台证正本，飞到台湾，儿子李坚从美国飞来了。

母子同台演出引起轰动："俞丽拿的《梁祝》征服台北，谢幕六次，观众狂欢，欲罢不能……"这是大陆艺术首次在台湾演出。像一个破冰的勇士，俞丽拿打开了大陆和台湾的艺术交流通道。

俞丽拿在美国、在英国、在澳大利亚、在加拿大、在俄罗斯、在日本，在全国很多主要城市演出，处处留声，处处生情。

俞丽拿一直有两个舞台，一个演

俞丽拿（前右一）与世界著名指挥家小泽征尔（前右三）。

1959年5月27日上海兰心大戏院，俞丽拿首演《梁祝》。

出的舞台，一个教学的舞台。

除了毫无保留地把自己的技能、心得传授给孩子，俞丽拿有一套独特的教学方法，她的课堂特别“吵”。随着旋律，俞丽拿大声吟唱，高山流水，天空海阔，淋漓尽致，她总是尽可能地启发学生，让孩子的天分发挥到极致。

俞丽拿是全国劳动模范、全国模范教师、全国高校名师，她的课程是国家精品课程，不仅在国内上课，俞丽拿还被邀去加拿大“音乐桥”国际夏令营、日本石川音乐节、澳大利亚国际音乐节、小提琴大师帕尔曼的国际弦乐夏令营、英国皇家音乐学院去讲学，俞丽拿还是二十多个国际小提琴比赛的评委，其精深的艺术造诣成就了她在国际乐坛上的地位。

艺术已盛誉远播，教育之树也硕果累累：在“梅纽因”、“柴可夫斯基”、“扬波斯基”、“维尼亚夫斯基”、“仙台”、“AIMA”、“西贝柳斯”、“帕格尼尼”、“利比策”等国际小提琴赛事中，俞丽拿的学生获第一名的达十四人之多！仅2013年的国际小提琴比赛中，俞丽拿的学生有三个获第一名，两个获第二名，两个获第三名，一个获第四名。

……

周一的清早，俞丽拿开着车又上路了。

这一周的课程，排得满满的……

人生在世，要有甘于寂寞、淡泊名利的良好心态，要有咬定青山不放松的坚定信心，要有经受艰苦磨炼的进取精神。

——钱茂生

钱茂生：耕耘翰墨天地间

陈　挺

钱茂生（1940—　），著名书画家。现为国家一级美术师、中国书法家协会会员、上海中国画院高级画师、上海市书法家协会顾问。2009年被聘为上海市文史研究馆馆员。

提起钱茂生和他的墨耘斋，熟悉他的人都会感怀于钱先生的翰墨情缘。他在艺术创作和教育的天地中默默耕耘，在笔歌墨舞中绘就多彩的人生，在言传身教中弘扬中华民族优秀的传统文化。

憧憬艺术，追寻梦想

钱茂生出生在山清水秀、人杰地灵的无锡，至今言语间还带着浓浓的乡音。其父钱志远是远近闻名的中医师，不仅医术高明，国学底蕴深厚，还写了一手好字。钱茂生至今还珍藏着数本父亲撰写的膏方，字体遒劲有力。钱志远膝下九个子女，钱茂生排行第五，幼时的他爱看各种小人书，《三国演义》、《水浒传》等，不一而足。他对书中栩栩如生的人物形象爱不释手，忍不住动笔描摹。于是，雪白的墙壁和坚硬的地面成了画纸，铅笔、毛笔、白泥都是绘画工具。尽管家人并不看好这个爱随意涂鸦的小家伙，但他仍乐此不疲。进入中学后，钱茂生在老师的指导下学习写生和书法，高中考取无锡市公益中学，该校由工商巨子荣宗敬、荣德生先生于1919年创办。至今建校百年，人才辈出，国家原副主席荣毅仁、全国政协原副主席钱伟长等都曾就读该校。钱茂生不仅成绩优秀，还负责每周出黑板报。他画的报头和写的板报字体广受赞誉，艺术特长日渐显露。高考时正逢南京艺术学院招生，学校便推荐他报考。多年后，母校兴建怀德堂，荣毅仁先生特意嘱咐要让德艺双馨的人题写。钱茂生应母校之邀，欣然题写。

报考南京艺术学院让钱茂生既兴奋又紧张。条件所限，他应试时只揣着一支咖啡色的6B铅笔和一块橡皮。但由于平日训练有素，他还是从众多报名者中脱颖而出，被学院录取。尽管他没有子承父业，考前也未与父母商量，但当他兴奋地将喜讯告诉家人时，父亲并没有责备他，只是叮嘱他好好珍惜这个难得的求学机会。

南京艺术学院是江苏省最高的艺术学府，当时云集了众多全国一流的教授。钱茂生喜得陈之佛、俞剑华、陈大羽、亚明、丁吉甫、张宜生等名师的指点，攻读素描、国画、书法、篆刻、诗词等学科。他至今还记得跟随陈大羽先生学画荷花的情形。当时，没有现成的墨汁，钱茂生就早早地为恩师磨好墨。不料，陈先生当天用大写意笔法画墨荷，用墨很是厉害，眼见磨好的墨就要用完，临时再磨又来不及，只见陈先生放下笔，直接用手蘸上余墨和墨渣在宣纸上勾勒、晕染。“这才是真正的一气呵成呀！”钱茂生平生第一次见到如此兴之所至的大胆创作，忍不住惊叹，他也终于明白恩师作品气韵生动的奥秘所在。当时许多老师都持“书画不分家”的观点，因此，钱茂生苦练书法基本功，临帖作品不时被老师用红笔画圈。就读艺术院校，笔墨纸张的开销自然不小，尤其是画大写意特别耗费墨和纸。无力支撑的家人想让他中途退学，钱茂生一声不吭，咬紧牙关，节衣缩食，画过的宣纸反复利用，终于熬了过来。毕业前夕，他创作了国画《蚕语满室夜夜心》，这幅构思巧妙、笔触细腻的作品在全国高等美术院校1964年毕业生展览会上获得好评。

青年时期的钱茂生临池不辍。

由画转书，另辟蹊径

1964年9月，钱茂生被分配到享誉海内外的上海中国画院，从事书画研究和创作。在那个不堪回首的年代，国画创作几乎停滞，对此满怀热情的钱茂生究竟何去何从？国画专业毕业的他日后为何能以书法成名？这一切源于书画界前辈的言传身教，更源于钱茂生对艺术咬定青山不放松的执著。

钱茂生绘画作品《护山人家》。

当年，钱茂生到农村搞“四清”，条件艰苦，被褥粘上鸡屎等情况时有发生，他并不介意，但要放下手中的画笔却让他无法入眠。此时，老一辈艺术家的执著和坚毅让他感动，不经

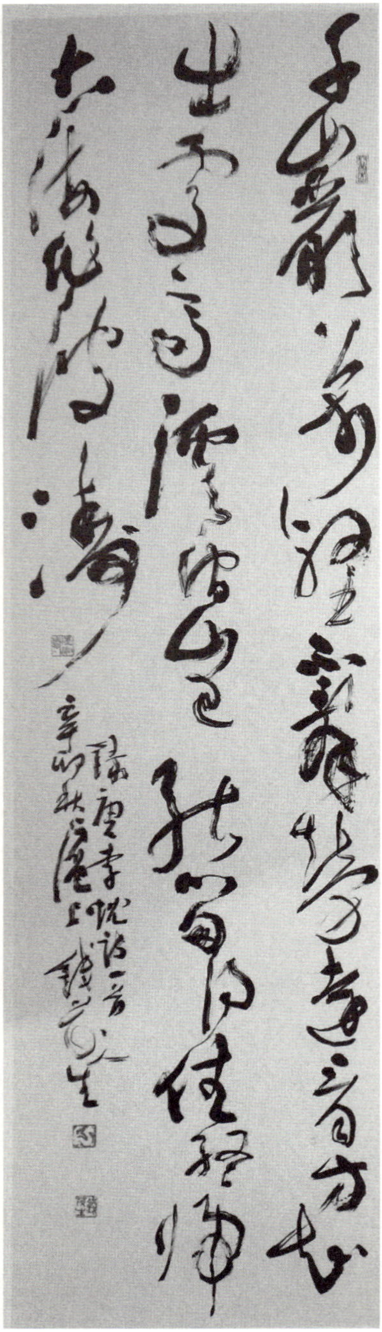

钱茂生书法作品《李忱瀑布联句》。

20世纪80年代钱茂生（右三）、张森（左二）、童衍方（左三）等在上海中国画院留影。

意间的点拨也让他茅塞顿开。山水大家陆俨少先生虽迫于当时的情况，无法进行绘画创作，但仍坚持用笔饱蘸清水在桌上练字。尽管桌子破旧，陆先生仍坚持不懈。由于是用水写，好几次造反派来检查，陆先生只用抹布一擦就化险为夷。陆先生告诉钱茂生，书法是间接的画画，如果始终不动笔，手就要僵了，即便再有机会创作，也会力不从心。著名书法家胡问遂、翁闿运先生等也对他悉心指点，勉励其不辍笔耕。

当时，钱茂生虽已于1967年成家，但夫人远在无锡，他终日孤身一人住在画院的宿舍里，宿舍没有独用的

1994年10月钱茂生与书画界前辈、寿星朱屺瞻合影。

煤卫设备和电视机。由于是单身，他主动把煤气灶让给同事，自己一日三餐都在食堂将就。晚上，他既不看电视，也很少外出，常把办公室当宿舍，废寝忘食地练习书法，直至深夜。1985年，两地分居近二十年后，他才将夫人的关系调回上海。由于他只顾艺术创作，对自己的饮食起居较为马虎，长期的营养不良导致他1984年突患疾病瘫倒在床上，幸亏同事将他及时送到中山医院抢救，才保住了性命。

一直停滞的绘画创作到工、军宣队进驻画院后有了转机。1971年，钱茂生奉命赴大庆油田进行学员培训和“王进喜铁人”连环画的集体创作。1972年，他又参加《大型平板车辗战大西北》的集体创作。钱茂生深入工地、山区，画了许多速写，虽然出色地完成了任务，但典型人物高大全式的创作要求让他的主观能动性受到了一定的限制，在他的心目中，萌发了要突破的想法。

1973年，《文汇报》刊登了复旦大学郭绍虞教授的文章《学一点书法》和著名书法家胡问遂先生的作品。曾被列入破四旧的书法重被提起，可谓一石激起千层浪。1973年，上海中国画院决定成立书法组。此时，画院没有专门从事书法创作的年轻书法家，决定让钱茂生进入书法组。钱茂生思考再三，国画创作自己固然熟悉，但正谋求突破，何不另辟蹊径？作为姊妹艺术的书画原本相通，

钱茂生手书对联。

自己从小就对书法感兴趣，何不大胆尝试呢？最终，他加入了画院书法组，开始从事专业的书法创作。

全情投入，锐意进取

面对与自己年龄相仿却已声名鹊起的同道中人，钱茂生感到了起步较晚带来的压力，然而，咬定青山不放松的他将压力化作了赶超的动力，艰苦磨炼，锐意进取，凭借着坚实的书画基础和兼容并蓄的艺术感悟开创出自己的艺术天地。

好学上进的钱茂生得到了许多书画界前辈的悉心指点。翁闿运和胡问遂先生不厌其烦地为其讲解示范；王个簃先生针对他担心习字大胆可能形成“瞎搨”的问题，直言“侬‘瞎搨’倒好了，只怕‘瞎搨’不起来”；叶潞渊先生告诫他，自己的艺术道路要由自己来确定，不要人云亦云，不要畏惧挫折和困难。

习字之初，钱茂生曾把写毛主席诗词和大字报作为练字的方法。有一次，他接到任务要写几个大字，每个字约有一张乒乓球桌那么大，写好后还要挂上街头，挥毫泼墨时的那股子闯劲，他至今还记忆犹新。1976年，首届中日书法交流巡回展举办，钱茂生的作品毛主席诗词有幸入选并赴日展出。此后，他的书法作品又接连入选第二、三、四届巡回展。当年，日本书法大家锺谷扇舟带领日本书法教育代表团造访画院，他特地提及钱茂生，并带来了巡回展的作品集。现场交流时，钱茂生的字墨迹未干就被对方拿走，而且觉得一张不过瘾。此后，又有日本一流的专业团体来访，钱茂生精心准备，跟随王个簃和胡问遂等前辈在交流时一展身手，令对方大加赞赏。钱茂生还参与组织上海的专业展览，该展一场就吸引了近八千人观展，可谓万人空巷。当时的《青年一代》杂志曾刊登钱茂生和周慧珺、韩天衡、张森等书法家的作品和介绍，受到好评。钱茂生书写的陶渊明诗句“盛年不重来，一日难再晨，及时当勉励，岁月不待人”，正是他惜时如金，奋起直追的真实写照。

书法艺术博大精深，钱茂生的研习主要以行草和楷书为主，他涉猎广泛，博采众长，不辍临池，化古为我。其楷书学颜真卿、李邕等，行草从宋代米芾、黄庭坚入手，上承王羲之、颜真卿，后学王铎、何绍基、董其昌诸家。他创作力求大气，神融笔畅，所谓“得意忘形讲神采，阴阳合德有节奏，无法无天则大胆，漫不经心乃自然，八面出锋求笔趣，自由散漫得洒脱，我行我素显个性”，同时注重“奔放处不离法度，精微处照顾气魄”。

钱茂生的书法创作不仅讲求用笔结体，更注重布局章法。王个簃先生教导他：“如果说书法用笔结体要学十年，那么章法也要学十年。”赵冷月先生提出：“布局展现的是生命的大和谐、大活跃。布局是更高层次的艺术境界。”由此，钱茂生在创作前预想字形大小、俯仰、平直、枯湿、浓淡、疏密等，对作品布局深思熟虑后随意挥洒，一气呵成。他认为章法设计犹如“排兵布阵”，总体布局好，作品中偶有败笔，也无伤大雅。

转益多师，创新融合

杜甫曾说：“别裁伪体亲风雅，转益多师是汝师。”

钱茂生善于观察生活，触类旁通。他看到摊贩做春卷皮的起收动作，就感悟

"点"的正确写法；他观赏交响院团指挥大师指挥"大江东去"和"小桥流水"时或高亢激昂或轻柔舒缓的动作，就感悟"刚柔相济"的用笔要领；他看到杂技演员踏在木板下的鸡蛋不碎和舞蹈演员轻快的动作，就感悟书法笔力向上提的道理。有一次，钱茂生在小区院子里空手练字，犹如打太极拳。有人不解，问他打的是什么拳，他随口回答："我打的是书法拳，又练字又锻炼身体，不是两全其美吗？"为了增强腰力，他还学"马步"动作，一蹲就是两分钟。

钱茂生不仅取法自然，还时时处处向他人学习。如20世纪80年代，他与日本同道切磋书艺时，对方在地上习字宛如跳舞的场景让他颇受启发。1984年，他赴日交流时，就曾采用侧转身体，一手放在身后，单手"拳式"写字的方法，一气呵成的表演令日本友人惊叹。又如，画院组织书画家到外地写生，钱茂生每到一处，不仅领略自然风光，也特别关注名胜古迹中的匾额、题词、对联等，从中汲取养料。再如，2009年，钱茂生被聘为上海市文史研究馆馆员，通过座谈交流、书画创作和外出采风，他有幸向许多德高望重、学有专长的名士请教。

钱茂生练字讲求各种结合，如楷书与行草结合、大字与小字结合、动静结合、收放结合、临摹与创作结合、书法与绘画结合、继承与创新结合等。他常向周慧珺等同道取经，周慧珺称赞他的字带有画意，书画融合，相得益彰。的确，钱茂生习字不仅在用笔、用墨方面体现画意，还充分借鉴绘画的谋篇布局。同时，他在绘画中参以各种笔法，错落有致的题款也为作品增光添彩，相映成趣。

书法创作贵在胆识和创新。钱茂生创作时，为防止拉纸带来的"气断"困扰，写较大的行草作品时，他会把纸平放在地上，呈弯腰半蹲之姿，任意挥洒，一气呵成。虽然他已年逾七旬，但仍用此法创作了多幅作品，特别是近期创作的长约三米的书法巨作《沁园春·雪》，让人感叹"江山如此多娇"。钱茂生坚持继承与创新融合，如他借鉴古代书论和绘画笔法，提出不能固守"笔笔中锋"，代之以中锋侧锋并用和八面出锋的方法，使线条虚实相生、变化多端。他还能在行笔中用"绞锋"的方法调整散乱的笔毛，并使线条产生润中带燥的自然效果。

淡泊名利，德艺双馨

当年整理父亲遗物时，钱茂生别无所求，只要父亲亲手装订和撰写的四本膏方。想起父亲一生勤勉敬业，逝世前一周还在为人治病，想起父亲淡泊名利，看病不计酬劳，钱茂生便常以“甘于寂寞、淡泊名利”自勉，并教育后人。他对前辈尊重而不盲从，常和同道好友切磋互勉，并不遗余力地提携后进。他热心公益事业，多次参加抗震救灾的书画义卖活动，并为举办东亚运动会、庆祝香港回归、抗击“非典”、支持残疾人事业等奉献爱心。

自20世纪70年代以来，钱茂生在书法教育园地中已经辛勤耕耘了四十多年。他不辞辛劳、不计酬劳地四处奔走，教授书法。他曾在上海市少年宫任教十七年，上海市老干部大学任教十三年，上海市文广局老干部大学任教二十六年，静安艺校任教十二年，鲁迅艺校任教七年，虹口区业余大学任教五年。无论严寒还是酷暑，钱茂生总是准时上课，从基本点画、字帖临摹到谋篇布局，他不厌其烦地讲解示范，并悉心传授对艺术和人生的感悟。面对学生在专业比赛中屡获荣誉，多位加入上海乃至中国书法家协会，面对许多中老年爱好者习字后愈加矍铄的身影和充实的生活，钱茂生备感激动和欣慰。他最年长的学生是当时已近耄耋之年的地下党员锺韵明，两人由师生成了无话不谈的忘年交。现在，钱茂生也已步入古稀之年，但他还坚持每月为市文广局老干部大学讲课。

早在2000年，钱茂生就被评为“中国书法家协会德艺双馨会员”；2007年，被中国书法家协会评为“书法进万家活动”先进个人；2010年，又被上海市书法家协会授予“书法教育杰出贡献奖”。此外，他还曾获得全国少年儿童书画大赛园丁奖和上海市老年教育荣誉奖。这些不仅是对他在艺术教育领域所做贡献的褒奖，更是对他个人艺术造诣和高尚人格的肯定。

从1964年到2014年，整整五十年，钱茂生以上海中国画院为家，始终以丰硕的艺术成果来回报组织的培养。20世纪80年代起，他的作品就在国内外重

钱茂生为学生授课现场。

2012年12月钱茂生（中）随上海市文史研究馆赴广东，左为文史馆前馆长吴孟庆。

2008年1月，钱茂生和周慧珺在香港合影。

大专业展览中频频亮相，屡获殊荣，并多次应邀出访，作品被众多国内外博物馆、书艺院等收藏，曾刊发于《书法》、《当代中国书法集》、《上海国际书法邀请展作品集》、《海派五十家》、《上海—大阪书法交流展作品集》等数十种报刊杂志和作品集。1998年出版《钱茂生书法作品集》，1999年出版《钱茂生示范柳体学生字帖》VCD光盘。

钱茂生从艺数十载，成果丰硕，却常说自己与许多前辈相比还有距离，须不断前行。已是古稀老人的他仍奉行“不进则退”，“从零开始”，“笔墨当随时代”，“活到老、学到老”的准则，每日临摹创作，潜心钻研，并通过参观专业展览、翻阅专业报刊赏析佳作，取长补短。有人向钱茂生求赐墨宝，内容不限，只要是他最拿手的就行。他总是回答，我不喜欢重复自己，况且没有最好，只有更好。的确，钱茂生始终拥有一颗进取心，他不满足于旁人对他作品的赞许。他认为，即便自己的探索被人认可，艺术样式和作品面目也不能一成不变。他不满足于用同一种艺术手法去展现不同的作品

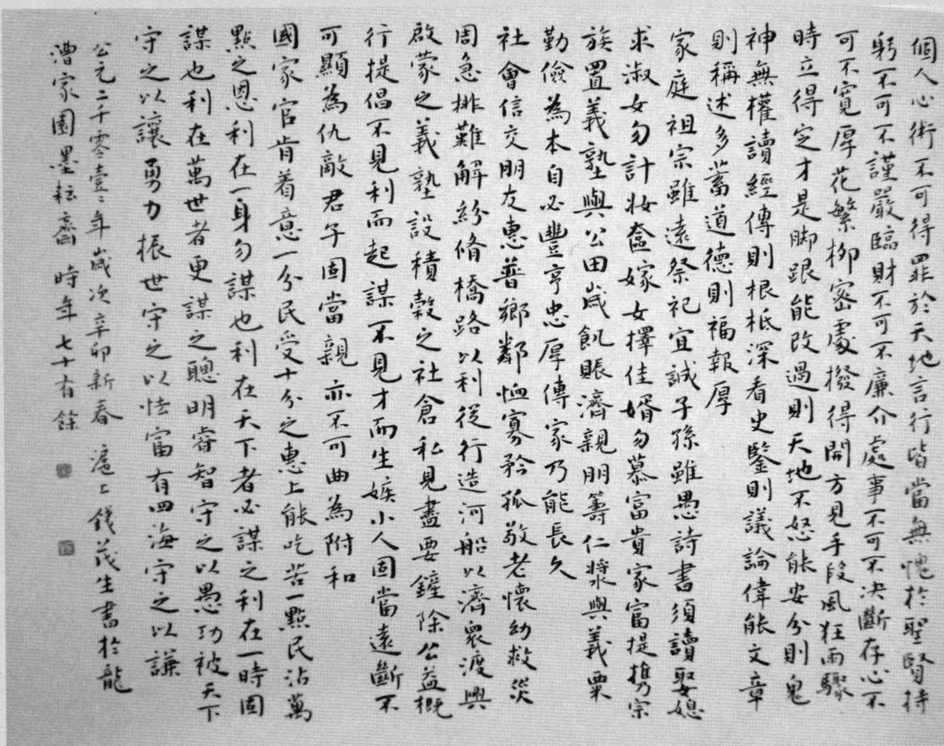

钱茂生书法作品《钱氏家训》。

内容，即便是同一内容，他也始终尝试以不同的艺术手法去展现。近期，钱茂生正潜心研究小楷创作，素来以大尺幅作品示人的他，希望别开生面，探求雅致散淡的意境。他说，既然认定艺术创作是艰苦磨炼的漫长历程，那就要不断探索，学无止境，艺无止境。

文化是民族的血脉，是人民的精神家园。钱茂生在他墨香四溢的墨耘斋中，凝神静思，挥毫泼墨，用他的笔和心书写着弘扬中华民族优秀传统文化的壮丽篇章。他在艺术创作和为人处世中践行着海纳百川、追求卓越、大气谦和的上海城市精神。钱茂生常说："我只想静下心来，默默无闻地在这片传统文化艺术的土地上细细耕耘。"祝愿他的艺术之树枝繁叶茂，不断焕发出勃勃生机。

大家更深刻地理解昆曲的美、昆曲的价值，那么，我们现在所做的一切坚守和探索，都是极有价值的。

——蔡正仁

蔡正仁：
几度沧桑曲未歇

钮君怡

蔡正仁(1941—)，昆剧表演艺术家，曾获第四届中国戏剧“梅花奖”、第五届“上海白玉兰戏剧表演艺术主角奖”、第十三届“文华表演奖”榜首、第六届“上海文学艺术奖·杰出贡献奖”等。1990年至2007年，任上海昆剧团团长。2012年被聘为上海市文史研究馆馆员。

2014年2月，上海昆剧团在人民大舞台推出“元宵节”系列演出。16日这晚的大轴是蔡正仁和老搭档张静娴的《评雪辨踪》。这是个常演的戏，但两人还是提前一周开始对戏、坐排、响排，没有丝毫懈怠。演出这天，蔡正仁按老习惯，五点多就到后台开始化妆，穿戴服装，熟悉舞台。化妆师窦云峰也是合作了二三十年的老伙伴，聊着笑着，看似随意，但每一个细节都精益求精。学生黎安没戏，但也早早赶到后台给老师做助手。前三折都是“昆三班”的戏，蔡正仁不时走到下场门，看看台上的演出。如今台前台后这班年轻人，都是蔡正仁任团长时进的团，眼看着他们长大成熟，俨然是自家孩子。

《评雪辨踪》演得精彩极了，两位老艺术家默契十足，妙趣横生。当念到“我今天去赶斋，只见漫天俱是大雾”时，蔡正仁加了句“是重度污染”，切中时事，效果极佳，座中掌声如雷。“这是即兴的”，蔡正仁说，“吕蒙正是穷生应工，可以加点噱头，但要注意分寸。如果是巾生、官生的话，是万万不可的”。昆曲是工笔，典雅、精致、规范，但到了蔡正仁这火候，便可写意，从心所欲而不逾矩。

两师一徒传佳话

今年，是蔡正仁从艺六十周年。

1953年，蔡正仁小学毕业。他的父亲偶然在《解放日报》上看到了“华东戏曲研究院昆曲演员训练班”的招生广告。“学生膳宿费、学杂费由研究院供给”，这句话令他怦然心动。蔡家子女众多，负担很重，如果能把老大蔡正仁送到上海学戏，倒是一条出路。父亲是一名京剧票友，知道昆曲已没落，不由叹息道：“可惜是昆曲，如果是京剧，你就去考！”言者无心，听者却有意。蔡正仁小小年纪，挺有主意，悄悄给在上海的舅舅写信求助。蔡正仁没看过昆曲，带着对“龙袍”和大上海的向往，单枪匹马赴沪考学。

蔡正仁很幸运，通过了千里挑一的“海选”和层层考试，最终进入“华东戏曲研究院昆曲演员训练班”，次年转入上海市戏曲学校第一届昆曲班，即是星光熠熠的“昆大班”。

《评雪辨踪》对蔡正仁而言，意义非凡。他起初并不喜欢小生，主动选择了老生行当。1955年，俞振飞大师从香港回来，在戏校简陋的练功房和朱传茗老师演了这出《评雪辨踪》。俞大师的吕蒙正那么可爱，深深吸引了蔡正仁。从此，他爱上了小生，又得沈传芷老师慧眼识才，最终转入小生组。

蔡正仁常常说起学戏时出的丑。在复旦大学相辉堂演出《断桥》，“许仙”竟然失声，引得满堂哄笑，恰闻俞振飞老师《三醉》天籁之音，从此立志练嗓。二十岁时，不知天高地厚地向俞、沈两位老师学了《太白醉写》，直到二十年后方才悟出其中奥妙。这是一个昆曲小生演员的养成记，充满挫折、磨砺和进取，还有老师们的悉心教诲。

蔡正仁说自己三生有幸，既得沈传芷老师的启蒙指导，又得俞振飞大师的倾心相授，两师一徒成为昆坛佳话。

沈传芷出身昆曲世家，给了蔡正仁最为传统、规范、扎实的训练。终生难忘的是沈老师拍曲，桌上放一盒火柴，唱一遍曲子，就拿出一根放在桌上。“他常常双眼微闭，右手握着一块小长方形木砖，不停地在桌上一板三眼地敲着，嘴里发出取之不尽的曲调，全然不顾我们这些学生到底能听进去多少，也不管小脑袋晃来晃去究竟是打瞌睡还是哼曲。”这样一遍又一遍，深奥文雅的曲文、细腻婉转的唱腔，便深深地烙进了蔡正仁的脑海里，融进了他的血液里。

沈老师是严师，也如慈父。沈老师家在苏州，节假日多在学校度过，师徒二人常搭伴一起吃肉泡澡。三年自然灾害时期，虽然戏校对学生十分“优待”，不致挨饿，但腹中油水却少得可怜。沈老师属于“高知”，可以定期去文化俱乐部改善伙食。星期天，沈老师就会喊上蔡正仁：“正仁，跟我一起去文化俱乐部吃午饭。”

俞振飞出身书香门第，其父俞粟庐享有“江南曲圣”之誉，他博采众长，京昆兼善，有极为丰富的舞台经验。俞老师是舞台上最闪耀的明星，那美妙的嗓音、儒雅潇洒的做派，让蔡正仁不由自主地模仿和追随。俞老师演出，蔡正仁千方百计去看，主动申请跑龙套。俞老师演《牡丹亭》，他就是牛头、马面；俞老师演《长生殿》，他就是唐明皇身边的小太监。熏着熏着，蔡正仁举手投足间竟有了几分俞老师的神韵。

俞老师对学生的学习要求，总是有求必应。俞老师教戏还有一个特点，就是与学生书信往来。一是因为俞老常有演出或出访任务，不能随时提点；二是因为

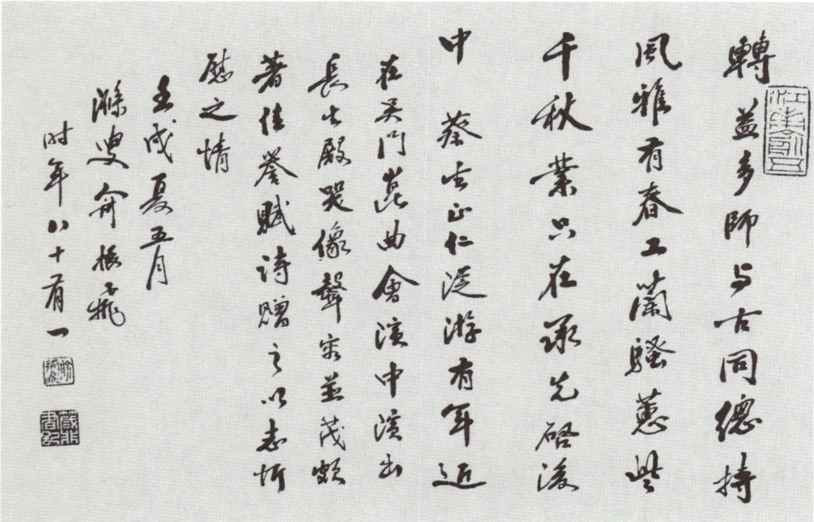

轉益多師與古同總持
風雅有春工蘭騷蕙些
千秋業只在承先啓後
中　蔡君正仁從游有年近
在吴門昆曲會演中演出
長生殿哭像聲容並茂爰
著佳誉賦詩贈之以志忻
慰之情
壬戌夏五月
滌叟俞振飛
時年八十有一

俞振飞题赠蔡正仁的亲笔诗。

蔡正仁(右)与老师俞振飞合影。

俞老文化修养极高，通过文字表达艺术见解或心得，对学生是另一个层面的教育。

蔡正仁学一出戏，沈、俞两位老师或前后或同时教导；舞台演出后，再次请两位老师修正加工，再演再讲。这样反复教、学、练、演，他的唱腔、身段、表演更加细腻、扎实。耳濡目染，言传身教，蔡正仁学到的不仅是一出戏、一个角色，还有深入骨髓的对昆曲的热爱和责任。故而历经“文革”的摧残和市场经济的冲击，蔡正仁始终不忘初衷，坚守在昆曲舞台上。

沈传芷老师在教学，右一为蔡正仁。

执掌上昆十八年

“蔡正仁平时总爱咧开嘴巴嘿嘿嘿，就像他的老师俞振飞，活得天真而潇洒，不受名利的羁绊。”这是记者，也是朋友翁思再眼中的蔡正仁。领导也曾有意让蔡正仁担任领导职务，但他只想当演员。

1989年7月，因部分演员赴美不归，上海昆剧团陷入混乱。蔡正仁临危受命，出任团长。其时，昆剧处于低谷。面对市场经济和流行文化的冲击，古雅精致的昆剧被逼至死角。十八年，蔡正仁带领上昆同仁上下求索，艰苦突围。

蔡团长很难，首先难在一个“钱”字。虽有部分行政拨款，但演出市场低迷，经济上捉襟见肘，东挪西借是常有的事。20世纪90年代初，绍兴路9号的小洋楼已十分破旧，团里千辛万苦筹到了修缮经费。可是，就在开工的当天，上海市规划局说上昆破坏历史建筑，勒令停工！这下急坏了蔡团长，停一天就是上万元的损失，上昆负担不起。想尽办法，就是不行！蔡正仁走投无路，提出要到市规划局门口“绝食请愿”。消息一出，规划局的领导也觉得事情闹大了不妥，最终同意恢复施工。这只是蔡团长工作的一个小插曲，管窥一豹，也可知这十八年有多难。儿子说他这个团长是“坐轿车的瘪三”，海派幽默，但极形象。

但让蔡团长最难的，还是“人”。

1993年，上海市戏曲学校“昆三班”近八十人进入上海昆剧团，原本就不大的小洋楼变得既热闹又“拥挤”。最现实也是最棘手的问题，就是给年轻人“让台”。一部分四五十岁的在职演员被劝退，作为决策者和执行者的蔡团长，不得不做了“恶人”。

“昆三班”最初的表现却并不尽如人意，基本功不扎实，演出经验不足，纪律松散。此后若干年，“回炉再造”“昆三班”成为上昆工作的重心。指定老师一对一传、帮、带，打磨基本功；成立青年演员队和乐队，由“武旦皇后”王芝泉任队长；尽一切可能给他们创造演出机会，积累舞台经验；又送他们进入高校进一步深造，大部分获得了本科，甚至是硕士文凭。他们将是新世纪的昆曲人，文化素养决定艺术发展。

“再来一遍！”是蔡正仁的口头禅，对上昆的年轻演员来说，就是唐僧的“紧箍咒”。“蔡老师抠戏没完没了！”半个小时的戏排两个小时，那是最正常不过的事。排练中随时叫停，一字一句地磨唱腔、身段、眼神、情绪、节奏，一点儿都不能含糊。他不仅抠小生的戏，也说其他角色，鼓笛、道具都逃不过。一遍、一遍又一遍，总算听到蔡老师说了个“好”字。“很好，这遍不错，就按这次的来。那么，我们再来一遍，巩固巩固！”众人心中哀鸿一片。年轻人爱耍小聪明，听说蔡老师要开会，赶紧排戏。等蔡老师开完会问起来，就说已经排完了。“你们已经排完了，很好。那么，再来一遍，我看看！”孙猴子再厉害，也逃不出如来佛的五指山。那时候觉得蔡老师真烦，现在深深知道他的好。

在世纪之交，历经八年磨砺，从“站没站相，坐没坐相”到阵容整齐、行当齐全、业务过硬，“昆三班”脱胎换骨。大浪淘沙，如今他们都是上昆的业务骨干、昆剧的中流砥柱。

出人出戏，是一个戏剧院团的生命线。蔡正仁秉承上昆演出剧目“三条腿走路”的传统：一是经典折子戏；二是整理改编的传统大戏，如《牡丹亭》、《玉簪记》、《墙头马上》等；三是新编剧目，从神话剧《上灵山》，到电声版《白蛇传》、民乐版《长生殿》、交响版《牡丹亭》。蔡正仁带领上昆在困境中挣扎、探索，有喝彩，也有质疑，甚至是责骂。他所做的一切，都是在为昆剧探索前进的方向。

上昆一直就是群星荟萃、龙争虎斗之地，众多已然功成名就的艺术家从未停止艺术创作的脚步。《司马相如》、《一捧雪》、《琵琶行》、《班昭》、《邯郸梦》，一出出新编大戏相继推出。在老师创排新戏时，年轻演员或是跑龙套，或是演B角，亲眼见证或参与一个新剧目从无到有、不断打磨、最终立在舞台上的全过程。点点滴滴积累在心里，最终酝酿出创作的实力和勇气。《一片桃花红》、《伤逝》、《龙凤衫》，都是年轻人从无到有的作品。

2007年5月，蔡正仁率年轻的上昆为中国戏剧带来全本《长生殿》(共分四本)，这是他在上海昆剧团团长任职上的完美谢幕。

演了一辈子小生

1992年，上海昆剧团赴台湾演出。在记者招待会上，一个女记者提问道：“蔡团长，您平时最喜欢做什么？”蔡正仁半开玩笑半认真地说：“我最喜欢的就是‘调戏妇女’！”大家愣了几秒，随即笑得前俯后仰。“我唱的是小生。小生行当就是负责和美女一见钟情，花前月下，谈情说爱！”细想确实如此，昆曲常演剧目以生旦戏为多，与女演员配合演出是小生的终身“课题”。

当年在戏校时学《断桥》，蔡正仁演许仙，与“白素贞”华文漪不敢“亲密对视”，急坏了沈传芷和朱传茗老师，最后不得不用火柴杆撑开两人的眼皮。谁能想到，生旦“对儿戏”后来都成为蔡正仁的拿手好戏。《牡丹亭》之《惊梦》、《玉簪记》之《琴挑》、《红梨记》之《亭会》、《贩马记》之《写状》、《金

《断桥》中，蔡正仁饰许仙，华文漪饰白素贞，王英姿饰小青，张启洪饰艄公。

《惊变》中，蔡正仁饰唐明皇。

雀记》之《乔醋》、《长生殿》之《小宴》，还有《评雪辨踪》，蔡正仁演来都各尽其妙。尤其是表现“闺房之乐”的戏，他总能将分寸拿捏得恰到好处，可谓一绝。

昆曲演的当然不仅仅是“对儿戏”，蔡正仁最擅长大官生，扮演的多是帝王。他常演“三帝两仙”，《长生殿》之唐明皇、《千忠戮·惨睹》之建文帝、《铁冠图·撞钟分宫》之崇祯帝，此为“三帝”；《太白醉写》之李白，《邯郸记·三醉》之

《长生殿》中，蔡正仁饰唐明皇，张静娴饰杨玉环。

吕洞宾，此为“两仙”。大官生，除了外貌端正、气度雍容外，最重要的是一条好嗓子。蔡正仁得俞派唱法真传，嗓子又经过千锤百炼，近三十年坚持不懈的努力，终于成就了“金声玉振”般的嗓音。

当然，蔡正仁最负盛名的是《长生殿》中的“唐明皇”一角。

《长生殿·定情赐盒》是戏校的开蒙戏，期终考试时蔡正仁的“高力士”不及格，“唐明皇”也只勉强得了三分（五分制）。“真是‘唐明皇’救了我，要不然当年就被淘汰了。所以我发誓，这辈子要将唐明皇唱好、演好！”一诺千金。蔡正仁二十岁时以《惊变》崭露头角，四十岁时以《迎哭》获得赞誉，从此在大官生的道路上走得越来越坚定。

蔡正仁一直认为，如果没有“文革”，如果再给俞老师、沈老师几年时间，肯定能排出更多的类似《长生殿》这样的大戏，同时还能抢救出更多的传统折子戏。1987年，上海昆剧团排演大戏《长生殿》，剧本整理唐葆祥、李晓，导演李紫贵，蔡正仁与华文漪分别饰演唐明皇和杨贵妃。白先勇观看了演出，赞叹他们演出了一派大唐气象。第二年，《长生殿》受邀赴日本演出，天皇的侄子高园宫殿下观看演出并接见了主演，便有了“日本殿下会见‘中国皇帝’”的趣闻。

1987年版《长生殿》的成功，并没有让蔡正仁止步，反而激起了他演绎“全本”的“野心”，洪昇的《长生殿》共五十折，而常演的不过十来折。这一等，就是十年。2001年5月18日，昆曲入选联合国教科文组织“人类口述和非物质文化遗产代表作”，乘此东风，各地昆剧院团相继推出了大手笔的剧目。时任上海昆剧团团长的蔡正仁决定排演全本《长生殿》，如一声春雷震惊剧坛！剧本整理唐斯复；总导演曹其敬，导演沈斌、张铭荣；蔡正仁主演第三、第四本唐明皇，他抖擞精神，再次披甲上阵。

四本《长生殿》于2005年底开排，2007年5月首演，大获成功。没有人知道，在这两年多时间里，上昆经历了怎样的困境。因为资金问题，剧组几度陷入绝境；人困马乏，排练进行得很艰难。抱怨、牢骚、反对声不绝于耳，最累的时候，蔡正仁也曾拍着唐斯复的肩膀说：“大姐，要是这次失败了，咱们一起去跳黄浦江！”戏言归戏言，蔡正仁没有退缩。别看蔡正仁平时总是一副乐呵呵、什么都好说的样子，但在艺术创作上，一旦决定，寸步不让，毫不动摇。

四本《长生殿》非常成功，观众喜欢，票房飘红，专家肯定。让蔡正仁最为欣慰的是，上昆这个团队经受住了考验，尤其是年轻人，演员、乐队、舞美、服装、灯光都有上佳表现。此后，四本《长生殿》北上首都，南下台湾，越战越勇，获奖无数！ 2010年5月，精华版《长生殿》荣获“文华大奖”榜首，蔡正仁获“文华表演奖”榜首。双榜夺魁，是意外之喜，也是水到渠成。2011年，四本《长生殿》演到了德国科隆大剧院；2012年，精华版《长生殿》拍成了电影……

作为一个昆曲小生，蔡正仁演了一辈子《长生殿》，此生当也无憾了。媒体常说蔡正仁是“天生一个唐明皇”、“活唐明皇”，这是美誉，背后是六十年的磨砺和积累。在一次讲座上，有观众问蔡正仁："您怎么能把唐明皇演得那么好，那么感人，那么像一个皇帝？"蔡正仁呵呵笑着，回答说："谁也没见过皇帝，我也没见过。我想不只是唐明皇，要演好任何一个角色，三点：基本功、修养、做人。"座中寂静三秒，继而掌声四起，间有喝彩之声。

昆曲是他的全部

生活里，蔡正仁就是一个温暖而可爱的老人。熟悉的人喜欢叫他"老蔡"，也有年轻的粉丝叫他"萌爷爷"。"萌"，这个时髦的词用在这位国宝级艺术家身上，竟也十分贴切。

张贝勒，北昆的小生演员，第一次到蔡老师家学戏。出地铁时，竟看到白发的老师推着自行车，站在小雨中等他，顿时手足无措。蔡老师笑着说："怕你找不到，带你一次，以后就认得了。"初识蔡老师的年轻晚辈，总会被他这样的举动"吓"着！而无论是谁前去拜访，临走时蔡正仁总要送到电梯门口。

蔡正仁今年七十四岁，鹤发童颜。头发花白时，都是老伴冯茵华给染的。现在全白了，自是一种风度，便不再染了。说来不信，蔡正仁的头发都是老伴剪的，从不进理发店。冯茵华说，以前都是勤俭持家，能自己干的都不舍得花钱。虽然现在条件好了，但是他们的生活方式没有变化，简单舒服。

也许有人会羡慕冯茵华，嫁得如此俊朗有才的丈夫，如今是国宝级的艺术家。冯茵华摇摇手说："我认识他时，他是台上的日本兵、夹皮沟的老乡，可难看啦！"蔡正仁和冯茵华相识于"文革"时期，传统戏被禁，他在现代戏《自有后来人》中演大反派鸠山，在《琼花》中演南霸天，或者就是跑龙套。两人携手走过那段黑暗的岁月，四十多年相濡以沫，也少不了磕磕绊绊。说起老伴，冯茵华嘴上总说："哎呀，缺点一大堆，说了他要和我'打官司'的！"手里却不停地整理着蔡正仁出门所需的一切装备：剧本、拍曲用的"木头"、茶杯、手机、通讯录、药……如是去外地，冯茵华常常同行，方便照顾。

蔡正仁给“昆四班”学生胡维露说《亭会》。

家里人都清楚，蔡正仁首先属于昆曲，然后才是丈夫和父亲。80年代，蔡正仁是上昆的主要演员，常年在外地巡演。在儿子的童年记忆中，最多的就是和母亲一起接送父亲，不是轮船码头，就是火车站。后来父亲做了团长，留在上海的时间多了，但家里永远有人在谈事情。这时候，他便和母亲进房间，静静地等父亲谈完团里的事。

如今，蔡正仁退休了，但也更忙碌了。排戏、演戏，教戏、讲座，开会、研讨，日程总被排得满满的。工作强度之大，连年轻人都觉得“搪勿劳”，但蔡正仁乐在其中。家里人也担心他的身体，但知道拦是拦不住的，做好后勤便是最好的支持。老伴说他：“家里一条虫，出去一条龙。”只要一沾昆曲，蔡正仁便精神抖擞。昆曲是他最好的养生之法。上台演出，就必须背词，研究剧本，保持身体状态。教学，做的准备比自己演出还多，要因材施教，要答

蔡正仁在台湾作“俞家唱”讲座，左为学生周雪峰和温宇航。

疑解惑。他还想把“俞家唱”传下去，计划着能用文字整理、记录老师的艺术……

不知疲倦，不惮艰辛，永不退休，这就是蔡正仁的昆曲人生。

一个真正搞艺术的人就像造金字塔一样。

——刘小晴

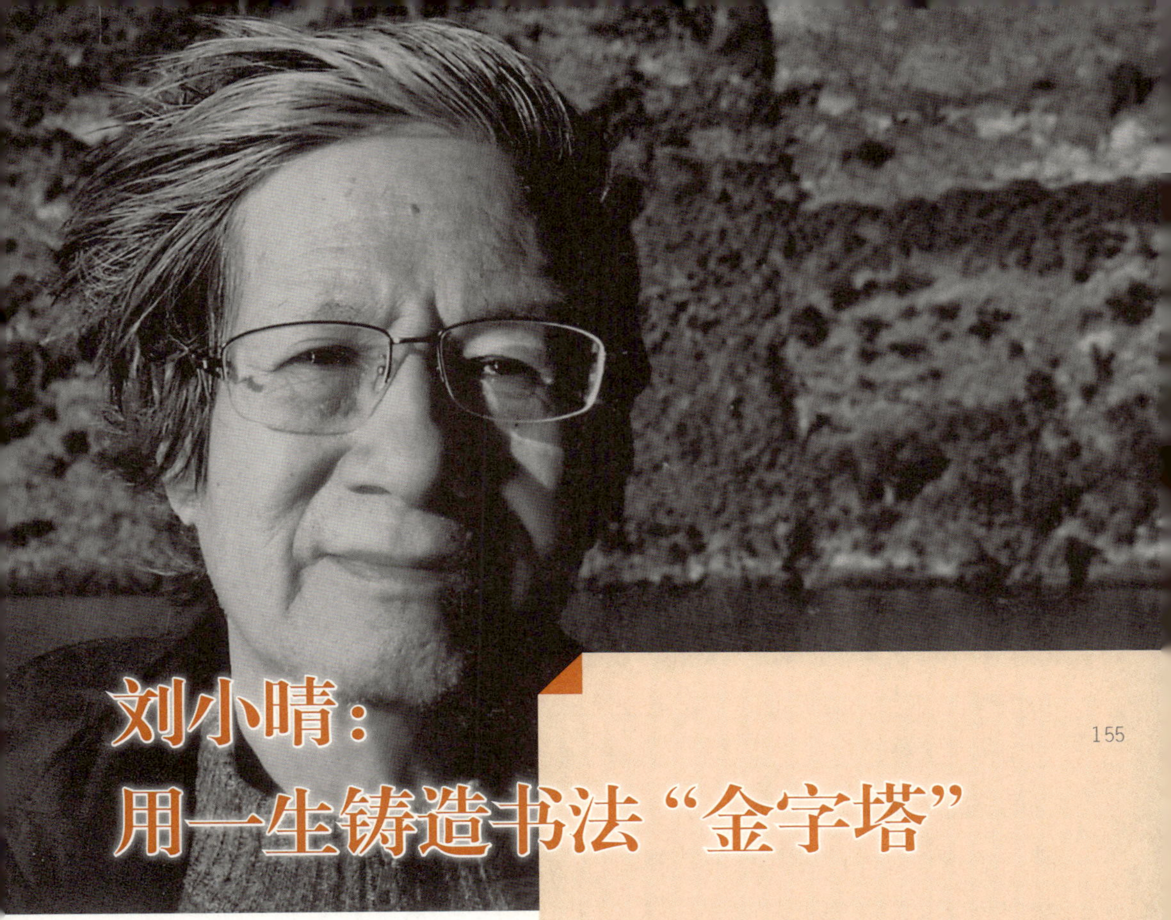

刘小晴：用一生铸造书法"金字塔"

胡凌虹

刘小晴(1942—),上海书画出版社副编审。上海市书法家协会原副主席,上海中国书画研修学院院长。擅长书法和书法理论,著有《书法技法述要》、《行书基础知识》、《历代名赋小楷字帖》、《刘小晴书唐宋词字帖》等。2003年被聘为上海市文史研究馆馆员。

采访书法家刘小晴是在他家里的工作室进行。除了常见的宽大书桌、纸砚笔墨外,最引人注目的是一整墙的书柜,里面放满了已经泛黄的字帖,都是珂罗版的。刘小晴告诉我,书柜里的以及装在箱子里的字帖加起来共有两千多册。这份对字帖的热爱,一方面源于他对书法理论研究的痴迷,另一方面还源于他儿时的经历。

海派国画大师程十发曾评价刘小晴的书法，“深谙欧阳询《九成宫》的妙谛，因而构筑自己的楷书营垒，上窥魏晋，下探宋明，不掠新奇，但求平正”。

字如其人，刘小晴是个质朴的人，喜欢朴素的美，不屑于以狂怪乖张博取关注，而是希望以人们看得懂的潇洒自然、秀敏灵动，让书法飞入寻常百姓家。

瘦高的身材，清癯的面容，走路不疾不徐，说话慢条斯理，外表平和的刘小晴骨子里还有份若痴、若颠、若狂、若醉的浪漫精神，如同他过耳的银发，有份飘逸和超脱，增添不凡的气度。他是个性情中人，采访中，毫不掩饰人生中的坎坷岁月以及悲极时的两次“号啕大哭”。

刘小晴还真诚直率地对我说：“我很清楚的，像我们这样的人将来都可能被历史淘汰。”如此谦卑的心态在当今浮躁的社会已属罕见，这也源自他对书法艺术传统的敬畏之情。他并不在意当下的虚名，他的目光始终追随的是古人书法的至高之境，因此他能超然于功利之上，于清贫中耐得寂寞，以游戏三昧的精神，全身心投入到艺术创作的甘苦之中，努力攀登书法的“金字塔”。他把在书法中获得审美愉悦的过程看作是人格的磨炼过程，“泊然无感，体气和平，名利之心要淡一些，但艺术追求要不择手段，贪得无厌，以不争而争，天下莫能与之争，方能戛戛独造而有所建树”。刘小晴如此总结道。

偷练书法，排解苦愁

刘小晴出生于1942年，成长于书香门第，父母都是上海体育学院的教授。刘小晴回忆，他从小生活在艺术氛围比较浓厚的家庭中，且接受的家庭教育是“中西合璧”式的，母亲偏爱西方艺术，从小教他学芭蕾，学钢琴；而父亲偏爱传统国学，喜好诗词，教他学古文，练书法。遗憾的是，美好的童年记忆止步于他十五岁那年——1957年，全国开始“反右”斗争，刘小晴的父亲被错划成右派，生活条件一落千丈。

1959年，刘小晴高中毕业，准备考大学，因为家庭成分以及身体的缘故，连着三次都没考上，这让他非常的失落、郁闷，觉得山穷水尽、毫无出路。一直积压的情绪终因一件小事而爆发，刘小晴在家里号啕大哭，恰巧被住在隔壁的一位邻居，也是宝山区的一位领导听到，起了怜悯之心，就介绍他到宝山人民医院的中医带徒班去学中医，一学就是六年。一片漆黑中上帝给了一缕曙光，刘小晴牢牢抓住这份难得的“希望”，非常用功地学习。与此同时，通过朋友介绍，刘小晴开始师从书画家钱瘦铁学书法。钱瘦铁的书法、绘画、篆刻都堪称精妙，20世纪二三十年代，与吴昌硕（苦铁）、王大炘（冰铁）并称为“江南三铁”。然而，到了60年代，钱瘦铁的生活陷入困境，画卖不出去，学书法的人几乎没有，二十一岁的刘小晴就在此时，带着些水果登门拜师，成为了钱瘦铁的关门弟子。

刘小晴与父亲、母亲。

有了中医、书法，刘小晴的生活开始稍有起色，然而噩梦却依然阴魂不散。1966年，“文革”开始，刘小晴的母亲因一张与刘少奇的合影被划为反动学术权威。父母工资由每月二三百元极度缩水到十五元，原来家里有四间房间，被压缩到一间房，另三间房住进了其他人。

“那时经常有人来抄家。街道里还挂着一个高音喇叭，语录歌一播完，接下来就是勒令某个牛鬼蛇神（某个教授）到哪里报到。所以我们全家一听到喇叭放语录歌了就特别紧张。”刘小晴唏嘘着回忆道，同时他还告诉了我一件难忘的事。

有一天晚上，刘小晴的父亲交给他一个任务，让他把家里收藏的几十本古代的碑帖以及几本诗稿悄悄转移到父亲的侄子家里，“父亲喜欢书法，他觉得家里的钱被抄掉无所谓，字帖不能被抄掉。父亲认为侄子是工宣队的头头，且根正苗红，放到他那里比较安全。不料，一年后的一天，他忽然到我家里讲，他被认为执行资产阶级反动路线，别人扬言要到他家里抄家，于是就把我们当时转移到他家里的黑材料（他不知道是字帖）全部放到灶头里一把火烧了”。当时听到这个消息后，刘小晴的眼泪簌簌地掉下来了。更让他难受的是，1967年年底，因不堪忍受残酷的批斗，老师钱瘦铁去世了。

1968年，从中医班毕业后，刘小晴下放到宝山刘行当赤脚医生，为贫下中农服务。在艰苦的农村，刘小晴一方面帮村里的村民们解除各种病痛，一方面又通过书法“自我疗伤”。每当夜深人静时，刘小晴就开始练字，把人生的痛苦、失落的情绪全部倾泻在书法中，得以解脱。1974年，刘小晴又拜著名书法家胡问遂为老师，后又师从著名书画家应野平学画山水。

如今，书法被公认为高雅艺术，受人追捧，然而在那个年代，书法被认为是封资修的东西，在社会上受到歧视。刘小晴卫生室所在大队的大队长也很看不惯他练书法，一天，当面拿走了他练习的字帖《褚遂良雁塔圣教序》，准备拿到公社充公。刘小晴内心焦虑万分，那可是他身边侥幸保留下来的唯一一本字帖啊，幸运的是，队长走了一百公尺又折返回来还他了，“估计他想想不对，不能够得罪我，还要找我看病呢，这本字帖又幸存下来了”。

“那个时候写字条件非常差，为什么我小楷写得好，一大原因是为了节约纸头，那时好的纸根本买不起，只能在很便宜的毛边纸或报纸上写，还要注意有没有毛泽东像。”刘小晴坦率地说道。

在农村当了十多年的赤脚医生后，刘小晴被调到刘行卫生院做医生，当时那里的领导也是比较左的人，看到他写字，老是批评他不务正业，所以住在医院里的刘小晴只能半夜里悄悄地在科室里练字，“那时，我还在桌上摆了本毛泽东语录，听到外面有脚步声了，马上把字帖藏好，装作在读语录”。

让书法飞入寻常百姓家

20世纪70年代末80年代初，整个艺术氛围有了好转，在书法界，刘小晴已声名鹊起。“文革”后，《人民中国》杂志第一次刊载书法作品，里面就有刘小晴的一幅作品。然而，书法上的成绩并没有立马改变他的生活状况。

“上海中国画院借调人员的第一批名单中有我，但是刘行卫生院的领导不

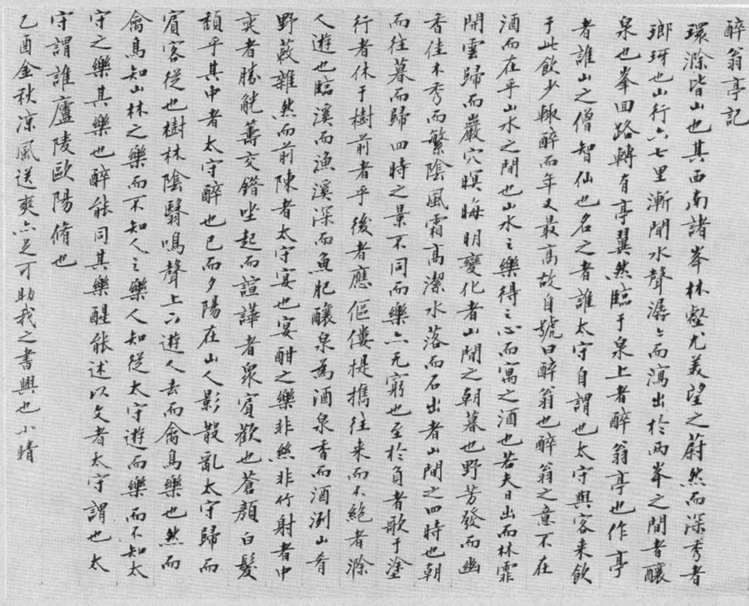

刘小晴书法作品《醉翁亭记》。

同意，这成为我一生中最遗憾的事。1980年，我去考上海中医学院的书法研究生，当时我下了很大的功夫，自己觉得考得很好，结果落榜了，为此我一个人在寝室里流泪，这是我人生中第二次号啕大哭，正好这时宝山领导来视察我们医院，了解我的情况后，把我调到了五角场医院。”

人生有时需要一长段负重的狂奔，但悲苦终有到头的时候，坚持下去之后必有一个拐角，通往一条截然不同的光明之路。

1983年，刘小晴考取了上海中医学院书法研究生班，进修了一年。1984年，调入上海书画出版社担任专业书法编辑，正式走上书法专业的道路。此后又担任《书法》杂志的副主编，主要负责理论和文字。这份工作让他如鱼得水，大展拳脚。

事实上，20世纪60年代，刘小晴就对中国书法理论产生了浓厚的兴趣。他跑遍上海博物馆、上海图书馆和上海书画出版社、上海古籍出版社等的资料室，凡是涉及中国书法理论的书籍、资料都收罗过来，不仅背内容，而且还抄下来，这为他以后搞书法实践打下了扎实的基础。在调到上海书画出版社之前，他就出版了处女作《书法技法述要》，影响非常大，在全国图书评奖中获得金钥匙奖，现已

2008年刘小晴(右二)和高式熊(右三)等合影。

再版了十几版。进了出版社后，刘小晴以平均每天五千字的速度写书，又陆续出版了十多部书籍，其中六十万字的《中国书学技法评注》，把中国古代的书法理论分门别类，再加上注解、按语、插图，是本十分实用的工具书；二十多万字的《书法艺术的创作与欣赏》从更广泛的美学角度谈书法技法。此外，他还出版了十多本字帖，发表了大量论文。因为著作等身，刘小晴被选为中国书法家协会学术委员会委员，他还曾担任上海市书法家协会副主席。

繁重的书法理论研究之余，刘小晴也坚持书法实践，临池不辍。1998年，克林顿访华，刘小晴被上海市政府选中为其表演书法。"1998年7月的一天，一早我就被叫去豫园报到，一直等到下午三四点钟，克林顿来了，我为他写了'积健为雄'四个字，克林顿对书法以及我写的内容很感兴趣，问了我好几个问题，之后又叫我和他一起合影，原计划克林顿在这边最多待十分钟，没想到他待了半个小时。值得一提的是，当时给我们拍照的是外国人，想不到过了一个月，他们特地把照片寄到了豫园。"对于这段经历，刘小晴还历历在目。

在书法界，刘小晴在楷书上的成就为业界所公认，同时，人们众口一词、连

刘小晴（前排右三）与书法研究班学生2001年摄于上海青浦。

连称道的还有他的书法教学，四十多年来几乎没有间断过，现已桃李满天下。如今已是古稀之年的刘小晴还在坚持教学，担任上海师范大学中国书法进修学院院长，还在上海市书法家协会开办的书法研究班做老师。在学生们心中，刘老师让他们钦佩的，不仅是精湛的书法技艺，还有他的博爱精神和慈悲心怀。一般而言，都是重金拜名师，但是刘小晴这位名师不但不收门下学生的学费，甚至还"倒贴"，他经常自掏腰包给学生买纸墨笔砚，对于一些家庭条件不好的学生给予不菲的经济资助。当刘小晴了解到，很多农民工的孩子想参加书法考级，却连报名费都拿不出来时，他特地在杨浦区成立了一个教学基金会，以帮助这些孩子。他还慷慨资助一些贫困的画师，帮他们办画展。他的学生、青年书法家张卫东回忆道，"在90年代中期，我办学时没有广告费，向刘老师借了钱。两个月后我去还钱，他说这个钱是不用还的。当时我很激动，但是钱坚决要还，老师这句话我会一辈子记在心中"。

在书画界，不少名家的作品被炒成"天价"，刘小晴名气很大，但书法作品要价并不高，他表示，"钱对于我而言是身外之物。一个艺术家的作品不能光给

刘小晴楷书对联。

有钱人看，也应该让穷人也玩得起，要飞入寻常百姓家。你想，一个穷人拿钱来买你一张字，这是很不容易的，他们喜欢，我愿意送给他们”。刘小晴还写了不少碑刻，包括龙华烈士陵园里一千多块烈士墓碑、上海文庙里《论语》的碑文，都是他花几个月精心完成的，且不计报酬。

经历过人生坎坷的刘小晴心很软，看不得别人受苦，家里来了朋友，谈及某人生活困难，他转身就到房间里拿出十万元。杨浦区定海街道棚户区多，有“穷街”之称，刘小晴听说后，捐助了四十多万元。刘小晴，号一瓢，取自佛经里“任弱水三千，我只取一瓢”。这也是他对待物质、名利的超然态度。

真正的成功就是人书俱老

笔　者：在书法方面，你有一个“金字塔”理论，能否具体谈谈？

刘小晴：一个真正搞艺术的人就像造金字塔一样。首先，要有扎实的基础，基础就是中国的传统文化，包括哲学、美学、文学、音乐、舞蹈、建筑等；第二，底座要铺得开，学书法时，以楷书为主，然后由楷入行，由行入草，还要旁通篆书、隶书，学的时候什么都学，但是这只是手段，最终的目的是集中在“金字塔”的“塔尖”上面。这个“塔尖”有两个含义：第一，要有你的拳头产品，历史上没有一个艺术大家什么都好，提到赵孟頫就是他的行书，怀素就是草书；第二，要有你的艺术风格，一个艺术家没有自己的风格，不能成为艺术家，真正的风格是共性和个性的完美统一。我现在的拳头产品是小楷，其实小楷也是有各式各样不同风格的，有的小楷讲究趣味，有的讲究工整精细，这些我都会写，但我最后集中力量攻小楷中的《洛神赋十三行帖》，若我能在一点上有所突破，能和古人抗衡，就真的成功了。

刘小晴于书房练字及从事书法理论研究。

笔　者：你如何看待书法传统继承与创新的关系？

刘小晴：我是比较追求传统的。我觉得现在我们整个社会，特别在书法界，不是缺乏创新，而是缺少继承。我们的传统博大精深，真正把它继承下来，已经很不容易，所以我一直反对一个艺术家去刻意求新。实际上艺术并没有新旧之分，只有高低雅俗好坏之分，一个艺术家要有强烈的艺术个性，但是必须建立在艺术共性的基础上，首先要追求真、美、好、高雅，这些都是艺术当中具有共性的客观规律。唯独一样不好刻意追求的，就是风格。在追求美的过程中自然形成的风格，才能保持相对的稳定性。

笔　者：你曾说过，书法求“险”之精妙，就是于刹那间增之一分、减之一分都不得的美妙，令人如痴如醉。如何理解这个“险”？

刘小晴：这就像一个杂技演员在高空表演，很险，重心稍微偏一偏，就跌下来了。初学书法，先求平正勿追险，险过头就变怪了，即俗也。奇而不怪就是险，险要靠胆识，还要掌握很微妙的变化，若大幅度的夸张变形，把人画得像鬼一样，虽与众不同却并不美。我在书法实践中追求精到、雅、变化，同时，牢牢把握好一个“度”字。这个度在书法里面非常重要，字要清而不薄，奇而不怪，正而不板。这就像古代的赵飞燕与杨贵妃，一个纤细，一个丰腴，但她们都美，因为都控制在度里面。

笔　者：为何致力于书法理论研究呢？有怎样的收获？

刘小晴：研究书法理论对我的书法实践很有好处，一是对书法历史的研究，对书法美学、方法论方面的研究，使我在自己的创作中牢牢把握方向。我喜欢看古人的作品，特别是不太出名的书法家的作品，人家不太注意的精妙之处我看到了，人家想不到的地方我想到了，就可以在这个方面有所突破；二是一个艺术家的眼睛要“凶”。研究书法理论让我的眼界高了，知道书法艺术的最高境界，但也产生了一个问题，就是“眼高手低”，我的眼界、立意很高，但是手跟不上，这也不是坏事，由此促使我不断自我否定，不断探索。

笔　者：书法教学讲课费低，又耗时间，你为何愿意花如此多的精力教学呢？

刘小晴：现代社会科技太发达，生活节奏太快，对传统冲击很大，中国书法开始走下坡路。然而，书法是中华民族文化艺术的瑰宝，不能让这个传统失传，所以我很愿意培养一批书画爱好者，其中大多数人是零基础，需要从头学起，我愿意做这方面的基础教学工作。

笔　者：现在书画圈里名利思想比较重，你怎么看待这种现象？

刘小晴：搞艺术的人没有名利思想是不可能的，但是我一直认为，名不要求虚名，要求实名；一个搞艺术的人要求后名，不要求时名。现在求虚名容易，只要有钱，就可以出书、办展览，请人写吹捧文章。但若要作品能和古人抗衡，非常难。利，取之要无愧于心。功利心太强，写不好字。我一直主张，学书法的人最好是业余的，有一份能维持温饱的正常工作，还有点闲钱，因为喜欢而写字，若要靠卖字生活，就很难静下心来写好字。

笔　者：你是如何看破名利的呢？

刘小晴：随着年龄的增长，慢慢看淡了。真正的人生价值不在于地位高低，赚钱多少，而在于你的作品是否经得起历史考验，是否能够流传下去。但这又谈何容易？江山代有人才出，各领风骚数百年，三四百年里只出一两个人。我很清楚的，像我们这样的人将来都可能被历史淘汰。所以搞艺术的人，要有个追求的目标，同时要享受艺术创作的甘苦，至于成功不成功只是一个结果。我一直讲，当我真正成功之日，也是我灭亡之时，真正的成功就是人书俱老，就像孔夫子“七十而从心所欲，不逾矩”，所以在艺术创作的探索过程中，不断获得审美的愉悦，这才是最重要的。

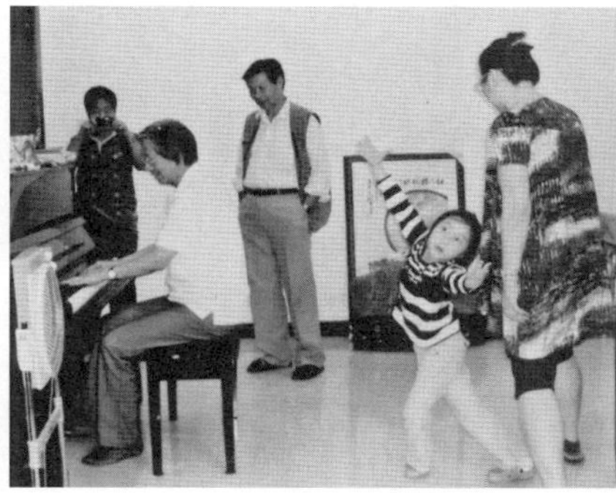

刘小晴平时以弹钢琴作为精神调剂。

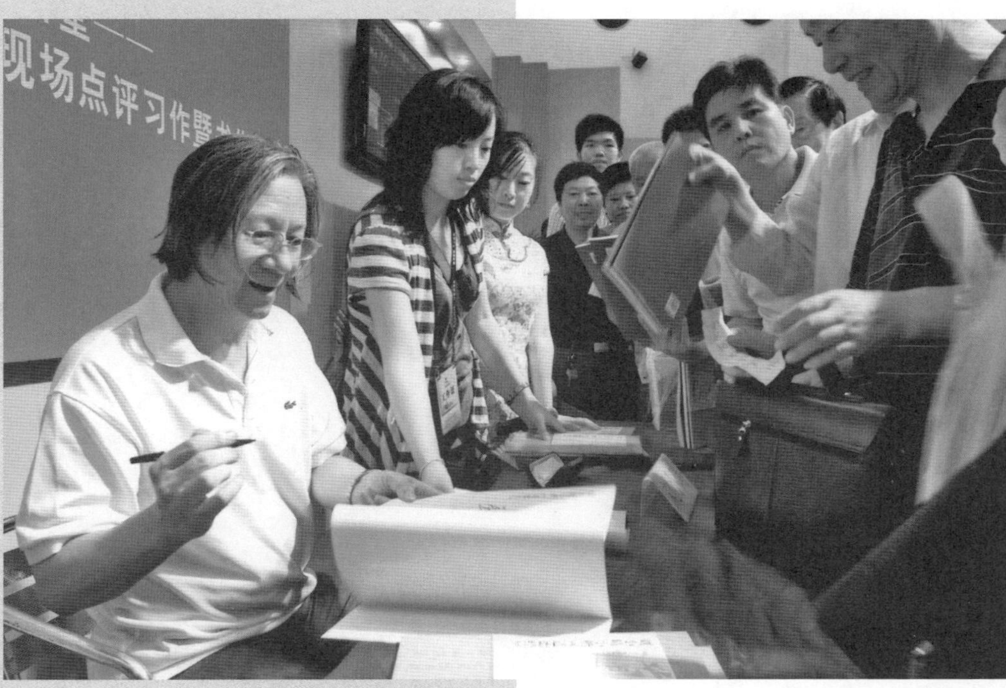

刘小晴于2015年上海书展上签名售书。

心中笔墨，画心中的人，画身边的人，用心去画。

——张培础

张培础：从水手到画家的风雨之路

张重光

张培础（1944— ），上海大学美术学院教授，中国美术家协会会员，上海市美术家协会常务理事，上海美协中国画艺术委员会副主任，上海中国画院兼职画师。出版有《中国人物画》、《张培础作品集》等。2009年被聘为上海市文史研究馆馆员。

怎么也想象不到，三十多年后的今天，我和他会换个位置，我为他"写生"。

三十多年前，就在一间空置的教室里，我坐他对面，一动不动，静静地等待，等待着我的额头、眼睛、眉毛、鼻子、嘴巴……逐一在他的画纸上呈现，然后活起来、活起来，活到人们常说的"栩栩如生"，一个活脱

1962年张培础（后排右一）即将服兵役前夕的全家照。

张培础的舅舅陈鼎旗曾师从吴昌硕。

脱的“我”。

今天，在他的画室，他坐我对面，拿笔的却是我，但不是画笔，是记录的钢笔。

他比我年长几岁，在给我画写生的那年，已经是个响当当的“工人业余画家”，一幅《闪光》气势宏伟，形象丰满，在当年全国美展上一炮打响，一时成为美术界塑造工人形象的标杆性作品，他也因此成了我们上海航道局的骄傲。他就是张培础，我们都亲切地叫他“阿础”。

我认识阿础时，我是挖泥船的一

2010年2月张氏家族三代三十余人在上海合影留念，前排右一为张培础。

名司炉工，他是一名吹泥船开锚机的水手，后来我当了航校的老师，他的身份还是一名水手，只是他大多时间借调各报社、出版社创作并且带了一个“工人美术组”，到各基层采风，创作反映航道工人题材的美术作品。

一跃入“殿”

张培础，中国水墨人物画的天之骄子，在探索水墨人物画中，他赋予笔下人物更多的思想内涵和历史意蕴、文化符号，使作品有别于他人。从他的成长更可了解到他家学渊源，诗礼传家。

阿础从小喜欢涂鸦，又秉承了家族的血脉，其满腹经纶的祖父是私塾老师，写得一手好字，连祖母竟然也是私塾老师；而曾经作为一方乡绅的父亲，自然也是通晓古今，下笔成文。虽说家中先前并没出过画家，然而钟灵毓秀的太仓，却画家辈出，中国绘画史上清代被称作“四王”的山水画领袖人物，其中的三王，竟然全是太仓人。祖籍太仓的阿础，想必也是得先人之灵气。

阿础真正的美术发蒙训练，始于高一，他被吸收到了大同中学的校美术组。进了美术组的阿础开始接受张文祺老师系统的基础训练，从那一刻起，他懂得了，以前自己所画的，只能称作涂鸦，或者说胡涂乱抹。

训练包括了素描、水彩等，而张老师最强调的还是速写的基本功训练，他认为这是培养、提高造型能力的最佳途径。为此，张老师给每一个美术组成员布置的作业是，每天必须画二十张速写。每周活动时交，听到这规定，美术组的成员几乎都吓了一跳，每天除了学校就是回家，还要完成课堂作业，该画的早就画过了，哪还有这么多时间和东西可画啊？

可是张老师毫不通融，不准打折！两周后谁不完成就被开除出美术组。其他成员都匆匆画完交差了，但阿础就知道实实在在一张一张地画，哪怕题材有重复，构图也重复，但每一张画面都有新的体会、新的收获，看似机械、枯燥的重复，而造型能力、线条就在这重复中得到提高和进步。

他笔下一个个人物鲜活起来，尤其当有人指认画面中的某个人，说像，或形似，或神似，或形神兼具，他便像吃了蜜糖似的高兴。

此外，张文祺老师还经常带美术组的同学去郊县农村，或是工厂码头，画壁画、宣传画，熟悉社会，开阔眼界，同时用画笔忠实地记录眼前的新鲜事物。

学校里的墙报、黑板报，以及宣传栏的美术字等，所有与美术有关的东西，全部由美术组包揽了。

不仅如此，一旦市里要举办青年画展了，全国要举办少年儿童美术大奖赛了，张老师总是立刻发出动员令，要大家拿出最好的作品，积极参展、参赛。也许参与并不意味着成功，但参与绝对是一次攀登，一次朝着超越新高度的攀登。正是这样一次次的攀登，阿础和他的美术组同学一样，得到了长足的进步。

1960年初夏的一天，放学之后，美术室来了位不速之客，是上海美术专科学校的领导，宁维新老师。他有事来看望张文祺，看到一旁正专心致志画静物写生的几个同学，不由逐一审视一番，最后和阿础攀谈起来，问了姓名、年龄、年级，又

张培础绘画作品《闪光》，创作于1972 年。

问他学画经历、文化成绩等，看着他的画不由点头说："哦，难怪画得真不错。"

"我画不好，只是练习中，还要努力才行。"

宁维新老师说："毕业后有什么打算吗，想考美术学校吗？"

张老师在一旁说："他明年就要毕业了，到时让他考你们学校。"

"好啊，欢迎你来报考。"宁维新说。

阿础那几天兴奋了一阵，但毕竟还是明年的事，因此很快平复了，就像生活中的一朵小浪花，激起几道涟漪，然后便消失得无影无踪了。

谁料想，涟漪过后，却有浪潮来袭，巨大的浪潮，几乎将人拍眩晕了，清醒时却发现已经被卷上了沙滩。那沙滩叫幸福。

那是与宁老师交谈相隔一周之后，那天放学，张老师招呼阿础去美术室，他颇感意外，不是活动的日子老师一般不会找他们。一进门，张老师笑盈盈地看着阿础，"哈，你走运了，刚接到宁维新老师电话，你已被上海美专本科破格录取了"。

可以设想阿础当时的反应，他目瞪口呆了，因为他连高考、艺考都未参加。难道真有天上掉馅饼这回事？答案却是肯定的。

就这样，十六岁的高二学生张培础，未经考试，被破格录取，成为一名上海美术专科学校本科国画系的大学生。

国画，绝不是靠着有点素描功底，就能拿起毛笔挥洒，作为一门留传千年的艺术学科，中国画的用笔用墨、画论画史、绘画理念，每一部分都是一座浩瀚的艺术宝库，要成为一名合格的国画家，首先要有敬畏之心，敬畏传统，敬畏这门源远流长的绘画艺术。

阿础在美专一共就读了两年，第一年注重中国画基础，第二年则开始分山水、花鸟、人物三个科目，阿础被分在人物科。那应该是老师考虑到他人物画的专长及造型能力强的特点而作的安排。当时，水墨人物是上海中国画坛的弱项，学校对他们寄予厚望，这也让阿础憋着一股劲，非要拿出好成绩不可。

阿础就像一块海绵，如饥似渴地吸收着老师教给他的一切。他临摹名作，领悟千年艺术传统积淀下来的精华；他认真地学习老师的一招一式，唯恐会遗漏什么。

有一回，学校请来了当时著名的浙江美院的方增先老师来国画系作示范讲座。掐指算来，已经是五十年前的事了，可是至今阿础还记得当时的一些细节，自己贪婪地记着方老师示范写生的每一笔、每一墨，用笔用墨的笔法细节和打破常规的色彩运用。阿础感慨地说，方老师一堂课让他受用了整整一辈子。

两年里阿础的专业学科成绩一直在班里名列前茅，尽管两年对一名本科生来说，太短暂了，但喜欢是最好的老师，因为喜欢他学得比别人扎实；因为喜欢，他掌握了一套学习方法，学会了举一反三，无师自通。就像一个不足月的孩子，他却照样长得天庭饱满，地阁方圆，精、气、神，一样都不输人家。

命运多舛

三十多年前，认识阿础时，他刚从部队复员。对我们这些走出校门不久的新职工来说，复员军人拥有一个让人羡慕不已的光环，简直就是天之骄子。因为复员军人首先意味着“政治可靠”，单凭这一点，他们就有了优于常人的资本。

然而，他时运不济，一生坎坷，屡受挫折。

1962年，那一年的征兵放宽到了大学三年级以下。尽管本科学制为五年，但作为适龄青年，阿础义不容辞地报名了。

体检顺利过关，入伍很快得到了批准，而且两周内就要出发。没想到就在这节骨眼上，身患癌症的父亲因无钱治疗，在家去世。家中失去顶梁柱，断了经济来源，母亲、弟弟、两个妹妹的生活费用全靠外地工作的大哥大姐按月提供。阿础悲痛万分，但他却抹干眼泪，平静地拿起炭笔，跪倒在地，在母亲与弟妹的痛哭声中，为父亲速写了最后遗像，一周之后就此辞别亲人，毅然奔赴军营成为一名海军士兵。

阿础在海军部队服役，原以为既然是海军，当然就上军舰。新兵营训练结束，他眼巴巴地看着大多数新兵上了军舰，他却被分在远离军舰、远离大海的海岸炮兵连。炮位阵地坐落在大连港老虎滩附近的一座小山上，海拔两百多米，营房在山下，几乎与外世隔绝的军营生活每天一成不变地重复着那些内容：每天爬三次山，除了训练，便是站岗或者政治学习，要不就是吹熄灯号睡觉，几乎没一点个人空间，画画自然成了一种奢望。

一天夜晚，他在山顶哨位上，凝神眺望黑黝黝的大海，看着远处那盏航标灯一闪一闪地发着光芒。本来，每次晚上站岗他都看着那盏航标灯数数、消遣，但今晚好像是亮到了心里，让他一下子有了辨别方向的感觉。

第二天又轮到站岗，他偷偷带了个小本子和一支笔，待班长查过了岗，就摊开本子画起了速写。一种久违的感觉，令他兴奋不已，差点连换岗时间都忘了。这以后每次站岗都成了他的速写时间，山上的石头、大炮、树林，海里的渔船、海鸥和海浪拍打礁石的瞬间，都是速写的对象。那回他脱下军大衣，将冲锋枪放大衣上，然后从不同角度画，直至画到这支冲锋枪烂熟于心。

转机终于出现了，那年一位新兵因故去世，连队要开追悼会，却苦于没有那位新兵的照片。指导员忽然想起阿础曾经是学画画的大学生，就命令说，你去医院，给他画张遗像来，要画得跟照片一样。阿础一声“是”，立刻赶到医院，却直接被引进了太平间。只见那战士紧闭双眼，毫无血色的脸，着实有点可怕，而且整个太平间就剩下阿础一个人，令他头皮一阵一阵发麻，尤其当他站凳子上，长时间直面俯视死者时，心不免怦怦直跳，真想跳下凳子，夺路而逃。但那就意味着自己是一名逃兵，不仅辱没了军人的名声，也同时丢失了一次展示的机会。想到这儿他镇静了下来，一旦进入画画的状态，恐惧感竟然也随之消失了。

遗像的效果很好，大家都说画“活了”。指导员很满意，于是又把他带到连队俱乐部，说，看来水平不错，这一段时间就发挥你特长吧，不用训练，也不用站岗，把咱连的俱乐部布置得漂亮一些。

阿础的心里乐开了花，赶紧说：“保证完成任务。”他终于可以名正言顺地作画了，天赐良机啊。

所谓俱乐部，其实就是一间普通的大房间，放着一张乒乓桌，墙上贴着一些部队的条例、规定，以及连队曾经得过的各种奖状。

他布置一新，条令、条例、标语、宣传画、英雄人物……于是，四边的墙壁，被装点得庄重大气、五彩缤纷。

一周之后，一个焕然一新的俱乐部在大家惊喜的目光中出现了。这以后战士们都喜欢来这儿，一旦来了老乡或其他部队的战友，首先就带他们来俱乐部参观。俱乐部成了连队光彩的一张脸，拿现在的话说，高端、大气、上档次。

此外，阿础还主动请缨，包揽了连队的黑板报。几块原本枯燥无趣的黑板，在他的精心编排绘制下，都变得生动无比，充满了生活气息。

尽管布置个俱乐部，出几块黑板报，对阿础来说，只是小菜一碟，但他却做得一丝不苟。

终于阿础的绘画才能被发现。后来所属营部正在筹办党代会，需要人手布置，上面把阿础请走，营部、团部、基地、海军总部逐级借调。这一走，整整两年。1964年他作为唯一的士兵代表参加了海军为第三届全军美展作准备的草图会议。

所谓草图会议，其实是海军文化部美术创作力量的最高层次作品交流，遴选一批好苗子的作品，然后深入加工，拿出最好的成绩向第三届全军美展献礼。

这是阿础人生经历中一段梦幻般的美好日子，带着草图进京，结识部队画家，审阅草图，然后回基地，投入紧张的创作。

他创作的两幅反映连队训练、学习、生活的作品，竟然全部入选第三届全军美展，其中一幅还得了“优秀奖”(展览只设优秀奖)，被中国美术馆收藏。这时的阿础刚满二十岁。

这是什么概念？就好比京考中了状元，基地俱乐部怎么也不舍得放阿础回连队了，长期借调在俱乐部，并不时委以美差，或去友军参加交流学习，或随文工团下海岛宣传、速写，要不便像个记者似地跑连队速写、采访。

显然俱乐部需要他，让他重新回连队当炮兵只会埋没他的才能，可是让阿础纳闷的是，他的编制却始终还在连队。这类调动的事太敏感，阿础不便打听，只有默默地装着嘻嘻哈哈的样子，过一天是一天，只要能画画就好。

终于《海军报》来电与团部联系有意要调他去报社。此时，对阿础来说，还有什么比这更能让他激动的呢？但是，他好像有种不祥的预感，于是提醒自己，别高兴太早，拿到调令才算数，否则都只是纸上谈兵。

果然，又石沉大海了。再没《海军报》的消息了，而这事也不便多问，问也白问。

还石沉大海的是他打的入团报告，尽管因为他成绩突出，年年被评为“五好战士”，然而人家没评上的也早入了，他却是一点消息也没有，没人告诉他为什么，更没人告诉他还得等多久。

问题出在哪里呢？他一点头绪也没理出来。

1965年，他所在的连队作为基地四清运动的试点，所有在编人员，一律得回连队报到参加运动。阿础自然也不能例外，这才回到了整整阔别两年的连队。与此同时，基地也派出了工作组去他所在的连队蹲点、指导运动。

运动开始，连队里笼罩着一股沉重的气氛，让阿础感觉紧张而又压抑。总觉得有点不对劲，但又说不清楚哪里出了问题。终于他在连队文书那里看到了一份士兵花名册，上面赫然写着他的家庭出身：地主。这一惊非同小可，因为那年月天天在喊千万不要忘记阶级斗争，天天在喊打倒地富反坏右，甚至还喊打倒地富反坏右的孝子贤孙，这地主可是头一号的敌人，怎么偏偏就会轮到自己沾那么大的边了呢？更要命的是，他还可能被怀疑刻意隐瞒，如果这罪名成立，是立刻可以划到“阶级敌人”那一边去的。

为什么自己总是入不了团，为什么团部总是不解决他的编制问题，为什么《海军报》准备要他却又石沉大海了……现在一切都有了答案。

就在那天晚上，烟酒不沾的他开始抽烟了。

接下来在连队召开的“忆苦思甜”大会上，他终于尝到了“触及灵魂”的滋味，来自农村贫下中农的战友相继上台对地主富农进行血泪控诉，“打倒地主”，“不忘阶级苦、牢记血泪仇”，一声声的口号让他如坐针毡，仿佛一个个都是对着他来的，他成了这次运动的重点对象。

但他真的对自己“贵为”地主出身，毫不知情，因为父亲为躲避战乱，1937年后背井离乡定居上海，直到去世，一直就是一名小职员，这情况就连大他多年且早已入党的大哥也不知情。在北京的大哥来信，要他相信组织、相信党，并且说出身无法选择，但走革命道路的决心一定不能动摇。

不善言辞的阿础无奈地在班会上表态与家庭划清界线，决心自我改造。领导作了他“有深刻认识”的结论，他才“过关”。

当然，“平安落地”的他不敢有丝毫懈怠，他发愤地投入训练，站岗也不敢偷偷画画了，平时有什么重活脏活，都争着干，决心以实际行动证明自己坚定走革命路线，是背叛家庭出身的革命者。

两个月的运动结束了，阿础成了出身不好，但坚定背叛剥削家庭走革命路的正面典型，不仅又一次被评为“五好战士”，而且终于解决了他梦寐以求的入团问题。

虽说这运动对阿础来说有点命悬一线，因为只要稍有闪失，很可能就滑到“阶级敌人”那一边了，但领导对他的关照还是很明显的，不仅让他看到花名册，知道了症结所在，并放他过了关。可以设想一下，要不是阿础平时为人敦厚老实，不因为自己是堂堂的美院大学生，就目中无人，骄横跋扈，能轻易这么过关吗？大概是很难的。

不久，团部来了调令，阿础被正式调到团部政治处任放映员，白天制作幻灯，晚上下连队放电影，另外还专门给一间小小的暗室，供他创作、画画。这是领导能给予他的最好的待遇了，作为经历过那场虚惊的阿础来说，还有什么不满足的呢？他真的是十分知足了。

重返画坛

放映员属士兵编制，但享受的几乎就是干部待遇了，早上不用出操，不用训练，晚上也不用站岗放哨，即使下连队放映电影，也是一路行军一路歌，风光无限好。好多次当阿础挽起裤腿在清澈的溪水洗洗脚，然后对着青山吼叫几声的时候；当他面朝大海，卷一支土烟，深深地吸一口，再徐徐吐出的时候，真的是春暖花开了……

2005年张培础(左一)在台北的画展开幕。

2009年张培础在他创作的绘画作品《勇士》前。

20世纪80年代张培础与夫人在黄山写生。

暗室是暗了点，也小了点，但谁听说过士兵也拥有办公室的？更神奇的是，一个当年苏军留下的油画箱、一沓沓的画报和画册被扔弃在暗室角落，被阿础发现，奉为至宝，从此周末他会背上画箱去写生。他研读画册，潜心临摹，加上在团部宣教工作的勤奋和艺术实践，为他日后绘画事业的腾飞插上了一双高飞的翅膀。他需要一个更大的舞台，那舞台可以让他结识更多的画坛高手，同时也可以充分地展示自我。然而，作为一名放映员，作为一名士兵，他最多只能在放映之余作画，即使参加一两次画展或是去基层完成一些宣传任务，也终究是奉命而作，离自己理想中的创作状态差距太大。

1968年，服役六年的阿础终于复员了。因为是海军，所以他被分到了水上作业单位——上海航道局的船队；又因为他属于战士编制，所以只能当工人。好笑的是，他当海军没能上舰艇，复员时却到了一条吹泥船甲板当水手开锚机，也算是梦想成真了吧。

只是才过了一年水手瘾，阿础就被上级部门“近水楼台先得月”，借调上去画大批判宣传画。每次他的画只要张贴出去，立刻就会吸引一大批人驻足观看，接着便不断有外单位搞宣传的领导慕名而来，要求借调他。那年月画得最多的便是毛泽东的巨幅画像，他曾被一家电厂借去画一幅由八十张白铁皮拼接起来的毛主席像，足足有五层楼那么高，创下了那个地区之最。

往日美专的同学都分配到了专业单位，令他羡慕不已，而他“工人阶级”的身份，竟让他成了香饽饽，何况他还有“复员军人”的光环。不仅工矿企业来觅宝，就是专业单位也都发来邀请，比如博物馆在中山公园制作的泥塑《收租院》、《解放日报》组织的《沙家浜》连环画创作、山西大寨的连环画创作等，都请他参加。

1973年，率先在上海市成立工人文学创作组的上海航道局，将阿础招回，又成立了工人美术组，除了给予时间上的保证，还给予了“下生活”的便利，让阿础带领着他的美术组，下工地、上船、出海，接触大量第一线的工人，积累生活素材。他带着他的组员，创作了不少有影响的好作品。他的团队成了当时沪上赫赫有名的工人美术组。他们创作了连环画《鸭绿江畔》、《江水滔滔》，以及国画《闪光》、《风口浪尖》等作品。其中，《风口浪尖》和《鸭绿江畔》都入选了上海美展，《闪光》入选了全国美展。

值得一提的是他的那幅《闪光》。即使从今天的角度说，《闪光》从人物形象的塑造来看，也是相当成功的。人物造型不仅细腻、准确，而且丰满而厚实。不可忽视的还有他对于背景的处理——水墨泼注的海水，卷起的巨浪，一反传统的浪花画法，不能不说是大胆的探索。效果却是奇佳，大海的惊涛骇浪被刻画得淋漓尽致，凸显了环境的险恶，而形成鲜明对比的却是人物镇定自若的微笑，从而也让人感受到了航标工对大海的那份熟稔和自信。

《闪光》入选当年全国美展，不仅被《人民日报》等多家报刊刊登，还被制成巨幅宣传画以及水印木刻等。阿础因此而名声大噪。此后，他被邀请去上海市工人文化宫以及各区县的文化宫的美术组辅导、上课。因为“文革”，艺术院校多年没招收新生，美术组便成了众多美术爱好者学艺圆梦的场所，不少人就从这里起步，走上了画坛。而这期间的讲课实践也为日后阿础执教大学课堂，奠定了基石。

1977年，为庆祝建军五十周年，解放军决定举办全军美展，消息传来，阿础借上海美术展览馆的一间工作室，不分昼夜，整整花了一个多星期，创作了反映渡江战役的大幅中国画《势不可挡》，入选全军美展。

如果说，《闪光》令阿础头上“工人业余画家”、“复员军人”的光环更加熠熠闪光，那么《势不可挡》则更证明了他的创作势头势不可挡，奠定了他作为上海水墨人物画代表人物的地位。

然而，无论“工人业余画家”还是“复员军人”的光环，终究无法让阿础找到归属感。说“业余”，其实很专业；说专业，却又明明是水手编制。就像脚踩浮萍，不踏实，他宁可让光环褪去光芒，让自己脚踏实地。

好在“文革”过后，各专业单位都急需补充人才。1978年，阿础调入了上海戏剧学院美术系中国画专业任教。他终于有了名正言顺的感觉，像是有了一个家。只是好事多磨，美术系不久遭撤销，他又转入舞美系，只好改教素描和油画。虽说教国画、教素描和油画都是教学，但他还是热衷国画教学，因为他总觉得自己的根是中国画。为此他仿佛又像是踩着浮萍。

凭借着他的实力和专业的需求，1994年，他终于圆梦：调入了上海大学美术学院国画系，任系主任，1997年又任主管教学的副院长。上海大学美术学院的前身就是他的母校上海美专，那里有他熟悉的老师和同学。那一天，他回到阔别三十二年的母校，就像回到了自己的老家。他走进教室，穿行在一个个画架之中，不由感慨万分。当年，他参军离开学校时才十八岁，如今一晃，却已经五十岁了，一个年到半百的人。

此时，一抹夕阳将他的身影投射在画板上，他仿佛看到了当年自己青春的剪影，时光的叠影让他衔接上了三十二年前的那一刻。他知道，那不叫穿越，那是心灵的召唤，召唤自己开始新的艺术征程。

从1994年到2014年，一晃又是二十年过去了。

前十年，他既是老师要为人师表，认真教学，又是主管学院教学的领导，担负学院的教学管理。自己画画的时间被侵占。都说教画画的老师最轻松，静物那里一放，模特那里一站，老师只要说一声“画”，就没什么事了，然而阿础却从不放弃与同学“同台竞技”的机会，他总是当场示范、讲解，让学生们少走弯路。那些年里，他的学生众多，桃李满天下。

后十年，他退休却不赋闲，成立了水墨缘工作室，与一批志同道合的老师和学生，每年举办画展以及各种艺术活动。如今，水墨缘工作室在沪上声名赫赫，他们每周相聚，聊画、画画，其乐无穷。

阿础还是一如既往地画着他身边的人，他熟悉的战士、教授、学生，以及那些普普通通的老人、小孩，男人、女人。因为他们一个个都是那样鲜活，反映着我们这个时代细微而深刻的变化。

他不是不知道多画些古代仕女、士大夫会比较迎合一些人附庸风雅的需求，也更能满足艺术市场的需求；也不是不知道，画农村山沟沟老人的满脸皱纹，以及少数民族的奇异服饰，远比画邻里大妈和穿体恤的大学生讨巧许多。但他不想走讨巧路线，不想走那样的捷径。他就想不断挑战自己，画身边的人，画出新的感觉。

他画画，不为出名，不为牟利，其实就因为喜欢。

他非常感恩，明白自己的一生与水墨相伴是上苍的恩赐。

坚持，勤奋，乐观，淡泊，谦逊。

——童衍方

童衍方：依道而行，趁势而为

沈嘉禄

童衍方（1946—　），上海中国画院画师、国家一级美术师、西泠印社副社长兼鉴定与收藏研究室主任、上海市书法家协会副主席兼篆刻艺术委员会主任。出版《童衍方印存》、《童衍方书法篆刻集》、《篆刻刀法常识》、《古陶瓦器拓本十二种》、《吴昌硕集彝器款识》等。2012年被聘为上海市文史研究馆馆员。

前童古镇，于群峰簪笏中迎接游子的捐赠

眼前儒雅清秀的童衍方先生，比起他的实际年龄来，起码年轻十岁，这也是书画界朋友的一致看法。我想，除了他养生有方、夫人悉心照顾之外，保持平和的心态也许是最关键的原因。其实，他每天的工作都排得

童衍方（左）于西泠印社刻章。

童衍方于书房研探篆刻。

童衍方（右）等在西泠印社八十五周年纪念会上。

扑扑满，简直到了掐分掐秒的地步，写字、刻印、绘画——这是老本行，文物鉴定，寻访旧物，搜集古籍，交友课徒，主持或参与上海书协、西泠印社的学术活动等，也是老本行，但童先生始终从容不迫，成竹在胸，虚怀若谷，笑对人生。

五月槐花香，雨后荷塘满。在童衍方的家乡——浙江宁海县前童古镇鹿山村的一幢清代嘉庆年建造的老宅里，将迎来童先生的一批书画印精品。喜欢旅游的朋友都知道，前童以民居布局奇特、明清古建筑群保存完好、人文底蕴深厚、人才辈出而闻名遐迩。前童始建于宋末，盛于明清，至今仍保存有1 300多处古建民居。走进村内，前童古镇在梁皇山的俯瞰下，一派宁静祥和，杂花生树，鸡鸣狗吠，“家家有雕梁，户户有活水”。从山上引来的清冽溪水缘渠入村，倚户环流，为江南集镇之独特奇观。特别是由曾在这里讲学传道的明初一代硕儒方孝孺所设计之童氏宗祠建筑，至今还是前童的精神象征。而前童宗祠的匾额，就是童衍方以他擅长的漆书沐手所书。数年前，当地政府出于对文化名人的敬仰，也有提升知名度和文化软实力的考量，与童衍方商洽，准备利用村里的童氏祖宗古宅辟建一个童衍方艺术馆。关于馆藏实物的方式，有三个选项供他定夺：一、长期寄存；二、一次性买断；三、无偿捐赠。童衍方毫不犹豫地选择了第三个方案。

“这是报效桑梓的机会，也是向这幢从整体结构到细部的木雕、砖雕都极为精致的清代古建筑注入新时代的文化含量，这样的机会我当然不会错过。而且我也可以这样的方式与故园保持一种亲密的关系，如同游子回到母亲身边。”童先生说。

这处清代古建筑占地1 200平方米，是江南四合院形制，两层带回廊，层层叠叠的马头墙被誉为“群峰簪笏”，门前的小溪又被称作“清流映带”，除了木雕、砖雕，还有院子里用鹅卵石铺就的带吉祥图案的地坪，历经数百年风霜雪雨而不散不陷，极为难得。

据童衍方介绍，他捐赠书画印作品70件，再加一些著作、手稿及文献资料。布展工作大体完成后，艺术馆在2015年5月中旬开馆，届时，首先在那里举办一个潘天寿作品展，展出30幅潘天寿的绘画作品，这也是童先生向前辈大师致敬的具体落实。接下来是西泠印社雅集——一部分社员汇聚

童衍方绘画作品《秋水野凫图》。

童衍方(右一)与紫砂壶专家徐秀棠(右二)、画家张桂铭(右三)、唐逸览(左一)一起欣赏紫砂壶。

童衍方漆书对联。

前童古镇举办的一个为期两天的书画印展览，这体现了童衍方与同仁分享的用心。最后才是童衍方捐赠作品的正式亮相，童先生的谦逊与含蓄决定了他这样安排。

今天，艺术市场一片繁荣，童衍方的书画印作品绝对是引人注目的“俏货”，一下子捐出70件，这绝不是一个小数目。对此，童先生微微一笑说：“我今天所得的一切，都是老师教诲的结果，更是时代给予的机会。力所能及地回报社会，实为夙愿。我还将继续为社会、为艺术、为人生做出更大的贡献。”

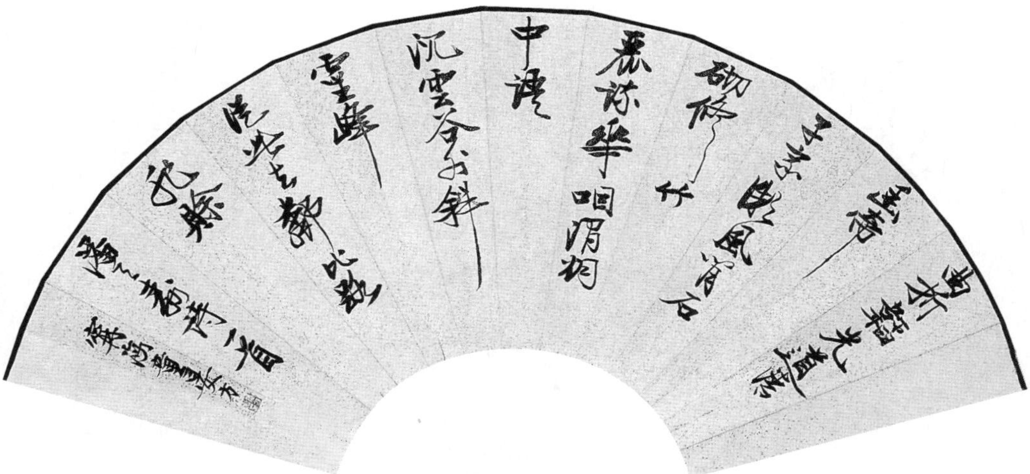

童衍方行书潘天寿诗扇面。

艰难困苦，玉汝于成，两位名师“仙人指路”

艰难困苦，玉汝于成。这句话按在童衍方身上是非常恰当的。童衍方出生于1946年，早年家境贫困，1962年他中学毕业后，时值三年困难时期，为减轻家庭负担，就不再走考高中、考大学这一常规路径，在上海虹口区副食品公司做了一名普通而又相当辛苦的营业员，每天凌晨四点半就要披星戴月地上班了。他自小瘦削，加之供应匮乏，做体力活明摆着力不从心，但要强的他从不退却，咬着牙关完成自己的分内活，不输别人一手一脚。过早离开桃红柳绿的校园，命运似乎向童衍方展露出冷漠坚硬的一面，但他却机智地从艺术中汲取力量与乐趣。童衍方有艺术天分，似乎是无师自通地爱上了传统书画印艺术，他按照当时能获得的资料临习前辈大师的作品，从中感悟艺术格调和诗词神韵。他为同学画的折扇，以梅花明志，以修篁自况，直至半个世纪后的今天，一俟老同学聚会，同学们还会找出当年的旧照点检青春的足迹，同学们手执的纸扇上，赫然是童衍方的“少作”。

童衍方印章《杨堤景行》。

童衍方印章《祈年》。

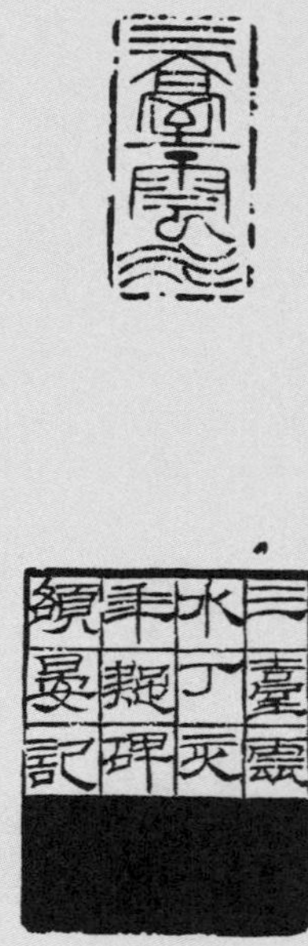

童衍方印章《三台云水》。

不久，童衍方拜识了游走于僧俗两界的若瓢和尚。若瓢和尚早年在浙江天台山国清寺出家受戒，苦心研习佛学，曾任杭州净慈寺知客。是他，根据民间传说，设计了济公为建造净慈寺以法术运输法梁柱的景点，也即在一口古井内打下一根木桩，再悬一盏油灯供游人一睹“奇迹”。淞沪抗战爆发，若瓢和尚来沪，在七浦路吉祥寺任知客僧，从此与沪上文艺界人士多有交往，以画名驰于艺林。童衍方对我说：“若瓢和尚与郁达夫也有很深的交情，有一次，郁达夫、唐云与若瓢一起饮酒谈艺，从白天喝到次日凌晨，一共喝了二十多斤黄酒，绝对好酒量。”

是的，我也从沪上书法篆刻家陆康先生那里知道，若瓢和尚能诗能画，食肉食荤，能饮能酒，还俗后，于1961年10月被聘为上海市文史研究馆馆员。

童衍方家中客厅里至今还挂着一张旧照，那是若瓢和尚与唐云先生的合影，若瓢比唐云长五岁，两人玉树临风，文质彬彬。“我每天要向两位老前辈请安”，童衍方说，“有一次若瓢对我说，你应该再学一门手艺。在今天，写字、画画、刻图章的人没饭吃，你不妨学竹刻”。于是在若瓢的引荐下，童衍方跟竹刻大师徐素白学竹刻，但不久后，他发现留青竹刻属于二度创作，处处掣肘，不能表达自己心中的思想。于是又向若瓢诉苦，希望师从来楚生和唐云。若瓢很爽气地答应了："这事好办，我跟二位先生都很熟的。"

童衍方先去拜访唐云先生，有若瓢和尚推荐，唐先生当然高看一眼，审阅了他随身带去的习作，当场点拨一番，还送了一柄书画折扇以资鼓励，这柄扇子至今还被童衍方珍藏着。

几乎是同时，童衍方还拜在来楚生先生门下，主要学书法篆刻，也学画。1973年，童衍方的作品就入选首届上海大阪书法篆刻展。童先生伸出两只手比划："来先生教我书画篆刻，唐先生教我收藏鉴赏。"

"门庭畏客频"的窘境，融进了先生的"命题作文"

在现代艺林中，来楚生（原名稷，号然犀，别号负翁、一技、木人、非叶、楚凫、怀旦、初生、初升）是一位艺术风格鲜明、书画印三绝的艺术家。唐云曾这样评价："来楚生先生书、画、篆刻无不精妙，而于书，篆、隶、正、草均熟中求生，刚健婀娜，平正憨辣，气势磅礴，不可名状，允推当代杰手；画从书法得来，清新横逸；刻则运刀如笔，饶有奇致，皆不涉前规，开生面者也。"

童衍方说："来先生是一位多面手。就书体而言，正、草、篆、隶皆工，尤以草、隶冠绝一时。来先生的画，以意笔花鸟最负时誉，造型简练，笔墨凝重，一花一叶、一鸟一鱼无不神情饱满，生意盎然。来先生重视学习前人之长，服膺八大、赵之谦、吴昌硕、齐白石。亦注重在现实生活中去观察、写生。笔下所作常能达到沉静淡泊、闲和缜密的艺术境界。"

而提起来楚生先生的篆刻，童衍方说："在吴昌硕的门生中，来先生无疑是出类拔萃的，他以古玺汉印为本，辅以晚清流派，布局参差有致、奇趣扑人，刀法峻利爽洒、瑰奇雄劲。贵能在吴让之、吴昌硕、齐白石诸大家林立之际，另辟新径，自成面目。来先生的印章看似乱头粗服，信手凿来，实则每方印都是经反复推敲后方奏刀，疏密、参差、呼应、虚实等艺术手法，均用之娴熟。来先生的肖形

童衍方印章《道可道，非常道》。

印更是脍炙人口，除生肖、佛像、人像外，还有花卉、草虫及成语故事等，均笔简意赅，神态毕具。你来看看这本印谱中的几方印……”

童先生说到此，便找来一本自己为来楚生编的印集，翻出几方建国后为配合政治任务而篆刻的肖像印给我看。比如《学文化》，三个农民在田头合读一本书，两高一低的人物布局，相当妥帖，相当传神，几乎简练到无以复加的地步，但人物形象与神态又呼之欲出。再比如《腰鼓舞》，两个西北汉子，一高一低，一仰一俯，一个拍鼓，一个举鼓，首尾呼应，上下兼顾，回旋跳跃，动感十足，中国农民的形象跃然纸上。这类时新题材，前人无从涉猎，后来者也少有染指，但在来先生的刀笔之下却灵光乍现，别出机杼，实现了对陌生题材的成功开掘。

“来先生一生坎坷，受过不少委屈，建国后相当一段时间里他没有生活来源，后来在有关方面负责人的过问下，得以进入中国画院，成了专职画师。他极为勤奋，不喜交际，也不便交际，所有的时间都用在艺术创作与探索上了。来先生对我的艺术人生的影响至巨至深。”童衍方回忆，那时他每个星期要去先生家里一次，每次都要带一份作业去请先生批改，或书法，或绘画，或印章，而来先生每次批改都十分认真，循序渐进，不厌其烦，和蔼可亲，从不居高临下，让本有较好基础的童衍方进步神速。有一次来先生难得与几位艺林朋友聚会，带童衍方同往。席间朋友问来先生：你的几位学生中，谁的印风与你最为神似？来先生不假思索地向童衍方一指。那位朋友便摸出一方青田佳石说：那就请小童小试牛刀？

来先生二话没说，接过印石，提笔在上面起了稿子“门庭畏客频”，交与童衍方奏刀。童衍方知道印文出自杜甫的《从驿次草堂复至东屯茅屋二首》：“世路知交薄，门庭畏客频。”这真实地反映了来先生在“文革”后期的尴尬处境，也是他遗世独立的精神写照。于是童衍方凝神屏息地刻起来，不一会，前辈酒过三巡后，童衍方搁下刻刀，吹去石屑，打出印蜕，呈于老师面前。来先生接过一看，欣然微笑，拿过刻刀补上边款，再请朋友传阅，前辈们异口同声给予褒扬。来先生当场表示要收藏这方"急就章",更让童衍方感动。1975年,来先生谢世后,谢师母在整理先生遗物时发现了这方印章,就将印章送还给童衍方留作纪念。

来楚生先生于1975年告别人世,距离拨乱反正只有一年,这是令人痛惜的,天若有情,来先生不仅可夺回应有的尊严,其艺术成就也必将有更加辉煌的呈现。我认为来先生是一位被严重低估的大师,今天仍然未被世人充分认识。童衍方对我的评价表示认可。事实上,为充分展现来楚生的艺术内涵与魅力,让更多的艺术爱好者分享来先生的书画印艺术,只要有可能,童衍方就千方百计为先生编著书画印作品集。比如童衍方编过一本《来楚生写生小品集》,这是一本散页式的集子,十八幅小品,笔墨淋漓地体现了来氏风貌。这十余幅小品本属沪上一位收藏家所有,童衍方每次策划来先生作品展,都要向这位藏家商借,借的次数多了,他就动了商购的念头,但对方也非常爱宝,不肯割爱。有一次,童衍方购得一幅林风眠先生的四尺斗方,在林氏作品中当属精品力作,他自己也爱不释手,但欣赏了几天后就毅然送到那位藏家府上,希望与他交换来先生的十八幅小品。童衍方容他观摩三天,三天后电话征询,对方欣然同意。如愿以偿地得了来先生的十八幅小品后,童衍方就出版了这本专集,公诸天下,识者分享。

为纪念来楚生先生诞辰110周年,这几天,童衍方正在编辑一本《来楚生金石书画铭刻集》,并准备5月在杭州举办一个展览,接着移师上海中国画院续展,童衍方从潘得厚、唐逸览、王时驷、李孝朴数位藏家手中商借展品,再加上自己的一批珍藏,共收集了170件展品,许多作品都是首次露面,应该是来楚生先生艺术成果的一次隆重呈现。

像药翁一般豪放,不作矫揉造作之态

童衍方对另一位老师唐云先生(别署药翁、老药、大石翁等)也是感激不尽的,对他的艺术成就推崇备至,发扬光大。这些年来,童衍方经常应澳门文化厅邀请去进行学术指导和交流,为澳门艺术博物馆策展过多个中国一流书画家的作品展,比如石涛、八大、青藤、四王、吴昌硕等,那么吴昌硕之后应该推出哪位

1998年童衍方（左二）和徐昌酩（右二）等精灵文社同道合影。

德高望重的大家呢？童衍方推荐唐云，并向澳门艺术博物馆管理者解释了多个理由，比如艺术风格与贡献，比如生活艺术化的种种情趣等，终于策展成功。展后他还将展品编辑、出版了两大本《唐云书画作品集》，并请了多位艺术大家，加上他自己，每人写一篇序，面世后大受欢迎。

此次大展还有一个重要内容，开幕前，即从唐云纪念馆里借出唐云生前最钟爱的八把曼生壶，为展览增添了分量与传奇色彩。这也是这八把曼生壶首次出境展览呢！

童衍方还曾请宜兴壶艺大家徐秀棠、汪寅仙、潘持平等到杭州唐云纪念馆，近距离观摩曼生壶，让他们亲手抚摸前贤的作品，体会陈曼生设计、杨鹏年制壶的种种奥妙，再写下鉴赏体会。然后童衍方将这批图文资料编辑、出版了一本《曼生余韵》，自己又仔仔细细写了序言，增加其学术含量，故而此书一经问世，就被爱好者抢购一空。

1980年，童衍方正式调入上海中国画院，为书法篆刻专业创作人员，1983

2011 年童衍方和家人于杭州合影。

年被吸收为西泠印社社员，未及不惑之年，便驰誉全国书画界。

许多人都熟知童衍方那种接近清代金冬心风格的书法，其实他非但真、草、隶、篆兼备，即使一种书体也有多种风格。仅以隶书见，就有借鉴石门颂、汉简、草隶和介于隶楷之间的漆书等风格。童衍方还乐意在不同的载体上表现书法的无穷可能，碰到上佳的清代或民国时期遗留至今的粉笺、洒金笺等，兴致尤其高涨，作品色彩丰富，纹饰精美，与书法相得益彰。他创作的印章，朴茂奔放，颇具阳刚之美，对秦汉古玺及邓石如、吴让之、吴昌硕等名家之刻深有领悟，下过苦功，又从汉砖瓦当、碑牌造像、古阙摩崖、金文简牍中汲取精华，使他所刻有丰富的内涵。诚如沙孟海先生所言："得然犀室指授，走安高浑一路，既有守，亦有为。"童衍方的隶书在全国书坛也独树一帜，凝重遒劲，集汉碑之长，有汉简之韵，偶然取法金冬心，所作拙中寓巧，古朴峭拔，趣味无穷。

童衍方的绘画，也不让"正宗画家"专美于前。画家江宏就如此评价："童衍方想在篆刻书法的高处，看着自己的绘画，难免有居高临下的感觉。露此身手，实在不是难事，童衍方的聪明在于作画的题材选择与书法用笔紧密关联，而且简笔轻墨，勾画撇点之间，形象一依真实，二得笔趣，不作矫揉造作之态，倒是频频有可掬的清气袭来。”

遣兴寄情，收藏宏富，提升价值，实现共享

童衍方是书画印多角度、全方位勇猛精进的艺术大家，也是上海艺林中极富收藏者之一。长年来，他收藏了大量古代名家书法、印章以及碑帖、拓片，从碑牌造像、石阙摩崖、汉砖瓦当中生化出自己古朴凝重的印风和书风。他还着意收藏古砖砚，集有百余方，文字与纹饰俱美不胜收，天地盖及砚身大多留有大家墨迹刀痕，又提升了古砖砚的文化内涵及价值。收藏的雅好，在外人看来或许是无心插柳的收藏，其实是童衍方将此生托付书画后的思索偶得。他说：“我收藏的东西以金石文字为主，若要细分的话，贵在苍劲二字。这是意趣所驱，后来我发现也是前辈大师遣兴寄情所致。一句话，这是有传统的。”

在采访中，童衍方跟我讲了一个故事：1975年，童衍方新婚在即，唐云画了两幅大尺寸作品恭贺童衍方新婚，之后又派人邀他共赏一副吴昌硕的对联。吴昌硕的作品笔力雄健，气息醇厚，师徒二人都抚掌叫好。唐云见他喜欢，就豪爽地说：“喜欢吗？喜欢就送给你做贺礼。”童衍方怎么消受？马上说：“这副对联在我新房挂一个月，算是度个蜜月，也感谢唐老的美意。”但唐先生坚持相赠，童衍方只好感激涕零地收下这份厚礼。

童衍方说：“那个时候我们的新居只有10平方米，墙上空白处只够悬挂半副对联。于是选择题有落款的下联挂于房内，朝夕相对，悉心研摩，受气充沛。你看现在这副对联装在红木镜框内，下联颜色明显比上联发黄，就是经久悬挂所致。”我凑近看个仔细，落款中还写着“吴昌硕八十一岁书”等字样，缶老晚年翰墨精品，自然弥足珍贵。

数年后，唐云在家招待外国友人，嘱童衍方作陪宴饮。席间谈及吴昌硕，唐先生就指着童衍方对外国友人说：“他也研究吴昌硕，我还送过他吴昌硕的对

联。”大家顿时艳羡不已，或问：“此物还在你手里吗？”唐先生说：“东西送人了，或易物，或转送，都随受者便，不必多问了。”童衍方马上起身应道：“唐老厚礼，我一直珍藏，无污无损，并且已经有了‘孩子’。”所谓“孩子”，就是童衍方在数年间陆续收集到的九件吴昌硕作品。唐云先生饭后送走客人，按习惯小睡片刻，童衍方则遵嘱回家取来大小十件缶老作品，等唐云小睡醒来，呈请先生细细品赏。唐先生边看边跟童衍方讲解作品特点、人物掌故。暮色将合时，唐先生面露欣慰的笑容：“我的吴昌硕对联没有送错人。”

在唐云的指点下，加之本人的倾情追寻，经过数十年间的努力，童衍方的收藏蔚成大观，书画、篆刻、拓本等品种纷繁，其中包括董其昌、文徵明、张瑞图、伊秉绶、刘墉、王文治、金农、罗聘、丁敬、黄易、陈鸿寿、蒋仁、赵之琛、奚岗、阮元、张廷济、邓石如、包世臣、杨守敬、杨岘等明清大家的作品，晚清大家中则有吴昌硕、赵之谦、徐三庚、黄士陵、翁同龢、蒲华等，还有齐白石、陈半丁、吴湖帆、来楚生、唐云等近现代名家的精品。且大都是金石字书画篆刻作品，他的收藏活动是工作的休息，休息的工作。

童衍方近年经常在新民晚报副刊《夜光杯》中发表鉴赏随笔，一篇文章配一幅图，将藏品的来龙去脉和艺术特征徐徐道来，深入浅出，使读者受益匪浅。2006年，适逢《夜光杯》创刊六十周年，这一年也是他六十大寿，于是就选了60篇文章和180件藏品的图片汇编成册并付梓，书名为《艺苑清赏——晏方品珍》。收藏界、书画界朋友看了这本精美图册后惊叹道：“这是极有个性和品位的收藏。”

童衍方的收藏行为，是从研究出发，在研究中发掘前辈大师的艺术价值，从中汲取艺术营养，激发自己的艺术灵感，最终实现共享与共有。

最后童衍方说：“今天是四百年来中国从事艺术创作最好的时机，我赶上了这个年代，真是幸福极了。每当想起我那蹉跎了半辈子的两位师尊，再想起更早些的吴让之、邓石如、吴昌硕、赵之谦、金冬心等前辈大师，诚惶诚恐，不敢懈怠，我要争分夺秒地学习、工作，依道而行，趁势而为，将伟大的中国艺术研究深彻，传承下去，发扬光大。”

绘画是一种奢侈，作为享受着绘画奢侈的一员，我是珍惜这份奢侈的。

——卢辅圣

卢辅圣：绘画是奢侈，且待人书俱老

顾维华

卢辅圣（1949— ），上海书画出版社编审，中国美术家协会理事、上海市美术家协会副主席、上海出版工作者协会副主席。擅长美术创作和美术史论研究，发表艺术作品数十件，论文百余篇，出版有个人书画集、学术专著等图书二十余种。获全国美术展览银奖、上海出版人金奖、全国五一劳动奖章等，是上海市劳动模范。2012年被聘为上海市文史研究馆馆员。

在当代书画界，卢辅圣吝于言词是有名的，然而身形瘦削、低调沉静的他却有着巨大的能量——他有着三种让人惊叹的不同面貌与成就：书画创作、画论与画史研究、书画出版。

对于书画创作，生于1949年的他称之为一种奢侈，那些“奢侈品”多以淡色反复渲染，却直指水墨深处的宁静与纯粹；画论与画史研究方面，他的《天

卢辅圣绘画作品《青山见我应如是》。

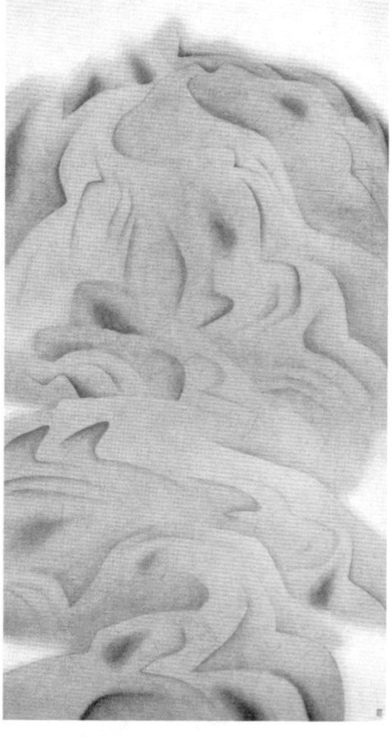

卢辅圣绘画作品《终南》。

卢辅圣绘画作品《天下熙熙》。

人论》、《书法生态论》等在中国当代书画史上留下一个个话题，2012年出版的《中国文人画史》更引起较大反响；书画出版方面，则主政上海书画出版社数十年，主持出版有“书画界二十五史”之誉的《中国书画全书》、《中国文人画通鉴》等，主编过《朵云》、《书法》、《书与画》、《艺术当代》等。

他自称偏爱孔颜的曲肱饮水或陋巷箪瓢之乐，喜爱茶与月。然而我第一次看到卢辅圣的巨幅画作却与茶、月全无关系，那是十年前在以当代艺术知名的上海双年展上，九幅“顶天立地”的高士头像，夸张的视觉构图，让人惊诧之时，高古之气却又扑面而来，与上海双年展上一

卢辅圣（左二）与友人交谈。

卢辅圣（中）陪同领导观展。

些喧嚣的当代艺术装置作品形成一个极有意味的“对话”；其后又有近几年参加全国巡展的一些巨幅山水，淡渲勾染，似工笔，又似写意，意境又清淡悠远。似乎一切都已远去，只有那些硕大头颅与巨幅山水所呈现的对当下的思考与对古典的敬意。

从私塾学习到《诸子百家图》

2007年，年近六旬的卢辅圣第一次在上海美术馆举办个人艺术大展，在与笔者对话时，他有些歉意地笑着，对于从艺半个世纪开始举办个人大展的原因，他说：“其实上海美术馆三十年前就邀请我举办个人展览了，但总感到满意的作品不多。”他说即使现在其实也才摸出了一点自己要找的路子，“要走的路很长，中国书画与油画不同，需要积累，与人格修养相关联，比较好的境界是人书俱老”。言下之意，在从艺的道路上，他似乎依然算是年轻人——这当然有谦虚的成分在，但其中也含着卢辅圣的大追求与大境界。

这种沉静是有其渊源的：卢辅圣儿时上过私塾，即使在文化朴茂、有“勤耕苦读”之风的浙江东阳，在20世纪50年代那样的背景下，大概也算得上异类了，一位老秀才每天教他背诵传统文化经典。多年以后，回忆这一切，卢辅圣认为他以后沉醉于老庄与西方哲学，包括选择书画这一行，与儿时私塾的底子以及故乡的文化底蕴等都密不可分。

小学毕业时，他绘写了连环画稿本《五龙阵》，至今仍珍藏着。而这只是那时的作品之一，其他的画稿都已散失了。

十多岁时，喜爱画画写写的他在当地已颇为知名，因为要画"工业学大庆"等，不知怎么就无师自通地学会了油画，以至于浙江省级单位每年抽他去参与创作。1972年，年仅二十三岁的卢辅圣创作的油画《关键时刻》已入选当时的全国美展，这幅画画的是一位赤脚医生正在对一个农民的婴儿实施人工呼吸。创作之余，卢辅圣喜欢一个人悄悄地写诗填词，他说："诗词纯属'私文学'，秘不示人，自娱而已。"然而，这也可以见出彼时卢辅圣内心深处文人画的追求。

"文革"后恢复高考，他终于以二十八岁"高龄"考入当时的浙江美术学院，出人意料的是，他选择的却是中国画。回忆这些，卢辅圣认为他当时已在形成自己独有绘画观念的起步阶段："在美院经过一两年的学习，当时就已经有较强的自觉意识，就是想把更古老的、魏晋以前的风格与现代的绘画观念进行某种程度的糅合，但内涵又全是东方的，表现手法也要是东方的。"

这也可以解释他在1982年浙江美术学院毕业时以拙朴的手法创作《诸子百家图》，以及来到上海后终于画起了巨幅高士头像乃至现在的山水，他想通过绘画让魏晋以前的高古精神与当代进行沟通——这是一条寂寞而让人沉迷的道路，除了具有深厚的传统国学与西方理论功底、深厚的笔墨功夫，更需要一种坐得住冷板凳的精神。

一种奢侈与高古风韵

《诸子百家图》对于卢辅圣人物画创作之路的影响应当是较大的。事实上，毕业后的几年时间里，卢辅圣便创作了一系列带有古意的人物——逸士、高士、隐士。

似与不似之间，他笔下的人物取法高古，宁偏毋正，宁枉毋直，乍看有些怪诞，却正合“狂怪求理”的古训。

到了90年代，卢辅圣主政上海书画出版社，他将艺术创作称之为一种奢侈，而此时，他的古代高士已经逐渐变成了“大头像”。

他的第一张巨幅“大头像”所画就是他喜欢的那位“采菊东篱下”的陶渊明，与以往文人画中表现诗人淡泊不同的是，卢辅圣画的是一个鬓角插花、皱眉思考的头像，他认为这其实正表现了他个人所理解的晋人风度：“男人鬓角插花在现代少见，但在当时是常见的，衣服不是通常与隐逸相应的白衣或淡衣，而是赭红，这是为了表现陶渊明隐居后的劳动与自食其力，皱眉是表现他既是悠闲的，也是焦虑的（他也有‘猛志固常在’一类的诗），背景则是一群大雁，取仰视的角度，人、雁、花与皱眉，通过这些技术处理，形成一种比较复杂、不可归类的人物画——原来我是写意画，现在则写意、工笔都不是。”

包括以后的《九域》、《宅心》、《兰亭雅集》、《大司命》，也都具有这样的特色，古拙的变形，题跋的疏朗简洁，用典冷僻，无不制造出一种奇诡而独特的境界。

长期以来，书画创作对于身兼上海书画出版社总编的他来说，其实是八小时以外的事。同样属于八小时以外的还有书画学术研究。他的《天人论》与《中国文人画通鉴》所谈的是绘画，然而涉及的问题却具有历史学和哲学的意义，正是结合现代理念对中国书画发展的学术思考。在他担任上海书画出版社总编的这些年里，先后组织与主持了董其昌、赵孟頫等大型国际学术讨论会，从20世纪80年代中期以来，他一反俗流，为整理古代书画古籍而奔走，历经十余年努力，终于出齐我国历史上规模最大的艺术文献丛书——《中国书画全书》。

“好在八小时以内与以外的爱好是相关的”，他说，“学术研究主要在书画理论这一块，底子当然是老庄的，但西方哲学包括库恩、波普尔、存在主义等对我都有影响，而绘画则感情因素更多一些，通过这些努力，我想把两者较好地结合在一起——因为理论艰涩，所以在绘画过程中就尽量简单化，加强操作性，构成一种平衡，形成一种创作的张力：单纯的画风只是表层，而在深层意义上，通过各种手法，包括题词等，形成抽象、复杂的风格——当然，这同样需要解读者的学识。”

也正是在这样的追求下，卢辅圣在八小时以外的奢侈创作中，逐渐进入一个奇幻静谧、非古非今、亦真亦幻的境界，而与艺术界热衷的潮流拉远了距离，也让他从观念上告别了传统文人画的表现手法，在汲取魏晋人物画稚拙元素的基础上，融入秦砖汉瓦中古朴稚拙的造型手法，追求古朴等具有象征主义的造型元素，辅以简淡辽远的色调，并更多糅入自己对古代文化的独特思考。

文人画其实仍在延续

在近年来创作的山水画中，卢辅圣完全抛开了唐宋以来形成的山水画创作程式，告别所有与皴擦点染相关的明清山水画技巧，转而采用唐代以前的“空勾无皴”与色彩的烘染平涂相结合的表现方法，画面只有隐隐约约、似是而非的山水符号。“我的山水画直到20世纪末才找到这样的路子，所画并没有明确的原型——算是半抽象的，有的像西北山水，有的像江南的。”他说。

这些迥别于传统山水却又复归于简淡天真的画作，既对应了“上古之画，迹简意淡而雅正”的理想，同时体现出一种现代风格，描画出当代视角下静穆、苍茫、洪荒的古典世界，其实与其高古人物画同样一脉相通。

前几年卸任上海书画出版社社长后，卢辅圣创作的时间比之以往多出了不少，而一幅长41.25米、高2.4米的巨幅山水画《壤歌》也因之横空出世。《壤歌》的创作灵感来自上古民谣《击壤歌》，所谓“日出而作，日落而息。凿井而饮，耕田而食。帝力于我何有哉？”描绘的是在上古尧时代的生活，这与卢辅圣作品中的高古意境一脉相承，整个画面均为红色山脉，连绵起伏，乍看苍茫、洪荒，然而却又空灵缥缈。对于《壤歌》这样的巨制，卢辅圣一共绘制了三个月，“这幅山水画更多是表现型的，之所以创作这样的巨作，一方面是展览的需要，希望能有一定的视觉冲击力，另一方面也是考虑如何呈现当代水墨。创作中试图把中国山水画的高远、平远、深远综合在一起，并增加了鸟瞰式的感觉，而具体的山

卢辅圣。

水特点上，可以说融合了南北东西的山水风格”。

也是在这一作品完成后，卢辅圣先后在陕西美术博物馆、中国美术馆、江苏美术馆举办了其个人创作的全国巡展。展览也通过卢辅圣近年的作品阐释其“视而非见”的艺术理念。卢辅圣认为，今天的绘画应该注重精神性，需要的沟通方式不是观看，而是观照，引发观者对于画面的精神感应，通过局部的放大与极致化来获得一种特殊视角下的精神观照。卢辅圣认为不少作品更强调视觉效果，实际上可能走向了当代艺术的方向。而对于这样的全国巡展，卢辅圣并不希望太密集，“因为展览总得呈现出一些新的东西，但另一方面，展览对自己的创作也是推动力”。

美术史论家、中央美术学院邵大箴教授认为，中国画发展到现在有着很大问题，如何适应当下是比较重要的，而卢辅圣可以说是在这一探索中特立独行的人物，“他是文人画的传承者，但也是文人画的叛逆者”。

事实上，文人画是中国文化独有的一种现象，这一画种的兴盛与古代“士”或“士大夫”有着直接的关系。卢辅圣的巨著《中国文人画史》正式出版后，他说，文人画作为一个高峰已不复存在，而文人画其实仍在延续，或许是以别的形式呈现，“文人画作为一个历史性的生命体，或者说作为一场文化运动，持续了很长时间。这个生命体或者运动已经结束了。至于芸芸众生可以从中取到什么为他所用，这是永远无法沉寂的。就像古典诗词消亡了，但其实这些东西可以继续写，像唐诗也并不止于唐代的诗，唐代以前这种格律诗其实已经形成了。只是唐代是最典型、最繁荣、产量最多的时代。宋代以后，一直到民国，一直到现代还有很多人在写。但所有这些实际上假如用文体构成一种历史观照的话，已经不是旧体诗的时代了，只是余绪。所谓余绪也就是说不再是某个时代主导下所发生的现象，实际上后来更多的是模仿，生命高度永远无法超越前人。某个时代过去之后在另一时代会产生另一种方式，比如说，唐代是诗，宋代是词，元代是曲，明代是小说，到了现代，尽管都是文学，但也已经不是之前的东西了。所以前面的诗、词、曲、小说在我们这个时代其实都是存在的，有些个体还能做得很好，但它们的黄金期已经过去了”。

说出这番话的卢辅圣，面对他所喜爱的老庄、古典诗词以及笔墨，骨子里或许仍是不无惆怅的。

精益求精
追求卓越

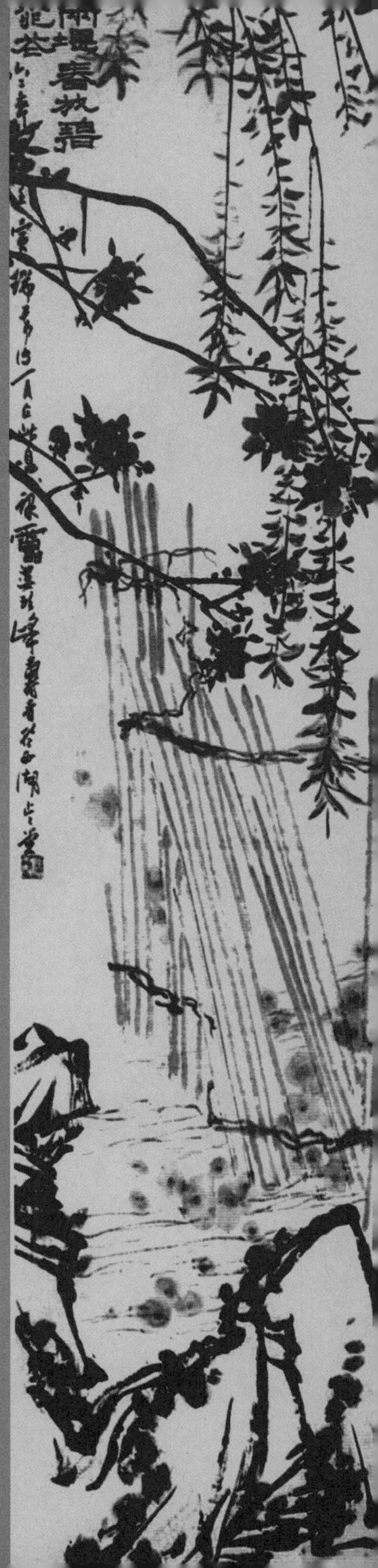

读四部书，写四体字，研四朝画，诵四箴文，与吾好朋友四时游，乐于其中，优哉游哉，乐亦无穷。

——李　健

李　健：求己学有获，志道乐无穷

柯昌礼

李健（1882—1956），1911年参加学部考试，因成绩优异被清廷授予师范举人，任内阁中书。辛亥革命起，清廷解体而民国立，即专事教育，其间又曾游学南洋八年，教授中国古文诗词及书画。归国后鬻书画以自给，同时开门授徒，从学者众，程十发、方闻、魏乐堂、杨之光等皆其弟子。有著作《金石篆刻研究》、《时惕庐印景》等传于世。1953年被聘为上海市文史研究馆首批馆员。

1937年，在给好友道清书写书斋对联时，李健曾题“求己学有获，志道乐无穷”与友互勉。这十个字，可以说是对他一生的高度概括。1981年春，上海中国画院和上海中国书法篆刻研究会举办“李健书画遗作展”，王个簃、唐云、夏征农、应野平、吴青霞、程十发等皆来参观，与李健同为上海市文史研究馆馆员、曾任孙中山秘书、

李健向学生示范篆刻，左起魏乐唐、姚伯宽、刘葵中、李健，摄于20世纪30年代。

自称与李健先生“同门”的田桓先生观展后，在5月8日的《解放日报》上撰文评述李健“一生以金石书画为务，既是卓有成就的书法家、考证学家，又是口碑载道的书法教育家”，正是这十个字的一个注脚。李健的一生，正如田桓先生所说，既是秉承叔父清道人李瑞清遗志、钻研金石书画艺术的一生，亦是诲人不倦、遍种桃李于天下的一生。

出身名门　光照临川

李健生于“临川李氏”这一书香世家，其书香之名可上溯至先祖李宜民。李宜民乃清代著名盐商，是一个颇为成功的商人，同时也是一个重视文化素养的教育者。李宜民本人亦擅长书法，他请来名师开设家馆，教育子弟，使得李氏家族在当时的诗、书、画界都有一定的名气。众多子孙中，二子李秉礼，曾诰授中宪大夫，博文好学，工诗画，尤以诗闻名，与父李宜民、子李宗瀚被称为“李氏三代红顶子”。六子李秉绶，清代著名画家兼诗人，曾居官工部都水司郎中，人亦称“李水部”，以诗画得名，尤以画梅竹兰石有名。第三代中，李宗瀚的书法是李家一绝，而李秉绶之子李宗涵，李秉铨之子李宗桂、之女李慧在书画方面也有一定成就，史书称“李氏一门风雅”。

诸先贤之中，对李健一生影响至深的有两个人，第一个是太高祖李宗瀚，字春湖，清代著名文学家、书法家和收藏家，痴好金石收藏，尤以拓片为多，曾得曾国藩评价“偶思作字之法可为师资者，作二语云‘时贤一石两水’，一石谓刘石庵，两水谓李春湖、程春海”。李宗瀚对于书法、金石收藏之癖好与取得的成就，直接影响了作为后来者的李健以金石书学作为毕生之艺术追求的人生道路。第二个是其叔父、人称“清道人”的李瑞清。

李瑞清（1869—1920），字仲麟，号梅庵，入民国后署清道人，一代书法宗师，中国近现代美术教育的先驱。在李健的艺术生涯之中，叔父李瑞清扮演了一个“亦亲亦师”的角色。“亦亲亦师”，是因为李瑞清不仅是李健血缘意义上的亲叔父、继父，也是其走上艺术道路的启蒙者和导师。李健是李瑞清学术衣钵的真正继承者和发扬者。著名美术史家方闻就说过：“咸信李瑞清和曾熙二师对张大千的艺术有很重要的影响，不过若将张的书法与其同门师兄弟李健加以比较，我们可以发觉真正继承李瑞清衣钵的，并非天才横溢的张大千，而是用功不辍的李健。”李瑞清自小即显示出其过人的艺术天赋，深受曾任浙江、广东县令的余祚馨的赏识，称其日后必以文章显贵而成大名，于是将爱女玉仙许配之。未曾想余李两家定亲不久，余玉仙即因病离世。余祚馨又将六女儿梅仙许配之。婚后李余二人夫妻感情和睦，可惜不过两年多，余梅仙难产，母子都没能保住。老丈人余祚馨又将自己的七女儿许配给李瑞清做继室，不料七女儿嫁过去不久即离世。连丧三妻的李瑞清深受打击，从此发誓不再娶妻，由此也导致李瑞清终其一生未有子嗣。后来，李瑞清收侄子李健为过继子，视其为已出，苦心孤诣培育提携，终将其培养成一代书法大家。李瑞清过世后，其生前好友曾熙曾对李健说：“君家累代以书画名当世，继志述事责在子矣。”可以说，正是由于李瑞清这样一位“亦亲亦师”的引导与培育，李健才走上了一条矢志书学、教书育人的人生道路。

矢志书学　投身教育

李家书香传世，十分重视家庭教育。李健自五岁起开蒙，家里人请来塾师曾谨堂先生为之讲授《三字经》、《千字文》等蒙学经典，叔父李瑞清更是亲授四书五经、《说文解字》等古籍，并从钟鼎碑文入手，教李健书法。李健生父李瑞祖，国子监生，与同族兄弟一样，亦喜好金石鉴藏与书画。受父亲和家庭影响及长期的耳濡目染，李健自小即对金石篆刻与书学之道，尤其对碑学，充满了兴趣，亦继承了家族中苦学勤学之志，自小即用功不辍，显示出不一般的艺术天赋。据李健日记载：十一岁时某一日，李父闲来无事，拿出家中所藏之水晶印章，对众儿孙说，每人即兴作咏菊诗一首，最佳者可得之。李健稍作沉思，即赋得"从来冷艳难为赏，未信秋容不入时"两句，令同族兄弟交口称赞。父亲甚感欣悦，即将手中之印奖赏之。李健十二岁学治印，兼事绘画与书法，自幼即打下了良好而扎实的美术基础。

清光绪二十七年（1901），时年二十岁的青年李健参加江西抚州府堂试，三试皆第一。光绪二十九年（1903）春，齐白石从西安到北京，结识曾熙、李瑞荃（李瑞清三弟）、李瑞清等一拨书法家，并从李瑞荃临习魏碑和《爨龙颜碑》，与曾、李切磋书法碑帖技艺，其间，时年二十二岁的青年李健随侍叔父李瑞清左右，从大师们身上受益颇多。光绪三十一年（1905），李健娶江西泰和刘氏女，婚后夫妻和睦。第二年，刘氏因难产离世，遗一子名李家通，然少而夭折，实为不幸。同年，李瑞清出任两江师范学堂监督（校长），创办图画手工科，开我国高等教育设立美术科系之先河，同时还聘请了一批中、日教师，自己还亲自为学生授课，培养出一大批美术人才和新型美术教育师资，如近现代著名书画家、美术教育家吕凤子、姜丹书、汪采白、胡小石等。李健遵从叔父嘱咐，同年考入两江师范学堂图画手工科，接受新式美术教育。1909年，李健以优异成绩从该校毕业，1910年被派入湖南省立初级师范（即后来毛泽东就读过的湖南第一师范学校）任教，教授图画及古文国学，课余亦承袭家学，醉心于研习魏碑，为其日后著《中国书法史》及《书法篆刻研究》打下坚实基础。在湖南省立初级师范任教期间，李健还将自己在两江师范学堂所学之精髓，加上自己的创作实践，编写了《图案教授法》作为自己的授课课本，为学生亲做示范。

1911年初，李健在时任学部侍郎李瑞清的安排下，赴北京参加清廷的学部考试，因成绩优异被奖授为师范举人。自1905年科举制度被废止后，效仿西式教育成为当时中国社会之主流。当时，清王朝就制定出一个“考试出洋留学生”制度，从各地新式师范学堂毕业的优秀学生中选拔部分参加学部考试，凡考中者，则授予举人、进士学位，所以当时就有所谓的医科举人、进士，工科举人、进士等名目。李健以两江师范学堂图画手工科毕业生的名义参加京考，故被授予师范举人之称。可以想见，若没有辛亥革命及后来的清廷瓦解，李健的人生也许就是其叔父李瑞清的翻版——走仕途，过一种亦宦亦文的生活。然生逢乱世，命运叵测，原本已一只脚迈入仕途的李健，因时代之变故，走上了一条投身教育的人生道路，与同期从两江毕业的吕凤子、姜丹书、汪采白、沈企桥等人一同成为我国近现代美术专门教育的第一批师资力量。

避难沪上　书艺精进

辛亥革命后，清廷迅速土崩瓦解，蒸蒸日上的两江师范学堂亦不得不停办，李瑞清应时局之变，主动辞去校长之职，举家避难上海，此后晚年即寓居上海直至逝世，开始了一段长达近十年的鬻书卖画生活。李瑞清在《鬻书引》中就自称：“辛亥冬11月，避难沪上，改黄冠为道士矣，不得已，乃鬻书作业。”当时上海的书画社团及书画展览与交流活动十分活跃，如1912年5月间由陈师曾、黄宾虹、李叔同等人发起的“文美会雅集”，一同参与的还有李瑞清、吴昌硕、柳亚子、叶楚伧等二十余人；同年6月由缪小山、沈曾植、庞莱臣、李平书、吴昌硕、何诗孙、陆廉夫、邹安、邓实等近三十位收藏家在徐园举办的“金石书画共览会”；1910年即成立的“海上题襟馆书画会”多次举办“古代书画展览会”，参与者几乎囊括了当时聚集于沪上的所有书画名家，如吴昌硕、哈少甫、王一亭、吴待秋、何诗荪、黄旭初、商笙伯、程瑶笙、叶指发、沈墨仙等，不一而足。这些书画雅集活动，李瑞清几乎次次参与，很少缺席，加之当时媒体的宣传与推介，造就了清道人“大书家”的声名鹊起。此时的李健，从湖南省立初级师范辞去教职，同迁沪上，随侍叔父左右。1913年，李健经李瑞清安排，任教于江宁女子师范，次年，又经两江师范学堂同门姜丹书、经亨颐（时任浙江省立第一师范学校校长）的引荐，入浙江省立第一师范学校任教，教授国文与图画。

这一时期的李健，虽遇时局动荡，生活波折，却因从叔父游结交大批艺苑名士，于书画篆刻、诗文考证均大有长进，其中有三件事情，让李健受益一生：一是1918年李瑞清邀其学生、后为国学大师的胡小石来家当塾师，为众弟子教授经学、小学及诗文，李健得以与同门师弟切磋交流，受益良多；二是以李瑞清、曾熙、沈曾植、郑大鹤、王国维等人为核心的前清遗老文人圈这一时期交往甚密，常聚在一起进行书画交流活动，李健随从叔父几乎参与了所有聚会活动，这让他从几个大书法家身上学到了很多；三是1919年随兄张善孖赴日留学的张大千回国，寓居上海，先后拜曾熙、李瑞清为师，广泛学习中国传统绘画及书法，李健与张氏兄弟朝夕相处，切磋技艺，长进不少。与众名士同游，加之其勤学之功，李健这一时期的书法技艺进步迅速，其书法风格日渐酷似叔父。

据传有一次，谭延闿曾劝说李瑞清，你侄儿李健之书法如此酷似你，连我都分辨不了，你何不请他代笔？在当时，名家让弟子、学生“代笔”之做法并不算什么新鲜事，大画家吴昌硕晚年因书画及文字应酬多，就常让其弟子赵云壑、王一亭代笔，此早为众人所知。但李瑞清为人十分正直，据说听到谭延闿这个建议后，李瑞清即答：“我以心血易人金钱，不可欺也。”这个故事虽足证李瑞清之品格正直，亦从侧面印证，李健此时的书法造诣，已达到了与当时享誉沪上的大书法家李瑞清几可乱真的地步。后人评说李瑞清有三高足：张大千、胡小石与李健。若单从书法风格及治学精神来看，最得其精髓的莫过于李健了。李健在自己的著作《书通》中曾说：“若论宗匠，则以先文洁公当之，即世所称道‘清道人派’者也。先公书学由殷墟以逮周文，神游三代至秦为公之篆学，二京至六朝为公之隶学，俯拾唐宋，熔铸碑帖，三千余年书学之源流派别，了然心目。”对叔父李瑞清评价至高，其所称道之书学源流之变，亦与清道人之书学理论同出一辙。蒋毂仍在《书通·跋》中称“仲乾为李文洁公传人，亦为当代三绝才人也，书自钟鼎始，以迄明清诸家，无不能通，每临一字，酷肖原迹，不易辨其真赝”，亦足证其书学技艺之精进非常。

1920年8月，李瑞清同挚友曾熙同游苏州，返沪不久即患中风，于9月12日病逝。叔父的离世，对李健此后的人生产生了重大影响。李瑞清自南京避难举家迁至沪上时，曾携全家四十余口。在《玉梅花盦道士鬻书后引》里，李瑞清曾说：“瑞清三世皆为官，今闲居贫不能给朝暮，家中老弱几五十人，莫肯学辟谷者，尽仰清而食。”其寓居上海鬻书度日的首要原因即是沉重的家庭负担。李瑞清的突然离世，家庭的重担一下子全压在了李健的肩膀上。李健时年三十八岁，在料理完叔父丧事后，即正式担负起养家之重担。在师丈曾熙的嘱咐与安排下，李健继承叔父遗志，在上海卖书画以度时艰，同时与李氏同门蒋苏盦、柳兆嘉等人致力于收集、整理和出版《清道人遗集》，后集成诗赋、书文序、题跋及拾遗共四卷予以出版。

在收集整理叔父遗作的过程中，李健亦以临川李氏书学精神为准则，于书画篆刻皆有精进，尤其在书法领域，更是得清道人之真传。由于其书法作品酷肖清道人，上门求教受业者众多。

远涉南洋　传播华文

1926年冬，应好友之邀请，李健思忖再三，决意暂别妻儿，前往南洋执教，从此开始了一段长达八年之久的遍历南洋、执鞭育人的经历。早在1914年，经叔父李瑞清的主持操办，李健与江南女子王豫孙喜结连理，至1926年，已育有两女一子。此次远赴南洋，确有迫于生计不得已而为之的苦衷。但另一方面，由于一心教学，又少了家庭羁绊与应酬之苦，南洋八年，也是李健艺术创作生涯的一段黄金时期。这一时期，在教学之余，李健继承清道人遗风，从魏碑入手，着力临习，同时大量作画，并在新加坡、马来西亚等地多次举办个人展销会，鬻书画以补贴家用。为贴合市场，作品以水墨花鸟、山水、人物画及寿联、中堂为多，书法则以隶书、魏碑居多，承袭其一贯之重碑帖、好金石之风格。

南洋期间，李健曾一度与国内失去联系，更有传闻其已不在人世。幸有好友刘任航在印度游历时探得其行踪，遂回国告之亲友，夫人王豫孙听闻喜讯，亲渡重洋，要迎李健回国。此时的李健正在新加坡雅南师范学校担任校长，为华裔学生开设古文诗词及中华传统书法篆刻课程，颇受学生欢迎，一时不舍，遂劝说夫人暂伴左右，归国一事，从长计议。1933年9月，为生计考虑，王豫孙赴吉隆坡昆成女校任教，刚相聚不久的夫妻二人，不得不暂行离别。离别期间，二人书信往来十分频繁，对李健筹办书画展等活动，夫人十分支持。1934年，在给夫人的书信中，李健曾写道："有夫人研墨伺书，那诗情画意不觉油然而生，我的作品格外有生命力。此回开书画会，凡汝守在我旁边作的作品，格外的好。"

1934年3月，李健因中暑热大病一场，差点客死异乡，思念祖国及亲人之念头由此日渐强烈，在夫人及国内亲朋好友的劝说下，是年7月，李健偕夫人归国。在好友蒋苏盦等一帮亲朋好友的帮忙安排下，租住于上海愚园路1355弄6号小楼，此后直至逝世，李健长居于此，其集学术之大成的几部重要艺术理论著作亦是完成于此。

著书立说　成就大家

归国后，李健一方面承袭叔父遗志，继续仿效清道人当年在上海自定鬻书直例的做法，同时开门授徒，以卖书画和授课学费之微薄收入勉强维持生计，一方面又在友人、门生的介绍下，辗转于暨南大学、上海美专等学校授课以补贴家用，程十发、方闻、杨之光、魏乐唐等即是此时的学生。课余时间李健则全身心致力于艺术创作和理论研究。这一时期至新中国成立初期，李健完成了三部集个人学术思想之大成的著作。

早在20世纪20年代，李健在书法创作与教学的实践基础上即已开始酝酿写作艺术理论著作，其间断断续续，至30年代初，先后完成《中国书法史》

李健众门人在上海为李健拜年祝寿时合影。

二十卷、《金石篆刻研究》和《书通》三大著述。《中国书法史》二十卷至今未能公开面世，李健的大部分手稿亦不知所踪，这其中有一段颇令人唏嘘的故事：据李健长女李家淞老人回忆，1931年冬，受时任商务印书馆董事长张元济之委托，远在南洋的李健将刚刚脱稿的二十卷《中国书法史》交由商务印书馆出版，付梓在即却不料遭受战火劫难，书稿铜板全毁于1932年1月29日的日军战机之轰炸，此后书稿出版一事即搁浅。幸有一包校样稿及李健本人之手稿尚存家中，子女备加珍惜。后历经战乱、搬迁、“文革”抄家之重重劫难，至20世纪80年代初，部

1981年上海中国画院举办李健书画遗作展时李健夫人王豫孙（前排中）与李健门人合影。

1981年参观李健书画遗作展后留影。前排左起：唐云、田桓、王个簃；后排左二是李健长女李家淞。

分手稿返还至李健长女李家凇手中，然已是残缺不全。据现已定居新西兰的李家凇老人说，自己手上目前尚存手稿的三分之一，其余三分之二应存于大陆某处。

《金石篆刻研究》是李健这一时期完成的第二部比较重要的作品，为研究篆刻之专书，从篆刻之释名及意义到刀法与流派，皆有涉及，又有篆刻参考书目，所列十分详备，实为爱好篆刻与治印者学习与研摩之必备工具书。该书于1964年3月在商务印书馆香港分馆出版，1984年7月重印，是目前尚能见到的正式出版的李健遗作之一。

李健这一时期完成的第三部作品是《书通》，亦称《书法通论》。在《书通》开篇，李健即开宗明义表明了自己著述《书通》的目的："余学书四十年，于斯道差解途径而冥悟空深，工力未副……门人来学者，每求书诀，苦无以应之，因举其一得，可以言诠者，著之于篇，名之曰书通云尔。"可见李健起意写作《书通》，原是为了教学与引导门生作理论指导之用。《书通》集中体现了李健的书学思想，其提出的学书应先明源流、辨识书法流派与传承脉络，然后才能理解各家各派笔法之奥妙，并最终融会贯通，形成个人之独特风格的观点，与清道人所倡之"求分于石、求篆于金、以器分派"，"神游三代、目无二李"等观点一脉相承，可以说是对清道人书学观点的继承与光大。在《书通》结尾处，李健提出，"用笔结字既知，则以探讨古今以来各体各家之书，可一窥其堂奥矣。堂奥既见，从而习之，习之不已，从而思之，思之不已，从而悟之，然后操觚染翰，以尽其法，敦品励学，以通其道……会通者，不以书求书，而后书道可通也"。强调的就是通过不断临习、揣摩前人作品，最终达到融会贯通、超越前人、自成一格的艺术之道。《书通》完整手稿目前尚存于李家凇老人处，其单行本则未见刊行，为学界之一大遗憾。

新中国成立后，李健身体渐不如意，1951年底，在给朋友的信函中，李健即写道，"弟年老疾侵，各校教授职均已辞去，仰政府照顾长聘为文史馆研究员，弟四口之家得以存活"。1953年6月，经时任上海市长陈毅提名，李健正式受聘为上海市文史研究馆第一批馆员。1956年冬，李健突发高血压送医不治而逝世，享年七十五岁。

（本文写作过程中参考、引用了新西兰籍华人陈照心明女士研写的《李健研究》一书中的很多资料及图片，并在成稿过程中数次得到陈照心明女士、其亲姊妹陈子玄女士及李家淞老人的大力帮助，在此一并致谢。）

古碑古帖在读不在摹，能秉笔疾书，心手指腕，一气呵成，自我作主，便有妙趣，似古人不如有我。

——吴湖帆

吴湖帆：似古人不如有我

陆其国

吴湖帆（1894—1968），20世纪三四十年代与吴待秋、吴子深、冯超然并称为“三吴一冯”。收藏宏富，善鉴别、填词。著有《联珠集》、《吴氏书画集》及多种《吴湖帆画集》。1956年被聘为上海市文史研究馆馆员。

艺术上的“反叛者”及“独行侠”

仿佛是一种宿命，国画大家吴湖帆来到这个世上，似乎就是与画结缘的。又像是冥冥中有一双无形的手，他甫一出生，就被推向与画结缘的人生。如果说以前只是通过读吴湖帆的画，看有关他的书，了解到这些，那么，近日造访吴湖帆的孙子、书法家吴元

吴湖帆正在作画。

吴湖帆绘画作品《苍松竹石图》,与朱屺瞻、唐云合作。

京,听他娓娓讲述他眼里的祖父吴湖帆,也于无意中验证了我的这一认知。

吴湖帆,苏州人,生于1894年。祖父吴大澂,进士出身,曾任兵部尚书,有清誉。重要的是,吴大澂是一位有文化、有学问的京官,尤好收藏字画、文物,且擅书画,更精大篆。在繁忙的公务之余,仍勤奋地编撰出了《说文古籀补》、《古玉图考》、《恒轩古金录》、《十六金符斋印存》等在近代艺文领域产生过重大影响的考古、古文字学、书法方面的著作。除此以外,因为吴大澂强大的文化感召力,天长日久,在他身边日益形成了一个极其强大的名士人脉圈,其中著名者有王同愈、陆廉夫等;另有东南俊彦吴昌硕、金兴兰、翁尹石、倪墨耕等,其中给予吴湖帆影响最大者,当数陆廉夫、顾鹤逸、吴昌硕。他们营造出了一个特定的文化氛围。我说"冥冥中有一双无形的手",推动着少年吴湖帆在成为一代画坛宗师的路上前行,除了指涉吴

1943年，首次甲午同庚会二十位上海名流聚会，史称千岁会。吴湖帆为前排右一。

湖帆祖父吴大澂的收藏和著述，另外就是指这种文化氛围。当然，主要是前者。什么是文化影响？什么是文化浸淫？这就是。吴大澂几乎从没想过要让孙子长大后跻身官场，他寄望于孙子的，就是要将他培养成未来的书画大家、艺坛巨擘。也许正是爷爷的熏陶使然，也许根本就是出于自己的天赋，总之，吴湖帆从小即喜欢沉浸在古文物、古器皿，及历代书画名作的欣赏和品读之中，全然不知除此以外，还有其他乐趣。吴湖帆十二岁时，经人介绍到上海中国公学读书。

1906年，中国公学因故迁徙，被迫辍学的吴湖帆正在谋归苏州时，有一同窗好友欲随在日本经商的亲戚赴日，力邀吴湖帆同行，吴湖帆因此于十三岁那年，有了三个月不到的东瀛之行。回国后吴湖帆进入苏州著名的草桥学舍。草桥学舍延请授学者多为海上名士，曾培养了江小鹣、范烟桥、叶圣陶、王伯祥、顾颉刚、颜文樑、郑逸梅等诸多俊彦。当时草桥学舍的国文教师胡石予擅画墨梅，图画课教师罗树敏曾受业于陆廉夫，更是一位丹青高手。二人见吴湖帆很有绘画天赋，又没有富家子弟的骄横，很愿意栽培他。这段岁月也因此为吴湖帆中国画的传统技法，乃至整个艺术人生，奠定了一个坚实的基础。是的，吴湖帆一生似乎也没有正式拜过业师，他的成就源于兼收并蓄，融而化之。

吴元京告诉我，吴湖帆二十岁出头时，苏州城里就已有人指认要买他的画。从一定意义上说，当年吴湖帆的爷爷吴大澂，对吴湖帆的期望，应该说是部分地实现了。说它部分地实现，是吴湖帆这样的成就，还不是吴大澂对他期望的高度，更不应成为吴湖帆裹足不前的理由。而事实上也确实如此，吴湖帆早已开始他在艺术上的苦苦探险。对此，吴元京曾大胆分析，如果以当今世俗的眼光看，当时吴湖帆可谓年少得志。但其实他内心一定充满了挣扎。我问为什么，吴元京说，爷爷志存高远，受中国传统文化艺术浸淫，其精髓早已深入骨髓，浸入生命。吴湖帆生于清末，许多文人缺乏自信，自轻自贱，鄙薄中国传统文化，言必称欧美，论艺必崇西洋。所以吴湖帆坚持传统，视传统如生命，这在当时无疑是艺术上的"反叛者"，至少也是"独行侠"。问题是，面对各种指责和攻讦，吴湖帆不仅不改初衷，而且越被攻击，他越认定自己负有继承和捍卫传统文化的神圣职责。"所以我认定，我爷爷不是捧着金饭碗，顺顺利利成为大画家，而是一路挣扎，刻苦奋斗，逆流而进，锋芒渐露，最终功成名就的。"吴元京如是说。

从幼承庭训到沪上交集

1924年离苏赴沪，不仅改变了吴湖帆的人生，也造就了他日后的辉煌。吴湖帆此番前往上海，既有躲避军阀炮火的因素，也有对上海本身文化天地的心向往之。只是当时他还没有意识到，上海将会为他打开怎样一片辽阔高远的天地。诚如有些研究者指出的，近代以来，上海日渐成为全国书画人才荟萃的中心城市，其绘画风格、沿袭都远非某个地域性名称所能包含。放下诸多艺术种类，单就中国画而言，就有多向度、多层面的纷繁面貌。从题材论，有山水、人物、花鸟。在手法上，有工笔、写意乃至援金石书法入画等。至于艺术观念，更是各抒己见，争奇斗艳，有的强调中西合璧、改革创新；有的主张狷介不移、激浊扬清；有的提倡入俗问境、崇奢竞异，不一而足。这些都有待青年吴湖帆的介入，兼收并蓄，发扬光大。当然，这些都是后话。

初到上海的吴湖帆，在法租界嵩山路租房作寓所。楼上为画室和卧室，楼下是他与先他到上海的表兄合开的书画所。这也是他与上海书画界交流的平台。他先是拜访吴昌硕、王同愈等前辈名宿，由二老引荐，结识了当年海上一干书画家。后来他就加入了由江小鹣、潘玉良等人发起成立的上海艺苑研究所。其会员还有张善孖、张大千兄弟，王一亭，汪亚尘，李秋君，徐悲鸿，黄宾虹，郑午昌，潘天寿，蒋兆和，颜文樑，朱屺瞻等。因吴湖帆丰富、稀有的珍贵收藏，其嵩山路书画所一时间引得四方名士纷至沓来，常客就有冯超然、赵叔孺、吴待秋、吴子深、沈尹默、张叔通、钱瘦铁、郎静山、张葱玉、孙邦瑞等，俨然成为沪上一知名书画沙龙。而此时吴湖帆则与陈子清遍访沪上画廊，既借此了解云集沪上的书画家们的创作风貌，也盛情委托画廊业主们替他收购古代名家字画。从幼承庭训，少年浸淫，到沪上交集，视野大扩。诚如有论者一语道出的，吴湖帆在上海，着手对从“吴门画派”到“松江画派”再到“前海派”以迄当前画坛的代表人物、发展脉络、流风遗绪进行系统梳理、分析和研究，使他画艺大进，终于在这里完成了他艺术上的脱胎换骨，最后成为画坛一代宗师。

吴湖帆绘画作品《仿唐寅仕女》，创作于1935年。

吴元京对我说，在上海，原本已站在一个相应艺术高度的吴湖帆，逐渐理清了许多原来纷繁复杂的意绪，而日益清晰的思路，又促使他不断走向更高的艺术层面。在对中国美术史进行宏观审视的过程中，吴湖帆对自己的画学作了一次重要调整。虽然这一调整并不排斥具体的乃至细微方面的承习，但它已不再是囿于某个流派或门户的那种亦步亦趋，而是在一种崭新视角支配下的从归类、排列、组合到概括、取舍、提炼的更为深入的研习。之后的一切便如水到渠成。所以吴元京分析认为，从20世纪20年代中期至30年代后期，以吴湖帆为代表的山水画变革，即是在貌似复古的状态下发轫的。这期间，上海成为新兴都市以来所形成的市民阶层及其意识感染着他，使他趋新趋变。与此同时，少时所受熏沐在吴湖帆身上形成的特殊艺术底蕴，使他一直对大众趣味和流行时尚持谨慎态度。所以他选择的以复古为表象的变革，既是对历史的把握，也有着前辈画家如赵之谦、吴昌硕等在画种变革方面的成就给予的启示。

在吴元京看来，吴湖帆学的是宋元明清，兼取众长，自成一家，也因此自成味道。吴元京引我到他的书房，请我欣赏挂在壁上的吴湖帆真正意义上的成名作《云表奇峰》。吴元京说，此画1936年发表于当时的《美术生活》杂志封面，引起画坛震动。因为这一新作所展示的风貌和所体现的精神，标志着吴湖帆不仅在艺术实践中转变了他自己长期以来所形成的画风，而且也逐步摆脱了“吴门”画派乃至“南宗”山水画派的樊篱，在融汇南北、包纳百家的基础上闯出一条新路。这以后吴湖帆名作迭出，如《万壑松风》、《江深草阁》、《晓云碧嶂》、《海野云冈》、《秋岭横云》等，都是他这一时期画风实现重大转变的代表作。

吴元京还告诉我，吴湖帆这一时期画作的变法及影响，极大地冲击了原先充塞于画坛的庸俗之风，从而改变了自晚清以来，山水画一直裹足不前的现状，为中国现代美术史写下了光彩夺目的一笔。为使我更透彻地理解挂在墙上的吴湖帆成名作《云表奇峰》，吴元京特地找出作家郑逸梅所写《吴湖帆小传》中的一段文字让我过目：“挥洒任意，入化造微。绛莲翠竹，如宛洛少年，风流自赏。山水或叠嶂重峦，而不觉其滞重；或遥岑荒沚，而不觉其寥简。烟云缥缈虚实，均饶笔墨托兴。作金碧楼台，错彩镂金，极其缜丽，却一洗俗氛市气，别含古趣。偶临内府走兽，虬髯胡儿控一骥足，雄迈超越，比诸韩幹之照夜白与玉花骢，毋多让焉……”确实，诚如吴元京所说，吴湖帆在艺术上的贡献，在于突破了日益程式化和趋于僵化的条条框框，改变了近亲繁殖、等而下之的创作手法，打破了似成定俗的门户之见、南北障碍，在向优秀传统的学习中，成功地实现了借古开今、化古为我的实验。对照吴湖帆的画作，再品读郑逸梅论吴湖帆画的文字，我确实从中咂摸到了吴元京说“吴湖帆的画自成味道”这句话的况味。

当我把这一感受告诉吴元京时，吴元京不由感慨道：“‘自成味道’对我而言，决非抽象议论，或是泛泛的艺术品评，而是一种刻骨铭心的童年记忆，它恰恰佐证着我爷爷吴湖帆作为一名高手的当然名世。”说到这里，吴元京特地起身，去书房拿来一本吴湖帆画册，找出其中一幅让我看。这是吴湖帆作于1959年的《荷花翠鸟》画作。吴元京格外提醒我留意看画中那只正振翅在盛开的荷叶间飞掠而过的翠鸟。见我观赏得入神，吴元京便笑道，这只活灵活现的翠鸟，可是他一个喷嚏“打”出来的。

原来那是发生在吴元京五岁那年的事。当时吴元京喜欢黏爷爷，而且不分时间，不分场合。那年吴湖帆在家里画室中铺开宣纸，准备好笔墨颜料，为几名学生示范画荷花，吴元京又跑来黏爷爷了，还吵着要抱。家人怕他影响爷爷作画，硬想把他抱走。结果被疼爱孙子的爷爷拦住了。吴湖帆说，不碍事，小元京坐在我膝上看我作画从不闹。小元京果然懂事，看爷爷作画，不动不闹，而且看起来目不转睛，听爷爷给学生们作讲解，他也是一脸认真，好像他也看得懂、听得懂似的。但谁也想不到，正当吴湖帆给学生们讲解了一番，又一次拿起笔，蘸了墨，要给画上色时，一直平静地坐在他膝上的小元京，这时候突然打了个喷嚏，由于身体的抖动，吴湖帆伸出去的笔来不及收回，凝于笔端的墨色，就这样在学生的惊叫声中，毫不留情地落到了雪白的宣纸上，留下了一个极碍眼的污点。大家一下子都傻眼了，所有的目光唰地一下，都集中到了吴湖帆脸上。

吴元京记得，爷爷没有生气，只见他一手提着笔，一手依然抱住他，只是凝眉看着宣纸上那个污点在沉思。很快，就见吴湖帆眉眼舒展开来，随即将手中的笔先放入笔洗中轻轻挥了两下，然后蘸了点颜料，就见他稍许凝神敛气后，突然间猛地落笔，开始有轻有重、有疾有徐地围绕宣纸上那个碍眼的污点，又画又钩又点……很快，奇迹出现了！那个碍眼的污点不见了，在原先污点的那个位置上，竟然横空出世，飞出了一个正在振翅飞翔的可爱的翠鸟！吴元京所指吴

吴湖帆姐弟三人与孙辈花甲重周合影。

吴湖帆绘画作品《云表奇峰》，创作于1936年。

湖帆画作的“自成味道”，此亦为一味。而他更钦佩爷爷的，则是对艺术的坚守。他说，吴湖帆当年执著前行时，相信自己的路没错。即使如有人所说，近世以下，中国画趋于衰落，那也决非失于师法传统太多，恰恰相反，正是放弃了传统优势所致。他深信，只要自己坚定不移地朝着认定的路走下去，中国的优秀传统必将在现代重新绽放出绮丽的花朵。为此，他还改陆放翁《学书》诗末句曰：“待五百年后人论定。”并请海上篆刻大家陈巨来将此诗刻了方朱文印，用于日后画作，以表心迹。事实上，吴湖帆此论日后不但被证实，且远不需要“五百年”。

不想被社会“边缘化”

1957年，吴湖帆六十三岁，反“右”斗争开始。吴湖帆因阶级出身、写有《佞宋词痕》、平素言行以及与在国外的张大千通信等问题而受到审查。后经美术界平衡，总算在“右”的边缘开脱。但已让他受到不小惊吓，他也从中悟到要不被时代抛弃，必须紧跟形势。在艺术创作上，不说“脱胎换骨”，至少也要有点适应性变化吧。吴湖帆在新中国成立后的代表作，如《峒关蒲雪图》、《庐山小景》、《芙蓉映初日》等，不知是否即是他在这方面的实践。

1964年，中国试放第一颗原子弹后，吴湖帆看了纪录片，又看到彩色照片，就用平时点染妙笔，绘成《原子弹放射图》。此画展出时，有参观的解放军在意见簿上提出要求：“请把这幅画制版，印为宣传品，以供群众购赏。”此画影响之大，可想而知。这肯定也给了吴湖帆鼓舞，之后他又创作了诸多这类作品。这是不是一个画家应有的正确路途，吴湖帆已无暇顾及，他更多想到的是不想被社会“边缘化”。吴湖帆是位好好先生，他在创作上如此，在为人上更是这样。

有时候我们关注一位画家，尤其是像吴湖帆这样的名画家，除了关注他的作品，也特别想了解其为人处世。对此，早年发生在吴湖帆和同为著名画家何天健之间的误会，颇能看出一二。那年何天健喜欢的一位学生，因为母亲生病缺钱医治，情急之下，仿作了几幅老师的画，想请老师题款钤印，以卖个好价，解他燃眉之急。不料却遭到何天健断然拒绝，而且还挨了一顿狠批，直斥作画岂能欺世盗名。何天健的批评本没有错，但可能是他的批评方法一时无法为这位学生所接受，所以后者激愤之下，听从他人建议，转而去找吴湖帆。果然，心肠特软的吴湖帆知道了对方的遭遇，不仅同意为其题款钤印，还当场提笔，寥寥数笔，使其画作陡添光彩。事情过后，因见吴湖帆赏识自己，这名学生遂转投吴湖帆门下，只是他刻意隐瞒了曾拜师何天健的事实。不明就里的何天健知道此事后，遂对吴湖帆心生芥蒂。而后者则全然不知究竟发生了什么。直到20世纪60年代，二人才终于冰释前嫌，重归于好。

我在本文即将收尾时讲述这则故事，一来可看出一代画坛宗师吴湖帆也是位性情中人；二来可看出他与同道相处不乏大局观，这样的艺术家一定广有人脉。本来如天假以年，他会为这个时代留下更多艺术瑰宝。遗憾的是，吴湖帆的生命竟在1968年8月11日不幸戛然而止。这是他本人的不幸，也是他家人的不幸，但更是中国画坛的大不幸呵！

艺海无涯，学无止境。
吸他人之长，补自己之短，
社会才能进步。

——李詠森

李詠森：一笔一画师造化 亦真亦幻显恢弘

一 猷

李詠森（1898—1998），曾任苏州美专沪校主任、水彩画教授，后为该校副校长。解放后居留上海，1959年任同济大学建筑系水彩画教授，同年又协助筹建上海轻工业学院美术专业，并负责上海美专国画系、油画系、工艺美术系教学。1980年被聘为上海市文史研究馆馆员。

李詠森，当今中国水彩画家，他熔中西技法于一炉，倡写实水彩之先，是我国水彩画的元老之一，也是画坛上的寿翁。

风雨同窗 良宵剪烛

李詠森出生在“十里青山半入

李詠森、邵靓云夫妇在永福路寓所会客厅中。

城"的常熟，他与著名花鸟画家江寒汀是邻家，年龄相差五岁，同好绘画，亲如兄弟。读书期间，他们又同拜陶松溪为师。陶松溪是个开明的老师，他经常带着学生爬虞山，以苍松翠竹、清涧小径为背景，写生练基本功。陶松溪还领着他们去观秦坡飞瀑，实地给他们讲解如银柱、似珍珠的美处；也陪他们去寻觅檐角翘起、身似梭形的兴福寺方塔的古典美。常熟历代又是出名人之地，如孔子七十二弟子之一的言偃墓，还有南朝梁昭明太子萧统的读书处，元代山水画家黄公望墓，及王石谷墓、仲雍墓……陶松溪和他们一起去拜谒、瞻仰。陶松溪十分认真地向学生介绍这些人的事迹，以此激起学生心中的涟漪并告诫他们："你们要记住：干事业当立大志，学画画当标新。"

有道是："人之才，成于专。"从小受立志教育的李詠森、江寒汀学画的兴趣也在渐渐地变化。不知何时起，李詠森喜欢起时兴的水彩画来，尽管陶松溪老师一再地劝他："中国人还是学中国画有出息。"但李詠森还是撞了南墙回不过头来。江寒汀在"大观院画室"时曾撰文追忆这段往事："结果，我师陶先生继续学花鸟画，李詠森画水彩画，在画种方面还是分道扬镳了。"字里行间流露出拳拳相惜之情。

不久，他们都歇业了。为了生计，李詠森、江寒汀背井离乡来到上海。两人本想在上海找一份画画的工作，可藏龙卧虎的上海却没有他们的立足之地。在江寒汀的提议下，他们干脆整天泡在"朵云轩"，专看历代名人画迹。江寒汀对宋元的名人画迹大有兴趣，沉浸其中，揣摩古人谨严放松之笔法。有时也看当今画家当场挥毫，故而画艺大进。而李詠森对此兴趣不大，只是走马观花陪陪江寒汀罢了。有时，李詠森竟会溜进长兴书场听听评弹，优美的韵律、抒情的文句深深地吸引着他。不久，李詠森干脆“下海”，自己摆弄起三弦来。我曾问过李詠森：“为什么不走评弹之路呢？”他笑着说：“当时年轻，又与专业没对上路，无聊了，就弄弄白相相。其实我还是喜欢水彩画。”

两人虽在不同画种上发展，但在绘画事业上都有建树。李詠森从事教学，创建上海美校，解放后，又筹建了上海轻工业学院美术专业，并已成为著名的水彩画家。而江寒汀在花鸟画上独树一帜，成了著名的花鸟画家。1960年，他们双双在上海美专兼当教授，他们一起备课，一起散步。一天，江寒汀高兴地对李詠森说：“我和你在童年时，风雨同窗，良宵剪烛，天天在一起。哪知老了，还能重话巴山，双双又在一起，这是何等快乐的事啊！”

桃李无言　唯承师风

李詠森在上海谋生不得，只得回乡。困境之中不能没有志向，于是李詠森与几个志同道合的画友创办了常熟美术协会，以此来探讨中国的水彩画之路。在20世纪20年代初，水彩画在中国还是个新兴事物，大家对它的认识还是朦胧的、肤浅的。但他们知道颜文樑在这方面有很高的造诣，想向他学。可怎么学呢？颜文樑在苏州美术学校当校长，威望极高，他们这些无名小辈去见他也未必能见到。于是，李詠森想出了一个绝妙的点子：“我们美术协会在常熟举办一次美术展览，届时我们可以邀请颜文樑校长携带他的作品来参展呀！”李詠森在回忆此事时说：“我那时真不知天高地厚，抱着试试看的心情，斗胆函请颜文樑老师，不料，颜文樑老师欣然回信：同意参展。说心里话，那时，我们激动不已，奔走相告。”展出这天，颜文樑偕同黄觉寺、胡粹中、朱世杰、张念珍等教授，分别携带着自己的作品前来参展。颜文樑这一举动，震动了画坛，影响了全国，开启了常熟新美术运动之风。

在展览会上，李詠森看到了获得法国沙龙会大奖的《厨房》。这幅粉画很写实，取材角度也小，但层次分明，色彩艳丽，耐人寻味。李詠森等一批年轻人

李詠森（右二）与颜文樑（左二）在苏州美专校友会新春茶话会上。

李詠森绘画作品《百合》，1962年创作。

均被折服，深感小城燕雀当随鸿鹄高飞。就这样，李詠森毅然决定随颜文樑去苏州美术学校求学，成了该校的第一届学生。

苏州美术学校设于苏州沧浪亭。沧浪亭以山为主，四周清水环抱。山上曲径盘回，树木葱郁，沧浪亭坐落山顶。但吸引李詠森的却是那红顶白墙的罗马式校舍，夕阳之下倒映在水中，犹如一幅无需雕琢的水彩画。一排排目不暇接的石膏像、墙上挂满的浮雕，陈列室中的油画、走廊两旁的壁画，都像有魔力似地吸引着李詠森。李詠森对我说："我最喜欢学校的教学氛围，宽松而严谨，教学而相长。当校长的颜文樑毫无架子，他把自己的新作拿出来让大家点评。每次写生时，学生可以围绕着他，津津有味地问这问那。师生的作品定时在校展示，互相评论、探讨、打分，彼此提高。”

在这样的氛围中，李詠森水彩画技法大进，他喜欢表现静物花卉和风景，追求水彩画写实的风格。他的《白菊》、《绣球花》、《常熟言子墓》等作品，一经展出便引得全校师生的好评，为此也深得颜文樑的赏识。李詠森毕业后，很快就被颜文樑留校当自己的助手。

画随世运　不可无道

在教学中，李詠森遵循苏州美术学校的校训，注重写生实践。李詠森说："热爱生活，热爱自然，就能从平凡、真实的景物中发现美感，产生表现生活、反映真善美的强烈欲望。”李詠森画画十分讲究骨法用笔。一幅《茶具与菊花》不涂不改，点染成法，将秋菊的清逸、绿叶的沉凝、紫砂的玲珑、瓷碗的细腻表现得井然有致。为表现这些物体光与影变化的特点，李詠森充分引用涩接、渗化、罩染的水彩画技法，为此，他的画常给人以淡雅、优美之感。《绣球》是李詠森的代表作，画面清奇淡雅，一瓶、数花，已构成完整的画面。瓷瓶虽为单色，但光影变化极为丰富；绣球花整体形态鲜艳，而组成绣球的簇簇小花，个体结构清晰可辨。花卉的叶子也十分讲究，不同性质和不同形状的叶子必须由不同的笔触来表现。李詠森说："我写生的各种花卉，绝大多数都亲自种植过，从发芽、开花到落叶，清晨、傍晚的不同面貌和枝叶、花冠的结构，都观察得一清二楚，知其所以然，作画时的组合取舍，就心中有数，游刃有余。”正因为有如此严谨的写实精神，他的画名震天下，引来同道一片赞声。

正当李詠森的事业蒸蒸日上时，抗日战争爆发了。苏州美术学校被迫关门，失业了的颜文樑、李詠森生计艰难，但他们宁可挨饿，誓不事寇，日寇为了宣传他们的“大东亚共荣”，千方百计拉拢文化名人充当他们的木偶。日伪政府企图要颜文樑出任维持会长，颜文樑托病坚辞不出，而日伪政府步步紧逼，

李詠森绘画作品《小憩》，1947年创作。

李詠森绘画作品《水晶葡萄》，1970年创作。

李詠森绘画作品《郁金香》，1982年创作。

硬要颜文樑到日伪司令部当面说明。正在两难之间，李詠森不顾杀身之祸，挺身而出，他肩负老师托付之大任，前往日伪政府司令部，面对凶神恶煞的日本鬼子，他毫不畏惧，不紧不慢、有理有节地婉言谢绝。气急败坏的日本鬼子竟断他们的后路："不准他们在苏州地界上画画，违者格杀勿论。"无奈师生俩只得回上海另谋出路。

此时，上海徐家汇的土山湾画馆正如火如荼地发展着，成了中国西方画的摇篮。刘海粟、汪亚尘、张充仁、林风眠等一批画家云集于此。教学水粉画的李詠森自然应约而到，在这里，他接触到法国著名画家维涅尔和英国水彩画家弗林特的大量作品。李詠森一方面如海绵似地大量临摹吸收；另一方面，他又不失时机与刘海粟、张充仁、林风眠等画家交流探讨，此时的李詠森画艺进步明显。1938年，李詠森的写实水彩画和夫人邵靓云的工笔花卉山水画共三百多幅作品在上海南京路大新画厅（今中百一店）展出，画展中有静物花卉，如《大丽花》、《白芍药》、《郁金香》、《果品》、《紫蝴蝶》，这些作品淡雅而美丽，令人愉悦而慰藉。画展中也有风景写生，如《常熟言子墓》、《常熟剑门》等。为了突出水彩画的变化，李詠森时而用一种棕色来表现，时而用点染法，时而用湿画法，特别难能可贵的是，李詠森在那个时代就将水彩画与中国国画技法交融使用，因为他认为："水彩画与中国画两者都是以水为媒介，用笔、用色和对水分的控制要求颇为一致。"此画展结束后两年，李詠森又在南京路慈淑大楼画厅举办了第二次画展。不料，这次展出的所有作品除非卖品外，均为人收藏购买。他的画风不但为同仁首肯，而且让世人认同，李詠森的写实水彩画的风格也就此形成，为自己在美术界奠定了地位。

取情山水　共法心源

要说这一段时期是李詠森水彩画达到他人生第一高峰的话，那么20世纪60年代初当是李詠森水彩画创作的第二高峰。

众所周知，李詠森的水彩画多具写实，他常把祖国的山山水水画得又写实又有韵味。李詠森常说："我喜欢写实的风格，艺术概括的写实写景有神、有味，能唤起人民心灵的真善美。"为此，他每逢星期日必去公园和郊外写生，每天在工作室也坚持静物写生。无独有偶，画家林风眠也喜写实画风，也喜画大自然的风貌，化客观静物为个人情思。难怪诗人艾青常要夸他的老师："我先生的画，往往是极好的风景诗。"林风眠与李詠森意趣相同，也十分谈得来，因此，林风眠每每外出总要点名李詠森、关良同行。

1957年，林风眠改变了离群索居的生活，和李詠森一起深入到川沙严桥农民家体验生活。他们与农民同吃同住交朋友。回来后，林风眠创作了《丰收》，李詠森创作了《脱粒》，深得领导好评。以后，他们又去了黄山，爬天都，画莲花，师造化，发心源。十几天，两人创作了十来幅作品。林风眠在《文汇报》上还撰文曰："黄山那奇异的山峰、古老的青松和萦绕在身的云雾依旧，而在山上山下都平添了许多现代化的建筑，它还在成为一个疗养的胜地。在短短的十几天中，我画了七八十张草图，就像一个贪婪的人遇到了丰盛的佳肴一样。”李詠森也感慨地说：“要寓情于景，在天人合一的境地中作画，作品才能脱离照相式的呆板，达到形神兼备，情景交融。”

1962年，李詠森从讲坛上退了下来。有了足够的时间，他分别与朱屺瞻、沈柔坚、孙眉荪、张充仁等老友相约去了天目山、雁荡山、富春江、太湖、阳朔、普陀山等地，他们深入到了工地、农村、矿山、码头、海港，用画笔反映日新月异的时代风貌，讴歌社会主义建设的伟大事业。一次，李詠森和林风眠去南京大广镇深入生活，那年正值“三年自然灾害”，吃不好，住不安稳，但他们不以为然，坚持写生。回家路上，林风眠还乐呵呵地对李詠森说：“这次写生，饭虽未吃饱，但却饱赏了大自然的美景，也体察了民情，还是有味的。”

李詠森最后一次写生是在1985年，他去了普陀山和雁荡山。他回忆说：“那年我已八十八岁，为了找个好景点，我撑着拐杖翻山越岭。找到了合适的景点，我顾不得休息，也顾不得蚊叮虫咬，一屁股坐下来便画。”

其间，李詠森创作了大量的新作品，如《上钢一厂》、《上海造船厂》、《东山渔港》、《南京扫叶楼》。李詠森将一些看来平淡无奇的村舍、茅屋、路桥、工地表现得极有生活气息。60年代初的梅陇，那时还是一片荒芜的农田，而在李詠森笔下却是那么的动人，富有情趣。他创作的《上海梅陇》至今还留在人们的脑海里。画面上，远处茅屋蓝天，近处小桥流水，几位农妇在石阶下漂洗衣服，微波涟漪。岸上，绿茵细柔，梧桐斑驳，整个画面经水和彩的融合渗化，既超自然，又近自然。祥和安逸的农村景象跃然纸上。他的许多作品多次被选中参加北京全国美展和华东地区及上海美术展，其《钢铁厂的早晨》为中国美术馆收藏。他还参加了日本、韩国及中国港台地区的文化艺术交流。其中，李詠森在“汉城奥运纪念美术展”和“日本东京都美术馆国际美术展”上获得了金奖，为国际美术学会收藏。

“文革”期间，巴金的家被抄了，傅雷的家被抄了。李詠森、林风眠、刘海粟等一批“反动学术权威”也在劫难逃，他们被集中在上海美术馆学习《毛主席语录》，实际上他们已被送进“牛棚”，每天过着“早请示、晚汇报”的生活。李詠森曾对我说："当时，我与刘海粟、林风眠所关的地方只有一墙之隔，时间一长，彼此便搞起了'地下活动'，林风眠曾偷偷地对我说，'平时，我们只是拼命地跑出去写生，忙得没有时间坐下来切磋交流，如今何不趁此机会研讨一番呢！'大有黄连树下苦中作乐之味。谁料此话不久，林风眠被公安人员带走，弄得人心惶惶。"

心存友谊　学无止境

李詠森为人和善，做人低调。尽管他早已蜚声海内外，但他从不张扬，也不争名夺利，一切顺其自然。他十分珍惜友谊，强调仁义道德。他对颜文樑向以"天地为大，亲师为尊"的礼义来对待。颜文樑去世时，李詠森老泪纵横："是颜师把我带进水彩画的艺术宫殿，他虽作古，却永远活在我的心中。"同样，他视友谊为心灵的结合。就拿李詠森和张充仁的友谊来说吧，岁久情愈真。

李詠森与张充仁相交已有七十多年了，彼此心心相印，互相关心。张充仁虽以雕塑为主，但水彩画也画得十分出彩，画风接近法国的维亚儿，而李詠森对维亚儿的风格也十分喜欢。说来也有趣，两人彼此从画刊上相识而无缘相见。1926年，张充仁从法国留学回来，经人介绍才得以相见，艺术的语言使他们一见如故。他们不断相约，赴野外写生，在画室交流，探中西合璧之路。李詠森谦虚地说："这段时日，我水彩画技法得张充仁指点，进步飞快。"张充仁定居上海后，设立了一个画室，名为"充仁画室"。张充仁的得意门生哈定也设立了"哈定画室"，大家经常相聚在两画室中写生、畅谈。一次，张充仁买了一只大鸟回来，鸟脚长长的，全身白中带黑，额头一根黑毛翘得老高，令人注目，然大家不知其名。张充仁叫李詠森去写生并辨识。李詠森也不认识，他突然想到了林风眠，林风眠画面上经常出现这种鸟，不妨请他来一解。果然，林风眠一到便见分晓："此乃鹳鹤鸟也。苏东坡《石钟山记》中记曰'若老人咳且笑于山谷中者，或曰此鹳鹤也'。"于是大家逗鸟，鸟便大叫，音确如老者咳嗽之声，因白天之故，所以无森然之感。这天，大家在欢笑声中写生取乐，怡然

1998年，李詠森百岁寿辰学术研讨会在上海美术馆举行。

李詠森（中）在日本举办画展。

李詠森给儿孙面授水彩画技法。

人生。

1991年，张充仁从法国回来，不慎摔断了腿不能起床。九十五岁的李詠森得知，放心不下，便从徐汇区永福路出发，挤公共汽车，七转八弯赶到合肥路张充仁寓所。病中的张充仁十分激动，他想不到李詠森为人如此笃深，他不禁高声地吟诵“桃花潭水深千尺，不及李兄情谊重”的诗句，以表谢意。

人道是：“活到老，学到老。”此话说来容易，做到却很难，而李詠森做到了。他曾对自己说过：“艺海无涯，学无止境，吸他人之长，补自己之短，社会才能进步。”

1970年，李詠森从“牛棚”中解放出来。此时已是古稀的李詠森眼睛已不听使唤，画水彩画有一定的困难。刘海粟便劝他在研究水彩画的同时，重习国画。李詠森欣然接受，从此便亦师亦友地向刘海粟学习国画，数年来坚持不懈，也深得刘海粟的骨法用笔。

以后，李詠森与王康乐、吴倬云也经常去朱屺瞻家请教。其实，朱屺瞻与李詠森乃是几十年的老友。朱屺瞻曾叫儿子拜李詠森为师学水彩画。而今，在梅花草堂内李詠森又恭敬地拜朱屺瞻为师，真可谓“三人行，必有我师焉”。

本是老友的朱屺瞻也没有把李詠森当作学生，他从一株老梅、数片碧叶、两丛幽兰、几簇花朵着手，从勾勒到笔墨，毫不吝啬地告知李詠森。李詠森不顾八十高龄，坚持每周四去朱屺瞻家学习，将自己一周的习画请朱老修改。有时，几位老人相聚在一起边画边改，其乐融融，这样一晃便是八年。朱屺瞻也常将自己画的婆娑起舞的风竹、亭亭玉立的荷花、硕果低垂的葫芦、烟雨朦胧的山水等赠给李詠森留念，他在题款时，总要认真地写上：“詠森道兄教正。”李詠森高兴地说：“朱老以道兄称呼题款的，在上海画坛上是为数不多的。”

李詠森虽年事已高，但仍每天早晨、下午坚持画画，也经常参加社会活动。1996年的重阳节，沪上青年赵宏、陆金良组织敬老活动，李詠森应他们之邀参加“上海海上墨苑十老会”，他欣然命笔画秋菊，九十八岁的老人站立两个小时不知倦意，认真之状，令人肃然起敬。一次，我与李詠森谈及陈逸飞画展，他一高兴，拿出一幅陈逸飞戴着红领巾的水彩肖像画给我看，并说：“这是我已故老爱人邵靓云为他画的。当时，他只有十四岁。他是新上海美专的学生，常到我家来玩，我老爱人特喜欢他，说他机灵，钻研肯用脑，将来必有出息。”说到这里，他突然打住。过了一会儿又说：“这一段话乃是我讲讲而已，不必写进文章里，否则别人还以为我要沾光呢！因为人有了地位，一定不愿意将自己的过去告诉别人。”我却劝慰他：“不会的，名人的成长总有一个过程，且这个过程又是客观的，越是名人越谦虚，越谦虚越受人尊敬。像您李老，画界不是很尊重您吗？”说到这里，李詠森会心地笑了。

1998年12月13日，李詠森因循环系统衰弱而驾鹤西去，画家的生命结束了，而他的作品仍在延续他的生命。不是吗？我国画坛史册上，不就刻录着李詠森的大名了吗？

阳光是不可能被复制的，

但可以通过色彩表现出来。

——周方白　陆传纹

周方白　陆传纹：相濡以沫的丹青伉俪

范文通

周方白(1906—2000)，曾任同济大学美术教研组主任。擅长书画，曾与妻子陆传纹合办画展十余次，出版有《雕塑技法浅述》、《素描实践讲话》、《绘画基本理论》等。1983年被聘为上海市文史研究馆馆员。

陆传纹(1906—1996)，先后在苏州美专、武昌艺专、上海圣约翰大学附中、同济大学任教。擅长油画、国画，与丈夫周方白合作编著《英法中美术词汇》、《西方雕刻欣赏》等。1983年被聘为上海市文史研究馆馆员。

每当我参观卢浮宫之后，就会跨过赛纳河大桥来到巴黎文教区。望着那高等美术学院的大门，不由想起了曾在这个艺术殿堂留学的中国画家刘海粟、徐悲鸿、颜文樑，也想起了周方白、陆传纹这对画家夫妇。

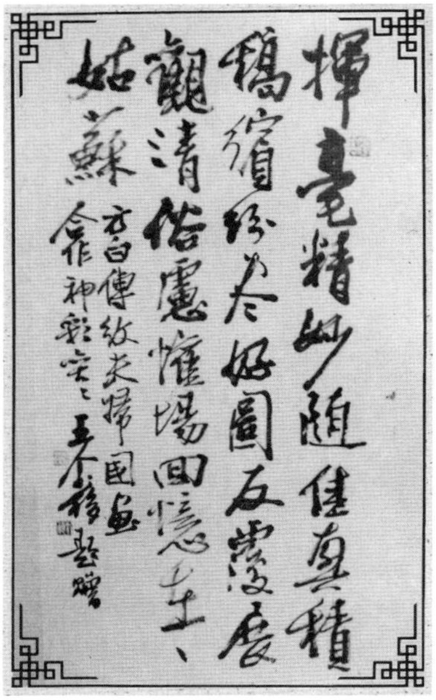

王个簃为周方白题诗。

周方白绘画作品《风竹》,胡厥文题。

结缘南洋

当苏门答腊的晚霞映红了海面,棕榈树婆娑摇曳的树叶似向人们招手致意。在先达中华学校附近的海滩边,一对中国年轻人缓缓的脚步,不时引起当地人的回眸。他们就是从中国来先达中华学校执教的陆传纹与周方白,他们年龄相同,都是二十三岁。

周方白是1929年在印尼苏门答腊认识陆传纹的。他原籍上海南汇,学名周圭。生母与上海名医张聋彭是本家,不幸在周方白出生后九天,染疾身亡。周方白从小生活在母舅家,八岁才回到南汇老家。幸亏继母盛氏十分仁慈,视他如同己出。在继母的热心照拂下,读了两年私塾之后他进入了镇上的肇沥小学,毕业后顺利考入周浦第三公学,后又到大同学院。不料此时父亲去世,家道败落,周方白无奈弃学,到一家豆麦行当学徒。但求学之欲望十分强烈。他白天工作,晚上到夜校学英文。凭着自己的英语水平,考入当时工部局电气处,当了一名小职员,晚上仍去青年会补习功课。电气处的洋人歧视中

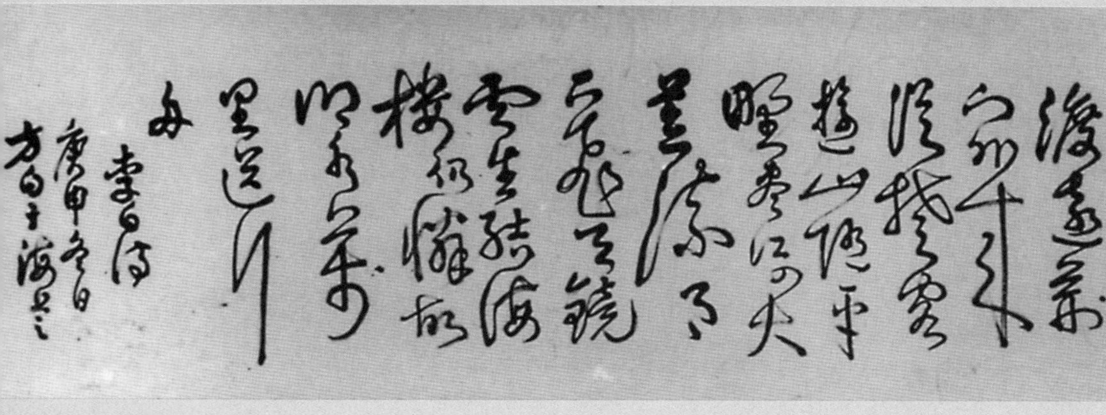

周方白书法作品。

国人，常常当众呵斥周方白，他忍无可忍，毅然离职。恰巧在公学读书时的老师葛寄南从新加坡来信，介绍他去新加坡谋生。

1927年5月，周方白身揣二十元钱从上海乘船抵新加坡。几经周折，最后通过在中华书局新加坡分店任职的施伯谟先生介绍，去苏门答腊棉艺华商学校任教，一年后去先达中华学校任英文教师。周方白从小在家庭艺术熏陶下学习美术，他的祖父以画竹名闻乡里，父亲的篆刻书画独步全县。其表兄黄炎培的许多印章都是其父刻镌。家里收藏书画颇丰，不乏郑板桥、崔子怡等大家作品。

陆传纹原籍昆山陈墓，毕业于苏州省立第二师范，毕业后在省立第一师范附属小学工作。她爱好绘画艺术，工作之余在苏州美术专科学校学习绘画。陆传纹生性倔强，办事果断，在师范读书时深受同学和师长的信任，被推选为学生会会长，常常代表学校外出参加活动。一次省议会提议取消师范生学膳免费待遇，以压缩教育经费。因师范生大多数家庭经济困难，全省师范生哗然，推派陆传纹为学生代表到南京省政府抗议交涉。结果省议会收回决议，全省师范生如愿以偿。

1926年夏，有个女同学嫁给印尼华侨，即将赴印尼之前，邀请陆传纹去苏门答腊教书。因舅家封建管束甚严，她考虑这是摆脱管束的机会，决心离家出走，远赴南洋。在先达中华学校教书期间，由于执教认真，为人稳重，深受校董们的尊重与信赖，几个校董相继邀请陆传纹做他们女儿的家庭教师。陆传纹工作一年，竟有不少的积蓄。

1927年1月的一天，陆传纹下课后听到熟悉的国语。虽然先达中华学校师生大多为中国人，但籍贯闽粤居众，广东、福建方言不时贯耳。她回头望去，只见一位英俊青年正与校董谈话。细心的陆传纹从青年话音里听出有江浙口音，不觉心跳加速。

在为春节布置的学校大厅里，周方白画了一幅两米高的财神像。陆传纹看到后，不由为周方白的画技水平暗暗叫好。她主动找周方白商榷，是否在财神的手里添个大元宝。周方白激动地应道："是呀，是呀，忘记了，忘记了。"她问明了周方白是江苏南汇人，就用家乡话告诉他："我是昆山陈墓人，我们是江苏同乡哟。"在异国他乡，遇见同乡的心情不言而喻，况且两人是二十出头的年轻人。

对艺术的共同爱好，在异国相同的奋斗目标——向世界艺术殿堂攀登，两颗年轻的心在朝夕相处中逐渐靠拢在一起。这时在欧洲进修两年的苏州美专校长颜文樑，来信告诉他们说，自己即将回国，你们如想留学，趁早到法国为好。看了颜校长的信后。两人每天傍晚在海边散步时商量留学法国的事情。陆传纹大胆向周方白吐露自己的积蓄足以负担去法国的车旅费用，但如何向校董提出辞职，倒是一个难题，因为两位校董子女的家教还是陆传纹担任。陆传纹找了代替的一位老教师，介绍给校董后，校董同意了他们去欧洲留学的要求。

丹青欧陆

1930年5月，苏门答腊依然艳阳高照，海边吹来的风带着强烈的燥气。周方白穿了一套洗净了的白色西装，陆传纹穿了一件浅玫瑰红的旗袍，像是一对新人回娘家，更似一双飞燕，要从亚洲舒展艺术翅膀飞向欧洲，飞入他们向往的艺术殿堂。

他们从新加坡乘船，一路颠簸，二十多个日夜才到了法国马赛。颜文樑校长亲自到码头迎接，为他们详细介绍了在法国求学、生活的许多经验。他们为了节约开支，住到巴黎郊区，借租在一位法国老太家里。法国老太十分友好，处处给予两个中国年轻人方便，还教他们学习法文。

他们先在儒里昂美院补习素描，两人同时考入巴黎国立高等美术学院。先当旁听生，再参加考试，成为正式生，只有正式生才可以参加奖学金的考试。

周方白、陆传纹对艺术执著追求，就像在艺术的海洋里奋力游泳，以期达到胜利的彼岸。他们的作品中有一方押脚闲章，曰“游于艺”。

在巴黎国立高等美术学院里，周方白师从洛然与洛昂然两位老师，两位老师都是法国著名的画家和美术教育家。在老师悉心指导下，周方白在1931年画了一幅人物肖像画，以中国第一人被法国艺术家协会录取。陆传纹在沛里内教授画室修学。沛里内教授画风严谨，教学认真。他对勤奋致志于学业，而且秉性聪颖、精进向上的留学生特别器重，在他的指导下，陆传纹进步很快。

当时同校的中国学生还有常书鸿、刘开渠、唐蕴玉、王临乙等。与学院隔河相望，就是举世闻名的卢浮宫博物馆，周方白和陆传纹把它作为第二课堂。卢浮宫对美术学院的学生有着特殊的优惠，就是凭学生证可免费参观。他们课余携画夹进宫临摹名画，常常乐此不疲，废寝忘食。

初夏的一个早晨，周方白和陆传纹背着画夹和简单的行装，坐火车到巴黎东部枫丹白露。森林旁边有个村庄，住着不少画家。19世纪法国绘画艺术的主要潮流是浪漫主义。浪漫主义画家直接观察世界，他们把色彩看成是线条的替代物。在浪漫主义画家的绘画作品里，自然被化为一种内心的东西。在创作活动中使自然内在化，是浪漫主义想象理论的核心。周方白和陆传纹在巴比松小镇上，一面啃着法棍面包，一面滔滔不绝地讨论“巴比松画派”，从浪漫主义画派先驱代表画家席里柯的作品《梅杜萨之筏》，谈到被人誉为“浪漫主义的狮子”的德拉克洛瓦在二十四岁时创作的《但丁的小舟》。

在法国东部的诺曼底，陆传纹与周方白参观了莫奈的故居。莫奈是法国影响深远的“印象主义画派”代表画家。印象主义名称来源于1874年莫奈展出的一幅油画《日出·印象》，该画描绘了雾蒙蒙的河面上远处旭日初升的景象，几笔橙红点染出水中倒影，整个画面水天一色。他们两人最欣赏的是后期印象派的杰出代表画家塞尚。周方白告诉陆传纹，塞尚的独特画法是把印象主义的技法同传统绘画融合起来。塞尚笔下的风景画，具有抽象的笔法，山石树木、房舍牲畜都略呈平面几何形，使画面获得了突出的纵深感。这种纵深感在一定程度上同真实相分离。他们俩深深悟出塞尚的名言“阳光是不可能被复制的，但可以通过色彩表现出来”。

1933年1月，周方白、陆传纹接到吴作人从比利时的来信，说布鲁塞尔生活费用比巴黎来得低，而且皇家美术学院的学习条件也很好。他们俩商量之后，周方白先去参加比利时皇家美术学院的“名位考试”，结果以第一名的成绩被录取。同年3月，陆传纹也来比利时考入皇家美术学院。

这年5月，欧洲许多国家发生流行性感冒，周方白因劳累过度，不幸染上肺炎。当时青霉素还未发明，比利时最好的一种外用药叫“安福膏”，必须每隔两小时在患者胸部涂擦一次，不能间断，否则有生命危险。陆传纹日夜守护在周方白身边，心急如焚。一个半月里没有睡好觉。在她细心周到的护理下，周方白才恢复了健康。他怀着感恩之心逢人便说：“要不是传纹的护理，我的命要送在国外了。”陆传纹由此早生白发，为此周方白开始蓄须相称。

1933年6月30日，他们俩在比京宣布结婚，向国内外亲友发了请柬。

周方白参观巴黎卢浮宫，最吸引他的是镇宫三大宝——蒙娜丽莎、维纳斯和胜利女神。蒙娜丽莎是绘画，后两者是雕塑。比利时皇家美术学院院长白司汀教授十分喜欢这对来自东方古老民族的青年夫妇。看到周方白对雕塑的爱好与追求，白司汀教授鼓励他们从绘画系转入雕塑系学习。白司汀教授赠送他们俩一幅水墨画、六幅风景油画。这对在该校学习的外国学生来说是仅有的破例。在师长和贤妻的鼓励帮助下，周方白在1935年的考试中得到人体解剖、动物解剖、透视学等学科的一等奖，还获得雕塑构图一等金牌奖。这枚金牌上镌有比利时国王的头像，另一面刻着周方白的名字。外国学生中，获此奖的人已属凤毛麟角，中国学生亦仅周方白一人而已。为此，周方白的名字被载入1936年美国加州大学编的《中国名画家录》。

服务社会

1935年7月，周方白夫妇怀着海外游子的赤诚之心，同吴作人夫妇相约乘船回国。同行中有访问欧洲返国的艺术大师梅兰芳和数学家杨武之教授（杨振宁之父）。他们在船上合影，可惜照片毁于十年动乱之中。

苏州美专校长颜文樑，得知他们回国的消息后，就邀请他们到苏州美专教书。不到一年，刚好南京中山文化教育馆需要聘用美术人才，试用数人均不适合。有人向孙科推荐周方白夫妇。周方白夫妇敬仰孙中山先生，甚想把孙中山先生的革命实践和思想用史画形式表现出来，他们订好具体的工作计划向孙科详细说明。不久，编绘孙中山革命史画所需经费预算也批准了。但后因抗战爆发，中山文化教育馆停止活动。孙科介绍周方白到中央大学，在建筑系负责素描与水彩课教学。

周方白绘画作品《苏州水城门》。

周方白绘画作品《豫园》。

在中央大学，周方白与进步学生来往密切，解放后他才知道这些学生都是中共地下党员，如戴念慈同学，后担任国家城乡建设部部长。更主要的是他与黄炎培的表兄弟关系，引起了特务们的注意。黄炎培在清末中举后到周家教过一段时间的私塾。那年，黄炎培访问陕北延安之后回到重庆，多次和表弟周方白谈起延安共产党的优良作风，周方白大受触动，随之作了“小广播”，因此被校方解聘。

为了避免特务的迫害，周方白不得不去寻孙科，又得到何遂的同情，使他在立法院挂个“专员”的虚衔。离开讲台，有更多的时间从事绘画创作。从1941年起，周方白与陆传纹先后在重庆、成都、泸州、江津等地开了十次画展，影响遍及当时陪都山城。徐悲鸿看到周方白画的墨竹，曾谦虚地对他说：“我不如你啊！”周方白夫妇用画展所得，资助穷苦的亲友和学生。

抗战胜利后，周方白到杭州国立艺专任教，陆传纹回苏州照料两个女儿。当时周方白的留法同学汪日章任蒋介石侍从室秘书，常见面叙同窗之谊，特务尚不注意他。随着解放战争的发展，民主空气在美专增长，特务加紧控制学校。对有进步倾向的教师进行清查，周方白与倪贻德、蔡仪、周碧初等一同被迫辞职。周方白从杭州到上海，由陆谦介绍进入上海圣约翰大学，在建筑系任教。

为人师表

1952年院校调整，周方白夫妇到同济大学任教。曾在上海圣约翰大学附中教书的陈从周，由周方白介绍进入同济大学建筑系。陈从周向建筑系的刘敦桢教授学习园林建筑。以刘敦桢为主编著的《中国园林》一书，因1957年政治原因，仅以陈从周一人署名。校内有人背后称陈从周为“不学有术”。周方白听了这种说法不以为然。他说道，不是因为陈从周是我推荐介绍进同济的（按旧时代规矩，推荐人与老师相同地位），我就为他说话，他学园林下了很大功夫，出书他单独署名不能怪他。

“文革”期间，工宣队进驻同济大学，统计、收集工农子弟的学生如何受迫害的材料。在周方白夫妇身上却统计出他们为学生花费近两千元赞助费，而且拿家里的布票出来，为外地来同济求学的贫苦学生做衬衫，买棉被。甚至有的家长来校看生病的儿子，来回路费也靠周方白、陆传纹资助。

陆传纹与周方白患难与共，相濡以沫，夫唱妇随五十余年。她在家庭里是位贤内助，在事业上是著名女画家，在1952年院校调整时入同济大学建筑系。当时学校人事处长存有轻视妇女的看法，说什么“妇女怎能教大学”。陆传纹听了十分气愤，认为这不是对她一个人的轻视，而是对妇女的蔑视。她已在七个大专学校教过书，怎么不能教大学？于是索性在家里重新研究教材，加紧创作，用事实来回答。建筑系系主任了解她，安慰她，多次上门请她执教。她毫无顾虑走上讲台，在同济大学一直工作到1976年才退休。

前清秀才苏局仙是周方白在南汇求学时的老师。几十年来周方白每年都要为老师祝贺生日。1991年，苏老已届一百一十岁高龄。那年12月29日，他打电话要笔者陪同去看望苏老。我记得那天气温在零下二度。小车到南汇牛桥三队，在一座石桥前停下，两人步行入苏宅。苏老住的百年老屋年久失修，墙壁漏风。一只煤球炉与一个电热器效力不大。苏老在床上喊道：“苦恼，苦恼，眼睛看勿出，耳朵听不见。”他的大孙子贴近他耳朵说：“同济的周家伯伯来看侬了。”苏老似有反应，我看到周方白表情十分难过。

在回去的车上，周方白心情沉重地对我说，冷天许多画家都住在宾馆里御寒，像苏老百岁老人在农村这样条件过冬是困难的。他还说道，回同济与领导说说，可否安排苏老住在同济招待所里。不料事与愿违，次日苏老就去世了。

周方白与陆传纹于1983年入文史馆。周方白是中国美协会员、上海文联委员。出版有《绘画基本理论》、《素描实践讲话》、《西方雕塑欣赏》等。

2013年上海人民美术出版社出版了由同济大学建筑雕塑学院主编的《周方白艺术》一书，详细介绍了这位比利时皇家美术学院院士的艺术风范，使人们更加了解这位留学欧洲的画家的画品，使得周方白与陆传纹的艺术垂范后昆，不断发扬光大。

无论是大官还是平民，都真情交往，对达官贵人从不曲意奉承，对平头百姓从不清高轻慢。

——李天马

李天马：书法界尊道重义的长者

许思豪

李天马（1908—1990），中国书法家协会上海分会名誉理事。擅长书法，兼工甲骨文、两周金文、张草、大草、楷书诸种字体。著有《楷书行书的技法》、《张氏法帖辨伪》、《余氏书录辨伪》等。1960年被聘为广东省文史研究馆馆员。1961年转为上海市文史研究馆馆员。

谆谆善诱教后生

1965年冬天，梅花盛开，周末母亲回家带来了一个令人兴奋的消息：李天马老师同意我去学习了。当时我不满十岁，喜欢涂鸦，看了科教片《怎样写好毛笔字》，对影片中道骨仙风的老书法家佩服得五体投地。没想到李老师的夫人竟是我母亲的同事，也

20世纪70年代初李天马在家上课。右起：李天马、李科夫、许思豪。

1979年李天马与妻子朱爱莲及儿子李光夏在万航渡路家中客厅合影。

没想到母亲的请求会如此快得到回复。我兴奋得手舞足蹈，母亲却板着脸对我说："明天去拜师，要讲规矩，先要三鞠躬，毕恭毕敬，懂吗？"

第二天，我们到了静安寺三义坊19号。见过李老师，我毕恭毕敬三鞠躬。李老师笑呵呵地说："好了，好了，过来，让我看看。"老师拉着我的手，抚摸着我的头，笑眯眯地对我说："做我的学生，一要听话，二要用功，三要准时，你能够做到吗？"我使

1980年李天马在广西南宁讲学时挥毫。

劲地点头。李老师对我母亲说:“我到上海后,教学生,奉行‘三不’主义,即不收学费,不收礼品,不赴宴请。”母亲愕然:“那怎么行啊,我们何以回报?”李老师指指我说:“他若有成,就是最好回报。”

那天,得贵人相助,从此书法成了我人生的挚爱。入师门后不久,因“文革”而辍学。1968年,风波过后我再登师门,每周按时去上课。李老师要我继续临写欧阳询《皇甫君碑》,可是久攻不下,不免有点灰心。此时,李老师提出暂停临习楷书,开始教我学习行书。三年之后,行书学得有点模样了,李老师要我回过头来再临写《皇甫君碑》。没想到很快取得了进步。

有一天,李老师喝着茶,高兴地对我说:“为什么你回过头来学楷书会有事半功倍的效果?”我摇摇头,不知其中奥妙。李老师说:“学习楷书好比游泳五十米,学习行书好比一百米,你游惯了一百米,回过头来解决五十米的事,就显得轻松啦。”实际上书法各体之间是相通的，研习金文、草书会给章草带来帮助，学习章草又会给草书、行书带来提升。至今，我还清晰地记得那天的感动和觉悟。

1972年，李老师写了行书《毛主席诗词》，共三十七首，后有题跋：“思豪仁弟从余学书五年，用功甚勤，颇有基础，写此为赠，愿他日有成，全心全意为人民服务。勉之勉之。”那天我接过李老师的手迹，心情久久不能平静，下定决心一定要学好书法，不辜负老师的殷切期望。

1975年春节，李老师先后送我他写的大草《毛主席诗》、《毛主席词》，我开始攻习草书。之后转习王羲之《十七帖》。没想到竟会久久不得要领。记得李老师批改我作业时，频频摇头打叉，我急得汗流浃背，回家大病一场。养病期间，李老师托母亲送我他临写的《十七帖》放大本。放大本运笔清晰，使我茅塞顿开，书艺大进。“写字要有桥梁”，这是李老师时常讲的话，他还说，“你们通过我的桥梁，再向古人学习，事半功倍”。此番经历，使我深切体会出其中的含义。

记得有天上课，有个学生突然问李老师：“现在我们都临习您的字，那么，以后我们的书法不都是一个面孔了吗？”李老师呵呵一笑，问道：“历史上学王羲之的人不是很多吗？你能告诉我谁的风格是一样的？”同学们面面相觑，居然举不出例子来。李老师乐了：“你们以我为桥梁，有了基础之后直接临摹碑帖，向古人学习。由于取法不同，你们的面貌也一定不同。进师门一样，一张白纸；出师门不一样，因为领悟不同。”后来，我才悟出其中道理。因为每个人临习时所喜欢的艺术内涵是不同的，记忆中的积累也不同，所以学习得越深越多，书法内涵也就越丰富多样。由于每个人的理解和喜爱不同，追求也不同，因此风格也就不会一样。

1986年的冬天，李老师复印了不少著名的金文拓片，还加了注释，要我临习金文。金文磅礴的气势、深邃的意境、雄浑的线条、恣肆的结字、变化莫测的章法深深地吸引着我。记得一次批改作业时，李老师对我说：“要用草书的意境写金文，用金文的笔调写草书，才会相得益彰。”当时我觉得这话含义高深，没有完全听懂，只是知道李老师要我把金文和草书结合起来学习。后来才慢慢品出其中深刻的内涵和精到的见解。

没隔多久，李老师郑重其事地将《出师颂》墨迹复印本递给我，谆谆嘱咐说："这是历史上著名的章草范本，其章草的笔法、结构、章法都是非常高明、非常精到的。这帖，现在对你还不合适，因为你还没有达到可以临摹的水平。不过，几年之后，当你草书有较好基础时，就一定要对此帖狠狠下番功夫。"

在那个时代，好东西是不容易看到的，复印放大本更要费周折才能得到。老师未雨绸缪，早早为我备好了章草的经典之作。每当想起此事，都会情不自禁地热泪盈眶，眷念之情、感恩之情，油然而生。

1985年我准备结婚，先生闻讯后送了我两件墨宝，一件是在红色洒金宣纸上写的金文自撰对联，另一件是在粉红冷金纸上写的章草横披，是李白诗。当时，我凝视着这两件墨宝，感动万分。老师笑着并意味深长地对我说，给你留作纪念吧，以后有时间慢慢学习。直至今日，章草横披一直悬挂在我的书房里。那时，老师希望我先在金文和草书方面用功，做出成绩。老师深知我也喜欢章草，但是，他总是勉励我先在金文和草书方面有所建树。

1990年的冬天，李老师得病住院，我陪伴床前，他老人家谆谆告诫我要在草书和金文上下工夫，他说这虽然很难，但你要勇攀高峰。未料，不久老师竟驾鹤西去。正是老师的临终告诫和叮咛，为我指明了以后努力的方向。

高山流水有知音

李老师与沈尹默先生有着十分深厚的感情，李老师一直非常钦佩沈老的书法、学问和为人，特别是他到上海之后，两人过往甚密。李老师比沈尹默小二十五岁，曾向沈尹默提出做他的学生，沈老不同意。沈尹默对他说："你的书法和学问应该成为我的同事和朋友，做学生可不是折煞我吗？"实际上，二老早就志同道合。20世纪60年代，觅到好宣纸很不容易。李老师曾经把所珍藏的清宫名宣送给沈尹默，沈尹默也以墨宝回赠。60年代初，李老师曾请沈老为其书斋题名"希羲斋"，意思是要向王羲之学习。沈尹默欣然应诺。题后不久，沈尹默斟酌觉得王羲之，字逸少，题“希逸斋”更雅。随即请人再送上一张，题为“希逸斋”。这是大学问者的谦虚和严谨。李老师为此事一直非常感动，经常对我们说要以沈老为榜样，做事做人都要一丝不苟。以后“希逸斋”成了李老师最喜欢的常用印。

“文革”期间，沈老受到“四人帮”迫害，直到1971年逝世。李老师悲愤之至。当时“文革”阴霾不散，很多人劝李老师回避沈老的追悼会，李老师勃然大怒：“即使要坐牢，今天我也要去送沈老！”在以后十多年的岁月里，每每谈及沈老，李老师依然有追慕之神采：“沈老之灵气，后人实难追越。”沈老除书法著作和作品外，还有不少谈论古今书法的诗词，李老师从自己和友人的收藏中，选取了部分精品，寻求出版。这些论书手迹，表达了沈老对书法的精辟见解和深邃造诣。

20世纪80年代后期，李老师年事已高，腿脚不便，经常生病，为主编出版《沈尹默论书诗墨迹》呕心沥血，日以继夜，明知已经力不从心，还是孜孜不倦地批阅文稿。当时有朋友劝李老师“养好身体，慢慢再做”。李老师微微一笑，用红铅笔在宣纸上写下了“揄扬先烈钜制，后死有责”十个字。然后手一摆，意思不要再劝了。这是李老师生前主编的最后一本书。当此书如期出版，放在书桌上时，李老师抚摸着扉页，满脸喜悦，如释重负。沈老的墨迹与诗词，交相辉映，为中国书坛再添华章，蕴涵着两位挚友间的无限深情。

李老师与商承祚都是广东番禺人，也是莫逆之交，他们有着相似的性格、相同的追求。商承祚来上海必去李老师家，必谈书坛诸事，必去粤菜馆对酌。李老师去广州也是如此。酒逢知己千杯少。即使身处两地，一有书法方面的事，两人便鸿雁往来，哪怕是三言两句，也是一吐为快。1980年8月10日，商老在《广州日报》发表文章《评〈常用字字帖〉》，指出那本字帖有三十多处错误，提出“收回销毁，重印新本”。8月20日，商承祚致信李老师，附上刊出的文章。两人交往真所谓是“高山流水觅知音”。

蒋维崧是山东大学著名的中文教授、中国书法名家。李老师与蒋维崧先生也是挚友，两人不仅学术上频繁交流，还经常结伴畅游大好河山。1981年，李老师与学生一起举办“李氏师友书法联展”，李老师写信请蒋老题字，蒋老墨宝不日寄到。1984年二老同游崂山。1990年李老师逝世的消息传到济南，蒋老泣不成声。2000年李老师的弟子决定出版《李天马书法集》，纪念李老师逝世十周年，想请蒋老题书名，未料他已经重病。蒋老接到师母书信，知道出书计划之后，连连称道：“天马有幸！天马有幸！”命其家人扶起病躯，颤颤巍巍写下了“李天马书法集”六字，还嘱家人，汇款资助，聊表赞许和喜悦之情。

李老师对容庚有着敬仰之情，这点在他的著作中有记载。李老师年轻时曾向容庚讨教有关碑帖真伪的考证问题，容庚对学问总是那样的坦诚，他把所珍藏的有关抄本借给李老师。在书坛，得到书法名迹实属不易之事，得到名迹秘而不宣，也是经常之事。容庚深知李老师的为人，所以肯将这么多的珍藏本出借给他。李老师借得抄本，喜出望外，废寝忘食，日夜攻读，做了大量的读书笔记。此事李老师刻骨铭心，念念不忘。

一直到1983年容老去世后，李老师把当时的笔记整理出来，于1987

1989年2月李天马在香港中文大学校园内。

1984年李天马（左）与蒋维崧同游崂山。

1987年李天马八十大寿纪念。前排：李天马和妻子朱爱莲；后排左起：学生陈恩华、俞春山、许思豪。

年出版《张氏法帖辨伪》、《余氏书录辨伪》，他在前言中写道："往年尚从容庚先生问道，蒙借读近人铜山张伯英氏所著法帖提要抄本。其书共七卷，洋洋百数十万言，仿四库提要之例，列举自宋至清帖刻五百一十二种，指陈得失，如数家珍，激浊扬清，洞见症结，昔之苏、米、二黄不过是也。""原书卷帙浩繁，爰竭数月之力，摘其中所指伪书者，分条析缕，按作者时代先后编号整理成篇，得四百八十五条。修辞立诚，不敢掠美，名其书曰张氏法帖辨伪。"其中，"修辞立诚，不敢掠美"八个字，足见李老师尊道重义的为人。

寸心常此发英多

为弘扬中国的书法艺术，李老师这辈老书法家可谓不遗余力。"文革"后日本书法家访华，竟有人说：中国的书法艺术可能要由我们日本人来继承了。李老师闻此极度愤慨，他们这代人对于"太阳旗"有着深沉的民族仇恨。记得那天上课时，他特地讲起这件事，叮咛我们："用功，再用功！"用红笔在我们作业上写下"为国争光"四个大字，还用笔指指窗户的东边说："那个岛国哪里知道我们泱泱大国的未来！"

后来，李老师还为此写过一首七律，我至今清晰记得后面四句："扶桑莫遽轻余子，沧海从来纳九河。为国争光潜力在，寸心常此发英多。"一位老书法家的爱国情怀令后生感佩不已。

1963年上海科教电影制片厂拍摄科教片《怎样写好毛笔字》，导演请沈尹默挂帅。沈尹默此时八十高龄，只肯担任顾问。沈老力荐李老师出任主角。这是新中国第一部书法科教片。影片上映后，社会反应热烈，各学校组织中小学生观摩，引起了同学们对学习书法的普遍兴趣。许多青少年就是看了这部影片之后，走上书法艺术之路的。这部影片凝结着两位书坛老人的很多心血，寄托着他们对祖国书坛的无限希望。

光阴荏苒，一晃近二十年没有这样的影片了。1982年上海电影制片厂拍摄故事片《笔中情》。影片根据王羲之等书法家的逸事集合而成，描写"赵旭之”壮游名山大川，求教社会名家，遍习名碑名帖，遂成书法大家的故事。李老师应邀担任《笔中情》的书法顾问。为此他对剧本反复推敲，夜以继日，一丝不苟。那天去上课，李老师对我们说：“太忙了，停课两周吧，让我把这些剧本改完。”李老师曾说：“写书，写作品，拍电影，要千方百计弄好。百年之后，我活在我的作品中。好东西，历史自有评说。东西不好，历史也不会原谅你。何况这是部电影！”

1982年李天马在电影《笔中情》中的剧照。

在拍摄电影期间，李老师现场指导。其间有两件事被人赞颂：其一是李老师客串做了“山中名家”。《笔中情》导演在与李老师讨论影片时，说找不到理想的人来扮演“赵旭之”的启蒙先生。两人正在犯愁，导演突发奇想说：“李老，您风度翩翩，道骨仙风。稍加古装，即可成为‘赵旭之’要找的大书法家，这场戏，您就担当‘赵旭之’壮游大江南北时苦苦寻找的山中名家，好吗？”“我？即兴表演？”李老师先一愣，随后哈哈大笑。

果然不出所料，发髻、白须、古装、船鞋与李老师一配，一位古代书法大家的形象从天而降，栩栩如生，在场人无不拍手叫好。那场戏拍得十分顺利，一气呵成，李老师成功塑造了一位相貌非凡、气宇轩昂的古代老书家的形象。在场的人都说李老师“功在字外”，“李老与这部电影真是有缘”。那张剧照，李老师见了不禁开怀大笑。上课时，还给我们每人送了一张。

拍《笔中情》期间，有一些不显眼的“小事”，被记者“一吹”，就变得家喻户晓了。那天，摄制组于山洞前拍摄时，李老师突然看到地上星星点点，那是游人乱扔的糖纸和烟头，他示意暂停，笑着说：“古代没有这玩意儿，拍进去可洋相出大了！”李老师一边说，一边弯下腰，去捡地上的糖纸、烟头。

七十四岁的老书法家临时做起了“清洁工”，令在场导演和演员都十分感动。大家动手，一会儿就捡净了。几分钟的事，场面都给记者拍下了，在《成都日报》上以《书法顾问“捡糖纸”》为标题刊登文章，宣传了这件事。李老师因此在影棚有了“一丝不苟”的赞誉。不少人以为这是李老师做事的一贯作风。可是，有几个人会知道在李老师的内心深处正在抒发“寸心常此发英多”的情怀？

迎来送往见真情

20世纪80年代中期起，书法逐渐成为社会热点。加上市场经济的春潮涌动，收藏开始预热，书画受人青睐。向李老师求书法者日益增多，应接不暇。迎来送往之际，李老师秉承着他的为人准则：无论是大官还是平民，都真情交往，对达官贵人从不曲意奉承，对平头百姓从不清高轻慢。

记得李老师家住上海静安寺三义坊，远近邻居都知道19号里住的是位大书法家，出入备受尊敬。有个星期天的早晨，李老师在底楼早餐，忽听见有人敲门，打开后门，只见得一位戴红领巾的小孩，立正敬礼：“李爷爷，您好！我想学字，您给我写一张好吗？”李老师一愣，随之嘿嘿笑了起来，问道：“你叫什么名字？”“住在几号啊？”“你要学书法？好呀！明天下午四点来取，可以吗？”李老师谈起此事，总是乐呵呵、笑眯眯的，好像是他的小孙子似的。

从那个年月起，李老师家经常门庭若市，求字者、求学者络绎不绝。有的求题校训，有的求写招牌，李老师对写校训不收分文，说：“学校穷，经费少，要支持教育嘛！”对企业招牌收点润格，也不客气，还开玩笑说：“你做生意是劳动赚钱，我写字也是劳动，连笔墨纸砚都是自己的，按劳取酬嘛。”

1988年，李老师应邀赴广州，住在荔枝湾，某教授应当地书记之托来求字，说：“某书记有很多书家的字，就是没有您的字，他非常喜欢您的字。”李老师一听便说:“哦,某书记喜欢我的字?可我不喜欢给他写字,他知道不?”那位教授听了发呆,回去怎么交差?没想到那位书记听了汇报,微微一笑,说:“我知道天马的脾气,我没去看他,是因为这几天会太多、太忙,会后再去,又怕太晚,影响他休息。你再去帮我解释一下嘛。”第二天,那位教授又照本传达,李老师听后不再吭声,回到上海就将作品寄过去了,还说:“那位书记真有修养,我那句话也是够冲的,他居然不生气!好,有修养,我佩服。”

有次外出讲学,有位副市长也喜欢书法,几次托人请李老师去作客。李老师很为难,因为当地报纸已经把他吹得很高,但看他作品,水平不行。李老师对专程来邀请的朋友说:“我去了,他的作品水平不行,叫我讲违心话,难以启齿。但是,当着大家的面说他不行,领导的面子没地方搁,怎么办?”为了不让朋友为难,李老师借故推掉了此事。

1980年夏天,广西书法家协会专程来沪邀请先生赴南宁讲学,路经桂林、柳州旅游。在柳州游历都乐洞之后,李老师应邀即兴赋诗:“光怪陆离都乐洞,幽深曲折讶神功。寓形指点名能状,抽象寻思数不穷。山腹暗藏天外景,羊肠委宛穴颠通。桂林芦笛传伊岭,鼎足而立三国雄。”诗毕,又即席挥毫横幅行书为赠,在场领导和观众无不拍手叫好。柳州市委决定在都乐洞附近建立碑林,又找著名石刻家李秋成刻石,遂成柳州碑林的第一石刻。

80年代李老师应邀外出讲课十分频繁,重庆、深圳、广州、香港等地往返更多。1989年应香港利国伟爵士的邀请,赴香港中文大学艺术系作专题演讲,演讲的主题是论书法创新,还当场附赠书法作品,深受师生欢迎。香港电视台作了转播,香港《文汇报》作了专题报导,刊登了有关作品。这是李老师外出的最后一次讲学。

同年,上海著名的曹素功周虎臣笔墨庄装修,请李老师撰写大门楹联,每个字约一尺见大,此时李老师已经感到身体不佳,腿脚不便,但是依然慷慨应允,撰联并书“入木三分传笔阵,良工四美誉书林”,刻于盘龙柱上,雄浑壮观。笔墨庄装修后,李老师很想去看看效果,可是天气寒冷,未能如愿。这是他为公家书写的最后的墨宝。

俯仰无愧天地，褒贬自有春秋。

——任　政

任 政：能追无尽景，始见不凡人

任舜华

任政（1916—1999），曾任上海市书法家协会顾问，上海外国语大学、复旦大学和上海交通大学艺术顾问。1985年荣获上海市文联首届文学艺术奖。1992年为周恩来纪念馆题字，1993年为毛泽东纪念堂书写大幅诗词，由中共中央办公厅颁发收藏证书。1997年被上海市文联誉为德艺双馨的书法家。1986年被聘为上海市文史研究馆馆员。

老叔祖教诲　寒窗苦十年

刻有“家在天台雁荡之间”的一枚印章，是我父亲十分喜爱而且经常使用的。因为这是他诞生和生长的地方——风景幽美的浙江黄岩，在那里度过了最初的学书生涯。父亲的启蒙老师是他的老叔祖、晚清举人任心尹——浙江颇负盛名的柳体专家。从七八岁起，父亲每天悬臂练习大字两百，先学柳再学颜，从不间断。他还跟随老叔祖研习诗文。老叔祖教父亲背诵《论语》、《古文观止》和唐宋诗词，打下了很好的中国文学基础。

老叔祖谦和近人，和他的书法一样名闻遐迩。春节，他更成忙人，要为邻居街坊写许多的春联。每当老叔祖摊纸磨墨挥毫时，孩时的父亲便劲头十足，站在小凳上，或趴在桌角目不转睛地注视老叔祖的一举一动。偶尔还用小手按住被微风掀起的纸角。老叔祖写的大多是古诗，像"窗含西岭千秋雪，门泊东吴万里船"，"水能澹性为吾友，竹解虚心是我师"，"能追无尽景，始见不凡人"等。

幼小的父亲，吃了不少的苦头：星星闪烁、蚊子成群的夏夜，他练字时只能把一双小脚分别伸进两个酒瓮里；寒风凛凛的冬天，为防墨冻住，他将砚台架空，下方点上小油灯，尽管小手冻肿，还是不停地练字。

那时乡间的学书资料极其有限，尽管这样，少年的父亲仍贪婪地吸收着。之后又临习了颜鲁公的《元次山碑》、王右军的《圣教序》、汉《史晨碑》，甚至将清石梁编的真伪杂糅的《草字汇》逐字逐页临摹。这些草字的结构变化，似刀刻在他脑海里。

由于他刻苦奋发学习，在路桥镇已经小有名气了，经常为街坊邻居写婚丧喜事之类的对联和条幅。有一次，父亲坐着写，时间长了感到疲劳，原先悬起的臂不由自主地按在桌面上。簇拥在人堆里的一位老先生见状就对旁人悄声地说："这孩子臂也悬不起，没前途！"听后他大为震动，事后便向那位老先生请教。老先生抚摸着父亲的头说："写条幅一定要站着，要居高临下，下笔的点画、波撇、屈曲，皆尽全身之力送出去。悬臂写字就是练功，它能使笔势开展，受益无穷。"老先生寥寥数语的点拨，深深地留存在他幼小的心灵之中。

1934年，父亲十八岁，家中遭火灾，生活每况愈下。他凭着自幼熟读诗文打下的基础，加上一手工整秀丽的小楷，便以优异的成绩考入了黄岩长途汽车公司，就自谋生路了。可是没多久，抗日烽火遍地燃起，乡间公路遭到破坏，汽车公司随之就倒闭了。走投无路之下，1938年，父亲离别故乡，只身来到了十里洋场的大上海，准备投靠先期已到达的长兄。到了上海，他才知道，长兄与德商合开的上海德华染织厂两年前赚了点钱，逐渐成了暴发户。兄嫂对他这个刚从乡下来投亲的弟弟很冷淡，不予接纳。父亲不得已，进了一家在曹家渡的隆章染织厂当练习生。那时他已经二十二岁了。劳动时间长，报酬低，活又重。最受不了的是歧视和冷落，他深感寄人篱下的痛苦。

“石缝”中求存　洋场里拜师

在染织厂的一年多时间里，父亲抱着“即使是石缝中，也要拼尽全力钻出苗来”的决心和勇气，每天起早摸黑，补习英文，研读诗文及有关课程，终于考入了位于四川路桥堍的上海邮政局。当时，这还是个“铁饭碗”哩！此后，由于他的书法和诗文的特长，很快被升为科员。不久，母亲汪佩卿来上海，夫妻团聚。

生活稍有安定，父亲就又开始寻师求教。在当时的书坛上，马公愚先生（1893—1969）享有盛誉，父亲日夜盼望着见到马先生挥毫。恰巧，邮政局的高级职员徐绿芙与马老熟识。他便托徐绿芙带了几幅字给马老，热切希望得到马老的指点。徐绿芙回来讲，马老看了作品，大加赞赏，要我父亲不必拘礼，有空可以随时去马家。没想到在当时认钱不认人的社会中，马公愚先生如此破格接纳，实际上是免去了拜师所需的脩金和礼品，免去了一切俗套。

同时父亲开始如饥似渴地搜集历代名家法帖和书法理论书。许多次，上午刚拿到工资，下班后就直奔四马路（今福州路）。见到一本好帖，不论价格多高，如果全部工资不够，他就把身上的衣服脱下卖了，凑足钱再买帖。回到家里不顾我母亲的埋怨，他只为得到一本好帖而窃喜。

上海著名的碑帖收藏家唐希陶，是我父亲早年就结识的好朋友。在唐家，父亲翻读过几千本帖，视野大大开阔。对唐希陶的藏帖，父亲除了细细观摩，还作了大量临摹。当时正处解放战争时期，唐先生怕家藏碑帖全毁于炮火之下，就把一部分寄放到我们家。于是，我父亲有了一个更好的学习机会。

父亲生活十分俭朴，粗茶淡饭，烟酒不沾。一年三百六十五天，无论严冬

20世纪50年代初，任政（后排左四）与同仁摄于上海邮政局大楼前。

1948年任政摄于上海。

还是酷暑，他几乎没有一天不在写字读书的。厚积薄发，三十岁时他已在海上书坛冒尖。1947年，他的个人传略和作品已被收录于《中国美术年鉴》(中国首部美术年鉴)：“……书法各体俱精，行草宗二王，极刚健婀娜多姿之致；楷法初唐四家，平和简静；隶书于史晨礼器，曹全华山，得力最深；篆以石鼓为基，溯源古籀，肃穆雍容，不失古雅。请益马公愚、王福厂，推为青年书家之有希望者，其造诣更将有其不可估量之前途……”

我是在“黑与白”的世界里长大的，每天睡醒，睁开眼睛就看到洁净的墙上挂着父亲的书法作品，黑

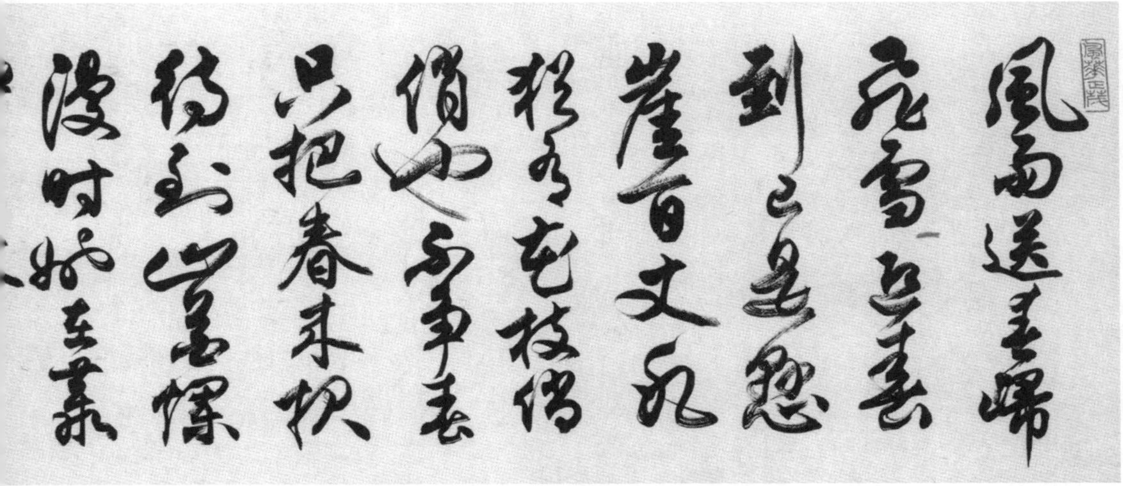

任政书法作品。

字白纸。一条条、一块块、一丝丝黑色，变化无穷。1950年2月6日，上海遭受国民党飞机猛烈袭击，史称“二六”大轰炸。虽然空袭是在光天化日之下进行的，但是到了晚上人们依旧是心惊肉跳，怕再次空袭。我们家住在金陵东路宝兴里石库门房子2号（近浙江南路）的前楼。那天，所有的邻居都躲到底楼灶披间里了。我父亲却泰然自若地坐在写字台前，用一只黑色洋袜筒，套在电灯泡颈端，靠着一束射在台面中央的亮光，继续他的临帖，还让六岁的我站在他身边，看他写字。

我每天下午放学回家，做完功课，马上就得磨墨（当时没有墨汁卖的）。六七岁的我，要用两只小手，握紧一根六角圆柱形的、上面雕着一条龙的墨，高二十公分，重一斤。在一只直径二十五公分的砚台磨墨，至少要磨两个小时。等磨好了，父亲下班回家了，也已经是吃晚饭的时间了。简单的晚饭很快吃完了。父亲总会自己再洗把脸后，在他不太大的书桌前，铺纸拿笔，准备写字，并把我叫到他的右侧。

后来，父亲要我隔天看他写字，但是天天要我写字。父亲用毛边纸，写好大楷字样给我，我是由摹到临。自幼我拿不到父亲给的零花钱，每天晚上要向父亲交一百二十个大楷字。父亲满意的，就在字的右上角划个圈。每十个合

任政全家福，摄于1973年。

格的圈，给我奖励一分钱。那时我还在念小学，为了多得零花钱，每天不断多写字，十分用功！要知道，当时一毛钱能买8颗糖。后来我在报童小学念高小，校门口有个小摊，两毛钱可以买一条油炸面拖小黄鱼呢！

1984年，任政、任舜华父子在上海美术展览馆观书画展。

20世纪80年代初，任政于拜师练拳多年的南翔古猗园习武。

父亲获知沈尹默先生从重庆来上海定居，渴求聆听沈先生传授书艺之情更加迫切。后来，在制笔大师杨振华的引荐下，趋前拜识。凭着他谦逊恭敬的态度和学养技艺的水平，很快得到了沈老的接纳和赏识。在很长一段时间里，他每个周末都上沈老家，时常还带我同去，一待就是大半天。记得每次去看望沈老前，父亲常叫我去河南中路西点店，买一块牛油蛋糕，是沈老喜欢吃的。一般都是下午到虹口的海伦公园对面，海伦路505号就是沈老的家。沈老与我父亲谈论技法，鉴赏分析碑帖，但涉及较多的却是读书。父亲是浙江黄岩人，沈老是浙江吴兴人，见是同乡，沈老话就更多了。沈老说："浙江有个传统，元代赵子昂，明代徐青藤，清代赵之谦，以至近代诸家，他们的造诣都扎根在学问的基础上。"沈老还说："学问和书法，正像古人所说，是水和船的关系，水涨船才会高。有志学书，就得多读书，读书多，积理富，气质自雅，书法作品就会出神入化。"

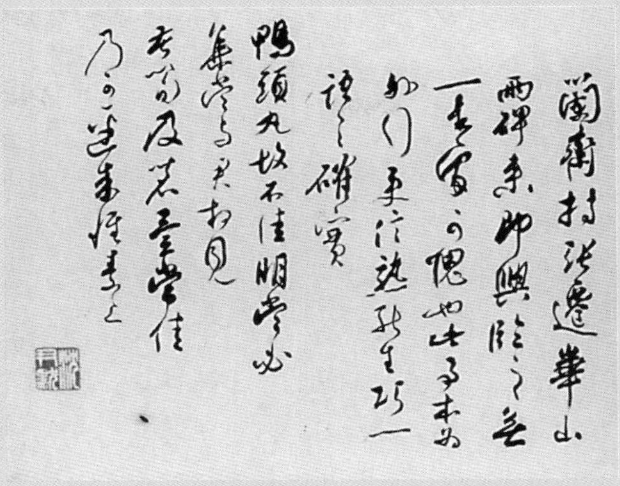

20世纪60年代初，任政常常在星期天下午前往沈尹默先生家请教。此为任政携带张迁、华山两本碑帖，沈老即兴临习、赠予任政的墨迹。

除了苦练技法，父亲也非常注重自身修养。他曾要求我牢记《翰林粹言》中的一句精当之言："有功无性，神采不生；有性无功，神采不实。"此"功"就是技法功夫，此"性"乃学问修养。

他还喜爱阅读中国的古典文学作品，尤其是《红楼梦》，读过四十多遍，曾经作了一首《读红楼梦有感》诗："读罢红楼感慨深，曹翁才调古无伦；多情宝玉逃禅去，善妒颦儿饮泪殉。狡诈人皆怨凤袭，贤良我亦惜鹃雯；金钏投井鸳鸯死，春梦如烟不可寻。"

做老好先生　度艰难岁月

父亲作为旧知识分子，在"文革"没有幸免。我们家是首批被抄家的，而且是前后三次！不过，值得欣慰的是，父亲没有被批斗，被抄的旧书碑帖，最后也分几次取回来了。我问父亲时，父亲笑着跟我说："还好，基本上还给我们了，只是有几本解放前留下来的美国交谊舞杂志，给他们拿走了，他们喜欢看外国舞女吧？我的又旧又破、黑黑黄黄的碑帖，他们嫌脏呢！"

当时，我是1966年“文革”前夕毕业于上外法语专业的高材生，我原确定被分配留校当教师的，却被取消了，与下两届的同学一起去了安徽部队农场，劳动两年，后又学非所用地被分配去了浙江的西部山区，还算幸运的是，在一个县的文化馆工作。记得1971年初，去报到前，先回上海准备行李（家里被抄时我在安徽）。见到分别整整两年的父亲，我情不自禁流下了眼泪，心里默默地说，老天为什么这么不公平啊！父亲默不作声，他最后找来一张地图，看了片刻，说出一个字：“好！”我说：“有啥好？”他说：“那不是江山县吗？你看，那里有火车站啊！你跳上火车就能回家探亲的呀！”顿时，全家凝重的气氛就缓解了一些。后来，父亲还要求我，到了那里，一定要服从分配，千万不可顶撞！在我离家前，父亲已经偷偷地将二十四本碑帖古书放进我的旧木箱里了（那是部队刘连长临别送我的，是装手榴弹的空木箱）。他送我到弄堂口，轻声嘱咐我：你只有半夜里关好房门，才可以拿出碑帖来临写，千万别让人看到！

与此同时，父亲已经从上海邮政局下放到南塘浜路的上海钟表模具厂，起先是让他管一个放工具的小仓库。工作不太累，而且还有点零碎空余时间，父亲就找来一个小学生课桌，放在有光线的门边，写毛笔字。当然是写毛主席诗词，这是没问题的。后来，厂里人听说来了个书法家，就有人要父亲去抄大字报。结果，抄了几天，他们就不要他抄了。因为每次白天贴出去，到第二天早上就不见了，是半夜有人撕下偷走了，父亲的字可以当帖呀！

我记不得父亲在上海钟表模具厂待了几年，倒没有吃啥大苦头，也许因为出身没有大问题，平时又是个只晓得写字的老好先生。

最后，父亲还是回到了上海邮政局，他非常高兴。

有一天，父亲下班回家，有点兴奋，顾不上吃晚饭，就叫我过去，正巧我刚回家探亲，在翻阅他的作品。父亲从旧公文包里，拿出一份《解放日报》，对我说：“舜华，你来看！今天的报纸头版，标出一段文字，提了我，叫我是‘工人书法家任政’！这就好啦！他们（造反派）再不会找我麻烦啦！”

此后好多报社、杂志社来请父亲，写标题，写普及书法文章，等等。虽然不付一分钱稿费，父亲认为请他写就是很看得起啊！为了弘扬中华民族的传统艺术，父亲总是不断进取。花费了多少个日日夜夜和自己的心血，创作了大量的书法作品，写下了一本又一本的著作和字帖。已出版的主要有:《小学生字帖》(销售370万册)、《楷书基础知识》(销售6万6千册)、《少年书法》(销售70万册)、《中楷字帖》(销售51万册)等十余种。其中《楷书结构》和《楷书基本笔法》销售竟达113万册和119万册。父亲还在上海各界做了大量的书法辅导工作，号称上海书法界的“黄埔一期”——在沈尹默先生倡导下，1961年开办的上海市青年宫书法学习班，父亲就是主讲老师之一。在以后的二十多年里，他给广大青少年及外国留学生授课近千次。父亲还给上海人民美术出版社的书画家作了系统的书法讲座，尤其是当时连环画室的画家程十发、顾炳鑫、颜梅华、汪观清等，他们都十分认真地学习，常常还前往我们家金陵东路宝兴里，请教父亲。

作为家喻户晓的书法家，上到外国首脑，下到平民百姓、边防战士，甚至是戴红领巾的小朋友，许多人都得到过父亲的墨宝。有人说:“任老，您是大名家，该惜墨如金。”父亲却笑道:“书法艺术是人民创造的，它应该属于人民。书家作品只有植根于民间土壤，才能长葆青春，永不凋谢。”

父亲曾说:“王羲之七世孙智永和尚曾书真草千字文八百余本，分赠浙东诸寺。平时求书者如市，所居户限被踏损，就裹以铁皮，智永自取号为‘铁门限’，但时至今日智永真迹难觅。我任政藏字于民有何不好？有些书法家一旦成名就疏远大众，且惜墨如金，再也不轻易动笔，久而久之书艺反而会退步。”

在20世纪七八十年代，父亲的许多墨宝被作为国家的礼品赠送外国政要，如法国前总统蓬皮杜，美国前总统尼克松夫妇，日本三位前首相田中角荣、大平正芳和中曾根康弘以及新加坡前总理李光耀等。

父亲墨迹遍布神州大地。如今的李白纪念馆、杜甫草堂、绍兴大禹陵、绍兴兰亭、杭州孤山、苏州沧浪亭、富阳鹳山郁达夫纪念馆等地，或碑或匾，或石刻或木雕，都能看到他的佳作。

父亲曾说:“我常以我姓名的谐音‘认真’两字自勉，用自己的书法，为我们古老民族书园增添一分春色。”

花甲入佳境　老骥攀巅峰

父亲自号“兰斋”，既取芝兰之室的寓意，又有宗法“兰亭”的意思。他认为，雅非孤芳自赏，雅俗共赏才是理想的境界。

父亲年过花甲，书法愈发步入佳境，名气愈来愈隆，慕名前来求他墨宝的人接踵比肩。许多单位、公司、商店纷纷前来请他书写招牌。市招既是标识，又是广告，无疑是通俗作品。但是，父亲认为通俗与高雅并非互不相通。

他写的影响最大的一块招牌是“上海市青年宫”（前身为大世界游乐场）。当时，有关部门共请了四十五位知名的书法家写这块招牌，对所有作品隐名，编成号码，进行评选。最后，父亲的一幅雄健端丽的行楷作品中选。用父亲写的行楷体六个字，人工放大制作，每个字近三米高，弧形耸立在原大世界大门上端。在那个周围还没有高楼大厦的年代，这块处于上海市最中心的标志性招牌是多么醒目！在上海市中心，父亲写的招牌有上百块之多，甚至近在浙江和江苏，远至黑龙江，许多市招都出自父亲的手笔。

父亲写市招，一是不论单位大小，二是不计报酬。尤其是对于经费拮据的学校，他写校牌全都是尽义务的。父亲多次表示，他并不希望所有的市招都由一位或少数几个书法家书写，这样太单调了。他认为：艺术要求百花齐放、丰富多彩，美化市容也不例外。

“文革”结束之后的1977年，上海字模厂开先河，邀请了上海许多知名书法家各写了代表自己风格的行楷字样，首开了请当代书法家写字模的先河，然后进行了投票打分评选。结果父亲行楷得票最高，理所当然被厂方选中。那时，父亲六十一岁，正处在老当益壮的艺术巅峰之时。即便如此，在方块字中活字排版，要求既能直排又能横排，还要字字呼应，连贯流畅，其难度是非常高的。父亲花费了整整两年时间，夜夜伏案书写，完成了6 196个通用印刷字表的行楷字模体（后又增补了一套繁体字），其中近一千个字是我代笔的。无奈，父亲得到的报酬却出乎意料、难以相信的少，每个字仅仅一毛钱，总共只有619.6元！

这套父亲的行楷字模一开始使用，就非常成功，先是在《人民日报》、《深圳特区报》、《解放日报》、《文汇报》用作文章的标题，后来全国的报刊书籍都广泛使用。过了不久，在中国开始使用电脑之后，我父亲的这套行楷体字模被人擅自盗用，输入了电脑中文字库。从此，父亲的行楷书法，作为中国书法代表性书体为全世界所共享，却没姓没名地被免费使用，自己连个冠名权都得不到。

1981年，父亲书写了由邓小平同志题碑名的《淮海战役纪念碑》的碑文。1985年，父亲书写了由李先念同志题碑名的《宝钢引水工程纪念碑》碑文。1982年，父亲先后受聘于复旦大学、上海外国语学院和上海交通大学任艺术顾问。1983年中秋，父亲东渡日本讲学，深得友邦人士敬仰。

1985年，父亲荣获上海市文联首届文学艺术奖；1986年，被上海市人民政府聘请为上海市文史研究馆馆员；1989年，被聘为《中国历代书法墨迹大观》编委；1992年，父亲题写的对联书法“俯仰无愧天地，褒贬自有春秋”被周恩来纪念馆珍藏；1993年，为毛泽东纪念堂书写大幅诗词，由中共中央办公厅颁发收藏证书；1997年，被上海市文联誉为德艺双馨的书法家。

父亲1999年去世。2009年8月，为纪念父亲逝世十周年，上海市文史研究馆和上海市书法家协会举办了《海上已故名家任政先生书法作品展》，书展前言写道：“自上世纪六十年代起，任政先生的书法便是海上书坛极具影响的一大流派，三十余年间，教育了一代人，影响了一代人，为后期海派书法的发展做出了重大的贡献。”

宁可食无肉，不可刻无竹。

——徐孝穆

徐孝穆：神刀如笔意纵横

沈惠民

徐孝穆(1916—1999)，曾任中国考古家学会、中国工艺美术学会会员，上海市书法家协会首批会员。擅长雕刻、书画、篆刻，尤精刻竹，以及刻砚、刻紫砂茶壶等。出版有作品集《徐孝穆刻竹》。1990年被聘为上海市文史研究馆馆员。

转眼间，徐孝穆先生逝去已有十余年了，但我依然记得徐孝穆当年住在上海进贤路时，姨夫柳亚子为他书题“进贤楼”作为斋名。20世纪70年代后，他乔迁至沪西万航渡路北京西路口一幢高层的12楼，凭栏眺望，心旷神怡，著名书画家赖少其为其书题“凭栏阁”，独特的金农漆书字体，朴拙浑厚，分外醒目。

"'进贤楼'也好,'凭栏阁'也好,归根结底还是'竹石斋'啊。"看着墙上"进贤楼"、"凭栏阁"的匾额,徐孝穆笑容可掬地诠释着。冬日的阳光暖暖地洒满大客厅,沿壁特制的一排玻璃长橱里置放各种已完成和未完成的竹、砚、壶等雕刻作品,洋溢着"竹石斋"独特的艺术气息。

"刻划精工值万钱"

徐孝穆是南社祭酒柳亚子的姨甥,两家都住在黎里镇,近在咫尺。徐孝穆从小侍奉柳先生左右。看到幼年徐孝穆已在竹刻艺术上运刀自如、妙造自然时,柳亚子欣喜地以"刻划精工值万钱,雕虫技小我犹贤"诗句相赠。

1916年,徐孝穆诞生在江苏吴江县黎里镇的一个书香之家。受家庭氛围熏染,幼年徐孝穆最感兴趣的是各种笔走龙蛇的字迹,八岁时,他已能刻字治印。他刻得最多的是叔祖的字体。这是位清代举人,写得一手好字,徐孝穆镌刻他的字迹,使刀法和书法兼得长进。

中学刚毕业,十七岁的徐孝穆风尘仆仆地来到上海新华艺术专科学校。不过,他学的不是美术,而是钢琴。这仅仅是因为,刚入校的徐孝穆漫步在幽静的校园中,忽然被隐约传来的琴声所吸引,驻足静听,一曲终了,顿觉热浪涌心。神韵慑住心魄,此时再难挣脱。

喜欢音乐旋律的徐孝穆,对竹刻艺术依然一往情深。著名书画家、艺专教务长汪亚尘为他开了"特例",使他成为图画、音乐系的"两栖"学生。在画艺上,他得到了诸闻韵、诸乐三、王陶民等一批名师的指点,将音乐、美术融会贯通,使他的竹刻艺术更具个性、别具一格。

1934年,徐孝穆从新华艺专毕业后,经由海关当工程师的伯伯引荐到税务学校当图书馆主任。随着抗战爆发,徐孝穆挈妇将雏,匆匆从孤岛赶往香港,投奔旅居九龙的姨夫柳亚子。其时,柳亚子在港正为编撰百万余言的《南明史稿》忙得不可开交。徐孝穆的到来,使他有了誊写抄稿的好帮手,前后十个月,徐孝穆将堆得如同小丘的草稿全部抄录誊清。

但宁静的日子很快又被打破。“太平洋战争”骤起的枪炮声使香港顷刻沦陷。徐孝穆携家眷仓皇出走，不仅早年的竹刻和家产全部散失，让他痛心疾首的是，他为姨夫抄录的《南明史稿》也不知去向。

从香港返回上海后，家庭生活的重担迫使他常找些抄写、整理之类的杂事，并为此东奔西走。即使如此，他只要有片刻闲暇，就埋头运刀刻竹。他戏称自己：“宁可食无肉，不可刻无竹。”为了生活，他开始拿刻竹、篆刻去卖钱。一次，同乡王绍鏊（新中国成立后的第一任财政部长，当时是民进中央副主席、中共地下党员）来找他，说有个叫陈毅的朋友想请他刻方印章。徐孝穆很快就一气刻成交给了王绍鏊。他当然知道陈毅是大名鼎鼎的新四军将领，只是不相信会有这么巧。后来才知道，果然就这么巧——这方印章的主人正是陈毅将军，印章已秘密送到皖南根据地去了。“早知是陈将军，真不该收润笔。”清贫中的徐孝穆对此很是懊悔。

新中国刚成立，他受柳亚子委托，将家乡四万多册藏书捐给上海文管会，并正式在上海市文化局工作。不久，他被安排任上海博物馆保管部副主任，后任文物保护科学实验室主任，一干就是二十多年，直至退休。

在漫长的岁月中，徐孝穆坚持每天提前一两个小时到馆凝神刻竹；午饭后的休息时间也是他操刀的“良机”；下班后，仍要聚精会神地刻上一个多小时才回家。贤妻王珠琏非常理解、支持他，大小家务事从不让他沾手。子女长大后，也成了父亲的好帮手，他们和母亲一起，精心分担刮磨及拓片等工作。“胸中万千感激情，化作笔下惊人艺。”当一家人成为“徐刻”的第一欣赏和评论者时，“竹石斋”里其乐融融。1994年元旦，在与老伴王珠琏结婚六十周年之际，徐孝穆深情写下：“坎坷岁月情不渝，浪静风恬共晚年。”

“铁笔挥运自如，气韵生动”

从一开始，徐孝穆就专攻“浅刻”。他这样阐述：“渠等谓刻竹诸门类，最难而有深意者乃浅刻，盖能显现书画之精神，是为最高艺术。恰浅刻之用材最易

柳亚子1951年为徐孝穆题写匾额。

1934年的徐孝穆。

1966年徐孝穆在上海博物馆文物保护科学实验室工作。

1954年徐孝穆、王珠琏夫妇合影。

寻觅，扇骨、臂搁、笔筒等皆宜，且竹壁之薄厚、有无留青等均无妨，于是我选定此刻法。”

认准这“最难”的刻艺，注定了追求者本身需备受艰辛，也注定了他日修成正果，其果实必然异常辉煌。徐孝穆熔雕刻、书法、绘画、音乐于一炉，以竹石为纸，以刻刀代笔，使毛笔的提按顿挫掩扫、墨色干湿枯浓、水与墨色的渲染渗化、线条的力度节奏变化，甚至山水画的皴擦，各种意境无一不在他的竹刻中得到惟妙惟肖、淋漓尽致的再现。

柳亚子在诗中称徐孝穆“颇能通篆刻，更喜结名流”。也许正因为要在竹刻作品上着力表现书画家的不同风格与个性，他才热情结交吴作人、蒋兆和、叶浅予、黄胄、朱屺瞻、唐云、谢稚柳、陈佩秋、沈尹默、白蕉、丰子恺、程十发等一大批著名书画家。而这些艺坛骄子慕其刀功，也喜欢将作品交付他再创作。这些竹刻件出自徐孝穆之手，不仅形似原作，而且更使原作中的气质、个性、风格都得以神情毕肖地再现。诸如朱屺瞻用笔的秃、老、辣，关良戏剧画的“拙”趣，叶浅予舞蹈画的飘曳多姿，以至

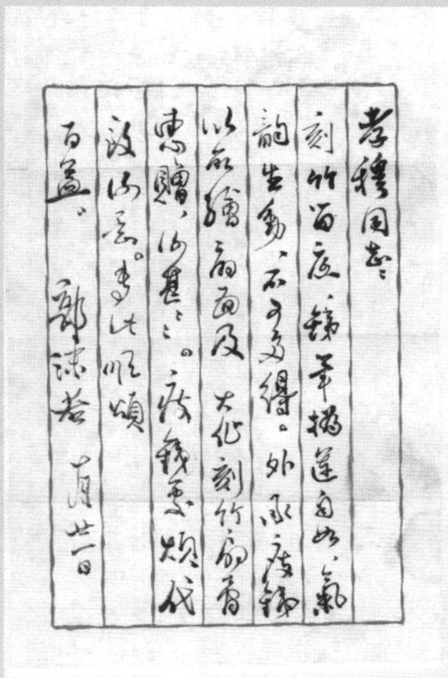
孝穆同志：
刻竹留底，铁笔挥运自如，气韵生动，不可多得。外承瘦铁以所镌扇面及大化刻竹扇骨惠赠，心甚感之。瘦铁处烦代致谢意。专此顺颂
百益。
郭沫若 十月廿日

1963年10月郭沫若给徐孝穆的亲笔书信。

黄胄所画"米芾拜月图"中的癫狂……无不跃然竹上。

"文革"期间，他还花几年心血，精心刻成四十件毛泽东诗词，使气势磅礴的"毛体"手迹神韵毕现。郑逸梅老人这样评价徐孝穆："凭着他掌握的一柄小刻刀，把各派书画家的笔法气韵，全部表现出来。不必见款，人们一望而知这是某人的书和某人的画，一无爽失。"

更令人叫绝的是，在一般被认为是劣质的有斑纹的竹材上，徐孝穆也慧眼独具，照样创造出具有特殊美的作品。如在一方有斑纹的竹材上，他因材施艺地构思，请唐云画上"李白诗意"的山水画幅，竹材上的自然斑纹，被想象为堤岸浅滩，缀以近树远林、江心孤帆，寥寥几笔，透示出独到的韵味。一个下笔补造化，一个神刀夺天工，一块劣质竹材由此被赋予浓烈的艺术美感。

徐孝穆跟随柳亚子，还结识了何香凝、叶恭绰、沈雁冰、傅抱石和老舍等巨匠名流，他们惊叹于徐孝穆的竹刻，都为他的竹刻拓本册挥毫题词。

1952年8月，徐孝穆参加由文化部、中国科学院、北京大学联合举办的"考古工作人员训练班"。在开学典礼上，徐孝穆欣喜地见到了仰慕已久的郭沫若。在简短的交谈中，郭老竟然说得出徐孝穆青年时代的刻竹特长，显然是柳亚子此前已向郭老介绍过他的情况，此刻，他对郭沫若备感亲切。

1963年10月中旬，徐孝穆赴京参加全国文物保护科学技术工作汇报会。会议间隙，徐孝穆持自己竹刻手拓本和几件作品，到西河沿8号去拜访郭沫若未遇，只得将拓片及作品留在郭宅。出乎意料的是，郭沫若次日派秘书专程送来亲笔信："孝穆同志：刻竹留底，铁笔挥运自如，气韵生动，不可多得。外承瘦铁

1934年徐孝穆(二排左二)和新华艺专同学会干事合影。

以所绘扇面，及大作刻竹扇骨惠赠，谢甚谢甚。瘦铁处烦代致谢意。专此，顺颂百益。郭沫若　十月廿一日。”此外，信封内还有一页郭老书写的签条：“徐孝穆刻竹　郭沫若题。”获此大函厚礼，徐孝穆惊喜过望，感动不已。

这次会后，老舍夫妇还在东来顺馆宴请朋友们吃涮羊肉，徐孝穆和唐云、黄胄、傅抱石、荀慧生等一些艺术家都应邀出席。席间，老舍兴致勃发地笑着说：“我收藏的国画很多，但还没有孝穆的竹刻作品，我对你的作品很欣赏。”徐孝穆拿出随身所带的一把扇骨相赠，老舍得之大喜。翌日，老舍亲自来到徐孝穆开会住的招待所，赠送题词：“有虚有实，亦柔亦刚。”

“孝穆使刀如作画”

徐孝穆为书画家们所刻的诸多“神品”中，恐怕要数大石翁唐云的作品为多了。在由上海书店出版社出版的《徐孝穆刻竹》中，“大石画，孝穆刻”的精

1963年12月徐孝穆（前排右五）赴北京参加全国文物保护科学技术工作汇报会合影。

品比比皆是。至于“竹石斋”里的矮几笔筒、杯盘皿盒以及手杖文镇，也大都是“大石画，孝穆刻”。同样，唐云家里的玩赏陈设品，也大都为徐孝穆所刻。石翁穆翁，两翁特有缘。唐云善饮酒，自称脑袋灌满了黄酒；也善饮茶，对茶道甚为讲究。每当徐孝穆去看望他，他总要亲自在屋里架起炭火炉，当场煮水沏茶。有一次，两人对饮谈笑，饮至酣处，唐云即兴吟出一联“孝穆使刀如作画”；孝穆对得亦妙“老唐拈笔若催生”。唐云抚掌大笑。霎时，一幅墨香四溢、元气淋漓的珍迹跃出纸面。

又有一次，唐云乘兴访“竹石斋”，恰巧主人不在家。他看见桌上有一幅自己绘的兰花、生梨、荸荠的画搁放在桌上，便兴致所至，在此臂搁背面随手画下“山下有树、树中藏屋”一景，并题“冒雨访孝穆不遇，作此而去。一九六五年八月廿九日，大石”。孝穆归来见此甚喜，随即将此图浅刻成品，妙手偶得，别有情趣。

通过唐云介绍，书画家赖少其与徐孝穆也成了公交私谊俱佳的好朋友。赖少其曾先后任华东美术家协会党组书记、上海市文联副主席、上海市美术家协会副主席，后定居广州。他有一个视为珍宝的紫檀笔筒。笔筒底部是唐云所写“少其长物”四字；书法家白蕉为其撇了几笔兰花，并题诗“我有刀如笔，安知笔非刀。平时作尘拂，作战当梭标”；再经徐孝穆操刀，书画在原作基础上予以升华，更生动、更美——那是属于徐孝穆竹刻独有的美！

在“竹石斋”，徐孝穆爱用打着自己刀笔烙印的茶具，泡上好茶来招待客人。他根据一年四季，把分别刻有“迎春”、“解渴”、“秋意”、“消寒”字样的四把茶具，配以腊梅、枇杷、菊花、水仙四景相呼应。精妙的刀法使花蕊、花瓣层次分明，花枝嫩叶依稀可辨。手把如此茶壶品茗，妙趣横生。

徐孝穆为探竹而数上黄山，又为考察紫砂工艺而几去宜兴。1982年，他在宜兴与工艺美术家韩美林不期相遇。韩美林到陶都来捏泥制坯，一时间，“韩弟”画，“徐老师”刻，短短七天，徐孝穆竟刻出了十多把紫砂茶壶。

西方艺术家所没有的超技

当李约瑟博士八十寿庆之时，六十七岁的徐孝穆受老朋友胡道静盛情委托，为博士刻臂搁相赠。

李约瑟是剑桥大学资深教授、英国皇家学会会员，著有《中国科学技术史》，1994年被中国科学院聘为首批外籍院士。胡道静是我国著名古文献学家、科技史学家，也是国际科学史研究院（巴黎）的通讯院士，与李约瑟有多年交情。老朋友生日，他特地请谢稚柳画了幅象征名节的竹子，随即请徐孝穆刻一臂搁相赠。

徐孝穆细读几遍，成竹在胸，便凝神屏息地舞动刻刀，或平刀直入，或薄刀斜披，或轻括重起，刀法变化多端，于是，竹枝竹叶的浅深浓淡，勾勒烘染，均“神明于规矩之中，变化于规矩之外”，勃发出笔所不能到而刀刻独到的神韵。落款为“李约瑟博士清赏，胡道静持赠，徐孝穆刻，稚柳为之图”，字字遒劲飘逸，可谓刻得书画双绝了。

胡道静把拓片寄到伦敦，并给徐孝穆写来明信片：“孝穆吾兄：损教敬奉。照片、拓片俱将于本旬末寄去剑桥，至感盛谊！俟得李翁复示，谨当呈阅。弟静肃，1981年4月6日下午5时25分。”

在明信片中，胡道静欣然对徐孝穆当天发表于《人民日报》上的篆刻作品发表评论：“草画时，今天《人民日报》到，获睹阁下治印‘爱国一家’、‘统一祖国’，词意之美，篆镌之佳，为之赞叹不置！顺颂艺福，并祝阖第迪吉！”

李约瑟得此珍品，大喜过望，叹

徐孝穆刻佛肚竹臂搁，承名世画。

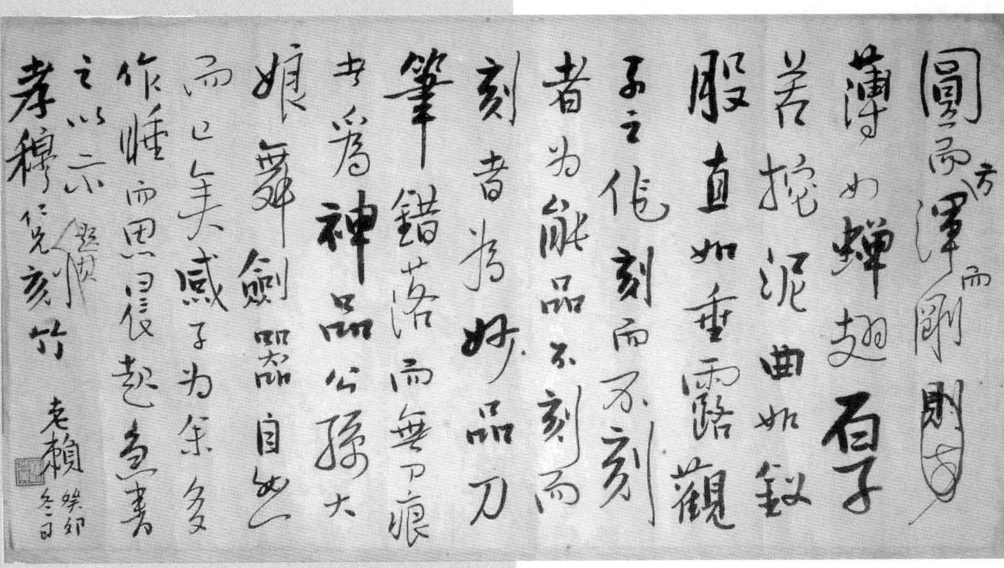

1963年赖少其为徐孝穆竹刻题书。

徐孝穆刻竹笔筒，唐云画。

徐孝穆刻紫檀笔筒，唐云画。

为观止。不仅将此拓片赠送给英国伦敦图书馆收藏，而且在日后来华时，特地在上海锦江饭店设宴答谢。席中，李约瑟握着徐孝穆的手，动情地说："您的这件竹臂搁，是非常珍贵的礼物啊！上帝给了你一双西方艺术家所没有的手！"经李约瑟博士介绍，徐孝穆的竹刻震动了西方艺坛，海外许多报刊载文赞扬，上海电视台拍摄了《徐孝穆的雕刻艺术》专题片。徐孝穆的竹刻，成为中外文化交流中广受人们青睐的艺术珍品。

晚年，他陆续写出《刻余随笔》、《竹刻艺术美》、《竹刻艺术源流》等文章，又担任了电影制片厂《竹趣》一片的顾问。徐孝穆还任业余艺术专修学校校长，亲授竹刻课。大量的社会工作需要他应酬，慕名而来的求教者也时不时地按响他家门铃。他感叹"人生短促，事业深长"。因此，尽管手已微微发抖，但他总也舍不得放下手中那柄小小刻刀。此刻，看到弟子和儿孙辈的刻件佳作陈列在玻璃长橱中，带来一股全新的气息，竹刻大师从心底里高兴，露出了欣慰的笑容。

通红的夕阳向“竹石斋”倾泻进辉煌美丽的影子，使“竹石斋”显得宁静而安详，沿壁特制的一排玻璃长橱——那里摆满了徐孝穆先生的竹刻精品。那是我记忆最为深刻的一幕。

我时时处处与古人对话，与今人对话，与自己对话。同古人、今人对话是交流，取长补短；同自己对话是反省，不断克服自我，冲破自我，不断进取。

——江成之

江成之：不薄古人爱今人

周建国

江成之（1924—2015），上海第三钢铁厂统计师，书法篆刻家。中国书法家协会会员、上海市书法家协会顾问。著有《江成之印存》、《江成之印集》、《履庵藏印选》及《印边随想——江成之谈艺录》等。1995年被聘为上海市文史研究馆馆员。

少好弄翰　问业福师

1924年1月9日（农历癸亥年腊月初四），江成之出身于浙江嘉兴新塍的一个世代书香人家。原名文信。因《论语·卫灵公》有“信以成之”句而字成之。又《诗经》中有“福履成之”句，以及仰慕乡贤中书画篆刻家吴履，而号履庵。别署亦静居。其父江廷

1945年的江成之。

江成之的双钩印稿。

沩，字韵士。清光绪十年甲申（1884）入泮，同时入泮的有张元济（菊生）等人。后父亲弃文从商，关心邻里公益，有声于乡。江成之七岁被送到嘉兴念小学。读书之暇，在大人们的指点下，常常临碑摹帖，尤好北碑金石文字，喜其劲挺豪放，有笔有刀。记得在中学读书时的一次全校书法比赛中，他写了一幅掺以北碑笔意的书法作品拿去参赛，结果取得了名次，得到师长们的首肯。

1937年，日寇南侵，自金山卫登陆。淞沪沦陷，禾城不守，遂举家避难辗转至上海租界。时至1942年左右，他开始喜欢篆刻。学篆刻必须要看许多前人的印谱，并不断研究、借鉴。但在当时能找到的印谱很少，江成之先搞到的一些印谱，一是广告宣传品上印有穆一龙刻的《朱子家训》，另两本是石印的《诗品印谱》和《飞鸿堂印谱》残卷。后来又托人买到了上海西泠印社石印的《西泠八家印谱》，看到八家印后，顿觉眼界大开，遂心慕手追。平日一有空，便双钩临摹，领会其分朱布白之奥妙。然无师长指点，自觉进步不大。

1943年，他的亲戚中有一位沈

姓的老表兄（沈孝帆），曾在大收藏家虚斋庞莱臣家做清客，和当时上海的一些大书画篆刻家比较熟。因见他如此嗜迷篆刻，便带去拜访了西泠印社创始人之一、书法篆刻一代宗师王福庵。王福庵看了他双钩的八家印稿和刻印习作后，甚是嘉许，表示愿意收其做学生，他欣喜万分。以后，在福师循循善诱地引导下，他先后又大量双钩临摹了《十钟山房印举》、《伏庐藏印》、《双虞壶斋印存》等秦汉印谱中的好多印，终于窥得了秦汉印精美绝伦之堂奥。在此基础上，再逐步研究以丁敬为首的西泠八家是如何继承秦汉，推陈出新，开创浙派的。与此同时，旁涉皖派诸家，承其可取之长。这段时期里，他双钩的印稿远比创作的多得多。因此，在他二十岁左右时所创作的印，于章法、刀法上对前人古法已有所领略，这可能是这段时期“述而不作”的缘故吧。

为悟前贤　搜访名作

观赏前人的原作印章是学习篆刻过程中，除勤奋临摹、努力创作外唯一一条“捷径”，这与书法上“观其下笔处”同样重要。江成之便在课余有意识地寻访书肆冷摊，购藏浙派先贤印谱、原石。然而一个穷学生的经济条件毕竟有限，故他节衣缩食，又在母亲的大力支持下，尽最大能力去“觅宝”。记得当时去得比较多的地方是宣和印社，于是便结识了方去疾和其胞兄、印社主人方节庵。他所收藏的旧印和印谱，部分就是购于宣和印社的。在他的收藏过程中，还得到福师的帮助，或掌眼或介绍。特别难忘的是当他终于觅到赵次闲的“涤尘庐”一印时，犹如神交的挚友忽然相遇。想起学印早年，学习资料匮乏，他便留意到余绍宋编辑的《东南日报》副刊《金石书画》，它每期都有历代印章的介绍。有一期上面介绍了“涤尘庐”这方赵次闲的精心之作时，他心悟手从，双钩临刻，感受颇深。现在此印拿在手上，似有和前贤倾心谈艺之感。

1947年，经福师推介，江成之加入了心仪已久的西泠印社。同时入社的有秦彦冲、叶潞渊、吴朴堂、方去疾、高式熊等人。《西泠印社志稿》卷二《志人》中记：“江文信，字成之，号履庵。嘉兴人。王禔弟子，能治印。收藏八家刻印颇

江成之治印。

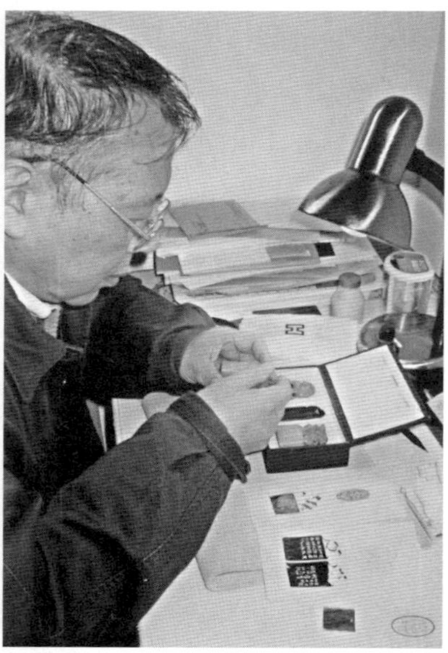

江成之品印。

富。”他知道老师的用意是让其有更多的机会向前辈学习，不囿于一师一门，开阔视野，领略各种流派之精要。

江成之好收藏，自年轻时开始学习篆刻，便留意收藏历代印谱和前贤遗范，虽经济条件有限，然细水长流，五十余年来旋得旋失。尽管经历了“丙午之劫”，箧中旧印总算还存几许。好的传统应代代相传，弘扬光大。他于1995年精选出百印，由学生钤拓成谱，名为《履庵藏印选》。该谱上下二册为一部，共拓十五部，并以“嘉兴江氏成之所辑履庵藏印选之记”此十五字来分别各部之序。台湾书法篆刻名家王北岳见而好之,依原样在祖国宝岛台湾影印出版,使之在海峡两岸传播发扬。

工余刻印　传授青年

1959年,江成之调入上海第三钢铁厂工作,该厂艺术方面的爱好者很多。厂工会专管宣传的干部在得知了他的特长后,便请其在工余之时去辅导,帮助他们提高书法篆刻上的素养和技艺,在画画的同时,打好书法基础,也实践一下篆刻。到了20世纪60年代,中日邦交逐步开展。一次,一个日本工会代表团访问上海,市里要求上钢三厂准备一份礼物。江成之就带领工人美术组成员刻了一套毛主席诗词《忆秦娥·娄山关》组印,并做成一幅印屏作为全市工人的礼物送给客人。日本朋友欣喜万分,为这份出自工人之手的高雅艺术品深深折服。

在上海的西泠印社社员为庆祝建社六十周年,集体创作了一部《西湖胜迹印集》,参加刻印的有高洛园、马公愚、王个簃、来楚生、钱君匋、吴振平、叶潞渊、唐云、秦彦冲、吴朴堂、高式熊、方去疾和江成之。该谱共收录印章五十五方,江成之刻了四方。由于他在开始工作后不再用原名,而以字行。1963年,纪念西泠印社成立六十周年的活动通知寄到上钢三厂,因查无“江文信”此人而被退回,故他未能前去参加社庆活动。现在想来,很是遗憾。一则社庆五年举办一次,老一辈印人陆续西归;二则“文革”浩劫不久来袭,又有印人死于非命,前辈、知己大半凋零,再无促膝谈艺之缘了。

“文革”结束,篆刻艺术的春天随之来临。伴着改革开放的深入,印坛开始百花争妍。由于篆刻艺术的不断普及,青年爱好者越来越多,上钢三厂工人业余篆刻组队伍在逐渐扩大。当然,其中大多数人是偶尔为之,以充实工余生活;也有个别青年对篆刻情有独钟,到了痴迷地步,且长期随江成之左右,探究篆刻艺术。江成之亦乐意接收他们为学生,毫无保留地将自己平时积累的经验予以传授。经常对他们说,学习传统要脚踏实地、一丝不苟;借鉴流派要心领神会、灵活应用;推陈出新要立足经典、水到渠成。汉文字本身已具备了造化美,用刀将带有感情色彩的文字(句)艺术化地刻在方寸之中,通过分朱布白的经营,使文字锦上添花,或壮美,或典雅,给人以赏心悦目、精神欢愉之感,这就是篆刻艺术的魅力所在。故他的学生皆恪守探究整饬、工稳一路,无一野狐狂放者。

恪守传统　好古喜今

1983年,由上海《书法》杂志主办,苏州艺石斋和上海西泠印社协办的"全国篆刻征稿评比活动"开始,这也是"文革"结束后,第一次全国性篆刻大赛,江成之亦准备了作品去参加。评比揭晓后,他的作品被评为一等奖(全国共十名)。在其作品中有一方"遍地英雄下夕烟"印,得到评委们全票通过,这说明传统工整的、带有浙派用刀的篆刻作品,能得到人们的赏识,并喜闻乐见。这也是他四十多年来探究篆刻艺术的成果,在如此大范围内得到肯定。

1990年,上海书店出版社为江成之出版了《江成之印存》,内中收录了他四十余年来各时期的篆刻精品三百多方。没过多久,五千册书即告售罄。他的印谱受到读者如此青睐,更证实了他自己的篆刻艺术观是正确的。艺术风格和审美情趣是多样的,平稳工致不等于平庸刻板。平稳中的细微变化,可造成大气磅礴的气势;工致间的些许率意,往往有点石成金的妙趣。近时印人随意破碎印面以为古,其实,印之古气岂在残破之中,关键在于其字法、章法是否与古人相契合,而稍用破残只是为了调理印之朱白而已。所以,他爱古人,不薄今人。同古人、今人对话是交流,同自己对话是反省。不重复自我,不束缚自我,才能不断进取。江成之的印谱刚出版后不久,上钢三厂的领导对艺术很是重视,特意为已退休的他举办了一个隆重的印谱首发式,邀请了上海书协的王伟平、张森、高式熊等人来参加,会上气氛非常热烈。

对于历史上的印学流派,江成之独钟情于"西泠八家",这可能是"西泠八家"和他艺术上的个性相合之故。长期以来,在学习、研究浙派上积累了不少心得和体会。1992年,上海书店出版社为推出"明清篆刻家丛书",邀他为特约编辑,整理编辑了《丁敬印谱》、《赵之琛印谱》、《钱松印谱》这三本印谱，同年10月正式出版。丁敬为浙派创始人，其篆刻艺术特点是以汉印的传统程式为基础，以明代诸贤的平整大方一派为风骨，参以前人在用刀上的若干经验而创造出的一种新的具有作者个性的，然而又深得汉印精神的独特面目。其后如赵之谦等都受到丁敬法自我立的启示。赵之琛尽得各家之长，成为集浙派之大成者。他的作品章法纯正，刀法挺劲俏丽，在结构和运刀上都有很高的技巧，功力极深。尤以切玉法一种最为著名，浙派刀法也表现得最为明显。在发展丁敬所创始的浙派篆刻艺术方面，前四家以黄易为突出，后四家中当推陈曼生和赵之琛为代表。钱松篆刻以浑厚古朴、苍劲秀茂的气韵为主，加上博闻广见，章法与众不同，时出新意。在运刀上创造了一种切中带削、冲切结合的刀法，尤以浅刻居多。其作品金石感很强而富有韵味。他对浙派艺术的发展，有着创造性的贡献，是浙派的后劲，对后世影响极大。此三本印谱所收录的印章在数量和质量上，就目前来讲是较为翔实完备的。因而，没过多久都相继售罄。

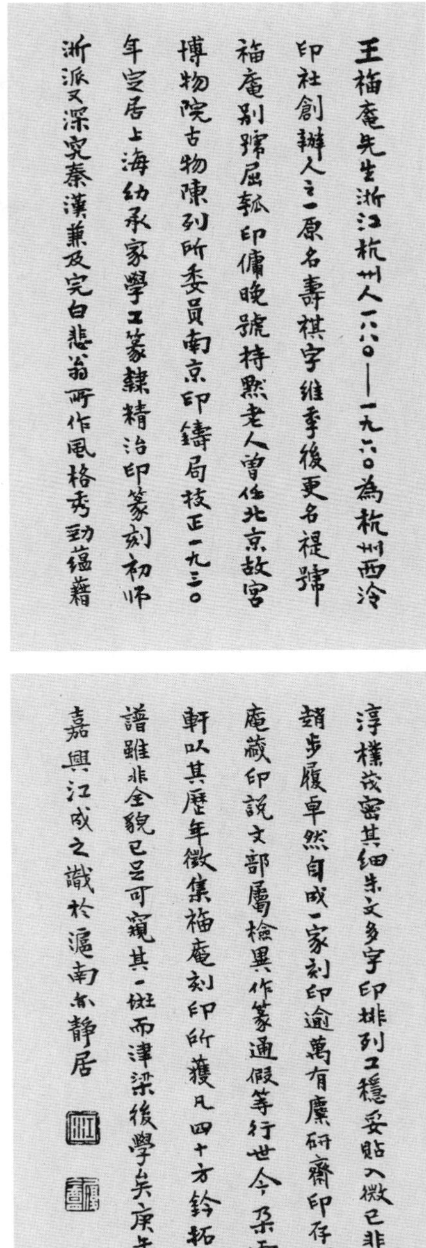
王福庵先生浙江杭州人一八八〇——一九六〇為杭州西泠印社創辦人之一原名壽祺字維季後更名禔號福庵別號屈瓠印傭晚號持默老人曾任北京故宮博物院古物陳列所委員南京印鑄局技正一九三〇年定居上海幼承家學工篆隸精治印篆刻初師浙派又深究秦漢兼及完白悲翁所作風格秀勁蘊藉淳樸茂密其細朱文多字印排列工穩妥貼入微已非鄧趙步履卓然自成一家刻印逾萬有麋研齋印存福庵藏印說文部屬檢異作篆通假等行世今朶雲軒以其歷年徵集福庵刻印所獲凡四十方鈐拓成譜雖非全貌已足可窺其一斑而津梁後學矣庚午秋

嘉興江成之識於滬南永静居

江成之为《王福庵印存》作序。

江成之被西泠印社授予“荣誉社员”称号。

江成之书法作品《精益求精》。

老骥伏枥　壮心不已

1998年，西泠印社召开了隆重的庆祝建社九十五周年大会，老少社员们相聚在西子湖畔。就在此次大会上，由于江成之是1947年加入西泠印社的，有五十余年社龄，故而被印社授予“荣誉社员”称号。他说：“我能走到今天这一步，固然是因自己锲而不舍、孜孜以求的努力，但也离不开福师的提携，离不开印社前辈师友的奖掖。自己越来越深感有责任要将篆刻这门我国优秀的传统艺术传扬后人，使之薪火不绝。”他的学生们也很努力，在各次全国性的大赛中总有他们的名字，目前他们中已有五人被吸收为西泠印社社员。

2003年又逢壬午，江成之从事篆刻艺术已整整一个甲子，参加西泠印社亦已有五十五个年头了。学生们为贺他八秩之寿，把其手头尚留有的、加上向朋友那里借来的自刻印共一百六十多方，拓成了一部四册的《履庵印稿》。该谱共拓八部，并以“壬午杖朝，金石同寿”这八个字来明印谱之序。他有意将“寿”字部捐赠给上海图书馆，其意有二：一是能

江成之（左五）指导学生刻印。

让更多的篆刻爱好者或专门家看到此谱，便于共同探索篆刻这门古老的传统艺术；二是送“寿”给上海图书馆，祝其长长久久，金石同寿。

耄耋之年的江成之因身体缘故，“卧以游之”的时间渐多，操刀创作渐少。然浙派讲究的是学问，主张“印外求印”，他仍敏于思考。2007年，他回顾从艺六十余年之生涯，把《江成之印存》出版之后至今所创作的作品，从中遴选出二百四十余方力作，辑成《江成之印集》，再由上海书店出版社出版。将作品呈现给大家，是总结自己得失、告诫后来者的好方法。2011年，他又把散见在一些印谱、作品集和报纸杂志上有关印学的文字，汇集成《印边随想——江成之谈艺录》。此书对读者全面了解他的篆刻艺术及艺术主张一定会大有裨益，对广大篆刻爱好者吸取祖国传统艺术的精华必将有莫大启迪。2015年4月11日，江成之与世长辞。他一生对所钟爱的篆刻艺术之追求，虽然划上了休止符，但他的第一、二、三代学生以及广大篆刻爱好者将接过先生衣钵，继续努力耕耘在这方寸之间；继承优秀传统，使先生未尽的篆刻艺术发扬光大，世代传承。

虽然因战争等种种因素没条件入美院接受正规化训练，但野鹤也有春天——野鹤无粮天地宽！

——孙　静

孙　静：野鹤无粮天地宽

刘　芳

孙静（1926—　），著名画家孙之俊之女。曾任中国人民解放军西南军政大学三分校副队长、中国人民志愿军十二军教导大队速成中学宣传干部等职。擅长国画大写意，《蔬果育人》、《群鹤图》、《春艳》被宋庆龄故居、上海图书馆等单位收藏。出版有画册《墨婆——孙静画册》、《鹤寿松龄——孙静国画作品集》。1996年被聘为上海市文史研究馆馆员。

孙静的寓所在沪西一个军属小区，走进她家，有种大隐隐于市的感觉，外面的尘嚣纷扰顿时被抛在脑后。家中墨香氤氲，书房、客厅、卧室，处处洋溢着艺术气息，阳台上挂着一对大红灯笼，下面种着各色花草，与老人面对面坐在阳台上赏花，老人的笑容中有种特别的神采，似乎青春特别眷顾她，永远都不会离开。

在二野军政大学任副指导员时的孙静（前排右一）。

孙静（后排中）三姐妹和父亲、母亲合影。

1996年七十岁的孙静（右）举办个人画展，时任上海市文史研究馆馆长的王国忠前往道贺。

七十岁“初出茅庐”

1996年，七十岁的孙静在静安区文化馆举办了她的第一次画展。在此之前，她的身份是“随军家属”，七个孩子的母亲。

呈现在人们面前的几十幅画作平和淡雅、意境高远，没有大红大紫的浮华，有着功底深厚的细腻，更有着一般女性画家所没有的大气磅礴。

几乎所有的观众都被一幅巨幅作品吸引，以水草和仙鹤组成的庞大画面，既有山水画的高远，又有着花鸟画的细腻，墨色的浓淡干湿、线

孙静绘画作品《仙鹤长鸣》。

条的疏密、笔触的轻重，令画家丰富的内心世界、对于理想的向往跃然纸上。站在这幅巨大的鹤画面前，每个人都能感受到老人身上那股被压抑了许久的梦想的力量。与司空见惯的传统国画中优雅文静的仙鹤相比，此画中的仙鹤形态各异，或停，或起，但无不是朝着天空的方向。这幅作品后来收入画册时取名《华表千年鹤一归》，就像孙静的子女在她的画册中动情地写道："妈妈要是出生在东汉，她很可能会咏着长篇，跃马出塞，毫无畏惧地去异乡效国。"1941年就参加革命的她，心里一直藏着那个投笔从戎、报效祖国的军旅梦。

画展受到的关注令老人始料未及，在孙静的女婿临时找来的留言板上，写满了热情洋溢的留言，一位老画家欣然落笔"独秀惊凡目"，另一位画家参观后望着面前优雅娴静的女画家也题了辞，"疑非女人画，确系巾帼笔"。

有位台湾人特别喜欢孙静的一幅山水，说自己的父亲是国民党的将军、陈立夫先生的朋友，早年跟着国民党败走台湾，愿意拿陈立夫的一幅字来换。老人就把那幅画送给了他，其实并未把他的话当真。几天后，那人果然送来一幅陈立夫的字。

也正是这次画展，她的画名远播。同年，她被聘为上海市文史研究馆馆员。

第二次画展在山东冠县的武训纪念馆举办。为支持武训纪念馆的开馆，孙静捐赠了五十四张画。后来上海市文史研究馆为孙静办画展，不仅有国画，还加入了最新的电脑画和剪纸。

滹沱河边的艺术课

画家对色彩、线条、韵律应该有着异于常人的敏感，对于没有接受过学院派专业训练的孙静来说，这种素质来自早年耳濡目染的熏陶，这种影响来自河北藁城那个滹沱河边的书香人家。

她所在的村子，本来叫南四公，但有一年滹沱河发大水，把南岸的房屋冲去了一大半，村子就开始向东西两旁扩展，成了现在的东四公和西四公，也正是在这次变迁中原先临河的房子都被冲走，孙静的家变成临水而居，滹沱河水就日日夜夜从脚下流过，孙静将这条河称作母亲河。

孙静的家庭，算是村里的书香人家，祖父念了几年私塾，精于账务。父亲孙之俊毕业于北平国立艺术专科学校西画系，在校期间参加北平漫画社，是中国现代漫画和连环画的先驱者之一。

孙之俊是位非常勤奋和活跃的漫画家，一生创造了冬烘先生、贾醉生、王曰叟、费利儿、混混儿、老糊涂、万金油、小摩登、范统、杨胜仁等几十个漫画人物。1928年发表第一部连环漫画《快乐家庭》，毕业后多年从事教学工作。1938年继叶浅予先生之后发表《王先生外传》，一月内销售一万册，一时有“南叶（叶浅予）北孙”的称法。

父亲回家的时候，常常把孙静抱在膝上，手把手教她画画。在她六岁的时候，有一天父亲在画一个穿旗袍的美女。小孙静看着好看，也跟着描了下来。父亲一看，画得不错啊，就投到当时的《北洋画报》，后来登出来了，落款是：孙之俊之女孙爱华作。孙之俊的画当时正在《北洋画报》连载，父女俩的画登在一起，相映成趣。

1937年，抗日战争爆发，战火把一家人分在两地——父亲在北京教书，孙静和家人在藁城。藁城这边，老师远避战火，学校解散。在叔叔的指导下，她读了《唐诗三百首》、《元曲》、《三国演义》、《水浒传》、《封神榜》、《西游记》等书。家里那些画谱也成了孙静无声的老师，她一本本研习、临摹。有本梅花谱她临了一遍又一遍，到现在，还记得画谱中梅花的各种样子。

受家庭熏陶，孙静精通各种藁城传统的技艺，除了藁城特有的宫灯外，拨花、剪纸、刺绣等，无一不精。这些不仅给孙静后来的家庭生活带来了很多乐趣，更为她日后的创作增加了传统文化的滋养。孙静后来有一幅刺绣作品，绣了毛泽东的诗词“暮色苍茫看劲松，乱云飞渡仍从容。天生一个仙人洞，无限风光在险峰”。在一次比赛中得了大奖。

天地为“案”，水墨入“药”

六十岁，是中国人法定的退休年龄，很多人都把这个年龄看作事业的终点站。

这个大部分人退出职业生涯的年龄，却是孙静画家生涯的转折点。这一年，家里最小的孩子七兵也离开家上大学了，孙静在家里理出画室，置备画案，开始正式作画，这离她第一次发表作品，已经过去了整整五十余年。

这些年，孙静过得不容易。

1951年，《武训先生画传》被批判，父亲孙之俊再未画过一幅漫画。但他仍然生活得很乐观，认真地教书，勤奋地画画，闲时拉拉胡琴，弹弹三弦儿，养花，种树……1966年，这种平静的生活也被打破，在遭到批斗、毒打后，孙之俊夫妇被迫回到离开四十多年的农村老家。次日深夜，孙之俊在老家院内的葡萄架下结束了自己的生命——孙静的很多童年故事，就以这个葡萄架为背景。

1955年，部队开始学习苏联实行军衔制，以适应现代战争多兵种作战的要求，根据苏联顾问的意见，在军、师及其以下的机关、部队，除师属卫生营外，不论担任何种职务的妇女工作人员，一律调离部队，分别按转业和复员处理。从此，孙静失去了工作，成为一名家属。

孙静是个手巧的母亲。七个孩子一年四季所有的衣服，都是孙静亲手做的。对于孩子们来说，深夜母亲在缝纫机前忙碌的身影，是童年美好的记忆。有很多全家福，孩子们都穿着一模一样的衣服，没心没肺地笑着。她把自己对于美的追求、儿时父亲给予的绘画基础，全部化作孩子们身上的一个个花边、一个个褶皱。衣服做出名气了，部队大院的家属纷纷拿着布料来让孙静帮着裁剪，这个上海警备区家属委员会主任，曾经的上海市三八红旗手，成了远近闻名的“服装设计师”。

“水和墨就是我的药！”说到再次拿起画笔的动力，孙静这样说。在家做专职军属的那些年，梦想与现实的落差让孙静特别苦闷，她整晚地失眠，有十几年离不开安眠药。

她把画画当作一种治疗的方式，“是救命的”。当她拿起画笔，蓦然间，生活的阴霾一扫而空。当时，老人家把一幅作品起名为“药渣”。“人开心了，会产生免疫力的。”孙静说她的长寿、她的开心、她的健康，都来自画画。画画是她的第一需要，水和墨是她快乐的源泉。

她的作品渐渐地在上海、南京军区举办的各种美术展览中多次获奖。1995年参加北京“祖国万岁”书画大赛获得特别金奖。《蔬果育人》、《群鹤图》、《春艳》分别被宋庆龄故居、上海图书馆、上海市文史研究馆收藏。

虽然五十年没有从事绘画工作，但她从来没有停止对美术素养的训练。她把收集素材的过程，叫做“存入硬盘”。

这种观察生活的习惯可能来自她的父亲孙之俊。有次坐公交车的时候，孙之俊发现一个留着长胡子的老爷爷，长得非常有特点，于是就目不转睛地盯着人家看，最后，老爷爷被看得发毛了，狠狠地瞪了孙之俊一眼：“你老是看着我干什么？”其实，这是画家在搜集作画的素材呢。

随着丈夫宗凤洲职务的变化，孙静走了不少地方，长江三峡、黄山……每到一处，孙静都会把那里的一草一木刻到心里。

1950年，她带着一岁不到的女儿留守重庆青木关。给她印象最深的不是生活的艰苦，而是青木关的美景。山清水秀的青木关，在她眼里，就是一幅幅山水画。孙静经常坐在小河边，静静地欣赏这些风景，想着如何将这些风景入画。

孙静前前后后去了七次莫干山，她戏称自己是“七上莫干山”。山上的奇石馆、竹海，水边的石蒜花，山顶那个小小的瀑布，都化作了孙静胸中的山水，有一天从她的笔端，汩汩流淌于宣纸之上。

她喜欢看画展，几乎是逢展必到，几十年没有间断。她说，画展往往展示了一个画家最好的作品，认真看画展，可以学习画家线条的处理、用色、布局等。

孙静绘画作品《玉立》。

她常常说自己是个没有经过专业训练的人，没有进过专业的艺术学院，也没有正式拜某个大师学艺，她绘画技艺的精进，来自日积月累的勤奋，来自祖国美丽的风景和传统文化的滋养。

与苦禅的“师徒”缘

如果一定要说师承，应该说，李苦禅对她影响颇大。

李苦禅和孙静的父亲孙之俊是好朋友。“文革”后期有一段“批黑画”的过程，李苦禅因画荷花被扣上了“八朵荷花攻击八个样板戏”的帽子，而他又口无遮拦地批评时政，这让家里人每天为他的这张嘴担心。孙静就邀请李苦禅老人

李苦禅（前排左二）与孙静（后排左二）等合影。

到合肥去住一阵（宗凤洲时任安徽生产建设兵团副司令员），这一住就是二十多天。

这段时间，孙静天天陪着老人，给他磨墨，拉纸，感受大写意的魅力。所以，孙静一直说，那是一次特训。

李苦禅的画风气势磅礴，随意中有朴拙之气，画幅越大越能自由挥洒。孙静的花鸟和山水画深得李苦禅大师真传，达到了笔简意繁的境界。

"海峡两岸书画交流"活动中，孙静（右二）和李苦禅儿子李燕夫妇（左二、左一）、台湾学者范光陵（右一）合影留念。

齐白石曾经评价李苦禅说:“李苦禅学吾不似吾。”孙静的画也是如此。为了画好牡丹,她会在牡丹园来来回回地看,感受每一朵牡丹之间色彩的差别,感受阳光下各个角度的花瓣对光影的折射,所以,她笔下每一朵牡丹都是不一样的。为了画仙鹤,她多次去上海动物园写生,有时候一呆就是一整天,观察仙鹤的各种形态,正面、背面、展翅欲飞、掠过水面……但更重要的是,她在水与墨交织中倾注了自己对人生的理解。

孙静是个对生活充满热情和好奇心的人。她坚持了三年,每天练习书法。八十岁时,在小孙子宗正的指导下,她不但学会了拼音打字,还学会了用电脑作画,并收录在她的画册里,创作了三百多幅电脑绘画作品。2010年,老人生病住院,不能用电脑,病房也没有画板,女儿带来些过期的时尚杂志,想让老人剪剪贴贴,聊以放松。谁知,那些色彩斑斓的画报,在老人手里,竟然成了一幅幅剪贴作品:酒瓶的广告成了飞扬的仙鹤、香水的广告成了女子的衣衫,《艳菊》那幅作品中,一碗白米饭、一碗炒虾仁竟然成了傲霜的秋菊,这些作品收在画册《穿越》中,细细看来,无不被老人的天真率性和想象力感染。

孙静常说,自己就是一棵小草,跟大树一起经历了近一个世纪的风云变幻,到晚年才找到自己。跟她接触得多了,就会觉得她就好比一颗坚实的种子,无论风把她吹到哪个方向,最终都能生根发芽,开出最美丽的花,结出最饱满的果实。

摄下了无数美，让美好永存。

——金宝源

金宝源：一个传递美的使者

王晓君

金宝源（1926—2002），上海科学技术出版社摄影部主任、副编审，中国摄影家协会会员。由其负责摄影的画册《中国岩溶》、《中国民居》等获得各类优秀图书奖。其中《中国岩溶》获得“全国科学大会”科研成果奖。1991年被聘为上海市文史研究馆馆员。

提及金宝源，摄影界无人不知，无人不晓。我带着十分敬仰的心情拜访了金宝源的儿子金为群医生。金医生打开高高的黑色的干燥箱对我说：“这里储存着父亲一生的心血，里面有几十万张全国著名景色的反转底片，如不保存好便会发霉毁坏。如果我们小辈将它们随意扔放，那么我们会对不起父亲，我们的良心也会不安的。”

墙的东西两侧有两大书柜，东面书柜专为保存金宝源出版过的大型画册，有八开本的《中国岩溶》、《中国民居》、《中国厅堂·江南篇》；有大十六开本的《世界文化遗产——苏州古典园林》、《江南古镇》，记载了这位摄影家的艺术之路。西面书柜专放金宝源生前拍过的放大照片。

摄影，从这里起步

金宝源出身上海农家，因为家庭贫困，他小学毕业后便留在家中，割草、放羊，做些农活，以减轻家中负担。金宝源是一个十分好学的孩子，当家里经济略有好转时，他会不失时机地去补习班学习、充电。其间正值抗战，沦为孤岛的上海人民处在水深火热之中，为了避难，金宝源只得在家中种地。抗战胜利后，十九岁的金宝源经人介绍进了上海万方照相馆工作，走上了摄影之路。金宝源知道，这一行对自己来说是陌生的，自己起步又晚，故而他从器材、暗房、洗片一直到摄影都拼命学习、钻研。他说："这是我的饭碗，我得抓牢。"由于他聪颖好学，又肯吃苦，一年之后就能独当一面。不久，金宝源去了青岛国际艺术照相馆担任摄影师。谁料，好景不长，蒋介石发动内战，全国又陷入了战火之中。在青岛支撑了一年的金宝源随着照相馆的关闭而回到了上海，靠着打零工养家糊口，日子过得紧巴巴的。

1952年，失业四年的金宝源在中亚照相馆找到了工作，且专门从事戏曲连环画的拍摄工作，也就是将舞台上的演出拍成剧照，编成连环画，再配上文字加以出版。金宝源的第一本戏曲连环画是《白蛇传》，以后，他又拍了《孔雀东南飞》、《秋江》、《昭君出塞》等十几部剧照型的连环画。由于金宝源技术过硬，他很快被调至上海新美术出版社(后并入上海人民美术出版社)。以后，金宝源又到过少儿出版社、上海科学技术出版社任摄影记者，专为《小朋友》、《少年文艺》、《科学画报》等刊物拍摄封面及配图。在拍摄中，他接触到了张乐平、陆俨少、刘旦宅、赵宏本、林曦明等一大批书画艺术家，拓宽了视野，提高了艺术修养。在与这些书画家的合作中，他体味到艺术的魅力，感受到艺术殿堂的辉煌，他像海绵似地不断吸收，自此，金宝源的摄影艺术有了质的飞跃。

房间里挂着陆俨少为金宝源写的一幅字：“昨夜雨疏风骤，浓睡不消残酒。试问卷帘人，却道海棠依旧。知否，知否，应是绿肥红瘦。”金医生说：“这是陆俨少大师题抄李清照的《如梦令》一词，父亲以为这词虽短小，但藏无数曲折，犹如游园一般，移步换景。这是陆大师在告知他，拍照如词一样，既要简洁明了，又更要有内涵和层次。”

还有一幅是刘旦宅赠金宝源的宋人词意图：庭院里的芭蕉碧绿明艳，“叶叶心心舒卷有余情”，女词人手持卷书，面对芭蕉，感怀万千。此词意图人物线条婀娜，衣纹飘逸；构图繁简得当，意趣深厚。金医生说：“这画的显然是宋代杰出的女词人李清照。父亲生前爱读李清照娴熟和美、自然平淡、清雅深邃、鲜明生动的词句。”

正当金宝源的摄影生涯趋向黄金时代时，“文革”开始了，出版社自然是“重灾区”，社里的书画家几乎都被扣上“封、资、修”的帽子，游街，批斗，扫厕所。金宝源因为出身农民，当过学徒，故而没有受到很大的冲击，但也因“在外地拍摄是游山玩水及不问政治”等不实之词而停止了摄影工作，并下放至“五七”干校劳动改造。

《中国岩溶》誉满全球

1971年，金宝源被上调至人民出版社科技编辑室继续搞摄影工作。此时的金宝源已过了不惑之年，他不无遗憾地说：“宝贵的时间被浪费了，我得加倍努力，把失去的时间补回来。”于是他玩命似地接下了一个又一个拍大画册的任务。

中国是世界岩溶面积最大的国家，其地貌类型的繁多也是其他国家所不及的，可是“国际地科联”的席位却被台湾占据。1976年第25届国际地质大会在澳大利亚悉尼举行，为了取得本属于大陆的一席之位，1973年，地质部拟拍一部能全面反映中国岩溶面貌的大型画册，以备在大会分发宣传。这个具有重大政治意义和学术价值的拍摄任务便落到了金宝源身上。那时“文革”尚未结

金宝源拍摄的九寨沟风景。

束，外出拍摄的生活条件极为艰苦，金宝源抱着“为国争光”的理念，二话没说，打点行装，背起十来斤重的照相机、三脚架，与地质专业人员一起辗转于云南、广西、贵州、广东、西藏、湖南等地中人迹罕至的岩溶之地。何谓岩溶或国际上称的喀斯特地貌？说白了是水与可溶性岩石之间发生的以溶蚀为主的地质现象。广西的阳朔、云南的石林、济南的趵突泉、桂林的芦笛岩都是这种奇特的岩溶景象。当时已是四十七岁的金宝源，为了拍好这些景象，他上天航摄，落地跋山涉水，披荆斩棘，有时一天要爬好几个山峰，上了山顶往下看，不满意就重新来。就在这无数次的登爬之中寻寻觅觅，虽历经千辛万苦，但他不怨也不悔，总是艰难地去寻找自己最满意的镜头。一次，他在云南拍摄大叠水瀑布，瀑布落差四十余米，宽也有二十余米，为了拍出似绢帛悬空飞流的气势，同时体现出烟波弥漫、势如云雾的美景，金宝源冒险从二十多米的陡坡深入到山脚下，拍下了与周围丛林岩石相映的凌空飞舞的浪花。

金宝源拍摄的广西山水。

在发育典型的云南石林、石柱，金宝源穿越石林、石笋、溶蚀洼地、地下溶洞……找寻美景和有特点的岩溶，一路上的风景看似美不胜收，实际上，金宝源常常跌得鼻青脸肿，身上也是青一块、紫一块，苦不堪言。

人们都知道“桂林山水甲天下”这句名言，孰不知那里的地势十分险要，高高低低、坑坑洼洼，一不留心脚便会嵌入岩缝中间。在那里拍摄，饿了，山泉露珠，压缩饼干；天黑了，找个平坦之地，搭起帐篷，遥望星空。此时，全队上下只有一个信念：“完成任务，夺回‘国际地科联’席位。”

金医生拿着《中国岩溶》画册，指着护封说：“这是父亲在‘安—Z’飞机上拍摄的。瞧，多壮美，岩溶特点又是多么的明显。那时设备不如现在这么先进。父亲身体被帆布保险带拴在舱架，机舱上摆上一块不影响视线的挡板。当飞机飞至他们预先选择好的最佳位置时，坐在舱边的父亲，手握相机，背着呼啸之大风，鸟瞰大地，‘咔嚓、咔嚓’不停地拍摄，终于拍下了这张能代表岩溶全貌的镜头。”大家都知道，拍摄最怕快门抖动。俗话说：“飞机吊大闸蟹，悬空八只脚。”飞机上吊人拍摄，高空作业去找静止感觉，这是拍摄上的难题，而这个难题却被顶着风险的金宝源克服了。

从威武的太行山到美丽富饶的南海诸岛，从世界屋脊青藏高原到漫长的海岸线，金宝源一次又一次地努力，一遍又一遍地拍摄，整整奋战了三年。《中国岩溶》大型画册，终于如愿地在第25届国际地质大会上分发。当各国代表拿到如此精美的画册时，赞不绝口地说：“这本画册不仅有学术性，还有艺术性，美极了，这是中国人智慧的结晶啊！”他们在《地质通讯》上对画册予以报道、赞美。自然中国大陆也获得了“国际地科联”唯一代表中国的席位。这本大型画册后来成为了1978年由邓小平主持的全国科学大会上的研究成果之一。金宝源也一举成名，成了中国拍大画册的专业户。

自此之后，金宝源拍摄了《苏州刺绣》、《扬州园林》、《绍兴石桥》、《中国矿物》、《中国五大连池火山》、《中国服饰五千年》等几十部反映中国自然风光和中国历史文物的大型画册，其中《中国服饰五千年》在海内外引起轰动，一举获得了1984年美国《传艺》杂志主办的第25届设计年展优异奖，金宝源也同时获得“个人摄影奖”。

《中国民居》淡而有味

金医生对我说：“父亲与著名园林建筑艺术家陈从周最谈得来，他们合作拍摄了具有中国特色的《中国民居》、《中国厅堂·江南篇》、《绍兴石桥》、《扬州园林》等大型画册。”《绍兴石桥》是陈从周较喜欢的一部书，他说：“绍兴风光，可以说是桥的风光，拍好水乡绍兴，关键是桥。”那么，如何将“粉墙风动竹，水巷小桥通”展示在世人的面前呢？金宝源从平地、山区、市场、名胜以至前街后巷多角度拍摄，把千姿百态的绍兴石桥长留千秋貌，了了陈从周偏爱绍兴石桥的心愿。

民居是人类生活的基本要素之一，也是人类文化的一个重要侧面。中国是一个多民族的国家，民居文化有着久远的历史。在陈从周教授的主持下，《中国民居》大型画册很快诞生了。画册内容由四合院、江南水乡民居、窑洞、徽派民居、土楼、毡包、吊脚楼等十三个有鲜明特征的民居组成，有文字、有图片，五百来幅华丽的彩色照片均出自金宝源之手。为此，金宝源走遍中华大地，从一个村落的整体布局拍起，再到一幢幢住宅的门楼、过道、厅堂，甚至细部的斗拱漏窗以及门楼上的砖雕，莲花门上的"竹林七贤"、"八仙过海"都纤毫毕现地予以展示，它不仅给人以赏心悦目、绚丽多彩之感，更让人体味到中国民居是中华文明的瑰宝，是人类建筑史上的丰碑。

金宝源。

继《中国民居》之后，金宝源又随陈从周拍摄了一本《中国厅堂·江南篇》，画册集中展示了苏州、杭州、上海、无锡等12处园林厅堂及6座宅第厅堂的多姿多彩。画册收录的368幅彩照是从金宝源拍摄的3 000多幅照片中精选出来的，是一部了解中国江南厅堂的无可替代的杰作。

金医生说："父亲生前与陈从周很贴心，无话不谈。在宾馆里住在一起时，他们会谈个透，聊几个小时甚至是通宵。"金医生指着墙上挂着的一幅字说："这就是陈从周先生赠给我父亲的墨宝。"条幅上，字看似写得很零乱，东一块、西一块，不成章法，其实这是陈先生的随心所作，十分潇洒，十分放松。字曰："华枝动素影，秋水漾文漪。出谷流莺新乐府，知音顾曲旧乡亲。秋水一江人渺渺，粉墙花影自重重。双燕南归，大江东去。君情依旧，秋水垂边。黄钟大吕始为正，知音循善大称仁。"落款为"余迈年交梨园诸英，每有感撰小联赠华文漪、梁谷音、岳美缇、张君秋、蔡正仁。丙寅十月偕宝源金兄同客泰安，联床闲话，洵足乐也，系此呈政，陈从周。"可见两人关系甚密。

金宝源生前拍摄了大量的优秀作品。如今，他已作古，但留下的许多珍贵

1998年金宝源采风。

1975年金宝源在石林采风。

的图片资料至今还发挥着不可低估的影响。

苏州园林被定为“世界物质文化遗产”之后，苏州园林局为了广泛地宣传有两千年历史的苏州，决定出本《苏州园林》画册。“上有天堂，下有苏杭”，苏州是名胜宝地，自然引来了无数摄影家竞相拍照。然而苏州园林局还是想到了金宝源，他们找到了金医生，从干燥箱中取出上万张保存完好的底片，从中选择。一位领导说：“老金留下的照片，无论是拙政园、留园、网师园、狮子林等名园，还是一座座深藏巷里的小园，张张精致，恨不得都用上。”他也坦率地说：“我们也收集了不少苏州摄影家提供的照片，初看时较满意，但与老金的一比，就觉得逊色了。”是啊，不论是书画家还是摄影家，当是作品说话，凡经得起历史检验的才是好作品。我想金宝源的作品是当之无愧经得起历史检验的。

陈从周和刘旦宅曾对金宝源的作品有过评价，诸如金宝源先生是一位懂得科学和园林艺术的摄影家，不仅有摄影技术，而且具有多方面的学识和意境。他的摄影作品既有科学性，又有艺术性，尤其他的风光作品具有形式美、色彩美和意境美，给人以美的享受，真所谓艳而不俗，淡而有味，诠释了金宝源的艺术作品之美感、之品位。

九寨风光　迷醉游人

改革开放的春风吹遍了大地，金宝源的摄影艺术也随之更上了一层楼。那时，九寨沟、张家界这些“养在深闺人不知”的自然风光几乎无人知晓，更谈不上开发。金宝源等人率先身临其境，在实地考察中，他们发现了人间仙境。于是，金宝源抓住了这些自然风光的“魂”，拍摄了《九寨沟景色》、《张家界天子山》等一大批风景照，这些风景照一经人民画报社的《中国风光》画册刊出，立刻引起了社会轰动。一大批海内外的摄影家、旅游者按图索骥，前来采镜和观光，连电视剧《西游记》剧组也赶来选景凑热闹。金医生说：“父亲常以此引以自豪，一谈到此事，他会兴奋地说，‘没想到几张照片能牵动全世界千千万万人的心，同时也改变了当地人民的生活，艺术的魅力实在太伟大了’。”

说到九寨沟的发现，金宝源还有一段有趣的故事呢！

1978年的一个秋天，金宝源赴成都拍摄外景，给他开车的司机是居住在九寨沟的藏族朋友。司机无意中谈及自己的家乡，森林茂密，湖泊星罗棋布，瀑布银丝万缕，特别是空气透明，风光清新，令人如痴如醉，说得金宝源心驰神往，心里痒痒的。金宝源请求司机带他去那仙境似的山沟。司机说：“去那山沟的路

1998年上海市文史研究馆举行部分馆员祝寿活动，三排右一为金宝源。

有点险，你若不怕，我送你去。”从成都至九寨沟路窄山高，路况极差，车只要急转弯，便有跌至岷江之危险。可金宝源不怕，岷江的急流、壮实的牦牛、姑娘的服饰以及哈达、酥油茶、喇嘛古寺等藏民的生活风景一一被他收入相机。经过两天旅途的颠簸，他终于到达了向往已久的未开垦的处女地——九寨沟。金宝源如入与世隔绝的“桃花源”，他抑制不住内心的喜悦，直往山上奔去。莽莽原始森林，哪有下脚之处，好在热心的司机扶着他，踩着巴掌宽的土坎，攀着裸露的树根，艰难地一步一个脚印地爬至半山腰。蓝天低低的，与森林一线，或云或雾的白色水汽在他身上飘过。飘飘然如腾云驾雾，金宝源已不知是人间还是仙境。顷刻，耳际阵阵水声，沿着小溪行走，豁然开朗，如蓝宝石般透明的湖泊展现在眼前，水是多彩的，它们在阳光照射下，各显靓色，那么温柔，那么和谐。心旷神怡的金宝源抓紧每一秒抢拍着，他渴望将这些美景瞬间定格，让这些独好风景飞往全国，飞往全世界。

回至上海，金宝源急急地把这一好消息告诉了夫人袁美文和儿子金为群。

他说:“我发现了比天堂还美的九寨沟,我要把它昭示给天下看。”他夜以继日地在自己的暗房里工作,把在九寨沟拍摄的上千张照片冲洗出来。1979年,《中国风光》画册把《九寨沟瀑布》作为封面予以发表,从此,“九寨沟”这一响亮的名字传遍了海内外。

金宝源把人间的美景奉献给人们,为人们的生活增光添彩,而生活中的金宝源却是个衣着朴素、谈吐平实的老人,他喜欢蹬着一辆“老坦克”自行车穿梭在上海旧时弄堂中去捕捉美。

他的朋友很多,文化界的、新闻界的、出版界的,大家都喜欢称他“老金”,而老金本是古道热肠、有求必应之人。在上海市文史研究馆当馆员的日子里,他曾对大家说:“只要同仁们需要,我愿为大家免费服务。”上海市文史研究馆的陈巨来、林曦明、高式熊、周退密等老先生出版的画册都留下了他摄影的印迹。陈巨来称赞他:“名闻中外,不胜钦佩。”并主动刻了五方印章赠他,以作纪念。

2002年元月16日,劳累过度的金宝源倒下了。许多不知名的摄影爱好者都蜂拥而至殡仪馆为他送行。大厅两旁挂有时任上海市文史研究馆馆长王国忠的挽联:“遍历地北天南,万千胶片成卷帙,大志已酬;逐耳身走云烟,犹念宏图未了事,仙界再续。”道出了金宝源生前身后事,颇有深意。大志已酬的金宝源,我们会永远记住你常挂在嘴边的那句“搞摄影的,当乐意为他们作嫁衣”,沿着你的足迹走下去。

在平淡中执着追求艺术的绚烂。

——王克文

王克文：绚烂归平淡

徐建融

王克文(1933—)，上海戏剧学院教授、中国美术家协会会员、中央文史研究馆书画院研究员。从事山水画和中国美术史论研究工作。已出版有画集和中国美术史论专著三十多种。1993年荣获“突出贡献专家”证书。2005年被聘为上海市文史研究馆馆员。

王克文先生的人生是纯粹的艺术，艺术是他全部的人生。他的一生，历经了诸多的绚烂，绚烂的时代、绚烂的家庭和绚烂的师友光环。然而，他的艺术却是沉浸在一片平淡之中，心平意淡，神静气和。艺术，并非他快生活的外求，而是他慢生活的内需。

除了艺术，以及最基本的物质生活需求之外，其他的一切，天翻地覆也好，沧海桑田也好，于王克文似乎都是绝缘的。尽管他从少年时代至今，历经了抗日战争、解放战争、“文革”、拨乱反正、改革开放、中华崛起的风云变幻，多少慷慨激昂，多少扼腕痛心，多少欢欣鼓舞，在他的人生中都没有留下什么不能磨灭的印迹，如云烟之过眼，百鸟之感耳，来则欣然接之，去而不复为念。他的人生，完全是由艺术来充实的。

在大多数人的心目中，艺术的人生，一定充满了传奇曲折，充满了跌宕起伏，充满了丰富多彩。然而，王克文先生的艺术人生，却是平平淡淡、波澜不惊的。艺术之于他，并没有被看作是一个重大的事件，需要用它去改天换地，追名逐利，而只是一种过日子的方式，就像每一个普通人衣食住行之外，都需要呼吸空气，需要“日出而作，日落而息”一样平常。

家学熏陶和名师传授

王克文出身于一个艺术之家。父亲王康乐是一位专业的美术工作者，先后师从郑午昌、黄宾虹、张大千，擅长山水画，晚年熔黄宾虹雄浑的黑密厚重、张大千泼彩的妙曼绮丽于一炉，别开生面，驰誉画坛。兄弟姐妹中也多有专业从事艺术工作的，各有成就。

王克文妻子金绮芬毕业于上海戏剧学院舞台美术系，曾是上海电影厂的一级美术设计师，参与拍摄谢晋导演的《芙蓉镇》，获中国电影美术“金鸡奖”。她不仅对王克文在艺术上颇多默契和理解，更操持着全家的日常生活，使王克文能“不知柴米，无论油盐”地安居乐业。两个儿子各有前程，一子潜心于艺术，尤其是齐白石的印章的收藏，成果尤丰。

王克文常常满怀感恩地谈起他的这个艺术之家，“我在这个和谐、融洽的家庭中，各方面都得到他们的关怀和照顾，为我创建了极舒畅的家庭氛围，衷心感谢他们的支持”。

受家学的熏陶，王克文从小就喜好中国传统的书画艺术。入苏州美术专科学校沪校学习山水画，由郑午昌、张石园、李健等先生授课。其中郑午昌是民国海上画坛的大名家，其成就和地位与吴湖帆、贺天健相埒，山水画上追宋元，风格缜密韶秀，尤以画杨柳为绝诣，“烟外丝丝弄碧”，一时被艳称为“郑杨柳”。亦能画花卉、人物，水墨小白菜更因清末民初余杭“杨乃武与小白菜”的奇案而为世所重。虽然郑午昌于1952年去世，但他的艺术却成了王克文“第一口奶”中一个重要的营养成分。

张石园专攻清代正统派“四王”中的王翚（字石谷），得王氏“以元人笔墨，运宋人丘壑，而泽以唐人气韵”之艺术理念，时人誉之为“活着的王石谷”，而与同时“三吴一冯”中专攻“四王”中王原祁的吴徵并称一时瑜亮。当时沪校的授课，张石园是主要的导师，授课的方式是课堂上当场示范“开稿子”，主要是树石基础的画稿，供学生临摹入门。虽然只是简单的几棵树、一块石，但石法的浑厚凝练、苍硬有力，树法的穿插多姿、曲尽其态，在少年王克文的心中留下了深刻的动态印象，“使我从一开始就隐约认识到中国画的操作工具，主要是掌握好一支软性的毛笔。线条是造型基础，画的基本韵律是由书意性（书写性）建立起来的”。

李健是清末遗老李瑞清的侄子，擅写北魏书，所书结字形张气敛，书法四体皆擅，用笔方硬圆润，“如锥画沙，如屋漏痕”，浓于金石味。后来王克文的书法颇受其影响，他也由此认识到学习要书与画并重，重在“意”字。

1952年全国院系调整，山东大学艺术系、上海美术专科学校和苏州美术专科学校三校合并，成立华东艺术专科学校（今南京艺术学院），校址迁至无锡，王克文也随之转入无锡继续学业。

当时华东艺专的学习课程包括素描、油画、水彩、国画、中外美术史、中外文学名著等，极大地拓宽了王克文对艺术认识的视野，但他的主要兴趣还是在中国画。学校的授课老师陈大羽（中国画）、俞剑华（中国美术史）、刘汝醴（西洋美术史）等，均为江苏美术界的大名家，其中对王克文的艺术人生起到了转折性影响的是俞剑华。

俞剑华是近代中国美术史论学科的开创者和权威，一生勤于著述，所编撰的《中国绘画史》、《中国美术家人名辞典》、《中国画论类编》以及《历代名画记》(唐张彦远)、《国画见闻志》(宋郭若虚)校注等，资料翔实，条理清晰。作为用传统方法所完成的学术成果，在同类著述中至今有着不可取代的地位，且足以与同时期滕固等引进西方学术所完成的中国美术史研究相媲美。

在这之前，王克文对于艺术的认识，无非画画就是画画，尤其是对于笔墨的运用，早已由海上的名家为他奠定了基础。而从此之后，他进一步认识到画画不仅只是画画，还需要具备传统的修养，没有这个修养，就不可能对中国画的笔墨取得真正深入的理解。因此，正是俞剑华的史论课，培养了王克文对中国绘画美学、中国美术史论方面的兴趣，使他后来成长为一位学者型的画家、一位实践型的史论家。

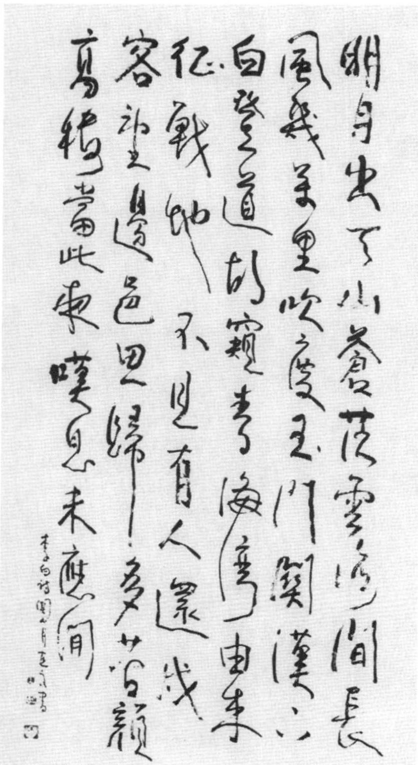

王克文行草书法作品。

王克文(右)与父亲王康乐、长兄王克明合影。

荣任贺天健和谢稚柳的助教

1956年夏，王克文从华东艺专毕业

后，被分配到上海戏剧学院舞美系任教，先后担任贺天健、谢稚柳的助教。这样一个身份，对于班上的学生，他是老师；而对于两位授课的教授，他又是学生，班上的学生则成了他的同学。

贺天健是近代山水画坛的大手笔，对于明清正统派、野逸派的传统均有全面深刻的把握，进而上窥宋元，外师造化，自云“局促南北宗，俯仰天地大”，画风刚健豪迈，与吴湖帆的温润典雅相埒。他在课堂上示范并讲解的“学山水画要路正步方，扎扎实实地学传统，再逐步深入生活，将师古人与师造化结合起来”，以及画要“人人看得懂，人人画不出”的观点，令青年王克文的印象很深，至今不能磨灭。

谢稚柳是近代中国画坛集工整、粗放、水墨、重彩、山水、人物、鞍马、花鸟、诗词、书法、鉴定、史论于一身的宗师。他在课堂上主要示范并讲解历代各家山水画的技法和画史、画论，使王克文感到受益无尽，所以后来就正式执贽于其门下。

20世纪80年代以后，中国进入到改革开放的新时期，并迎来了文化建设的高潮，王克文也开始了对中国画传统自觉的深入研究，并与邵洛羊形成亦师亦友的亲近关系，共同参与并完成了《中国名画鉴赏辞典》、《中国美术大辞典》等著述。

王克文绘画作品《春晓》。

王克文历年文著、画册等。

邵洛羊是海上画坛中国画史论研究的领军人物，对传统的信仰坚定不移，不遗余力地加以倡导、捍卫，尤其面临新时期引进西方文化后全盘速写的大潮，大声疾呼：“中国画应该姓‘中’！”有中流砥柱、振聋发聩之力。他的人格精神和学术观点，对王克文的艺术人生，同样有着重要的影响。

王克文春夏秋冬临池不辍。

2011年王克文在美国芝加哥郊区写生。

硕果累累的艺术成就

王克文的艺术人生，毛笔（画画）早于钢笔（著述），但其成果和成就的形成，却是钢笔早于毛笔。他的研究成果，从20世纪80年代起便源源不断地问世，在美术史论界引起了广泛的影响，而他的创作成果，却是从20世纪90年代后才真正为中国画界所关注的。

王克文的美术史论研究，侧重于中国画的传统，尤其是山水画的

王克文绘画作品《黄山图》。

传统。所写的论文，几乎遍及当时全国各地的专业报刊，如《美术丛刊》、《中国画》、《朵云》、《美术》、《书与画》、《新美术》、《美术研究》、《艺坛》等，几乎都能读到他的文章。与此同时，海内外各种有关中国画传统研究的国际学术会议，如“董其昌”、“四王”、“赵孟頫”、“晋唐宋元”、“海派绘画”、“黄宾虹”及北美“中国绘画”等活动中，也都能见到他的身影。像这样频繁见诸学术刊物、学术活动的人物，在全国不会超过二十个，且多以专门从事文字的研究人员为主，像他这样的以创作为专业、以文字为余事的，可能仅他一人！以至于在很长一段时期内，大多数书画界的人士都误认为他是美术史论家，而不是画家。他的父亲王康乐也因此而曾规劝他不要因副业而荒废了专业。殊不知，他正是美术史论家而兼画家，画家而兼美术史论家。他的美术史论研究，并不是独立于山水画的创作之外的，而恰恰是他山水画创作的一个有机部分，通过重传承和对造化的体验认识，提升了他对传统、对笔墨、对自然的感性认识，知行合一，知行并进。

除了单篇的论文，他所撰写的学术专著有《敦煌艺术》、《中国画技法研究史丛书——王蒙》、《王蒙山水》、《中国名画家全集·王蒙》、《中国绘画》、《宋

2008年王克文（中）向上海市文史研究馆捐赠山水画作品。

元青绿山水与米氏云山》、《南画山水技法》、《山水画技法述要》、《山水画谈》、《山水画意境创造与笔墨理法》、《黄庭坚》等三十多部。这样丰硕的成果，即使是专业的美术史论研究者也很少见。此外，在《辞海》(第六版)、《中国名画鉴赏辞典》、《中国美术大辞典》等的编撰中，他也承担了主要的工作。

王克文的美术史论研究，与专业的美术史论家具有明显不同的艺术风格。从20世纪80年代后蓬勃兴起的美术史论研究，大多奉西方美术史学科为“先进”的圭臬，视传统方法为“落后”，因此而侧重“独立”于创作实践之外的思辨性，新方法、新名词、新观点固然拓展了美术史研究的视野，却也不免导致假、大、空、奇的不着边际。王克文的治学方法完全是传统的，但与俞剑华、邵洛羊等传统的学派有所不同。俞、邵等传统的美术史论研究，比较倾向于张彦远、郭若虚，侧重于文献资料的详尽和有序。王克文则倾向于郭熙等历代山水画大家

王克文于美国博物馆赏画。

的研究，侧重于各家的审美风格和技法的解析，尤其像《山水画技法述要》中将古人的皴法与现实生活中不同地理地质的山石结构相对照，足以使读者，尤其是传统技法的学习者，对于所谓的"笔墨程式"有一个新的认识，真正将"师古人"与"师造化"有机地联系起来。还有像《南画山水技法》一书，梳理、阐述董其昌倡导的"南宗"一系历代山水画家的画学观念和审美风格，也别有见地，具有可操作性的专业特点。

王克文对王蒙的研究尤其深刻。他不是仅仅停留在王蒙的生平、身世、思想、观念上，把别人已经讲过一百遍的东西再讲一遍，多再做一些儒、道、释的发挥，而是着重于分析他的笔墨怎样勾、怎样皴、怎样点、怎样擦、怎样染，具体而微，以及为何形成刻画中有松灵、严谨中有萧散的风格特色。

王克文的绘画创作，人物、花鸟均擅长，尤工山水。早年的人物画，多描写

2014年王克文（左二）、钱茂生（右二）等参加江苏昆山书画笔会活动时合影。

工农兵的现实生活；中年的花卉画，由陈大羽、谢之光的意笔化出，别有秀逸之致。山水则是他一生的追求，对贺天健、谢稚柳、陆俨少、黄宾虹皆有取经，于元代大画家王蒙心印尤深，加上遍游海内外名山大川时的心摹手追，至六十岁以后形成鲜明的个性风格，变黄宾虹的黑密厚重为明密厚重。密集的长的、短的点线，明丽的青绿、浅绛的铺彩，气静神闲，平平淡淡。这样的画品，实践的还是他的人品。数十年间教学、研究、著述、创作数管齐下，成果颇丰。作为一个典型的当代学者型画家，他对中国画传统精髓的理解把握，以及其富有个性地创造性升华，在山水画作品中得到浓重体现。所作山水苍秀清新，纯朴雄深，意境高远，古意深邃而又新韵盎然，成功地将其极喜爱的王蒙、石涛等山水画先驱之神韵与自己别开的创造融于一体。他坚持强调"以书入画"，即以变化万千的笔画意趣来描绘大千世界的自然之美。千姿百态的笔画线条，勾勒出一幅幅气韵流畅、耐人寻味的山水佳作。同时，积六十余年笔墨之功，他还孜孜不倦于书法创作，其书法作品无拘无束，恣意腾挪，真情酣畅，妙趣天成。今观其作品在《当代书法之大家书法集》中赫然与沈鹏、张海等书界俊彦同列，为之庆贺。

众所周知，中国书画艺术是集个人才思、学识、修养、情致等诸因素的笔墨再现，集大成者方能真正成家。王克文先生者，更信此言不妄也。

今天，《王克文画册》、《王克文山水画选》、《王克文山水画集》等画册陆续出版，画展的成功举办，“专家点头，群众拍手”，受到人们的欢迎。勤于笔耕及书画创作的王克文先生，已出版有画集和中国美术史论专著三十多种。近年又有《荣宝斋画谱——王克文绘》、《王克文山水精选》、《中国近现代名家画集——王克文》（大红袍）问世。老骥伏枥，壮心不已，年齿渐增的他逐渐把精力全部投入到他一生喜爱的书法及山水画创作，不断追求着更新、更美的境界。王克文的艺术人生，也正体现了和谐社会的共同追求。

艺海拾贝，只取一贝。

——林仲兴

林仲兴：书法怪才是这样炼成的

张　鑫

林仲兴（1938—　），师从马公愚、来楚生、王个簃等。出版有《唐诗三百首篆筏》、《篆录舫》、《书翰拾萃》等。为中国书法家协会会员，上海市书法家协会原理事、上海老年书法家协会专业委员会原主任。1997年被聘为上海市文史研究馆馆员。

当今社会，书法艺术人才辈出，林仲兴为其中之一，他今年七十又七，作品一如他轻利禄的潇洒个性，朴拙粗砺，遒劲豪放，气势苍莽，熔篆刻与书法艺术为一炉。他的书法集从地上摞起，可过膝盖。可见其酷爱、执著追求与弘扬传承中国书法艺术之可贵精神。1985年至2014年间先后举办书法个展二十次，出版书法作品集十六本(套)。擅长篆书、隶书、行书,篆、隶书法尤甚。从全国层面看,办展、出书法集的书法家不少,但平均一年半一个展的频率上能超越他的鲜有。但翻开他的成长史却发现,其书法起步是从上海滩十里洋场的老城厢一户市井糕饼工场开始的。其遭际有幸有不幸,铸就了他的人生传奇。

一"帖"九年

1938年林仲兴出身于浙江镇海俞范一户贫农家庭,生父周立奎,育有两子,长子周仲兴,二子周仲尼。因家境贫寒,家庭被迫一拆为二,生母带周仲尼漂泊至上海。生父于农村与长子仲兴相依为命,适逢灾荒,陷入困境,遂携子背井离乡,来到人地生疏的繁华大都市,寄居胞姐周翠茵家。本想找寻妻儿团聚,可杳如黄鹤,他愁肠百结中贫病交加,患上伤寒,临终前,将三岁的仲兴托付并过继给姐姐周翠茵、姐夫林相模,于是周仲兴随姑丈姓,易名林仲兴。2000年前林仲兴多次尝试寻找生母和弟弟,音信全无,石沉大海。

七八岁时林仲兴就在养父与朋友在南市梅家街合开的糕饼工场打杂。天蒙蒙亮就起床,跟大师傅学做各种花式糕饼:麻花、麻饼、绿豆糕、豆沙糕、麻油馓子、双酿团子、印糕等,此外还干进料、出货的活计。林仲兴整日穿梭于城隍庙里的大街小巷,勤快地为生计奔波,少有闲暇。他最愿意送货去茶馆,可以歇脚,趁机听会儿评弹说唱《忠义水浒传》、《再生缘》、《杨家将》、《仁贵东征》等传统段子。只是见着背书包上学的同龄少年,双眸蒙上一层感伤。他明白对自己来说迫在眉睫的是果腹,其他的都属于奢望。

长到十一二岁,他才于同仁普育堂小学实现念书的夙愿。其间,国文老师对他的毛笔字赞赏有加,批改作业时,本子上的红圈多得像繁星一般。年少的他天真率性,竟梦想像城隍庙有学问的鬻字老先生那样,把字练好后挣钱养家。他偷空往四马路跑,并在地摊上觅到一本心仪的半新的、有点折角的珂罗版《史晨碑》。当时地摊上摆放不少字帖,《华山碑》、《石门铭》、《张迁碑》、《颜真卿勤礼碑》等,一一翻阅后他随手放下了,唯独对《史晨碑》一见钟情,帖中每个字都有着无与伦比之美，磁铁般吸引住他。十几元钱，那时对他简直是个天文数字，然而他愿意掏尽所攒的劳动所得换这本碑帖，小心翼翼地用旧报纸包上三五层，满心欢喜，乐颠颠回了店。

齐白石临摹《芥子园画谱》，从木匠逆转成画坛一代宗师。那时的林仲兴，一个纯朴的农村少年，可能并不知晓齐白石，但就是抱着改变命运的美丽梦想，懵懂地选择了一种可能性，踏上了探索书法艺术之旅。不可预知的是《史晨碑》已然非一般意义上的碑帖了，而是林仲兴开启书法艺术之门的金钥匙。

由于受客观条件限制，练字用纸是专去废品店购得的宣纸边角料或捡来的旧报纸。墨更是省着用，连洗笔水也不舍得倒掉，全用作练字，一笔笔蘸写至水清。他全身心投入书法艺术的世界，白天做糕饼的板子夜晚成为他练字的"案几"，连擀面杖亦神化成手中的笔；面粉捏成一坨坨，在他心里幻化成隶书的一个点或捺笔的一个踢脚。大师傅见其老走神，就用胳膊肘碰他，提醒说："别瞎想当什么鬻字先生，那是异想天开，是离谱的事情，好好干活才是唯一出路。"他只笑一笑，不接话茬。

初始，林仲兴临碑帖兴趣盎然，但临的字不是头重脚轻，就是东倒西歪，临摹的字根本不像碑帖里的字那般精神抖擞。经过日复一日，临池不辍，不出数月他临摹的字与碑帖的字越来越像。他还通过练字，同时练就了坚韧不拔的毅力与顽强的意志。

自从学碑帖后，林仲兴的精神世界被打开了，他自信乐观，为人处事的方法得到了改变。他对文化人特别尊重，那颗深处滚滚红尘中的心也沉静下来。送货途中以前视而不见的扑面而来的被岁月剥蚀的店招，牌坊牌楼、城隍庙老城厢的明清建筑上雕刻的字，市民家的门匾等，都特别亲切，拥有无穷魅力，成为依次欣赏的目标。他会不由自主地驻足仰望，愣在那里，观摩半晌，细细琢磨，咀嚼体悟。那些历经沧桑的残碑断碣，那些隶书、篆书、草书，气势不凡，令人心旷神怡。不论从哪个角度看，都饶有奇致，冠绝古今。每每习字疲惫，略感眼花，他就出门转悠，因为它们不仅给他美的享受，更给他钻研书法坚持不懈的勇气和力量。

20世纪50年代中期，私人糕饼工场被公私合营，统一归并了。林仲兴由店员

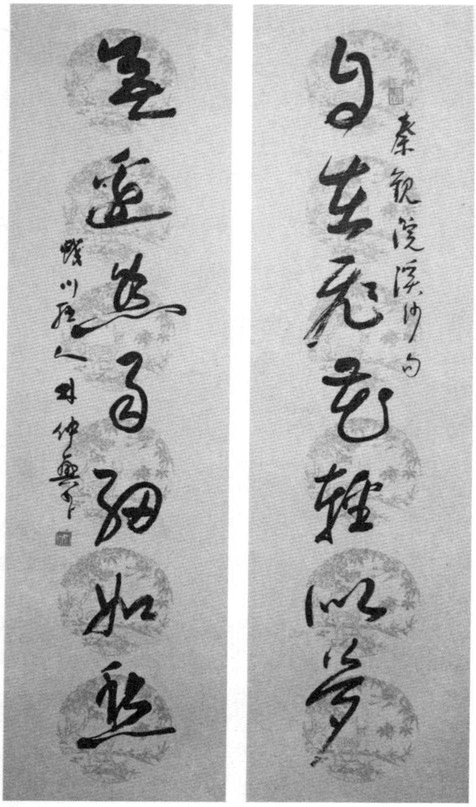

林仲兴书法作品。

伙计被收编成为一家食品厂的职工。有固定的劳动报酬，他立志献身艺术的信念更坚定了，加上他习字过程中被中国的象形文字“虏获”了心，迸发多学点文化、研究汉字之美的浓厚兴趣，欲进入这个神秘世界，了解更多。于是“回炉”夜校，补充知识养料。其间，由于有练《史晨碑》的九年扎实基础，他的字得到老师、同学的褒扬。而他的笔力也由稚嫩变得老成，且运笔如流水行云，对隶书的结构、布局、笔法等，驾轻就熟。

另类拜师

工厂的劳动简单乏味，做糕饼的全套手艺，林仲兴滚瓜烂熟。厂领导都认为他天资聪慧，能力强，与众不同，能创新并扭转传统糕饼厂的弊端，但该职工一意“走白专道路”，“不务正业”，不予重用。政治上的偏见给林仲兴关起一扇窗，然而上苍却为他开启了另一扇笔墨风景之门。

建国初期，“三反五反”、“反右”、“四清”等一系列政治运动拉开序幕，政治口号“人民翻身当家做主人”、“鼓足干劲，大干快上”不绝于耳。那时的林仲兴对政治反应迟钝，对书法的信息相当敏感，一听到谁写字好，就去“凑热闹”，沟通交流。有时甚至有点偏执，自顾自跑新华书店，寻购喜欢的碑帖。薪酬微薄，钱不足，跑去献血站献血，将政府补贴九元钱的给养费也凑去买书，家里的书帖一本本多起来，偷空就小鸡觅食似地，交替着看各类碑帖书籍，一点一点积累，他的艺术才华得以提升。

前人的经验告诉林仲兴，从事艺术，需要名师的专业指导、训练，这个名师他终于等来了。书法名家蒋风仪移居沪上，其父为秀才，他幼承父教，攻读经史诗词，曾拜扬州王艺吾为师。林仲兴经书法同好引荐，登门拜师。至此，林仲兴从自学书艺走上了名师指点之路。尽管如此，求知心切的他仍“填不饱”，再加上无门户之见，不固执于一得之见、一家之言，竟奇迹般地拜了胡问遂、赵冷月、王个簃、钱君匋、来楚生等十多位书画名师。学兄学弟连呼看不懂，林仲兴心中有谱：转益多师，博采众长。

不久，令学兄学弟更感意外的事发生了，林仲兴在不知道马公愚家住址的情况下，踏破铁鞋，靠十几天时间于襄阳北路大小弄堂徘徊寻觅，在成功概率几近为零的情况下，奇迹般地摸到马公愚住宅，终于遂愿。一般人难以想象，林仲兴就是凭一颗至诚的心，忠厚老实，非滑头取巧，对书法艺术有凌云志气作拜师敲门砖，取得马老的信任，打动了马老的心。这位正、草、篆、隶书法俱佳的书画前辈，认定搞艺术需要逢山开路、遇水搭桥、咬定青山不放松的青年人接班传承，又见其资禀聪明，仪表大方，随即收为门生，手把手地传授，讲解如何写篆隶的肋骨，布置临写《多宝塔碑》、《麻姑仙坛记》、《圭峰碑》、《张猛龙碑》等。马老似老园丁，浇水拔草，扶持这棵幼苗成长。林仲兴有事几天未上门，即递信函，督其持之以恒，并把两套仅有的定制的昂贵马牌毛笔，一套赠送入门弟子任政，一套赠予林仲兴，不求相报，但望成才。从此林仲兴更刻苦自励，不负恩师厚望。

林仲兴另有一段拜师来楚生的佳话。来楚生外表瘦弱，生性耿介，不善阿谀奉承、乞求权贵，平时少言寡语，虽满腹经纶，但郁郁不得志。人人皆知他为上海中国画院画师，艺通古今，书、画、印三绝，尤富于创新精神，能用洗练舒畅的线条笔墨及丰富联想，表现生活与艺术融合的神韵。一天，林仲兴与书画同道赴来先生家造访。来先生的家是沪上典型的石库门住宅，环境嘈杂。不过他家书屋出奇地宁静，挡住城市的喧嚣，一张大书桌，笔墨纸砚一应俱全，各种书籍整齐码放。主人话语不多，正巧于书房研墨濡笔。见到访客之一为熟客，把他们请进书屋。林仲兴早闻来先生雄霸印坛，治印藏印，书画独树一帜，故见来先生现场挥毫，站他身边目不转睛。来先生看在眼里，搁笔后问林仲兴做什么工作，哪知林仲兴开门见山答："我是做糕饼的，在糕饼厂里干活，但我就是想学书艺。"来先生不住点头，连连道有志就好。可能是对这位非附庸风雅的正直布衣青年有好感，来先生说其实拜师有多种途径，有正规拜师，也有常相往来，求师问业，亦谓拜师。假如有空，可常来寒舍云云。此后，林仲兴顺理成章，踵门来家，得偿所愿。学得老师治学精神和为人处世之方法及谦逊、低调、淡泊名利之气等，他的拜师可谓全方位。

执迷书艺

"文革"大潮来袭，与林仲兴一起习字的或跟"潮"，或搁笔，或革命去了，他像一个局外的"孤家寡人"，选择回家，关门继续"干私活"：练碑帖。在他眼里，门外的世界是颠倒的。

在横扫一切的风暴中，知名人士一个个被打成了"牛鬼蛇神"，戴高帽子，揪斗，受尽凌辱。此时期的林仲兴虽然出身贫农，但也未逃出被"扫四旧"的厄运。红卫兵冲到他家抄家，里里外外"扫"个遍，结果"扫除"了《山海经》、《三国志》、《水浒传》等。搁在他床头随手阅读的《史晨碑》却因他们大意，成了漏网之鱼。林仲兴捧着心爱的碑帖，既喜又忧，忧的是他十分牵挂的马公愚等老师，赶紧趿上鞋，奔赴马家。一看，傻眼了，时届昏暮的马老，家里一片狼藉，被撕碎的字画等四处飘零，连地板也被蛮横无理的抄家人掘开。天井里的夹竹桃不幸遭到株连，横躺在地。于是他边给马老讲宽心话，边帮马老把家清理干净，取来榔头等工具，把破损的地板修平整。为使老师小憩时能继续赏花喝茶，不几日他把天井里的树重新栽好，日日浇灌，夹竹桃复亭亭，香远益清。马老众弟子中明哲保身的大多远离，有的干脆断绝关系，甚或落井下石，唯林仲兴对其忠心耿耿，念及此，马老不禁泪湿衣襟。

在恶劣的政治气候下，林仲兴敢冒风险，挺身而出，奔波于来楚生、胡问遂、刘海粟、朱复戡等前辈的府第。家人挚友直犯愁，忍不住规劝他不能去，形势险恶，凶多吉少，自家也难保，还要替人撑保护伞，简直不自量力。他不管不顾，认定被打倒的这些艺术家都是有才学的，没有干坏事，说即使孤军奋战，他也要去。因此，在前辈遭罪落难时，他毫不避嫌地走向他们，伸出援助之手，可谓患难与共。

“文革”期间环境恶劣，批得书画家“体无完肤”，“无处藏身”。性格倔强的来楚生更是饱受磨难。20世纪70年代，一家大报刊发了矛头直指来楚生的文章:《一本地地道道复礼、翻案的画册〈中国画〉》，画册内有来楚生一幅《桂与鸡》，不久“四人帮”上海爪牙又组办一个“黑画展”，大批传统中国画被批为“封资修”，其中被列入的来楚生的《黑金鱼》成为反党反社会主义“铁的罪证”而遭批判，这无疑给风烛残年的来楚生又

2010年林仲兴在书法展开幕式上与周慧珺合影。

林仲兴隶书作品《鹅池》。

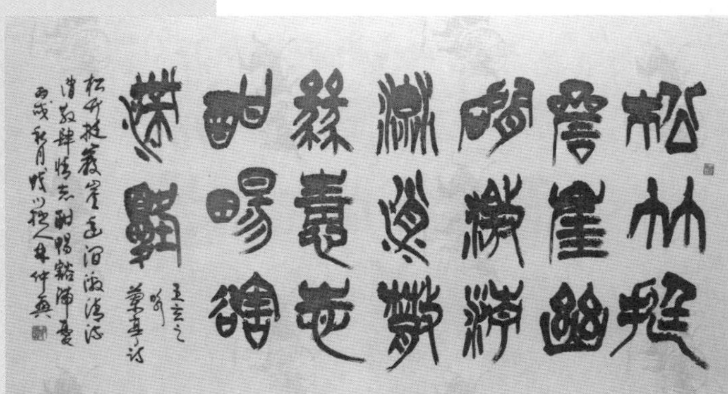

林仲兴书法作品。

一重拳。这个硬汉连遭不测，患绝症倒下了。林仲兴在其重病期间，遵循“一日为师，终身为父”之古训，服侍左右，尽心尽力。来先生精神尚好，就开始捉刀治印。一日，竟把早已篆刻好的十九方印章，郑重其事递给弟子林仲兴，关照说：“我贫病交加，来日无多，蒙不弃，精心照顾，原打算刻完二十方印章，可积件累累，不易了却，完工的就先取走吧……”话题并不轻松，敏感的林仲兴意识到将发生什么事。1975年一个阴雨绵绵的日子，处于昏迷的来先生在林仲兴等二三弟子日夜陪护下走到了人生的尽头，跳动的微弱烛光熄灭了。林仲兴怅望苍天，悲嘶曷极。

浮生如梦。一场政治游戏，于十年后终场了。改革开放，春回大地，文化事业得以繁荣发展，艺界经历拨乱反正，书画创作如重放的鲜花，再度焕发了青春。

十年内乱，林仲兴未敢辍笔，在众多老师指导下，循序渐进，兼容并蓄，书法艺术有了突飞猛进。“文革”结束后，他的作品开始入选全国书法篆刻展、日本大阪书法展等，并获奖。尽管声誉日隆，但从不自我陶醉，仍对书法艺术孜孜以求。此时，一轮经商大潮滚滚袭来，“下海”的朋友先后淘得重金，游说他干艺术太清苦，且来钱慢，想脱贫致富，莫错失挣钱良机，抓紧时机“赶海”吧。他顶住诱惑，回绝了，情愿粗茶淡饭，一心一意坚守自己最初定下的人生目标。一轮出国潮汹涌而来，有学兄学弟东渡日本，约他一起海外淘金，他拒绝了，理由是不愿改变初衷，要“执迷不悟”地做来先生等诸师未竟的事业。两波大潮卷过，他仍对书法一往情深，“痴”的程度可见一斑。

以德润身

由于长期白天干活，夜晚练字，林仲兴患了双腿静脉曲张，医生开具长病假。著名书画家、时任上海中国画院副院长王个簃得悉弟子病情后，把他唤去，惜才地说你不能这么拼了。建议其调换单位，嘱他找上海电影厂自己以前的故交——一位负责美编部门的领导联络一下，争取调到那儿去。话音刚落，就递上事先准备的一封推荐信和三幅画作，关照顺道送去。结果林仲兴业务能力没问题，在工人转干部编制问题上受卡。尽管有书画界大佬王个簃的力举，但此事还

20世纪90年代，林仲兴于杭州举办个展。

是黄了。林仲兴没气馁，蜗居陋室，拂尘涤砚，焚香烹茶。1985年，他被邀请登上上海市老年大学讲坛，教授书法。与其他教师的施教方法相比，他的施教卓尔不群，别出心裁地事先精挑细选中国著名诗词佳句，采用正、草、篆、隶四种书体书写好作示范，一面教授毛笔书写方法与技法，一面传授中国经典诗词名句精华，授课生动。林仲兴与学员温故书法的书写方法与技巧的同时，在博大精深、浩如烟海的中国古典诗词中与学员共同提高了审美情趣。每学期结业，每位学员总能得到林老师赠送的一幅书法作品，作为留念。一学期又一学期，林仲兴馈送学员的书法作品已达上万件。有人得悉此事，表示惋惜，说现在经济社会，白送不可取，应该收费。林仲兴不以为然，坚称自己为草根书法家，回报社会是理应之举。再者师生间也可增进友谊、相互切磋，何乐而不为？在他的悉心辅导下，学员中有十多人加入中国书法家协会，五六十人加入上海市书法家协会。直到现在，老年大学其他老师到点陆续退休了，他因为受学员欢迎，所以被留守岗位，至今无法“下课”。他与经济社会大气候格格不入，免费收授私人学生，扶掖后学。

林仲兴的作品亦端庄亦奔放，出类拔萃，诸多书法同道撺掇他不妨开展会，老

林仲兴在上海市老年大学教授书法。

林仲兴（左）接受上海市老年大学颁发的优秀教师荣誉证书。

2012年林仲兴（右二）向灵山捐赠书法作品，右三是时任上海市文史研究馆馆长的沈祖炜。

在家“闷葫芦”怎么行呢？经过自筹资金，1985年林仲兴准备于上海美术馆举办首次书法个展，然而计划赶不上变化，因上海书协高层内部意见分歧，原定由上海书协出面主办的“林仲兴书法展”遭阻力而半途搁浅。关键时刻林仲兴再次得到德高望重的王个簃鼎力支持，从中斡旋，最终改为上海美术馆主办，才没有使这场书法个展夭折，小荷露出了尖尖角。王个簃欣赏林仲兴的才气，特地为林仲兴题写“林仲兴书法展”，表示了立场和态度。意想不到的是这个展览非常成功，观展人数千，媒体也相继作了报道，影响广泛。林仲兴士气大振，往后又赴江苏南京鼓楼、北京中国美术馆等地举办书法个展，宣传与弘扬中国传统文化。其间经历或这或那的困境，均因贵人相助，化逆为顺。值得称道的是林仲兴不忘师恩，因为他成长的每一步，都得益于老师的提携。2011年他出于对老师的尊敬与怀念，筹办了“不忘恩师——林仲兴书法回顾展”，打破了以往书法个展主题的千篇一律，赢得好评。他的书法也在一次次办展中呈现出体例丰富，风格多样，令人耳目一新，彰显了独特的魅力，且成为他进步的阶梯。

书、画、印是中国独具民族特色的文化精神的积淀。自从林仲兴恭敬地双手捧回来楚生恩师的十九方印章重礼后，奉为至宝，成为家中唯一长物，朝夕观赏，爱不释手。那饶有古泽的章体、变化多端的线条，是来先生闭门索居、探索多种奏刀的结晶，是其才艺与痛苦、压抑与挣扎的心灵映照。睹物思人，念师哀哽，伤心往事历历在目。有收藏者嗅到林仲兴藏来楚生瑰宝，纷纷疏通关系，抬价求购。按理说，林家住房才六十余平方米，脱手变现，换套宽敞别墅绰绰有余，晚年享受生活也是情理中的事，但他遵循“德润身”的金玉良言，理智地回绝了，明白印章含有来先生的艺术生命、思想、情感，不能随意处之！藏家不知内情，责怪他不食人间烟火。

春光流逝。转眼轮到林仲兴步入暮岁，他与同龄人颐养天年的想法又错位了，热衷于修身养性，悟道，做慈善，并渐入佳境：2010年将书法作品六十余幅捐赠八朝古都、殷墟文化发源地安阳建立的中国文字博物馆；2012年至2013年为沪与江浙地区部分寺庙无偿书写篆书、隶书《心经》六连屏立轴108幅；分送全国各地庙宇草书《心经》324幅；2015年5月捐赠浙江西湖博物馆20幅书法作品。其间临界耄耋的林仲兴兀自思忖，来楚生先生遗世的珍藏数量不多，是不可多得的人类文化的艺术精品，如何在自己有生之年，为来先生的宝贵遗产——十九方印章找到一个可提供永久收藏、研究、展示的归宿。他左思右想，未得其果。正巧此阶段他与佛家多有往来，心有大悟。最终他怀着对家乡故土的热爱，把来先生赠予的全部印章，无私捐献给浙江镇海佛教寺院观音阁，于2015年5月举行捐赠仪式。观音阁为回报捐赠者的奉献精神，寺院方丈宗立特地在慈溪五磊寺新辟“仲兴草堂”，为其创作提供方便，还题写草堂名，以示珍重。

胡问遂曾评价林仲兴“穷年累月，孜孜矻矻；心摹晋唐，意羡秦汉”，“青丝继学，白首深谙；江浪同替，天假沉耽”。钱君匋点评其作品“具备浓厚的篆隶基础，他的草书即便信手挥洒，姿态飞扬，线条却总是厚重、沉实，绝没一点轻佻之状”。坊间也评说他“是个怪才”！透过怪才成功的表面，可见一个诚信、善良、百折不挠的林仲兴，他用对传承中国文化皓首穷经、锲而不舍的精神，书写了一个平民艺术家真实感人的励志故事，耐人寻味。

做平常人，演不平常戏。

——尚长荣

尚长荣：艺术才是毕生最高追求

陈云发

尚长荣（1940— ），著名京剧表演艺术家，国家级非物质文化遗产首批传承人。曾三次获中国戏剧“梅花奖”，是首位梅花大奖获得者；荣获“世界戏剧大使”的称号。现为中国文联荣誉委员、中国戏剧家协会主席、上海市戏剧家协会主席、中国戏曲学院教授、上海戏剧学院教授、上海京剧院艺术指导。2009年被聘为上海市文史研究馆馆员。

五岁登台，四拜名师

尚长荣于1940年7月15日在老北平宣武门外椿树二条一号的院落内诞生，家中排行老四（老大是尚长荣的大姐尚秀琴）。最初，父亲尚小云（“四大名旦”之一）想把尚长荣培养成为读书人，不让他学戏。因此，尚长荣刚满六岁时，就被父亲送进了永光

尚小云怀抱出生一百天的尚长荣。

尚长荣（左）与侯喜瑞合影。

寺中街的幼稚园，一年后，尚小云就请了一位私塾先生教他读书。

从尚长荣懂事起，每当父亲率荣春社（京剧史上著名班社）演戏，母亲王蕊芳便会带着他去观看演出，这些在尚长荣幼小心灵中播下了艺术的种子。之后不久，尚长荣第一次正式登台了，只不过那时，他唱的不是花脸，而是小生。那是1945年的岁末。

因为是首次登台，所以对于那次演出，尚长荣难以忘怀，他回忆道：

“我穿上了特制的小箭衣、小虎头靴，手执小马鞭。因为我年龄太小，父亲担心我上台后害怕往回跑，又怕我临时忘词。‘巡营’这一场又加的四个大铠上场时，我只是他们的身腰那么高。上台一亮相，台下掌声、笑声连成一片。‘大帐’一场，杨宗保进帐见四伯父落座，因为椅子太高，只能由检场的把我抱在椅子上，台下立刻又是一阵掌声、笑声……”

演完后，父亲给了他一瓶冰橘子汁作为奖励。

1950年，尚小云率团赴青岛演出，经尚长荣的师姐吴素秋建议，尚小云决定让尚长荣拜著名花脸陈富瑞为师。尚小云张罗着举办了一个隆重的仪式，梨园界的许多同仁都出席致贺，幼小的尚长荣按老规矩磕了头。拜师后的第二天，陈富瑞就来到瀛洲旅馆为尚长荣授课，第一课教的是花脸戏《草桥关》，以后又教了一出《御果园》，也是花脸行当的骨子老戏。尚长荣刻苦学习，进步极快，第二年春节时，当尚小云京剧团再次到青岛演出时，尚长荣的《御果园》便正式登台亮相了。之后又拜了苏连汉、李克昌、侯喜瑞为师。与此同时，尚长荣还读了许多古今中外的文学名著，丰富自己的知识，从多方面提高艺术素养。

扎根西安，走红舞台

1959年尚长荣随父迁居西安支援西北文化建设。入陕后他创排的第一出新编历史剧是《山河泪》。1960年夏，尚长荣终于结束了戏校和剧团之间“两头跑”的状态正式调入了陕西省京剧团。其后，他连续排演了《满江红》(移植中国京剧院剧目)、《摘星楼》、《西门豹》、《李逵探母》等新编戏，倾注了大量心血。1964年，全国戏曲界兴起了一股创作、排演现代戏的热潮，陕西省京剧团遵照省委指示，决定根据杜鹏程的小说《保卫延安》创作一部大型现代京剧。由于这部小说写到了彭德怀，剧团在改编剧本时，不得不把小说中的背景情节去掉，并将剧名易为《延安军民》，原小说中的主人公周大勇也改名为张志勇，上面指定由尚长荣来演。为了演好这出戏，剧组专程来到解放军驻陕西某部军营体验生活。在那里，尚长荣与战士们同吃同住，一起出操，一起参加政治学习和劳动，了解战士们丰富的内心世界。《延安军民》在西安上演后好评如潮，当年代表陕西省参加了1964年全国首届京剧现代戏观摩演出大会。

1964年年底，省里为了迎接1965年西北五省现代戏汇演并为第二届全国京剧现代戏汇演选剧目，决定抽调一批骨干力量，创作一部歌颂当代铁路工人的现代京剧，剧名后来被定为《秦岭长虹》，以20世纪50年代修建宝成铁路为背景。该剧设计了党委书记阎兴和工程处长梁建两个主角，他们同为战友，前者开拓、勇于创新，后者保守、不相信群众。这种人物关系的设置，打上了那个时代的烙印。尚长荣在剧中饰演阎兴。为了演好这个戏，剧组赴四川广元地区

20世纪60年代初尚长荣下煤矿慰问。

嘉陵江畔的一个铁路建设工地“下生活”，与工人们一起睡“泥窝子”（即泥土糊的简陋工棚），一起参加加固路基的劳动。1965年4月，该剧在汉中西乡县首演，尚小云陪同中央和陕西省委的有关领导观看演出，其中有杨尚昆、舒同等，领导们对这出戏给予了很高的评价，同行们则给尚长荣送了个“抒情花脸”的称号。

1966年，“文革”的风暴刮了起来，尚长荣被紧急调回省城参加运动，他在艺术上的成就成了给他扣上“修正主义苗子”和“文艺黑线人物”两顶帽子的“罪证”，从此开始了他长达十年的噩梦。在“文革”中他被关过，被批判羞辱过，还经受了父亲离去的痛苦，在很长的时期里被剥夺了演戏的权利。1968年后上面才发了话，他被判定“可以教育好的子女”，允许在戏里演个“匪兵甲”之类的角色。直到1971年，陕西省京剧团启动新剧目创作，

20世纪80年代尚长荣（左三）在陕北窑洞里和农民唠家常。

决定将作家柳青的长篇小说《铜墙铁壁》改编为现代京剧，更名为《青杨寨》，尚长荣才被破格批准饰演一号主角严长盛。在排戏时，尚长荣白天被打入另册，随时要接受批判，晚上却要上台演“高大全”的英雄人物，这种“双重人格生活”对他是残酷的，当然也是一种刻骨铭心的磨炼。

苦排《曹》剧，修成正果

1976年10月，“四人帮”被粉碎，作为一名京剧艺术传人，尚长荣有一种紧迫感：尽快把嗓子恢复好，去迎接京剧艺术发展的春天。功夫不负有心人，经过了秋天和冬天的练功、吊嗓子，他的水准又恢复到了“文革”之前。1977年1月8日，为了缅怀逝世一周年的周恩来总理，他满怀深情地演唱了《周总理又回延安城》，短短的九分钟唱段轰动了西安城。中央人民广播电台播出后，尚长荣收到了许多来自全国各地观众热情洋溢的来信，人们期待着他能迸发出更大的潜能。尽管那只是短短九分钟的唱段，但它却是尚长荣重登舞台的标志，从此，他正式复出。不久，他被任命为陕西省京剧团副团长，参与剧团管理并负责艺术创作。1979年，陕西省京剧团经过反复研究，决定将著名作家姚雪垠的长篇小说《李自成》改编为大型京剧，定名为《射虎口》，尚长荣饰演主角刘宗敏并获得成功，这是他“文革”后第一次参演新编古装戏。同年，尚长荣又主演了以平江起义为题材的现代戏《平江晨曦》，他饰演彭德怀，这是尚长荣第一次塑造老一代革命家形象，剧目演出后影响很大。这些剧目的成功，使尚长荣在艺术上进入了一个创作、演出的活跃期。1983年，尚长荣出任陕西省京剧团团长，此后，他率团创排、演出了新编京剧《张飞敬贤》，该剧取材于《三国演义》中的故事，他塑造了一位既刚愎自用、又机智幽默，既主观武断、又勇于认错的文官“莽张飞”形象。这个戏在电视台播放后，对当时落实知识分子政策起到了有益作用。

这时的尚长荣，又到了人生的另一个十字路口。他在全国已是功成名就，但对他而言，当团长的“权力”是最不值得羡慕的，房子、车子的拥有也不是他最高的向往，只有艺术上的不断攀顶，才是他最快乐、最不懈，也是最高价值观

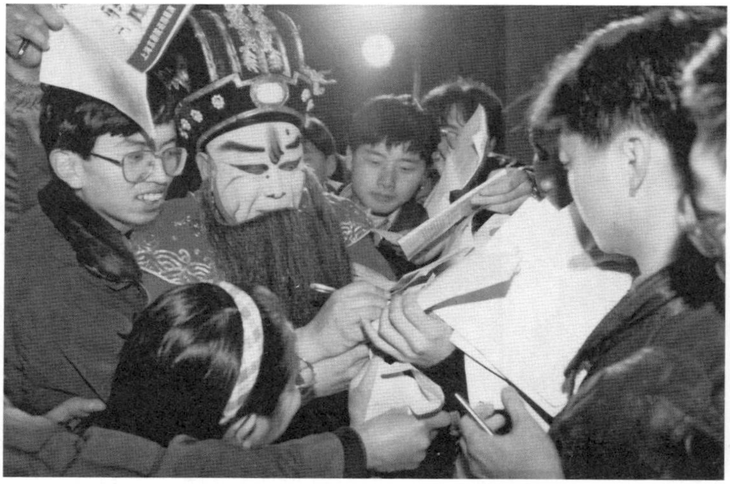

1995年尚长荣在北京海淀影剧院京剧走向青年《曹操与杨修》之首场演出后给观众签名。

温馨的家庭生活。

的追求。1987年，他终于辞掉了陕西省京剧团团长职务，改任名誉团长，可以不再去处理剧团里琐碎的行政事务，能腾出大量时间在艺术创作上寻找突破。1987年，他从团里一位朋友处看到了湖南一位作者写的剧本《曹操与杨修》，立刻被剧中这个有着多重性格的曹操形象所吸引，经过权衡，他认为受条件所限，陕西省京剧团可能排不了这出戏。于是尚长荣便在1988年1月怀揣剧本，“潜出”潼关来到东海之滨的上海，经朋友介绍找到了上海京剧院。正好上海京剧院刚调整新任领导班子，新班子上任后也在找本子，他们看了《曹操与杨修》这个剧本，认为它确有独特新意，第二天就拍板决定了排演此戏，并力邀尚长荣出演。1988年7月，上海京剧院三团正式成立《曹操与杨修》剧组，由尚长荣饰演曹操，“言派”创始人言菊朋的嫡孙言兴朋出演杨修。

排演《曹操与杨修》时正处于夏季，首先要面临的挑战就是战高温。尚长荣与所有演员一样做小品训练、写角色分析、练功练唱。那一年上海真是热，他们的排练场是京剧院二楼仓库旁的一个房间，没有空调，只有几架小电扇，但吹出的依旧是热风，身上汗水流个不停。他住的宿舍又小又闷，不透风，夜里打赤

1999年新编历史京剧《贞观盛事》在紧张排练中，尚长荣（左二）与导演探讨。

膊也没法睡。到了冬天，屋子里没有取暖设备，整天冷飕飕的，夜里盖上鸭绒被还觉得冷。吃饭是食堂，到了星期天食堂没人烧饭，他只能上街去吃，或是到朋友、同事那里“打游击”，混个一顿两顿。尽管条件十分艰苦，但他们整个创作集体劲往一处使，尚长荣更没一句怨言，一门心思扑在艺术上，他与编剧、导演以及其他演员、舞美、服装、造型、唱腔设计等人一起齐心协力，使这个戏在各方面都取得了艺术突破。

尚长荣在剧本中读出了新意，在表演中也突出了人物新的闪光点。戏在结尾的处理也别出心裁，让杀了爱妾倩娘、杀了杨修的曹操，与未卸妆的杨修一起牵手谢幕，剧场内响起了流行歌曲《让世界充满爱》的旋律，整个剧场也从肃杀、沉闷的氛围回归到和谐、友爱的融洽中来。1988年12月13日，《曹操与杨修》赴天津参加全国京剧新剧目汇演，可谓一炮打响，轰动菊坛。京津沪三地评论家称之为“新时期京剧的一场革命”，“京剧艺术探索划时代的开端”。《曹操与杨修》成功了！尚长荣也成功了！该剧的成功不仅使尚长荣的表演艺术攀上了新的高峰，更是让尚长荣做出了生平又一次重大的选择：毅然放弃在西安的一切待遇、

1999年尚长荣在新编历史京剧《贞观盛事》中饰演魏征。

2004年尚长荣在新编历史京剧《廉吏于成龙》中饰演于成龙。

级别，作为特殊杰出人才引进上海，并于1991年4月办妥了一切手续，正式成为上海京剧院的一员。

虔诚从艺，不断登顶

1999年3月，正在北京参加九届政协二次会议的尚长荣，一直心系着上海京剧院的工作，原来他正在筹划一部有关唐代名相魏征的大戏。这个戏的酝酿源自于1980年他在西安工作时看过的一部《唐太宗与魏征》的话剧，对魏征的敢于犯颜直谏和唐太宗李世民的纳谏从而联手造就中国历史上少有的贞观盛世赞佩不已，为此，他读了史书中有关魏征的一些奏疏，并请名家编写剧本。1999年5月，经他南来北往地辛勤运作，《贞观盛事》剧组终于成立，尚长荣饰演魏征，老生演员关栋天出演李世民，孙正阳、陈少云、夏慧华等京剧表演艺术家也齐齐加盟，可谓群星璀璨、人才济济。尚长荣塑造的魏征形象，努力掌握着一个度，他把魏征定位为有大智慧的明相，刚而有智，刚而有度，不是去重复包公、海瑞的刚正不阿。在音乐上，尚长荣也希望唱腔设计和场景音乐的烘托

2013年2月21日尚长荣在维也纳金色大厅演出《贞观盛事》选段。

实现一种“诗乐”的境界，大胆地让魏征唱起了《四平调》(京剧中一般用于抒发委婉柔绵的复杂情感，表现气势、阳刚的花脸行当不适用)，一段“翠涛清醇谷米香”的田园抒情唱腔，活脱脱给了“絮叨老头”魏征一个妩媚可爱的形象。

2001年，经人建议，尚长荣萌发出了要演清代清官于成龙的想法，在上海京剧院领导的支持下，《廉吏于成龙》剧组成立。2002年12月12日，该戏在上海天蟾逸夫舞台首演获得初步成功。随后，为了艺术的精益求精，尚长荣又与剧组一起对这个戏“七稿八改”，挑剔到了“走火入魔”的程度，经过几年的打磨，终成为斩获全国所有戏曲大奖的精品剧目。他感叹地说：“演员就是要虔诚演戏，诚实做人，永不自我满足，要把最好的艺术奉献给时代。”

2013年1月31日，尚长荣与史依弘在上海天蟾逸夫舞台领衔主演了经整理复排的传统京剧《霸王别姬》。2013年年中，在有关部门的支持下该戏被搬上大银幕并成为中国首部3D戏曲电影。2014年5月30日，该剧更是在美国好莱坞的杜比剧院举行了盛大的全球首映，并于2015年斩获了代表全球3D技术最高荣誉的“金卢米埃尔”奖，在世界舞台上，充分展示了中华传统艺术的风采。年过七旬的荣长尚，追求艺术的脚步仍不停息！

人生不是单行道！

——曹　雷

曹　雷：活了两辈子的好演员

胡凌虹

曹雷（1940—　），表演艺术家，上海电影译制厂一级配音演员兼导演。作品多次获文化部、国家广播电视电影部及上海市颁发的优秀译制片奖，本人获“白玉兰”戏剧表演艺术奖等。著有《远去的回响——六十部译制片配音笔记》、《随影而行》等。2010年被聘为上海市文史研究馆馆员。

八年前，第一次采访曹雷，那时已退休的曹雷很忙，不过还是会变戏法一样从沙发上掏出几个织毛衣的线球来。如今已是古稀之年的曹雷更忙了，忙着参加朗诵会，忙着帮癌症俱乐部主持活动，更忙着在舞台上排戏、演戏……最近，曹雷正忙着排话剧广播剧《谋杀正在直播》，除了演员，她还是导演之一，从早排到晚，一周只休息一天，但她乐此不疲。

在很多人印象中，曹雷是著名配音演员、译制导演，现在是跨界演出，其实舞台表演才是她的老本行。

“我一生的愿望就是当一个好演员。”曹雷在很多场合都会说起这句话。在一堆豪言壮语里，这样朴实无华的愿望，会被很多年轻演员所不屑。一些年轻演员短短几年间就成为了万人瞩目的明星，而曹雷为了实现成为好演员的愿望用了“两辈子”的努力，却也树立了后辈演员很难逾越的艺术高峰。

从小的演员梦

曹雷的父亲曹聚仁是现代著名作家、学者、记者和杰出的爱国人士，人们熟悉他在文学领域、新闻领域的成就，不过较少人知道他还酷爱戏剧。

“爷爷家教很严，不许赌博、喝酒、抽烟，甚至严到不许看戏。”曹雷回忆道。清朝末年，曹雷的爷爷考上了秀才，受到维新思想的影响，他放弃进一步应试，而是回到自己的家乡——浙江的一个小山村办学，让农家子弟来新式学堂念书。当时那个地方赌、盗的风气很盛，曹雷的爷爷带着学生把民风改变了。曹聚仁从小爱看戏，但是父亲不许，只好偷偷跟着人家去看社戏，后来虽然做了记者，但走到哪就到哪看当地的地方戏剧，研究地方戏剧。“由于爱好，父亲还给自己定了一个研究课题：中国戏剧史研究。‘文革’期间，他看到国内很多优秀戏剧作品都被批判了，十分痛心，自己编写了一部《现代中国剧曲影艺集成》，向海外介绍中国的戏剧艺术，这本书连照片带文字足有十多斤重。”

在这样的耳濡目染之下，曹雷从小喜欢戏剧。抗战胜利以后，曹雷一家从江西搬回到上海，住在虹口区溧阳路，离熊佛西院长办的国立剧专不远。20世纪40年代国立剧专经常演戏，曹聚仁常带着曹雷去看。那时曹雷还在上小学，有一次参加演讲比赛，父亲特地为她写了一篇演讲稿《我要当个演员》。让曹聚仁高兴的是，曹雷从小就显现出表演天赋来，三岁多就在幼儿园舞台上演出，从小不怯场。曹雷父母虽然心里得意，但是从不当面夸她，不断跟她讲演员要有真本事。一次，曹聚仁的一位学生过来拜访，看到曹雷，不禁夸她："小妹妹，你长得好漂亮啊！"不料，曹雷非但没有沾沾自喜，反而回了一句："漂亮又不能当饭吃喽。"让人刮目相看。

喜欢戏剧的曹聚仁找到了"小知音"。有一次，电台连播《雷雨》的话剧录音，曹聚仁就兴冲冲地买回一本曹禺的《雷雨》剧本，翻到播的那一段，与女儿一起边看边听，那天播的正是周朴园和鲁妈的词。电台播完了，曹聚仁说："我来跟你对对台词。"于是他念周朴园的词，让曹雷对鲁妈的词。至今曹雷依然清晰地记得那温馨有趣的一幕。

50年代，曹聚仁去了香港工作，曹雷进了复兴中学。在中学里，课外的文艺活动搞得很活跃，曹雷成为戏剧组的积极分子，他们自己写剧本、做道具、排演话剧，还参加市里面的学生汇演。也就是在复兴中学，曹雷第一次"触电"。高一时，她被导演刘琼选去演电影《两个小足球队》里的班

1946年曹雷和父亲在上海。

1950年曹雷打腰鼓，弟弟景仲和景行（左、右）扭秧歌。

长。白天拍戏，晚上由学校老师给他们补课，没课的时候，他们就混入上海电影局看内部电影。

那是一段很美好的经历，但拍完电影后，曹雷却隐隐约约觉得自己不适应镜头面前的表演，“电影是导演的艺术，镜头出来的东西总跟我想的不一样，我更喜欢舞台上的表演，跟观众有交流”。

虽然这只是一个模模糊糊的感觉，却让她在上海戏剧学院向她伸出橄榄枝时，立马放弃了北京电影学院的第三轮面试机会，之后虽有电影学院的老师主动上门劝说，曹雷还是坚持原来的选择。

熊佛西院长不给面子的“一课”

曹雷如愿以偿地进了上海戏剧学院，但是很快遇到了难题。复兴中学舞台上令同学艳羡的“白天鹅”，到了上戏却发现自己成了“丑小鸭”。“到了上戏，才发现自己条件并不好，首先语言不好，前后鼻音、平翘舌音不分，被同学取笑。那个时候也没有推广普通话，家里面爸爸说的是浙江话，妈妈说的是上海话，外婆说的是苏州话，而中学里上课的很多老师说的都是方言，从小到大没有一个好的语言环境。但班里很多同学是从文工团里考进来的，舞台经验很足。我之前没有受过形体训练，他们笑我戏曲表演动作像跳集体舞。我的声乐也不好，一年级声乐考试不及格。”曹雷非常坦诚地告诉我。

因为读书早，曹雷是班上年纪最小的一个，但她志气不小，一心想着要当个好演员，她暗暗下决心，奋起直追，下的功夫比谁都多。

1958年，学校组织师生到农村宣传总路线，曹雷与同学们跟农民同吃、同住、同劳动，结果把肝炎给“同”过来了，她不得不休学半年，因此留了一级。不过等她重新再上一年级时，心里反而有底了，开始明白该怎么学。“那一年，学校在农村办学，没有太多诱惑、干扰，一天练三遍功。小品里演农村姑娘、养猪姑娘，你演得不像就去隔壁的猪圈养两三天猪，就演像了。”曹雷笑着回忆道。

在农村，曹雷苦练台词、形体，很快出类拔萃，“丑小鸭”开始蜕变了。临毕业时，全班排三部毕业大戏，曹雷被委以重任，在《玩偶之家》中演娜拉，在《桃花扇》中演李香君，还在《上海屋檐下》中演一个小男孩。

虽说小时候看了不少外国名著，但是真要在舞台上把娜拉"立"起来，曹雷感到了压力。排戏前的那一个暑假，同学们都回家了，曹雷一个人仍住在学校，看易卜生所有的剧本，在图书馆、资料室查看当时能看到的所有的国外画报，在这些形象资料中寻找人物的感觉。

《玩偶之家》是熊佛西院长亲自给他们导演的，这位易卜生专家要求非常严格。曹雷清楚地记得，剧中，娜拉跟阮克大夫告别时一句简单的话，熊院长觉得曹雷说的时候的感觉不对，跟阮克大夫的人物关系不对，就让她反反复复念了整整一堂课。但这还不是最严厉的"一课"。

到了《玩偶之家》彩排那天，台下坐满了观众，不少人来自文艺院团、电影厂。曹雷演的娜拉第一个出场，拿了很多圣诞节礼物，高高兴兴回家，不料曹雷刚出场两分钟，坐在第一排的熊院长忽然站起来说，"曹雷，你的感觉不对，回去重新出来，闭幕！"台下观众被惊到了，鸦雀无声，台上的曹雷更是犹如五雷轰顶，不知所措。这时她的班主任赶忙从边门跑到后台"救场"，安慰并鼓励她："啊呀，这个熊院长怎么好这样子啊！你不要管，你自己好好想想，你是娜拉，你从哪儿来？到哪儿去？你要去干什么？好好想想，我们再来！"曹雷静下心来，寻找感觉，第二次开幕上场，感觉就比较准了。"这次彩排，我一辈子都不会忘记，对我来说，是很受打击的事，但这一锤子打得很重要。以后我每次演戏前都会先找准人物的内心动作。"

那时的曹雷忙碌而兴奋，一会儿踩着高跟鞋演娜拉，一会儿又穿着软底鞋演《桃花扇》中的李香君。"爸爸听说我演《桃花扇》非常高兴，因为他一直很喜欢孔尚任的《桃花扇》，会联想到很多他自己的经历，因此特地把孔尚任的曲本以及他的体会都寄给我。"

《桃花扇》是部中国古典戏，戏中有一段她在侯公子面前唱昆曲的情节，曹雷好不容易把戏曲里的身段、声腔学好了，但作为导演的教务长朱端钧并不满意，在排练场上不急不慢地说："曹雷啊，你懂不懂挑逗啊？你唱这段是为什么呀？旁边侯公子在那儿啊！”

“挑逗？”听到这个词，单纯的、才二十岁刚出头的曹雷不禁一愣，脸也有些发烫。但是她很快理解了，李香君是位名妓，“老师要让我们了解，唱这段戏的目的是什么，人物身份是什么。后来我演其他戏时，还会想起当年熊院长、朱教务长的指点，要理解人物内心、人物关系。包括当配音演员时，不仅要把台词说准确了，还要寻找语言背后的东西。”曹雷笑着回忆道。

毕业公演很成功，有上海人艺的演员看完戏后回去说：“啊，上戏又出了一个演员。”这个评价让曹雷倍受鼓舞。曹雷期盼的演员之路正向她敞开，然而命运往往如此，当梦想在你眼前触手可得，让你倍感欣喜、充满期待之时，又忽然消失得无影无踪。

坚强地应对接踵而来的厄运

《桃花扇》公演还没有结束，曹雷就被上海电影制片厂借调去拍电影《金沙江畔》。到了摄制组，很会演戏的曹雷一时很难适应。舞台上因为与观众距离远，表情要夸张，表现思考时，眼球要从这边转到那边，可是在摄像镜头面前，一个特写，表情就骇人了。第一批片段洗印出来，曹雷看了后跑回住处大哭了一场，“我不会演电影，我该怎么办！”好在曹雷年轻，认真跟着老演员学。这段拍摄经历很艰苦，每天早晨4点多曹雷就要起床化妆，因外景地在康藏高原，不时有高原反应，雪山上冷到零下三十多度，一两个月无法洗澡，还长了一身虱子。幸运的是，曹雷也借此剧收获了一段美好的姻缘，当然这是后话了。

电影拍完后，曹雷回到学校，那时的毕业分配完全是学校决定的，原本曹雷被安排去上海戏剧学院实验话剧团，不料在曹雷出去拍电影时，实验话剧团从上海戏剧学院独立出去了，成立了青年话剧团。当时学校方面认为，学校还是应该有个剧团，就又成立了一个教师艺术团。曹雷，这个几届毕业生中唯一一个各门功课全五分的学生，就留校任教并成为教师艺术团的成员。她服从组织分配，当老师也没有二话。

只要有戏演，曹雷就很高兴。艺术团要排《威尼斯商人》，他们做了很多前期准备工作，不料市里面精神下来，要“大演解放十三年，大演现代剧”，外国戏都停下来了。他们就改排由学校老师陈耘任编剧的《路》，之后成为风靡一时的《年青的一代》，曹雷在剧中演林岚。

后来《年青的一代》被改编拍成电影，曹雷又担任了电影中的林岚一角，拍完后就被调到上海电影制片厂。这是让多少人艳羡的机会啊，但曹雷却为此哭了一场，最初她因为喜欢舞台艺术而没去北京电影学院，但是命运却像开玩笑般又把她放到电影行业里。可惜那时根本没有选择的权利。刚到了上海电影制片厂，曹雷就跟着剧组去安徽深入生活，参加社教，准备拍摄一部反映农村生活的戏，在定远县农村待了八个月。然而这个戏还没开始拍摄，“文革”开始了。

曹雷的父亲曹聚仁多年担当海峡两岸最高层领导的联系人，但因为身份是保密的，曹家便成了一个有海外关系的神秘家庭。曹雷被认为是“女特务”、有“里通外国”之嫌。当时还有人来抄家，抄走了曹聚仁的一千多封家书和其他物品。曹雷的母亲觉得此事非同小可，怕被抄走的家书中泄露某些国家机密。于是曹雷来不及跟单位打招呼，只身赶赴北京，打算找中央反映情况。

到了北京，人生地不熟的曹雷找到了中学同学李德铭。1957年，李德铭以华东区第一名的成绩考取了中国人民大学新闻系，毕业后在中央广播事业局对外部（即中国国际广播电台）工作。1963年某天，李德铭骑车路过北京王府井，忽然被电影《金沙江畔》的海报吸引，海报上那个大大的女主角头像不正是老同学曹雷嘛。抱着试试看的心理，李德铭给曹雷写了封信，寄到了上海电影制片厂。不久后，他收到了曹雷的回信。就这样，老同学间开始了书信往来。

李德铭安排曹雷住在中央广播事业局招待所，又陪着她到处跑，直至把申诉书送进了中南海，转到了总理办公厅。之后抄去的一些物品被退回来了，但曹聚仁的一千多封家书却如人间蒸发般没了下落。不幸中的幸运是，曹雷找到了后半辈子的依靠，李德铭非常关心恶劣环境中的曹雷，不断写信开导鼓励她。于是，话越说越多，心越走越近。有一天，李德铭来到上海出现在曹雷面前，劈

1962年底拍电影《金沙江畔》，曹雷（前右）与向梅（前左）等在雪山拍外景。

1962年曹雷从上海戏剧学院毕业。

1964年曹雷在电影《年青的一代》饰林岚。

头就问：“你愿意跟我结婚吗？”那个时代，对于“黑五类分子子女”曹雷，人们大都急于跟她划清界限，唯恐避之不及，但有着过硬的个人条件的李德铭却请求跟她结婚，曹雷很感动，她觉得李德铭是个可以托付一生的人，便答应了李德铭的求婚。但是，曹雷单位掌权的造反派却不同意开具结婚证明，还把李德铭叫去训话：“你知道曹雷是什么人吗？”李德铭也恼了，叫板道：“我们六年同学，我怎么会不知道？我们电台是涉外单位，都给我开了证明，你们凭什么不开？”对方无言以对，只得为曹雷开具结婚证明。1967年，曹雷在母亲的陪伴下去北京跟李德铭结婚。但由于当时的政策，李德铭无法调回上海，两人只能两地分居，一分就是六年。

1970年，曹雷正在干校劳动，因为声音语言条件出色，被上海电影译制厂借去给中央交办的“内参片”配音。完成配音任务后，曹雷回到干校，也是因为声音语言条件出色，被工宣队看中调到大批判组，让她在

1968年曹雷与丈夫李德铭在天安门广场。

大会上领喊口号，念批判稿。她实在无法继续忍受这样的环境，就借着毛主席对上海赤脚医生的批示，打报告申请下乡去体验生活、创作反映赤脚医生的戏。正好当时中央要上海拍摄“文革电影”，反映工人、农民题材的电影各一部。农村题材的就选中赤脚医生。这样，曹雷就被调到赤脚医生的创作班子去了。虽然曹雷和同事认真深入生活，创作剧本《赤脚医生》，并反复修改多稿，但领导一直不满意，说只写了些好人好事，没有反映出“文革”的必要性，最后干脆直接让市委写作班子把剧本拿去改写，还不让原创者过问。之后拍成了《春苗》，但这已与曹雷他们无关。后来“四人帮”垮台，《春苗》成了“大毒草”，曹雷等原创者受到牵连，又遭到批判。

曹雷在政治的漩涡中挣扎着，终于熬到十年浩劫结束，但并没有立刻等来她人生的转机。“大毒草炮制者”的阴影仍笼罩着她，因为对她有偏见，曹雷无法回到演员组，而是被调去摄制组当场记。曹雷没有灰心，做场记也很认真，很快被一部儿童电影的导演邀去，当起了副导演。在曹雷的努力下，生活似乎有了起色，然而命运又残忍地给了她一击：这时她被查出患了乳腺癌。曹雷坚强地迎接了命运给她的又一次挑战，住院、开刀，没掉一滴眼泪。在十几人一间的病房里，她学会了笑对人生的苦难，甚至还学会了讲笑话。

在译制厂开启第二次艺术生命

四十一岁患了癌症，虽说“犟过恶魔”，但是曹雷的身体状况不允许她下摄制组，无法再从事电影事业。“啊呀，曹雷这辈子完了，演不了戏了。”同事们纷纷惋惜地叹道。

曹雷无奈地从上海电影制片厂里病休回家，但是心有不甘，“难道我这辈子就这样啦？我还没有开始干呢！”想起了之前配音的美好经历，曹雷有了去上海电影译制厂工作的想法，当时的厂长陈叙一立刻表示欢迎。由此，曹雷开启了第二次艺术生命。

当时正是译制片的黄金时代，各种各样的角色像潮水一样涌来。曹雷兴奋地在人物的海洋里游泳，而且她欣喜地发现，过去学习的表演、声音、语言，完全用得上，而且舞台上、银幕上接触的角色有限，但是通过配音可以接触各种各样的人物，了解更多国外著名的好演员，并融入他们的创作中去。

因为觉得之前丢失了太多光阴，曹雷开始没日没夜地工作，心情也好了。她为《非凡的艾玛》、《爱德华大夫》、《最后一班地铁》、《蒲田进行曲》等译制片中的女主角配音。与她一起配音的同事都说：“曹雷配音路子宽。”贵妇人、女巫、知识分子、妓女、纯情少女甚至老年痴呆症病人，各种身份和性格类型的角色曹雷都配得惟妙惟肖。躲在幕后，摆脱了演员本人形象对自己的束缚，创作天地一下子变得广阔起来！曹雷还被称为“女王专业户”，因为她配过译制片《茜茜公主》中威严无比的“苏菲皇太后”，配过《大明宫词》中的武则天，配过《汉武大帝》中的窦太后和《苍穹之昴》中的慈禧太后，中外的女王、皇后、太后配了十多个，每个女王都有各自的声音特色。

我们都知道，一个人的声音变化是有限的，曹雷如何能使自己的声音千变万化呢？我提出了心中的疑惑。

曹雷认真地回答道："声音变化有限，但感情是可以千变万化的，把角色心里的东西琢磨透了，跟着人物的感情变化走，声音与角色就能吻合。观众认可影片中的人物，忘了有配音，这样就成功了。配音有局限，没有表情也没有形体动作，只能靠声音与语言来塑造人物，但表演方法是一致的，所以叫配音演员，而配不好人物的就只能叫配音匠。作为配音演员，你得全身心地找感觉，非常了解戏的背景、时代，这个人物所处的阶层、职业。这个人就是这个人，是独特的，跟别人不一样。"

1987年导演译制片《战争与和平》时，曹雷（右）与孙道临在录音棚。

有一次，曹雷到大学里做讲座。之前别的配音演员一上台讲几句话，台下就鼓起掌来喊着：某部电影里配的谁谁谁。但是曹雷上了一两个小时课，学生还会问她："曹雷老师，那您配过什么角色？"曹雷告诉他们配过谁，学生们很惊讶："啊，这是您配的？"曹雷又接着说，还配过谁谁谁，他们更惊讶："啊，这也是您配的？"

也有朋友善意地提醒曹雷："你这样比较吃亏，不容易出名。"但是曹雷心里却很欢喜。"好的配音演员，不能老想着自己的声音，要让观众把你忘了，只跟着剧中人物走，使剧中的人物因为你的配音更有光彩，这才是我作为配音演员要追求的。"这样的想法，其实跟她从小想做一个演技派演员的梦想是一脉相承的。"我时刻牢记着老师经常告诉我们的：要爱心中的艺术，不要爱艺术中的自己。好演员应该化在角色里。到了配音岗位，我也不要做配音明星，哪怕有的角色声音是丑的、怪的，只要角色需要，只要我觉得有意思，我就愿意去试，愿意突破自己。"

2013年曹雷与老友在上海电影博物馆。左起：赵慎之、程晓桦、刘广宁、曹雷、苏秀、童自荣。

后来，曹雷又担任了《斯巴达克斯》、《战争与和平》、《看得见风景的房间》、《柏林之恋》等译制片的导演。她担任译导的影片、电视片不下三位数。有演员说曹雷当导演时在配音棚里很凶，其实她是要求高、要求严。“一部片子是一个整体，如果上面的螺丝钉，这里也松，那里也松，就出不来一个完整的东西。我做一件事情，花了时间、心血，总是要尽量做好，至少我觉得对得起花在上面的那段生命。”

重返舞台，绽放第二春

虽然在配音事业中如鱼得水，曹雷还是念念不忘舞台。20世纪90年代初，日本东海大学教授叶千荣带着剧本《护照》，找到曹雷和李家耀，排了一部两个角色、中心舞台、四面观众的戏，开了小剧场的先河，当时是内部演出，没有对外售票，但在文艺界引起了轰动。1992年，曹雷在话剧《夫人与友人》中

1992年曹雷在话剧《夫人与友人》饰宋庆龄。

成功扮演了宋庆龄；1996年，曹雷在《清宫秘史》中饰演慈禧太后。后来，曹雷和娄际成合演了《老式喜剧》，一口气演了44场，曹雷也借此获得第二届“佐临话剧艺术奖”最佳女主角奖。

在话剧《孔繁森》中，曹雷饰演孔繁森妻子，凭借出色表演，得了“白玉兰”戏剧表演艺术奖。有观众问她：“你是配音演员，怎么演山东农村大嫂演那么像？”曹雷笑笑，淡然地说：“因为有童子功嘛！”她指的是以前多次去农村生活，认真积累的生活体验。其实，岂止是童子功，演戏本来就是曹雷的老本行，只是因为后来演戏少了，配音事业又非常出色，更多的人记住了曹雷作为配音演员的身份。

豆蔻年华初露锋芒，在本该尽情绽放的年纪，接踵而来的厄运硬生生地掐断了曹雷的演员道路，然而她的梦想没有熄灭，到了本该退休回家颐养天年的年纪，曹雷抓住机会，开始绽放她演艺事业的第二春。在上海电影译制厂的十几年，正是中外电影、电视剧繁花盛开的时期，曹雷配过大小角色近千个，从中获得的感悟又成为曹雷舞台表演的养料。

如今，曹雷已是古稀之年，依然活跃在舞台上，还参演了五部根据阿加莎作品改编的系列话剧。在《原告证人》中曹雷只有十五分钟的戏，她还是精心准备。此戏共有三十八个角色，有评论家在文中专门称赞了曹雷饰演的这个只出场一次的角色。

“每个角色的塑造我都会尽心尽力，即便是一个小配角。我当演员的期望就是，能在舞台上真正做一个演技派的演员，而不是明星类的演员。”曹雷说道。

有观众对曹雷说，看了她演的戏后爱上了戏剧。至今还有观众记得曹雷在复兴中学礼堂舞台上演的《米拉姑娘》。排《万尼亚舅舅》时，外国导演不止一次指着曹雷对翻译说：“这是一个好演员。”这样的反馈、评价对于曹雷而言，比什么都重要。

命运似乎对曹雷并不公平，让她受尽磨难：“文革”开始，她被卷入政治的漩涡，之后厄运接踵而至，第一个孩子流产，第二个孩子刚生下不久就因医疗事故夭折，到了可以重新开始专业工作之际，又患了乳腺癌……

然而，坐在我面前的曹雷，头发虽已斑白，但神采飞扬，乐观从容，很难看到岁月和苦难留下的痕迹。在几次访谈的过程中，曹雷经常会爽朗地笑，是那种发自肺腑、敞开胸怀的笑，像被擦拭过的镜子般，透亮、清澈，毫无遮掩。

“无论是顺境还是逆境对我而言都是财富。当我因为创作反映赤脚医生的戏而被批判时，我以为是最低谷，其实也正是从赤脚医生处学到的一些本领让我之后能自己发现癌症，尽早治疗，最终救了我的命。生活中我遭遇了很多磨难，但是反过来也帮助我在舞台上更好地塑造各种角色。”曹雷真诚地感慨道。

我问她：“到了这个年纪才开始真正踏上舞台，有遗憾吗？”

曹雷微笑着回答道：“其实当年很多年轻演员刚进厂就遭遇‘文革’，一部片子都没拍。而我到了七十多岁还能演戏，我觉得很充实、很踏实，我实现了自己的演员梦。这样的生活足够了。”

著名译制片演员苏秀曾对曹雷说：“人家活一辈子，你活了两辈子。”曹雷没有屈从于命运帮她安排的灰暗的一辈子，而是用自己的执著坚强，灿烂地活出了另一辈子。

要学画，先学会做人。

——王兆荣

王兆荣：春发其华，秋收其实

张建华

王兆荣（1941—　），擅长国画、书法。先后有十四幅作品参加全国性美展，曾任上海美术馆学术部主任、刘海粟美术馆副馆长。现为中国美协会员、中国书协会员、中央文史研究馆书画院研究员、一级美术师。2003年被聘为上海市文史研究馆馆员。

对于王兆荣，我们不妨去细察一下他一生成长的轨迹，不带偏见，也无须夸大，就不难发现他在为人上的修炼和良知上的感悟是怎样形成他今天这般的艺术人生。

王兆荣从小就喜欢画画，一发蒙就涂鸦。父母亲虽有点文化，但不懂艺术，家境也不宽裕，儿子能画画，父母引以为荣，总是支持、鼓励，竭尽所能为他创造一些条件让他自由发展。父母亲做人严谨、诚实，没有一点坏心眼，王兆荣庆幸自己有一个好的遗传。从小学到高中都是在上海杨浦区度过的，所遇到的老师都非常纯朴敬业、爱生如子，同学之间也都坦诚友善，数十年情谊不变，至今还保持联系。中学时，多才多艺的王兆荣就展露才华。他是校学生会宣传干部，主要是办校刊《时代鼓手》，校刊名字很大，其实组稿、刻钢版油印、办黑板报常常是王兆荣一个人，他废寝忘食，从无怨言。校团委书记、学生会主席都是他的同学，常常陪在身边；班主任黄素凤心疼这些学生，常从家里拿些吃的来先填填他们的肚子；回家后总有父母准备好的饭菜等着他。质朴的师生情感、真挚的同窗友谊和父母天长地久的爱对王兆荣人格的培育成长有着不可或缺的意义。王兆荣有才又重情义，学校有需求，他就承担。那时他还为校学生剧团写过一个剧本叫《病》，在上海市中学生文演会得到过二等奖。高三时，适逢上海青年报和上海美协联合举办"华东地区青年美术创作竞赛"，学校鼓励他参加，又获二等奖归来。他还特别喜欢文学，中学时代，把中国古典名著和许多世界名著都看了一遍，尤其喜欢俄罗斯文学、艺术，性格成长也受到影响。

转眼到高中毕业了，艺术院校提前招生，学校鼓励王兆荣报考中央美术学院。1960年中央美院中国画系在上海只招一个人，王兆荣开始有些胆怯，老师、同学都寄希望于他，于是他壮着胆子报了名。主考老师是中央美院油画系尹戎生教授，后来他告诉王兆荣并让他记住，他能考上不是靠技巧和成绩，主要是因为他的为人品行，他的母校竭力推荐是他走进艺术殿堂的关键。高考期间，王兆荣在等正式通知时，因为心急得了一场大病，高烧在40℃以上，尹老师去看望王兆荣，并告诉他要沉住气，不要担心着急，已报上去两个人，一个是他，一个是南京军区的军旅画家。王兆荣听了更着急。尹老师又宽解他，说他们两个都会被录取，可能一个要到美术史系去，所以要他表个态。王兆荣当即就表态，只要能进美院无论进哪个系全听校方。后来材料到了中央美院，国画系系主任叶浅予明确表示要王兆荣，至于那位军人，叶浅予则认为已经画得不错了而且形成了自己的套路，不好教也不用教了。终审权在上面，教育部大笔一挥划去一人，那年一律不招现役军人，王兆荣说他是侥幸进了中央美院。一晃五十多年过去了，重提此事，王兆荣是为了让自己终身记住：一辈子如何做人很重要。

王兆荣的艺术人生，主要有三段经历，在中央美院、在江西和回到上海后。

师长言传，学画做人

一进中央美院王兆荣就聆听了时任党委书记陈沛的报告，他说："进了中央美院，不要以为将来一定就是艺术家了。美院只是为学生将来能否成为艺术家，提供一些必要的基础。除了造型能力、理论基础外，还包括如何深入生活，与工农兵结合；如何参加劳动锻炼和社会活动；如何收集素材进行创作练习；还要学习政治和姐妹艺术，加强政治文化修养，学会如何做人。但这仅仅是基础，至于将来走出校门能否成为艺术家，那要看你们自己怎么去努力了。"这番话王兆荣牢记至今，无论身在何方，他都是这样努力去做的。

中央美院国画系有四大名教授，叶浅予、李可染、蒋兆和、李苦禅，还有李斛、郭味蕖、刘凌沧、宗其香等名师。王兆荣的同学中有贾又福、王怀骐、孟庆江、张广等，高班中又同在一起上课的还有马振声、陈行、周思聪等。据王兆荣回忆，当时他基础差，又不善言辞，不懂交际，是一个很不起眼的学生。农村长大的贾又福曾说过王兆荣，从上海来却又不像上海人。在这么好的学习环境里王兆荣暗下决心，发愤学习，有时连寒暑假也不回上海。五年大学生活，虽然清寒，但充实。在校期间，王兆荣打下了比较坚实的造型能力和传统绘画的基础，并注意理论修养和创作实践的锻炼。1962年寒假与同班同学一起完成了北京民族文化宫大型壁画《民族大团结——毛主席和各族人民在一起》的制作。1964年夏随文化部新疆石窟艺术考察团赴新疆三个月，对库车、拜城、吐鲁番等地的石窟壁画进行考察、临摹，所临摹作品均被故宫博物院、新疆博物馆收藏。"文革"中许多石窟壁画被毁，这些临摹品已成孤品。在校期间他还对西安永泰公主墓、甘肃敦煌、山西永乐宫、北京法海寺等地的壁画进行观摩学习。王兆荣参与为北京民族文化宫绘制壁画，第一次分到一笔当时已非常可观的近一百元的稿费，王兆荣认为自己已申请国家助学金，他毅然把稿费如数上交，院团委书

1964年王兆荣在新疆石窟临摹壁画。

20世纪60年代王兆荣（右）与蒋兆和在中央美院课堂。

20世纪80年代在全国美代会王兆荣（右）与叶浅予合影。

记找他谈话，说这是他劳动所得可以不交，与是否拿助学金无关，他还是坚持初衷如数上交了。那时王兆荣就这么单纯、朴实。他的老师们也一样，心地纯厚，对于名利都很淡泊，更耻于炒作。让王兆荣铭记于心的就是那些质朴透明、可亲可敬的恩师，他们的言传身教、潜移默化，让他受益终身。

那时名教授也要坐班、上基础课，还要与学生一起背着行李下乡，参加劳动和艺术实践。蒋兆和先生沉默寡言，他上基础课时，在课堂里常常一待就是四个小时，对着模特，一边画给学生看，一边慢条斯理、反反复复讲述他的经验。对待荣誉和地位，蒋兆和先生总是能让就让，心里永远装着别人。在学术问题上，他有自己的独特见解，对于无聊的争论却从不参与。他的宏伟巨制《流民图》，如今悬挂在中国美术馆最显眼的一面墙上，是中国现代人物画的顶峰，但“文革”中却因此被诬陷为汉奸，他沉默以对，宁可挨打也从不“诬陷”别人半字，对于死亡更是看得淡淡的，不要墓碑、不要花圈……蒋先生的这些高尚情操深深地感染着王兆荣。叶浅予先生潇洒、豁达、耿直，说话、做事从不拐弯，是有名的倔老头。看不惯的人和事，不管是多大的权贵，或是曾经教过的学生，他都毫不客气地给予指责。他与蒋兆和先生在素描教学等领域的学术观点不尽相同，但互相尊重。蒋先生解放后画不多，但画出《杜甫》后，又让画坛一振。叶浅予在全校上大课，竭力推崇、赞赏他。这些教授执著而又坦诚，一辈子正派，人生充实而又有光辉！

叶浅予当了三十多年国画系主任，培养了无数学生。国画系他每天必到，踏着轻盈的“舞步”，各教室都要走走看看，转上一圈他才放心。“文革”中，叶先生受尽苦头，曾被带铁钉的皮鞭抽打，一鞭子下去就是一道血口，后又被关进监狱近十年。“文革”结束后，他回到创作、教学岗位上，依旧乐观、豁达。扣了他十年的工资补发后，又如数交给国画系作为奖学金，当他乔迁时已身无分文，便向荣宝斋借钱搬家。就是这样的老师和艺术家让王兆荣的心灵受到震撼和激励。叶浅予直到晚年还记得王兆荣的名字，缘于“文革”期间老师都被打倒了，王兆荣返校后看到叶浅予在操场上扫地，四顾无人，便斗胆走到叶浅予面前说了句“叶先生您多保重！”叶先生瞪了他一眼说：“唔！你快走吧。”在不寻常年代说的这句话，让叶先生在记忆中一直没有忘记这个学生的名字。同时王兆荣在厕所里看到已白发稀疏的李苦禅在冲刷粪池，恻隐之心油然而生，凑上前去说了句：“李先生我喜欢你的画，想要一张做纪念。”李先生茫然以对，什么也没有说。那个年代，李先生分不清这么说是好意还是准备恶搞，事后叫儿子李燕打听那个人。若干年后，李燕在上海碰上王兆荣并告诉他，那时他就知道父亲说的“那个人”是王兆荣，非常时期跟他爸要画，对他爸来说是莫大的安慰。

李苦禅先生侠骨禅心，穷学生常受到他额外接济。他一生光明磊落，豪爽大度，学生都喜欢他。刘凌沧先生是传统技法教授，一生自谦低调，他恨不得把自己知道的毫无保留地教给学生。在他八十岁时，王兆荣和在河北的同学王怀骐到他简陋的住所各叩了三个头，以谢师恩。这让老师老泪纵横，说这辈子有这样的学生知足了……

几位恩师性格迥异，却都为人真诚，他们的人品和师德在很大程度上为王兆荣树立了榜样，甚至影响了他一辈子。

恩师点拨，成功转型

李可染先生非常严谨、纯厚，且又睿智，是学者型老师。在学校里，王兆荣很少有机会上他的课，因为他主要带高班山水科的学生，常在艺术实践中教学。在王兆荣的印象里，李可染先生话不多，一句是一句，都是从实践经验中总结出来，很精辟、很深刻，一进美院都在传抄他的话语录，王兆荣也跟着抄。王兆荣与李可染先生有着很深的缘分。1977年王兆荣在江西美协工作，有机会陪李可染先生上井冈山、庐山，近二十天，几乎日夜都跟他在一起。后来王兆荣用日记体写了《李可染先生井冈山、庐山行程纪实》，分别收进两本纪念文集——《回忆与怀念》(吉林美术出版社)、《百年可染》(凤凰出版社)，这是李可染辉煌一生的重要片断。那年李可染正好七十岁，请上海的唐云先生操刀为他刻两方印章，“七十始知己无知”和“白发学童”。在井冈山他曾两次意味深长地跟王兆荣谈话，要他转型发展。一是要王兆荣放弃人物画创作，改画山水画。王兆荣原来在中央美院以学人物画为主，是叶浅予工作室的，毕业后人物画也颇有成就。70年代王兆荣的作品《毛主席重上井冈山》参加双庆全国美展后，全国许多重要出版社都出版了，收入大型画集，并被外交部收藏。《朱德与兰花》即《井冈岁月》获江西美术创作一等奖，也入选许多画册，还画了著名的《铮铮铁骨》(方志敏)、《庐山云雾》(彭德怀)。这些李可染先生都知道，他考虑了好久并说了很多道理，希望王兆荣不要犹豫，尽快转到山水画上来。后来王兆荣又征求叶浅予先生的意见，叶先生思索之后很快做出判断，对王兆荣说了“看你性格和将来的发展，李可染的建议是正确的，要转向就赶快转”的意见。李可染在井冈山又与王兆荣深谈了一次，要王兆荣尽快地从事务堆里走出来，专心画画。尽管他知道王兆荣在江西美协工作很有成就感，领导也很重视信任，但他认为画家主要是画画，一个画家没有一点社会地位和职务、职称，会有屈辱感，但那些毕竟是次要的，那些作用也是有限的，画好画才是本分，是最主要的。知徒者莫如师，是李可染改变了王兆荣后半生的艺术走向，之后他还一直在关心着王兆荣。1979年李可染第一次招研究生时，曾请当时国画系书记姚治华写信给王兆荣，让王兆荣去报考他的研究生，1989年李可染在北京对王兆荣和其他同学说过这么一段话："王兆荣能慧眼识人颇具胆识，但他很少谈自己，宣传自己，这是长处，又是不足之处。如果他有什么缺点的话，就是在艺术探索上不够勇敢，我一直认为他会画得很好的，这需要时间，需要他自己的勇敢和你们在京同学们的帮助。"李先生还对王兆荣承诺说，等他将来出大画册时，要用毛笔给他写前言。1989年12月5日，李可染在北京突然去世，王兆荣立即赶赴北京，最后再见恩师一面，新华社曾请李可染的学生开了一次追思会，黄润华、张凭、周思聪都参加了，王兆荣在会上只说了一句话："老师怎么对待我们的，我也怎么对待别人。"

20世纪80年代王兆荣（右）拜访老师李可染。

挖掘人才，甘当伯乐

王兆荣在人才的发现和宣传上能慧眼识人，颇具胆识。1965年王兆荣毕业了，本应哪里来就回哪里去，但那几年上海不要人，他服从分配，二话没说就到江西报到去了，一去就是廿九年，那是他一生最好的年华，他把青春都留在那里。他曾在省文艺学校、省电影公司、省展览馆、省文化工作室工作过，变换岗位都是组织安排，最后省文联恢复，就把他安排在省美协，后来王兆荣又筹备成立了省书协，从干事做起一直到主持工作。那时王兆荣年轻有朝气、有胆识，认准了的事，不顾一切地去干。江西有个著名作家胡平，曾以《一个想把江西做大的上海人》为题，写了一篇长文，在《江南都市报》上登了两个整版，题目是夸大了，内容却是真实的。王兆荣的同学薛永年在一篇评论他的文章里写道："……在全国美展中见其佳作频传，喜其英才勃发，脱颖而出。接着又闻其慧眼识人，在省美协、省书协岗位上不断发现人才，不仅拔擢陈丹青于困境，而且传扬盛世遗贤黄秋园、陶博吾于天下，不愧为画坛伯乐……"

王兆荣发现黄秋园还有个小故事。那时王兆荣在江西美协，在广场北路的一个花木商店看到了一张山水画《井冈山朱砂冲》，很是惊讶，觉得江西没有人能画到这个水平，就问这是谁画的，店员说是南昌的一个已故的银行职员。王兆荣后来找到老人的家，那时黄秋园已过世，他家人一下从抽屉里拿出几张画，一下又从床铺下摸出几张画，往日生炉子还烧掉了一些画稿。王兆荣这才发现并相信有一个一世清贫却造诣极高的画家——黄秋园！他到处奔走呼吁，不遗余力地去宣传黄秋园。当初因为黄秋园是业余画家、银行职员，连省美协会员都不是，在江西很难宣传开，之后在王兆荣的努力下，1984年黄秋园的画在南京展出（那时全国美展在那里），1986年到首都中国美术馆展出，1988年王兆荣又带队到香港大会堂展出，并在香港大会堂演说厅作了"论黄秋园的生平与艺术"的演说，结果"墙外先开花"，黄秋园的身世与艺术引起了轰动效应。当年几乎所有大家都对黄秋园的画发出了由衷的赞赏。李可染发出了"国有颜回而不知，深以为耻"的感叹，刘海粟给江西省委写信："黄秋园是江西人民的优秀儿子，也是我中华民族杰出的艺术家……"建议出大画册、建纪念馆，但在当年江西还没有接受这突如其来的大师的能力，王兆荣无奈只好越级找原省委第一书记白栋材，因为他的出面最后才促成纪念馆建成。

江西另一位诗书画大家陶博吾，是陶渊明的后人，一生坎坷，"文革"时已七十多岁还被遣送到农村劳动。王兆荣发现陶博吾时，陶老已经八十岁了，当时还戴着莫须有的“帽子”。也是一个很偶然的机会，当时王兆荣去观摩在江西省博物馆举办的一个篆书展览，陶博吾指出大标题六个篆字就有四个写错了，从此王兆荣就认识了陶博吾。又看了他的诗书画，感觉陶博吾这个人真是了不起，将来一定会与其他书画大家的名字联系在一起。为此王兆荣又不遗余力地为他奔走呼吁。1988年9月，这个从农村走出来的老人即将九十岁了，王兆荣决心要让这位老人过上一个体面、有尊严的生日。在他主持下，原省委第一书记和多位省级领导都参加了，全国书协还及时送来两篓大寿桃以示祝贺，陶老为此非常感动，王兆荣告诉他这份荣誉本应属于他。1993年在《中国书法》杂志上，他把陶博吾从民间推到世人面前，发表了著名的评论文章《百年孤独——陶博吾和他的诗书画》，之后1989年在中国美术馆、1995年在上海刘海粟美术馆先后举办了陶博吾书画展，中国书画界才始知陶博吾的存在。从此王兆荣与陶博吾大师更成为莫逆之交，感情非常深厚。

还有一位便是著名画家陈丹青。陈丹青十六岁到江西插队，第一次让他参加井冈山创作学习班，王兆荣就发现他有着非凡的才气，王兆荣曾千方百计地想为江西留住陈丹青，但最终还是帮他离开江西。1976年2月陈丹青在给王兆荣的信中写道：“你是我艺术、生活和心灵上的良师……尤其当我们分手之后，我非常自然地在这里吐出了我对你至诚的感情。”1983年他在给王兆荣发出的邀请函中写道：“你给过我难忘的教益，在我困难的时候，你给过我温暖、关切和帮助，并预示我的今天——您的学生陈丹青写在第一次个人展览，1983年6月于美国纽约。”陈丹青现在是文化名人，王兆荣很少打搅他，并且认为当年的关心、帮助与陈丹青今日的成就相比是微不足道的。陈丹青很重感情，能一直记住王兆荣并始终尊他为师。陶博吾的后代们和江西许多人一直念念不忘王兆荣，这让他的晚年感到莫大的慰藉。

其实王兆荣在江西，出于良知还帮助过其他许多不知名的人。他曾与中央美院教授文国璋联手，并利用刘海粟的威望，让赣南一位上海美专毕业、当过民国江西省参议员，又因此被戴上反革命的帽子，直到耄耋之年还蜗居在见不到阳光的棚子里的老画家曾兆芹，在他晚年能有个房子、有个编制，能体面、有尊严地死去。

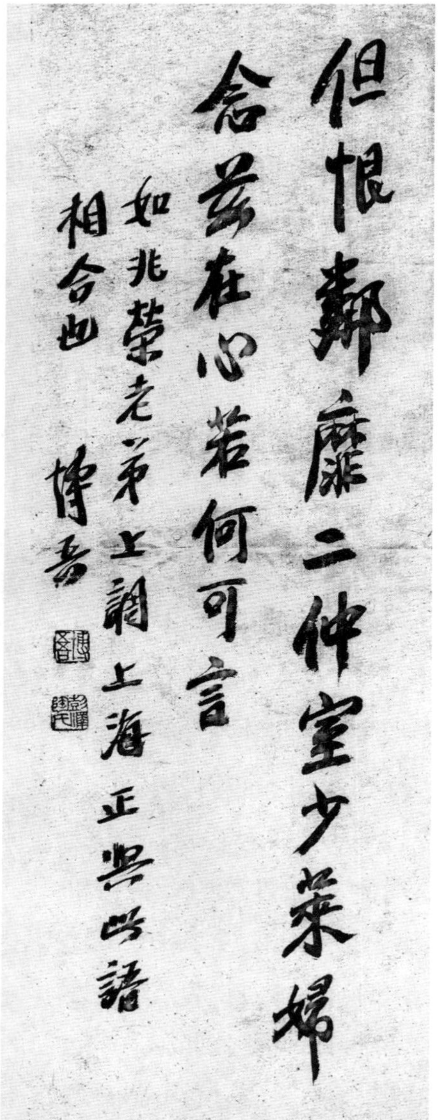

1993年陶博吾赠王兆荣手书。

南昌有个老书法家一生做的是扫盲和其他文化普及工作，谈不上什么成就，但他是书协会员，王兆荣动员协会工作人员和协会年轻会员轮流照顾他，老人晚年因褥疮致使背部溃疡、腐烂，亲属都弃他而去，协会会员轮流为他擦洗，让他离去时，感到人间还是有好人，有温暖的。“文革”中王兆荣为保全八大山人纪念馆中的珍贵原作不被红卫兵烧毁，曾冒着生命危险通风报信打了一个非常关键的电话；原省文化局局长石凌鹤家里有张李可染20世纪40年代的画，王兆荣知道它的价值，也设法保存下来，不被烧掉，最后还给了石凌鹤的儿子。

王兆荣在江西的所作所为，打破了江西美术界原有的格局，让许多既得利益者很不舒服，谩骂、诋毁也有，但他不怕，他觉得他所做的一切又不是为自己。他是有理想的，想把被埋没的人才都挖掘出来，把该留住的人才都留住，把藏有潜力的人都发挥出来，梦想把江西打造成一个美术大省。他认为做组织领导工作的人就要正派，要有牺牲精神，敢说敢做，勇于担当。在他主持工作期间，曾组织举办了各种类型的创作学习班，在全国性的各类展览中，江西入选作品数量逐渐增多，江西开始在全国有点影响了，但他也感到实现美术大省的梦很难，不管自己做什么，总有一些人在说三道四，许多人才因此而逐渐流失，最终连他自己也离开了。人走了，情难断，至今王兆荣仍怀着难以割舍的情怀为江西做力所能及的事。

决定要离开时，王兆荣还遇到一些不愉快，但江西省老领导白栋材一直关心他，挽留他，并指示如果王兆荣实在要走，要让他走得安心、愉快，还表示他走时要亲自来送他，这句话让王兆荣感动至今，他理解那是领导的一种姿态、一种关怀，一种对他了解、信任后的真情流露。当然王兆荣并未告诉他什么时候走，更不会真的让他来送。2014年4月1日，99岁的白栋材在广州去世，仁者长寿，江西方面约王兆荣写一篇文章纪念他，因为江西一些对民族文化有杰出贡献的老艺术家，都得到过他的支持。王兆荣欣然提笔，文章不长却情真意切。许多人看了这篇文章又想起这位为江西做出过突出贡献的王兆荣。有位省传媒学院院长还专程带了几位研究生到上海来采访王兆荣，要研究白栋材。

为了江西的艺术发展事业，王兆荣付出了半生的心血和努力，把青春和良知都留在了那里。

陪伴刘海粟，不负众望

1994年组织上派王兆荣（右）在华东医院照顾刘海粟。

1993年底，作为引进人才，王兆荣回到上海，开始在上海美术馆任学术部主任，后又借调文化局图美处，协助夏顺奎处长工作，时间均不长。1994年2月，刘海粟夫妇回到上海住衡山宾馆，百岁老人晚年要有人陪他说说话，照顾他，遇事能及时上传下达，有限制地接待来访。这个人选要有与刘海粟对得上话的修养，又要有不分白天、黑夜全天候工作的精神，这个工作不好做，也不是人人都愿意做的。文化局最终选中了王兆荣，王兆荣也因此与刘海粟建立了深厚感情。开始两人互不熟悉，有些拘谨，刘海粟有些戒心，因为王兆荣是中央美院毕业的，按俗见是属于徐派的，其实王兆荣从来没见过徐悲鸿，也不存有派别城府，慢慢熟了，经过互相了解，两人也就从无话可说到无话不说了。

上海刘海粟美术馆的筹建与管理，王兆荣功不可没。刘海粟大师的一生充满传奇，或许是20世纪最具争议的中国老艺术家，人们对其近百年来多彩纷呈的生涯贬褒不一。当初建馆其实颇受争议，最后由市里和中央领导拍板定夺。为照顾刘老，王兆荣日夜守护。从筹建美术馆到为刘海粟给江泽民同志写信拟稿；从最后抢救，设灵堂，到开追悼会；从参加“三人小组”与刘海粟夫人夏伊乔商谈作品和藏品的捐赠事宜，到上海刘海粟美术馆开馆仪式，王兆荣都一一参与了，并当了九年副馆长，为此他谨慎尽责，问心无愧。刘海粟百年生涯轰轰烈烈，当时刘海粟还在病榻上把自己的往事娓娓道出，王兆荣没有录音和记录，凭记忆写了《刘海粟百年生涯中的最后一百天》，后来为荣宝斋出版社编选了《刘海粟山水画集》，并撰写了前言《重新认识刘海粟》，还为教育出版社写了《刘海粟述略》。当一股否定刘海粟的思潮刮起后，他又理直气壮地捍卫了刘海粟。王兆荣曾在一篇文章中写道：“刘海粟先生的一生，是一本太厚、太沉的书，他的技法、成就有待我们进一步去研究开发。但学习他的精神比学习他的具体技法对我们更有重要意义，从刘海粟身上和他的艺术所散发的气派、气势、魄力、胆识和宽阔胸怀、正大气象，以及他那高度自信、一往无前、从不退缩的勇气，还有他在艺术创作上能立足华夏，西为中用，不断探索求变，与时俱进的精神。在生活中、人际关系上，他进退、取舍都非常适度，宠辱不惊，去留无意，‘吃得下、睡得着、放得开’，再大委屈，事后一笑了之。他虽活了一百年，好日子也不多，所谓一生有声有色，是包括那些苦难在内的。从他百年经历看，风吹雨打、苦甜酸辣，

王兆荣绘画作品《毛主席重上井冈山》。

误解、冷落、非难、屈辱的境遇知多少？但他始终向前看，一直保持着高昂的精神状态。在被打成‘右派’、‘反革命’时，依然故我，架势不变。‘文革’抄了他二十四次家，反复批斗，事后仅用‘荒唐’二字评价一下，便算过去了，从此不再回首，几次中风，跌倒了，又挣扎着站起来。这个‘东方雄狮’、‘艺术叛徒’，到了暮年，依旧张力不散；九十六岁时，还到美国大峡谷写生，使各国旅客惊叹不已；一百岁，英雄仍未气短，扬言：一百岁重新开始！还要去三峡、黄山，还想横跨三世纪，我想这就是刘海粟。”王兆荣用自己的行动来守护和捍卫刘海粟这位有着传奇人生的艺术大家。

2002年，王兆荣退休了，2003年即被聘为上海市文史研究馆馆员，后被聘为中央文史研究馆书画院研究员。作为文史馆馆员他觉得很光荣，晚年受到尊敬和照顾，感觉又有家似的，继续保持他质朴从容、泰然率真的心态，力所能及地参加各种书画活动，编书、评论，继续发挥余热，彰显其非凡的艺术生命力。

人生有涯，艺海无涯。我愿化作一叶扁舟，驰向那神往的彼岸。

——徐圆圆

徐圆圆：挥笔书写真善美

陆　斌

徐圆圆（1945—　），中国书法家协会首批会员、上海市书法家协会会员、中华诗词学会会员。曾为《汉语大字典》书写小篆万余字，参与书写《道德经百家书》等国家重点出版物。出版有《徐圆圆书法作品选》、《徐圆圆篆书墨迹》、《徐圆圆诗书画》等。2005年被聘为上海市文史研究馆馆员。

秉承家学，好学敏求

1945年7月，徐圆圆出身于苏州一个翰墨之家。父亲为她起名“圆圆”，号天球，以应“日丽中天，月辉万方”之意，日月即圆圆也。

父亲徐穆如，号嘘云阁主，别署吟红精舍。幼时与吴昌硕同住上海北山西路吉庆里，相隔五家近邻而居，十五岁起便师从吴昌硕大师，得到昌石老等诸多大师悉心指教，加之勤学苦练，十六岁便名噪沪上，其金石书画受到大师们的高度赞誉，昌石老特别喜欢这个才华横溢的学生，特地写了《嘘云阁润例》，赞其“英姿伟发，年少好古，凡秦汉六朝之书，靡不悉心临摹，纵横隽逸”。母亲邹苹倩，为无锡后宅望族，毕业于苏州美专，为校长颜文樑先生所激赏，书画兼优并擅长诗词，在校期间即声名鹊起，作品曾在多种书刊上登载。

徐圆圆从小聪慧，在家风熏染和父母的言传身教下，对诗书画产生深厚的兴趣。据她回忆：“我在父母身边，耳濡目染，备受熏陶。年少时常伫立画桌旁，观父亲挥毫，篆隶雍容典雅，神采飞动；行草抒情荡意，落落珠玉，心甚慕之。”这促使她萌生了“继承父业”的想法。由于父亲常年寓居上海，她并没有从父亲那里得到更多的指导，但这丝毫没有影响她对学习书法的追求，凭着与生俱来的天赋和极强的悟性，加上内心的执著，她开始了艺术人生。

徐圆圆学书从篆书入手。常人学书多以楷书入门，而书道中人则视篆书为根本。她认为篆书是发展为隶书、楷书的枢纽。历来书家皆重视篆书对其他书体的影响及促进作用。王羲之所谓“草书亦须如篆势，八分、古隶相杂”，《书谱》论及真草书认为必须旁通二篆（指大、小篆）。古人曾以树为喻，认为篆是根，隶、真是干，行、草是花叶，“根之不存，花叶安附？”先写好篆书，其他书体也不难学好，这也就是所谓由本达末之说。她从父亲留下的张张墨宝中进行感悟，从历代名家特别是二李（李斯、李阳冰）的作品中汲取精髓，潜心临习，冬去春来，岁月屡更，锲而不舍，临池不辍，厚积薄发。中学时代，她偶尔动笔写了一幅篆字，参加苏州市书法展览，不想好评如潮，初酬少年之志，在喜出望外之余，终与书法艺术结下不解之缘。

1960年，十五岁的徐圆圆从苏州第一中学毕业，即考入苏州美专，接受科班教育。她来到了母亲的母校，满怀着对未来的向往和憧憬。然而时运不济，当时适逢“三年自然灾害”，再加上家庭成分差等历史原因，徐圆圆长期营养不良，导致因病辍学。其间，她父亲在沪下放劳动，因病回苏州疗养，母亲体质素弱，亦常年卧病在床，整个家庭遭遇到从未有过的艰难。回到家后的徐圆圆面对家庭的窘迫，毅然坚持在家自学，同时，为“吴门画苑”加工出口绢本国画，以此所得维持全家生计，还找机会参加社会上各次书画展出。十八岁时，在画家如云的苏州，她所创作的月季花鸟立轴，上配小诗一首，荣获江苏省青年美展一等奖。

20世纪80年代徐圆圆和父亲徐穆如一起参加江苏省文代会。

1964年，徐圆圆响应党和政府号召，到吴江县农村插队落户。在那动乱的年代，看书学习、搞书画创作都被视为“走白专道路”，但她始终认定：继承和发扬中华民族的优秀文化传统是青年一代的光荣使命。每天劳动之余，别人在打毛衣、聊家常，她却专心于研习诗书，经常学习到夜深。虽然住的是那透风漏雨的破旧小屋，吃的是咸菜萝卜干及开水泡饭，但亦觉滋味很好，这样的生活与过去大家闺秀的生活有天壤之别，但她没有半点怨言，因为她觉得能吃饱肚子，专心看书习字就是最大的满足和幸福。最难熬的是寒冬季节，小

少女徐圆圆。

徐圆圆篆书团扇《自强不息，厚德载物》。

徐圆圆大篆《养颐之福，可得永年》。

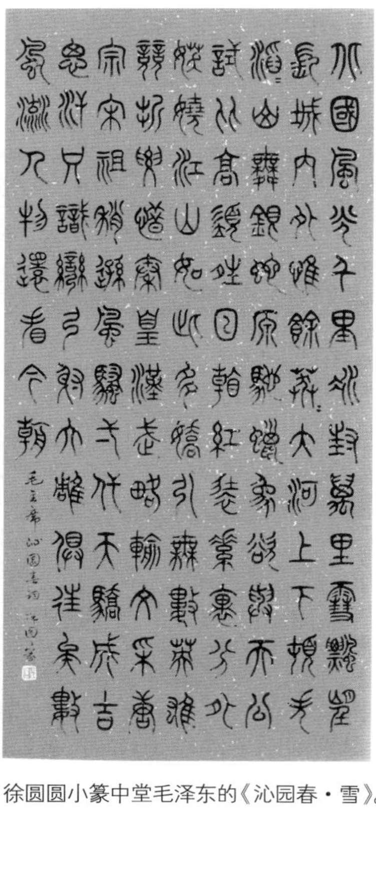

徐圆圆小篆中堂毛泽东的《沁园春·雪》。

窗冬晓，学习时滴水成冰，现磨的墨霎时冻住，手脚不一会就冻得麻木；炎夏之晚，蚊叮虫咬，坐立不安，为避蚊叮虫咬，她想出了穿高帮雨鞋的办法，在油盏灯下挥毫习书。所谓吃得苦中苦，方为人上人，艰苦环境磨炼了她的意志，激励她继续奋进。她在田间劳作间隙，创作了一首七律："悠悠岁月水云乡，小麦青青油菜长。翠竹一行时瑟索，白鸥双起任翱翔。堤边干劲冲千丈，灯下歌声满一堂。明日春风吹又绿，更闻处处豆花香。"这首诗得到她母亲的高度赞扬，还说："看来这就是诗签，虽然目前生活困顿，但前景一定会非常美好。"

崭露头角，斐然成章

1975年11月，徐圆圆结束了十年农村生活，到同里镇吴江电机厂当描图员。工余时间，依然笔耕不辍，悉心临池，从秦《绎山刻石》和唐《迁先茔记》中吸取精髓，还临摹汉碑篆额，又参合了完白山人的篆书风格，力求结字匀称，章法端庄，静穆中带雄浑，秀美中不失古朴，形成了自己独树一帜的风格。1976年，故宫博物院向全国征集书法作品，精选六十幅赴日本作第一次书法交流巡展，她书写的小篆中堂毛主席的《沁园春·雪》入选，刊日文版《现代中国书道展》及《人民中国》杂志。

1981年，四川辞书出版社准备印制大型工具书《汉语大字典》，其中需要篆体字模。做字模，需要请书法家把字一个一个先写好。为了成书的需要，篆书还要分大篆和小篆。当时寻遍全国都无合适人选。后来，四川西南师范大学徐无闻教授推荐徐圆圆来担当大任，因为徐教授曾在苏州出差时见过徐圆圆的字，他认定徐圆圆是最佳人选。徐圆圆接到任务后，花费了很大工夫，共写了《说文解字》(包括重文)中的10 366个篆书单字。而当时的稿酬为每字0.15元。字写完后交予上海字模一厂制作字模，字模厂负责的同志表示：自清代出版《康熙字典》以来，尚无人书写小篆，由徐圆圆的篆书做成的玻璃字模可放大、缩小，这是填补了一个空白。而专家看后则称其为“标准小篆”。

1983年后，徐圆圆的生活开始发生了变化，先是调至吴江文化馆任馆员，同时被推选为苏州市文联委员、吴江书协理事长，身份也由工人转为干部。后来，又当选吴江市第八届政协委员和苏州市人大代表。1985年4月21日又当选中国书法家代表大会代表。1986年徐圆圆调入上海，被安排在市政协办公厅工作。这正应验了她母亲所说的：前景一定会非常美好。而经过几十年磨砺苦修，徐圆圆的书法造诣也已达到了新的高度，不仅擅长小篆，且真、隶、行、草皆优。1976年她的铁线篆书中堂与诸多名家大师的作品被选送日本巡展。1989年11月，徐圆圆作为五位成员之一参加了“中国妇女书法家代表团”访问日本，受到日本书道会会长田中冻云夫妇，中国驻日大使、官员及日本书道会同仁们

徐圆圆篆书《论语选句》。

的盛情款待。2000年秋，又应友人之邀，东渡扶桑传授书道。此时的情景已与往日不可同日而语。历年来，她的书法作品供众多艺术馆收藏、名胜风景区刻石；参加国内外书法大展，发表于多种书报杂志。1991年至2003年，为国家重点出版物《道德经百家书》、《孙子兵法百家书》、《论语百家书》书写篆书。这三部大书重量分别为25斤、40斤、50斤，为百家同书的旷世之作，由享有“天下第一斋”美誉的百年老店荣宝斋采用木版雕刻水墨拓印工艺原大仿真复制，编号行世。其他如《当代书坛名家精品与技法》、《当代著名女书家作品精选》、《中韩著名书法家作品选》、《中日书法作品集》等均有她的力作。2006年至2007年先后出版了《徐圆圆书法作品选》、《徐圆圆篆书墨迹》(大篆论语、小篆楹联)。著名学者、书坛泰斗、版本学家顾廷龙前辈，称徐圆圆的篆书“女同志中尚未见第二人”。国学大师南怀瑾先生对徐圆圆的作品也极为赞赏。

徐圆圆除了书法，也雅好诗词。她的这一特长，既受母亲的教育，也有小时候，经常到章太炎的

1989年11月在日本东京美术馆中日妇女书法展开幕，徐圆圆为国家级代表团三位代表之一（右二）于剪彩现场，右三为廖静文，右一为胡秋萍。

夫人汤国黎家，听汤老夫人谈诗受到的影响。其中汤老夫人有个联句“鸟鸣深树里，人在百花中”她一直记到今天。耳濡目染，她也练就了赋诗填词的童子功，而且更喜欢用自己创作的诗句。1985年参加全国书代会，她寄情抒怀：“群英笑语聚文台，笔走龙蛇纸上开。应是夜阑欢未尽，梦魂犹绕墨香来。”她的很多诗词作品刊登在《中华诗词》、《当代诗词》等刊物上，受到许多文学爱好者的喜爱和赞扬，巴金之子、作家李小棠先生称赞像她这样既懂古诗又会作古诗的女子已不多见。徐圆圆的扇画同样多姿多彩，有水墨的山水、工笔的仕女，有青翠欲滴的竹、含苞待放的梅，书中有画，画中有诗，堪称一绝。

徐圆圆的艺术道路，除了自己的刻苦用功外，也离不开大师的指点和教诲，其中顾廷龙先生对她的影响最大。顾老博雅精深，诗文并茂，每每与人作序，下笔千言，蔚然成章。作楷书古朴凝重，端严遒逸，尤以大篆为胜。世人仰慕，竞相以求得片言只字为荣。徐圆圆从小对顾老就崇敬不已。虽为苏州同乡，但顾老寓居上海，而徐圆圆当时在苏州，没有接触机会。还是在“文革”期间，徐圆圆偶然到沪上拜谒复旦大学郭绍虞教授，郭老看了她的书作、诗文，不住嘉奖，

2006年10月徐圆圆幸会创办吴江庙港“太湖大学堂”、时已八十九岁的南怀瑾。

徐圆圆画作《秋到深时红更多》。

知她喜好篆书，当即不顾年迈腿疾，与徐圆圆乘上公共汽车，一老一小到了当时西康路一号顾宅，晤识了顾廷龙先生，而那天她才知道郭绍虞就是顾廷龙的老师。郭老还关心地问她的生活和工作，自谦道：“我已耄耋之年，又不谙篆文，从今可视廷龙先生为师。”顾老欣然而起，随手在书架上取了本《虢季子白盘》字帖，并说：“这本帖版本极好，送你做个纪念吧，平时有空，经常临摹临摹，其趣无穷。”以后，徐圆圆每次上门拜师，顾老都给予谆谆教诲。一次，顾老看到徐圆圆手中摇的折扇，扇面画的是荷花，用隶书落的款。扇背是小楷，密密麻麻写了十几首诗，他很是喜欢，说：“我觉得写得很好，很秀气，不俗气，就送给我吧。”顾老接着说：“现在社会上许多人写字不顾传统，一味创新，歪里邪气看上去一个个墨坨坨。学书要踏实，一心一意，形神兼备，力臻完善。心要静，静者心多妙。练字要持之以恒，即使再忙每天练字一刻钟也好。实在没有时间就读帖，心领神会，亦有同样收益……”那天谈了许多，临走时，顾老一直送徐圆圆到马路边，看着她走向26路车站。

徐圆圆作大篆扇面。

这次印象极深的相聚,也是徐圆圆与顾老的最后一次见面。

圆圆满满,欣欣欢欢

顾老后来常住北京,便多了鱼雁往来,翻阅这些无论是用钢笔、圆珠笔,还是小毛笔撰写的书信,从信封到信纸,一律是典雅工整的楷书,书卷气息令人陶醉。1996年12月,顾老寄自北京的信中写道:“你写篆字很好。女同志中尚未见第二人。我希望你写正规小篆,小篆必须根据《说文》,我喜欢看的《西泠艺丛》1990年第一期载有杨沂孙、何绍基、赵之琛、邓石如、赵之谦、吴大澂、钱坫等人的作品,各有特色。可复印置案头看看。不要创造。鄙见不值一笑!”并先后托人带给她徐中舒编印的《汉语古文字字形表》和由他编审出版的《小篆疑难字字典》、线装的《顾廷龙先生书法作品选》。数十年间得到顾老的诸多教诲,徐圆圆心存感激,终生难忘,特别是顾老赠她的一副大篆对联:“知者乐,仁者寿;居之安,资之深。”多年来,一直悬于居室,并将永远作为她的座右铭伴着她度过今后的朝朝暮暮。

2000年11月徐圆圆（右二）与日本书法界人士及书法爱好者合影。

2014年秋徐圆圆向沪上首屈一指的格律诗大家、上海市文史研究馆馆员周退密请益。

常说红花要靠绿叶扶。徐圆圆的丈夫赵欣先生就是那片绿叶。赵欣先生也酷爱书法，时常临池。有趣的是，他的字与妻子正好相反，纯取二王书风，妩媚有致。朋友戏称他是徐圆圆背后的“伟大男人”——一直以来，他都默默地支持着妻子。从南京师范大学毕业后，赵欣来上海工作，结识了沪上众多书法名家，成了顾廷龙、赵冷月、任政等先生的座上客。赵欣从心底里敬爱他们，为他们张罗举办书画展，结下深厚情谊。1978年，徐圆圆与赵欣结为连理，老画家朱屺瞻特意创作《并蒂莲》相赠；老教授郭绍虞先生动墨散珠，用“圆圆满满，欣欣欢欢”八个字，表达了他对这对书法伉俪的美好祝愿；书法名家费新我，书写“文翰眷属”以示庆贺。顾廷龙、胡问遂、赵冷月、任政、单晓天、朱屺瞻、应野平、吴青霞、陆元鼎、王康乐、黄幻吾、褚保权等沪上名家，以及南京的尉天池、苏州的费新我等书画家，或是题字，或是作画，以为新婚纪念。这些书画被赵欣整理装订成册，再请唐云为封面题签。这本特殊的书，成了这两位书法同道感情的最好纪念。而书房中悬着的对联，也都是老辈赠予他们的。费新我写了“喜看稻菽千重浪，跃上葱茏四百旋”，沙孟海写了“风展红旗如画”——都带有鲜明的时代气息，毕竟是20世纪70年代，书家落笔，都写毛主席诗词。最为别致的是赵丹赠的画，大大的一幅，只画淡雅的花卉而已。赵丹是将赵欣和徐圆圆视为小友的。在赵丹去世前几个月，赵欣前去探望，赵丹当时精神尚好，题字相赠，之后又送了这幅画，为此，赵欣还专门作文纪念。而徐圆圆的斋名“月庐”即为赵丹所提。

徐圆圆是幸运的，既受父母之熏陶，又蒙大师之点拨，还得先生之辅佐，更聚其自强不息之精神、弘毅任重之气概。愿徐圆圆宝刀不老，艺术之路越走越宽广。

图书在版编目(CIP)数据

仁者寿：文化名人的艺术人生／上海市文史研究馆编；沈祖炜主编．—上海：中西书局，2015.8
ISBN 978-7-5475-0894-7

Ⅰ.①仁… Ⅱ.①上… ②沈… Ⅲ.①文艺工作者-生平事迹-上海市-现代 Ⅳ.①K825.7

中国版本图书馆CIP数据核字(2015)第162872号

封面书法：启　功
封底篆刻：童衍方

【世纪人生系列丛书】

仁者壽

文化名人的艺术人生

上海市文史研究馆 编　沈祖炜 主编

［下册］

中西書局

《仁者寿：文化名人的艺术人生》

编辑委员会成员

沈祖炜　沈飞德　游　伟
解白桦　陆　斌　秦明章
赵家翔　张建华　张　鑫

主　　编　沈祖炜
副 主 编　沈飞德
执行副主编　张　鑫
执行编辑　章　洁

编辑

张　鑫　秦明章　章　洁
杨之立　朱　力　曹新芳

特约编审　姚以恩
装帧设计　王震坤

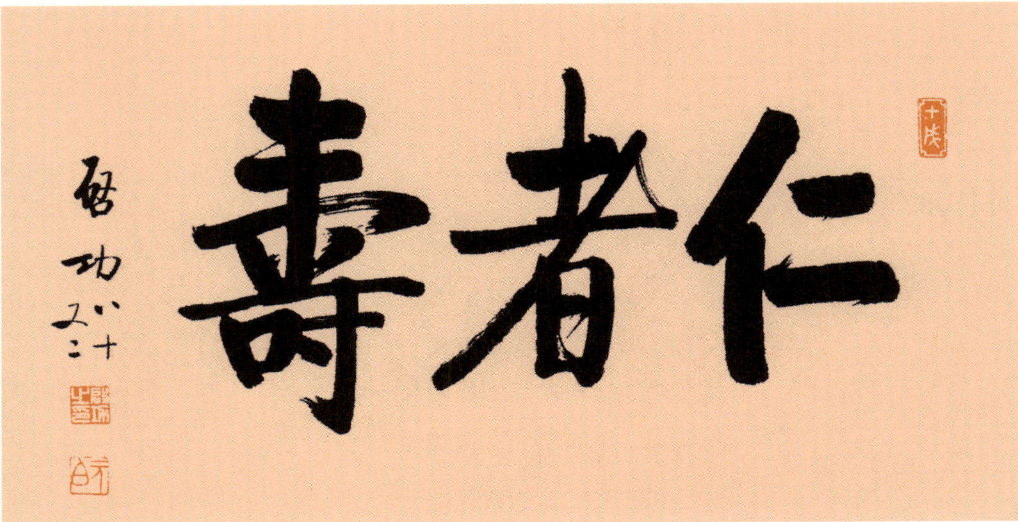

仁者寿　1994年作　46cm × 69cm

启功（1912—2005）曾任中央文史研究馆馆长、中国书法家协会主席

目录

传播文化　创新艺术

人生苦短　艺术乐长

传播文化
创新艺术

心小了，所有的小事就大了；心大了，所有的大事都小了；看淡世事沧桑，内心安然无恙。

——丰子恺

丰子恺：从缘缘堂到日月楼

管继平

丰子恺（1898—1975），漫画家、文学家、翻译家、美术和音乐教育家。1949年后，曾任上海市美术家协会（原华东美协）副主席、上海中国画院院长。主要代表作有《丰子恺漫画》、《缘缘堂随笔》以及译著《猎人笔记》等。1953年任上海市文史研究馆馆务委员。

丰子恺先生的人生，似乎与“湾”特别有缘。他出生于浙江桐乡的石门湾；早年来上海创办立达中学，居上海虹口的江湾；后又曾住过嘉兴的杨柳湾，故人称他为“三湾先生”。其实，丰子恺最后二十一年所居的陕西南路长乐村，也是一个“湾”，属以前的卢湾，所以算起来应该是“四湾”了。

熟悉丰子恺的人，几乎都知道缘缘堂。因为丰先生除了漫画出名外，那部《缘缘堂随笔》也是一样的名闻天下，几乎可与他的画同相辉映。然而说起缘缘堂，许多人都只知是桐乡石门湾的丰子恺故居——缘缘堂，殊不知此乃“只知其后，不知其先”，事实是早在此前，丰子恺就已经将他上海江湾的住处命名为缘缘堂了，而桐乡石门湾的缘缘堂，只是沿用了江湾之旧名而已。

缘缘堂里不寻常

江湾缘缘堂，是丰子恺于1926年至1933年居住的永义里27号。丰先生曾有一篇文章，记述了堂名的由来。那是1926年，丰子恺入住江湾的第一年，是年秋，弘一法师（即李叔同）途经上海，便住在丰子恺的永义里家中。某日，丰子恺和弘一法师说起要为自己的寓所命名，弘一法师就叫他在小方纸上写了许多自己喜欢而又可互相搭配的字，团成许多小纸球，撒在释迦牟尼画像前的供桌上。丰子恺随即抓了两次阄，居然拿起来的都是“缘”字，于是就定其堂名为“缘缘堂”。他当即请弘一法师题写了横额，交付九华堂装裱，挂在永义里的居室中，这就是“缘缘堂”之名的最早由来。以后虽几次搬迁，“缘缘堂”都是如影随形，直到丰子恺住进了陕西南路的长乐村，堂名才改成了日月楼。

众所周知，丰子恺在浙江第一师范学校读书时遇到了老师李叔同。完全可以这样说，是李叔同改变了丰子恺的人生。因为丰子恺刚进浙江一师读书时，各门功课都比较均衡。那时李叔同教他们美术和音乐，也许是老师的人格魅力和艺术气质感染了他，将他的潜力激发出来，用现在的话说就是，李叔同的“气场”特别大，一下就如磁铁般地吸引了他。所以丰子恺也就狂热地爱上了美术和音乐，尤其对美术倾注了全部心力。那段时期，丰子恺的画艺上升奇快，李叔同曾对他说：“我在南京和杭州两处教课，没有见过像你这样进步快速的人。你以后可以……”

多年后丰子恺曾撰文回忆说：那一晚先生对自己说的话，基本就决定了今后一生的志向。

李叔同是艺术领域的全才，诗词书画、音乐戏剧等无所不通，且每一门艺术他都有极高的造诣。甚而他还将这般全才气质深深影响了一代又一代的弟子，代表人物如丰子恺，其后如钱君匋，再其后如吴颐人等，他们几乎都有一个共同特点，即艺术上不仅仅独擅一门，而是能集诸多姊妹艺术于一身，这与李叔同深厚的艺术素养以及宽博的教育理念是分不开的。丰子恺得其真传，多才多艺，聪明绝伦，他继承了老师的诗词文章、音乐书画、艺术教育等，并在美术理论、文学翻译等多个领域有所成就。尤其是他的书画和散文，独树一帜，半个多世纪以来，依然鲜活不衰，广受欢迎。

丰子恺先生在江湾缘缘堂前后住了近八年的时间，然而这短短的八年，对丰子恺的人生，却有着不同寻常的意义。无法一一细数，择其三者，可知大略。其一是1927年秋，在丰子恺三十虚岁生日那天，正式从弘一法师皈依佛门，取法名“婴行”。虽说皈依并非出家，但在一个人的漫漫旅程中也是一个重要的标记。其二是1928年，为弘一法师五十寿辰，丰子恺发愿创作护生画五十幅以贺，再由弘一法师题字五十幅，于次年出版《护生画集》(第一集)。这一策划，即成为他后来花了半个世纪创作《护生画集》系列之始。因为继第一集《护生画集》问世后，丰子恺每逢弘一法师整十岁寿辰时，即创作了第二集、第三集等《护生画集》以为纪念，直至弘一法师的百岁冥寿前，丰子恺为读者留下了六集《护生画集》。然而，在创作最后一集时，“文革”已经开始，丰子恺为了践行自己对老师许下的诺言，只能悄悄地提前画成。所谓“盖棺有日，出版无期”，遗憾的是丰子恺未能等到画集出版，便撒手西归矣。其三是1931年，一本题为《缘缘堂随笔》的薄册子由开明书店出版，收了丰子恺二十篇散文，这可是丰子恺问世的第一本散文集，意义自然非同一般。其后丰子恺又出版了《缘缘堂再笔》和《缘缘堂续笔》，其含蓄幽默的文风，与他的漫画一样脍炙人口，比起散文名家梁实秋的《雅舍小品》来，还真称得上是“一时瑜亮”。

漫画书法相益彰

在我儿时的阅读中，作为画家的丰子恺，大概是我最早遇上的一位大师级人物了。不过儿时所接触的只是他的漫画，并不知道他就是大师。而且那时读他的画，或许还不懂得其中的深刻寓意，只是觉得亲切自然，寥寥数笔，居然神情意态活灵活现。

时间一晃就是三十多年，但儿时的读画印象总是难以磨灭，有好几幅丰子恺的画都被深深地刻进记忆中，几乎是永生不忘了。如《人散后，一钩新月凉如水》，又如《红了樱桃，绿了芭蕉》等，每每想到这些标题，其独特风格的画面随之就映现眼前。丰子恺作画常喜以古诗词句为题，用笔非常含蓄，线条也极其简略，然意境幽远，给人留下无限的想象空间。他笔下的人物甚至不必点睛也一样栩栩如生，大有以少胜多、以四两拨千斤之功力。1924年，由郑振铎主编的《文学周报》开始刊发丰子恺的《燕归人未归》等多幅画作，并冠以“子恺漫画”的题头。或许，这就是中国最早出现的“漫画”一说了。以后时有人将丰子恺誉为中国漫画的创始人，但丰子恺先生却显示了一位伟大艺术家虚怀若谷的崇高品质，他说：“国人皆以为漫画在中国由吾创始，实质陈师曾在太平洋报所载毛笔略画，题意潇洒，用笔简劲，实为中国漫画之始。”

丰子恺早年学画时就曾受到日本画家竹久梦二画风的影响，后又获中国画家陈师曾的启发，虽然他后来已经完全形成了自己的独特风格，但说到漫画的创始之功，丰子恺却不掠人之美，表现出传统文人谦退坦荡的君子之风。

曾有评论者说，丰子恺虽为李叔同的学生，在艺术上受到极大影响，但唯有其书法未受先生的书风所左右，而是完全走了自己的路。对此观点我则颇不敢苟同，虽然从形式上看，丰子恺的书法与弘一法师晚年创下的恬静、冲逸的超脱书风，似乎有很大差别，但若是追本溯源，其实他们都是从魏碑入手，源出一脉。丰子恺进入浙江一师后，除了美术和音乐，在书法上也开始博涉多家，如二爨、张猛龙、龙门二十品等，其实这些都是李叔同的强项，或者完全也可理解为，这些碑帖都是在李叔同的指导下临习的。我曾就此书法话题专门请教过丰子恺的幼女、如今也耄耋高龄的丰一吟女史，一吟老师说，父亲的书法后来虽是从索靖《月仪帖》化出，但早期所临习的魏碑还是很多。她回忆儿时父亲让她也学魏碑，并且直接取弘一法师写的魏碑字帖给她临写，并说古碑帖上的字迹斑驳漫漶，你们小孩子看不清，还不如照弘一法师的写更贴切。

由此可见丰子恺对老师书法的推崇与信赖。或许正是因为丰子恺跟着弘一法师在魏碑书法上打下了极深的根底，他后来方能运用自如地出古入新，博采众长。丰子恺书法的用笔非常雄浑，尽管他的画线条飘逸，但却笔笔稳重沉着，就“像箭头钉入坚石似的”。丰子恺曾对著名美学家朱光潜先生表示：近来在习章草，每遇在画方面长进停滞时，便写字，写了一些时候之后，再丢开来作画，会发现画就有长进。如此书画交替，互为相长。

我们观丰子恺先生的书法，其实就是一幅画。记得小时候，我在刚接触丰子恺书法时觉得很不习惯，感觉乱乱的，一点也没觉得好。但随着自己阅历的加深、鉴赏力的提高，愈来愈感受到丰子恺书法的魅力。他的书法，看似大小参差错落，欹正相间，但他线条之生涩凝练、行笔之节奏变幻、气息之生动自然，实在令人读之再三，叹服不已！

日月楼中日月长

继江湾之后，人们最熟知的就是石门湾的缘缘堂。不过，我们今天所见丰子恺故乡的缘缘堂，其实已是1984年于旧址上的重建，因为原先的缘缘堂才修建了五年，就于1938年为日军的炮火所炸毁，为此丰子恺曾写了多篇类似《还我缘缘堂》的控诉檄文，以示其愤慨之情。

失去了故乡缘缘堂之后的十数年中，战乱频仍，丰子恺居无定所，为了生计著书或教书，辗转颠沛于江西、湖南、重庆、浙江、福建等地。直至解放后，先后被聘为上海市文史研究馆馆务委员、上海市美术家协会副主席等，生活才终于安定，迁居至陕西南路的长乐村。

说起陕西南路，我每天上班的路上几乎都要经过。在由南向北接近长乐路时，有几排西班牙式的住宅弄堂映现其右，这一块花园小区就是陕西南路39弄的长乐村。以前我每每瞥见它，就会想起丰子恺曾有一张经典的照片：

李叔同出家前与弟子刘质平（左）、丰子恺（右）合影，1918年摄于杭州。

丰子恺漫画作品《红了樱桃，绿了芭蕉》。

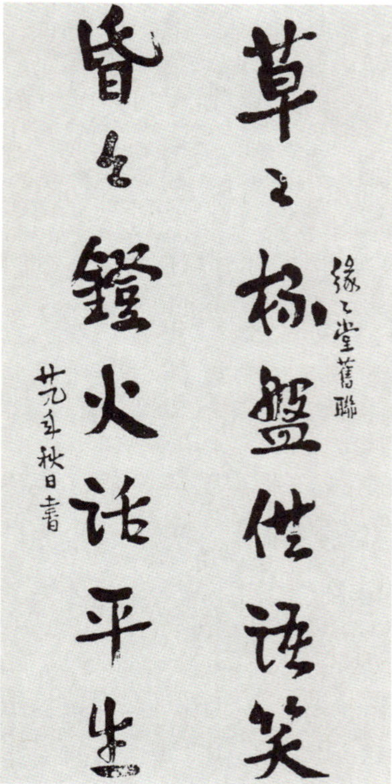

丰子恺书法作品。

站在弄口的他长髯飘拂，戴一副圆形的黑框眼镜，脸上似乎挂着一点笑，但神情是那样的纯净、仁慈、和善，而且，气质上又显得非常的超脱，大有风神潇散之致。

在上海，陕西南路大概还算不上是一条很有特色的路。与周边的几条马路相比，论繁华热闹，她不及淮海中路；说诗意优雅，她不及茂名南路；倘若要讲舒适幽静，她又略逊于西边那短短的东湖路了。然而那些繁华和优雅，其实在我的心里都无甚紧要，由于丰子恺先生之缘，陕西南路这一段，就美妙得不一般了。每次

1955年夏天丰子恺和家人于莫干山。

丰子恺在长乐村弄堂口。

经过时，我都会放慢速度，透过栅栏内影影绰绰的身影，期待着一种与大师邂逅的幻觉。

丰子恺是一位开朗随缘、豁达善良的人，自从1954年9月迁居至此后，他晚年便留在了这里。据说此地原属德国侨民的乡村俱乐部，第一次世界大战爆发后，又归法租界管辖，名为凡尔登花园。直至今天，我们依然可见临街有一家酒吧挂着“凡尔登”的牌子，想必就是沿袭了花园旧名。丰子恺居住的是靠近路边的一幢：39弄93号。从建筑外观看，这几排西式里弄的格局一如其旧，似乎还是能依稀感觉到当年的旧景。院子前花木扶疏，环境幽然；二楼的朝南窗有个小阳台，阳台中部呈三角形凸出，并形成房屋中心的尖顶状，轻巧而美观。丰子恺的书房就在二楼的南窗内，白天可坐拥阳光，夜晚则穿牖望月，所以他便将自己的书房命名为：日月楼。后来，著名学者马一浮，也是丰子恺非常敬重的一位先生，还专门为他的日月楼写了一副对联：星河界里星河转，日月楼中日月长。

然而，从1954年至1975年，日月楼中的日月对丰子恺来说，并不悠长。本想于此安度余生的他，却不料遭受了一场“文革”大劫难，应该说这是一场袭向他生命暮年的劫难，比之丰子恺中年时所经受的战乱流亡，在心灵上则更受摧残。

丰子恺漫画作品《日月楼中日月长》。

“文革”祸起，丰子恺的散文和漫画，尽被荒唐解读，《阿咪》一文中的一句“猫伯伯”，被斥为影射伟大领袖；《昨日豆花棚下过，忽然迎面好风吹》一画，被说是欢迎蒋匪反攻大陆；明明是歌颂和平的漫画《炮弹作花瓶，人世无战争》，却被反诬是迎合日本帝国主义和国民党反动派……一切都是那么的荒谬之至，一切又是那么的不容申辩。于是，“反动学术权威”、“反革命黑画家”、“反共老手”等莫须有的罪名，统统加在了丰子恺的头上，甚至，丰子恺还成为上海市十大重点批斗对象之一。

已经年届古稀的丰子恺，作为批斗对象，每天都要到画院“鞠躬请罪”，并接受“监督劳动”，扫地、擦玻璃窗等。据漫画家张乐平回忆，身为美协主席的丰子恺，每次在批斗中也总是首当其冲，胸前挂着写有“打倒××”的牌子，被强行按着坐“喷气式飞机”，而他和沈柔坚则作为美协副主席轮流“陪斗”。忽有一次在批斗会上，张乐平突然被当成了“主角”，后发现原来是胸前错挂了“打倒丰子恺”的挂牌。批斗会完，丰、张、沈三人私下还以此当作笑谈。

尽管遭受不断的凌辱，但具有佛性文心的丰子恺却处之泰然，始终未有消沉。一次在画院，他被冲入的一批造反派蛮横地拉到草坪上“示众”，并粗暴地将一桶热糨糊倒在他的后背上，再贴上大字报……然而，在外受了再大的屈辱，为了怕家人难受，也为了不让孩子们担惊受怕，每天回家，他总是保持原来的精神，照常喝酒，晚上八九点钟入睡，早晨四五点钟即起床，利用那一段无人干扰的时间，读书、写字、画画，沉浸在他自己的精神世界中……

丰子恺曾经对人生有过非常精妙的“三层楼”之析，他说人生好比爬楼，第一层是物质生活；第二层是精神生活，譬如文学、艺术之类；第三层才是灵魂生活。一般懒得爬楼的人，就住在第一层，享受锦衣玉食、孝子贤孙，也就满足了；脚力好的，会爬到第二层去欣赏，去游玩；再不满足，就要登上第三层探求人生之究竟了。因为这类人认为财产不过身外之物，文艺学术也只是暂时美景。丰子恺认为他的老师、弘一法师便是这样一层一层爬上第三层的，而他本人“脚力”差些，故惭愧地停留在了第二层，有时只是向第三层望望而已。

93号的日月楼本来也是在第二层上。不过具有苦涩意味的是，“文革”期间的丰子恺不仅身心遭受摧残，其所住的日月楼也被造反派强行占领大半，本来只是想向第三层望望的丰子恺，却被无奈地逼至第三层的一隅而居了。

在陕西南路的日月楼，丰子恺有过无忧无虑的欢欣，也有过无边无尽的茫然。每当想起文心锦绣、满腹诗才的先生，在晚年却经历了那么多辛酸之事，总不禁要生出无助的唏嘘和喟叹！

90年代初，我曾专程去拜谒过桐乡石门湾的丰子恺故居——缘缘堂，然而同在一域的日月楼，当时虽天天走过，却从未履及。因为那时尚未成立“丰子恺研究会”，日月楼也是被瓜分杂居着。记得有一天傍晚，再次经过陕西南路时，我实在忍不住，就拐进39弄转了一圈，感受一下先贤踏过的花园、小径。在星月下我依稀看见93号的门牌，只见门旁的一块小木牌上写着：

爱国艺术家

丰子恺

1954年

那天的我未敢叩门，怕打破心中固有的神秘。或许门内住的是谁对我已不重要，而在我的心里，在陕西南路，就仅仅是门旁的这块小木牌，已给我留下了无限的遐想。

画年画就是一种幸福，

甘苦交织，人生当歌。

——金梅生

金梅生：年画里的艺术人生

李澄香

金梅生（1902—1989），中国美术家协会理事，中国美术家协会上海分会常务理事、顾问。擅长年画，早期考入上海商务印书馆图画部从事月份牌创作。1931年起自立画室。解放后曾受聘为上海画片出版社、上海人民美术出版社特约作者。主要作品有《菜绿瓜肥产量多》、《优秀女饲养员》、《新中国的歌声》等。1962年被聘为上海市文史研究馆馆员。

从商务印书馆到个人画室

1902年，金梅生出生在上海川沙的一个村子里。小时候家门口有个小印刷厂，他每天去看厂里生产花花绿绿的印刷品，师傅们有时候会送些报废的花纸头给小孩子。他的父亲当时在精艺木器公司工作。周围环境的耳濡目染，激起他幼小

金梅生绘画作品《奉天太阳烟公司广告》(20世纪30年代)。

心灵对美术的朦胧喜爱。金梅生曾经庆幸地说,这些大概就是他接触美术的开端。

农村孩子学习条件差,小小年纪的金梅生在母亲生病时,一边煎药侍奉,一边把中药包装纸展平,临摹自己所看到的木版年画。八岁,母亲去世,父亲把他带到上海,读小学时遇到一位教美术的李澄老师,李老师出身于书香门第,学问深厚,对他影响很大,是他绘画入门的引导,同时也给了他契机。

1919年,金梅生师从水彩画家徐詠青学西洋画。

当时,一种西洋擦笔素描加水彩的混合画法(先在画面轮廓上擦炭粉,再用水彩一点点渲染)方兴未艾,这种画的特点是:人物"甜、糯、嗲、嫩",十分养眼。因此采用此画法的月份牌,形式新颖、寓意吉祥,很快风靡上海滩,对商品促销效果明显。

时代潮流的助推,内心深处的热爱,以及中西结合的绘画技艺的训练,无不促使金梅生在月份牌领域如鱼得水,逐渐有了施展身手的机会。1921年他考入商务印书馆图画部。1923年,他开始从事月份牌

金梅生绘画作品《仿宋人高士图》。

绘画。

“年画是解放后的叫法，从前叫月份牌。月份牌是商业画，当时专门有人为月份牌拉广告的，叫跑街先生。有了广告收入，这个行当当然挣钱啦！”内行如此诠释当时月份牌的兴盛景象。但金梅生跟广告费无关，他只负责作画。

当时，前来订稿的商号络绎不绝，根本来不及画，为了全身心投入月份牌绘画，金梅生辞职成立了个人画室。从前上海本地的房子只有一层，采光较暗，黄昏时分，视线模糊，从早到晚埋头作画的金先生没有上下班意识，也没有时间概念。疲惫了，或者构思太久思路不畅的时候，金梅生便不声不响出门散散步，调节一下身心或调整一下构思，回到画室继续作画。辛勤耕耘的金梅生是劳累的，但他从绘画中享受到更多的却是无穷的创作乐趣。

兴趣为本的绘画生涯

金梅生为人温和不擅言谈，但他对绘画的要求却严格到几近苛刻的地步。对此，现已退休的上海人民美术出版社年画、宣传画编辑室主任王伟戌先生深有感触。他说，自己与金梅生先生的交往并不多，但是他的言行举止、音容笑貌却给自己留下深刻的印象：金先生对待创作极其认真，要求非常高，他简直是把每一张画都当成经典作品精心创作，从人物到背景，从细节到整体，他一遍遍揣摸构思，谋篇布局，直到每一个细微处都完美无瑕。所以他的作品笔法细腻，画面优美，人物形象生动传神。

那是1956年，上海画片出版社成立了年画创作研究室。为发展传承，上海文化局开办年画作者学习班，聘请谢之光、李慕白、金梅生等月份牌画家，讲授、演示擦笔水彩绘画理论与技法。经过两年的训练，培养了沈家琳、章育青、忻礼良、庞卡、王伟戍、江南春、刘王斌、吴性清、陈菊仙、陈强、黄妙发、马乐群、姚中玉等十五位新年画作者。正是在教学、探讨与切磋中，金梅生的画风和人格魅力，给王伟戍以及更多学生、同行，留下深刻的印象。

沉静温和的金梅生，内心却蕴含着火一样的创作激情，他把丰富的话语全部倾注到绘画艺术中。业余时间，金先生的兴趣爱好十分广泛，他热衷于体育运动，酷爱京剧艺术，在对不同艺术门类的实践和欣赏中，他善于学习领悟，触类旁通，博采众长为月份牌绘画所用。

商务印书馆有个会堂是当时“京剧之友”用来排戏和演戏的场所。金先生利用业余时间学习程派和荀派戏文，每逢两位大师来上海领衔主演，他场场都去观摩，并且还扮演过花旦角色。除了亲眼目睹京剧大家的艺术表演，他对戏曲舞台陈设、演出服装、道具、演员扮相等也有细致的揣摩和理解。这些对他绘制戏曲人物，无疑起到了相辅相成、融会贯通的作用。他创作的《梁山伯与祝英台》、《白娘娘和许仙》、《白蛇传》等作品，发行量很大，再版多次，深受群众好评，也就理所当然了。

而对足球和篮球的喜爱，当然也有助于他在表现体育题材时，对人体运动的精神状态和肢体动作有了然于胸的精准刻画和传神表达。

他是玩物励志的现实典范。当一个人将自己的兴趣爱好结合到艺术创作甚至生命律动中，浑然一体互为优化，其所有的倾诉，以及一切一切对美的诠释和表达，似都指向了一个共同的人生目标与主题。而金梅生的人生目标与主题，无不与月份牌绘画密切相关。

金梅生平时很少说话，但关于绘画，尤其是关于对他作品的探讨，却十分乐意交流、倾听。即便对方是外行，他也会耐心、虚心地听取不同的意见看法，然后认真思考琢磨，从中找出合理部分加以改进提高。

金梅生的人生并不是一帆风顺。时代的沧桑变迁，当然也影响着一位画家绘画生涯的浮沉。值得庆幸的是，无论顺境还是逆境，金梅生从没间断过绘画。他的作品，无疑为上海的、中国的月份牌、年画创作，为中国非物质文化遗产，增添了相当丰厚的分量！而一份以兴趣爱好作为谋生手段，作为毕生追求的人生历程，终究是令自己满足，让别人羡慕的！

起起落落中的学习与创新

丰子恺先生曾对东西绘画艺术作过简明扼要的分析：中国画重神韵，西洋画重形似；中国画不重背景，西洋画重背景；中国画精深，西洋画趣味平易，受大众喜爱。

这一见解对于诠释理解月份牌颇为贴切。月份牌或者说年画、新年画，正是兼容了中国画重神韵和西洋画重形似的特点，唯美而又贴近生活，深受人民群众喜爱。月份牌画不是一个单独的艺术门类，它夹杂了中国画、油画、水彩、书法的表现手法，题材主要有仕女、娃娃、历史故事、戏曲人物、名胜古迹等。它是上海独特的城市记忆和文化遗产，是上海商业与艺术繁荣的纸本见证。

解放后，月份牌画曾经再次成为时代的宠儿，成为表现新中国的新人、新事、新风尚的重要年画样式。曾经，各地成立专门的出版社，各种现实题材、富有生活气息的月份牌画层出不穷。上海月份牌画因为画风细腻、人美景美，又特别精良，印数很高。资料显示，从解放初到1992年，上海人民美术出版社年画累计印数达到25亿张。然而随着摄影、平面设计、现代印刷技术的飞速发展，月份牌画最终没能跟上时代步伐，从20世纪90年代后期开始，

金梅生绘画作品《菜绿瓜肥产量多》。

金梅生绘画作品《冬瓜上高楼》。

再也无人创作，一度只能在收藏市场找到它。

从月份牌到年画的起起落落中，金梅生没有停止过他的追求和不懈的努力。时代的发展变化，对月份牌或者说年画提出题材多样化、内容广泛化的新要求，这就需要画家找准时代脉搏，反映新的生活，这对于以画戏曲、仕女题材为主的月份牌画家来说并不容易，甚至是不小的挑战。在挑战面前，金梅生选择了学习创新、与时俱进。他认为，既然年画是反映新的现实生活，就应该深入生活，把重点放在素材的收集和取舍上。

大办农业时期，金梅生到上海郊区体验生活。他被农村的养猪情景深深吸引，不止一次实地观察，不惜工本和时间，拍了许多照片，画了许多速写，并详细记录色彩的关系和变化，在精心准备的基础上，他创作了《优秀女饲养员》等年画。

在创作《孩子爱鸽子》时，他特别注意邻居儿童放飞鸽子的情景，注意观察鸽子争相啄食的动态，把每只鸽子的嘴巴、眼睛、体态画得各个不同，栩栩如生。金梅生的众多新生活题材年画作品，如《孩子爱鸽子》、《红色娘子军》等，都在传统月份牌画的基础上有新的发展变化。他的一幅养猪题材的年画《猪儿壮》，被中国美术馆收藏，中国美术馆收藏的他的另一幅年画《菜绿瓜肥产量多》也是新中国新农村题材。上海美术馆收藏了他四幅画，其中一幅是月份牌，另外三幅都是新题材年画。

式微却酝酿着另一种崛起

我曾在一份杂志上看到这样一个数字："1981年，仅上海市出版新年画就有一亿七千二百万张。"新年画作为中华文化的传统艺术品种，一度装点着我们的传统节日，成为一道亮丽的文化风景。然而无可否认，年画、挂历风行的日子终究成了过去。今天的年节依然红火，年节的重头戏却早已转向吃喝旅游。拜年、问候也早已采用电子信件的形式。曾经许多的愿望、许多的劳作，手指一动瞬间完成。

时代的脚步日益匆忙，人们面临的选择如此缤纷，月份牌、年画虽然具有独特的艺术欣赏价值，人们却已无暇慢慢欣赏、细细体会。而一般的欣赏者，谁又能深谙其中滋味？

——那其实是一门相当枯燥、繁复的绘画技艺。"典型的月份牌表现手法是一种基于西洋擦笔素描加水彩的混合画法，画家在确定人物轮廓后，先以扎住大部分笔毫的毛笔锋颖蘸些许炭精粉擦出淡淡的体积感，然后罩以透明的水彩色，使之产生丰润明净的肌肤效果与几可乱真的衣饰质感。"这概括而抽象的简短叙述，同样远远道不尽年画的个中滋味。

面对如万花筒般瞬息万变的花花世界，还有人会像金梅生以及那些在月份牌领域卓有建树的画家们一样，为内心追求，为装点、美化人们生活而孜孜以求，埋头沉浸在年画创作之中吗？年画这种深为普通民众喜闻乐见的"年货"，还能以它独特之美，在人们的生活中占据一席之地吗？

我们无法忽视：事实上，即便在相当可观的印刷出版数字不断增高的那些

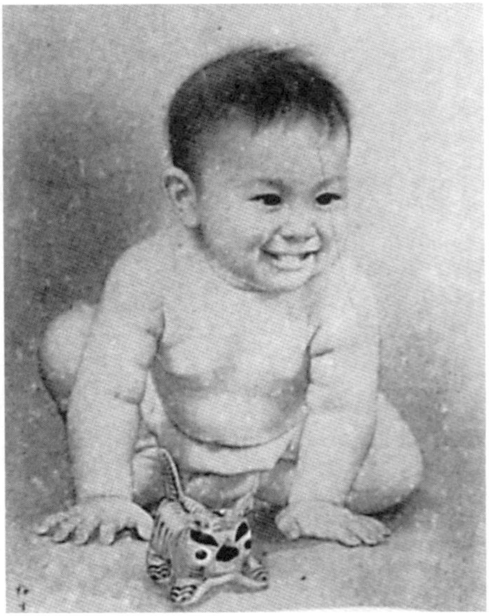

金梅生绘画作品《娃娃玩小虎》。

金梅生所绘的年画。

年，真正意义的年画也已经走向式微。然而，毕竟，从另一方面我们却又不无欣喜地看到：式微却也酝酿着另一种崛起。

一位美术“发烧友”收藏了几幅金梅生的年画印刷品。他不无感慨地说：“这些当初定价一角多钱一张的年画，现在的收藏市场交易价已经增值了几百上千倍。”他说他收藏的理由不是为了增值，而是因为：金梅生先生的笔触富有立体感，注重光和影，画面那么美。自己在作画时学习借鉴了他的某些表现技法，却只能望其项背，自愧不如。

“发烧友”的感慨让我也闻之感慨：贴近社会生活、深受大众喜爱的年画，如今真的仅仅只为极小的群体所关注。但除了感慨我们也不难从中看到：再匆忙的日子，总会有人停下脚步，回望过往的文化风景；再躁动的时代，总会有人静下心来，慢慢体会和享受创作的艰辛和愉悦，努力打捞曾经灿烂的文化存在。我们不无欣慰地了解到：年画特有的擦笔手法——“用炭

金梅生绘画作品《许仙与白娘子》。

金梅生绘画作品《东方朔偷桃》。

粉擦素描底子，敷之水彩，这种方法沿用到今天，也使画坛增加了月份牌这一新品种”。

无疑，金梅生是传统文化的继承光大者，也正是有一大批像金梅生一样的年画作者的奋斗，走过整整百年历程，月份牌已经由上海市美术家协会申报并获批为“上海市非物质文化遗产”。凡此种种怎不令人欣喜！是的，无论繁荣昌盛，无论韬光养晦，月份牌或者说年画，它有自身的审美价值和创作规律，它当然就有崛起的空间和理由。它是上海、是中国一种独特的文化存在，它经得起时间的打磨，也就理应被记得，被承认，被应用，被欣赏，被尊崇。这一切，想必金梅生九泉之下得悉也会报以无言的欣喜。

绘画的力度和气度非肢体的力量所决定，而是来自内在的意念和能量，来自对生活体验的升华，来自对艺术语言的自信和把握。

——吴紫兰

关紫兰：关不住的紫兰香

丁言昭

关紫兰（1903—1985），中国美术家协会会员。1927年毕业于中华艺术大学，后赴日本东京文化学院留学。回国后，任上海晞阳美术院教师。1935年至1937年再次赴日留学。1963年被聘为上海市文史研究馆馆员。

我此刻提笔写关紫兰，就会想起紫藤花，那么典雅优美，色彩淡雅，香味不是那样冲鼻，却令人心醉，好似一位穿着紫色长裙的姑娘，飘飘欲仙……

求学遇恩师

关紫兰是广东南海吉利村人，

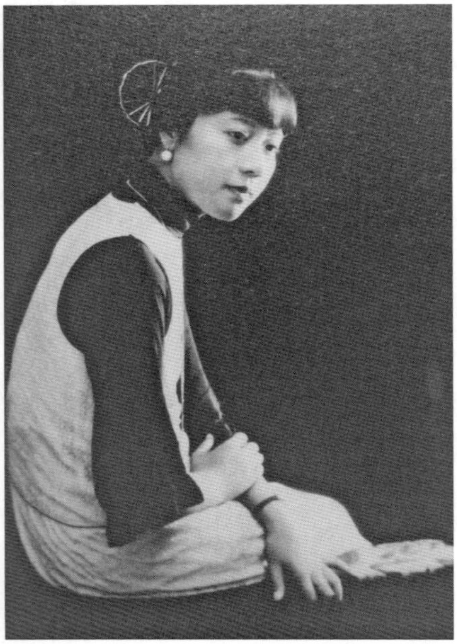

20世纪30年代的关紫兰。

1927年关紫兰留学日本。

1903年1月10日出身于一个富裕家庭。从事纺织行业的父母除经营外，还亲自为棉布设计图案，生了一个宝贝女儿，甚是疼爱，从小让她受到良好的教育。由于受到家庭环境的影响，关紫兰对美术表现出异常的兴趣，父母见了心里暗喜，有意识地往这方面培养。

岁月如梭，一眨眼关紫兰成为亭亭玉立的大姑娘，天真如春风，快乐如小猫，长长的睫毛下一对炯炯有神的双眸，正观察着外面的世界。在那个年代，关紫兰属于前卫新潮的都市女孩子，会弹琴、骑马、游泳、开车等。

关紫兰对生活无比地热爱，对艺术更是情有独钟，十几岁时，便考入上海神州女校美术科，后转入中华艺术大学学画。

关紫兰的老师洪野，是安徽歙县人，曾任上海美专西画教师，于20世纪20年代初离开，到神州女校任美术科主任。五四前后，洪野历任多所艺术院校的教授，教过西洋画、国画、色彩学、透视学等，创作过融中西艺术技法于一体的革新画种。洪野教关紫兰素描和色彩学等，教学认真负责，对学生极为爱护。

1941年关紫兰与老师陈抱一合影。

1927年在上海江湾陈家花园，左起：丁衍镛，陈抱一及夫人、女儿陈绿妮，徐悲鸿等。

1932年“一·二八”淞沪抗战爆发，洪野举家逃难到佘山附近的天马山一带，贫病交迫，染病去世，只活了四十几岁，撇下妻子和年幼的子女。

常言道：一日为师，终身为父。但也不是任何学生都能做到这一点的。1933年关紫兰已成为名画家，生活优越，可是她永远不忘启蒙老师对自己的教育和培养。关紫兰不知从哪儿得到洪野夫人裘练吾的信息，主动资助洪野的儿子洪强上大学。

关紫兰到中华艺术大学读书，得感谢陈抱一，是他要她转学到该校的。

入学考试，关紫兰也许没有参加，因为她是经陈抱一介绍转学去的。1925年12月31日正式开学。关紫兰在中华艺术大学读书时，主要师从陈抱一。陈抱一是关紫兰最尊重的师长，关紫兰则是陈抱一最得意、最器重的女弟子。学校经常举行画展，作品有老师的，也有学生的，第一次画展是在1926年6月13日至15日，假三洋泾桥安乐宫举办。有的作品是学校的师生在5月到杭州写生所得。有记者撰文道：“这实在是上海艺术同志的结晶，因为其中教授，就是陈抱一、丁衍镛、洪野、徐悲鸿诸君，他们对于教授方面，异常努力，所以学生成绩甚速。”

1927年关紫兰以优异的成绩从中华艺术大学毕业。6月，学校举行美术展览会，两百余幅师生作品风格各异，琳琅满目。当时有名的《良友》画报编辑梁得所和作家高长虹等应邀前往参观,会晤学校的老师陈抱一和丁衍镛,于是《良友》17期上刊登了关紫兰和崔文英两位女生的作品和照片。

关紫兰展出的是一幅名为《幽径》的作品,旁边还附有她的照片,并配有文字说明"关紫兰女士(本届优等毕业生)",只见她左手托着下巴,安静地望着外面的世界,恬静、文雅,对未来充满了憧憬。崔文英画的是一幅裸体女人,名为《息》。

1927年关紫兰从中华艺术大学毕业后,何去何从?对于好学的姑娘,第一需求当然是继续求学,可是到哪儿去学习呢?国内吗?不行,找不到合适的美术学校。国外吗?是的,学美术当然是到法国去最好。恩师陈抱一却建议她去日本留学。

1927年6月的一天,关紫兰乘船东渡日本,入日本东京文化学院。

关紫兰到达日本神户时,受到日本各界人士的热烈欢迎,日本《大阪朝日》、《大阪每日》、《每夕》等报及各大新闻社,都有关于关紫兰行踪的报道。我国公使张元节,日本外务省冈部子爵、警视厅外务课长、神户关税官西贞吉,还有日本著名女画家龟高文子、画家各川中间等,都对关紫兰的到来表示欢迎。

看到这儿也许有人会问:为什么上海一个小小的女子会受到如此隆重的欢迎呢?原因在陈抱一和其朋友有岛生马在日本美术界的威望和影响。

1927年8月10日到12日,在中国公使馆、日本东亚艺术协会、神户《又新日报》社、《上海时报》日本支局、《每夕新闻》社、《华侨新闻》社等单位帮助下,关紫兰个人画展在神户市丁山手通四丁目县会议事堂顺利举行。作品有近五十幅,其中油画占多数,此外有木炭画、水彩画和铅笔画。

这次画展参观的人有千人之多,展出时间从上午8时到晚上9时,可是人实在太多,因此晚上不得不开得很晚,以满足参观者的需要。画展博得中日人士的赞扬。日本内务部能势氏觉得关紫兰的笔触宏伟,不亚"二科会"会员之作。女画家龟高文子等均认为关紫兰的作品色彩鲜艳,构图巧妙,赞叹关紫兰的天才，称赞中国人的头脑特别具有美术性。

关紫兰在日本先后参加了日本1927年第十四回“二科会”美术展、上野美术展、兵库县美术展。

关紫兰在日本人气很旺，国内的刊物上也时有报道。1927年9月1日《申报》9版《中国女画家之荣誉》：“电通社31日东京电：昨夜在东京发表之洋画展览会，有上海艺术大学毕业生关紫兰女史之画入选。女史系上海人，为最初有荣誉之中国女画家入选者。”

1927年10月12日《北洋画报》128期上，有一张关紫兰的照片：她坐在榻榻米上，右手搁在小桌上，桌上散着一些书等，穿着一套学生服，白上衣，黑裙子，颈脖上戴着项链，面带微笑。照片下面有一行字：“女画家关紫兰女士旅日摄影（女士之作品颇为东瀛人所赞赏并曾公开展览）。”

在那儿，关紫兰一方面学习日语，另外一方面广泛地接触专业人士。关紫兰常可以看到西洋画大师们的原作画展，真正领略西洋油画的奥妙。面对这一切，关紫兰感到欣喜不已。

关紫兰在日本留学期间，主要得益于两位日本著名画家的点拨。他们是有岛生马和中川纪元。她赴日后，对野兽派绘画有了更深入的了解，加上本人对色彩的敏感，使她的画深得野兽派画技的精髓。关紫兰用笔豪放，潇洒自如，一派大家风度。

关紫兰很受老师的钟爱，中川纪元为关紫兰的个展，在画展宣传册中写过一篇介绍文章，形容关紫兰为美如牡丹花的丽人。

1930年日本当局发行的《水仙花》明信片，即关紫兰在日本展览会上的作品，这与当时日本的西洋画时尚有关，明信片由兵库县发行全日本，这对一个涉足日本画坛才两三年的刚出道者来说，的确是鲜见的现象。

上海有位画家谭根雄评价这件事时，认为关紫兰在日本走红有三个原因：一是日本画坛非常尊重的陈抱一力荐关紫兰；二是年轻的关紫兰油画技艺娴熟，深受画坛同仁的赏识，尤其是被有岛生马和中川纪元等人所器重；三是关紫兰既聪明又漂亮，在上层社会非常得宠。

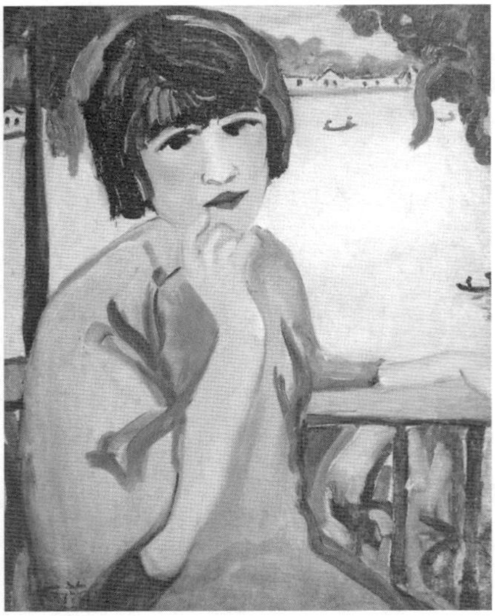

关紫兰绘画作品《秋水伊人》，创作于1930年。

尝试创作新题材

1930年关紫兰学成回国，在上海晞阳美术院任教。

晞阳美术院是陈抱一于1929年8月创办的，专门吸收热心美术、有绘画基础的青年，作为绘画研究生来培养，以造就有较高绘画水平的人才。关紫兰称得上是当时艺术潮流的前卫人物，其新颖的绘画面貌无疑是吹进画坛的一股春风。

1935年至1937年间，关紫兰又赴日深造，技艺更精湛。当她回到祖国时，到处是炮火纷飞，人心惶惶，民不聊生，一个这么美丽优秀的女子待在家里，有一定的危险性，暗恋她的人可不少，但是得找一个靠谱的人啊。此时，在虹口有一位开诊所的眼科大夫梁庚长，生于1893年11月17日，也是广东人，比关紫兰长十岁。与梁大夫结婚后，夫妇非常恩爱，生育两个女儿梁雅雯和梁嘉

关紫兰绘画作品《嘉兴南湖》，创作于1965年。

雯，日子过得还算美满。梁大夫唯一的缺点就是不爱说话，偶尔会插上几句话。1958年梁大夫因心肌梗死而不幸去世。

自1927年关紫兰开个展后，沉寂十多年，1941年再次举行画展。人们惊奇地发现她的画有点改变，关紫兰已经放弃了变形夸张，而转入到写实的手法中去，可是这种写实，绝对不是庸俗，而是表现的、单纯的、洗练的写实。

在硝烟弥漫的战争年代，关紫兰以自己的方式抗议着日本侵略者。她的作品描绘中国的大好河山，意在唤起国人对美好家园的执著热爱，以及渴望和平的愿望。作为女性，她非常注意自己的打扮，平时头发必须到高档美发厅去打理，衣服是定制的西洋式服装，身上喷的是法国香水。在上海沦陷为"孤岛"的苦难岁月里，关紫兰表现出中国艺术家特有的坚强与爱国情怀。日本当局知道她曾两次赴日留学，多次要她出来做事，都被拒绝。她出现在公众场合时，总是穿中式服装，包括旗袍，她说："越是在这个时候我越要表现出一个中国女人的端庄与优雅，我不怕，因为我是个中国人。"

1987年7月7日，陈抱一之女陈绿妮在日本撰写回忆文章《怀念我的父亲陈抱一》(收入《现代美术家陈抱一》，1988年人民美术出版社出版)时，动情地写道："关紫兰女士就是我必须深切感谢的一位，她时时来探望我们，帮助我们解决一些困难，使我们得到一些温暖。"

不管别人如何赞美她，关紫兰非常清醒自己的所作所为，既不卖弄自己的风姿，也从不肯趋炎附势。她的脑子很清楚：在乱哄哄的世界，保持傲然一切的学术精神，并非没有意义，相反是功莫大焉。她作为一个艺术家，倘失去了一个新女性的品格、理性与智慧，仅剩下欲望和美丽，那又与幽巷里的普通家庭妇女有何区别，又何以修齐治平、美育社会呢？

20世纪40年代关紫兰一度到广东避难，以后又患病，回沪后，缺乏药物，病况欠佳，陷于种种困难之中。

1949年以后，关紫兰仍然留在上海，与家人住在溧阳路的老房子里，迎来解放。

天也明，地也亮，一切都是崭新的，新中国的诞生和建国初期的建设高潮，着实地感染着关紫兰。她开始尝试适应时代变化的新题材。1962年关紫兰成为中国美术家协会会员和上海市美术家协会会员，1963年被聘为上海市文史研究馆馆员。在上海美协的组织下，关紫兰积极参加采风和各项创作活动。

自1941年开过个展后，关紫兰深居简出，渐离画坛，仅作些抒情遣怀的风景、静物写生而已，参加上海美协后，画风回归平和与淡泊的境界，展现出写实、沉稳、娟秀的风格。

关紫兰晚年虽鲜有大作问世，但其历史上各个时期艺术作品中的华彩并没有随着时光流转而湮没。1963年，时任中国美术家协会主席的江丰，发起为中国美术馆征集现代画家作品的活动，经上海美协初选推荐，再由江丰等组成的专家组遴选确定，关紫兰的油画作品《少女》、《西湖风景》、《慈菇花》等被中国美术馆收藏。

关紫兰曾经对人说："写生最能唤起蕴藏在画家心底的激情，可以排空杂念，无关乎功利和名誉得失。"

在三年自然灾害时，关紫兰用难得的侨汇券买了食品，分给左邻右舍。一次，在马路上，关紫兰的女儿梁雅雯遇见一位邮递员，原来是在她家附近送信的。他说："梁老师，我家里有一幅你母亲送我的画呢。"我听说这件事后，对梁老师说："如果能找到这位邮递员就好了，可以问问他，当时你母亲与他交往的情况。"梁老师回说："这种事很多，不稀奇的。"

穿越时空的画作之美

关紫兰与世无争，却有着简单而坚定的做人原则。她似乎知道"文革"要来临似的，在这之前已经很少再画什么了。据其女儿梁雅雯介绍，"文革"中，经常有人找她调查其他画家的社会背景，如倪贻德等，使她非常害怕绘画这个她曾经热爱至极的事业。有一点是肯定的，她是有意识把自己藏起来，她搁笔了，她不愿意引起别人的注意，更怕向她打听别的画家，出面作证。她希望被遗忘，她不在乎落寞和沉寂。

1966年9月6日和10月10日关紫兰遭到两次抄家，这两次抄家比较“文雅”，后来完全是打砸抢了，见着什么就抢什么，完全失去理智，失去人性。为防止心爱的画作遭遇不测，家人将关紫兰的作品分散保存在家中不起眼处，甚至无奈地把画布从画框中取下包卷起来。关紫兰的外孙叶奇说，好在他们家的墙壁是板条墙，内层是空的。于是，他们将不少画作密封后放进壁内，然

1979年关紫兰和外孙叶奇。

2010年6月关紫兰外孙叶奇（左六）等向上海市历史博物馆捐赠关紫兰的相关文物等，左五为本文作者丁言昭。

后在外面重新糊上石灰。所幸后来未遭“抄家”灭顶之灾，否则这内墙中的画作恐怕也难保不遭劫。

琴棋书画，文人之雅性也！修身养性，人生之乐事也！尽管世事艰难，关紫兰对生活依然充满了信心。她会经常散步到南京东路上的德大西餐馆和东海西餐馆去喝咖啡，有时兴致高，就到地处铜仁路上的上海咖啡馆去喝一杯浓浓的咖啡。关紫兰这种做人的逍遥心态，在激烈的阶级斗争年月里，也是迫不得已的最好方法。

关紫兰的一生，可谓既清高又矜持，到了晚年，还每月去长春路拐角上的斯维美理发店修饰自己，时常不忘记在身上洒些高档的进口香水。那时候虽然只能穿色调灰黑的服装，但每件衣服都是熨烫后才穿上的，她的床单、被子都是非常整洁的，还为顽皮的叶奇缝补裤子。有时为家人烧一桌菜，至今，叶奇还记得外婆烧的油爆虾、醋熘鱼片。

关紫兰对周围的人都关怀备至。梁雅雯记得有位照料自己的无锡小保姆，母亲外出吃点心时，经常带上小保姆一起吃，小保姆出嫁时，关紫兰的家成了她的娘家，所有的嫁妆都是母亲给准备的。以后的岁月里，她们还来往，直到“文革”才失去联系。20世纪80年代，梁雅雯陪着母亲去浦东找过小保姆，但很遗憾没找到。

关紫兰保持一种飘逸、清丽和积极的人生态度。面对“横扫一切”的年代，关紫兰对人生、对绘画有了更透彻的看法，也使她更加坚定地践行着自己对艺术纯洁性的坚守。始终不流于世俗，保持着自己的独立人格。

关紫兰一生除两度赴日外，长期生活在上海。除此，与其最有缘分、去的次数最多、最为钟情的地方就属杭州西湖了。这不仅仅与她的作品有关，更重要的是她认为西湖太美了，“浓妆淡抹总相宜”，确实非同一般。

1981年，年近八旬的关紫兰生前最后一次重游西湖，再次亲近她理想中的天国。

1985年6月30日因心脏病突发，关紫兰卒于自己的寓所。

随着时间的推移，关紫兰的作品越来越受人重视和赞赏，她的作品已入选《中国油画百年图史》、《中国油画图典》、《20世纪中国美术》等大型画册；1964年关紫兰的油画赴阿根廷展览；1972年油画作品《菊花》被日本文化交流协会收藏；1983年作品《紫罗兰》参加上海市文史研究馆建馆三十周年藏画展；1995年作品《民国妇人》参加上海油画回顾展。1998年10月，关紫兰画于1929年的油画作品《少女》被国家文化部选中，参加在美国举办的中华五千年文化展，这是唯一一幅入展的早期女画家的作品。当画作在纽约古根海姆美术馆展出时，人们为之惊讶，可这时，关紫兰已经离开人世十三年了。

关紫兰穿越时空，用画作延续着自己的美丽。

2012年6月中国台湾出版了一本非常精美的关紫兰画册，看着这本书，好像关紫兰就在我们身边，这真是关不住的紫兰香啊！

美术，贵在创新。把大师的画模仿得惟妙惟肖不算什么，有自己的风格才是最重要的！

——李成勋

李成勋：笔精墨妙，直逼元人

柯兆银

李成勋（1916—2014），1934年考入上海美术专科学校国画系，师承刘海粟、潘天寿、黄宾虹和汪声远等名师。为温州市美协发起人之一。其代表作《春香传》、《彩楼记》和《春草闹堂》风行全国。1983年被聘为上海市文史研究馆馆员。

画画“小天才”

1916年11月初冬，温州鹿城小南门地区的一个平民屋里，传来一阵欢笑声：一个男孩降临到了这世界——他就是李成勋。李成勋慢慢地长大了，八岁时进入城南小学读书。小学毕业十三岁那年，他被父亲送进钱庄做学徒。

李成勋从小就喜爱画画，一有空就拿来画有《水浒传》、《三侠五义》人物的香烟牌子，比照着在小纸片上画画，没有纸就在家门前的空地上画。看着李成勋信手画出的人物，许多人啧啧称奇，可是父亲并不赞赏，在他看来，画画不是正经的职业，应该学做生意打工赚钱，那样生活就有了着落。

一天，李成勋的父亲和朋友夏先生聊天。

“我看你总在发愁，碰上什么不顺心的事吗？”夏先生关心地问道。

“唉！”李成勋的父亲长叹一声，“我愁的是我儿子。他没什么不好，就是很不喜欢学生意，整天拿着笔涂涂画画，将来怎么办才好呢？”

“哦，这么喜欢画画？你让他画一张给我看看！”夏先生挺有兴趣地说。

父亲回到家，认真地对儿子说，“阿松，夏先生要你画张画给他看看，你要好好地画！”

第二天，李成勋拿了张大纸放在桌上，从早到晚，精心画了一个戏曲人物。晚上，他兴致勃勃地告诉父亲：“我画好了！”

父亲小心地把画卷好，约了夏先生送过去。夏先生仔细地看完，连声叫好，责怪地对李成勋的父亲说：“老李，你让儿子去学什么生意啊，他画画就可以赚钱了！”

李成勋的父亲眨了眨眼睛，还不明白夏先生的意思。

“你儿子的工作，包在我身上了。”夏先生喜滋滋地看着画打包票地说。

经夏先生推荐，李成勋进了温州较大的印刷厂。老板让李成勋设计印刷稿和修版、改版。李成勋直接用毛笔在石版上点网点，大家都很惊奇，不时响起一片喝彩声。老板给了他厂里的最高工资，每月十七个银元，给了一间宿舍住，还包吃三顿饭。李成勋兴奋地回到家，母亲听完儿子带来的喜讯，情不自禁地搂着儿子笑了，父亲激动得连声叫好。

考进上海美专

李成勋没有小富即安，他渴望走进更广阔的艺术世界，于是悄悄地前往上海报考上海美专，结果以第一名的优秀成绩被录取了。

1934年初秋，李成勋兴冲冲地进入上海美专国画系就读，时年十八岁。

学校对李成勋作了特别安排。因为他美术根底好，老师让他跳级直接读二年级，这样三年学制，他只要读两年就可以毕业了，每年只需要交十多块钱学费。

李成勋没有住在学校宿舍，他嫌贵，嫌音乐系和图音组的学生太闹，于是到校外借房子居住。他生活节俭，每天早上只吃一碗阳春面，中午和晚上一般就是吃馒头，很少吃菜。

“国画系分山水组和花卉组，我在山水组，我的毕业作品画的是山水。那时没有老师教人物画，我学人物画全都靠自己。上午上必修课，下午上选修课。”李成勋缓缓地回忆道，“那时国画系主任是诸闻韵先生，他弟弟诸陆叁先生是教我刻图章的老师。黄宾虹先生总是要求我们画画用中锋；汪声远先生因材施教，教课很得法，构图法、创作法教得最好；教花卉的吴茀之先生也教得很好。那时候，我日夜沉浸在艺术的宫殿里，好幸福啊……”说到这里，他脸上荡漾起一种快乐神往的神情。

李成勋不经意间就在学生中崭露头角，他的天赋，他的勤奋，他的与众不同的作品，引起了任课老师的注意。

汪声远先生教山水，他注意到了这位学生：别人上课临摹画作，但李成勋是在看，看先生如何作画，从构思、布局到用笔都看个仔细，然后他就自己一气呵成地画，奇妙的是画得十分逼真，还相当神似。

“嗳，你不用临摹自己就能画，你的方法是对的！”汪声远鼓励李成勋。

一天下午，李成勋在教室画一张中堂。温州嵇师的姨夫来信请他帮忙，有朋友新居落成，姨夫要送一幅画作为礼品。李成勋正画得入神，诸闻韵先生走了进来。他默默地站在李成勋后面看着，最后问他：“好一幅仕女图！你没有样稿参照，是在凭空默画的？”

李成勋不好意思地点了点头。

“不简单！不简单！”诸闻韵先生连声赞叹。

素描老师张弦也感到了李成勋与众不同：同学们面对模特儿都用铅笔画素描，李成勋带着一个盛了墨汁的铜制小方墨盒，直接用毛笔画素描，一笔下去就不再修改，当然也改不了，可他画出来的人物明眸皓齿，嫣然一笑，光彩照人。

"佩服！佩服！"张弦先生连声赞叹。

两年的大学生活过得太快了，转眼就毕业了。校长刘海粟的叔叔刘镛熙把李成勋叫去，寒暄了几句，就直奔主题，诚恳地说：

"温州地方太小，你回去也没有多大施展才能的天地。学校想留你，当助教，同时读研究生，这样你的生活没有问题，你的艺术才能会有更广阔的天地。"

李成勋面露难色：母亲和舅舅已经来了好几封信，要他毕业后立刻回家成亲。李成勋素来孝顺父母，既然母亲发话，那只有服从。

几天后，李成勋离开了上海美专的校园，一路坐船回到了温州……

创作连环画一鸣惊人

李成勋回到温州，结婚成家，开始了平凡的生活。日复一日，年复一年，为了生活，他始终没能将全部精力投入到绘画艺术中。1954年年初，李成勋携家人悄悄地来到上海，他渴望成为一位职业画家。

李成勋画了连环画"样品"送到出版社，马上被接纳了。他成为出版社的外稿作者，应邀创作了他的第一本连环画《汉王东征》。李成勋画的第一部系列连环画是《楚汉相争》，共有十种，描写楚汉相争的《汉王东征》是其中的第一种。

《汉王东征》出版了，风行全国，洛阳纸贵。读者叫好，专家称奇。接着，北京、湖北、辽宁、福建、天津和石家庄等地的出版社，约稿信一封封如雪花般飞来。

李成勋如愿成了职业画家，迎来了他的创作高峰期。从1953年到1966年13年，他创作了60多种连环画和年画《拉郎配》、《春香传》等，总共画了5 000多幅作品。翻开他的作品清单，犹如仰望晴朗的夜空，但见群星灿烂，像一颗颗珍珠，像一把把碎金，像一颗颗钻石，光彩夺目，蔚为奇观：《汉王东征》、《春香传》、《十五贯》、《元春省亲》、《彩楼记》、《鸿门宴》、《闹龙庭》、《盗虎符》、《包公乔装破疑案》、《假公主》、《司徒招卖国》、《韩原会战》、《宫娥恩怨记》、《春草闹堂》、《苏六娘》、《席方平》、《对绣鞋》、《剑的故事》、《商鞅变法》、《拉郎配》、《穆桂英挂帅》、《霓虹灯下的哨兵》、《鸿门宴》、《孔雀东南飞》……其中，《春香传》、《彩楼记》、《春草闹堂》、《元春省亲》、《金锁与银锁》、《乌江自刎》、《十五贯》(合作)如北斗星，在夜空中特别明亮耀眼，散发着经久不衰的魅力。

“连环画是画种中的‘重工业’，画房子、画树、画战争、画山水、画花鸟鱼虫、画各种各样的人，要了解和理解原著。自己做导演，什么地方用全景，什么地方用特写镜头，正派自己做，反派也是自己做，几十人的热闹全都由自己做，几万人的热闹也都是自己做。”李成勋流露出纯真的喜悦，“演员在台上演戏，我们是在纸上演戏。电影、电视剧由很多人完成，连环画要画家当导演，当多个演员、摄影师、美术师、服装、道具、烟火、效果……”

这是李成勋最感欢乐的岁月，从早到晚，从春夏到秋冬，整天都在做着自己喜欢的事；这是李成勋最感自由的岁月，艺术天地，东奔西突，无拘无束，尽情尽兴地驰骋；这是李成勋最有成就感的年代，他的才情如焰火升天，绽放出五彩缤纷的火树银花。

职业画家“沦为”工厂临时工

1966年李成勋五十周岁了，他正在考虑未来的创作走向，万万没有想到，一场全国性的政治风暴突然铺天盖地地袭来，“文革”爆发了。全国各地，到处横扫“封资修”，连环画因大都取材于传统戏曲和历史故事被打成“封资修”毒草，一把把冲天大火把全国各地的连环画烧成一堆堆灰烬。

李成勋的作品被销毁，连作品样书都不能保留，李成勋欲哭无泪，也不敢流泪。

没有出版社再向他约稿——这意味着李成勋失去了生活来源，温州有老母亲要供养，上海有妻子和女儿要生活，以后日子怎么过啊？

李成勋在艰难中支撑了两年，1968年被迫到上海益民食品厂当临时工，每月工资四十多元。半生追求自由的李成勋，在生活来源被切断后只好规规矩矩地天天去上班。同时，他们一家被迫从昆山花园小洋房搬出来，挤进公益坊住了两三年，不久李成勋再次搬家，搬进石库门房子永安里。永安里是20世纪二三十年代永安公司投资建造的，主要用于永安公司高级职员的住宿。据说，周恩来总理以及舞蹈家陈爱莲，早年曾在永安里居住过。李成勋搬进永安里，原来住一户人家的一进三层，已经住了四户人家，厨房和卫生间都是公用的。李家住在二楼，紧挨着卫生间。

再说李成勋到了工厂劳动，每天要推着六七百斤重的劳动车跑来跑去。没过多久，领导发现这个临时工能写能画，于是让他去搞大批判专栏，负责编稿、画画和抄写。李成勋天天写横幅，天天抄写大批判稿，忙得吃饭的功夫都没有。他抄的大批判稿件，常常被工人揭下来带回家给孩子当字帖临摹。再过一段时间，领导发现李成勋具有教师才能，安排他去厂校给工人上课。

李成勋晚上下班回到家，站在房间正中摆放的画桌前画画。只有这时，艺术才让他暂时忘记了白天的劳累，暂时忘记了心中的痛苦……

有人来找李成勋"外调"了。

当时，上海有一百多个画家被关押起来，刘旦宅也名列其中。于是，有人找到李成勋，调查温州籍画家刘旦宅。早年李成勋在温州办学校当教师的时候，刘旦宅是他的学生。

"你必须老实交代，说假话对你没有好处。"来人凶恶地威胁道。

"当然，当然。"李成勋不卑不亢地回答。

"刘旦宅和你接触中有没有什么反动言论和行为？"来人拿出笔记本准备记录。

"这个人怎么会反动呢？不可能，不可能……"李成勋微笑着连连摇头。

"他老婆打扮得花枝招展，是资产阶级腐朽思想，是在向无产阶级挑

李成勋和女儿李玉秋谈绘画。

战……”来人声调提高了。

“女的都要漂亮，这很正常的啊！”李成勋继续认真地敷衍。

“很长时期，上海、温州文化界很多人被打成‘走资派’、‘反动学术权威’、‘牛鬼蛇神’，经常有人到我这做‘外调’，”李成勋对笔者说，“我总是顶着压力，实事求是，从来不诬陷一个好人，做人要讲良心啊！所以，造反派头头给我扣的帽子是‘阶级斗争性不强’。我就不明白，人和人之间为什么要斗呢？有人来游说我，说赵宏本是人民美术出版社社长，是走资派，让我和他们一起开会商量如何

李成勋九十九岁仍提笔作山水人物画。

李成勋（坐者）和女儿、女婿及外孙。

李成勋“得山水趣其人必寿”的书法正是他人生的写照。

批斗他，我一口拒绝。”

70年代初期，上海朵云轩书画社恢复了营业。1976年，上海朵云轩书画社要出版大字本古诗词水印木刻线装书，需要既会写古诗词水印母本，又擅长操作雕版印刷的高手，这样的人才很难找到。一筹莫展的时候，有人推荐李成勋，上海朵云轩书画社如获至宝，就把他从益民食品厂调进朵云轩书画社。

“白天忙朵云轩工作，还要为单位鉴定书画真伪，业余时间才能画

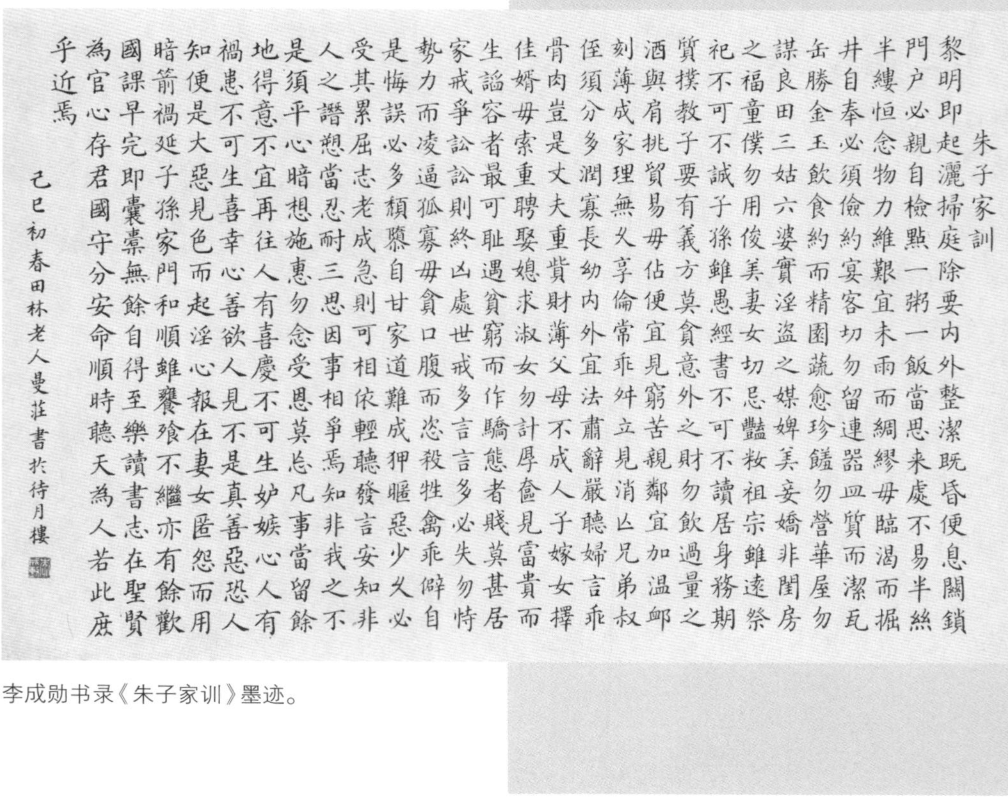

李成勋书录《朱子家训》墨迹。

画，我从职业画家变为业余画家。”李成勋自嘲地说，语调马上转为欣慰，“毕竟，在朵云轩可以画自己喜欢的画了，我要求不高，嘿嘿！”

不久，上海书画出版社要出版特制木刻水印线装本《稼轩长短句》、《楚辞》、《共产党宣言》等，需要小楷抄写，又找到李成勋，由此他进入上海书画出版社工作。他小楷书写的《稼轩长短句》等，让专家惊叹不已。

李成勋的命运有了转折，黑暗的屋子里透进来些许光亮，让李成勋充满希望、充满期待的好事来了。

有一次，在日本留学的学生来拜访李成勋，请先生为其学校校庆画画。李成勋画了一张对开的山水画给了他。那位学生把画带到日本，它被挂在众多的贺礼中，结果吸引了很多日本画商的眼球，众多的日本画廊发来订单，要求购买李成勋的画。李成勋高兴了，他的画刚出手马上就被日本客人买走了。

李成勋绘画作品《仕女图》。

李成勋兴奋了，中国画一直是他的至爱，他可以和当初画连环画一样大量地创作中国画了，他可以重新再做自由画家了。不过好景不长，他的画出海关时被扣留，“上面”指示：李成勋的画作不能出国。

“文革”终于在1976年宣告结束，李成勋已经六十周岁了。三年后，1979

年，他从上海书画出版社正式退休。李成勋重新回归了自由画家的身份，可惜已经是年过花甲的老人了。春的娇艳，夏的热烈，都已经成为流逝的风景，李成勋步入了人生的晚秋。

晚年的画展依然魅力四射

仁者寿，李成勋走过了将近一个世纪的人生。

回首他的为人行事，一个显著特点就是爱艺术而淡泊名利。即使高龄九十九岁，他还时常在画桌前挥洒一番。如水之于鱼，他的生命已经和艺术紧紧地融合在一起。他沉浸于画事，乐此不疲，社会上的鸡零狗碎，纷繁喧嚣，他一概毫无兴趣。他一生超脱名利，至今连上海市美术家协会会员都不是。

2002年年底，李成勋回温州举办离开故乡五十年的画展，温州市美术家协会主席戴宏海到上海李成勋画室观摩作品。

“很多著名画家到了晚年，功底虽深，但由于体力、精力不济，只能画些尺幅之作；老师在耄耋之年，不仅能画大画，而且笔力雄健。老师的山水画，笔墨苍润，点画自然，巧拙笔互用，墨气和元气融合无间，韵律可感，尤其是山高水长的大幅画，有祖国山河雄伟之美。老师的仕女画，没有因年老而造形能力退化，线条还是那么得心应手。无论山水画或人物画，都是形神兼备，有景有情有趣，美的自然的力量，仿佛是从他的心灵通过笔端流出来，这不仅因他的艺术造诣，更因他对人生的执著，对大自然的热爱。老师的画已经与他刚强、朴实的人格分不开了。”戴宏海热烈地赞叹道。

开展那天，人流如织，业界的专家来了，社会各界人士来了，人们流连忘返……

2004年4月中旬，上海市文史研究馆为李成勋举办了个人画展。走进上海市文史研究馆二楼展厅，画展的序言，那一手娟秀的楷书，就是李成勋的女儿李玉秋的作品。但见四壁墙上，幅幅山水画，笔力雄厚，意象壮阔；张张仕女图，线条飘逸，构图轻灵。美术评论家邵洛羊教授激赏之余，提笔称叹：笔精墨妙，直逼元人。

李成勋晚年安静地在上海生活。他是幸福的，有一个孝顺的女儿精心照顾；他是幸运的，九十九岁时依然思维清晰，表达流畅，还不时说上几句笑话，只要精力好，还能在画桌前涂上几笔。笔者参观了他的画室，宣纸、墨汁、画笔等都放在画桌上，仿佛随时准备听从主人的召唤……

李成勋于2013年9月接受记者采访，半年后因病逝世。

范长江与邹韬奋两位前辈的谆谆教诲，成为我人生奋斗的不竭动力。范长江先生说“大时代需要大摄影师”；邹韬奋先生说“大家努力充实自己的力量，就是充实国家的力量”。

——张一群

张一群：用镜头与历史人物结缘

沈飞德

张一群（1920— ），摄影师。1943年毕业于上海美术专科学校西画系，曾在文化部电化教育工具制造所任摄影师。一生致力于艺术摄影，其作品曾入选中国摄影家学会举办的艺术摄影展览会。1981年被聘为上海市文史研究馆馆员。

不修边幅、不拘小节大概是不少艺术家的共同特征之一，老摄影家张一群先生除了给我留下了这种难以抹去的深刻印象外，他还是上海市文史研究馆各项活动的积极分子，每次都见他提着相机，奔前跑后，乐此不疲，为文史馆举办的各项活动留下了许多珍贵的照片。但近些年来，年老体弱的他长期住院，已足不出“院”。

有着八十多年摄影生涯的张先生，用被他戏称为“第三只眼睛”的照相机捕捉历史风云，一生充满了传奇故事。

十几年前的一天，当我应邀登上他家陡直、昏暗的木扶梯，走进珍藏着记录他摄影历程的大量作品的陋室，张一群的名字随着一张张历史照片，演绎出一段段早已逝去的历史风云。

世界上年龄最小的摄影记者

我曾在上海文史馆馆讯上写过一篇介绍张一群馆员的短文，没想到，他来信盛赞我“妙笔生花”，并郑重向我披露他的一个“秘密”：“我有一个鲜为人知而大得不得了的头衔：‘世界上年龄最小的摄影记者’，可以加入世界吉尼斯名人录。”他又风趣地说：“因入会费要两千元，我只得望而却之，后来减至六百元，我仍不胜负担，但不能因不能入会，我就不是‘世界上年龄最小的摄影记者’。有云：奇山宝藏。不能因无人命名，就不存在。”

张一群并非在开玩笑。

张一群出生在南昌一个摄影大商人家庭。他父亲叫张芝鹤，是南昌的商界奇才，他先学文，又改习画，后又对刚刚传入中国民间，被称为“科学画”的摄影产生了浓厚兴趣。清朝末年，张芝鹤创办了南昌一家照相馆——鹤记照相馆。“鹤记”先在百花洲租了一间小铺面，后来生意越做越大，其技术之先进，规模之大，为中国一流。据张一群介绍，他父亲为人开明，对技术从不保密，那时江西各地的照相馆多为“鹤记”徒弟所开。“鹤记”留下了南昌现代史上许多珍贵的历史镜头，如孙中山到南昌与各界人士会见的合影就是“鹤记”拍摄的。张一群在这样的环境中成长，耳濡目染，八岁就端起了照相机，迈开了他漫长摄影生涯的第一步。

1934年，南昌举办江西省运动会，十四岁的张一群颈挂照相机，以摄影记者身份，与众多成人摄影记者抢拍镜头。当时，《南昌日报》一位叫万少康的摄影记者将这一幕拍摄下来，使我们今天有幸一睹“世界上年龄最小的摄影记者”

的风采。

张一群十四岁那年，还在庐山邂逅国民政府主席林森，并为他摄影。

张一群说，他家在南昌是商贸大户，生活富裕，每逢盛夏，几乎年年要到庐山避暑。这年，他正在读初中二年级，放暑假后随父亲到庐山。他们先从南昌乘火车到九江，再坐轿上山。在庐山避暑的日子里，张一群除了玩，就是带着照相机拍摄令他如痴如醉的庐山美景。一天早晨，他独自一人兴冲冲地外出去拍摄庐山云雾。

江西南昌鹤记照相馆。

1934年张一群（蹲者右一）在江西省运动会上。

他全副武装，带了两只福莱照相机，其中一只装135胶卷，另一只装120胶卷，自嘲是“双枪手”。

在仙人洞附近的山路上，专心寻觅美景的张一群忽然看到一个气度非凡的长者迎面走来。待那人走近，定神细看，不禁脱口而出：“咦，这不是辛亥革命元老、国民政府主席林森吗？”

年幼的张一群并没有和林森见过面，不过，他平日喜欢翻阅报刊，是从画报上认识林森的。林森早年参加辛亥革命，在国民党中德高望重。张一群这时有说不出的高兴，暗暗庆幸：“机会来了，这可是千载难逢的好题材啊！”他不顾林森的地位、身份，勇敢地迎上前，在林森面前站定，恭恭敬敬鞠了一躬，并恳切地说：“老先生，我想为您拍张照好吗？”

林森对眼前突然出现的张一群唐突的邀请，不但没有斥责、拒绝，反而显得很高兴，当即表示同意。他进而和蔼地问张一群：“小朋友，我站在哪里拍啊？”

张一群常来庐山，对那一带十分熟悉，听了林森的话，他就请林森到离路不远的仙人洞上面的御碑亭里坐下。林森对素不相识的孩童“言听计从”。为此，张一群很自豪地对我说：“他很配合，听从我这个小孩子的摆布。尾随他的秘书、侍卫丝毫没干涉我。”

我问张一群：“你一共为林森拍了几张照片？”

“很可惜，只拍了一张，用的是120胶卷。”他颇为遗憾地说：“那张胶卷是前一天剩下的，没有及时换上新胶卷。”

那天是阴天，林森戴着礼帽坐在亭子里的石凳上，背光，又没用闪光灯，因而照片层次不太分明。

我指着背景有点灰暗的林森照片说：“你对照片满意吗？”

张一群坦率地说：“有人对这张照片的摄影效果表示可惜，但我却认为，这种效果表明了当时国难当头的气氛。那就是抗战前夕，日本图谋侵略我们，阴云密布，而林森主席处之坦然，神态安定，相信抗战必胜。”

听了张一群的这番解释，我觉得这张照片具有一种独特的艺术感染力。林森侄子、上海市文史研究馆馆员林履明先生为该照题写了“战云密布我泰然”。张一群还颇为自得地说:“十四岁的小孩子给他拍照,恐怕只有我一个人了,所以,有人给这张照片题写道:‘神童张一群摄。’”

可惜的是,林森没能看到抗战胜利,于1943年8月1日在陪都重庆逝世,享年七十七岁。张一群有点自责地说:“假如当时寄一张给他就好了。那时人小,只想到拍照,不懂人情世故。”

这张林森照片的底片已佚,从未发表过的这张照片在解放后历经数次政治运动而得以保存,实在不容易。张一群毫不掩饰地说,这要特别感谢照片的珍藏者,老伴钱莹。

唯一一次战地摄影记者经历

记得1995年邹韬奋诞辰百岁纪念之际和1997年7月7日抗战爆发六十周年纪念日,《解放日报》和《人民日报》先后发表了一张由钱莹珍藏、张一群摄影的《沈钧儒、邹韬奋冒着炮火前进》的珍贵历史照片。这张首次面世的历史照片,记录了青年张一群立志救亡图存的人生追求。中国人民抗战纪念馆称张一群的捐赠是对民族的贡献。

张一群读初中时,深受“天下兴亡、匹夫有责”的爱国主义思想的影响。1937年7月抗战全面爆发,当时正读高二的张一群,就抱着“我要爱国,我要投笔从戎,救亡图存”的念头,决心从军抗日,但遭到父亲的坚决反对。当时,全家在庐山避暑,张一群瞒着父亲,从山上逃下来,不辞而别,到南昌先后投考陆军、空军,但都因身体不合格,未能录用。怎么办?这时他想起读初中时,曾看到一本谈巴黎蜡像馆对历史贡献的书,受到启发,心想:“不能从军,就搞摄影,做一名战地摄影记者。”

1938年夏,南昌虽没沦陷,但是老百姓已开始逃难。没有门路做战地摄影记者的张一群随家人前往四川重庆,因交通阻塞,被阻于长沙。此时,他须臾不忘投身抗日洪流的初衷。一天,他在街上看到民众的抗日爱国热情高涨,更是

街头抗日名剧《放下你的鞭子》(张一群摄)。

热血沸腾,就写信给中央电影制片厂,恳求接纳他当一名战地摄影记者,可没人睬他。但他并不气馁,不久得悉《大公报》著名进步记者范长江到长沙公开演讲,号召民众团结起来共御外患。张一群听了演讲,回到寓所就给范长江写了一封求助信。因他并不清楚范长江的通讯地址,就把信寄到了演讲的主办单位。

范长江给张一群的回信极简单,只一句话:“一群先生:大时代需要大摄影师。长江7月19日。”令张一群感动不已的是,范长江对一个学生称“先生”,而且在信的头上写道:“今天下午我到汉口去,有事请通信。”但当时全面抗战开始,通讯不便,张一群没再与范长江联系,可范长江这封短信给了他极大的鼓励。

张一群去西南未成,又回到了南昌。这时,日军逼近南昌,百里之外的德安成为炮火纷飞的战场。张一群与南昌《政治日报》主编衷若霞亦师亦友,交往甚密,曾向他吐露投身抗日洪流的迫切愿望。一天,衷若霞高兴地告诉张一群:“机会来了,有个慰问团要到前线去,你就一起去吧!”张一群在回忆时,十分感激衷若霞的帮助。直到晚年,他才从冯英子先生那里了解到,他眼中的进步人士衷若霞原来是中共地下党员。

这样,张一群以摄影记者身份,随衷若霞他们从南昌出发,奔赴德安前线。因白天有日机轰炸,只好晚上乘军车前往。张一群万没想到,同行的竟有受全国人民敬仰的“七君子”中的沈钧儒、邹韬奋。他们俩经中国共产党和进步人士的声援获释不久,就投入抗日救亡宣传活动,率武汉战地慰问团到江西慰问抗日将士。

张一群永远难以忘怀慰问团向前线司令部进发的那一幕：田野一片寂静，但前方炮声隆隆，炮声越来越近，越来越响，沈钧儒、邹韬奋一行疾走在羊肠小道上，一个紧跟一个，毫不畏惧，不怕牺牲，奋勇直前。

沈钧儒（右二）、邹韬奋（右三）奔走在炮火隆隆的田间（张一群摄）。

张一群为了记录下这振奋人心、鼓舞斗志的历史瞬间，在田埂上来回跑动，拍摄了不少照片。可惜如今只剩下两张沈钧儒、邹韬奋两位爱国民主人士冒着日寇炮火前进的珍贵历史照片。

在返回南昌途中，张一群在军车上正巧坐在邹韬奋的身边。他知道邹韬奋是一位爱国的文化名人，“七君子”之一，办生活书店和《生活周刊》，怀着一种崇敬之情，他赶忙掏出记事本，敬慕地请邹韬奋题词。邹韬奋接过本子，拿起笔，写下了：“大家努力充实自己的力量，就是充实国家的力量。”

1995年12月，邹韬奋的百岁诞辰纪念，邹韬奋的朋友、文史馆馆员蒋孝义偶见沈钧儒、邹韬奋奔赴前线的照片，如获至宝，大为赞赏，在他的鼓励下，张一群将照片放大成二十四寸，托文史馆送上海邹韬奋纪念馆展出。惜送去时间太晚，馆方未及展出。《解放日报》不久首次发表了这张照片，并配发文章介绍。据张一群说，当邹韬奋的照片送到上海邹韬奋纪念馆的第二天，邹韬奋女儿邹嘉骊曾专程拜访了他，谈到她父亲在抗战中的照片不少，但在抗战前线的活动照片十分鲜见，因此，对他的捐赠表示诚挚的谢意，并送上感谢信。

不管怎么说，张一群唯一的一次战地摄影记者经历，在事隔五十多年后终于赢得了满堂喝彩，中国摄影史上又多了一段值得传颂的佳话。

拍摄许广平的照片

1936年10月8日，沙飞拍摄了鲁迅和青年木刻家在一起的照片，这是鲁迅生前最后几张珍贵的照片之一，成为鲁迅关心木刻运动最形象的历史见证。

我无从考证那天许广平是否伴随鲁迅到上海八仙桥青年会参观第二届全国木刻流动展览会，但我从张一群那里，看到了几张许广平参观“抗战八年木刻展览”的照片。据他回忆，1946年9月18日，上海木刻界在南京路大新公司画廊举行“抗战八年木刻展览”，他在上海美专的同学、木刻家王麦杆（即麦干）邀请他到会拍摄。

许广平悄然出现在展览会，平静的展厅顿时引起了一阵轰动，人们把敬仰的目光齐刷刷地集中到她的身上。

那天，许广平独自参观展览，没有像鲁迅当年那样有一群木刻青年陪伴左右，并促膝交谈，探讨人生与艺术，但她并不感到孤独，因为鲁迅关心和支持的中国木刻运动蓬勃发展，后继有人。

呈现在我们眼前的许广平的照片，显示出她朴素的、厚实的身影，神态稳重安定，聚精会神地观看作品，反映出她和鲁迅一样热爱和支持木刻艺术的难能可贵的精神。张一群介绍说，由于当年条件所限，展品贴在墙上，没有镜框，他也没有闪光灯，以致照片效果不佳，用今天的审美要求来说，或许根本谈不上艺术性。然而，在张一群看来，恰恰是这种效果，暗喻着木刻运动在当时处于国民党反动派高压统治下受压抑的阴暗气氛，反映了木刻界在逆境中百折不挠继承鲁迅先生的遗志，把木刻这一新兴艺术作为对敌作战的宣传武器，或改造世界的刀笔。

1998年4月，张一群、钱莹夫妇收到了上海鲁迅纪念馆对他们捐赠许广平参观木刻展照片的感谢信，其中写道：“特别感谢张一群先生，在当时相当困难的条件下，拍摄这一珍贵的镜头。”

“抗战八年木刻展览”开幕式这天，木刻界爱国青年为缅怀鲁迅先生的谆谆教诲，集体赶到虹口鲁迅墓祭扫并合影留念。我们现在在各种书刊上见到的那张珍贵历史照片，拍摄者可能就是张一群。他在拍摄的另一张青年木刻家虔诚地向鲁迅墓行鞠躬礼的照片上题道：“一抔之土，凝聚了无数的崇拜、无数热血青年的心。”

为“第一流的女主人”拍照

张一群曾向我出示一张梅兰芳等数十人在一幢豪华花园别墅草坪上的合影。我一见那幢建筑风格别致的洋房，就知它曾是汪精卫的公馆，现为上海长宁区少年宫。

张一群告诉我，《文汇报》于1996年10月刊文介绍长宁区少年宫这幢房子，并配发了照片，他阅后不禁问自己：“这不是抗战后我去拍照的地方吗?”于是，他找出了当年拍摄的照片，果然不错。文章说该屋数易其主，却遗漏了一位女主人及她在那里为革命所作的重要贡献。出于对历史负责的严谨态度，张一群托我请居住在杭州的女主人写出照片中一些他不相识的人，并望我能以《第一流的女主人》为题撰文介绍。

张一群要我找的女主人叫黄定慧。半个多世纪前，因黄定慧丈夫的生日聚会，张一群有缘相识黄定慧。

张一群回忆说，那是抗战胜利后，具体时间已记不清了。有一天下午，他在上海美专的同学潘荔英来电邀他前往愚园路，为她丈夫陈廷骧的六哥陈志皋的生日聚会拍照。在读美专时，同学们都深知张一群不仅能画善摄，而且慷慨、豪爽，乐于助人，倾向进步。所以，潘荔英在六哥陈志皋特殊的生日聚会上，自然想到了张一群。

陈志皋是上海滩上有名的律师，也是通易信托公司的老板。在张一群的印象中，陈志皋仪表堂堂，气宇轩昂，风流倜傥。女主人黄定慧风姿绰约，善于交际，很阔气，很时髦，张一群随同学潘荔英，亲切地喊她六嫂。

张一群第一次走进这幢豪宅，偌大一幢房子只有黄定慧一家居住。尽管他出身富商之家，见过世面，但眼前的建筑着实让他大开眼界。

那天，张一群一到那里就见到了仰慕已久的梅兰芳、田汉、赵丹等文化界名流，但绝大多数人都不认识。作为生日聚会的摄影师，他按照同学潘荔英的安排，跑前忙后为客人拍照，忙得不亦乐乎。张一群回忆说，大家先在花园里叙谈、散步，然后喝酒。除了在大草坪上的一张集体照，他还在花园中为梅兰芳、田汉、阳翰笙、于伶拍照。他在这次聚会后又去过黄定慧家，还为她的女儿拍过照。

1981年，张一群由老校长刘海粟先生推荐，被汪道涵市长聘为上海市文史研究馆馆员，与上海市政府参事黄定慧同处一幢大楼。两位老人分别半个多世纪后又喜相逢了。他从同馆的原法租界巡捕房特级督察长薛耕莘先生那里，了解到她是中共隐蔽战线上的一位奇女子，才真正体会到当年她借丈夫生日名义，为党做团结上海文化界知名人士的统战工作。

黄定慧，又名黄慕兰，湖南浏阳人。毛毛在《我的父亲邓小平》一书中，讲述她获悉向忠发被捕变节，智救周恩来的动人故事。

黄定慧一生有过三次传奇婚恋。1928年，她与赣西南特委书记宛希俨结婚。结婚一年后，宛希俨牺牲。她的第二位丈夫是曾任中共南方局书记的贺昌。1935年，贺昌为掩护北上长征的红军主力而为革命捐躯。这年5月她按党的指示，与上海滩知名律师陈志皋结婚。抗战胜利后，她在潘汉年领导下以通易信托公司董事的身份继续在隐蔽战线为党工作。

我曾想："张一群先生为什么称黄定慧为'第一流的女主人'？"

黄定慧1955年因"潘扬案件"牵连入狱，直至1980年平反。据说1984年邓颖超在中南海接见她时，她带了一些历史照片去，邓颖超看到其中一张1947年在黄定慧华山路新居拍摄，有梅兰芳、周信芳、赵丹、熊佛西、张瑞芳、黄宗英等戏剧界著名人士的合影时，曾风趣地对她说："慕兰，到你家的都是

1947年梅兰芳等文化界名流参加陈志皋(第二排左起第一人,站立者)生日聚会时在寓所前草坪上合影。第一排怀抱小孩者为黄定慧。

第一流的名作家、第一流的名导演、第一流的名演员,你不是第一流的东道主人吗?”

我想,在邓颖超所看的历史照片中,不知有没有张一群拍摄的那张名流荟萃的照片,如果有,那更能说明黄定慧如邓颖超所说是“第一流的东道主人”了。

如今想来，似乎还应感谢那段蹉跎岁月的铮铮磨砺，赋予自己艺术积淀，使自己能够放下妄想，回归本原，脚踏实地走好每一步艺术之路。

——高云龙

高云龙：苦尽甘来的雕塑家

吴莹华

高云龙（1928— ），华东师范大学艺术系教授，上海市美术家协会会员。专长雕塑，主要雕塑作品有《朝鲜志愿军英雄纪念碑》、上海龙华寺《十六罗汉》、《陈化成纪念碑》等。1993年被聘为上海市文史研究馆馆员。

高云龙是一位心地宽厚、为人谦和的老艺术家。平日里他的神情犹如古希腊雕塑般静穆，少言寡语，却有着极具人情味的温暖笑容。谈及过往，他一笑置之，甚至甘之如饴。在他心中，对自己艺术人生影响最深的一是父亲，二是苦难，三是坚持。

父亲就是启蒙师

1928年的上海，时局动荡，风云莫测。初夏时节(5月16日)高云龙出生。他的到来令全家人欣喜不已，但同时给从事革命地下工作的父母带来一丝苦恼。当时正逢大革命失败，党组织为保存革命力量，需要转移大批干部到国外避难，高云龙的父母也在其列。犹豫再三，临行前，父母把尚在襁褓中的婴儿托付给奉贤的祖父母抚养。后来抗日战争爆发，为避难，年幼的高云龙又随长辈逃入市区租界，在英租界住了下来。

说起父亲金学成，高云龙感慨万千："我对党和国家的忠诚，对雕塑艺术的热爱，都来自父亲的影响。"高父早年入党，是奉贤地区第一个共产党员。创办过多个抗日宣传报刊，积极投身抗日救亡活动。在日避难期间，高父曾考入东京美术学校，后入日本帝国大学研习雕塑。他创作的《少女头像》入选日本文部省举办的帝国美术展览会，一举斩获外国人从未得过的展览会大奖，奖品是一块刻有日本天皇专用的菊花纹样的金表。当年日本和中国的许多报纸都作了报道，国人称誉他"为国争光"。至今这尊《少女头像》雕塑和那块金表还保存在高云龙家中，见证着父亲的艺术成就。

父母远渡日本十载后回国，一家人得以重聚天伦。当父亲看到高云龙酷爱画画，十分支持，不仅言传身教，还亲自安排他到上海美专和好友张充仁先生的画室去学习。除了父亲启蒙，高云龙还有一位恩师就是张充仁，他是留法归来的著名雕塑家，工作室就在高家附近。于是高云龙每日都去那里上课，有时张先生来家里作客，顺便也会指导一下。最开始素描临摹西洋石膏像，然后慢慢接触雕塑。高父好友、著名油画家吕斯百有次看到高云龙临摹的"唐三彩骆驼"，大为赞赏。

高中毕业那年，高云龙原想投考美术学校的雕塑专业，可惜当年全国院校都没有这个专业的招生计划。于是父亲劝他先报考上海海关学校，用业余时间继续进修美术。从上海海关学校毕业后，高云龙顺理成章地被分配入海关工作。还不到三个月，突然有一天北平国立艺专在沪招生的消息传来，令高云龙兴奋不已。他也顾不上单位同事的一再劝说，匆匆然辞去世人眼中的“金饭碗”，报名投考艺专。没想到此举得到了父亲的全力支持。几经选拔，高云龙最终拿到了录取通知书，多年的努力与等待终于有了结果。出发前一晚，他彻夜未眠，憧憬着即将铺展于眼前的艺术道路。

在开往北平的列车上，他忽而想起曾经看过的电影《肖邦传》，那位伟大的音乐家对艺术的执著、对祖国的热爱，正是自己今后学习的榜样；忽而又想起父亲曾说过苏联苏维埃政权成立后，文艺事业得到了极大发展，而艺术家的才能获得了极大发挥……高云龙下定决心，要为艺术吃苦，学出个样儿来。

八载寒窗小有成

虽然事先做好了吃苦的准备，但潮湿昏暗的逼仄宿舍，顿顿吃不惯的窝头、白菜，还是令高云龙难以忍受。他常常给自己打气：“能够考取艺专太不容易了，这里有那么好的学习气氛和老师，不管怎样我都得坚持下去。”对于学业，他丝毫不曾放松。一二年级打素描底子，他把徐悲鸿院长那句“不画一两万张素描就成不了大家”当成座右铭牢记在心，日日苦练。徐院长有时来画室指导，对高云龙极为欣赏，期末给出过九十分的高分。

当时正值解放前夕，课余时间高云龙会和同学一起参加北平学生民主运动。有一天徐院长把他和钱绍武叫到办公室，语重心长地说：“现在学校‘三青团’监视很严，你们还是要以学习为重，离开政治，不要闹出什么事情来。”高云龙领会并感谢徐院长爱护学生的良苦用心，然而遗传自父母的革命热情激发着他，虽然曾受到“三青团”的警告，但他坚持到了解放。

繁重的学业和参加学运工作，加上艰苦的生活环境，使高云龙旧时染上的肺病复发了。高云龙不得不休学一年，回沪疗养。再次回到课堂已是1949年的秋天。这一年北平国立艺专撤销，改为中央美术学院，高云龙入美院雕塑系学习，教他的老师有著名雕塑家滑田友、蒋兆和、王临乙、王炳召等先生。

滑田友、王炳召分别是天安门英雄纪念碑“五四运动”和“太平天国金田

位于朝鲜的志愿军纪念碑浮雕(部分),由高云龙等人合作完成。

起义”两块浮雕的作者,技艺超群,王临乙还是高云龙父亲解放前在南京中央大学艺术系时的好友、校友,对高云龙关爱有加。蒋兆和写生、造型能力极强,是高云龙的素描老师。高云龙常常在蒋先生身旁,目睹其作画过程,一生受益无穷。

滑田友是高云龙接触最多的一位先生。滑先生融会东西,不仅掌握西方雕塑技术,而且对中国传统艺术深有研究,经常为学生分析、比较中外艺术作品。他所创作的天安门英雄纪念碑“五四运动”浮雕,刻画人物生动形象,画面典雅自然,构图饱满富于张力,浑然一体,凸显了东方艺术之美。记得初做人体立像时,高云龙常会为塑像站不稳而苦恼,后来滑先生专门给他讲解了人体头、胸和盆腔三部分的运动规律,指导他如何运用点、线、面以及局部和整体的关系来控制平衡,还让他多看人体解剖学方面的书,对做好雕塑大有裨益。此外,当时学校里陈列着很多滑先生在法国留学时所做的人

浮雕创作人员拜访朝鲜崔莹一家。后二排右一为高云龙，后三排右一为文慧中。

体塑像，高云龙每每走过那里，都忍不住伫立观赏，细细揣摩这些优秀的人体美范本。正是师从滑先生这样一批艺术家们钻研西方绘画雕塑，观摩传统艺术，从东西方艺术宝库中吸取养分，高云龙才得以兼容并包，技艺突飞猛进。

研究生毕业后，高云龙因成绩优异，留校任创作员，在文化部新成立的雕塑工作室工作。这期间，他先后参加设计、制作北京前门饭店、美协大楼和中苏友谊展览馆，协助邹佩珠先生完成彭雪枫将军纪念像，大跃进期间又参与了北京十大建筑之一军事博物馆广场的“军民一致”雕塑和北京人民体育场主雕等创作。1955年他接受中央军委和志愿军政治部建造抗美援朝志愿军纪念碑的任务，便与文慧中、林家长组成创作小组，共同制作反映中朝军民共同战斗、鱼水情深的一组浮雕。高云龙是三人小组组长，一度率队赴朝鲜体验生活。说起这段经历，高老记忆犹新，不仅因为这是他早年倾力打造、最具代表性的作品，更因为这件作品的诞生伴随着他人生中的一场重大变故。

荒唐岁月荒唐度

而立之年，正当高云龙精神抖擞、满怀信心地投入自己毕业后最为重要的一件雕塑作品的创作时，整风运动开始了。当时他正担任雕塑工作室的团支部书记，已被列为入党对象，怎么也没想到自己会变成“阶级敌人”。然而不可思议的事情就这样发生了。就在抗美援朝志愿军纪念碑浮雕创作接近尾声之际，组织部门宣布他被划为“右派”。晴天霹雳，物是人非，扛着巨大的精神压力，他还是坚持完成了作品。

和他一起被打成“右派”的还有李守仁，也是雕塑工作室的成员。运动结束后，他们二人被清理出宿舍，蜗居在只有八平方米的小屋，工资被降级，有关雕塑的总结会议也不让参加。整日陷在斗争的漩涡里，高云龙感觉如坠深谷，理想破灭。为求清静，他选择下放到黑龙江兴凯湖农场，接受只有“极右分子”才会遭遇的“劳教”。大好年华戛然休止，之后廿多年他辗转南北四地，尝遍人生酸苦。

起先两年是在东北度过的。冰天雪地里，他和难友们起早贪黑，砸冰块、挖沟渠、干农活。日子虽苦了些，但天高海阔、远离烦嚣，身体竟锻炼得比以前更结实了，年少时种下的肺痨病奇迹般地再没有复发过，也算不幸中的万幸。一段时间后，劳改大队队长得知高云龙学过美术，就让他帮着出出板报，搞搞宣传。对高云龙来说，机会难得，可以再拿起心爱的画笔。

后来到了天津茶淀农场，才真是苦不堪言。在东北，至少还有高粱、蔬菜果腹，偶尔还会吃到兴凯湖的肥鱼。可是在天津，正赶上“三年困难时期”，只能吃掺沙的白薯粉和玉米芯做出来的黑绛色窝窝头。不吃就得挨饿，吃了又难以排泄，很多人因长期缺乏营养，两腿浮肿、头脑发昏。当时高云龙还得喂马、打扫马圈。幸好在天津工作的中学老同学前来探望，送来一些饼干和糖果，帮着渡过难关。身份转为农场职工后，活动变得自由一些，高云龙便常常到郊外河边摸鱼虾和青蛙吃。

几年后，高父有机会赴京参加全国政协会议，遇到在日本时的老友、时任北京市常务副市长的张友渔，提起儿子云龙的不幸遭遇。经帮助，高云龙转至北京国营卢沟桥农场当起了果园管理工，改变了身份。

然而紧接着“文革”开始了，“右派分子”高云龙在“红卫兵”的“遣送”下回到故乡上海，被安置在老家奉贤四团公社牧场果园继续接受“改造”。凭着在北京学到的果树种植技术，高云龙竟成了当地能手，果园每年“高产又稳产”。回首这段果农生涯，简直让人哭笑不得。

生存已不易，何谈书与艺？直至1977年高云龙的“右派”问题才得到纠正，而此时距离他离开中央美院已过去二十多年。

宝刀未老旧梦拾

待业在家的时候，高云龙给一些工厂、学校做过雕塑，以维持生计。平反后接到的第一个光荣任务是为大世界举办的“毛泽东青年时代展览会”做雕塑。创作开始后，他顿感压力重重：毕竟二十多年没有做过雕塑了，自己还行吗？如果做不好怎么办？种种忧虑令他惶惶难熬，整整一个月都在失眠中度过。《毛主席青年时代一家》大型群雕塑成后，作品得到领导通过和肯定，这对高云龙来说是一个好的开端。

1982年他与同窗好友，也是当年在黑龙江兴凯湖农场共患难的汪志杰一起，创建了华东师范大学艺术系，并任教授。年过半百，再次起航。从那时起，他的新作品不断问世，散发出一位老艺术家不减的锐气。他在1986年为上海城雕艺术所作的《普希金像》，以一种纪念碑式的理想形象，把这位具有世界文学史意义的俄罗斯诗人的豪迈性格塑造得光辉照人，在市民心中留下美好印象。时隔二十余年，对雕塑事业的忠贞与执著，使高云龙的技艺修养未有退化，这应归功于他年轻时勤学苦练所养成的造型基本功。如果没有深厚的功底，仅有主

20世纪80年代高云龙在安徽定远《戚继光纪念像》前留影。

观上的美好愿望，艺术理想恐怕难以实现。

之后，高云龙以饱满的创作热情和成熟的艺术技巧，先后完成了《陈化成纪念碑》、安徽定远《戚继光纪念像》和张元济、邹韬奋、史量才、张闻天、林风眠等名人塑像，南浦大桥桥底大型雕塑、《未来》、《幸福家庭》等许多城市景观雕塑。1998年高老年届古稀，这一年他运用新材料、新技术创作了纯几何抽象雕塑作品《四季》，以一种上下对应的火焰或花瓣的造型想象，表现了一种不灭不败的动态之美。

2012年10月上海市文史研究馆部分馆员、工作人员于南北湖合影，后排左七为高云龙。

评论家指出:“他没有抄袭外国的‘极简主义’,在这件作品里每个组成部分都有形象,构成有规律的整体,激发人们的想象,独具表现力。作为中央美院20世纪四五十年代培养出来的雕塑家,能在新的时代中接受新潮流的熏陶,并能审时度势地拓宽自己的雕塑艺术语言,在老一辈艺术家中是难能可贵的。”

高老晚年与佛特别有缘。80年代初,他被安排在市园林局工作期间,就曾参与修复龙华寺佛像,进入华师大后继续此项工程。为更好地完成佛像重塑,他遍访全国佛教艺术圣地。每次参观龙门石窟时,他都要站在奉先寺“卢舍那”大佛跟前,深深体会古代艺术家们的高超石刻技艺。面对那巨大魁伟的身躯、丰腴秀美的面庞、充满智慧的眼神和雍容大度的圣像,他都会不禁感叹这座“东方雅典娜”的美轮美奂。他还到南京丹阳观看六朝石兽,那些变形、抽象、夸张的造型并不是如实摹写动物,而是脱离状物象形阶段,达到了意匠独运、抒发作者情怀的境界。它们既有庄重雄伟的形体,又包含夸大装饰意味,赋予石兽以神化效果。通过反复研究、临摹、比较、构思,高老的雕塑技艺再臻精境。

很多人不知道,除了上海龙华寺“十六罗汉”和三圣殿“西方三圣”像之外,蔚为壮观的海南三亚“三面观音”大型雕塑,采用的正是高老和胡建宁这一组的设计稿。而受苏州一无法师之托创作的《弘一法师像》是高老晚年最为满意的作品。他将自己许多的人生感悟融入这尊雕像里,表达出艺术自由的创作理念。那飘然的衣角犹如余音袅袅,传递出弘一法师历经乱世浮沉后的淡泊与高蹈。

寄望后生迈步越

退休当年,高老被聘为上海市文史研究馆馆员。进馆后,高老艺术热情不减,作品不断。建馆四十五周年之际,他创作的首任馆长张元济先生半身青铜像,睿智大气、沉稳肃穆,至今一直摆放在馆内院落的显眼位置,成为馆藏珍品

高云龙晚年雕塑作品《弘一法师像》。

高云龙雕塑作品：上海市文史研究馆首任馆长张元济先生半身青铜像，创作于1998年。

之一。

回望走过的人生道路，高老说真是惊心动魄，悲喜交集。庆幸兜兜转转，还能回到雕塑台前，拿起工具，敲打出晚年的成就。这其中几次死里逃生，多少迫不得已，既有命运的捉弄，也有老天的眷顾，算是丰富多彩，可谓没有虚度此生。年轻时凭着对艺术纯真的爱好与憧憬，孜孜以求，任凭前进道路上各种主客观条件制约，知难而上。如今想来，似乎还应感谢那段蹉跎岁月的铮铮磨砺，赋予自己艺术积淀，使自己能够放下妄想，回归本原，脚踏实地走好每一步艺术之路。

对于当今认为基本功训练是过去时的言论，高老觉得真是误导学子。纵观历史上有成就的艺术家，哪个不是经过长期的艰苦磨炼才能厚积薄发？想要获得艺术上的从心所欲、纵横自如，必须以高超的技艺作底子，如果弄不懂这个道理，艺术就是胡来。中国现代雕塑的进一步创造性发展，空间还很大，尚需时间和人才的淬炼。

如今高老已是耄耋之年，身体尚健。每日赋闲在家，除了做一些力所能及的雕塑指导以外，就是逛逛公园，弄弄花草，尽情享受安逸平静的晚年生活。他常以乐观的心态对待过往种种，偶尔谈起也并不怨愤。他常常挂在嘴边的话是“如今欣逢盛世，应该珍惜每分每秒，雕塑能够伴我到现在，吾心足矣”。

古今成大学问之三境界，其中的“寻”、“痴”、“悟”便是我作画坚守的感悟、渐悟和顿悟。

——韩　敏

韩　敏：于无色处见繁花

淳　子

韩敏（1929—　），上海人民美术出版社副编审，中国美术家协会会员。曾任上海书画研究院院长、上海市美术家协会理事。出版有《韩敏花鸟虫草集》、连环画《白毛女》等。1993年被聘为上海市文史研究馆馆员。

仁者仁心

初春。料峭的寒风。

依据预约的作息时间表，准时到达韩敏的画室。

轻推门扉之际，已经闻到室内袅袅飘散出来的沉香。端坐在画案前的韩敏，身披一件紫绛红外套，一串佛珠垂挂在胸前，分外抢眼。

一壁的钢窗，任满室阳光肆意泼洒，架上、地下，暖房一般的画室里，摆满了各色兰花；靠墙的柜子上，放着好几座金碧辉煌的自鸣钟；博古架和书橱里，堆满了线装书籍和画册；一只德国种的桂皮芙蓉，在笼子，过节似的，欢快地振翅，清冽冽地鸣叫。

韩老的弟子沏来了龙井茶。

韩老从桌上拿起烟盒子，持烟的模样，如同持着一支狼毫小楷笔。

桌上，赫然一幅大字："勇往直前。"一旁的墨砚，湿漉漉的，显然是才写就了的。

于是赞叹："韩老好勤勉，一早就做功课了。"

韩老掸了掸烟灰道："习惯了。我出生在一个旧知识分子家庭。沿袭中国人丁兴旺的传统，父母一连生了十二个子女。抗日战争中，逃难到上海，父亲只是一名画广告的穷职员，哪里拿得出钱供每一个孩子去学堂。他就在家里自己教育子女。父亲教的最多的便是做人。画画要紧，挣钱要紧，做人更要紧。"

韩老的父亲韩小梅，是民国著名的广告设计家。

有年冬天，特别冷，家里没有御寒的设备。那天，兄弟三人偷懒，没有完成父亲布置的绘画作业。父亲非常生气，罚他们在天井里画梅花。笔砚很快就被冻住了，兄弟仨只好用热水垫在砚台下面，用红肿的手指继续画梅花。那以后，韩老便养成了今日事今日毕的习惯了，从不敢蹉跎时间。

孩子中的老大、老二和老三都没有上过学堂，韩小梅便成了孩子们的私塾先生，亲自教授古诗、古文，以及绘画基本功。他绘画的时候，也会叫孩子们站在一旁，边画边指点。日后，韩家五兄弟都在画坛上成绩斐然，被人称为中国绘画史上的传奇。

十一岁，韩敏在父亲的指导下开蒙，即使大雪天，也让韩敏一早就起来练字。最初临摹的是柳公权。

有时，父亲立在身后，一个错笔，父亲便在身后一个敲击，所谓"醍醐灌顶"是也。

韩敏悟性很高，触类旁通，能画能写能诗能文。很长的题跋，他顺手就来，对联或是绝句，张口便是。和父亲去剧院听了戏回来，一边唱着，一边还能把那琴师给你学出来。一张一厘米大小的玻璃纸，他能用镊子折叠出一条乌篷船来。

那年正月十五元宵节，韩敏找出一张卡纸，用圆规、刀片、直尺，做了一个走马灯，蜡烛一点，马儿就转了起来。

当然也有失手的时候。那时，韩老已经在上海人民美术出版社工作了。社庆晚会上，他在《空城计》里扮演诸葛亮，全副行头，有模有样。唱到一半，忘词了，琴师把过门拉了一遍又一遍，他就是想不起下一句来，一时，满堂倒彩。他却哈哈一笑，没事人一样。

韩敏绘画作品《老子出关图》。

“文革”来了，人人噤若寒蝉。

白天，韩老在单位里看看被别人贴的大字报，回到家里，一杯清茶，一把胡琴，拉着老戏码，一副浑然不识愁滋味状。

下放农村，他的肩膀被扁担磨破，磨成了一块硬疙瘩。他不自怜，走着猫步，把扁担横过来挑。

在田间，累了，坐在田埂上和农民“嘎三糊”。讲到要紧的地方，戛然而止道：“今天就讲到这里了，明天还要出工，我要休息去了。”

2005年韩氏五兄弟画展于金华举行，前排从左至右：韩硕、韩伍、韩敏、韩澄、韩山。

农民们央告道："讲呀讲呀，明天我们代你出工。"

那样的非常时期，虽然日子清苦，他依旧嘻嘻哈哈，只要有机会拿起画笔来，便浑然不知身外之事，唯有色彩天际流。他是把地狱当作炼狱了。

有人给他写了一副对联：

上联：工农商学兵，

下联：地富反坏右。

横批：五湖四海。

他的这种做派，使他在人生最困厄的时候，化险为夷，享尽生命之天然。

他说："我是向前看，也向下看的人。"

因为懂得，所以慈悲。

生活的起起落落，荣枯成败，都会过去。万事有得也有失，得失只在一念之间，得之淡然，失之淡然，心态平和，是是非非，举重若轻。

韩老的弟弟韩伍说："我们兄弟几个，二哥的口才是最好的。"

果然，采访中，韩老口吐莲花，说到兴奋处，得了天机一般，离开桌子，在细条地板上踱步，腰板硬朗，气宇轩昂。

这就说到了他的那串硕大的佛珠了。

他道：“我和龙华寺的方丈很熟悉，因为觉得人好。他需要我的画去化缘，我不推托，就给了。他送我佛珠表示感谢。我觉得佛珠里有仁心，就戴着了。”

他的画室里，几乎天天高朋满座，或是慕名，或是求教，或是求助，或是只坐一坐，喝一杯茶就走。

韩老皆以善缘待之。他信奉来者都是客，只要锅里有，朋友的碗里便不会空着，一副独乐乐不如众乐乐的格局。

他虽不曾吃斋念佛，却是深怀菩萨心肠。他觉得人格中最美的品性是善良。

他曾经因为同情九华山尼姑生活艰辛而主动捐画帮助她们化缘，一捐就是好几年。

他坐在那里，面容平常，却自有一种气场。

谈话间，他拿起打火机，又点起

韩敏绘画作品《双鸠图》。

韩敏绘画作品《荷花水鸟》。

一支烟道：

“我不喜欢装神弄鬼，不喜欢装模作样，不喜欢华而不实。最高的信仰是善，是行善。我是心太软，心也太热。来者不拒。”

说着，韩老在桌子上铺开一张草图道：“这是一位女子，慕名而来，说要送一幅画给医生，因父亲要开刀，我就答应了。这几日要赶紧画完的。”又嘿嘿一笑道：“夜深人静的时候，上半场想自己，下半场想别人。度己度人，人生风景就在于境界的高低了。从从容容一条路，平平淡淡一杯茶，经历过生活的苦难，拽不住流逝的岁月，能一笑了之的就绝不纠缠。平常心平常人，不以物喜，不以己悲，超然物外，看淡，看轻，看宽，所以我不签约画廊，画有润格，人更要讲品格；朋友需要，就拿了去。能助人，也是欢喜，也是积德。”

韩老真真是：仁者仁心，乐天豁达，悲天悯人，博学厚爱。

金丹功夫

韩老手中的烟，一支接着一支。烟是一个支点，也是另一种涉世的画笔。

韩老道：“你方才问，人生在世，最不能割舍的是什么？我的回答是，我最不能割舍的是绘画。”

宋代画家郭若虚说：“人品即已高矣，气韵不得不高，气韵即已高矣，生动不得不至。”

当代海派三大画家中，程十发以风雅驰名，刘旦宅以典雅盛誉，韩敏以高雅著称。

韩老的中国画艺术，最鲜明的艺术特征是大气，是书卷气。

韩老从小饱读诗文，提起笔来，即能赋诗作画，又能以诗入画。他尤其擅长书法，一手如梦似幻的郑板桥体，被世人称作“韩板桥”。

每画必题，且长题，是韩老的习惯。

他的《木兰从军》、《荷塘雅趣》、《宝钗扑蝶图》等画作中，诗文皆百字以上。

2009年，秋日里的雨，绵绵不绝，淅淅沥沥，落在窗棂上，竟有大珠小珠落玉盘的意境，韩老一时兴起，铺排宣纸，提起笔，轻拢慢捻抹复挑，画出了白居易笔下的琵琶女——清清妆，天然样，手持琵琶，纤巧地跪坐在月夜下，未成曲调先有情。

画得意犹未尽，换了笔，手腕子蛇形弯曲，如急雨，如私语，节录了白居易的《琵琶行》，共得字二百，然后，从盒子里取出朱、白印各一枚，饱蘸了朱砂红，结结实实地盖下去，仿佛是一个证人，见证了一位画家、一位文人的心迹。

韩老画过多幅《琵琶行》，有长卷，有短篇，有时兴起，更抄录了白居易《琵琶行》全篇，共计五百多字。字迹行走到了篇末，字体明显大于起始，也更加地恣肆。行笔到了“座中泣下谁最多，江中司马青衫湿”时，“座中”和“江中司马”几个字突然放大，且笔墨更为浓重。“胸中具上下千古之思，腕下具纵横万里之势”，白居易感染了他，他感染了自己的笔。所以他说：“书法对作画有很大影响。所谓‘字如其画，画如其字’，提高画就能提高字，提高字就能提高画。”

他是在用炼金丹的方式，日复一日，锤炼着自己的功力。

海纳百川

韩老被人称为“万能画家”。

“文革”中，处处禁锢，有些画家便歇笔了。韩老放不下画笔，画起了宣传画。社里派任务给他，画领袖毛泽东。无缘见到毛泽东，他便去电影院观看有关毛泽东的纪录片。有时，他会在电影院待上一整天。他一边看，一边揣摩，当他下笔的时候，他画的毛泽东不是神，也不是神坛上的人物，而是有着开国气度的领袖。

他说，我不画神不画鬼，我画的是气质人物。他创作的《毛主席和我们心连心》宣传画，发行量达到一百六十万张。

只要能画画，他不在乎使用何种艺术形式。

韩敏绘画作品《长恨歌》。

待到政治形势稍有好转，可以画连环画了，他选择了京剧《龙江颂》。他的父亲是京剧迷，他也是。他酷爱周信芳的麒派。在出版社领了任务，他打起背包去农村，住在土坯的房子里，画了几百张农民劳作、生活的速写稿，然后，根据戏曲人物特有的身段，仔细地描绘揣度，创作出了既有生活质感又有京剧韵味的艺术作品。

不久，出版社又委任他担纲芭蕾舞《白毛女》的连环画创作。他又是打起铺盖卷，住进芭蕾舞团。

清早，他与演员们一起在练功房忙碌。

演员下腰、开胯、练基本功，他如一位摄影师，一会儿站着，一会儿坐着，一

韩敏书法作品《福寿康宁》。

会儿又匍匐在地上，从不同的角度、位置观察舞者。舞者的美，芭蕾的美，人体线条的美，以及锁骨、脚踝、手指、收紧的下颚——他被打动了。艺术创作最基本的一个条件就是心动。

唐代诗人杜甫的诗句“一片飞花减却春，风飘万点正愁人”，这是怎样入骨的感动、蚀魂的忧伤！这样的感动，这样的敏锐，才有了韩老不朽的作品。

心灵的悸动和创作的情感如同酵素，在美好的境界里发酵、生发开去，直抵指尖，渐渐地，繁衍成枝繁叶茂。日后，韩老画西施，画史湘云、林黛玉和薛宝钗，便挪用了连环画的细条和舞蹈的瑰丽。女子的肩、腰、姿态、裙裾的线条——寥寥数笔，洗练、简约，却是活脱脱，有了血肉，有了性灵。

2014年上海市文史研究馆书画展举行开幕式，时任馆长的沈祖炜（左一）致辞，右一为汪观清，韩敏居中。

去美国旅行，美术馆和博物馆成了他的境外画室。他拿一个小本，记录下种种体会。日后，西洋画的笔法、设色、构图，他都一一借鉴和尝试。

韩老道："我不愿意重复自己。"

那日，他指点弟子搬来一本厚重的画册，熟练地翻到某一页，指着一仕女道："你看，这双眼睛，便和传统的中国画法不一样。我使用了油画的方法。你看，我只是意识到，只是在眼部做了那么一点点的不同，人物的气韵便全然不一样了。我是在传承中体悟新的可能，寻找新的可能。"

作画之道，贵在纳容百家而置其外，穷尽众长而思其变。韩老是融会诸法于胸中，运发自如，独具一格。

韩老反复道："好好学习，天天向上，是我的座右铭。"

韩老的生活很简单。一早起床，把自己收拾得干干净净，这才来到餐桌前，五谷杂粮一碗粥，一个白煮蛋，一支烟，然后入画室，泡上一壶好茶，酝酿一天的工作。

他道："我最在意的是把画画好。最得意的是，已经八十多岁了，依旧有旺盛的创作激情。我每天都思考，都学习。每天都努力提升自己。"

韩老把人生的有效时间分割为三部分：绘画的时间，思考的时间，交流的时间。他尽可能不让外部纷乱的信息干扰自己的生物钟，占领自己心灵的空间。

累了，也看电视消遣。常常看的有相亲节目《百里挑一》、《非诚勿扰》，他在节目里窥见男女的心灵、人性的幽微，也看戏曲频道、体育频道，那里有京剧的韵味、运动的激情。

我见墙上有一张刘旦宅的画，上款署韩敏，便好奇地问起此画的来历。韩老告诉我，当年在出版社闲来无聊经常与刘旦宅等人下棋，谁输了谁就送对方一张画。如此风雅的岁月，可惜我们没能赶上。

《人间词话》云：古今之成大事者、大学问者，必经过三种人境界："昨夜西风凋碧树，独上西楼，望尽天涯路。"此为第一境；"衣带渐宽终不悔，为伊消得人憔悴。"此为第二境；"众里寻他千百度，蓦然回首，那人却在灯火阑珊处。"此为第三境。

其中，"寻"、"痴"、"悟"便是韩老作画的感悟、渐悟和顿悟。韩老道："人生自然有后悔，后悔也是觉悟。"

韩老的《白毛女》、《郑板桥》、《林家铺子》、《焦裕禄》、《三国演义》等连环画名噪天下，1981年创作的白描作品《谢瑶环》获得全国美术作品二等奖。

韩老虚怀若谷，并不声张自己的荣誉。

他晚年有一个笔名"老沙弥"，经常在画上题"老沙弥韩敏"。沙弥一般都是小和尚，韩老自称老沙弥，是为自谦。

上海，何其繁华摩登的一座城，韩老住在最具法国风情的淮海路上，他喜欢这里的氛围，隐士一般，身居画室，勤奋作画做学问，有金粉金沙深埋的宁静。

灵感可遇而不可求，唯有苦苦等待。

韩老在这里，直等到漫山遍野都是生命的繁花。

只有倾注了自己全部激情的画作，才是最美丽、最动人的艺术品。

——汪观清

汪观清：耕莘堂里一老牛

胡绳玉

汪观清(1931—)，原为上海人民美术出版社副编审，现为中国美术家协会会员、安徽黄山书画院名誉院长、上海民盟书画院院长。创作的六十米《梦里徽州——新安江风情图》和《黄山天都云瀑歌》长卷入选上海世博会展示。2000年被聘为上海市文史研究馆馆员。

财神爷下凡

1931年，农历大年初五，家家户户迎财神。这一天的凌晨两三点钟，歙县新安江畔金滩村，一户汪姓家庭生了一个男孩，取名仲良。仲良六岁时，大哥、小弟先后夭折，祖父母怕他也养不活，就把他过继给村郊半山上照岑寺内的观音菩萨，寺内的德宝

汪观清创作《红日》连环画时在山东孟良崮山村与小朋友合影。

汪观清及四个姐妹与母亲合影。

和尚为他披上小袈裟，改名观清。

歙县自古以来，素有“东南邹鲁”、“礼义之邦”的美誉，地灵人杰。汪观清祖父做茶叶生意，但非常崇拜读书人，贾而好儒，当地有“堂前无字画，不是旧人家”的民俗，遂请民国元老谭延闿书写“耕莘堂”三个大字，悬挂在堂屋中。汪观清继承祖意，以后就自号“耕莘堂主”。汪观清幼年时在家乡跟兄长、舅舅学字画，九岁随父亲到上海读小学，开始迷恋弄堂口的小书摊。小书摊老板见他痴迷，又是邻居，就常常让他借书回家去看，他边看还边照着一笔一画地画，开始了连环画、人物画的临摹练习。课本上、练习簿上、草稿纸上，甚至弄堂口的墙壁空白处、黑色的柏油马路上都留下了他的涂鸦，汪观清的这种爱好一直持续到高中毕业。本想报考美术学院深造，时值上海解放前夜，物价飞涨，民不聊生，家庭经济十分拮据，这个愿望落空了，只好找个百货商店站柜台，先解决糊口问题，再利用空余时间自学。当时上海有不少私人画室招生，汪观清就报名陈盛铎教授的现代画室，每晚学画素描两小时。他天资聪颖，悟性又高，记忆力强，本来已有了一点基础，再经专业名师点拨，经过半年的学习，画艺大有长进，绘画的基本功就是这个时候打下的。

上海解放后，汪观清生活日趋稳定，创作欲望逐渐高涨，他开始尝试给报刊投稿，但因初出茅庐，画稿屡屡被退回。在挫折中，他不退缩，不气馁，不断自己琢磨，总结改进，终于，上海的《通俗报》、家乡的《安徽日报》开始刊登他的画稿，有的还作了《通俗报》的封面，汪观清受到了很大的鼓舞，提高了继续创作的积极性，并把画作扩大到其他报刊，一些出版社也开始眷顾汪观清，向他约稿。汪观清非常刻苦勤奋，画连环画领悟快，出手也快，开头一两幅人物形象画好，故事情节记牢，后面就会很快一口气画下去，不再需要临摹，反复推敲草稿。50年代初，一本五十六页的连环画，二十个日夜就能画好，而且幅幅精美，不仅读者喜爱，出版商也很高兴。当时画一张画可挣两元六角，三周就能画一两黄金。其时，按照家乡习俗，汪观清已在老家娶妻生子，父亲又没有正式工作，因此全家大小十口人基本上要靠他这一支画笔养活，画画从兴趣爱好，变成了养家糊口的手段，他也成了汪家真正的“财神爷”。

《红日》照连坛

汪观清1952年任十一联合出版社美术编辑，1954年转新美术出版社专职画连环画，1956年任上海人民美术出版社连环画专职画家。作为职业画家，他开始走上了艺术探求之路。从1959年起，他的作品多次入选国内外的艺术展、美展，1991年从副编审岗位上退休，总共创作连环画达六十多部。

汪观清连环画创作题材十分广泛，古今中外，无所不包，比如《人民教师宋冰》、《鸡毛飞上天》、《小复仇者》、《斯巴达克》、《十二把椅子》、《血手印》等，其中尤擅军事题材作品，如《从奴隶到将军》、《雷锋》、《彭德怀》，大型玉雕设计《万水千山》等，画风朴实无华，厚重凝练，是全国创作军事题材连环画的有影响画家。他对根据著名军旅作家吴强小说改编的《红日》，更是倾情绘制。为真实表现两大战役的曲折过程，他几度奔赴山东，深入莱芜、蒙阴、孟良崮考察访问，收集资料，下部队当兵体验生活，历时三年，绘就四本一套的连环画巨制《红日》，荣获全国连环画展二等奖，一时享誉连环画坛，成为经典之作。上海人民美术出版社在庆祝建军八十周年之际，又再版隆重推出，并在上海书市上举行作者签售，时隔三十多年，仍然受到广大读者欢迎，纷纷排队争购。《红日》先后九次再版，成了汪观清的巅峰之作，使他成了中国连环画创作的重要代表人物之一。

粉碎“四人帮”后，汪观清满怀对周总理的无比尊敬和热爱，先后两次重走长征路，实地考察，亲身感受，在一个月之内一挥而就，绘制《周恩来同志在长征路上》连环画，成功地刻画了周总理的光辉形象，受到广大读者推崇。最值得一提的是，2013年4月，在纪念国防部授予上海“南京路上好八连”荣誉称号五十周年之际，汪观清和五十年前曾创作连环画《南京路上好八连》的老画家贺友直、郑家声、陶长华、端木勇等，带领上海民盟书画院的书画家们，再次来到上海警备区“好八连”驻地采风，深入军营，“画出现代科技无法捕捉的那份感动”。他的挚友、著名连环画家贺友直曾经说过，“据我所知，汪观清在我辈中，是下生活最积极的一个。几十年来，一以贯之，从不懈怠，这次也不例外”。从开办大型纪念书画展到出版《永远的好八连》书画作品集、活动特刊，历时半年有余，汪观清年逾八旬，满头银发，作为活动总策划，充分发挥个人魅力，奔走组织，协调规划，亲力亲为，不辞辛劳，除挤出时间创作了《霹雳》和与张培础、陈谷长合作《永不生锈》两幅大幅中国画外，还画了新创连环画《南京路上好八连》续集中“王老板探营”四幅连环画，吸引了一批书画、篆刻界知名人士的积极参与，使活动获得巨大成功，唤起了一代人的集体记忆，受到政界、军界等社会各界人士广泛好评，也让好八连的精神在新时代永久传承。

艺术无止境

汪观清在连环画中对人物的刻画生动传神，对人物周边情景的渲染也颇为见长，这就为他转型画中国人物画、山水画打下了扎实的基础。他的人物画既有现实生活中的真人形象，也有传说中的宗教人物。1989年他在新加坡友谊画廊举办专题“中国道释人物画个人展”，把达摩始祖、弥勒、钟馗、玄奘等个个画得亦庄亦谐，妙趣横生，深受海外人士追捧。他还为古典小说、古诗词人物作画：刘备、关羽、张飞、李白、苏轼、画鬼专家罗聘等，生动传神。他笔下的普通百姓人物，男女老少，也是个个栩栩如生，好像就是邻家的大爷大妈、兄弟姐妹。汪观清是一个具有强烈爱国情怀的画家，他对中国历史上的杰出人物，无比推崇，更是不惜精力和笔墨为之造像树碑。孙中山就是他崇拜的人物之一，2006年，为纪念孙中山先生诞辰一百四十周年，在他的具体指导和热忱帮助下，上海孙中山故居纪念馆编撰、出版了以他为顾问的《孙中山画传》，他自己也亲自敬绘孙中山肖像一幅作为《画传》的首页画。画面上的孙中山，西装笔挺，神态自若，目光炯炯，左手挽外套，右手撑司的克，风流倜傥，在大松树的映衬下，好一派民国伟人风范，见者均赞为传神之作。该画是汪观清重要的人物画代表作，现捐赠上海孙中山故居纪念馆收藏。2011年是中国共产党建党九十周年，又欣逢辛亥革命百年，双喜临门，汪观清做出了积极的文化响应，精心绘制了一幅高三尺、宽两尺的李大钊、孙中山、马林三人在孙中山故居大草坪上的中国现代人物画《历史的会见》，再现了第一次国共合作的那段峥嵘岁月，让人们再次感受到民族的沧桑。该画不仅展出时受到好评，而且还上了上海《艺术家》杂志当年第三期的封面。他的中国人物画走的是现实主义与浪漫主义相结合的道路，始终坚持以传统写意画精神为指导，所以即使在各种五花八门的怪诞艺术泛滥、创作手法多元化的今天，他的画璀璨依然，光华不减，受到大多数人的青睐，这样一种绘画理念，也贯穿在他的山水画和其他画作之中。

汪观清老家金滩村，“新安江水欢快地在村前蜿蜒流过，黄山白岳峻峭地在屋后云遮雾罩，牛群在江畔吃草，鸟儿在林中歌唱，炊烟四起，牧童唱晚，这是徽州一个普通山村的写照，是我少年生活过的地方”。尽管20世

汪观清创作《尼亚加拉大瀑布》。

纪90年代初，他曾移居加拿大，游历北美、西欧很多国家，开阔了视野，但是他说这些“怎么也抑制不住我的思乡之情”，倦鸟思归，他终于还是回到了魂牵梦萦的故国家园，他的很多山水画就取材于故乡的黄山、白岳和新安江。汪观清山水画以水墨为主，注重墨韵，注重情趣，注重意境，在浓淡黑白之间，山峦巍巍，水势滔滔，山水相依，顾盼传情，处处动感十足。这种动感是山与水的互动，人与画的互动，很有吸引力和感染力。一幅《百舸上天》，把那种“一滩复一滩，一滩高十丈，三百六十滩，新安在天上”的新安江江滩的独特景观，形象生动地反映在巨幅画面上，令人叫绝。《汪观清画集》中的《晴岚响雪》、《奇峰生层云》、《松涛泉转》、《玉屏晓色》等，苍笔润墨之黑、密、厚、重，初看似黑墨一团，细看则黑中有亮，物象清晰，层次分明，密中有疏，脉络有序，整幅舒泰。《雾天一色》、《黄河之水天上来》、《尼亚加拉大瀑布》、《日本鸣门潮水》的气势磅礴，气象恢宏，场面壮阔，观之令人心动。汪观清特别钟情于动态的水，他说，他画水犹如调动千军万马，呼啸奔腾。观

汪观清绘画作品《梦里徽州——新安江风情图》中“金滩秋色”部分，创作于2000年。

其画，果如其言，不管中外题材，皆是如此，难怪著名文化老人冯其庸说他的画闳博富丽，一代新貌，“不仅画出了山水的动态，而且延伸和扩展了山水画的意境和理念”。

中国的绘画艺术，自古以来就是书画同源，密不可分。汪观清的书法也自有独到之处。他喜欢多读帖，少临帖，他认为临帖多了，自己以后会走不出来，主张自己琢磨研习，重识“永”字八法，反复领会王羲之《书论》精神，从中通解运笔技艺，把书法不仅用于自己画作的题词之中，而且直接用于作画之中。一支笔，从笔肚、笔腰到笔尖，饱蘸浓墨之后，往往就是枯、湿、浓、淡，一笔成功，皴、擦、点、染，一气呵成，最后“收工”，一支毛笔已经“清洗”得干干净净，真正做到了惜墨如金。他创作的国画《兰亭雅集》及亲书款识，画美字美，贺友直引首题曰：“珠联璧合。”该画既是汪观清对先贤的追忆向往，也是他书画一体在心灵和现实中的结晶。近年来，汪观清单独的书法作品也日见增多，从连环画到人物、山水、花卉、走兽画，再到书法艺术，

2009年牛年汪观清（右一）在上海金茂大厦举办《汪观清百家百牛翰墨珍品展》。

汪观清绘画作品《孙中山画像》。

足不停步，艺无止境，成为一个全才的书画艺术大师，实在是难能可贵。2013年底，上海敬华艺术空间开张，在三千五百平方米的大厅中，汪观清举办了规模最大的个人展，画廊把其列为“海派画家系列”中的首展，可见汪观清在当今海上画坛上的举足轻重。

人牛不了情

汪观清艺术生涯中，独放异彩

汪观清绘画作品《乳犊图》，王蘧常题诗。

的无疑是他画的牛。他画牛画得出神、出情、出彩，驰名中外，有“牛人”、“牛王”、“汪牛”美誉。他对牛的情有独钟，不仅源于从小在家乡经常与牛相伴，也不仅是他一家四代有四个属牛的成员，更主要是在“文革”中，他自己也变成了“牛”，在“牛棚”中与“牛棚”外的牛，终日厮守，惺惺相惜，开始了旷日持久的人牛对话，结下了人牛不了情。当时，艺术家被剥夺了创作的权利，但画牛总可以吧，他对造反派说：“不是说要做‘孺子牛’吗？我是在画‘孺子牛’呵。”终于争得了画牛的半公开机会。他在安徽练江牧场“锻炼”生活两年，对黄牛、水牛、老牛、乳牛的仔细观察，达到了“庖丁解牛”的程度，素描速写，画稿盈尺，终于为自己的中国画创出了一条新路，成了继徐悲鸿画马、齐白石画虾、黄胄画驴等专业户之后，又一个画牛专业户。他爱牛、画牛、崇拜牛，他在《奔牛图》中题款：“国有国花，兽有国兽，牛是兽中泰斗。”1982年，汪观清八尺整幅一条耕牛，画得墨气淋漓，“大武有力”，王蘧常老先生见了，题“击角歌商”四字（章草），后来意犹未尽，又加长题。周谷城、苏步青、顾廷龙、杜宣、陈从周、苏渊雷、赵景深、邓云乡等见了，无不欣然题字作书、诗，后来此画被带到北京，旬日之间，传遍京华，王昆仑、俞平伯、周汝昌、黄苗子、黄君坦、冯其庸、许宝骙等诸公，都为之题咏，一时响动京沪两地大家名流。现在挥毫题咏者大多已作古，此画已成绝世精品。1985年，汪观清在深圳举办“丑年画牛”个人展，受到世人瞩目。1997年上海图书馆的“牛展”引起轰动，他的《百牛图》前经常是人们驻足拥挤的火爆之地，百牛百态，或停或走，或吃草或舔舌，或高声哞叫或低头寻觅，或三五成群，或孤独向隅，神态各异，气韵生动，令人叫绝。2009年，又是一个牛年，大年初一，汪观清在上海金茂大厦隆重举行“牛气冲天上金茂”《汪观清百家百牛翰墨珍品展》，在大年初五的“贵宾专场”仪式上，政界、文化界、艺术界、出版界等各界人士，嘉宾云集，济济一堂，展览共十天，盛况空前。现在每逢牛年，沪上各界总是要想起画牛名家汪观清的名字。

汪观清画牛出神入化，壮牛身姿矫健敏捷，小牛温厚娇憨，他在赠青年画家杨宏富的《神牛图》中，题跋曰：“实，韧，憨，顶，温，牛之五劲赞！”这是他长期“解牛”之后的经验之作，所以他常用毛笔写字的方法画牛，画牛似写牛，下笔如有神，往往是一笔一牛，一气呵成，大有“牛劲”，“牛气逼人”，观者无不称奇。著名文博专家陈燮君还把汪观清在牛画中含蓄的人牛对话，总结为“无声对话”、“借景对话”、“寓情对话”等种种创作手法，大加称赞。1997年7月10日，香港回归，汪观清满怀激情，在一百张回归纪念信封上精心制作一百头吉祥牛。在其后的十余年间，遍请海内外知名华人题签，赢得广泛响应，百余位书画名家、学者政要、文人雅士挥毫落墨，赋诗题签，同记盛事。2009年，他把这些弥足珍贵的纪念物编辑成书，公开出版，举办展览，予以共享。汪观清画牛大师的美名，不胫而走。汪观清还边创作边不断总结经验，先后出版了《怎样画牛》、《汪观清画牛》、《名家教画》等书籍，其中《怎样画牛》先后出了大陆版、香港版、台湾版，发行量达一百万册。

人生多绚丽

一方水土养育一方人，一个时代造就一个时代的宠儿。汪观清在当今中国画坛声誉日隆，名重南北，固然和他自己几十年如一日像老黄牛一样勤勤恳恳，不问收获，但问耕耘；像拓荒牛一样，不怕荆棘，不畏艰险，奋勇向前的个人努力有关，但也与时代和环境分不开。在改革开放的时代，艺术家有了施展拳脚的广阔空间。而出生在被大诗人李白讴歌为“人行明镜中，鸟度屏风里”的歙县，独特而优越的生活环境，使汪观清有条件三十次攀登黄山之麓，无数次徜徉新安江畔，找到了师法造化的好老师。从明清以来所形成的我国画坛奇葩新安画派，从渐江到黄宾虹，都是他引以为荣、视之为师的表率和楷模，秉承先贤“搜尽奇峰打草稿”，师古不泥，笔墨之中，新安神韵，无处不显，所以汪观清说，“最终是在生我养我的徽州大地上找到了属于自己的艺术载体”。寓居上海以后，又深受海派文化熏陶，跻身海上画坛，成为佼佼者，就是很自然的事情了。著名画家吴冠中先生说，风筝不断线，你风筝放得再高，也得由中国传统国画这根历史长线牵引着。汪观清艺术成就之根，就是在这里培育出来的。

“文革”中，汪观清的子女上山下乡，奔赴祖国最艰苦的地方。粉碎“四人帮”后，全家人重又团聚，现在已是四世同堂十八口人的大家庭了。每个周末，大家欢聚一堂；每逢清明，他们又浩浩荡荡返乡，不仅仅是祭祖扫墓，更是一次寻根感恩之旅，那里有祖屋，有血脉，有亲情，让子孙后代不忘生养的故土家园，这是汪观清对后辈的一种传统文化教育。在这个大家长的影响下，子孙个个孝顺有出息，他的事业也后继有人，三代人中有八个画画，第四代七岁的小曾外孙女，对画画也是爱不释手。大儿子汪燮，从小在市少年宫学画，青年时在黑龙江插队期间出版画集，出版社写错名字，叫“大变”，回沪后在检察院工作，退休前为全国检察院系统全国劳动模范。二儿子汪大伟，现任上海大学美术学院院长、党委书记，上海市美术家协会副主席，上海市创意设计工作者协会主席，博士生导师，精日文，常去日本讲学。小儿子汪大刚为著名摄影家、广告人，国内外众多机构聘请的艺术总监。父子间的经常互动，家庭中的其乐融融，和汪观清画“家有黄金屋，不及儿孙福”所表达的心情一样。一个幸福美满的后花园，必然为汪观清艺术创作绽放出似锦繁花、累累硕果打下基石。

从山区的农家子弟，到著名的国画大家，汪观清有着强烈的社会责任感和历史担当。他对社会常怀感恩之心。多年来，他以自己的方式爱国拥军，行善四方，回报社会。早在20世纪70年代初，汪观清等人辅导市郊金山枫泾农民学画，最后形成“中国农民画村”的故事，至今被人们津津乐道。不少年轻学子、残疾青年受到汪观清的关注、扶植、培养，成为专业美术工作者乃至著名书画家后，还在报刊撰文怀念汪观清对他们的恩情。画家徐有武在《生我者父母　知我者汪师》中说，“汪观清说话声调不高，语速不快，带点微笑。与你交谈时，完全像一位慈心善目的老太太”，“他内在有一颗与人为善、助人为乐的菩萨心肠”，对汪观清的人品做了形象生动的描述。汪观清积极参加慈善活动，从1987年起，为家乡残疾人事业捐画十余幅。1998年起，为上海慈善基金会多次捐赠作品，得到媒体广泛报道。2013年初，在“蓝天下的至爱——点亮心愿”慈善义拍上，汪观清一幅《春风杨柳万千条》以十二万元拍出，汪观清上台与受助老人互动，并在现场感言：“我爱牛，更喜欢画牛，牛总是付出的精神值得我学习，我愿更多的人投入到慈善事业中去！”温馨而真情的场面令人难忘。热爱家乡，回报家乡，是汪观清一贯坚持的原则。他为家乡组建黄山书画院，主编《徽州大观》，在上海操办“徽州大观展”，到日本主讲“徽州古文化艺术”。1984年5月，在家乡歙县成功筹办了“纪念渐江逝世三百二十周年暨黄宾虹诞生一百二十周年”纪念活动，活动期间成立了“新安画派研究会”，对推动新安画派的继承和发展，作了组织上的保证。他还在歙县建立创作基地，组织上海画家前往采风写生，搭建了一个新安画派与海上画派相互交流的平台。他倾注了全部激情和爱创作的六十米长卷《梦里徽州——新安江风情图》，是将风俗画与山水画融为一体的现代版《清明上河图》，是将自己创作的灵感、记忆的世界、梦想的憧憬融为一体的浓浓的徽州情结，是落叶对根的回报，这和他的作品经常署名新安、古歙、徽牛翁、黄山翁、家在新安江畔、海上歙人等一样，念念在兹，终生不忘。该图是农村城市化嬗变的缩影，与《黄山天都云瀑歌》图卷，选展2010年上海世博会“城市足迹馆”和“世博中心”。汪观清人品画品俱佳，德艺双馨，被业界和社会广为称道，是人民大众喜爱的绘画艺术家。汪观清画室内悬挂着一幅六尺长的牛犊吮吸母牛乳汁的《乳犊图》，母爱之情，感人至深，而眷恋家乡，感恩回报，是汪观清自己的真实写照。汪观清慷慨地倾情回报社会，虽已耄耋之年，仍像徽派大院“耕莘堂”里的老牛一样，不待扬鞭自奋蹄，在不断地谱写着自己绚丽多彩的人生画卷。

艺术家要得到社会承认，

一靠人品，二靠艺品。

——朱玉成

朱玉成：我以我性画神韵

谢燕华

朱玉成（1933—　），高级工艺美术师、文化部艺术品评估委员、首批中国工艺美术终身成就奖获得者。毕业于浙江美术学院，曾任中国工艺美术学会副理事长、上海市工艺美术学会会长等。大型牙雕作品有《成昆铁路》（现存联合国）、《大河上下》（现存日本横滨市）。2003年被聘为上海市文史研究馆馆员。

筑梦书摊边

祖籍江苏宝应的朱玉成1933年出生于上海虹口区天潼路上的一间普通民居。1941年，八岁的他进了住家附近的一所民办小学“智民小学”。这所简陋的弄堂小学不仅在文化上成为朱玉成开智启蒙的始点，更重要的是，这里也是朱玉成日后走入艺术圣殿的第一个课堂。艺术课堂不在校内，而在校外，在离校几步之遥的弄堂口。弄堂口有一个小书摊，摊主是位和蔼可亲的胖老头，他放在地上的一个大纸盒里装满一本本破旧不堪却也让人眼花缭乱的连环画。每每课间或放学后，小玉成总爱蹲在纸盒边翻看这些小人书。《西游记》、《水浒传》、《三国演义》等脍炙人口的传奇故事，孙悟空、猪八戒、鲁智深、诸葛亮等性格各异、形象生动的传奇人物，深深印在小玉成的脑海里。胖老头不催不赶，任这个小男孩痴迷地赖在书摊边久久不愿离去。光看不过瘾，有时小玉成索性掏出零用钱将小人书租下，课余时趴在书桌上用铅笔在纸上临摹书中人物。也许这便是朱玉成无师入门艺术写生的第一课。他无比崇敬、羡慕画出如此鲜活人物和故事的画家，想象自己长大后也要当画家。

今日，已是高级工艺美术师的朱玉成回忆起自己的艺术启蒙，念念不忘的除了这弄堂口的小书摊外，再有就是无师自通、多才多艺的祖父。

祖父朱德馀，十六岁时只身一人从江苏宝应的乡村来上海闯荡。先是在上海城隍庙附近制作佛像的作坊学手艺。心灵手巧的祖父很快就能独当一面，进而自立门户，在城隍庙附近开了一家专做招牌的店——“朱永泰招牌店”。街头巷尾的门店开业，那门面上的店名招牌匾额很多就是祖父店堂的杰作。后来，祖父让两个儿子都在自家店里帮活。大儿子，即朱玉成的父亲专做木工、水泥工、油漆工，二儿子因拜过当时的书法家马公愚先生习字，专管书法招牌。

祖父那制作神像的好手艺深得城隍庙当家人的赏识。当家人将城隍庙菩萨的塑造工程交由祖父办。从泥坯开始，到脱胎、油漆、打磨，再到画饰图案、上色、贴金……最后，还在胎内从背后开口藏入金心银胆，以表示能让菩萨“显灵”。这一整套工序都是祖父的拿手活计。每逢春节，祖父带着儿孙们去城隍庙敬佛烧香时，总得意地对着自己制作的神像向儿孙细说制作的全过程。

祖父是左撇子，他自学书法、绘画，所制作的神龛、神像图纸都是自己设计。朱玉成佩服祖父，下决心这辈子也要成为像他那样有本事的人。他至今珍藏着一帧五十多年前为祖父画的速写。画面中祖父戴着老花镜，左手运笔画着扇面，面目慈眉善眼，神情专注执著。

有一年，三十二岁的二叔在为黄浦江边的一艘大船写船名时，不幸跌入江中丧生。祖父伤心万分，大病了一场。为了继续店里的招牌生意，年仅十九岁的朱玉成接替二叔写招牌字。刚开始，年轻的他笔力不够，经验不足，写出的字近看尚可，远看却绵软，没有刚劲力度，没有醒目的冲击力。现实逼迫朱玉成琢磨书法的起笔、运笔、收笔及藏锋、露锋的奥秘，追求结字、章法体现在招牌匾额上的态势和气韵。习练钻研，边学边用，他追逐书法兴趣盎然。

或许是基因遗传，或许是艺人的家学渊源，抑或是自身的天赋秉性，艺术之芽在朱玉成稚嫩的生命里生根，一经生根便是长久，便是一生。

恩师感心怀

朱玉成回忆自己的求艺之路感慨万千。在学艺途中，我国著名绘画大师、业余美术教育家陈秋草先生是他终生不忘的恩师。

在中国美术业余教育讲台上享有盛名的陈秋草先生早在1925年就与水彩画家潘思同等人一起自掏腰包创办“白鹅画会”，旨在为社会培育业余美术人才。“白鹅画会”曾有“上海最早业余美术学校”和“职工美术摇篮”之称誉。中国现代美术史上有影响的人物，如著名版画家和美术史论家江丰、博物馆学家沈之瑜、画家张雪父、书画家费新我、美术史论家刘汝醴、水彩画家程及等都曾是“白鹅画会”的学员。新中国成立不久，时任上海美术馆首任馆长的陈秋草秉承“白鹅画会”的办学精神，在上海办起了“新中国美术研究所”，继续业余美术教育事业。

1947年朱玉成进入上海夏光中学。幸运的是，中学的图画课老师唐涛曾是陈秋草先生的学生。唐老师上课教画之外还在校外接各种社会设计，其中为杏花楼月饼盒设计的作品被商家采用。唐老师见朱玉成是画画的料，带着他拜见了陈秋草先生。

于是，朱玉成进了陈秋草主办的“新中国美术研究所”业余培训班。

那是1951年，十八岁的朱玉成放弃了高三的学业，在此学画，意在报考美术学院。

培训班的三年时间对于朱玉成的艺术生涯至关重要。他在此接受严格的专业基础训练，学素描，学写生，并据此考入中央美术学院华东分院，迈入艺术大道。而陈秋草这位慈父般严师的人品和艺德对朱玉成影响尤深。其“艺术求真”、“不流凡俗”的艺术思想，“低调做人、热心助学”的处世人品，为培育美术人才殚精竭虑的教育精神成为朱玉成一生的楷模。

培训班画室的十几张画桌前天天满座。从这里毕业的学生大都可以考进艺术专业院校，或者进入出版界、工艺美术界，成为书籍装帧、产品设计、美术教育等艺术专业人才。画室同学中很多日后成了画坛名人：如画家金立德、瞿谷量、范韧庵、孔令奇等，以及成为著名儿童美术家或出版社的美术编辑骨干的陈剑英、张之凡、汪福民等。对于朱玉成来说，值得提及的是其中的一位女同学马蝶仙，日后成了他的夫人，可谓是伉俪志同道合。马蝶仙后来在上海教育出版社从事教育挂图的创作绘制工作，直到退休，是位资深编辑。

陈秋草对朱玉成既严厉又器重，让他在学画之外，帮助辅导后入学的同学，还每月给他生活费，逢年过节请他到自己家中吃饭。两人情同父子。因为各种原因，前两年朱玉成考美院不遂，当他打算放弃时，陈秋草鼓励他继续坚持报考，直到如愿。

陈秋草的画室还是众多画家的聚集地。新中国成立之初活跃在上海的画坛人物常聚集于此交流、切磋画艺。陈秋草让朱玉成帮助接待。于是，朱玉成得以结识了贺天健、胡若思、应野平、谢之光、江寒汀、唐云等一批画坛前辈。耳濡目染，朱玉成深感前辈对艺术的敬业热忱。有一次，贺天健在画室的墙上画一大幅山水画，陈秋草鼓励朱玉成在此画上点景点物，让朱玉成受宠若惊。在这浓厚氛围中，朱玉成的艺术技艺和感悟与日俱增。

1954年，朱玉成终于遂愿踏入位于杭州的中央美术学院华东分院。他用自己为出版社创作连环画的稿费来维持生活。西湖边的孤山上，他勤奋学艺。在这里朱玉成专攻雕塑，而学习雕塑的功课显然比其他画系的繁复许多。时值学校推广苏联契斯恰可夫的美术教学法，将学院派教学传统与现实主义原理结合，强调描绘对象的准确性，并创导三度空间透视造型法则。而雕塑则更进一步，还要讲究立体四面的效果。雕塑系的教授多是留学归来者，如留日的系主任肖传玖、留法的程曼叔和周轻鼎。教授们严厉、一丝不苟，动辄将学生不符规则的泥塑作品摔毁，或大刀阔斧地削改。美院五年，严格规则的基础理论和描绘技能使朱玉成受益匪浅，并为他今后艺术创作思想和风格的形成奠定了基调。

岁月累硕果

从1959年走出美院至今，朱玉成在艺术征途上砥砺前行了半个多世纪。在人生的四季悠悠行路，岁月的年轮在他身上留下的除了额上的皱纹、满头的白发，还有坚实的脚印，这是浓墨重彩的艺术印记。他绘画创作，他著书立说，他教书育人，他策划美展，他当“伯乐”荐人。一步一脚印，步步及艺术，累累存硕果。当初那个筑梦的艺术青年而今已然成为国家高级工艺美术师、中国工艺美术界中的权威人物。在中华民族传统工艺美术的殿堂里，象牙雕刻艺术品是国粹。朱玉成进入了工艺美术的牙雕行业后，为新中国的牙雕艺术屡出精品立下汗马功劳。

值得钦佩的是他的艺术成就并非全在书斋画室中产生。同时代人经历过的社会变故，朱玉成也同样经历。在美院学习时遇“反右”、“大跃进”，纷扰的社会环境影响高等学府宁静的课堂，于是全体师生下乡种田，进厂炼钢，入伍巡逻。“文革”时，学校停课，已是工艺美校教师的他下放工厂，去农村接受贫下中农再教育。命运之神对他并非特别眷顾，美院毕业想搞雕塑创作却要他去教书，想沉浸专业艺术却让他搞行政，属意天伦之乐却又夫妻分居两地。可这一切都没能阻止他在艺术路上的执著求索，他始终将艺术创作当作自己生命的主旋律。他随遇而安，无祈无求，却又为着心中那份艺术专心致志。这是常人难以企及的。他的不少艺术成果恰是在动荡的社会环境下诞生的。

下放北京美术工厂时，身为教师的他本想自己雕刻作品，可厂里有的是雕工，却无设计，朱玉成便欣然为雕工出谋划策。厂里制作牙雕《成昆铁路》，他既非厂长，也非车间主任，更非牙雕工，却满腔热忱地颠簸于铁路沿线，为作品费心费力，不计名利。“大跃进”时在浙江东阳农村，挑肥插秧之余，他将木棍烧成炭棒趴在山墙上画壁画。

在美校当教师、班主任，他以恩师陈秋草为榜样，以学得的美术理念和技艺精心教书育人。带着学生实习采风，管吃管作息还管学生谈恋爱。他为学生成才而欣慰。学生中不少都成国家级的工艺美术大师，美术院校的教授、院长，著名的画家。

1984年以后，应组织安排他开始了十四年的行政管理工作。任上海工艺美术总公司的副总经理、总工艺师，他管技术、管工艺，走遍下属几十家工艺美术厂。他积极策划组织工艺美术展、作品评选，主持国家级工艺美术大师的评定工作，为上海乃至全国工艺美术推荐优秀人才。多少年来，经他发现、培养、扶持的高级人才有数十位之多，其中声名卓著的有王树文、宋世义、张同禄、赵成明、石呈虎（又名石虎）等。他在中国工艺美术界可谓德高望重。

就如大海中的蛤蚌，任凭风雨侵蚀，翻江倒海，大浪淘沙，都紧紧裹着腹中那颗核，经历多年砥砺，风平浪静后，掀开蚌壳，呈现在人们眼前的是一颗晶莹璀璨的珍珠。于朱玉成，是那颗艺术的珍珠。

朱玉成的牙雕设计作品中卓有成就的是《成昆铁路》。

1969年，“文革”期间学校停办，朱玉成下放北京美术工厂的牙雕车间。当时厂里光有雕刻工，没有设计、没有图纸、没有产品档案。朱玉成一到厂就应工人要求搞牙雕产品设计，并存档立案。一批由朱玉成设计的牙雕艺术品《乒坛盛开友谊花》、《世界七大奇迹》、《揭竿起义》相继诞生。

1974年，外交部委托北京工艺美术厂制作一件赠送联合国的国礼——牙雕艺术品《成昆铁路》。朱玉成与厂里的王树文、杨志谦共同设计制作。为了收集素材他们一行乘坐螺旋桨飞机从北京到成都，再坐压道车沿着成昆铁路一站一站地拍照、速写。

全长1 000多公里的成昆铁路工程建有桥梁近千座、隧道400多条。沿线山势陡峭，奇峰耸立，深涧密布，沟壑纵横，地形和地质极为复杂，素有“地质博物馆”之称。其铁路修筑，堪称世界筑路史上的奇迹。1970年7月22日，成昆铁路建成通车。它与美国的阿波罗带回的月球岩石、苏联的第一颗人造地球卫星，被联合国并称为“象征20世纪人类征服自然的三大奇迹”！

朱玉成绘画作品《荷花》。

采风归来，朱玉成激动不已，与合作者一起日以继夜地设计画稿、制作泥塑模型。据此选料，然后分段分块地将山峰、树木、桥梁、人物、巨云勾出轮廓，分别交给厂内各有擅长的刻工精雕细刻。经过3个多月厂里140多位雕工的奋斗，一件象征中华工艺美术精湛水平的牙雕精品《成昆铁路》横空出世。

这件高1.1米、宽1.95米，由8根象牙组合的牙雕，远看气势宏伟，近观细部精致。晶莹玉白的象牙中奇峰耸立，树木葱茏，桥梁高架，列车飞驰，人物栩栩如生。其拱形的楠木底座上镶嵌的镀金大字“中华人民共和国赠”是朱玉成的书法。

这件艺术品现陈列在纽约的联合国大厦内，供世人观赏，彰显中华民族工艺美术的精粹。

朱玉成于长城写生。

朱玉成于农村体验生活。

朱玉成夫妇金婚时全家合影。

另一件让世人瞩目也令朱玉成自豪的牙雕作品《大河上下》诞生于1979年。其时，朱玉成刚刚结束多年的夫妻分居从北京调至上海工艺美术研究所。他婉言谢辞要他出任所长的安排，一心一意埋头搞创作设计。为向国庆三十周年献礼，他创作设计了大型牙雕《大河上下》，作品表现了中华民族文化的摇篮黄河。内容是从发源地沿途而下的十六个历史名胜古迹：敦煌麦积山、延安、洛阳龙门石窟、郑州双塔、山东泰山等，构图体现的是“黄河之水天上来”的意境。这是一尊难得的牙雕细花珍品。它既保持了整支象牙圆润壮实的自然形态美，又巧妙组合了中华名胜古迹的美景。这件晶莹剔透、美不胜收的精品1982年去日本展出后，被日本横滨博物馆收藏，为中华工艺美术史留下辉煌一笔。朱玉成作为设计者功不可没。

在上海工艺美术研究所，朱玉成为牙雕、玉雕、绒绣、刺绣、竹刻等设计了不少作品。如牙雕《韶山银河》、《哪吒闹海》，玉雕《愚公移山》，刻漆屏风《嫦娥》、《贵妃醉酒》，绒绣《嘉陵江》，刺绣《小放牛》

等。很多作品入选全国或地方工艺美术展，并被收藏。

2000年中国工艺美术学会为朱玉成颁发“终身成就奖”；2013年1月6日，北京全国政协礼堂内举行“2012年影响收藏界十大经典人物艺术造像”会议，朱玉成获得“全国十大国画艺术家提名创作奖”。凭借七十多年的勤奋和坚守，如今的朱玉成在工艺美术界收获了诸多的赞誉。

守真亦追美

坐在这位艺术老人面前，其儒雅谦和的谈吐，谈及艺术直抒胸臆的率真，对于艺术美的不倦追求，让人感觉其人很亲切，很真实，很情深，很纯粹。朱玉成崇尚的做人品质是平实、低调、乐助、唯美。在其恩师陈秋草先生百年诞辰时，他写了《人美，心美，画美》一文颂扬老师的人品艺品。其实这也是他自己所遵循的。

艺品是人品的写意。学院派的艺术熏陶，陈秋草先生的言传身教，加之自身的秉性修养，朱玉成

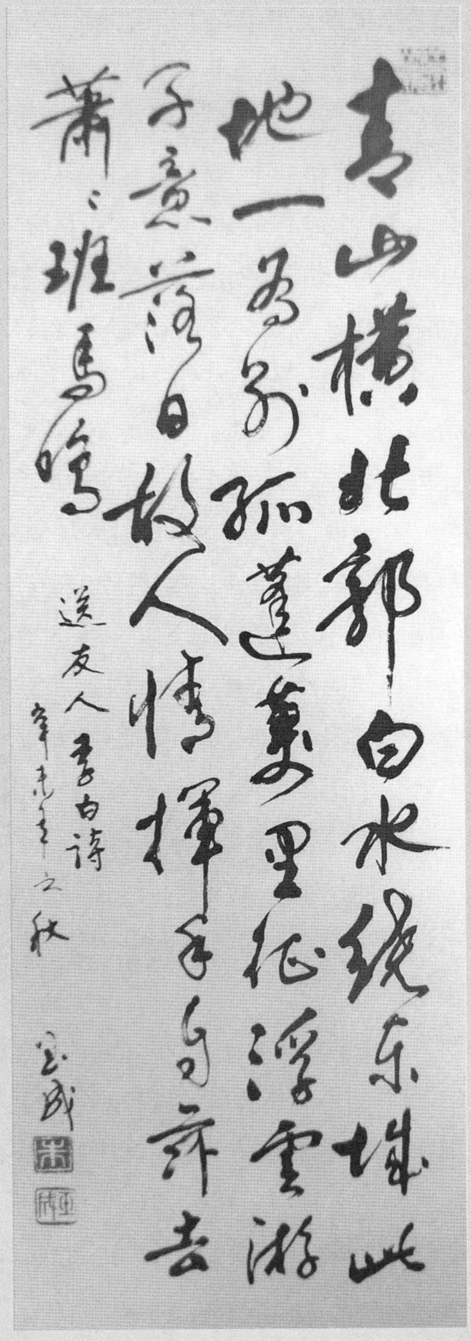

朱玉成书法作品。

的艺术境界是追求真实中的美。

他认为艺术是美丽世界、美好事物的意象表现，艺术品应该在有真实内容的基础上，寻求形式上、细节上的至善至美。艺术品要有自己的个性，要有民族性、时代性和个性，而且越有民族性的就越有国际性。他反对艺术的随波逐流，认为见市场上什么流行、什么价格贵就一拥而上的艺术是不会长久的。他反对那种凭自己主观意象，让人看不懂又很丑陋粗俗的所谓艺术。他也不认为胡乱的涂鸦就是艺术。没有真功夫、真技巧的东西是留不住的。在工艺美术方面他大声疾呼民族传统艺术的传承。“传承是为了发展。从立意、题材上要发展，从造型、形式上要发展。写意也好，写实也好，夸张也好，装饰也好，首先要美。不能以丑为美。”

看他设计的那几件牙雕精品，都有“远看取其势，近观取其质”的冲击力，都有从具象到抽象的高度提炼，都有让人叹为观止的美感和震撼。为此他不惜时间、不吝体力，东奔西跑集聚生活中的真，提炼生活中的美。

正如他外表拙朴随和、内心智慧坚韧的个性，朱玉成的艺术语境也富有特色。他寻求现实主义和浪漫主义的统一，寻求形式和内涵、具象和意象的完美结合。他在文与武、工与意、虚与实、黑与白、稳与飘、柔与刚、远与近、粗与细之间寻求巧妙的结合统一。

他的书法摹柳习颜，继而学黄庭坚，最推崇的是米芾。其书法作品中迅疾劲健的用笔，柔中带刚、稳而不俗的飘逸气势，让欣赏者有酣畅淋漓的快感。

朱玉成水彩画、国画的造诣也不同凡响。尤其是国画，多有经典之作。他的国画亦工亦意，时墨时白，或墨或色，虚中带实，不拘常法，全为主旨意境而用。国画作品人物为多，其中《朱德》、《赏月》、《江南灯王何克明》为代表作。画中人物眉目传情，呼之欲出，活灵活现。他笔下的芭蕾舞，新疆、蒙古、朝鲜、傣族等民族舞，国外的印度舞、埃及舞、西班牙舞等，从舞姿到服饰再到眼神都不雷同，各有特色，动感十足，民族气息浓郁。他国画中的人物，处于情景之中，似乎还有故事。如《米芾拜石》，活现一癫狂之人爱石至痴。《钟馗读书图》中，铁面虬髯、相貌奇异的钟馗倚剑靠石，手捧书卷全神贯注地阅读。其可爱、其憨厚，实让观者忍俊不禁。此画颠覆了人们头脑中钟馗作为捉鬼门神凶神恶煞的形象。问其构思究理，答曰：据考，钟馗乃是文武双全、满腹经纶之人。

朱玉成还爱画马，他觉得马是动物中最美的，马寓意着奋进，给人以向上感。他喜画欧洲的马，彪悍健硕。他用工笔画马眼睛的精细，画或张或闭的马嘴，画飞奔的马蹄，同时又常常用粗放的简笔来画马的鬃毛和尾巴。

清代画家石涛说过“笔非生活不神”。朱玉成坚持在生活的真实中提炼美，以自己的情性表达美。山川云烟、百鸟走兽、古今生灵，在他的笔下无不寄予了生动的气息和神韵。

这也是朱玉成人生艺术的传神之处。

关门即深山，出门即人境。虚实往来笔墨之道，一切顺其自然。作画兴之所至，不计工拙，快乐就好。

——龚继先

龚继先：悟后方知一字无

张重光

龚继先（1939— ），上海人民美术出版社编审、中国美术家协会会员、上海中国画院兼职画师。作品有《指墨瓶花图》、《鱼乐图》等，出版有《龚继先画集》、《中国画技法》等。2000年被聘为上海市文史研究馆馆员。

一个陌生的名字

我得承认，当《世纪》杂志的张鑫在电话中交代任务，让我去采访沪上的一位老画家时，我请她重复了两三遍，才记住这位画家的名字——龚继先。

记得勉强，除了因为我孤陋寡闻，大概也因为龚继先这名字对一般

1963年，中央美术学院中国画系龚继先等毕业生摄于校门口。

龚继先（左）看李苦禅先生作画。

龚继先（左）在李可染先生家中。

的市民而言确实陌生，甚至有闻所未闻的感觉。

说起来，龚老先生还是我的近邻——他以前长期在长乐路上的上海人民美术出版社上班，而我的单位就在附近的巨鹿路上。虽说鸡犬之声未必相闻，可单位间最多也就一箭之遥。何况我还多次到人美去看望朋友，算是那里的常客了。在龚老先生的地盘，却还不知龚老先生其人，可见我之木讷。更何况师出名门、得名师真传的龚继先，早已百炼成钢，修得一手点铁成金真功夫，国画大师李苦禅生前对他早有预言：前途无量，极有作为。

如果换一个像龚老先生这样的画坛翘楚，不说家喻户晓、如雷贯耳，也至少应该是我等圈外人“面熟耳闻”，而不至一无所知。

然而，不仅是我一直被“蒙在鼓里”，再问我周围的一些供职文化单位的朋友，竟也都对“龚继先”一问三不知。这就有点引起我的好奇了。到底是什么原因让龚老先生“隐藏”得如此之深呢？

那天，我照着张鑫提供的线索给龚老先生电话，先是个女士接电话，很警惕地问我找谁，哪里的，接着龚老先生亲自接听。我报了自己名字，然后说了奉张鑫之命来采访，以为他会马上变得非常热情，谁知却冷冷地说了声，“不知道此事，我不接受采访”，让我尴尬万分，只好悻悻地挂上了电话。后来，张鑫再次与龚老先生进行了沟通，原来她几个月前已经与龚老先生谈妥了我去采访的事，但是因为被我耽搁久了，龚老先生也就忘了。此事责任在我，但也从另一个侧面看出龚老先生对采访的事看得很淡，不放心上去，而且能推就推。

一个淡泊名利的人，至少他不会去主动追名逐利——这就是我对龚老先生的第一印象。

从“百草园”到“画家摇篮”

“不必说碧绿的菜畦，光滑的石井栏，高大的皂荚树，紫红的桑葚；也不必说鸣蝉在树叶里长吟，肥胖的黄蜂伏在菜花上，轻捷的叫天子（云雀）忽然从草间直窜向云霄里去了。单是周围的短短的泥墙根一带，就有无限趣味”，这是鲁迅先生向我们描绘的儿时的乐园——“百草园”。那些在大人看来再平常不过的东西，在小孩眼里却是趣味十足的宝贝；在大人以为毫无价值的地方，在小孩眼里却是其乐无穷的天堂。

我们都有过童年，我们也都有个记忆中的“百草园”。龚继先的“百草园”在哪里呢？首先是他家的四合院。偌大一座四合院，因为居住的人少而多少有点空旷。母亲怕龚继先寂寞，除了养一些花花草草，又给他养了不少金鱼和鸟儿。然而鸟语花香的四合院终究还是少了点什么。四合院门前有条大河，微波荡漾，波光粼粼，晨起朝霞万道，晚归落日似火。河边有棵古槐，树龄几百年，枝繁叶茂，浓荫蔽日，鸟儿栖息，蜂缠蝶绕，冬天积雪压枝，夏日蝉鸣阵阵。这老树自然而然地成了龚继先和他的小伙伴的集散地。他们上树逮蝉，又河畔钓鱼。最开心的莫过于冬天来临，河水像是一夜间凝固了，白蒙蒙一片，没有了波纹，却是坚硬光亮。光滑如镜的河面，被坚硬的冰刀划出了无数道蜿蜒曲折的痕迹，其中就有不少来自龚继先和他的小伙伴们的“杰作”。

不远处还有个小人书摊——一个小孩子心目中的知识的殿堂，龚继先自然也是这里的常客，花一两分钱就可以将连环画借回家，然后再与小伙伴交换，很快几乎所有的小人书都被他翻遍了，于是就急切地等待着下一批新书的来到。

更大的“百草园”在河的对面，那是故宫。印象中的故宫，一些人迹罕至的角落，断壁残垣，荒草萋萋，那是昆虫的乐园，也很快成了龚继先和他的小伙伴们的乐园。自然，即便在玩，耳濡目染的却还是故宫里陈列的那些好看的古董珍宝。

然而，还有更多的新奇、更大的“百草园”吸引着龚继先，那就是北京的街头。千年古都北京，融合了众多民族的文化、习俗和语言，久而久之便产生了富有本地特色的街头文化，令人眼花缭乱、目不暇接。

点蒿子灯、看西湖景（西洋景）、吹糖人、卖茶汤、卖豆腐脑、卖吊炉烧饼、卖仙鹤灯、套豌豆糕、卖芝麻秸、打三棒鼓、打蛋雀、踩高跷、蹬梯子、钻火圈、耍叉、耍猴、放风筝、小什不闲乞丐、打糖锣、唱大鼓、打太平鼓、打连湘、道士化缘、戗剃刀、插扇面、贩骡马、跑旱船……

外面的世界多么精彩，要是自己能画下来多好，就像那些小人书上的画一样。龚继先忽然有一种冲动，想把看到的东西用图画的形式记录下来。据说，他画的最早的一幅画是一只蜻蜓，鼓鼓的眼睛、细长的身体、透明的翅膀……眼里所看到的可爱的小蜻蜓，到了自己的笔下，却怎么也不可爱了，那么呆板、笨拙，甚至还丑陋。他自己都有点怀疑，那还算不算蜻蜓。可是母亲却一眼就认出来了，说，唷，小蜻蜓！

母亲的话让龚继先一阵狂喜。尽管母亲没说一个“好”字，然而母亲却认可了，认可他画的就是一只蜻蜓。这就足够了，说明画得像，也说明他通过观察已经可以用笔描绘了。

也就从那时候开始，他喜欢上画画了，并且一发而不可收。他画蜻蜓和蝴蝶，画蜜蜂和花儿，又画公鸡和母鸡……渐渐地，他又将目光投向了故宫，那里的楼台亭阁相映成趣，雕梁画栋蔚为壮观；那里的展品来自遥远的古代，比外公、爷爷还要年长十倍、百倍，它们千奇百怪，又千姿百态，而且美轮美奂。

他画得入迷。面对大自然一个个可爱而又美丽的生灵，他赞叹造物主的奇妙；欣赏故宫里那些传世瑰宝，又让他在震撼中体会着古人天马行空般的奇思妙想。

最宝贝他的外公见他这么喜欢画画，给他买了本价格不菲的《芥子园画谱》。这是一本中国传统绘画的经典教科书，从用笔方法到景物的笔墨技法，再从章法布局到创作示范，都有翔实而又完美的论述，堪称权威，历史上曾是学画人必修的课本。

这一下龚继先画画像是有了拐杖，渐渐走上了正路。然而，由于对画画的喜好，他读书后偏科现象也日渐明显，开始偏好文科，而厌弃理科。

这些变化表面上似乎还并不太明显，只是有一天，当他向母亲提出想放弃学业，一门心思拜师学画的时候，母亲才真正大吃了一惊。

也许他还觉得理由十足，大名鼎鼎的齐白石，不就是个木匠出身的吗？没读过什么书，不照样成大画家了？

父母急了，意识到问题有点严重。他们原以为画画只是有利于开

龚继先绘画作品《香远益清》，创作于1990年。

龚继先绘画作品《秋艳》，创作于2004年。

1989年，龚继先在新加坡举办首次个人水墨大展。

启心智，丰富孩子的课余生活，也免得他在外惹祸，却从没想到孩子会痴迷上画画，并因此而偏科，不仅如此，居然还提出辍学学画。这还了得，简直不务正业，走歪门邪道了。

父母反应这么大，就在于他们这个家，也许是受19世纪末"实业救国论"的影响，无论父亲还是母亲，都是读的数理化的书，吃的理工学科的饭。父亲留学美国，先是攻读经济，然后改读航空专业；母亲毕业于北大，学的是数学。还有爷爷和外公，一个是从前英美烟草公司的大班，一个是民国时期铁路部门的站长，走的都是实业路线，都与人文学科不沾边。不用说，家里的大人们都将"学好数理化，走遍天下都不怕"奉为信条，读书成才是必须的，从小学到中学，从中学到大学，直至毕业，似乎这才是正道，天经地义。

"想拿画画当饭吃"，在他们看来简直是离经叛道，逆天了。

父母的严辞训斥，外公外婆的苦口婆心、好言规劝，终于让龚继先打消了辍学的念头，但画画的决心却是一点没减退。龚继先不仅每天在家里画，还在学校里画墙报、黑板报，不仅锻炼了创作能力，同时让自己的作品接受老师和同学的评判，也使得自己对画画的兴趣变得更加浓郁。至此，他已经明白，自己这辈子肯定离不开画画了。

1958年，龚继先高中毕业，他报考了两所大学，也同时接到了两所大学的录取通知书，一所是北京矿业学院，另一所则是他心中的艺术殿堂——中央美术学院。自然，他选择后者，此时的父母也同意了他的选择，因为终究时代变了，在那个"行行出状元"的年代，他们当然也不会再认为学画没有出息，更主要的是，儿子大了，有他自己选择的权利，他们尊重他的选择。

当年，中央美术学院在全国仅录取了十名应届高考生。

五年打的基础，不只是绘画

当年的中央美术学院名师荟萃。有人形容，平时走在校园内，一不小心就撞到一位声名赫赫的大师了。这话并不夸张，就拿龚继先就读的中国画系来说，系主任是叶浅予，任课教授有李苦禅、李可染、蒋兆和、郭味蕖、田世光和俞致贞等，此外，还有教授美术史的常任侠和教授《楚辞》的文怀沙等，都是一代名家，极其豪华的教师阵容。更可贵的是，这些名家大师都平易近人，与学生的关系十分融洽，情同父子。他们教书更注重育人，总是在向学生传授学业的同时不失时机地灌输做人的基本道理。因为深入浅出，生动有趣，很多事情、很多教诲，至今还让龚继先没齿难忘。

叶浅予每个月都要拿出钱让龚继先他们去剧院看京剧，他叮嘱他的学生，不能只看剧情，重要的是学习中国京剧的写意手法，懂得以少胜多，领会只可意会不可言传的微妙之处。

李可染向学生强调中国画用笔打基础的重要性，他以他的京剧老师、著名京剧琴师孙佐臣为例，为了练好拉胡琴的过硬本领，大雪天将手插雪地里，手冻僵了，再拔出来继续拉。刻苦的训练使得他无论走到哪儿，无论气候条件有多么恶劣，他操的琴都一板一眼，绝不走调。

龚继先至今还清晰地记得李苦禅老师给他们上第一节课时的那番话：字画如其人，艺术即人品之体现，人无品格，行之不远；画无品格，下笔无方。

字字铿锵，掷地有声。李苦禅老师是这么说也是这么做的，他为人耿直，却又宅心仁厚。一次，李苦禅老师批评几个同学，画画不用宣纸，而是用粗糙的毛边纸，颜料和笔也用得太蹩脚，不是老师所规定的那一种。后来当他得知，那几个同学因为家境贫寒，买不起老师指定的宣纸、颜料和笔时，顿时沉默了，以后他把那几个同学叫到家里，分别送给他们宣纸、颜料和笔。再以后，同学毕业，但凡有贫苦家庭的同学远道来京看望他，李苦禅老师不是给路费就是送画。

平时学校安排上午上课，下午自习，自习课由同学自由支配，去画写生，去美术馆看画展，去琉璃厂大街觅宝，感受古文化的无穷魅力……然而同学们去得最多的还是老师们的书房，看老师画画，听老师谈构思，然后边给老师磨墨边看着老师如何迅疾落笔，在抑扬顿挫间完成布局，又如何在浓淡枯焦中小心收拾，完成作品。

多么温馨的家的感觉，可以无拘无束，无话不谈，可以掏心窝子说点最想和老师说的话，甚至可以撒娇，央求老师当场作一张自己最想学的那种画。这一刻，课堂上老师高居讲台的距离感无影无踪，平时看着高不可攀的老师，一下子像是成了家中的老父亲，或是熟稔的邻家大叔，师生间因此变得更加亲密。

同学们今天跑这个老师家，明天去那个老师家，今天看这个老师的写意山水，明天观那个老师的工笔花鸟。老师们拿出的都是看家本领，独门绝技。

老师没有门户之见，没有一个老师自诩为“仅此一家，别无分店”，让学生只能跟随自己而不能学别的老师。他们强调学生应该博采众长，尽可能多地学点东西，打好基础。他们说“心中装有多少河山，笔下才能有多少才情”。为了让学生尽可能多地接触到不同的风格和流派，学校还从各地聘请了画坛大师来学校上课，其中有浙江美院的潘天寿、军事博物馆的黄胄、北京中国画院的王雪涛，还有来自上海中国画院的王个簃和北京人民美术出版社的刘继卣等。

到了四年级，学校开始分科，龚继先进入写意花鸟画工作室，专攻花鸟画，由李苦禅教大写意，郭味蕖教小写意，田世光、俞致贞教工笔。当有一次龚继先跟李苦禅老师说起对王雪涛的画也很喜欢时，李苦禅老师听了非常高兴，夸他有眼光，并立即拿起笔写了封信，让龚继先带去给王雪涛，从此每周六下午龚继先就去王雪涛家学画了。

在中央美术学院的五年，除了上专业课和国文课，学校还安排了相当数量的艺术鉴赏课，其中有外国古典音乐、中国古典音乐（如古琴等）的欣赏与理解，以及京剧程式化的普及知识。虽说都有点隔行如隔山，然而艺术却是触类旁通的，他山之石可以攻玉，可以融会贯通，可以开启心智，丰富想象；还有，可以在潜移默化中提高品位，提升修养。

这里不得不提到那门曾经令龚继先头疼不已的哲学课。头疼是因为枯燥，因为觉得无用，什么辩证唯物主义、历史唯物主义，和画画扯得上关系吗？就在他万分抵触时，老师让他读王朝闻的《一以当十》，并告诉他，这就是哲学。他怎么也想不到的是，他拿起这本书就放不下了。作者在书中从艺术欣赏角度探讨艺术与社会生活的联系、区别以及艺术的独创性，并通过对古今中外美术、文学、戏剧、舞蹈等名作的具体分析，阐明了艺术创作与艺术鉴赏的关系与规律。文章深入浅出，一个个生动有趣的例子让龚继先充分领略了哲学的魅力。就这样他从此爱上了哲学，也由此而喜欢上了中国古典哲学，特别是老子的哲学思想。如老子所说："有无相生，难易相成，长短相形，高下相倾，声音相和，前后相随。"说明天地万物都存在矛盾对立的两个方面，并相互依存、相互转化。短短几句话，包含了朴素的辩证法思想。悟透了其中的道理，举一反三，运用到绘画，一下子天地变得开阔与明朗了。

中国画千变万化，都是画家思想情感的表达，或喜，或悲，或忧郁，或愤懑，或悠远空灵，或直抒胸臆，或喜形于色跃然纸上，或不动声色却力透纸背……所谓"相由心生，心随相转，心灵互动，形象共建"是也。然而说到底，最后还得一笔一笔，具体落实到那些点、线和面上。于是，方圆之间、虚实之处、浓淡之际、明暗之中……又蕴含了多少哲学思考在里面？缺乏哲学思考的画，死水一潭，注定平庸，是一望而知的画匠之作。有哲学思考的画，才是水灵而有生命的，呼之欲出，耐人寻味。

在中央美术学院的五年，龚继先享受着一代画坛大师对他情同父子的关爱，他来者不拒，吃的是营养丰富的百家饭，因此身强力壮，百毒不侵；这五年，毫不夸张地说，龚继先接受了在中国所能受到的最好的绘画训练，都是一流的大师、画坛翘楚，而且个个是道德楷模，为了中国传统文化的薪火相传，他们身先士卒，率先垂范……浸淫其中，龚继先如沐春风，茁壮成长；这五年的熏陶，给龚继先打下了扎扎实实的基础，这些基本功不仅是技能的，更是文化的，还有价值取向的。因此，这五年，对于龚继先来说，不但是学绘画，他还学了一个优秀绘画者所必须具备的那些条件，如审美、想象、情感等，还有更重要的，怎么做人，做一个具有和老师一样人品的艺术家。

走自己的路，一步一个脚印

1963年，二十四岁的龚继先从中央美术学院毕业。那年代讲究组织分配，龚继先说不上积极，会主动报名去最艰苦的地方，但“好儿男志在四方”的思想却是早就根深蒂固地树立了，只要能画画，去哪儿都一样。他想象过各种分配的去向：或是留北京，那样也好，可以照顾父母，毕竟他是家里的长子；或是去天津，也不错，因为离北京近，几乎每个礼拜都可以回北京一次；再远一些，也许会去内蒙古大草原，他立刻想到那句千古绝唱“天苍苍，野茫茫，风吹草低见牛羊”；也许，会是更远的新疆，胸中涌起的又是“葡萄美酒夜光杯，欲饮琵琶马上催”的豪迈……

然而，最后他得到的通知却是做梦也没想到的地方——上海。

当然，更令龚继先没想到的是，这一待几十年，不仅成了上海的女婿，而且从此成了一个地道的上海人。要说还有什么不到位，那就是一口京片子还是那么纯正，怎么听也和上海话不太沾边。

满打满算，一晃眼已经五十二年，如今的龚继先已经“乡音未改鬓毛衰”，从一个刚走出校门的年轻小伙子成了上海人民美术出版社的一位退休多年的古稀老人。在感慨“时间都去哪儿了”的同时，我们顺着这位老人的足迹浏览一遍，就会发现这么多年来，风云诡谲，变化多端，忽而赤日炎炎似火烧，忽而云遮雾绕如迷障，忽而又电闪雷鸣风雨交加。几乎大半生都耗在寻觅的路上了，坑坑洼洼，泥泞不堪，然而我们的这位古稀老人却始终一步一个脚印，他既不曲意奉承，如蚁附膻，也不投机取巧，另辟蹊径，他有他的目标和原则，那目标就是画画，那原则就是做个简单的人。为此他步履稳健，不卑不亢，他从容不迫的步子走出了一个传统知识分子的风范。

本来分配到上海美术出版社的美术编辑室，编辑画册和美术理论书刊，对龚继先来说都是他钟爱的事情，也是锻炼自己并且增长学问的机会。但是他得先有一年实习期，跑图书馆、印刷厂，以及博物馆。就在一年实习期满时，以为可以正式开始他的事业的时候，却被派去浦东川沙参加“四清”工作队，主要任务是查账。每天清点发票，核对账册。这在现在听来有点匪夷所思，在当时却是天经地义，那叫“参加社会实践”或者说是“阶级斗争”的需要。当“四清”的账目还没完全查清楚的时候，“文革”又开始了。于是，龚继先又从川沙直接下到了奉贤的“五七干校”。这个“学校”里集中了不少当时上海滩上各行各业的文化名人，有画家、作家、音乐家、电影演员和戏剧表演家等，如电影演员赵丹、京剧演员李桐森、古琴演奏家郭鹰，画家有富华、颜梅华等。所有这些人都已经失去了往日的光辉，因为他们的头上都被戴了一顶帽子——臭老九。所谓“臭老九”，就是资产阶级知识分子的别称，极端被鄙视的称谓。作为毕业于美术专业高等学府的龚继先自然也是资产阶级知识分子，铁板钉钉的小“臭老九”。

其实，当时在这个年纪，龚继先应该是“工宣队”争取的对象，道理也简单，因为年轻，脑子里资产阶级的“毒素”相对少些。然而他们很快就大失所望。一次，北京有人来找龚继先外调，调查他的老师李苦禅，让他揭发老师如何在课堂上散布资产阶级思想。本来，哪怕没有实质性的揭发，就是象征性地口诛笔伐一下也好，也算是跟上“文革”的“步伐”了，可是龚继先却偏偏“不领市面”，尽夸李苦禅老师的出色为人，让外调人员脸色愠怒，不欢而走。

更说明问题的是龚继先平时的表现。“工宣队”常挥舞着语录本说“谁是我们的朋友，谁是我们的敌人，这是革命的首要问题”，换言之，就是看你平时和谁亲近，和谁疏远，阶级立场在这一亲一疏间就一目了然了。他们还寄希望于龚继先提高“政治觉悟”，能经常把一些“阶级斗争的新动向”偷偷汇报给他们。可是他们等来的不是龚继先的“政治觉悟”，而是发现他与“臭老九”们完全打成一片的融洽和默契，他们一定觉得那是他与生俱来的、已经很深的阶级烙印了。

对龚继先来说，如果干校生活还有什么值得纪念的话，那就是与那些可敬的前辈们在一起的日日夜夜了。一起下农田，一起盖猪圈，一起乘手扶拖拉机，躲一个屋檐下避雨，一起敲着搪瓷碗在食堂排队等候难得一见的红烧肉，隔着蚊帐说悄悄话直到深夜，开大会时在底下偷偷传阅某人的惟妙惟肖的漫画，然后会意一笑……这一切都是对那个年代的苦涩的回忆，可又是那么亲切，恍如发生在昨天。

记忆最深的，自然是那次大雨倾盆的下午，他们都被困在宿舍里百无聊赖，突然富华兴冲冲进来，神秘兮兮地告诉他们，发现了一个好地方！所谓好地方就是抽水机旁有一间草棚，被人废弃已久，里面居然有一张很大的桌子……他们一个接一个，偷偷地溜了过去，果然，有一间草棚，外表已经破陋不堪，然而在他们眼里，只要能遮风挡雨，便是“风雨不动安如山”的“广厦”了，是上帝赐给他们的一份厚礼。那草棚足可以容纳他们这些人，那张桌子虽说粗糙，却大到可以平铺一张八尺全开的宣纸。

于是，每人利用回上海休息一两天的机会，这个带来了砚台和颜料，那个带来了宣纸和笔，一有机会便聚到那草棚，一个一个轮番上阵画画。唯有赵丹不敢，他原是丹青好手，却因为他是“黑线”人物，被“工宣队”看管得严，一旦发现他参与画画，必定会马上惊动上面的什么人，肯定又是一个“阶级斗争的新动向”了。他看着龚继先的画打心眼里喜欢，怯怯地问龚继先是否愿意送他一张。赵丹知道自己身份特殊，一般人都唯恐躲避不及，要是被“上面”知道，还有人私下与他书画来往，岂不又是他“腐蚀”青年，或是龚继先投怀送抱的证据了吗？想不到龚继先毫不犹豫，一口答应，而且不出两天就悄悄送给了赵丹，让赵丹喜不自禁。

当然，好景不长，因为有人告密，草棚不久就被“工宣队”发现了，说是“上面”很生气，问题很严重，让他们等候处理，然而却迟迟不见下文。也许“工宣队”动了恻隐之心，最后没汇报上去，吓唬他们一下就算了，只是那草棚也就恢复了原先孤苦伶仃、风雨飘摇的模样，再也无人问津了。

虽说这段草棚里的丹青“派对”，只延续了没有几天，可是绘画的热情如烈焰般难以遏制了。每天入夜，龚继先就躲蚊帐里，打开手电，或跪或趴，细细临摹贺友直的连环画《山乡巨变》，每回时间久了，浑身酸痛，实在坚持不下去才作罢；好几次，就这么趴着趴着，竟然睡着了。而像他一样躲蚊帐里跪着、趴着画画的还有好几个人。第二天早上一个个捶腰敲背，大家会意，相视一笑。

两年后，开始时兴工农兵占领上层建筑，市美术馆急需人手，举办工农兵画展。龚继先年轻力壮，又是美术科班出身，自然是不二人选。虽说他只是个办画展的工作人员，是个跑龙套的当差，主角是工农兵，他得时刻注意自己的身份，不可有丝毫冒犯，否则便是僭越，吃不了兜着走，重新押回干校批斗也是分分秒秒的事。只是，想那么多干嘛，自己少说话多干事、不争名不争利总不会错。毕竟可以名正言顺地画画了，而不再需要像个地下工作者，偷偷摸摸地躲蚊帐里画了。能站直了身子，挺直了腰画画，那是多么幸福的一件事啊！

1988年，龚继先（二排右二）等赴安徽、浙江考察。

当龚继先依依不舍地告别干校的各位前辈，告别共同生活了七百多个日日夜夜的“校友”的时候，他沉默良久，心情莫名低落。脑子里想得最多的一句话是，画画——多么低微而简单的一个要求，怎么就那么难呢？

以后，龚继先平安度过“文革”余下的那些年月，手下的笔墨功夫没有因为十年浩劫而受到太多影响，他从心底里感激干校那两年“地下画画”的经历，有这样的经历垫底，以后还有什么更差的环境不能应付？更重要的是，有了这样的经历，他知道了珍惜，珍惜时间，珍惜画画的机会。

“文革”结束，龚继先回归上海人民美术出版社，正式开始了他的美术编辑生涯，此时他已近不惑，早当上爸爸了。他很快参加到大型美术丛刊《艺苑掇英》的编撰工作，并且不久便开始主持杂志社的工作。《艺苑掇英》为季刊，介绍中国古代书画艺术精品。虽说只是挑选、编辑，但工作量却相当大，首先是要寻找线索，确定重点和主题，再根据线索认真挑选，辨别真伪，接着才是拍摄、排版做板子……其中，最艰难的还是在辨别真伪，一本一流的杂志，难得走一次眼，以假当真，人家还情有可原，一而再再而三，人家就不能原谅了，至少觉得你不权威、不靠谱。好在龚继先人缘好，遇到问题就及时向唐云、谢稚柳、陈佩秋、程十发、王个簃、陆俨少、朱屺瞻等老专家请教，为他把关。他们甚至“翻出箱底”，贡献自己的藏品，供龚继先挑选。

《艺苑掇英》很快成了国内外中国书画爱好者有口皆碑的一本刊物，2005年2月香港一家拍卖行将一套七十册《艺苑掇英》拍出了十六万五千元的高价，可见杂志办得有多成功。

直至龚继先1999年退休，这二十余年中，他办了十多年《艺苑掇英》，当总编，负责社里的日常业务，后来上级又任命他当社长，在外人眼里这或许是多年的媳妇熬成婆，终于可以做个有权有势的一把手了，但他却很快找局领导推辞了，说自己不擅长行政工作，还是老老实实管点业务。有人为他可惜，觉得他这么多年一直在为他人做嫁衣，如今终于有机会让人家伺候了，怎么就白白放弃了呢？在龚继先当总编的最后三年，他就去社里半天，上午处理业务，下午回自己的家，画画。他知道没有他地球照样能转，但如果自己一直没时间拿起笔，他自己的这个世界就变得黯淡无光了。

“胸无大志”，还是“与世无争”？

如今，退休在家的龚继先，正过着有规有律的生活：上午画画，下午看书、读帖、会朋友。余下时间则午休、散步，再加清茶一杯。在宁静中读书作画，细细咀嚼生活，回味人生。

他生性好静，称自己作画无非“自娱而已”，“一身轻松，没有追求，一切顺其自然”。

这些话，换个人说，我会认为他故作姿态。一边装作轻松，私下里却厉兵秣马，摩拳擦掌，准备有朝一日不鸣则已、一鸣惊人；出于龚继先之口，我则信了，因为他确确实实是个“胸无大志”的人。

说龚继先“胸无大志”，是因为他应该是可以大红大紫的，就凭他的写意得大师真传，谢稚柳先生就曾由衷夸他，“擅粗笔花鸟，淋漓水墨放荡清空，此画大得陈老莲性味，粗豪中尤具精工也”。

谢老所说“陈老莲”，为明末清初的大画家，性格孤傲，愤世嫉俗，因技艺益精，名扬京华，与崔子忠齐名，被称“南陈北崔”。他不仅有高超的艺术功底，而且有深厚的文学修养，他的线条自然、飘逸，被认为达到了中国传统文人审美的最高境界。

其实，只要龚继先稍稍炒作一下，拉个名人为自己站个台，邀几个记者鼓吹鼓吹，甚至晒一晒当年在京城他跟李可染、李苦禅，或是王雪涛学画的照片，生以师为贵，他就是个不折不扣的“名二代”了。现在江湖上混的，还剩几个他这样的“名门之后”？这么一说，不火也难。

招数可以很多，先在题材上动点脑筋，红色的、猎奇的、歌功颂德的、千奇百怪的；要不就弄点“大制作”，比如画井冈山漫山遍野的红杜鹃，画一百头西藏大牦牛……都是十米、二十米甚至三十米的长卷，外人一看就被镇住了，直接就夸气势恢宏了。反观龚继先，既不想在题材上投

龚继先绘画作品《年年有余》，创作于2006年。

1995年，上海市文史研究馆部分馆员在台湾举办书画交流展。从左至右：汪观清、曹用平、龚继先、刘小晴。

人所好，也不在制作上夺人眼球，一味地“数点桃花，二三水鸟”。这样的小打小闹，也只能说明他“胸无大志”了。

还有，最简单的——当官。当官的好处这里就不必展开了，大家懂的。可是，龚继先放着官帽不戴，这不又是“胸无大志”吗？

所有这些，龚继先不可能不懂，但他就是不干，这会让很多人觉得看不懂，以为他真的“胸无大志”了。

然而，他又是那么喜爱着他的绘画世界，乐此不疲。显然，他绝不是个没有志向的人，他的志向到底在哪儿呢？

也许他书房里那副悬挂的对联能揭开这个谜。

在龚继先的书房里，人们第一眼看到的就是唐云先生为他书写的石涛的一副对联：迷时须假三乘教，悟后方知一字无。

看得出，龚继先是很喜欢这副对联的，我想不仅因为它出自唐云先生的笔墨，更因为石涛的这两句话，让他有所感悟。

充满了禅意的对联，只可意会难以言传。我的理解，对联既是说的人生，也是说的艺术。所谓“一字无”，应该包含了世俗的条条框框和一切的金科玉律。那是对世俗的彻底的颠覆，也是自己思想灵魂的放飞。那是一种自由自在、随心所欲的人生境界。

达到这样的境界，将功名利禄都视为身外之物，他还会在乎题材是否受宠，品相能否吸引眼球这些俗不可耐的细节吗？肯定不会了。他更多的是陶醉在自己的精神世界里，被书里的某一句话，被眼前的一个情景，或是突然间飘忽而至的小时候在皇城根下与玩伴在一起的一个久违的画面，心有所感，顿有所悟。于是，一股创作的冲动再也遏制不住，赶紧画下来。要知道，这样的灵感稍纵即逝，失去了也就一去不返了。

而这恰恰才是中国文人画的追求，写意的蓬莱仙境！

仔细看看龚继先的画吧，你会发现意趣横生，妙不可言。

这是对人生大彻大悟、“一字无”的人，才会有的审美境界。

以锲而不舍的精神，将中国的传统艺术，化为全人类的精神财富。

——陆全根

陆全根：转益多师，博采众长

郑诗亮

陆全根（1940— ），画名荃耕。擅长书法、绘画、书籍的总体设计。曾任上海人民美术出版社编审，现为中国美术家协会理事、上海市美术家协会会员、中国装帧艺术委员会理事。1992年获国务院颁发的专家证书。2010年在上海市文史研究馆举办个人画展并出版画册。2014年在无锡灵山举办画展，又出版画册。2003年被聘为上海市文史研究馆馆员。

装帧设计屡获大奖

走进陆全根先生的书房，随处可见诸如《中国美术史丛书》、《中国陶瓷全集》、《中国美术全集》、《世界绘画珍藏大系》这类大部头。老爷子一本接一本地“唰唰唰”往外抽，翻到版权页，指着“陆全根”三个字，声如洪钟地说：“这些书都是我做的！”一

陆全根绘画作品《高士吟涛》。

1964年冬由上海市美术家协会、上海市摄影家协会组织的文化工作队在农村田头留影。左三为陆全根。

1988年和1989年，陆全根设计的装帧作品于德国莱比锡、捷克布尔诺国际书展中获国际银奖、铜奖、国家荣誉大奖三项奖及证书。

直陪在旁边的妻子董老师赶紧笑着解释："他耳朵不太好，说话声音很大，千万别见怪。"陆先生也笑道："我喜欢一边读书一边听音乐，民族音乐、轻音乐都听，把耳朵听坏啦！"

书柜里不仅大部头不少，获奖证书也多，国内的、国外的，各类书籍装帧设计大奖，陆先生可以说是满载而归——都是他做的书为他挣来的。他在自传中总结了自己设计的书籍和获得的奖项："1988年、1989年，我整体设计的《明清人物肖像画选集》、《丁丑劫余印存》、《鲁迅与书籍装帧》在德国莱比锡、捷克布尔诺国际图书设计艺术展中，分别获得国际银奖、铜奖和国家荣誉大奖。”“在装帧设计过程中，我自1979年直至2000年退休，作品在第一、第二、第三、第四、第五届全国书籍装帧设计展中连续多次获整体设计一等奖、二等奖和封面设计一等奖、二等奖。并在华东地区和上海市出版系统评奖中殊荣不断。其中，1992年在上海市书籍装帧评选中，一人独得四个奖项。”“《故宫博物院藏画》、《南京博物院藏画》、《辽宁博物馆藏画》、《明清金摺叠扇面书画集》、《吴昌硕画集》、《陈洪绶画集》、《徐悲鸿画集》、《黄宾虹画集》、《陆俨少画集》、《朱屺瞻画集》、《谢稚柳画集》、二十卷《世界绘画珍藏大系》、十五卷《中国陶瓷全集》等。半个多世纪之缘，我设计、编辑的作品已有千册以上。”

从1979年到2000年，二十年时光，千余册书籍，十数次国内外大奖，成绩如此骄人，答卷如此完满，陆全根完全可以对上海人民美术出版社道一句：“我把青春献给你！”所以，老爷子摆摆手，不谈装帧设计：“这有什么好谈的？！别人都把我耳朵说出茧子啦！”

书画积累深厚

不少人提到陆全根，都说他低调、不事张扬。也的确是这样，尽管知道他的人都承认他是书籍装帧设计方面的大内行，但是这么多年下来，他在书画方面的追求和成果，注意到的人，似乎还不多。这实在是莫大的遗憾。

其实，早在陆全根作为上海人民美术出版社美术编辑室的工作人员，从事美术书籍的编辑以及装帧设计工作之际，他就已经从工作中汲取了大量的养分，为此后的书画创作打下了深厚的基础。

1964年冬天，正是大雪纷飞时节，陆全根却随着由上海市美术家协会、上海市摄影家协会组织的文化工作队深入农村，白天战天斗地挖河泥，晚上在煤油灯下赶制幻灯、创作诗歌，以便在田间地头向贫下中农作宣传。陆全根说，在当时的艰苦环境之中，能吃到一碗热气腾腾、仅几片咸肉的豆腐汤，就已经“回味无穷、高兴不已”。即便如此，在这段岁月里，他还是抓住机会，广泛地接触当地民间艺术的方方面面，“蓝印花布、经纬士林布、灶头画、刺绣、桃花网扣、剪纸、灯彩、风筝、木雕、漆画、玻璃画、草编、竹编等，大大丰富了我在民间文化和民族文化方面的素养”。

到了20世纪80年代，陆全根逐渐有了更多一显身手的机会，也就有了更多接触文物的机会。为了编《中国美术全集》六十卷，陆全根去过辽宁博物馆，去过故宫博物院，去过南京博物院，至于上海博物馆，去的次数就更多了。博物馆的工作人员将许多本来藏于仓库深处、秘不示人的珍贵书画拿给他看，博物馆的专家学者，也详细、深入地把这些书画的好处一点点地讲给他听。

和作者的交往，也增长了他的见闻学识，使他的鉴赏和创作能力得以精进。陆全根说，他和很多大画家都有接触，“当年在出版社，每本书我都是认真做的，我的小样画得很精细、逼真，他们这些老前辈一看，对我一下子刮目相看，我从和他们的交往中学到了很多东西。如果没有这些学到的东西，后来让我去画画，我是不会画的”。为了给《谢稚柳画集》作装帧设计，陆全根曾多次登门拜访谢先生，与之深入交谈，并且观赏谢先生保留的他个人的许多书画作品以及收藏的一些中国古书画。在给《陆俨少画集》进行整体设计时，陆全根选择了陆俨少在艺术求进中不同时期的书画印章，并选择了中国古建筑上的瓦当和纹样作为设计素材，精致认真地设计画稿，备受陆俨少的赞誉和欣赏。

因为作品风格朴实稳重、典雅大方，且努力体现作者独特的个性、修养、艺术风格，老一辈书画家、金石家都对陆全根青眼相加，除了谢稚柳、陆俨少二位，还有朱屺瞻、沈迈士、刘海粟、吴青霞、沙孟海、唐云、陈巨来、胡问遂等。陆全根说，这些名家“看到我为他们手绘设计的色稿稿样时，惊喜不已，倍加鼓励，并郑重其事地请我到他们家里作客，向我介绍创作经验和艺术生涯”。这自然是令人无比艳羡的际遇。而得以当面聆听这些前辈大家关于艺术的真知灼见，则让陆全根“把过去的业务和现在的艺术结合在一起”。其中最重要的感悟之一，是线条对于中国画是至关重要的：“我跟老一辈学到了线条气韵、墨韵的真谛，山水画要画得精灵，就一定要有这个感觉。”

“读万卷书，行万里路，方可作画”

2000年退休以后，做了半辈子美术编辑、一直为他人做嫁衣裳的陆全根，终于可以把全部心思放在自己喜爱的书画创作上面了。

说起来，中国书画创作究竟是该“师古人”还是“师造化”，一直是有争论的，有人认为要“师古人”，有人认为要“师造化”。主张“师古人”的人说，画家凡有成就者，往往笔墨功夫深厚，善于取法古人，能够汲取传统之精华，为我所用。而主张“师造化”的人则强调，“师古人”不如“师造化”，就像唐代画家张璪说的那样，“外师造化，中得心源”。这样的争论，不仅过去有，现在也在持续，将来还会一直进行下去。

实际上，黄宾虹在为郑午昌《中国画学全史》(1928)所作的序中，曾对“师古人”与“师造化”的关系做了很好的解说：“董玄宰所称读万卷书，行万里路，方可作画，其旨深矣。盖画之有法，肇于古人，著之载籍，非徒夸远游，务泛览也。……要之大家杰出，诣臻神妙，多师造化，几于化工。其最著者，如荆浩之写太行山，董源之写江南山，米元章之写京口江山，黄子久写海虞山水，诸如此类，又皆因其所居之地，朝夕目睹，各有不同，一一施之于笔墨。”

对陆全根来说，“师造化”与“师古人”两者的关系，恰恰就像黄宾虹说的那样，不仅并不矛盾，反而相辅相成，一切“以我为主”。转益多师，而不拘泥于究竟以造化还是古人为师；博采众长，而化古今各家之长为己之长。

几十年来，他“行万里路”，游遍也画遍了名山大川，把好山好水都捉到了纸面上。20世纪80年代，差不多每年出版社都会安排出游，“当时张家界没对外开放，我就有机会身临其境了”。因为游玩时间有限，常常来不及完成一整幅画，他选择以速写来记录瞬间产生的灵感。久而久之便成习惯，退休之后，他成为上海市文史研究馆馆员，有了许多到各处名山大川游览的机会，每到一处，他更是画下大量速写，既是纪念，更是积累。而出游途中的所见所闻，则不时给他艺术上的启迪与灵感：“上次到宁夏，在山的转弯地方，我突然看到，哎呀，这是以前在古画中常见的卷云皴，我一直以为是人造出来的，没想到大自然中确实

1980年陆全根在上海人民美术出版社老领导杨可扬（左）带领下赴南京博物院考察时留影。

陆全根于书房泼墨。

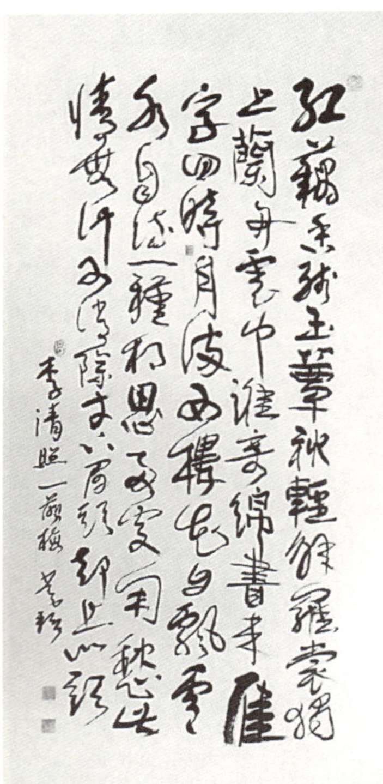

陆全根书法品《一剪梅》。

存在。”

这么多年下来，速写本装了满满几柜子，其实分量已经足够出一本书了，但对他来说，只不过是一些为自己将来创作作铺垫的素材而已。他是一直笃信“天道酬勤”的道理的，这句话不仅被他挂在嘴边，也是付诸实践的。

至于“师古人”呢，他一直牢牢记得当年和前辈大师交往的时候，他们说过的话：“当年我听唐云、谢稚柳讲画画，他们都说学画最要紧是学古人真迹！”学习古人真迹的最佳场所自然是博物馆，所以上海博物馆成了他跑得最勤的地方，尤其是有好的画展之时。他还给自己规定了日课，“每天一小时，冬春两季学习书法，夏

2013年陆全根、董淑英夫妇于河南云台山。

天秋天就画画”。上海画报出版社的“历代碑帖丛书”，厚厚一沓，是他日日都要临习的案头之书。他自己做的《中国历代画家大观》，也是时常翻读的。

陆全根最爱写行草，认为行草最得二王法书之精髓，尤其喜爱米芾、黄庭坚。他爱写《兰亭序》，说自己用草书的笔法写《兰亭序》，远看似乎有点像传统为大家所熟悉的《兰亭序》，近距离仔细一看，又并不像《兰亭序》，原因就在于不全是规规矩矩地临摹，而是以意为主，注重以自己的理解写出神髓意境。此时的《兰亭序》，已经突破了传统所理解的王字的藩篱，而是汲取了诸家书法之长。

来自友人的评论

2014年夏天在无锡灵山举办的画展，是陆全根十余年来书画创作的一次总结。

这次画展，共有一百六十幅山水花鸟书法作品展出，洋洋大观，充分证明了

陆全根绘画作品《名士论说》。

他的勤奋。

画家毛国伦参观画展后，留下了非常精当的点评：

“陆先生喜欢画全景山水，应该说气场非常大、变化非常大，这主要得益于大自然的滋养。中国古人说‘搜尽奇峰打草稿’，是大自然给他创造了这么多的作品。他在考察和写生中记录了大量的素材，作为自己创作的原材料。他的全景山水是曲尽其妙，大气磅礴，特点是注重骨法用笔——应该说中国画的‘六法’最重要的是骨法用笔，也就是骨力。他画的水墨也好，山水也好，非常注重骨法用笔，而且注重焦墨和散笔，使他的作品显得苍苍茫茫，变化非常多。中国历史上说，‘必立其形质’，形和质都通过他的笔表现出来了。中国画的本质应该讲也是用笔用墨，用笔用墨当中要体现出趣味，陆老师在这方面应该说非常有追求，有特色。”

“在创作当中，我觉得陆老师转益多师，我在他的作品中可以看到黄宾虹的焦墨法、陆俨少的留白法，也有刘海粟用笔线条的苍老感，也有唐云的画法。但他还是有自己的特色，并不是靠着谁，像谁为好。因为禅宗里面说，不一定要倚靠某一个门户，不一定是要靠着某一堵墙壁，而是有自己的追求，自己的作品要从自己心里流出来。我觉得这是每个艺术家所要追求的，而不是谁行俏我就学谁，这是做艺术的人所忌讳的。所以要尊重自己的真实感受，大自然给你的真实感受、真实灵感要抓住，然后搞自己的创作。”

这两则点评，一则着眼于骨法用笔，一则侧重于传承师法，可以说是非常诚恳、贴切的点评。

而毛先生的另一则评论，则尤为值得留意：

“我上次在电话里听陆先生讲，他想追求一种禅的意境。什么叫禅呢？我是这样理解的：禅实际上就是真性情、真感受。大自然给他的真感受，通过笔端表现出来，表现出了真的性情，这就是禅的一个非常重要的方面。他尊重自己的感受，排除各种各样的干扰和诱惑，不求炒作，不张扬，才能这样静心地创作出这么多好的作品。因为在禅宗里面说起来，真正创作的时候要去掉胜负之心，画一张画一定要得到什么奖，一定要得到什么利——这种心态要去掉，自己的心就安静了。只有创作重于自己的内心，才能表现出自己的本性。心静本身就是福气。”

这恰恰与廖炯模先生的评论相合：“他的画是实实在在，没有哗宠取宠的痕迹，里面所含的意蕴很有分量。他说书法并不一定要学某一个人，而是取法所有，自古至今，他认为是好的他就去吸取了，博采众长，然后变为自己的。……陆老师这个人非常淡定。他不外向，他不宣传。人家说得很对，画如其人，字如其人，绝对是这样。在非常烦躁、喧嚣的社会中要能静下来，好好追求内在的东西。他每画一张画，都是到那个地方去感染，真正从内心里感染了东西，回来构思，再把自己的东西画出来，达到了一种天人合一，这是非常难得的。”

事实上，对陆全根来说，这种对传统文化中禅意的追求，是早有自觉的行为。就像他自己说的那样：“我佩服毕加索创造的现代艺术，也佩服印象派看到的光的效应、色彩的感觉。他们有这样的精神去探索艺术，再把艺术化作人类的宝贵财富。我们中国有悠久的文化，有繁盛的时期。越是民族的，就越是世界的。我相信中国的艺术一定会走向世界。”

陆全根相信“大器晚成”，他说自己才七十五岁，还不老，还有时间，让自己向艺术的更广更深处探索。他豪迈地说：“我现在每天坚持锻炼——争取活到一百岁！”

一个人即使穷其一生的精力，也无法穷尽中国画现代转换的历史任务，越深入越感到它的博大精深。

——张迪平

张迪平：正是江南枫红时

谢燕华

张迪平（1942— ），上海中国画院画师、国家一级美术师、中国美术家协会会员、华东师范大学兼职教授、上海大学美术学院客座教授。以擅长人物、花鸟，兼及山水称道画坛。出版专著《张迪平画集》、《现代国画创作与人物速写》等。2009年被聘为上海市文史研究馆馆员。

海上著名女画家张迪平近年来较多专注于创作《正是江南枫红时》系列国画。画面醒目处大块泼彩的是一簇簇、一团团酡红如醉的枫，那间隔的白处用墨线描出纵横肆意的枝蔓，又以破笔点墨呈现灵动的松鼠。这是以中国画传统笔法与现代西方审美意象相结合的作品，彩墨晕痕交相辉映，清丽飘逸洒脱，让人赏心悦目。以景寓意，大自然的秋景霜红沁人心脾，生命轨迹亦如此，生命蓬勃飞扬至人生的金秋，佳境渐显，烂漫似锦。

此画意，也蕴涵着画作者自己的人生状态。张迪平，这位在中国画坛上勤奋追索了半个多世纪的女画家，其艺术生命之花也如嫣红流丹的秋枫，焕发出耀眼的绚烂。恰如“霜叶红于二月花”！

幼承庭训，早露头角

回溯自己的艺术生涯，张迪平最为难忘的是五十多年前的1960年，那是她的艺术生命之舟扬帆起航的始点。那年，上海市准备举办第一届美术作品展。其时的张迪平正读高中，课余时在陈盛铎教授主持的“现代画室”学画。美展征集作品的消息传来，时年十八岁的她跃跃欲试，精心构思创作了一幅以妇女解放、技术革新为时代背景的题为《妈妈变了样》的国画作品，迟疑了好几天后在父亲的鼓励下于作品征集的最后一天怯生生地交到美展办公室。美展开幕那天，张迪平这样描述自己忐忑不安的心情：我的脚步不敢踏入展厅，进入后害怕得不敢睁眼直视展厅，担心我的作品一定是被展放在不为人注意的角落，或是根本没有资格被展出。当她真真切切地在展厅的显要位置看见了自己那幅画时，激动的心情难以言喻。当年的新闻媒体《解放》、《东风》、《美术》等杂志，在报道这次美展的文字中都不约而同地称赞这幅出自十八岁少女之手的清新画作，并刊登此画。更出人意料的是著名老画家、美术评论家颜文樑、李槐之、何振志、谷苇等在相关的美术专刊专版上评赞《妈妈变了样》是幅“形象生动、表达主题鲜明、刻画细腻”的佳作。美展结束后，国画《妈妈变了样》被辽宁省博物馆收藏。

初次亮相的画作显示了张迪平的绘画灵气和构图立意能力。此画胜出对张迪平的一生意义非凡，这不仅提高了她继续学画的兴趣和自信，亦成为她就此步入画坛、走上艺术之路的起始。十八岁的她脱颖而出，在上海画坛初露艺术才华。此时的她领悟到父亲张明曹经常对她指导的要义：画画不仅要求生动的形象，更要注重画中的主题和蕴意。

在张迪平的人生中，父亲对她的教诲和引导举足轻重。

父亲张明曹是中国新兴木刻运动的先驱，是中国新兴木刻运动的第一代版画家，又是著名的国画家、连环画家和美术教育家。早在1928年至1932年间张明曹在上海美术专科学校求学时，就在鲁迅先生指引下投身新兴木刻运动，先后加入了“MK木刻研究会”、“野风画会”、“中国左翼美术家联盟”等，并担任“美联”组织工作，秘密领导上海美专和新华艺专学生的爱国运动。抗战爆发后，张明曹握着画笔回到家乡温州，投身抗日宣传工作，创作了大量抗日版画、漫画，先后创办了《抗敌漫画》、《画兵》、《画阵》等刊物。1939年他和郑野夫等人会同浙江战时美术工作者协会举办了“战时木刻函授班”，张明曹担任温州地区学员的函授指导，培养了不少木刻人才。温州解放后，张明曹以其杰出的贡献和声望当选为温州市艺术工作者协会（今温州市文联前身）主席和温州市美协第一届副主席。

1967年张迪平与父亲张明曹合影。

1985年张迪平在唐云先生家。

1988年张迪平在王个簃先生家向王老学习。

张迪平还记得，父亲曾带着当时年仅八九岁的她出入温州市美协举办的绘画班。夜晚，画室内灯火通明，学员们孜孜不倦、一丝不苟地作画，并用馒头或面包作为橡皮擦改画。此情此景令童年的迪平印象深刻。

1952年后张明曹舍弃了在温州的所有头衔，来到上海人民美术出版社，默默地当一名普通的连环画创作家。张迪平于1955年从温州来到上海与父母团聚，求学的同时，在父亲的仁厚与威严中学习素描和静物写生。

在这样一个充满浓郁书香墨香，极具爱国主义情怀的家庭氛围里长大，张迪平艺术的慧根是从血液里、从骨子里生发的。

外师造化，中得心源

1960年张迪平报考上海美术专科学校，此时，上海中国画院看好这棵艺术好苗，属意吸收入院，由当时业务室主任程十发先生来家联系。而此时，上海美专的录取通知书也刚收到，张迪平与父母商量后，觉得还是先去美专接受系统的专业训练，基础扎实后再考虑是否入画院。于是张迪平欣然到上海美术专科学校报到，成为该校本科国画系的学生。五年的专业学习使她受益匪浅。

上海美专国画系云集着丁浩、唐云、江寒汀、应野平、郑慕康等著名画家、教授。这些老师传统功力深厚，教学严谨。张迪平在这里如饥似渴地吮吸传统绘画的精髓，精心习摹我国古代传世佳作，从工笔重彩到水墨写意。在校期间，张迪平刻苦学习，作品多次入选上海市美展。五年后毕业时，画院仍挑选了她。1965年，张迪平进入上海中国画院成为一名专职画师。

看起来文弱瘦小的张迪平，学艺路上那股子奋斗劲却让人刮目相看。在美专学习时，国画系人物科就她一位女生，下工厂、入农村既是那个年代大学生思想锻炼的必需，也是绘画学生深入生活的需要。张迪平带着行李、背着画具，白天如同工人、农民一般地劳动，写生只能在收工后。在农村，由于就她一位女生，有时同学的一日三餐料理非她莫属。精疲力竭的她往往到夜晚才能在油灯下画速写。

进入画院后，深入生活的频率更高。在钢铁厂，张迪平头戴钢盔，脚蹬厚重的靴子在炼钢车间的云梯上爬上爬下，脚踩烫脚的钢筋，在钢水四溅的高炉前画汗水淋漓的炼钢工人。在云南瑞丽的傣家村寨，傣族姑娘白天劳作不得空，只有下雨天或晚上才空。张迪平只能雨天冒着倾盆大雨淌过没膝大水上傣族姑娘家，先帮助做完家务后才能写生。

几十年里张迪平登黄山、入雁荡、下海南、去渔场，画笔所至，留下了丰富多彩、神态各异的各类人物素描，积累了宝贵的创作素材。她的素描速写作品被编入各种美术书籍，如《怎样画速写》、《速写集》、《怎样画素描头像》、《现代国画创作与人物速写》等，成为学习速写素描的范本。

那一幅幅造型质朴、线条奔放、神态各异的人物速写，凝结着张迪平火热的青春，一颗对艺术灼热的心。

很惊叹她为何有如此不畏艰苦的坚韧。张迪平家至今保存着父亲在20世纪30年代、50年代出版的《珂勒惠支画集》，父亲张明曹敬仰这位德国女版画家，珂勒惠支的绘画不仅表现了社会各阶层人群特别是社会底层贫困人群的形象，而且深刻地反映出人的神态和内心世界。其作品有摄人心魄的力量。他常以珂勒惠支的艺术精神激励学画的女儿，绘画要以“无声的描写，侵入心髓”。

张迪平明白，每一件与众不同的好作品，其实都是以无比寂寞的勤奋为前提的，要付出汗水。为成功的付出是必需的，所以她义无反顾。多年深入生活积累的素材也成为她日后的创作源泉。

学慕名家，滋性养慧

张迪平是幸运的。其幸运是在艺术生涯中与中国画坛众多的名家多有交集。父亲张明曹的言传身教自不必道，林风眠、唐云、程十发、张大壮、朱屺瞻、王个簃、谢之光、陆俨少、来楚生、陈佩秋等名震画坛的大家，当年在上海中国画院，很多都曾与张迪平同处一室绘画，同台展艺。这些名人大家的人品修养气质、绘画素养功力、对艺术的追索精神、对后辈热忱的提携和帮助等给年轻的张迪平以深深感染。张迪平素心为人、和善交友、敦良慎行的品性，也使她与大师们相处得如鱼得水。

1976年，张迪平与程十发及画院几位年轻画家同去黄山茶林场深入生活。登临黄山，众画家面对胜景尽心写生。张迪平亲眼目睹程十发先生写生时满怀激情、一丝不苟、专注投入的神态。画坛前辈写生时观察对象的细腻入微，将局部细节笔笔落于实处的写生态度使同行年轻人备受感染，也领悟大师们作画时看似恣意挥就、豪放不羁的精粹笔墨其实是有着深厚的生活积累根基的。在黄山，程十发还画了一帧张迪平在写生的速写，张迪平珍藏至今。

程十发是位和蔼可亲的长者。1971年，创作室同仁一起去造船厂体验生活，张迪平已怀孕三个月仍积极要求同去。在车间劳动时，张迪平顿感头晕恶心。是程十发先生亲自将张迪平护送回家，并千叮万嘱怀孕期间不能再去工厂、农村干重活。

1965年秋，英雄王杰光荣牺牲，《解放日报》专题报道，要求画院一天内完成一幅国画，时任画院副院长的王个簃即让刚刚入院才几个月的张迪平共同合作，王个簃画松树，张迪平画人物。作品完成后，张迪平未带印章，精于篆刻的王个簃当即为其刻就一枚，盖上印章急送报社。第二天两人合作之画见诸报端。老画家不计辈分提携后人，让年轻的张迪平感动，学艺作画更为用心。

多年相处，张迪平与朱屺瞻、谢之光、张大壮等大师谈艺作画，交流倾谈，成为忘年交。

“文革”期间，画院大多数老画家成“牛鬼蛇神”、“资产阶级反动学术权威”，或进“牛棚”，或去干校。谢之光、张大壮几人还算侥幸，逃过此劫，不能作画，但还得天天来单位“早请示，晚汇报”。谢之光说话幽默，心直口快，没有心计，胆子又小。在单位日复一日的学习汇报且极“左”语境下，他总会胆战心惊地担心说错了什么惹出麻烦。说话之后常悄悄地用上海话询问张迪平：“我阿有啥地方讲错吗？”当不知不觉中说了几句心里话，却又自省说漏了嘴后，还会在张迪平面前搓手挠头：“迪平，侬讲哪能办啊？”张迪平总宽解安慰他，要他不必太担心。“危机”过后，谢之光会意地对迪平说：“真心话我们两人讲讲还没啥，外头是千万不能讲的，要吃生活的。”患难之中见真情哪！

朱屺瞻“文革”时先是受批判，后来停笔居家。老先生以笔为生，视画为命，哪里闲得住？躲在家里偷偷画起来。老先生擅长山水花卉，此时的他晚年思变，想尝试画鸟，苦于身边缺少资料。时年八十多岁的老画家早已形成自己独特的画风，此时竟也想临摹古画，他对前去探望的张迪平道：古代传世佳作中有我们取之不尽的艺术营养。于是，张迪平多次往返，从画院资料室里寻找、挑选书籍资料偷偷送去朱屺瞻家。朱屺瞻留世作品中为数不多的几幅有鸟有鱼的画就在那时画就。在90年代初张迪平去朱屺瞻家拜访时，老人家常常提及此事：当初多亏有你的帮助，才有这些画呐。感激之情溢于言表。

还有一位在张迪平记忆里难以磨灭的人是艺术泰斗林风眠。林先生早年留学法国，二三十年代曾任北平国立艺专校长、杭州的国立艺术学院院长，60年代曾为上海美协副主席。这是张迪平极其崇仰的艺术前辈。张迪平得以近距离接触他是在1974年间。此时的林风眠刚刚结束多年的牢狱生活，被安排在上海中国画院工作。七十多岁的他穿一袭米灰色风衣，肩背一只布包，出入画院。其俊逸的身影与谦和的态度让张迪平印象极深。

1976年，粉碎“四人帮”后，画院举办庆祝画展。林风眠主动提议要与张迪平共同创作一幅画以作庆贺。张迪平又惊又喜，这可是当今中国画坛的顶级大师啊，且林先生以前极少有与人合作画的先例！张迪平非常珍惜这个机会。她精心构思，自己先在宣纸上画就四只煮熟的螃蟹，而后将画作送到南昌路林先生的居所，请老先生在此画上补添。多日后，一幅题为《普天同庆》的国画展现在画院的展览厅里。画面上张迪平画的四只螃蟹上方是林风眠绘就的一捧盎然生辉的菊花。这幅画现在珍藏于上海中国画院。林风眠先生1977年移居香港，临行前，特意画了一幅国画赠送张迪平留作纪念。

1986年张迪平在朱屺瞻先生家与朱老合影。

2004年6月张迪平拜访程十发先生。

最使张迪平难以忘怀的是一次在林先生居所画室，老画家的艺术胸怀剖白："我所走过的路，所作的中西方艺术融合的探索只是想为后辈们做个基石。"

与画坛前辈交往的桩桩件件，看似细小末微，但是对张迪平而言弥足珍贵。多年来，在画院艺术海洋里，张迪平真挚、质朴、正直的品行赢得诸多大师的信任，形成了她与大师们亦师亦友的关系；而大师们的艺术精神和艺术气质似涓涓细流丰富滋养着她的艺术涵养。谢之光的豪迈潇洒，王个簃的平易近人，程十发的才气横溢，唐云的名士风度，还有张大壮的超逸淡泊，朱屺瞻的承前创新，林风眠的中西贯通——一位位大师鲜明的个性特色、贤者风范潜移默化，熏陶着年轻的张迪平，以致她的品性修养和艺术境界向着大善至美的方向发展。

化境见功，中西合璧

对于张迪平绘画的艺术特色及艺术成就，借用名家的评论来表现比较确切。画坛一代宗师朱屺瞻，在张迪平的画展中为其题词："化境见功，中西合

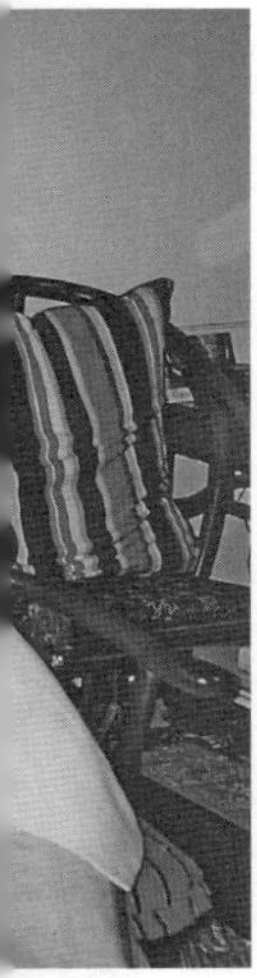

张迪平绘画作品《金色大地》。

璧。”曾任上海美协副主席、上海中国画院院长的唐云评价张迪平的画：“从以形写神走向以神传情之境界。”

张迪平擅长人物画，早期作品以人物为主。其人物画作在时代的影响下以写实风格和理想主义为主题塑造了一个个具有时代特征和气质的人物。如《永远做人民的勤务兵》、《海上长城》、《母与子》及表现历史人物的《杜甫春望诗意图》、《李清照造像》、《宁静致远》等。这些作品是她当时创作追求的激情所在，在她的绘画生涯中有着极其重要的历史和艺术价值。

80年代，张迪平的生活与艺术积累不断丰厚，艺术创作思维不断提升，与时俱进，探索求新。绘画内容从人物为主向山水花鸟拓展，艺术风格经由理想主义的写实向意象主义的浪漫发展，绘画语境寻求的是中国传统笔墨与现代西化审美情趣的渗透。

“既要从传统中汲取灵性，又要突破传统窠臼，突破前人所创造的图式，融入现代新机，而有所超越，这始终是我追求的目标，我现在正继续沿着这个目标走下去。”这是她的心曲。

张迪平绘画作品《瑞气云集》。

遵循这样的艺术思路，张迪平创作了大量水墨佳品。一些以“收获”、“土地”、“阳光”为主题的画面凸显了出来。这些作品既表达了水墨之美、宣纸之美，又表达着节奏、平面与构成之美，但更多的是作者的内心情怀和生命激情的表达宣泄。此时的她画出的山水花鸟并非停留在细致入微的描摹、吟风弄月般的唯美，已蕴涵有她自己丰厚的人文情怀。最具代表性的是《向日葵》系列和《和平》系列。她笔下的向日葵非人们常见的温暖阳光下的繁荣，而是历经风霜雨雪之后，虽是东倒西歪，但弯而不折，枯而不朽，在无垠的天地间顽强求生的姿态。她画出的水仙花也非案桌窗台上那婀娜多姿的凌波仙子，而是处于野外环境下，或晴空万里或黑云压顶或乱石野草间，与严峻的生存环境抗争的水仙，以表现其内柔外刚的气势。

在《和平》系列里，一幅《瑞气云集》的画面，展现的是洁白和平鸽、红色鸡冠花、黝黑土地、广袤天空中流动的瑞云，所有元素营造的氛围是如梦如幻的蓬

2002年4月，黄健泽、张迪平夫妇与他们捐助建造的惠华小学学生在一起。

勃昂扬生命力！

凝视着这些形神融合的画面，渐渐地，你的情愫会萌生，你的思绪会泛起涟漪，你的心潮会涌动。你看到的是生生不息的大地，是蓬勃的生机，是宁静的情怀，是百折不挠的倔强，是金秋的礼赞，是人性中至善至美的渴望。

抑或这就是古人所谓的“化境见功”、出神入化的奇妙境界？就是艺术佳品带给人的精神魅力？

张迪平说过这样一句话：“创作是一种虔诚的贡献，没有赤诚之心是画不出好画的。”艺术发自心灵，发乎情感。艺术其实也是人的艺术。它会随着时间把你的阅历、经验，以及对社会的感受在笔情墨端体现出来。张迪平的画是自己对艺术的虔诚贡献，也是她将自然与自我融为一体，对自己人生的虔诚贡献。

从20世纪70年代以来，张迪平的作品几乎年年参展。从上海到全国的各种美术作品展；从中国到世界各国，作品在中国香港、澳门，及美国、法国、意大利、日本、新加坡、荷兰、芬兰、冰岛等国展览，并在美国、日本、中国香港举办张迪平个人画展。佳品屡屡得奖。《母与子》在上海市首届妇女书画展中获优秀奖;《秋》参加香港、深圳中国画大赛获奖;《鸡冠花》参加上海市美展获三等奖;《和平万年》在"纪念延安文艺座谈会60周年全国美展"中获优秀奖。

以德从艺，襟怀大爱

张迪平在国画创作中有很多"主题系列"，其中《阳光》、《热土》、《和平》、《母与子》主题系列表达的是画家对人间大爱、世界和美的温暖情怀。艺品是人品的写意。高尚的艺术思维和审美情趣必是有崇高的思想情操为奠基的。张迪平对于人间大爱的渴望不仅表现在画作中，更表现在自己的生活现实中。

多年来，张迪平经常在大江南北写生，寻找创作素材。每次从一些偏远地区回来，她的脑海里总是萦绕着那里的孩子在破烂教室里趴在土疙瘩垒起的课桌上听课的情景。还有很多的学龄儿童因为家庭贫困只能游离于课堂之外。孩子们稚嫩清澈却又无奈渴求的眼神，不仅留在她的素描里，更印刻在她的心里，想起来都觉得心疼。她决心尽其所能帮助他们。要改变当地贫困的面貌，孩子是希望，教育是根本。于是与丈夫黄健泽商定，出资帮助当地建希望小学。从1998年起，两人先后捐资云南武定县、墨江县、红河州希望小学，在安徽巢湖栏杆集镇建造了惠华小学，在云南省红河自治州建水县建造健平小学，同时又在上海高校资助贫困学生。2003年开始，在上海理工大学出资设立"惠华助学金"和"惠华奖学金"，每年有15名贫困学生和15名品学优良学生可得此奖学金。"一个大学生可以改变一个家庭的贫困，甚至可以改变一个村子的面貌。"至今，张迪平夫妇资助学生的金额有100多万人民币。

2002年4月，张迪平和丈夫驱车去安徽巢湖栏杆集镇参加捐资的惠华小学落成典礼。随车还带去了送给全校330位师生的学习文具用品作见面礼。看着崭新的校舍，看着孩子们一张张可爱的笑脸，系着红领巾的张迪平内心激动无比。可谁料，在归途中遭遇一场突如其来的车祸，张迪平右臂粉碎性骨折，重伤住进医院。身体严重损伤不说，绘画创作也停顿了好长时日。可张迪平无怨无悔，仍一如既往地助学孩子，将慈爱洒向人间。

张迪平，这位气质优雅的水墨佳人，不仅将她的情致心怀宣泄在一方丹青纸墨上，更是绘制在自己的人生征途中。

在创作中，我尽量避免过于张扬和气势逼人的东西，倾向于删繁就简、精气内敛、涵蕴着各种勃发的生命力量与真善美精神的艺术形式。

——吴慧明

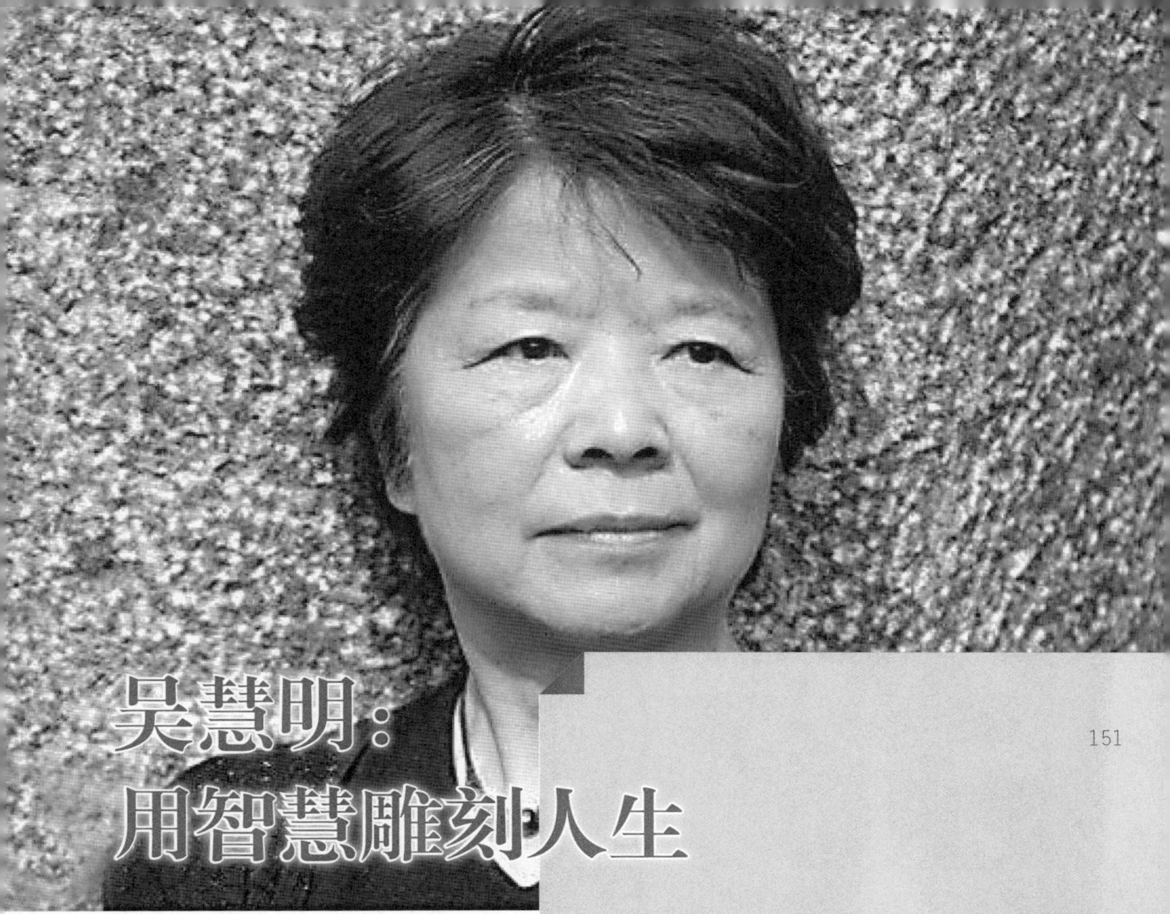

吴慧明：用智慧雕刻人生

金 临

吴慧明(1944—)，上海油画雕塑院、国家一级美术师，上海大学美术学院兼职教授。曾任上海市美术家协会常务理事、雕塑艺术委员会主任等。主要作品有《升》、《思》、《欢乐大地》等。2009年被聘为上海市文史研究馆馆员。

两次谈话

时间，退回到20世纪。

1960年，上海的各类院校突然开始大量招生。此时，临近初中毕业的吴慧明，看到同学们争相报考，以及因此而活跃起来的各种兴趣小组，心里觉得痒痒的！于是也跟着报考了上海美术专科学校预科和上海音乐

吴慧明（左三）学生时代与同学们在一起（1963年）。

创作中的吴慧明（1987年）。

吴慧明为联合国创作铜雕《升》（1990年）。

学院附中。结果，两所学校都发来了初试通知书，这下让吴慧明犯了难。于是，她便去虹口中学，找当时的图画课兼音乐兴趣小组的指导——唐森老师。在得知吴慧明的困惑后，唐老师对她说："我看你还是选择美术吧！声乐的艺术寿命太短！"一次简短的谈话，改变了吴慧明的命运。

小吴慧明天性喜欢跳、喜欢唱、喜欢画。尤其是读书之后，更是喜欢画画。课间，她会在书页空白处和纸条上画些小人、花什么的，有时就照着书本上的插图依样画瓢，并以此为乐。不久，她这一爱好被班主任发现，于是便让她负责起班里的黑板报，一直到她中学毕业，才光荣"退休"。甚至，放学归家，在完成作业之后，她也会把剩余的时间和精力都消耗在画画上。或许，吴慧明自己也想不到，她少小就随全家来沪，且喜欢在弄堂里跟在大哥哥、大姐姐们后面嬉戏，此后会走上一条艺术之路。

之后，吴慧明通过了复试，顺利地进入美专，开始了正规的专业学习。"我之所以得以进美专，只是因为我是可以培养的，也就是一张可以画画的白纸而已，其他人的水平都远远在我之上。”知道了自己被录取的原因，吴慧明在心里暗下决心：一定要迎头赶上！她常给自己鼓劲：“吴慧明啊吴慧明，你可别辜负我，别人能的你也一定要能！”

由于形势的变化，吴慧明就读的美专将被迫停办。刚读了三年预科的百名学生中，将择六名同学一半学雕塑，一半学油画，进入为保留艺术种子和培养高级人才而办的油雕训练班，继续深造。在校方定的学雕塑的学生中，只有一名女生。吴慧明能成为幸运儿，完全是因一次与沈凡老师的谈话。那日，在学生的寝室楼前，他突然问吴慧明：“你每天睡觉的质量如何？”她答道：“熄灯铃后可一觉睡到天亮，梦都不大做。”谁知就这么一答，竟带给吴慧明一个意想不到的机会——学习雕塑。在学雕塑的女生名额中，曾考虑过两名候选人。从某个角度来说，另一位同学的优势要比吴慧明大。虽然两人的专业水平不分上下，那位女生“人高马大”，身体壮实，但是当时她正在谈恋爱，有时会违反点校规，超时返校或过点就寝，这在当时是不被允许的。

这次谈话成就了吴慧明，从此她的雕塑生涯开始了。

一路走来

预科，对吴慧明来说，只是万事开头的第一步，接下来的路还很长！

进入雕塑系之后，吴慧明先后遇到了研究生就读于浙江美院的李唐寿和中央美术学院华东分院的章永浩，留学比利时的张充仁和从中国雕塑工厂华东工作队并入的徐永良等雕塑名师，他们循循善诱的教诲和专业指导，使她获益匪浅。正当吴慧明如饥似渴地学习时，“文革”开始了，一切又起了变化，原本五年的学业因此被迫中断。但很快，1966年9月，她被告知到上海市油雕院（油画雕塑制作室）报到。尽管处在“文革”中，但由于上海市油雕院是创作单位，所以吴慧明仍坚持雕塑专业的学习、训练和实践，只是把先前的教室转移到了社会这个大课堂。

“文革”中，吴慧明参与了不少大型（组）雕塑的集体创作。在北京制作赠阿尔巴尼亚的《收租院》复制品之前，她随集体去四川观摩了四川美院师生创作的这组雕塑。之后，还参与了《红卫兵大型雕塑展》、大型长卷式《井冈山》的泥塑组雕和《南京雨花台革命烈士纪念碑》的创作。当时，国家为搞这些大型的作品，一般都会从全国各地抽调一些懂行的专家学者，参与作品的创作。“与来自五湖四海的人一起搞创作，无疑是最好的学习和实践机会。”吴慧明如饥似渴地从他们身上吸取养料，并在实践中加以充实提高，这为她日后的创作打下坚实的基础。值得一提的是，在《南京雨花台革命烈士纪念碑》创作活动空隙，吴慧明又多次赴云冈、龙门和西安等地参观中国古代石刻，尤其是霍去病墓追求去繁从简、强调内涵的浓厚风格给她留下了深刻的印象。她说：“霍去病墓浑厚、简练，看后还是蛮有感触的。”从霍去病墓回来，吴慧明好像悟到了什么，也明确了自己创作的方向。

时间到了1976年，尚在鲁迅美院取经学习的吴慧明，得知“四人帮”垮台，心里明白文艺创作的春天来了！

此时的吴慧明，刚三十出头，尽管有些方面还略显稚嫩，可正处于她创作的旺盛期。这时的她，阅历有了一些，创作水平也有了一点。“我才不管，因为我觉得很舒畅，没有了束缚，没有了框框，怎么想就怎么做。”她急于想把自己看到的、感受到的，通过自己的创作表达出来。之后的两三年，吴慧明的作品开始频繁地出现在各种重要的刊物、报纸上。美术界的重要期刊《美术》，在20世纪七八十年代，在中国美术界具有“独一份”的地位。细查一下，就在那几年，吴慧明的雕塑作品（包括文章）出现了四次，这在当时是很了不起的成绩！ 1985年第三期《美术》，在“女美术家专辑”中，选取了四位女雕塑家进行介绍，其中北京两位，广东一位，上海就是吴慧明。或许正是以上原因，中国美协当时在考虑组团到美国考察城市雕塑时，首先想到了吴慧明，而这团一共两人，另一位是中央美院的赵瑞英。首次美国之行，大大地拓展了吴慧明的眼界。她发现，由于民族文化和气质的不同，东西方的艺术有很大的区别。但西方的一些优秀的雕塑，也吸取了东方文化的一些精华。归国之后，吴慧明就想：“那我为什么不能把西方的精华也为我所用？在不失为东方艺术的整体上

吴慧明在河南。

再融入一点西方的元素呢？我不会全盘照搬他们的东西，因我觉得西方的东西太表层，缺乏内涵，但他们所表现的张力、重力却是我们需要借鉴的。”这种思考，使吴慧明的创作在认识上提升了一个层次。于是，这便有了她后来的创作：《奏》、《我们》、《狂想曲》、《山水》等。在这些作品中，可以看到吴慧明如何使东西方元素交融，又不失东方性，是完全中国的、她自己的。在参观美国博物馆时，吴慧明就暗自思忖："为什么这里面不能有我们中国的雕塑作品？甚至是自己的作品？”当然，这对于年轻的吴慧明，可能只是一个梦想，是一个大胆、不可示人的梦。

1988年，吴慧明又一次来到美国，是和爱人一起作为纽约普拉特学院的访问学者。这次来，目的显然是想对美国这个“世界性的博物馆”再深入观察一点、多了解一点。来美次年，突然出现一个机会，让吴慧明若干年前的梦想得以实现。她从一个朋友处得知：当地的“诺尔基金会”和“联合国妇女发展基金会”设立了一个奖项，需为这奖项设计一个奖杯并翻建成一座雕塑，现正在选

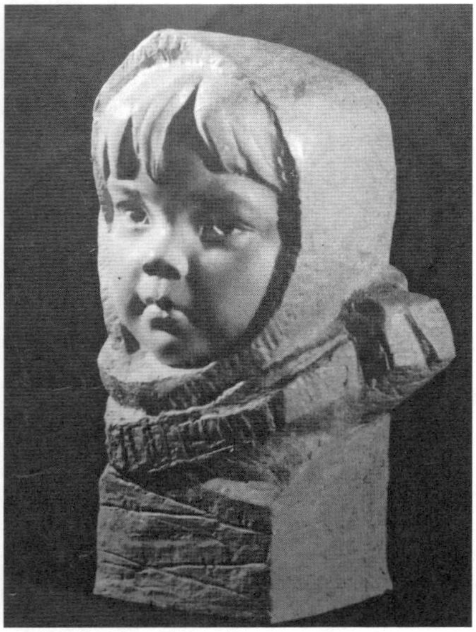

吴慧明雕塑作品《女孩》。

吴慧明雕塑作品《无题》。

合适的雕塑作品。朋友对她说:“你是一个女雕塑家,应该去投稿。”抱着试试看的心态,吴慧明就将自己的几件作品照片送了去,结果没想到,其中一件——一正一反、两个相同形象的女性手托太阳的作品——被选中。1990年10月1日,经过漫长而艰巨的工作,她的雕塑作品《升》耸立在了联合国的玫瑰花园内。落成典礼时,正值联合国召开世界儿童大会,与会的各国首脑夫人参加了典礼,都给予作品很高的评价。回忆这段时光,吴慧明觉得虽然工作繁重和艰苦,但还是快乐的!

再次从美国归来,吴慧明满载着自信。彼时的中国雕塑界,也较之以前更为活跃。回来没多久,吴慧明又立刻全身心地投入到她心爱的雕塑事业之中。从纪念性质的《莎士比亚》、《蔡元培》、《孙中山纪念碑》、《上海解放纪念碑》,从环境雕塑《友谊颂》、《1+1=3》、《奏》,到法官、科学家等名人纪念像……吴慧明几乎没有停过,可她总还是觉得时间不够用,创作成了她最大的乐趣,这里面有吴慧明对雕塑事业的忠诚和一颗不计回报的心。

塑以“慧”心

吴慧明雕塑作品《思》。

吴慧明的作品，有一种“思虑通明”般的“慧”心。这“慧”心，既有“情者文之经”的中国艺术传统，又有现代主义筋脉。在吴慧明的名字中，有一“慧”字，“慧”释意“聪明”。虽属巧合，倒也不妨拿来一喻。那么，吴慧明的“慧”心具体指什么呢？在我看来，意有三层。

首先，与时代同行。不论参与《收租院》的复制、《红卫兵大型雕塑》、《井冈山》和《南京雨花台革命烈士纪念碑》，还是创作《思》、《女孩》、《狂想曲》、《我们》等写实性雕塑，再到后来的《1+1=3》、《奏》、《恒》、《力》等抽象与半抽象作品，它们的主题和内容都是紧扣着时代脉搏的。作为一名雕塑家，尤其是一位女性雕塑家，吴慧明对于自己创作的关注点在哪儿，显然是心中有数的。尽管早期可能存在一些“被迫”的因素，要服务于社会政治的需要，但在这一点上，她与那个时代大多数文艺工作者的创作基本路径是一致的。在此之后吴慧明的创作线路，基本是自觉、自醒的。这条线路不仅贴近生活，还始终保持与时代同行的节奏。在创作中，吴慧明更是注重深入生活、观察社会和周遭，这不仅是她的作品为人们喜闻乐见和充满生命力的根本所在，也是她的“慧”之根基。

其次，关注内心的情感体验。“慧”实指心。技近乎道，首先近乎心。如果我们换一个角度来看，艺术创作的过程实际上也是一个塑“心”的过程，一个塑造美好心灵的过程。对于塑物和塑人，吴慧明在情感上是有追求的。身为女

吴慧明（中）获首届上海文学艺术成就奖。

性，又是妻子和母亲，吴慧明不争不论，她的情感世界是温柔的、细腻的。同时，女性的角色和身份也是吴慧明创作切入和观看世界的角度，她试图建立起自己作品与观者的情感体验的路径，这是她作品的一个显著特点。从《思》、《女孩》、《无题》等一系列作品中，我们能够感受到她在这一方面的探索。当我们用他者的眼光欣赏作品时，也可以寻找到作者本人的创作心路。而且，吴慧明作品的这种体验往往带有女性身上特有的柔美、细腻和恬静，即带有女性独有的思维特征。吴慧明说过："在不过分追求西方雕塑写实造型、强悍粗犷的骨骼和肌理的同时，注重吸收中国传统雕刻塑造上的面部用线、面结合的手法，以含蓄内在的情感表达，来传递自己对生活的追求。"作品传递人的情感这一特点，毋庸置疑存在于吴慧明作品中。例如：在作品《思》中，吴慧明就毫不隐讳地直述着身为母亲的情感体验——对女儿的爱，这种隐秘于内心的"慧"之涟漪、真实的情感，总是会微微地拨动着观众的心弦。总的来看，吴慧明对情感的把控是含蓄的、内敛的，巧隐于"慧"中，一切都是她对生活的世界有着别样的期待。她，向往纯洁美好的情感，认为好的作品传递出的情感可以直达人心，让人心动。

最后，重视语言的建构。观吴慧明作品，大多给人以简洁、含蓄、有内涵的特点，这是一条作品“内在”的语言线索，“自己刚开始的时候，强调柔美的东西多一点，后来慢慢喜欢浑厚、有一点量感的东西”。在上述文字里，隐含了吴慧明作品的另一条语言线索——“外在”。由此两方面，我们可以看到吴慧明雕塑语言的总体风貌，这风貌也是日积月累、不断建构的。回述一下吴慧明的语言之路。读书时，吴慧明接受的是经典学院教育。早期的创作风格与所学基本是保持一致的。20世纪七八十年代后，风格开始逐渐转向写实与半抽象结合，作品的材质开始丰富。手法回避过分依附对象的严格写实创作，而采用一种相对简约的创作方法。这在她不同时期的三件作品：《思》、《欢乐天地》、《古老的传说》中都有一一体现，其目的是要在创作中尽可能规避雕塑语言的单一性，力图做纯粹的雕塑，或“雕塑中的雕塑”。包括近期她在雕塑上对“形式”语言的探索，也都本着从雕塑的基本“语词”出发，把对雕塑的新认识引入创作之中。

艺术人生，人生艺术。对吴慧明来说，这条艺术之路，既是一条生命之路，也是一条“塑语”之路。每每想到此，似乎我们眼前总有一幅这样的画面：一位女雕塑家，站在她心爱的雕塑架旁，侧目她的作品，那一瞬间她永远年轻！

艺贵神畅，心常喜足。

——毛国伦

毛国伦：气和神畅，而臻妙境

魏松岩

毛国伦（1944— ），中国美术家协会会员、上海市美术家协会理事、上海市书法家协会理事、国家一级美术师。上海中国画院创作研究室主任、艺术委员会副主任。民革中央画院副院长，上海市松江区程十发艺术馆馆长。2012年被聘为上海市文史研究馆馆员。

海上画派，名家辈出。毛国伦先生最初为众人所知，因其是国画大家程十发先生的得意弟子。但如果仅以此炫人，断不会有今日之隆誉，毛先生完美地延续、承继了程式画派的精髓，并以自己独特的方式，将其民族意识和当代精神推向了一个新的高度，缔造了我们这个时代海派画坛的又一经典，这才是我们要关注他的根本缘由。

毛国伦的工作室位于上海西区的一个住宅小区内，房内摆设优雅文静，与他的为人之道极为相宜。在书画界，毛国伦向有敦厚儒雅、仁敬淡泊、守信克己等赞美之誉，交谈之下，也确乎如此，在颇显浮躁、浮夸的当下，书画界的谦谦君子尤为难得。

毛国伦向我们简要回顾了他的艺术之路。他说，兴趣是成为一名画家的原动力，与生俱来的对绘画爱到痴迷的态度一直延续在他的艺术人生之中。

念念不忘，必有回响

中国人讲家史，要论及三代。毛国伦祖籍浙江奉化万竹乡。那里层峦环绕，翠竹流碧，烟霞明灭。祖父以砍柴、务农为生。父亲毛信良出生于辛亥革命那年，小时候上过一段时间的私塾，母亲并不识字。其时，毛父的三哥在上海做生意，经多年打拼，后于同孚路（今石门一路）开了一家不小的家具店。毛父二十二岁时，从家乡来投奔三哥。先在兄长的店里当学徒，后自立门户，在南市的老城厢小西门东首中华路955号，开了一家不大的沙发店。这便是毛国伦一家迁移的轨迹，父辈的开拓精神和生存发展的决心，为包括毛国伦在内的后辈拓展出更为广阔的人生路径。沙发店是一所临街的房子，楼下经营，楼上居住。1944年11月4日，农历甲申猴年，毛国伦出生在那里。

毛国伦一家当初是因为三伯的关系迁居上海，却因造化弄人，未能与三伯长久聚首。1949年上海解放前夕，元旦刚过，正是一年中最冷的时节，三伯搭乘中联轮船公司的太平轮前往台湾，这艘船离港不久，即因超载、夜航未开航灯而被撞沉。船上近千名绅士、名流罹难。2014年，五集纪实片《惊涛太平轮》播出，在片尾的罹难者名单中，毛国伦三伯的名字赫然在列。

近年来，坊间多有文章说毛国伦出身于丹青世家。每提及此，他总是说，艺术可以是非祖传的，只要有对艺术的痴迷和热爱，浸润其中，刻苦训练，假以时日，终会有所成就。而有些祖辈声名显赫的艺术世家，由于不明薪火传承的要旨，常有一代不如一代的现象，沉寂在了艺术的长河之中。毛国伦自身的历程就是这一观点的明证。

1949年，毛国伦入私立依仁小学读书，这所小学解放后改为公立中华路第三小学。在那里，毛国伦第一次接触到美术课，便为这门课程深深地吸引。一次课上，他画了一只穿着布鞋的脚，还临摹了一张图画课本里躬身插秧的农民，自己认为画得有点像，也觉得有趣。潜移默化间，毛国伦对绘画的兴趣就此启蒙。有这样几个例子，毛家的附近有个蓬莱市场，许多小贩在摊位上售卖香烟牌子，一分钱能买十张，上面绘有各式各样的古装人物，形态各异，煞是动人，每每买回，他总是反复翻看，爱不释手。市场里还有不少租看小人书的摊位，一分钱能看两本。那些香烟牌子和连环画中的三国、水浒人物，西游记中的神仙妖怪，都成为毛国伦最初的临摹对象。男孩子玩的打弹珠、斗蟋蟀、抖空竹、打菱角，他都不大玩得好，也不热衷。唯对绘画日渐沉醉、痴迷，时常拿着笔四处涂画，或绘出大幅的水浒人物，或画三国里的马上争斗。有时画在别人家弄堂里的水泥地上，有时画在街道边的围墙上。可见毛国伦最初的艺术动力，来自热爱，这种热爱几乎是天赋的，也是自然的。他说："念念不忘，必有回响。我当时虽然对绘画的技法一窍不通，但对绘画的兴趣几乎痴迷，才会引导我走到今天。"

街坊邻居知道身边有个"小画家"，就常为他提供学习资料，有曾在杭州张小泉剪刀店工作的王先生送的石印本的《百尺楼丛画》和山水画册；炳耀百货店的阿五送来的章回小说前的三国人物像；同学借的石印本的清代钱吉生人物画谱……20世纪50年代，南市区的文庙内举行了首届国画展，二分钱的门票，毛国伦一连看了好几次，那么多的国画，那么多的画家现场挥毫，让他大开眼界，羡慕不已，将来也成为一名画家的愿望就此萌生。

少年才子，初进画院

1955年下半年，毛国伦进入上海市大同中学读初中。初中阶段，每两个星

大同中学美工组的老师与组员合影，后排右一为张文祺老师，左五为毛国伦。

刘文西绘毛国伦画像（1962年）。

1961年吴玉梅、汪大文、陆一飞、邱陶峰、毛国伦（左二）等在上海中国画院合影。

期有一节美术课，这是他最期待的时候，只是对于希望天天都有美术课的毛国伦来说，实在是太少了，他便在其他的课程上偷偷地画。这种自发的绘画训练一刻都没有停止过。这期间毛国伦从幼年到少年，兴趣也从年画、小人书、香烟牌子，转移到热衷名家画册，开始尝试独自钻研画坛巨匠的画技笔法。

南京路黄陂路口，曾经是上海美术馆，少年的毛国伦常徒步走去那里看书看画。在图书馆里，谢稚柳的《水墨画》、胡佩衡的《我怎样画山水画》、傅抱石的《写山要法》、于非闇的《我怎样画工笔花鸟画》等，他都反复阅读和临摹。上海博物馆收藏陈列的宋徽宗赵佶的《柳鸦芦雁图卷》、唐代孙位的《高逸图卷》、北宋巨然的《万壑松风图》、郭熙的《幽谷图》、南宋梁楷的《八高僧图卷》、元代王蒙的《青卞隐居图》、倪瓒的《渔庄秋霁图》，毛国伦更是一看几十年，那颗钟爱中国画的心完全沉浸在了传统文化艺术之中。

1958年，毛国伦进入高中阶段。此时学校已经不设美术课了，幸而来了一位毕业于行知艺术学校的年轻

1961年，丰子恺院长谈艺术，左起依次为：吴玉梅、毛国伦、邱陶峰、丰子恺、陆一飞、姜大中、汪大文。

美术教师张文祺。张老师创办美术兴趣小组，此即为大同中学赫赫有名的美工组，毛国伦和同学方世聪、张培础都高兴地加入其中。他们跟随老师画素描、写生和速写，并进行创作练习。这是毛国伦最初接触到的专业美术训练。其间，他们也配合当时的政治运动，参与绘制街头的宣传画。

1958年春天，毛国伦看到《解放日报》关于儿童画征稿的讯息，没告诉任何人，自己悄悄地画了一幅《快马加鞭，一日千里》邮寄到了报社。6月1日，儿童节当天，他的画被刊登在了《解放日报》上，专刊上还有丰子恺先生写的谈儿童画的文章。这是毛国伦的画作第一次发表在大报上，给了他巨大的鼓舞和信心。之后，毛国伦和美工组的同学一起画的很多画入选了全国少年儿童画展。上海市青年宫举办首届青年美术作品比赛，毛国伦的白描人物《牧羊图》得了三等奖，同学的作品获得二等奖，他们的奖状和奖品放在学校的橱窗中展示了许久，大同中学美工组的名声传到了社会上，也引起了美术界人士的注意。

1960年夏，刚刚成立的上海中国画院，想招收一些学员，便想到了大同中学的美工组，毛国伦幸运地入选。在此之前，由于张文祺老师的推荐，毛国伦和张培础在一个夏日的晚上，冒着大雨去报考上海美术电影制片厂，已经被同时录取。尽管被录取，张老师更希望他们有机会到更为专业的单位或者院校去。此时，能够到画院深造，恰是心愿得偿，便果断地放弃了上海美影厂的机会。进入上海中国画院这样难得的机遇，圆了毛国伦儿时就有的艺术梦想。

新中国成立初期，全国仅在北京和上海设有中国画院，上海中国画院集中了长江以南最杰出的画家。加入画院后，毛国伦如鱼得水，如饥似渴，每天用功作画，一握上毛笔，仿佛世上其他都不存在了。他全神贯注，废寝忘食，唯嫌时光匆忙，不知不觉就到了熄灯时间。

画院不同于美术学院，主要采用师傅带徒弟的传授方式，学生每周两次到老师家去，看老师作画、讲授，拿自己的作品请老师指点、讲评。但画院又吸收了美院的一些教学方式，确定了“五写”为基础科目，这“五写”是指临写、写生、速写、默写和写字。在画院，每年春秋两季，都要下生活采风写生。大量的时间里，毛国伦向画院资料室借来图册刻苦临摹，对象包括陈洪绶的《隐居十六观图册》、《归去来图卷》，赵孟頫的《人骑图》，李公麟的《五马图》，周昉的《簪花仕女图》等。除了临古，米开朗基罗、丢勒、安格尔、门采尔、徐悲鸿、尼古拉·费欣等中外各派的素描，毛国伦都涉猎过，所谓古今中外，博采众长。当然，毛国伦也不时地临写、揣摩、研读自己的老师程十发的画风和作品。

程门立雪，渐入堂奥

要说毛国伦的艺术人生，给予他最大帮助的当然是程十发大师。1960年底，画院举行拜师仪式。毛国伦和师姐汪大文同时拜了两位老师。一位是当时年仅三十九岁的程十发先生，一位是七十六岁高龄的樊少云先生。与他俩同期拜师的有三个学员，从工厂选拔来的陆一飞、邱陶峰分别拜吴湖帆、贺天健为师，学习山水画；从农村选拔来的吴玉梅拜唐云先生学画花鸟。

回忆起来，毛国伦在少年时代就看过老师程十发的作品，当然是连环画。他说："我对连环画《野猪林》的记忆尤为深刻。程先生刻画的野猪林，凄苦的场景和林冲的悲怆，都很感人。另一本《画皮》是彩色的连环画，虽然当时还弄不清水墨交融的画法，但那些奇异的想象、传神的人物情态和丰富多彩的笔墨表现，也让我深深地领略到了中国画笔墨的魅力。"不过，程十发从连环画华丽转身，在中国画领域的卓然成就，更让毛国伦心仪不已。

对于拜在程十发先生门下，毛国伦不仅有惊喜、有庆幸、有珍惜，还有巨大的压力和责任。"你想，程门立雪，没有压力是不可能的，只是当时我还是懵懵懂懂，越到后来越感后怕。"

所谓师者，传道授业解惑也。程十发先生对于国画艺术的"道和理"，主张真与妙的统一，提倡物象经过画者的艺术创作，催生出一个既真且妙的新的艺术生命，这对毛国伦的艺术之路产生着深远的影响。毛国伦总结程十发先生的艺术观说，一是在中国画的定位上，要保持民族性。这是老师一贯强调的，毛国伦理解为这是关系到留住中国画的"根"的大问题。二是程老师非常重视传统，说中国画的传统就是用笔、用墨。要笔中有墨，墨中有笔。"民族绘画的结晶是笔法，用笔法来传神，笔法是一切法之灵魂。"毛国伦理解这是老师要求他们守住中国画的"魂"。三是在绘画方法上，要求学生融古今中外法而化之，在不丢弃"老祖宗"的前提下，汲取外来艺术的特长，切忌以"洋为中用"挤掉"古为今用"。四是每个人的一生追求不一样，鼓励学生要有自己的特点，创造出与众不同的个人风格。程十发先生的这些艺术主张和实践，使毛国伦在艺术之路起步之初，就置身于高标准、严要求之下，也使他之后的道路正直、坚实、稳健。

程十发先生作画时尽情地发挥笔墨技巧，随心、着意利用偶然，创造偶然，把握偶然，生发出神奇瑰丽、出人意料的灵动效果，化古开今，奇诡清丽。1977年，程十发参观故宫博物院的唐宋元明清古画精品展，很有感慨。他在给弟子的信中说："我和谢稚柳先生的见解是一致的，就是民族绘画的结晶

1985年程十发在西郊宾馆作画，右起：程十发、柯青、程师母、毛国伦、韩天衡。

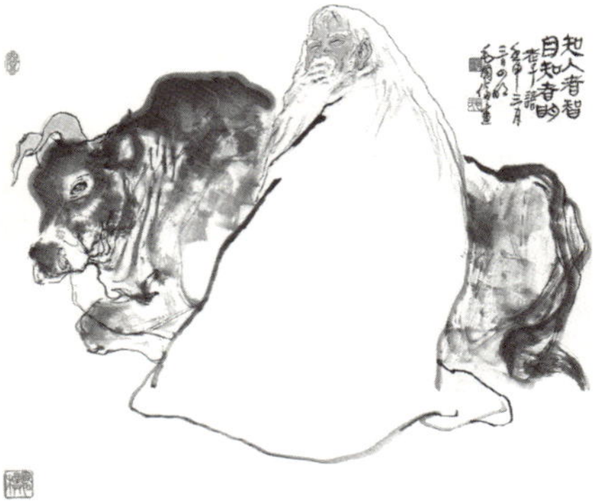

毛国伦绘画作品《知人者智，自知者明》（1992年）。

是笔法，用笔法来传神，有了笔法就有了最根本的技法，反之没有笔法而构图色彩再好也没有用。”他继续说：“我看到了楚国帛画，展子虔、阎立本、韩滉、顾闳中、马远等有名和佚名大师的作品，我醉心于他们迷人而又生动的笔力。元以后笔力好的画家不多了，所以就衰败了。”程十发重视笔法和笔力，他的作品笔法灵逸，意趣横生，对毛国伦在用笔方面的要求也非常严格。严格的要求，刻苦的训练，成就了毛国伦挥洒、凝练的笔法。他的笔墨表情自然、真挚、平和、宁静，能够随心神驱使，也显示出毛国伦的个性特征。

笔墨是画家精神的载体，画家的情感修养能随心所欲地流淌在笔墨之间，离不开文化修养的积淀。陆俨少先生就说过“四分读书，三分写字，三分作画”。在学生毛国伦的眼中，程十发老师的画外修养极高，在平时的观画、评画、闲谈，以及深入生活和采风过程中，他给学生们讲一些关于中国画技法、传统文化、戏曲知识、唐宋诗词、中国美术史等方面的体会。老师重视画外修为的观点深深影响着毛国伦，几十年来，毛国伦在绘画理论的“悟道”方面，始终孜孜以求。

禅意道心，素朴深邃

80年代，毛国伦一次依石取形，画了一幅达摩面壁图后，对禅学产生了兴趣，开始有意去接近禅文化。那些简短而费解的禅语凝练清越，读来沁人心脾，让他茅塞顿开，兴味倍增。他读禅学，看到“迷时师度”，便回想起当初自己作画稍有懈怠时，程老师说“勤能补拙”；自己下笔胆小，用笔不够泼辣时，程老师说“你要吃个老虎胆来壮壮胆”；自己作画笔势尖薄时，樊少云先生说“要留得住笔，要厚”。这“勤”、“胆”、“厚”三个字，毛国伦受用良久。

画坛大家程十发先生通过他的艺术创造形成了入古出新的“程家样”风格，但老师决不希望学生通过模仿成为第二个“程家样”。对此，毛国伦深以为然。正如禅学中强调的“悟了自度”，所谓“从门入者，不是家珍”，入了某一门，学习某一派，既要承袭门派的艺术成就，也要变得了，跳得出，有自己的真性情。传说佛陀在回答弟子阿难的提问时说，要“自以为灯，自以为靠”，学生舍弃了依赖心，才能以自己的智慧之光，照亮前行之路。

对禅学的专注，既影响着毛国伦的绘画技法，也提升着他的性情修为。他说，艺术的世界，应该是一种自性的清净。禅语云：“一心有滞，诸法不通。”那些覆盖真如的妄念和妄想，那些不合理的心理障碍，如利欲熏心、追名心切、急于

毛国伦绘画作品《游春图》(1984年)。

求成、投人所好等,如果有了这些念头,画家必然心有所执。艺术家心里有了一点凝滞,心路就有所堵塞,智慧即有所蒙蔽。而心底澄澈、无所执迷之时,便能气和神畅,而臻妙境,才能“我为我主”,艺术家的智慧和创造性才能进入自由流畅的境地。这一观念,程十发也曾对学生说过:“凡人和神仙相去不远,只要抛掉一些私心杂念,自然就接近超凡脱俗。”

禅意画心,是一种入得画中、出得画外的境界。毛国伦对艺术的理性审视与哲学思考,在他的绘画作品中得到升华,这是一种心灵和作品的沟通与游走,是写实和写意之间的平衡。如《庄子·养生主》篇中的庖丁解牛,节奏合乎典雅的《桑林》舞步,韵律合于辉煌的《咸池》乐章。人生的历练、生命的体验和对自然生机的感悟,使毛国伦的绘画笔法已臻一种自然、顺应、神遇、心运的情境。国学大师饶宗颐先生评价说:“毛国伦先生十分尊重中国写意画的审美传统,他能以一种洒脱不羁的笔墨传达出一种精妙入微的精神,笔墨的张力被他舒展到了一个无限的境界,这是一种大手笔传达出来

毛国伦绘画作品《孔子》(2003年)。

的大气魄。”

毛国伦的绘画以人物画最为卓绝，他的人物画又分为历史人物、现实人物和戏曲人物等。这些画，于平淡中见瑰丽，于古拙中见雅趣，于简约中见丰厚。以古代人物画为例，老子的自然无为、孔子的谦恭仁爱、孔明的聪明睿智、李白的放浪形骸、杜甫的心怀苍生、屈原的悲天悯人、苏东坡的豪放不羁等，在画家的笔下都得到了恰当的表现。

近年来，毛国伦的绘画愈发到了一种自由酣畅的境界。笔墨线条被赋予一种诗化的意境和禅意的灵动，于神采飞扬处，情致德操尽揽其中。这是一种用笔的灵动自如和出神入化。那些信手拈来的神来之笔，给人以豪迈自然和绮丽浪漫的幻想。更为重要的是，如中国艺术研究院美术研究员郎绍君所说，毛国伦先生的艺术语言在传统文化基础上，以深邃的思想和炉火纯青的传统功力俯瞰当代艺术，他对传统艺术的继承和创新勾勒出中国画未来的发展方向，这也许就是毛国伦先生的艺术对于当代的意义所在吧！

眼界决定审美高度。每个从事艺术创作的人，一定要开阔眼界。眼界一开，能辨真假、善恶、美丑，就会对自己的艺术追求产生关键影响。

——刘一闻

刘一闻：修竹嘉平堂，得涧发春华

沈嘉禄

刘一闻（1949— ），中国书法家协会理事、中国书协篆刻艺术委员会副主任、中国艺术研究院书法篆刻艺术院研究员、西泠印社理事、上海市书法家协会副主席、上海博物馆研究员。已出版《别部斋朱迹》、《刘一闻印稿》、《一闻艺话》、《一闻艺论》、《刘一闻作品》等二十余部著作。2015年荣获第五届中国书法兰亭奖·艺术奖。2012年被聘为上海市文史研究馆馆员。

人生第“一”字，与众大不同

刘一闻，既是名动华夏的书法篆刻家，也是早生华发的美男子，魁伟沉稳，玉树临风。他的书法、篆刻与绘画，如风如雨，如雷如电，阳春烟景，山花烂漫。

刘一闻1949年出生于上海，祖籍山东日照，是共和国的同龄人。初入校门，他就表现出与常人不同的秉性。同学们放学后总爱扎堆在操场上踢踢球、跳跳绳，或者到郊外去钓钓鱼，掏个鸟窝什么的，他却喜欢独自一人“白相”，窝在家里看看小人书，或与年龄比他大一点的同学聊聊科学知识或“天下大势”。等到嘴唇上边长出柔软的、黄绒绒的须毛后，早慧的刘一闻意识到人生有志，趁早规划。但往哪个方向发展，心里还没个谱。后来经学校推荐，他考进了少年宫的学生课余文工团，有了一个社团性质的组织归属感，在一群兴趣志向相近的同龄人中间，他就比较踏实了。

少年刘一闻敏感好奇，梦想缤纷。他在少年宫里生机勃发，神清气爽，朗诵唱歌，相当活跃。不过也有让他束手无策的时候，比如在无线电兴趣小组安装半导体收音机，捕捉到了虚无缥缈的电波，高兴得一下子跳起来，甚至萌生了长大当一名科学家的念头，可惜他一直讨厌数学，在逻辑思维方面不是很活络，遇到计算电容值或校偏电阻时就要出错，一出错就导致短路，弄得他满脸通红。好在他总有强人之处，比如字写得好。

刘一闻在书写这档事上应该是有天赋的。在他还是小学一年级学生的时候，在田字格里写个“一”，他就不按照老师的教法老老实实画个呆板僵硬的一横，而是根据自己从马路店招上看到的楷书字体来写，将“一”字写得有波有折。但是老师是按照体制内的教育大纲来授课的，这个不按常规出牌的“一”字自然被视作异类表达，将刘一闻批评了一通。刘一闻深感委屈，但他执著地认为，字就应该怎么好看怎么写。这个朴素的道理，成了他自习书法的原动力。读到二三年级时，他就找来《玄秘塔》等名帖，青灯黄卷地临摹，不久就木秀于林，出类拔萃，令老师们刮目相视。学校里出墙报，要请他；有校际书法比赛，也要请他，并且只要他出场，总能拿个奖回来，从老师到校长都相当得意。

初惊《兰亭序》，叩问《礼器碑》

进了中学后，他遇到了两位好老师。严格来说，这两位老师都不是立讲台的，而是总务处的后勤老师。当时还是钢板蜡纸的油印时代，他们都是刻蜡纸的高手，写得一手娟秀的硬笔书法，令刘一闻相当佩服。在他们的鼓励和引荐下，刘一闻认识了心仪已久的任政先生，拜任先生为师。任先生看了刘一闻的习作后，根据他的基础，嘱他从隶书学起，临《曹全碑》，每周一次，刘一闻带着习作去任府请先生批改。有一次，刘一闻在任府求教，正好另一个师兄弟前来，任先生让他带走一张自己写的《兰亭序》，刘一闻在一旁瞥了一眼，浑身一震，觉得任先生的这件作品，无论从结构还是布局上说，简直完美无瑕，甚至比王右军《兰亭序》的原本还精彩。等这位师兄弟离开后，他坐不住了，找了个借口离开任府，出了门追上那位师兄弟，只求再细细看一眼。回家路上，刘一闻就暗暗想：哪天能写得跟老师一样就好啦！

当时正值"文革"内乱，作为一位声名在外、经常被邀指导群众学习书法的书家，任先生还经常要受单位安排，到工厂或农村参加运动，一去就是一两个月。但是任先生临走都会给学生布置好作业，不论是对刘一闻这样的"资深学生"，还是对其他学生，他都会将写好的字，夹在大衣橱手把

青年刘一闻。

方去疾（右）、刘一闻师生合影。

苏白（左）、刘一闻师生合影。

的夹子上，学生们每次去，任师母就会取下一张，让大家带回去细细学习、领会。

刘一闻就这样跟了两年时间，除了在任先生那里受教，还看了当时逃过秦火后遗留下来的一些名碑法帖，眼界开阔了不少。同时也觉得任先生隶书的那套技法自己已窥穿门径，烂熟于心，不禁心有旁骛，自作主张临摹起更具挑战性的《礼器碑》，并将习作带去给任先生看。任先生看了一言不发，等到下个月刘一闻送缴笔墨费时，任先生说："你的字写得不错，我教到你这一步就可以了，接下来你自己朝前走吧。"

这让刘一闻颇感意外，他知道先生不高兴了。

数十年之后，等刘一闻自己带学生时，他才更真切地体会到当年任政先生的复杂心情。他说："学习书法是一个艰苦而漫长的过程，是自己与古人的对话，是心智与体力的较量，更是阅历与人生感悟的累积。切忌自以为是，沾沾自喜，当初匆促地改变先生为自己设计的学习方案，现在看起来是太肤浅了。所以我现在经常跟学生讲这个例子，希望他们避免犯我当年的错误。当然，每个从事艺术创造的人，一定要开阔眼界，在很大程度上，可以说眼界决定审美高度，眼界一开，以前觉得完美的事物，就能一下子看出它的破绽与不足，每到此时，就意味着又前进了一大步。"

投稿《新印谱》，结识方去疾

刘一闻中学毕业那年，神州赤地烽烟四起，内乱狂飙席卷南北，中国大地再也放不下一张宁静的书桌了。但素喜独处的刘一闻不串联，对满街的大字报也无兴趣，他躲在家里学起了篆刻。家里本来藏了一些旧印谱，就照着刻，摸索过程虽然不乏犹豫迟疑，却也自得其乐。

不久，刘一闻得到方去疾选编的《吴昌硕印选》，薄薄一本，使他豁然开朗，信心大增。两年之后，他被分配进工厂当学徒，在蒸汽锅炉的烟雾中做三班倒。当时"东方红书画社"(上海书画出版社前身)计划出版一部集体创作的以样板戏唱词为刻印内容的《新印谱》，并在书画社所在地的橱窗里张贴通知向工农兵爱好者征集稿件。刘一闻一看机会来了，即从书箧中捡出几枚印稿寄去。一周后，正在上中班的刘一闻接到一个电话，电话那头传来亲切浑厚的声音："我是方去疾。"啊，刘一闻当即热血沸腾，欣喜若狂，那是自己倾慕已久的篆刻名家方去疾先生啊！

方去疾先生是《新印谱》这项工作的主持人之一，他在一大堆来稿中发现了刘一闻的作品，耳目一新，格外重视。第二天，刘一闻就前往"东方红书画社"出版组的办公室，不仅拜见了方去疾，还见到了正在与方先生谋事的另一位篆刻名家单晓天先生。不久，刘一闻就悄悄地拜方先生为师，经常将自己的篆刻作品带去请教。"除了简化字刻印之外，我还带去了自己摹古篆刻习作，每一次方先生仔细看过后，都会提出具体的问题，让我得益匪浅。这样，一直到1976年初夏我被借调到方先生身边工作，那段日子是我一生中最难忘却的美好时光。"刘一闻忆及这段日子，脸上难以掩饰地泛起幸福的表情。

神州风雷急，飞鸿寄深情

在传统文化遭到大面积毁坏的那个年代，师生关系的确立只能是肝胆相照的交契。但似乎出于对历史悲剧中艺海飘零而不知彼岸者的格外怜惜，去疾先生对一闻的亲炙可说是倾注了更多的心力。"让我最受感动、最觉珍贵的，是先生对我毫不留情的当面批评。每次去向他讨教，几乎都要受到挑剔，不是用刀不妥，就是用字和布局有毛病。直到20世纪80年代后期，一次我拿出为山东魏启后先生刻制的'魏启后'、'晋元斋'一朱一白两方印蜕去求教，方先生居然一声不吭地示意我将印蜕留下，事后我才知道他是为向某出版社推荐出版我的个人作品集作为印样用的，并且着实还为我说了不少好话。"这是日后刘一闻在《怀念去疾师》一文中特别提到的经历。青年一闻，气血旺盛，但他明白每一次横挑竖剔，都是菩萨心肠的点穴针灸，都是拈花一笑的智慧开启，使他愈战愈勇，雄心勃勃。

交往的时间长了，方去疾先生与刘一闻的关系就更进一步。从老法规矩

刘一闻书法作品《行书七言联》。

上说，学生拜访老师是应该的，但老师屈尊去学生家极少。但方先生有时会突然去一闻家，兴致高时也会来上两三盅。有一次刘一闻去出版社看望方先生，聊到午饭时分，方先生不由分说地拖着刘一闻来到西藏中路上的本帮百年老店同泰祥。进了饭店，方先生闪进厨房打探某个师傅是否上班，果然，他熟识的师傅正好当灶，于是摸出几张皱巴巴的钞票，叫了一碗三鲜汤和两碗白饭。“那个老师傅还特别提醒我们注意碗底下的货色，我拨开上面一层饭粒一看，哈哈，碗底埋了一块肥瘦相兼的走油肉，一口吞下，细细回味，感觉真是幸福极了。”刘一闻说。20世纪70年代末，稿酬制度渐渐恢复，方去疾便经常用这笔外快请爱徒补充营养。

刘一闻还有一位老师，是居于青岛的苏白先生，虽然关山阻隔，却在他的艺术历程中产生了至深至远的影响。他们在那个非常时期的交往，有着黑白电影一般的情节，环境愈险恶，感情愈真切，外界的干扰即使如魔法，也被一一化解为功德圆满的契机。

苏白先生的老师是邓散木，邓先生被打成右派后，在山东德州任团市委干部的苏白先生也因为性情耿直、说话坦率而受打击。苏白先生黯然神伤，欲放弃艺术而做木匠谋生。刘一闻的舅父、舅妈在青岛生活工作。1972年，刘一闻随他母亲去青岛探亲访友，舅父得知他喜欢刻印，就将苏白先生介绍给他。苏白先生对印学研究尤深，从事印学研究数十年不辍。从此，刘一闻开始与苏先生书信往来，学习篆刻。也正是刘一闻的真诚叩教，重新点燃了苏先生对生活与艺术的希望。“那个年头的我，对于学习书法篆刻真可说有种饥渴感。每一次刻完印，我就立即寄给苏老师，顶多三五天，苏老师就会回信给我。”

由于苏先生是所谓的“摘帽右派”，刘母不希望儿子由此惹上什么麻烦，为了不让母亲担心，所以刘一闻与苏先生的往返书信都寄往单位，时间一长，同事都以为那个署名“苏白”，又写得一手秀美好字的人是一位漂亮小姐，强烈要求刘一闻将这位苏姓女友带到上海来让大伙见见。

80年代初，海晏河清之际，调入青岛工艺美术所不久的苏白先生来上海出差，刘一闻除了热情接待外，还安排他与方去疾先生晤面，两位篆刻大师相见恨晚，谈得非常尽兴，方去疾还称苏先生为“山东印学第一人”。

从1972年10月相识直至1983年5月苏白先生去世，苏白与刘一闻师生间的通信从未中断，刘一闻至今保留的苏白先生的信札就有四百通之多。如果说天涯比邻，寄语飞鸿，苏白先生对刘一闻的亲炙是从理论上指导的话，那么他的人格魅力对刘一闻的影响更加深远。今天，刘一闻已著作等身，但他更想出版的，却是自己与苏白先生的通信集。

重阳第九天，感念师生情

1975年，在韩天衡先生的热心介绍下，刘一闻有幸拜见了来上海女儿家小憩的方介堪先生。在中国近现代艺坛，如果说画坛的代表人物是张大千的话，那么印坛的代表人物非方介堪莫属。在刘一闻早年涉足篆刻时就听前辈艺术家说，上海篆刻界有出于晚清大家赵叔孺门下的方、陈、叶三员大将，陈是陈巨来，作品以工细取胜；叶是叶露园，以静穆著称；而方介堪则以典雅之风令人高山仰止。

刘一闻还清晰地记得第一次见到方介堪先生时的情景。那是傍晚时分，进门只见方先生正埋头刻印，窗前的一张小书桌上摆满了已经写好印稿的各

刘一闻去温州探望病中的方介堪(右)先生。

式印材，方先生在仔细审视过刘一闻的作品后，感觉不错，当即嘉勉几句。而刘一闻意外偷眼一看，方先生正在创作的作品中居然有谢稚柳先生的斋名“壮暮堂”。接下来的闲聊中得知方先生与谢稚柳、唐云等都是几十年的老交情了。原来方先生在青年和壮年时期就两度来沪谋业，未满而立之年就任教于刘海粟当校长的上海美术专科学校，以及新华艺专和中国艺专，教授篆刻课。后来刘一闻一直遗憾地认为，像方先生这样一位名满艺坛的篆刻大师偏居于温州老家，这不能不说是现实的无奈和历史的误会。

除飞鸿往来外，每次方先生从温州光临沪滨，都会与刘一闻相约见面，或谈艺论道，直抒胸臆；或击箸而歌，微醺而归。刘一闻从方先生那里获得的，除了艺术上的肥沃滋养，还有一种历经狂风暴雨冲洗后没有丝毫涣

刘一闻常去唐云(左)家“取经”。

散的大师风范与旷达乐观的人生态度，这也深深影响了刘一闻的艺术探索及品格修养。

1986年秋天某日，刘一闻去厦门办完公事，折返途中绕道温州去探视缠绵病榻的方介堪先生，年逾杖朝的方先生非常高兴，执意弃枕而起："你来我非常高兴，我非但要与你拍照，还要写字给你哩。"次日，方先生请理发师打理一番，换了衣服，嘱亲属将自己抬下病床，精神抖擞地与刘一闻合了影，还为他题写了斋名。就在师生执手告别时，方先生又以一种近乎征询的口吻对一闻说："解放后我总共收了三个学生，我打算把你当作最后一个学生，你觉得可妥当？若允，我将把'丙寅重阳后第九天'这一内容写进我的《年谱》。"至此，刘一闻已经泪流满面。

得涧发春华，桃李满天下

从艺数十年来，刘一闻还从来楚生、商承祚、唐云、谢稚柳、赵冷月诸先生处汲取了丰富的艺术滋养，在人格上感受尤深。刘一闻今天卓然而成大家，固然在于自身砥砺，艰难困苦，玉汝于成，然中华文明即便在恶劣的环境中仍经由诸位大师薪火相传不绝，也是他的福分。

20世纪90年代始，经谢稚柳先生慎重举荐，刘一闻被调进上海博物馆书画研究部工作，一干就是二十五年，如今他也已白发苍苍。上博每年按惯例更换两次展品，书法展品就由刘一闻主持筛选。他所涉及的书法藏品当然不限于展品一域，由是，他得以饱览古代书法精品，眼界大开，多有领悟。他从前贤的法迹中细细琢磨中国书法的要义与发展轨迹，厚积薄发，广采博取，不断否定自己、鞭策自己，从而形成迥异时趣的鲜明艺术风格。

上海艺术评论家胡传海在总结刘一闻的创作品性时说："他将书法作品引向简约的方向是艺术观念成熟的标志，加上他在作品的处理中将自己的个性符号处理得如此强烈，只要看一眼他的作品就不会和其他人的作品相混淆。他是维护古典尊严的艺术家，与此同时，他也是善于将现代感充分地运用到作品中

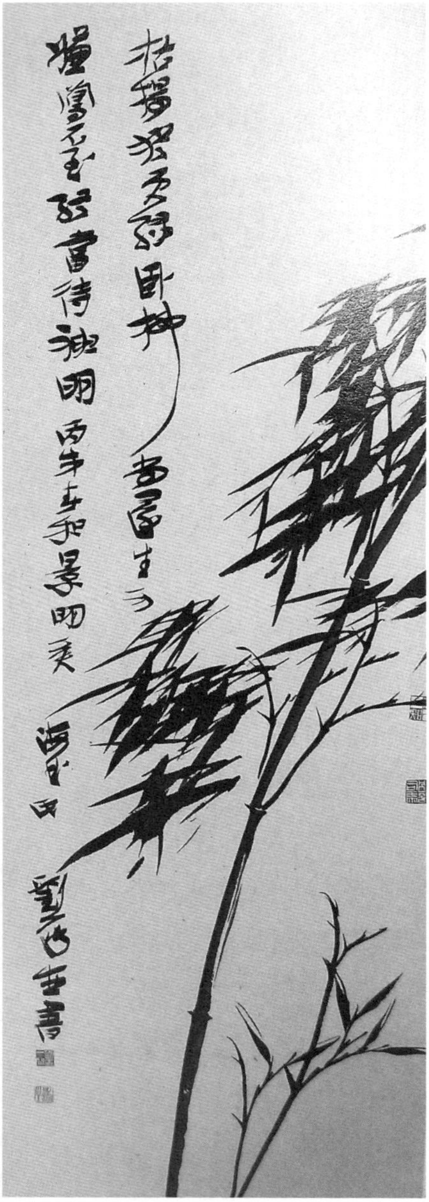

刘一闻绘画作品《雨后清篁图卷》。

来的书法家。刘一闻是全能型的艺术家，书法、篆刻、绘画都别具一格，自创面貌。艺术门类中的融会贯通和深刻理解使得他的作品迥异时趣，尤为难得。”他还说：“……刘一闻是当今海派书法的标志性人物，他的前面就是谢稚柳。”

刘一闻先生的绘画作品，那是一种典型的文人画，他的那路风格似乎与青藤、八大和板桥风格无涉。他以金石书法入画，不拘章法，恣意汪洋，随心所欲，自成绚烂。而从细处看，分明是从传统宋元绘画中汲取了灵感和养分，滋养了刘一闻的锦心妙笔，造就了他富于内蕴的艺术风貌。他喜画修竹、丑石，这两种被传统文化赋予了高尚人格的灵物，在刘一闻的笔下，可视作人格的外化。人们可以将此看作是刘一闻砚池笔耕的西窗剪影，也可以看作在物欲横流的浊世边缘，一代洁身自好的知识分子的孤傲写照。

刘一闻几乎在程门立雪的同时，也在传道授业了。大约才二十二三岁时，他就受母校老师的委托，收了第一个学生吴友琳。“文革”结束后，全国兴起书法篆刻热，刘一闻在全国性大赛中屡屡出镜，好评如潮，誉满天下。青年才俊慕名而前来叩访者日益增多，或呈上书法习作请求点睛，或带来印花祈望朱批。刘一闻每去外省讲学，总希望于万花丛中发现亭亭玉立、迎风标举的那一株，谨慎考察，终欣然收于门中。

善歌者使人继其声，善教者使人继其志(《礼记·学记》)。刘一闻对学生的要求是极为严格的，目光犀利，近乎苛责，点评不加粉饰，使学生汗流浃背，但同时豁然开朗。看到弟子稍有精进，悟道有得，出手不凡，便喜形于色，其嘉奖令学生柳暗花明，坐看云起。他特别强调“内圣外王”、“功夫在诗外”，谆谆教导学生从传统国学及前辈大师的作品中寻找继续前行的能量，而不是好高骛远、急功近利，也不要陈陈相因、亦步亦趋。他特别反对书法篆刻中的习气、匠气与工艺化倾向，更反对人格分裂的矫揉与伪饰。所以，他的数十个学生都有相当的成就，作品大异其趣，个性分明，面目清朗，在创作观念上，他们无不以刘一闻为模范。百花齐放，才铺排成满园的动人春色。

刘一闻印作。

2005年，临沂“王羲之故居”内特辟建了“刘一闻艺术馆”，这体现了刘一闻对书圣的敬仰，更是故乡人民和全国书法篆刻界对“日照将军”(刘一闻在书画界获得的雅号)的充分肯定。自1987年10月在上海首次举办《刘一闻书画篆刻展》以来，二十多年来，几乎每隔一段时间就会在全国各地举办刘一闻个展或刘一闻师生作品展。2010年，以刘一闻为精神领袖的得涧书画研究院在上海闵行得丘园成立，去年又在上海与长沙成功举办刘一闻师生作品展，引起书坛震动。

刘一闻以风格鲜明、典雅清朗的书法篆刻及绘画，在海内外产生越来越深远的影响，在中华民族伟大复兴的道路上，传统艺术的传承光大及其与当代精神的融合交汇，使书法篆刻艺术迸发出越来越强大的感召力与渗透力。

磨难其实也是一份财富，当雨过天晴，那段经历往往成了今天的甘甜。

——马莉莉

马莉莉：从小剧场走向大舞台

李　欣

马莉莉（1949—　），国家一级演员、中国戏剧家协会会员。获全国文化系统先进工作者称号、中国戏曲现代戏突出贡献奖等。2012年被聘为上海市文史研究馆馆员。

“爱华”的栽培

马莉莉的沪剧生涯始于十二岁考进上海市杨浦区戏曲学馆沪剧班，这个班实则是杨浦区属剧团爱华沪剧团的委托学员班。

爱华沪剧团是自负盈亏的剧团，办学馆的经费全部来自辛勤演出的收入。由于经费有限，招收的学生不

十二岁的马莉莉。

马莉莉与张志新烈士儿女合影，右为彤彤，左为林林。

多，只有九个演员和一名主胡。沪剧从来最注重演唱，但团长凌爱珍特别指出：这批学生要能文能武、文武兼备。她认为过去沪剧演员缺少戏曲程式表演的手段，限制了剧种的戏路和表演范畴，为此，在配置最好的沪剧师资的同时，高薪聘请高月侠、马小龙等京剧名师教学员们练功。在学习期间，马莉莉曾学习演出《白蛇传·盗仙草》，戏中白娘娘要走边、开打、踢枪，最后还要从两张桌上倒扎虎翻下，能演这样戏的沪剧演员至今屈指可数，系统地学习传统戏曲基本功为马莉莉日后在艺术上的精进提供了非常扎实的基础。随着学艺的渐进，马莉莉所具备的优越天赋也不断显露：甜美的嗓音、颀长的身材、靓丽的扮相，特别是一双传神的大眼睛，而她的聪慧和悟性是最突出的，很快她就在同辈中脱颖而出。

闻名全国的京剧样板戏《红灯记》移植改编为爱华沪剧团的《红灯记》，当年演出时盛况空前。马莉莉初演李铁梅是1966年，那年她正好十七岁，与李铁梅年龄相同。隔年，“爱华”的台柱袁滨忠、韩玉敏恢复演出《红灯记》，马莉莉与两位老师同台演出祖孙三代，老师的传、教、带令她终生难忘。1970年，马莉莉跟随“爱华”赴京向京剧样板戏剧组学习《红灯记》，其间她又扎实地接受了现代京剧的表演训练。

马莉莉在“爱华”十二年，从学员到毕业进团，短短几年后又成为艺术骨干，这是剧团的培养，因此，她始终没有忘记自己曾经是个“爱华人”。

2004年，相隔三十八年后，沪剧舞台上再现“爱华”版的《红灯记》，马莉莉扮演的是李奶奶，这是她在舞台上所塑造的最后一个角色。从第一个女主角李铁梅到最后一个女主角李奶奶，始于《红灯记》，结于《红灯记》，这个巧合而又圆顺的轮回，承载着马莉莉对沪剧的缘，对“爱华”深深的情。

成就于上海沪剧院

1973年初，上海市人民沪剧团与爱华沪剧团合并成立上海沪剧团（1982年改制为上海沪剧院）。为了体现合并成果，团长殷功普决定将“爱华”的《红灯记》和“人沪”的《沙家浜》剧组进行人员互换，马莉莉被选中担任阿庆嫂一角。一个区级剧团的青年演员刚进国家剧院就马上得到女一号，这正是“天赐良机”，是信任、重用，也是一种考验。马莉莉明白此时唯有埋头唱好戏，用实力让自己立足。这时候，传统戏的功底帮了她，样板戏虽然演的是现代题材，但表演的内核却是传统戏曲的，接受过传统戏曲和现代京剧样板戏训练的马莉莉在表演方面的潜力很快被挖掘并显现出来。当然，阿庆嫂比李铁梅要复杂得多，但凭着年轻、好学，在导演的指导下，她很快过了表演关，又刻苦练唱，攻下唱腔关。终于，一个新人、一个新的阿庆嫂亮相在了一个新的剧团里。

2001年，上海沪剧院再次复演《芦荡火种》，马莉莉又演阿庆嫂。从《红灯记》到《芦荡火种》，从原版沪剧到移植京剧，再回到沪剧原版，作为一名沪剧演员能如此完整地经历这一过程恐怕没有第二人。

两团合并后的上海沪剧院人才济济，剧院有沪剧大家丁是娥、石筱英、王盘声、解洪元、邵滨孙、凌爱珍，还号称拥有“十大编、导、作曲”，这些得天独厚的艺术力量为青年演员的成长提供了扎实的保障，同时也意味着竞争的必然和残酷，从艺几十年间马莉莉始终兢兢业业，不敢有丝毫松懈。幸运的是领导一次次把任务交给她，编导们则喜欢与她合作，一次次把角色给了她，她几乎与剧院的所有编导都合作过，尝试着他们各自的艺术风格和特色。20世纪70年代后半期至80年代，马莉莉正赶上了戏曲在当代的一波高峰，她始终处于一种由艺术创造所带来的酣畅淋漓的愉悦之中，高强度地从事着传承和原创这两大艺术实践。传承上除了《红灯记》、《芦荡火种》，她还学习演出了丁是娥的《雷雨》、《罗汉钱》，凌爱珍、韩玉敏的《少奶奶的扇子》；而原创则是马莉莉艺术实践的主体，主要剧目有《一封终于发出的信》、《张志新之死》等。

讴歌时代人物、弘扬时代精神一直是沪剧艺术创作的主旋律。1979年7月，上海沪剧团团长丁是娥决定把时代英雄张志新的故事搬上舞台。她做了两个决定：马莉莉演张志新，主创人员去沈阳体验生活。于是，马莉莉跟着编导、作曲一起来到沈阳，走访了张志新烈士的单位、家庭、监狱、审讯室、刑场。整整一个月的时间，白天采访，晚上就聚在一起商量剧本。这是她第一次经历编导创作的过程，每个晚上专注地听他们讨论，认真地做笔记，受他们的启发，她开始尝试根据自己体验的环境，依循人物的发展脉络去展开想象，用自己的头脑去思考“她”，用自己的心灵去理解“她”。渐渐地，张志新这个人物在她心中变得越来越清晰，越来越真实。这样的体验生活，对以后的排练演出很有好处，更重要的是她了解了剧本创作的全过程并且对剧情组织、人物设置、高潮安排等有了认知，这种收获是宝贵的，在她日后的艺术创作起到了“芝麻开门”的作用。

改编中外名剧也是沪剧所擅长的。1982年，丁是娥院长安排一团排曹禺的《日出》，并点名马莉莉演陈白露。为了排好《日出》，丁院长还请来了资深话剧导演凌琯如担任艺术指导。马莉莉知道这个角色的难度和分量，在开排之前就做足功课，仔细阅读话剧本，到上海戏剧学院图书馆翻阅、抄录了许多与《日出》有关的剧评和研究文章，还登门求教话剧陈白露的扮演者严丽秋老师。但理解是一回事，舞台呈现又是一回事。进了排练场，凌琯如老师不时纠正马莉莉的不足，不时提出问题要她解答，光陈白露的第一个出场就整整排了一个上午，却还是不能让凌老师满意。排练很艰难，马莉莉甚至怀疑自己：怎么不会演戏了？陈白露这个角色多重的性格侧面甚至自相矛盾的表现，要求演员找到“表里不一”的心理依据，并做出具有感染力的表演，这恰恰是陈白露独有的丰富和精彩，也是对马莉莉的考验和锻炼。

《日出》上演后，当年话剧舞台上陈白露的扮演者凤子、白杨、严丽秋都来看戏了，并对《日出》剧组和马莉莉的表演给予肯定和赞赏。白杨老师还约马莉莉去她家作客，见面时亲热甜糯地说：“呦，解放牌的‘露露’来了。”交谈中她肯定了沪剧改编的成功，并对一些细节表演提出了自己的看法，当讲到斗“黑三”救“小东西”一段时，她还站起来示范，启发马莉莉用“黑吃黑”的动作表演，不一定要用“以正压邪”的方式。在当晚的演出中，马莉莉一一照做，果然取得了不一样的演出效果。白杨老师的指点使马莉莉领悟到演绎

马莉莉扮演的陈白露。

艺术指导凌琯如（中）高兴地看着两个“白露”亲切握手，左为白杨，右为马莉莉。

丁是娥院长（左二）陪同曹禺（左三）观看《日出》，右一为邵滨孙，左一为马莉莉。

人物有很多种可能性。

1983年3月15日，曹禺先生和夫人李玉茹老师在丁是娥院长的陪同下观看了《日出》，中场休息时还接见了马莉莉等几位主创人员，他握着丁院长的手说："改编得相当好、相当完整，最难得的是每个角色都那样出色。"丁是娥院长在总结会上说："这出戏能取得如此大的成功在我的意料之外，演员表演能够表现如此到位也是我没有想到的。这要感谢凌琯如导演的加入，这出戏是我们沪剧史上的又一个里程碑！"

《日出》对马莉莉而言，绝不仅仅是一部戏、一个角色，它教会她如何去深入地理解一个角色，启发她多侧面地表现人物，有人说自《日出》后，马莉莉的表演有了质的飞跃。陈白露这个角色在马莉莉的艺术天空里，永远是一颗最闪亮的启明星。

敢于触及敏感题材、突破禁区、具有开拓精神是沪剧工作者的精神所在，由马莉莉参与策划并主演的《雾中人》就是成功一例。该剧反映志愿军战俘回国后的坎坷命运，但全剧抒发的却是始终不渝的爱国情怀，它虽是一部悲剧，但能给人以信心和力量。该剧首演于1989年6月5日，这是一个敏感的日子，大家都有些担忧。但时任上海市委宣传部长的陈至立观后称这出戏是1989年上海戏剧舞台的重要收获，一些专家认为它反映了中国现代史上的一个典型事件，激动人心。广大观众更是赞不绝口，称多年没有看到这样感人的好戏了！有几位观众半年之内竟看了三十五遍，看一场哭一场。这出戏前后演了一百六十多场，凭借该剧马莉莉与京剧表演艺术家尚长荣一起以全票获得了首届上海戏剧表演艺术白玉兰主角奖榜首。

1991年是马莉莉从艺三十周年，那年她四十二岁，这正是一个女性演员最佳的年龄段。在好友宋之华、万智卿、汝金山的共同策划下，马莉莉特意邀请年轻的新锐导演谷亦安，推出了一台与众不同、颇有新意的演出专场。演出节目有《日出》、《雷雨》、《雾中人》的选场和选段，还新编了《赛金花四季梦幻曲》，并反串京剧《智取威虎山·打虎上山》。在上海演出七场，天天爆满，上海市领导吴邦国、黄菊、陈至立、金炳华、倪天增、刘振元等都来观看演出。隔年3月，马莉莉又将专场带到了北京，成为把个人专场办到首都的沪剧第一人。中央领导倪志福、朱镕基、曾庆红等也都来观看了演出，结束后，领导上台连连称道："唱得好，演得好，真是多才多艺。"朱镕基说："没想到你还会唱京剧，这个演出看出你多方面的才能，不容易啊！好就好在有创新。"

尝试体改　经受磨砺

1985年，马莉莉被新院长流泽聘为一团团长，她感到突然和意外。但曾经发生的一件事深深触动了她：《日出》上演后不久，马莉莉获悉电视台计划将它搬上荧屏。不想，剧团领导竟以日程冲突为由不同意拍摄。就这样，《日出》的原班人马永远错过了拍电视的机会。通过这件事，马莉莉渴望有一些知情权和话语权，实质上这也是许多主要业务人员所期盼拥有的。

自1985年担任团长后，她又先后担任了上海沪剧院直属团团长、浦东分院院长、马莉莉文化工作室总经理、上海沪剧院副院长，经历了从计划经济时期的全额拨款到差额拨款，然后到自收自支，最后到完全自负盈亏。作为一个出身国家院团的人，能经历这么多体制改革的变化，今天，马莉莉可以自豪地说一句"舍我其谁"！

1993年，马莉莉组建了上海沪剧院浦东分院，并推出了开锣大戏《风雨同龄人》。这出描写与新中国同龄的知青在浦东开发开放的年代继续奋斗拼搏的戏，受到广大观众的欢迎和追捧。不久，还应邀参加了在福州举办的第三届中国戏剧节，马莉莉饰演的钟佩文获优秀演员奖，同时还荣获中国戏剧的最高奖——梅花奖。该剧拍成电视剧后，马莉莉还获得了第十一届全国戏曲电视剧STV杯最佳演员奖。为了得到更多的自主权，从第二年起，浦东分院即实行了自收自支。这个集体很团结、很努力，三年里新创剧目两台，复演了五台经典传统名剧，拍摄了八集沪剧电视剧，赴港演出，参加中国戏剧节，三年内演了四百五十六场，演出费则高于沪剧院本院。总之，分院经营得热火朝天，名声很响。

尚长荣（左）和马莉莉（右）以全票获得了首届上海戏剧表演艺术白玉兰主角奖榜首。

《宋庆龄在上海》剧照，马莉莉（左）饰宋庆龄，华雯（右）饰宋美龄。

1999年，祖国迎来五十大庆，新中国的同龄人马莉莉也五十岁了。那年，她留职停薪，组建了马莉莉文化工作室。当工商局同志冒着倾盆大雨，把营业执照送到她手里时，她清醒地告诫自己：我已经没有任何退路了。工作室面临很多问题和困难：资金、剧目、班子等。当这些棘手问题都一一解决，当马莉莉饰演的宋庆龄出现在舞台上，当热情的观众热烈鼓掌时，马莉莉哭泣了！她有太多太多的感受涌上心头。经上海市戏剧家协会推荐，《宋庆龄在上海》又参加了在湖南长沙举办的第五届中国“映山红”民间戏剧节的闭幕式演出。在文化部的总结颁奖大会上，部长发言表扬了《宋庆龄在上海》和马莉莉。该剧囊括了“映山红”的所有奖项，共计二十一个单项奖，马莉莉获表演一等奖榜首。

1991年，时任上海戏剧学院院长的余秋雨教授在马莉莉专场祝词中写道：“马莉莉是当代沪剧艺术的重要代表。……她的生命形态，实际上也就是特别使上海市民感到可心的那些心理行为特点，如灵敏、正直、能干、爽利、大方、好学，既贴近人情世故又追求较高品位，既不避世俗又向往着新的文化层面等。这些特点，既体现在生活中，又体现在艺术上，既可概括马莉莉，也可概括她所扮演的众多角色。从总体而言，她着重塑造了一种心理成熟的城市女性美……”

《风雨同龄人》剧照，左为张杏声，右为马莉莉。

马莉莉后期的艺术经历进一步验证了余秋雨当年的评说。当年，领导一次次把机会和角色给她，她只要专心演好戏就行了。但后来，各种关系变化了，机会必须靠自己去争取，别人甚至不再给剧本了，怎么办？她有时也会抱怨，怎么“支持越来越少”了？但严峻的现实并没有使她泄气、退缩，倔强和好胜支撑着她，硬是凭借着当年跟着编导们一起讨论剧本创作时的领悟，凭着多年的演出经验，与院外编剧讨论剧本，《风雨同龄人》、《人间热土》、《宋庆龄在上海》都是这样创作出来的。马莉莉一次次把新剧目推上舞台，一次次为观众呈现新的艺术形象，一次次为沪剧捧回嘉奖，可以说，一次次改革成功的同时总是伴随着一次次艺术上的成功。

马莉莉自学戏至今始终牢记领导和老师的两句话：艺术上要能文能武、精益求精；要做一个又红又专的好演员。马莉莉在政治上对自己是有要求的，年轻时加入共青团，1986年又加入了中国共产党，在此后的日常生活中更注重党员的先进性和模范作用。用她自己的话说即：“人是一定要有点精神的，人是一定要有爱心的。”从1996年起，她与《解放日报》记者俞新宝一起资助困难劳模方静，一直到她去世，在追悼会上还送上了最后一笔资助金；1999年马莉莉组建文化工作室，在留职停薪、资金非常困难的情况下，她还资助四川凉山彝族五个少年上学，后来其中一个大专毕业；2003年年底，大病初愈的马莉莉坚持演出《宋庆龄在上海》，并在“蓝天下的至爱”慈善活动中代表剧组向上海市慈善基金会捐款六十万元；她还捐出珍藏的施大畏名作义拍，所得款用于贫困老年人的白内障治疗；2008年四川汶川特大地震灾害发生后，马莉莉积极投入义演捐款，还和其他几位政协委员发出为灾区重建学校捐款的倡议，并带头再次捐款，很高兴的是这一善举得到具体落实。

马莉莉的这些做法受到社会各方面的赞许和肯定。为此，2004年她获得“首届上海市慈善之星”称号，2011年又被市委、市政府授予“上海市对口支援都江堰市灾后重建突出贡献个人”称号。她是两届上海市政协委员，任期内认真履行委员职能，多次提案，其中率先呼吁规范和保护沪语；还提出要切实解决老艺术家的医疗窘况，在各级领导的关心下这一难题终于有了切实可行的解决。生活中的马莉莉率直、热情、健谈，没有架子，很容易与别人相处。但她也有弱点，那就是对看不惯的人与事会保持回避和距离。淡出舞台演出的马莉莉把希望寄托在年轻一代身上，她认为舞台更属于青年人，她希望一批又一批青年人才脱颖而出，事业需要新的栋梁之材支撑。她现在更多的是下社区、进基层，开展沪剧艺术和艺术人生讲座，开展对群众文艺的辅导。担任上海市白玉兰奖评委后，她积极参加观摩、座谈和评选工作。马莉莉还是一位热心的社会活动人士，特别是2000年担任上海市百老德育讲师团副团长，有更多机会到学校作宣讲活动，为此，她获得“上海市关心下一代先进工作者”称号。在颁奖会上，时任市委副书记的殷一璀对马莉莉说：“今天，我很高兴为你颁这个奖！”身为演员的她此刻充满着喜悦和兴奋，它比一般的艺术获奖更具分量和意义。如今她生活得很充实、很丰富多彩，她的深切体会是：我从剧场舞台走向了更广阔的社会大舞台。

人生苦短 艺术乐长

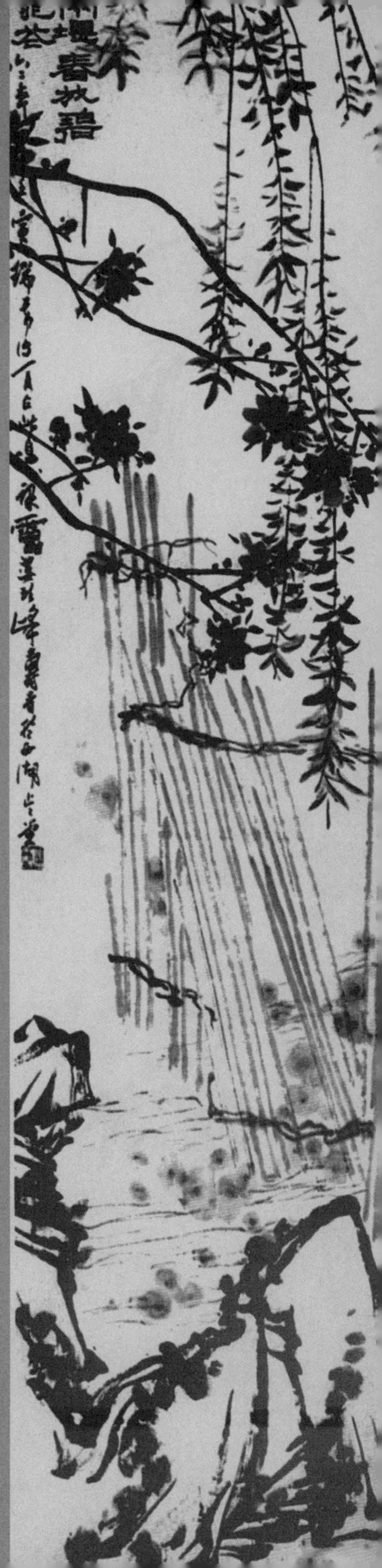

人类不仅需要物质的享受，更需要精神的食粮，使生活艺术化，以达到真善美的境地。

——陶冷月

陶冷月：冷月画风的海派情缘

姚全兴

陶冷月（1895—1985），曾与谢公展、吕凤子一同创办南京美专，中国美术家协会上海分会会员。擅长国画和工艺美术设计，以“冷月山水”著称。1983年被聘为上海市文史研究馆馆员。

“冷月教授”到上海

1895年11月5日（农历乙未年九月十九日），一名男婴呱呱坠地于苏州城内甫桥西街一家书香门第，这就是陶冷月。他原名善镛，字咏韶，号宏斋。垂髫之年的艺术天资和创造禀赋，在陶冷月师从其伯祖陶诒孙学画时就已显露出来。

陶诒孙名焘，人称东江老画师，《清代画史》称他“工山水，笔意峭拔，皴擦疏简，苍莽浑厚，不落时蹊”。嗜古、工书、山水花卉用笔秀逸的吴大澂（曾在甲午海战时期任军机大臣），以及名画家陆廉夫，都是他的学生。这位年迈的伯祖，常常把幼小的侄孙抱在膝头上教他学画。陶诒孙又是王椒畦的学生，王椒畦山水得王原祁真传，因此陶冷月一开始接触的是“四王系统”的山水画。

陶冷月学画善于观察，爱动脑子，时有思想的闪光。陆廉夫当时已卓有花鸟画家的名声，仍常常向陶诒孙学习山水画。一次，陶冷月偷偷在陆廉夫所临摹的画上加了两棵小松树，陆廉夫见状心中不快，正想发作，见老师来了，便上前诉苦道：“小弟弟又在我画上乱涂了……”陶冷月自知理亏，准备受责，没想到他伯祖看了画却赞赏道：“这两棵树加得不错嘛，像我的笔法……”陆廉夫心中不服，随即争辩：“原稿上面没有这两棵树。”陶诒孙听了教导他：“你学画很认真，但不敢变化。若老师死了，你就不画了？学画要有创造性，不能对范本亦步亦趋。即使是古代名画家也有不足之处，后人可以改动。这样艺术才能进步发展。”一番话说得陆廉夫红了脸，也使陶冷月开了窍。直到他晚年时，对伯祖的教诲仍念念不忘。

陶冷月读苏州元和县高等小学时的最大收获，是美术教师罗树敏不仅教学生画传统国画，还教铅笔画和水彩写生，这为他以后创立中西合璧的画风打下基础。他的同学吴湖帆、樊少云、颜文樑等，日后都成为画坛精英。1908年，陶冷月考入江苏两级师范学堂，接受新学。毕业后任中小学教师，授课之余勤奋作画，静物、风景尽皆擅长，且向美国人特朗学习油画。

1918年秋，陶冷月经人介绍去长沙雅礼大学任艺术教授。这时他的画风已有特色，尤其画月功夫独到，从而有一段趣闻。郑逸梅的《陶冷月与新中国画》中记载：“最初并没有‘冷月’这个名号。原来他主持湘中雅礼大学艺术系，这大学是外国人办的，他这时作画，喜绘夜景，总是在云翳中透露出皎皎的月儿，照耀着重峦巨浸，恰当的光度，更衬托出山水的幽静和肃穆，那些外国同事，看到了非常赞赏，和他见面，不呼他咏韶，而呼他为Cold moon。他自己觉得这个名儿有特趣，也就把冷月作为署名了。”一次雅礼大学开运动会，要求每位教授准备一份礼品作奖品，当时名叫陶咏韶的陶冷月准备的礼物是一幅自己画的

《月夜》图。发奖的外籍米教授很风趣，介绍陶咏韶教授所赠的画时，说：“你们熟悉这画月的人，他是Professor Cold moon（意即冷月教授）。”师生们听了都会意地大笑。从此，“冷月教授”之名就传开了。陶冷月觉得这个戏称同他的艺术旨趣很协调，再加上雅礼大学有叫“咏韶”的同名者，就索性改名为“冷月”。后来他还以“冷月”的英文谐音，起了“柯梦道人”的别号。

但是，陶冷月并没有真的成为游离于世外的“柯梦道人”，他的艺术生活的重点从钟灵毓秀的苏州转移到人文荟萃的上海。1924年春，上海字林西报举办世界画家展览会，陶冷月的《台城吊古》、《战墟夜月》两帧油画及三幅国画应征。1925年，暨南大学由南京迁往上海，陶冷月辞去南京美专教职随暨南大学至沪，置宅贝勒路（现黄陂南路）同益坊4号，从此陶冷月融入海上艺坛，他创立的冷月画风，立刻引起海派画家的瞩目。他多次在八仙桥青年会举办画展，《申报》、《联益之友》等报刊纷纷介绍和高度评价，一致认为“冷月以独创新中国画著称”。《大陆》、《泰晤士报》等西报，也以刊载其画的照片为荣，冷月之名骎骎乎由国内而达于海外。

喜逢“伯乐”蔡元培

陶冷月真正崛起，继而和海派文化结缘，成为海上艺坛中西结合的丹青高手，一个很大的原因是喜逢“伯乐”蔡元培，得到他的赏识和提携，成为他从此艺术转型、立志融会中西绘画艺术的契机。

1920年10月至11月3日，蔡元培在湖南长沙讲演十二次，传播“五四”中西文化交流新潮，宣扬科学和艺术的时代新知，为当时一大盛事。陶冷月《自传1956》记载：“约在1920年时，蔡元培、吴稚晖、李石曾等曾到长沙讲学，当时我在雅礼大学执教，兼校很多，各学校开会欢迎他们，我屡次遇到。由谈话而请他们品评我的画件，从此认识。尤其蔡先生与我后来关系较深。”蔡元培的讲演强调美学和美育的现实意义、中西艺术交流的时代意义，这给陶冷月深刻的启示、深远的影响，为他创立“新中国画”，标举冷月画风，吸收海派文化，成为海派画坛高手，打下了坚实的基础。

1926年，蔡元培在上海居住，通过接触对陶冷月的画艺更加了解。当陶冷月出版《冷月画集》时，他很愿意作序和题写书名。不仅如此，他还撰写一幅寓意深邃的对联相赠："尽善尽美武韶异，此心此理东西同。"表示他对锐意创新的画家有特殊的好感，对中西合璧的"新中国画"有满腔的热情。值得一提的是，他给《冷月画评》写的序，认为"专攻此术者，尚未之闻"，即当时中国画坛专门致力于中西画法结合的画家还没有，而"陶冷月先生本长国画，继而练习西法，最后乃基凭国画而以欧法补充之。试作数十帧，一切布景取神以至题词盖印悉用国画成式，唯于远近平凸之别，光影空气之变，则采用西法。"此话对冷月画风的特点做概括说明，接着指出陶冷月"采用西法"后"町畦悉化，体势转遒，洵所谓取之左右逢其源者。他日见闻愈博，工力渐深，因而造成一新派，诚意中事"。蔡元培对冷月画风的评论，无疑肯定了陶冷月独树一帜的海派画家地位，使冷月画风彪炳于海上画坛，成为中国现代美术史上的一朵奇葩，对海派艺术的发扬光大，对国画的现代化创新推波助澜。

值得一提的是，5月1日那天，蔡元培还为陶冷月亲自订定和书写《陶冷月先生作画润格》，用的四言精辟而雅致，为其生平第一次。其词曰："冷月先生，夙精绘事，先民矩矱，海外见闻，分别研练，各还其是。近进一步，互取所长，结构神韵，悉守国粹。传光透视，特采欧风。苦心融会，尽化町畦。生面别开，知音非寡。为写润格，以便应求。扇面：每叶自五圆至十圆。堂幅：四尺以内每方尺自五圆至十五圆，四尺以外每方尺自八圆至二十圆。润资先惠。十五年五月一日蔡元培。"由此可见，蔡元培对陶冷月艺术的高度重视，也是对融会中西绘画艺术的高度重视。

1980年9月的一天，笔者拜访陶冷月，他虽然高龄年迈，但蔡元培当年对他的赏识和提携依然历历在目、念念不忘，感激和感恩之情溢于言表，令人为之深深感动。

风雨楼中佳话多

1943年冬，陶冷月迁居英士路（现淡水路）丰裕里98号，启用"丰裕楼"斋

陶冷月绘画作品《冷香夜月》，创作于1924年。

名。又因时局不靖，榜其斋为“风雨楼”。一则“风雨”与“丰裕”谐音，二则寓风雨如晦、风雨飘摇之意，以示对时局的忧虑。他曾说当时喜欢画月景，意思是要在黑暗中争取光明。他曾画《鲈鱼》图，题“只今四海民皆瘠，不及鲈鱼个个肥”，以讽喻贪官污吏剥削人民以自肥。他性情耿介，不肯流俗，牢记祖父陶然“蜗角功名区区耳”的感叹，从不奉承权贵、追逐名利，而自甘寂寞，埋首于艺术事业。

由于陶冷月注重情谊，“风雨楼”中常有聚会。1944年他五十岁生日时，蒋吟秋、范烟桥、周瘦鹃、严独鹤、郑逸梅等诸友欢聚，赋诗作画祝贺寿星。志昌、志南等弟子合作《松竹梅柏石水仙图》，陶冷月欣欣然作长诗以题

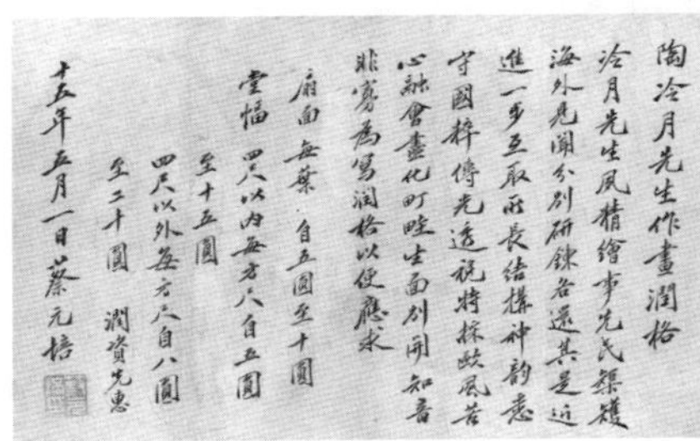

陶冷月先生作畫潤格

冷月先生夙精繪事先民榘矱
海外先哲分別研鍊各遂其是近
進一步互取所長結構神韻意
守國粹傳光透視特採歐風苦
心融會畫化町畦生面別開知音
非寡為寫潤格以便應求

扇面 每葉 自五圓至十圓
堂幅 四尺以內每方尺自五圓至十五圓
四尺以外每方尺自八圓至二十圓 潤資先惠

十五年五月一日 蔡元培

1926年，蔡元培书订陶冷月作画润格。

1928年春，陶冷月与友人游无锡梅园。左起：钱云鹤、黄宾虹、王云僧、陶冷月。

1974年陶冷月创作《黄果树大瀑》。

1984年6月上海市文史研究馆画展上，郑逸梅（左）、徐碧波（中）、陶冷月合影。

1984年6月，钱君匋夫妇与陶冷月夫妇在上海市文史研究馆举办的画展上合影。

之。他交游甚广，除民国名士章太炎、叶楚伧、李根源、梅兰芳等外，往来最多的是徐悲鸿、郑午昌、沈尹默、黄宾虹、张充仁、施南池等艺术家。他和著名文史掌故作家郑逸梅的友谊，更是尽人皆知。这不仅因为他们同籍贯、同年龄，还志趣相投，情同手足。陶老为郑老的书斋画《纸帐铜瓶室》图赠之，郑老为陶老的画室写《东风时雨之楼记》投桃报李，一时传为美谈。

蔡元培曾撰文赞扬陶冷月和刘海粟两位海派画家的创新精神，陶、刘二位也有深厚的友谊。20世纪50年代后期，两人都被错划为右派，处境不佳，门可罗雀，但他们互相往来，常在复兴公园促膝长谈。在画艺方面，因都是主张创新的“艺术叛徒”，颇有共同语言。有人回忆，一次在刘海粟的存天阁中品茗闲话，海翁说：“冷月画有诗意，他的画别人画不来的。”可见他对冷月画风甚有好感。还有一次在陶冷月的“风雨楼”，蔡元培为陶冷月撰写对联“尽善尽美武韶异，此心此理东西同”时说，刘海粟“志大才雄，心高气傲，他的画好比先秦时代的‘武乐’”，陶冷月“小心谨慎，细致优雅，则好比三代的‘韶乐’”，“两个人是各有千秋的”。此话对于陶、刘其人其艺，不失为深中肯綮的评析。

还有一则两个冷月的佳话。上海有国画家陶冷月，还有一位著名书法家赵冷月，他们何以同名？为此，笔者曾拜访八十多岁的赵老先生，他说他原名亮，因父亲爱好书画，仰慕陶冷月，将他改名为冷月，希望他学习其艺术品格。赵老常去“风雨楼”请教，获益匪浅，认为陶老的书法颇有书卷气，属文人书法，有清逸之气而不乏刚劲之力，同其画格调、风骨相得益彰，又同其人气质、性情相仿佛。上海曾有两个冷月书画联展之盛事，令赵老难忘。因而陶老去世，赵老久久惆怅不已，本是惺惺相惜的情理中事。

陶冷月绘画作品《洞庭秋月》，创作于1943年。

“出土文物”放光彩

1998年3月1日，著名艺术家钱君匋为笔者著《陶冷月艺术评传》(上海书画出版社，2000年)题写书名并作序，其中提到：“只是世事沧桑多变，先生后半生坎坷不平，令人叹息；遭受冷遇，实为不公。好在先生性情淡泊，不慕名利，奉艺术至上为真谛，以生花妙笔写胸中逸气，创冷月画风，增艺苑光辉，也就不虚度一生。”由此可见，海派画家陶冷月独创冷月画风，和他前半生的艺术分不开。

诚如钱君匋先生所说，陶冷月后半生坎坷不平，令人叹息。年轻时就是大学教授的陶冷月先后在复兴中学、五爱中学任美术、语文教师，淡泊名利的他倒也安之若素。使他痛苦的是1958年竟被划为右派分子，打入另册，监督劳动。一度曾以为保温瓶厂的热水瓶外壳画油画为生，还曾把一块石片琢成砚台，在上面镌刻“绿贫砚”三字，以“绿贫”含“乐贫”之意。从此他销声匿迹于海上艺坛，人们以为以冷月画风闻名于世的艺术家早就不在人间。实际上他被迫离开，成为地下“文物”。

然而，“文物”不会永远埋没于地下。20世纪80年代开始，笔者在上海社会科学院研究美学和中国现代美术史，不想锦上添花，但愿雪中送炭。1980年9月的一天，笔者随蔡元培的后人蔡建国先生去拜访陶老。这时陶老已经八十六岁高龄，虽然老态龙钟，还耳聪目明，神清气朗。他的房间兼画室陈设简陋，但丹青妙笔琳琅满目。墙上几幅旧作，和老人一样历经沧桑，仍焕发艺术之光。不久笔者写了一篇《丹青老手陶冷月》，发表于11月8日的《文汇报》。此文引起人们广泛重视，不少人知道二三十年代就名重一时的陶冷月还在世上。陶老为此宴请笔者于洁而精川菜馆，在座的有海上名人钱君匋、郑逸梅等。此后，笔者花很大精力探讨陶冷月的生平和画风，自1984年起发表一系列论文和文章，全面深入地研究和评论陶冷月，终于使地下“文物”重放光彩。

美术史上有地位

地下“文物”重放光彩，必然令世人瞩目。日本著名中国美术史学者、东京国立文化财研究所美术部长鹤田武良，特地来到上海，找到陶冷月哲嗣陶为衍，要求和笔者见面。从1995年到1997年，我和鹤田武良在南京西路金门大酒店会晤三次。他后来欣然为笔者的《陶冷月艺术评传》作序，指出此书出版，“可以使我们对陶冷月先生在中国现代绘画史上做出的业绩，得到进一步认识，也希望它能充实中国现代绘画史的研究，并对繁荣当今蓬勃发展的中国画坛有所促进”。

鹤田武良认为“陶冷月以月景图出名，是在民国十年（1921）左右，当时没有一位画家能像他那样，把西洋画法融入到中国画中，用写实性技法表现出光线的明暗及反射现象，使之看起来与油画不易分辨。那种新奇感可能是他得到盛名的原因吧？”“陶冷月的月景图深受人们喜爱，其中有两幅典型例作《潇湘夜月》和《江空秋月》，前者描写了一轮明亮的满月映照着层云，使之在宽阔水面上，映射出自身影子的景象。这幅画最突出的是远近法的表现，而且正确地勾勒出了湖面上的景象。后者不拘于狭窄的画面，划分出天空和水面，近景的悬崖偏于左侧，松树伸出长长的枝头，看上去与月亮近在咫尺，从而给人以高而广的印象。写实性地表现出反射着月光的云和水，富有立体感的悬崖，这种在当时中国画技法中未见过的表现手法，使民国时期刚开始熟悉西洋画的人们大为倾倒，虽然是水彩画（按：指设色中国画），但乍一看以为是油画，这使得当时的人们感到非常稀奇。"（日本东京《美术研究》第358号）

鹤田武良后来一再指出"没有一位画家能像陶冷月那样，巧妙地表现出光线的反射现象"，"当时没有一位画家能像他那样，把西洋画法融入中国画中"，这是说陶冷月月景山水的中西融合画法，在当时是独一无二的。

中国艺术研究院美术史学者郎绍君教授从事中国现代美术史研究，1998年4月一个春雨绵绵的晚上，他在笔者陪同下在陶为衍家观赏陶冷月原作，为一位大画家的冷落无闻感慨良多。台湾师范大学美术系罗青教授也和笔者会晤，在台湾第一个介绍陶冷月，觉得陶冷月的画非常好，当然要收藏他的画，但是在台湾查不到他的资料，现在发现大陆有突破性的研究，非常高兴。

自1983年起，陶冷月几乎失明，不能作画。一天晚上他挣扎着起来，吵着要画画。小辈扶他起床准备纸笔，他画画停停，全凭感觉画成一幅水墨山水。近处堤岸、树木用浓墨写就，还有亭榭悄然而立。远处层层峰峦起伏，烟云缥缈中一条瀑布从山谷急泻而下。后来钱君匋在此画上题"冷公绝笔"，郑逸梅为跋，赵冷月书于画下。

1985年12月3日，陶冷月溘然去世，享年九十岁，结束了漫长的艺术人生之路。其老友郑逸梅撰稿墓志铭，钱君匋书写铭文，字字珠玑，笔笔精到。其词曰："……历主上庠艺术系，桃李蔚然称盛，山水以月与瀑布胜，花卉以梅蕉牡丹胜，清逸之气，盎然缣素，得者珍如拱璧，有画集三册付梓。晚应上海文史馆之邀，推为耆宿……"1987年8月2日，以冷月画风和海派文化结缘，屹立于海派艺坛的前辈艺术家陶冷月，安葬于苏州太湖之滨的东山华侨公墓。

顺境谨慎，逆境达观，以贡献为人生价值。

——王退斋

王退斋：诗画寄情　传承文化

王佩玲

王退斋（1906—2003），名均，字治平、省庐，号退斋。1929年获教育学士学位。擅长诗词书画，有“五首诗翁”、“退斋三绝”之称，著有《退斋诗钞》、《退斋画集》，作品入选《当代中华诗词选》、《上海画报》等。曾任江南诗词学会上海副会长、上海诗词学会顾问、上海市文史研究馆春潮诗社副社长等。为纪念这位“爱国诗人、杰出乡贤”，2004年故乡建立“王退斋纪念馆”。1984年被聘为上海市文史研究馆馆员。

“人类生存的意识除了觅食以维持生命以外，还有比较重形而上的文明的要求。……人类所以异于禽兽，是因为它富于复杂的思想和丰富的情感。因为思想和情感的作用遂产生了种种的文明。……文明造就了有意义亦有志趣的人生。”

这段文字，是父亲二十多岁时所作诗稿的自序。那清丽遒劲的手迹，

王退斋父亲王孝芸。

1929年，王退斋毕业于江苏省国立教育学院。

已过了八十多个春秋，如今在我眼前焕发着充沛的活力，好像要印证父亲他实现了有意义亦有志趣的一生。“诗言志”，就以他的诗句引入一点回忆吧。

诗教传家：“代有传人世所难”

“诗三百，一言以蔽之，曰思无邪。”这是孔子对《诗经》的高度概括。儒家汲取《诗经》风雅颂的思想精华，为造就道德品行无邪、怀天下之才学的文人风骨，以“诗教传家”作为儒家思想传承的重要内涵。我家列祖列宗多才学诗名，以道德文章入地方志。父亲王退斋在家谱中写道：“……先考为兴办两校，倾其所有，家中器物，亦移充校用，以致室如悬磬。先妣以为开吾乡私人兴新学风气之先，有功于桑梓文化，竭力玉成之。”我的祖父王荪有“江东第一才子”的誉称，时任京师国子监八旗官学教官，当时年轻的蔡元培慕名约他共探教育救国之路，王荪为之开设“南洋音韵研究所”、创办“如男女子学校”，1921年成就能注音全国方言的“九声韵”。1923年徐世昌总统为之颁奖“绝学耆英”，1924

年3月祖父王荪因积劳成疾而寿终。蔡元培撰挽联云:“音学逸五书,广陵散已成绝调;文章弁四海,博浪椎未展奇才。”对祖父给予了非常高的评价。我的祖母中年守寡,当时有人介绍我父亲去学徒经商或海外勤工俭学,但祖母坚持子承父业秉持教育事业,教诲道:“……先妣谕之曰‘汝幸学有成,当谋所以致用,惟毋急功名,宜从卑小职务始,以求历练。更须知先世世守廉介,安贫砺学,为乡里重。汝能绍先绪,敦品行,淡名利,是吾所望也’。”十八岁的父亲谨记使命,终生践行。

“九一八”事变时,父亲正是一个大学生,全国学生的抗日激情风起云涌,江苏高校学生联合会一致推举他起草请愿书,请求政府抗日。一腔的热血,众人的托付,他连夜一气呵成万言请愿书,在凌晨的弥天大雾中,捧着未干的墨迹,辞别通宵达旦的游行队伍,登上列车要直抵南京政府,要参加义勇军上前线(因蔡廷锴将军劝阻而未成)。恩师唐文治先生和俞庆棠先生都是著名的教育家,他们珍爱大学生,勉励其发挥潜力为爱国尽职。1937年“八一三”战事起,我的父亲正在南京任职,为警惕被汉奸利用,他毅然弃职还乡,以办补习班、卖画为生,自选爱国作品为教材,与同邑诗人以诗词弘扬民族气节,支持进步学生,直至1945年抗战胜利。俞庆棠先生(时任社会教育司司长)举荐我的父亲到上海工作,寄希望于民众教育兴教救国。

20世纪40年代的上海灯红酒绿,而我的父亲甘愿打着手电筒忙碌在上海浦东乡间,他承担着“国民教育示范”的责任,深入各区县建立民众教学馆。1946年12月,父亲与同乡单毓华律师在上海静安寺成立同乡会,请梅兰芳先生出任名誉会长,为南下的江苏劳苦民众撑腰做事,我的母亲也到上海承担起部分工作。当时江苏的大批劳动人民流落上海从事低级劳务,过着艰辛的生活。有一位不识字的赤贫农民,他的小儿子非常聪明勤劳,我的父亲感到这个孩子应该好好培养,就介绍其父和长兄蹬三轮车,供这个孩子读书,我的母亲则经常关爱督促,他大学毕业后成为出色的外贸干部。诸如此类的事例,举不胜举。

1949年,中共上海地下党秘密发了一个通知:“战事就要烽火上海,共产党重视教育,希望能够保护好学校的一切资料以及生命财产。”我的父亲立即行动:发动群众捐献棉胎,集中八仙桌,将棉胎蓄足水,盖在木质档案柜子上防止燃烧；盖在大桌子上，将桌肚子当作栖息地以躲横飞的弹片；玻璃窗贴上纸条防震，拆下门板当备用担架等。一天晌午，教师马幼骅从屋内走出的时候，突然被流弹击中颈项而倒地，顿时鲜血如注，我的父亲当机立断：用门板抬人！找解放军部队去，抢救生命！我的母亲闻声立即撕下一块门帘紧急包扎，父亲和母亲外加马幼骅的妻子和一名校工，四人扛着担架，冒着烽烟，穿行在田野小路，在十多里地外找到了解放军医疗队，经及时抢救使马幼骅幸免于难。5月28日共产党接管教育局，父亲受到了表彰。

新中国经过战火洗礼后初建，急需经济地理教师，于是父亲主动帮助经济地理教研组画地图和书写英语名词，结果被调去教经济地理。教学中的大量外国地名和物产数据是教学的难点，他画动植物做成标签帮助学生记忆，用相似性原理自制放大器供学生绘制地图，教学难点迎刃而解。为了更好地了解世界各地的风土气候，他用电灯泡、皮球、乒乓球，模拟宇宙间太阳、地球、月亮的关系，把世界地图的子午线、海洋暖流季风的因果关系清晰地表达出来。1957年夏周总理来到上海，父亲作为教师被接见，由此受到很大鼓励。源于他自身的国学造诣，他格外关注语文教材问题，曾提出“……本文是节录的《史略》里的《岳飞传》。而《史略》里的《岳飞传》则是从元人所作宋史抄袭来的，没有经过考核……”市教育局陈琳瑚局长派编审室主任沈佩畦教授来访，敦请父亲担任编审工作。父亲坚持重视基层教学工作，后又两次放弃到大学高就，甘愿“绍先绪，敦品行，淡名利”，“安贫砺学”，并为我们子女写下一百句家训，要求我们代代相传“人生贵立志，庶不虚生世，所志非温饱，要为天下利……”，在平凡中显示了他的天下情怀。

诗意生活：“解囊我为赎婵娟”

父亲在他写的《诗论》里指出：“韵律改革问题：传统诗词，一般都用‘平水韵’，佳韵里有些应与麻韵合，有些应与庆韵合，不必另立一个韵……诗词更重要的是主题思想，我们应该明确诗人的重要使命和诗词的伟大作用。古称诗人为风人，就是要以诗人的品格和作品影响社会，‘草上之风必偃’，以诗人应起的作用，将社会推向前进……”父亲在十六岁时写过一首《咏春笋》的诗：“……大节而今犹未著，新芽初露已称奇。干霄有待期他日，脱颖何当趁此时。”同邑南社社员仲一侯转呈给柳亚子先生，柳亚子赞叹其“笔调清新，深见少年大才，古诗集中亦不可多得！”由此父亲成为南社朋友的忘年交，才名冠于一方。

父亲的诗可谓是眼睛里捕捉到、心里流出来的。一天，我和父亲到菜市场去，看到葱姜摊位旁偏倚着一株残破的水仙花，父亲对摊主说：“水仙花不是大蒜头啊，咋不弄个水盆养一养？”摊主说：“你要养你去养，这还不值大蒜有用。”父亲立刻付钱，做了一回水仙花的救主，回家后写下了这首诗：“残妆犹是水中仙，底事沽身到市廛。直与青葱同论价，难和绿萼共争妍。清泉白石谁将护？玉骨冰姿只自怜。忍使名花任憔悴，解囊我为赎婵娟。”他是用了比兴法，写的是水仙花，比喻的是人品，抒发的是大爱之情、惜才之意啊。

1995年全球汉诗研讨会在新加坡举行，父亲作为名誉会长应邀出席。上飞机时，检票员得知他已有九十高龄十分惊讶，他举起手中的拐棍，摆了个卓别林的姿势，惹得大家哈哈大笑，笑声中他健步如飞，真是一副老骥伏枥的雄姿。会议期间，中国大使馆参赞赖里全，新加坡总理吴作栋、副总理李显龙，都致函祝贺这次文化盛会。父亲即兴发表对诗词传承发扬的讲话，内容得体，辞藻华丽，语言流畅铿锵，得到热烈掌声！他转而提出：来自世界各国的提名代表中，中国大陆四人，中国一省台湾亦四人，人数比例欠妥，应当有所调整。这下一石激浪，“台湾带来的古体诗作品多啊，按比例啊！”父亲抿嘴一笑，即席从容赋诗云：“振翼南天万里行，四海骚坛结友情……”笔墨间呈现浩然正气。

父亲吟咏的题材广泛，无论是澎湃的历史画卷，还是深刻的社会揭示，抑或风花雪月、壮歌激情，都获得诗友唱和云集，家里堆积的诗词书信可谓汗牛充栋。父亲把朋友的信件诗稿都夹在书中保存起来，苏步青唱和的诗句有：“夙从图画识名山，八十年来未得攀。赖有高人传秀句，岚光波影案边看。”百岁苏局仙有句云：“高吟引吭飞声壮，激起惊呼落句奇。”龙华寺明旸法师，金山寺方丈慈舟，普济寺方丈妙善，甘肃省文史馆长张思温，江苏文联主席李进，文化名

王退斋在全球汉诗研讨会上被授予锦旗。

1982年王退斋在泰州乔园作画。

人沈瘦石、郑逸梅、周退密、潘家麟、陈寿愚、秦子卿等各位老先生们，那信笺的字里行间都透着非凡的才学与睿智，都让我深感父亲与他们的友情，远胜于笔墨之趣，是一种“感君知己报梅花”的惺惺相惜。

退斋三绝：“平生清不欲人知”

“唐宋以来，诗人而兼画家，卓然以垂名于后世者，若王辋川之诗中有画，画中有诗；若郑虔之三绝；若东坡居士之诗文书画，盖不多观焉。退斋画既工，诗亦富，在朋侪中堪称诗画名家……”（摘自《退斋诗钞》柳北野序）文史馆老馆长王国忠先生在《退斋老人与春潮诗社》一文中写道：“……文史馆组织老人们去全国各地名胜古迹或考察或旅游，每到一处总能咏诗言志，唱和应酬，经常即兴当众挥毫，留下书画作品，退斋老人可算是台柱。”父亲一生喜作诗，擅绘画，熟书法，诗书画三位一体自然成就了“退斋三绝”。

他学习很勤奋，几十年读书剪报不断，他的读本除去经史子集和工具书、时文等，比较多的读本有：李、杜、香山、玉溪、樊川、剑南、梅村、渔洋等诸家作品，还有王船山、伊藤博文、严复的作品和近代史相关著作，以及《文心雕龙》、《艺概》等艺术理论著作。“平生清不欲人知，历尽冰寒雪酷时。身比梅花更高洁，托根从未染污泥。”父亲追求艺术美与心灵美的高度统一，创作并不为名为利，形成“退斋三绝”诗作意境高雅的第一特质。

毛笔是父亲的主要书写工具，他读过不少字帖，但基本还是写颜体字。父亲从小崇敬颜真卿一生忠烈、人品极高，其书法雍容大度，充溢阳刚之美。父亲用“字正腔圆”释义书法：“字如其人，心正字芯正，正而严谨是一种高度，严谨而不拘谨是一种风度。所谓‘腔圆’，是书写的气场，是浩然之气！”我在家中看到父亲的常态是：端坐着，抿着嘴唇，一支笔竖得很直，手劲很大，行笔硬弩欲张，特别是书写蝇头楷，每于细微处小中见大，笔笔脉络一清二楚，可一气呵成千字长卷！可以说，他书写的快意，是依托于文字内容的积极情怀而笔下生风。而且，他落笔的书法几乎都是自己的原创诗句，这又形成“退斋三绝”个性独创的第二特质。

父亲爱画《赤壁夜游图》、《双乔图》、《香山九老图》、《竹林七贤图》、《东山丝竹图》等，为的是传播优秀的人物故事。父亲作画在青少年时就已经小有名气，初得传于王小某，后兼从马镜江、任伯年技法，追求行笔贯气，笔墨老到，衣褶线条细而不弱、挺而不犷，注重“画理”，不求俗美，但求角色富有性格特征，力求色彩归于平淡素雅，把握绘事后素的清净境界。他

1996年6月王退斋主持上海市文史研究馆春潮诗社的诗词研讨会。

上海市文史研究馆组织春潮诗社在浙江兰亭活动（右前二为王退斋）。

王退斋和外孙讲故事。

每画必题诗，在《东山丝竹图》上题写道：“品丝调竹憩东山，谢传风流不等闲。内抑权奸外平寇，从容确保晋江山。”诗句介绍了谢安的功绩与人品性格，让读者能在欣赏画的同时了解历史典故。以诗句超越画面局限，就是“退斋三绝”的第三特质。

记得父亲在家里作画时，常由于桌子的晃动而受影响，那是因为70至90年代大多住宅年久失修，我家楼板的龙骨不牢了，沿街楼房随着汽车奔驰而引起震荡，因而父亲在画人物的鼻子等精细部位时就会紧张，怕线条被画歪了。就在这种条件下，父亲还成功地画出了他心目中高风亮节的人物肖像：为北京大学名誉校长马寅初绘《百岁好学图》、绘梅兰芳纪念馆征求的梅兰芳纪念像、为江苏联合抗日座谈会会址绘韩止叟老画像，还有教育界的著名人物等。他的作品辗转日、法、美、德、意等诸国，上海市残疾人协会、上海亚运会、上海交通大学、上海市文史研究馆、上海市档案馆等皆收了他的作品；郑州黄河源头、黄帝陵、炎帝陵，厦门植物园，周恩来纪念馆等皆求得墨宝刻碑勒石；杭州灵隐寺，宁波天潼寺，镇江金山寺、焦山寺，普陀山普济寺，泰州光孝寺等，都收藏了他的作品；海内外众多诗社、书画社聘他为社长顾问，《上海画报》闻退斋诗书画三绝，追踪采访到家里，在中英文两个版面上刊登了“王退斋作品”专题页面。圈内大家马祖熙评道：“……夫先生之诗稳健博雅，早有定评。然今之诗家，工诗而不能画者有之，工绘事而不谙诗者，亦所在皆是。先生不仅工诗，且工画工书，其所作人物、仕女、花卉皆极精妙，其行楷其联语，亦落落大方，为国内多处景点所刊载。而今之书家，多不谙诗词，不明楹联之规律，所书联语，多有不协平仄、不相属对者，至可笑也。如先生之诗画书法联艺皆工者，几于凤毛麟角。”父亲曾说：“中华诗词、中国书画的艺术性很高，三位一体是文艺的高级阶段，学校里应该有赏析作品的辅课。”可惜，他没有能够看到今天优秀传统文化的蓬勃新春，也没料到他自己平凡的事迹让人们缅怀：华兴诗画社撰联“名著江东，夫子毕生崇气节；星辉南极，斯人酬世有文章”；复旦大学喻蘅撰联“淮左鸿儒，辞赋丹青晚岁声华蜚歇浦；海陵耆旧，文章道德春风桃李艳乡邦”；新加坡华族文化中心总裁朱天寿、国立大学教授林立撰联“垂名岂独诗书画，立世无亏天地人”……

女儿对父亲都会怀有不浅的亲情，我的父亲留下大量遗文遗物，让我对他有更深的了解和理解。父亲他学的是教育，他热爱祖国、热爱人民，毕生最大的心愿就是办学！他晚年创作诗书画，为的是传承、传播中华优秀经典。他的一生，在家里是负责的父亲；在亲友中，是诚信助人的好人；在家乡，是德高望重的乡贤；在上海，是有名的诗人；在世界，是传承、弘扬中华优秀文化的使者。整理父亲的手稿资料，一篇篇、一张张，感到他写不尽心中无限事；一字字，一行行，我读不完已声泪俱下……我以为，在中华文化中，正义的文人风骨充满高贵之神韵的“仁”、文雅之风骨的“和”、浩然之正气的“义”。父亲王退斋的一生，以“情”传播了一个“仁”字，以书画温润了一个“和”字，用躬身践行大写了一个“义”字，它们共同造就了王退斋有意义亦有志趣的艺术人生。

人类在一切领域的努力都是为了从必然王国上达自由王国。但是其通往过程中也会经历九九八十一难，这里面有许多因缘，抓住了就能修成正果。

——陆俨少

陆俨少：为山水画铸入诗的灵魂

徐建恒

陆俨少（1909—1993），中国美术家协会理事、上海市美术家协会会员、浙江画院院长。出版有《陆俨少自叙》、《山水画刍议》等多种专著。1980年被聘为上海市文史研究馆馆员。

嘉定——这座上海历史文化名镇，地处江南，邻近苏浙。自明清以来文化昌盛，多饱读诗书之士，出现了一批学识渊博、讲求气节的爱国志士学者。至今仍可称得上是人文荟萃、书香满城。在文物古迹上，保存有宋代孔庙、法华塔及明代园林秋霞圃等，它们构成一道突显嘉定深厚文化底蕴的靓丽的文化风景线。为了承接历史文脉，20世纪90年代初，就在秋霞圃边的幽静小街上，由政府出资为一位出生于此地的杰出艺术家建造起一座中式园林建筑——陆俨少艺术院。

它坐落于风光旖旎的法华塔东，与秀丽典雅的明代古园秋霞圃相邻。花岗石叠砌的门墙上，镌刻有沙孟海先生所书的院名。两层中国园林式的庭院雅意盎然。回廊、曲桥、碧池、修竹，景色宜人，充溢着书卷气。在主楼二楼还原了一间陆俨少晚年的画室“晚晴轩”，陈列着陆俨少的文房遗物及部分艺术活动图片、书札、手稿，各种版本的陆俨少艺术专集、论著、画册和海内外专家研究评论陆俨少的专著，可供前来的参观者近距离了解这位画坛巨匠的艺术造诣，追踪画家的艺术生平。

从艺途上三遇“贵人”

陆俨少的祖辈曾在南翔镇上开了一家米行。祖父中年去世，作为家里长子的父亲接管了祖父留下的产业，为了一家老小的生活，只能弃学经商。

陆俨少自小喜欢涂鸦，尚未识字，见啥画啥，后来上了小学，看到教科书上的插图，也照着依葫芦画瓢。一次在上学途中，偶然见到一位画家在画画，便着了魔似地趴在人家的窗前看得津津有味。

十四岁那年他考入上海澄衷中学。该校图画教师高晓山教中国画，陆俨少从他的示范教学中，悟到了中国画用水、用色和用墨的道理。课余，陆俨少常去校图书馆，那里有一本《中国名画集》，但不能出借，他便带了笔砚去临摹，从而初知传统中国画各家各派的面貌及其笔墨运用。直到晚年陆俨少还认为，当年这部《中国名画集》对于他认识传统中国画的大致轮廓是有启蒙作用的。陆俨少异常勤奋。他每天早上4时起床，因寝室里没有桌子，便把一只大皮箱搁在方凳上当桌子，坐在床沿练书法。他初学龙门石刻中的《魏灵藏》、《杨大眼》、《始平公》，接着又临魏碑《张猛龙碑》和《朱君山墓志》等。此外，还兼学刻印，他把图书馆里一部《十钟山房印举》用拷贝纸摹下，用来学着刻。一直想学画的他中学读到一半，曾想转学去上海美专，未获父亲同意。毕业后，他再次提出要上美专读书，父亲这才点头答应了。这样陆俨少就进了注重中国画教育的无锡美术专科学校。后来他觉得学校教员的水平不高，加上时局动荡，在无锡美专读书不到半年就辍学回到南翔的家中。

表兄李维城见陆俨少渴求学画，便让他带了几幅山水画习作，去向赋闲在家的前清翰林王同愈老先生请益。从此随老人学习诗文、书画。王同愈成了陆俨少从艺路上的第一个“贵人”。

王同愈（1855—1941），字胜之，号栩缘。他曾官翰林院修撰、驻日本参赞、湖北学政、江西提学使等职。是明代大学者王阳明的十世孙。王同愈晚年住在南翔镇。身为前清翰林的他也精于金石学，尤爱历代古贤书画。他的藏品中不乏“四王”精品，还经眼不少宋元名迹。因此在书画鉴别上往往高出常人一等，即便是张之洞、吴大澂、沪上大藏家庞莱臣（虚斋）等也经常请益于他。吴湖帆收藏的黄公望《富春山居图》卷首就请他题跋。

丰富的宦游经历使王同愈的思想意识高于一般遗老们。他倡导新学，热心教育，其弟子中有不少卓有成就者，如国画家吴湖帆、教育家叶圣陶、历史学家顾颉刚、油画家颜文樑等。著名古籍版本目录学家顾廷龙是他的侄孙。

王同愈告诉陆俨少注重诗文修养，他看了陆俨少带去的律诗习作后颇为称赞，又教他读《世说新语》，学做散文。王同愈还把自己收藏的王时敏、王翚、王原祁的真迹借给陆俨少临，还亲笔为之题跋。其时，王同愈的书画在上海也颇有市场，为了应酬，有时也让陆俨少代他拟笔，他们两人很快成了忘年交。而王同愈对于陆俨少最大的帮助莫过于让其拜海上大名家、“嵩山草堂”的主人冯超然为师。这位老师成了陆俨少的第二个“贵人”。

1927年农历新年，十九岁的陆俨少由王同愈陪同到上海嵩山路冯超然寓所行拜师之礼。冯超然对陆俨少说的第一句话是：“学画要有殉道精神，终身以之，好好做学问，名利心不可太重。”这句话给陆俨少印象极深，他终生铭记在心。从此陆俨少每月去上海冯超然家两次。

冯超然（1882—1954），名迥，字超然，以字行，号涤舸，别署嵩山居士，晚号慎得，江苏常州人。擅长仕女、山水画。是海上画坛“四王”一路山水的主柱。

陆俨少绘画作品《太华晴雪图》。

陆俨少作画时的情景。

史称“三吴一冯”。

冯超然的习惯是深夜作画，白天接待宾客，辅导学生时，他只给学生布置作业，作些指点，或在习作上略改几笔，学生很少有机会见到他动笔。他要学生自己去领会。在他指点之下，陆俨少先后临过戴熙、王时敏、王昱、恽向、唐寅等人的作品，冯超然看后认为可以乱真，常得意地对人说：“我有一个像老师的学生。”拜了名师，要想成为高徒却是不容易的。想来也是，俗话说名师出高徒，但是在师承关系比较严密的书画圈里，往往由于老师的名气太大，受其影响，很少有学生能跳出老师的风格，更不要说超越老师了。这也是某些艺术门派衰落的原因之一。在这点上陆俨少是幸运的，在学画的那段时期，碰上了国难，虽然时局的动荡使他失去了安定的家庭生活，但生活的阅历让他在艺术上有了巨大的突破，从此在中国艺术史上诞生了一位能与古人比肩的杰出画家。后来，当陆俨少再次出现在老师面前拿出自己的作品时，冯老师不无羡慕地对他说，“我形成了这样一个面目，不能改动。如果想创新，换个面目，就被说是代笔，或是说假的”，“不比你可以自由创新，为所欲为，不断摸索，开创面目”。这也应证了冯老师的教诲：“中国画这根线，现在挂到我身上，以后你挂下去。”

如果后来没有潘天寿的出现，也许陆俨少手中的那根线将过早地中断。潘天寿成了陆俨少重新连接“中国画线”的第三位贵人。

1956年陆俨少被推选为上海中国画院的首批画师。然而好景不长，因言获罪的他被打成“右派”。从此他成了上海中国画院的“编外人员”，被剥夺了作画的权利。1961年刚刚被摘了“右派”帽子的陆俨少，被安排在上海中国画院的资料室里干些图书编目之类的杂活。在这段人生的低谷期，他思考着自己学画一路走来的艰辛，不甘就此沉沦。陆俨少担心画艺荒疏，白天在画院工作，稍有空暇趁无人关注，用手指蘸茶水，在桌面上画画写写，以此来锻炼笔法。晚上回家才能做正事。他要把自己几十年来对于绘画的心得记录下来，让后人学习。当时他的家庭住房条件非常局促，三伏天无法待在家，常常是吃好晚饭后，大儿子陆亨会在弄堂附近的路灯下抢先为父亲放好小桌子，别人饭后纳凉、聊天、打牌，陆俨少穿着汗衫摇着蒲扇继续趴在小桌上写书、修改画稿。历经寒暑完成《山水画课徒画稿》二百余幅及《山水画刍议》等书，并且都在他晚年得以正式出版发行。

潘天寿与陆俨少素昧平生，1961年后，浙江美术学院的学生姚耕云被派到上海中国画院进修山水画，上面指定他随陆俨少学画。有一次姚耕云回杭州，他带着陆俨少赠送的一部杜诗册页去请潘天寿题字，潘天寿打开后眼睛一亮，认为其艺术风格与自己的中国画教学主张契合，心仪此人的才华，只是无缘相见。1962年浙江美术学院国画系山水科教师顾坤伯因病不能继续任教，学校急需聘任一名山水画家，一些画家听说后纷纷到浙江毛遂自荐，但主持教学工作的潘天寿坚持自己的主张，不肯变格以求，所以一时未有合适人选。陆俨少的同门师兄，时任浙江美术学院花鸟画系主任的陆抑非想到了在上海郁郁不得志的陆俨少。他向潘院长提起陆俨少的名字时，潘院长立刻决定向陆俨少发出邀请。浙江美术学院联络上海中国画院请求调动陆俨少前去工作，

陆俨少创作书法。

开始上海中国画院不同意，向前来外调的人声明陆俨少是右派。在向浙江美术学院的党委汇报时，潘天寿据理力争，坚持邀请陆俨少去上课。后来上海方面又改口说浙江美术学院是来上海中国画院挖墙脚。陆俨少知道后自嘲说，我是一块丢弃在墙边的废砖，哪是挖什么墙脚呀？潘天寿坚持邀请陆俨少去杭州浙江美术学院兼课教山水。双方僵持不下。最后经协商让陆俨少两边工作，一个学

陆俨少与家人合影。

期在浙江美术学院任教，再两个月回上海中国画院工作。1961年至1966年，陆俨少赴浙江美术学院兼职山水画教席。在此期间，其绘画个性得以发展，最终在晚年形成了自己独特的风格。正是潘天寿的慧眼识珠，让处在困境中的陆俨少的人生出现了转机，有了展示自己艺术才华的空间，这四年，陆俨少在浙江美术学院度过了一段难以忘怀的美好时光。在远离了凡尘喧嚣、没有复杂的人际关系和政治运动的净土，有的是浙地的山水名胜和学生的爱戴、同行的尊重，浙江美术学院的学风让饱受精神和肉体折磨的陆俨少得到了彻底放松，体会到了一个知识分子应有的尊严。“文革”开始后，他的教学生涯中断了，直到1980年才把自己所有关系转到杭州，正式调任浙江美术学院教授。不久任浙江画院院长。

陆俨少绘画作品《学习大寨精神》。

上柏山居的梦想

上柏山位于德清县武康镇上柏双燕村福庆寺（后改为福庆坞）。此地群山怀抱，风景优美，且交通十分便利，南枕杭州，西连莫干山麓。

1934年春，二十五岁的陆俨少应朋友金守言之约，来到位于武康县（后为德清县）莫干山麓的上柏山中游玩。他漫步在山道上，“只见满山松树，中间茅屋几间，溪水从屋后泻下，潺潺有声，山光鸟语，清幽绝尘”。金守言介绍说，山中地价不贵，既然这里舒适宜人，就买几亩地，造几间房，办个农场，找个懂得农事的朋友可以帮助代管。这个提议触动了陆俨少的心，使他萌生了在此地买地造屋，常做山里人的打算。

当时陆俨少学的是“四王”一路，虽然技法娴熟，然而那个年代上海滩当红的画家是“三吴一冯”，富商达贾要的是陆俨少老师辈的画作，就连画坛奇才张大千也得靠使些计谋做做旧画来维持生计。更何况陆俨少还是刚出道的小年轻，虽然在绘画圈里有些小名气，但要靠卖画为生还是力不从心。已成家立业的他常为生计所扰。于是，他说服守寡的母亲拿出家中的积蓄，从他人手中转买下几十亩山地。雇请他人开荒种地，并依山建造了三间楼房和三间平屋，打算在这里长久居住。

他设想着每天读书作画，空余时间或到梨园竹林稍事劳作，或和山民话话“桑麻”，或信步山林间，听取蝉鸣一片，而不用考虑自己的画卖与不卖，想怎样画就怎样画，率性而为，不须仰人鼻息，受人牵制。

陆俨少在上柏山曾与著名书法家费新我有一段邂逅的艺林佳话。

1935年夏天，费新我来莫干山避暑，顺道到福庆坞访友，看到这里山水幽美，清静宜人，又听到上海画家陆俨少也在此买地，正在建房，要长居山林，于是心里一动，想和陆俨少一同做一个“墨耕笔樵之山人”。他打听到有朋友手里的土地正想脱手，虽然是山地，“因隔涧有高邻，遂受之”。费新我与陆俨少相聚上柏山的日子里，或闲步竹径丛林，或切磋书画艺术，相谈甚欢。第二年，他托友人在陆俨少山居的对面、涧北的山脚下，垒石成基，准备造屋。但不久，抗战爆发，只得作罢，从此没有到过上柏山。直到1952年夏，他们在上海相遇，谈起上柏山往事，唏嘘不已。

经过两年多的修建，1936年冬，陆俨少搭乘一条德清往返上海的货船，把上海南翔旧居的家具运到上柏山居。第二年春天把全家老少都接到山里居住，准备终老山林。然而好景不长，1937年日军发动了“七七事变”，国家危急。陆俨少看到宁杭公路上昼夜不断的军车，似乎闻到了日渐迫近的战火的硝烟味。他

陆俨少绘画作品《松高翠溪》。

带领全家，离开上柏山不断迁移。经临安、富阳、桐庐、衢州，辗转南昌、九江、武汉等地，最后抵达重庆。直到1946年春，战争结束不久，陆俨少才带着一家人，在长江上坐木筏漂流东归。

是年秋，陆俨少再次回到上柏山，他见到的是一片废墟，战前建造的房屋被毁坏殆尽。他在旧地基上匆匆搭建了两间简易小屋，准备日后来山里的时候居住，还指望能够重整旧业。

上柏山是他人生幻想之地，也一度给了他发展事业的希望，然而抗战八年，率全家避难重庆，他的美好梦想就此破灭，他不曾料到为了这短暂的“桃源”生活，会使他到了一个崭新的时代里却遭遇人生的低谷。在以阶级划分的岁月里，这块土地给他及家庭带去的是相当长时间的厄运。然而美好的记忆总是抹不去的。时过境迁，到了20世纪80年代，声誉日隆的陆俨少还三次探访旧居地。他在后期的画作上常盖上一方阳文闲章，印文为“旧家上柏山中”。在他的晚年，又数次用画来表现出他对上柏山的眷恋。

上柏山居的日子，在陆俨少的生命里有着非同一般的意义。几十年过去了，虽然经历了多次磨难，但那些田野牧歌般的生活场景依然牵系着他不灭的艺术之梦。他晚年所居之处，不论是杭州还是深圳都要在画室的显要位置挂上一幅《上柏山居图》。且在迟暮之年，数次泼墨挥毫绘出年轻时曾经的理想和抱负。

陆俨少、费新我两位艺术家也曾经有在德清上柏山重建山居的愿望。据说费新我曾提议由他拿出书法作品一百幅，陆俨少拿出画作二十幅作专项拍卖。用拍卖所得资金重建上柏费、陆山居。只是费新我于1992年5月5日在苏州去世，次年10月23日陆俨少在上海逝世，上柏山居的重建也成了永远的缺憾。

百开《杜甫诗意百开册》的今世因缘

2004年5月的北京，天气晴朗，夏意渐浓。在京广中心的展览大厅里，陆俨少《杜甫诗意百开册》亮相翰海春季拍卖会的精品展中。这件画史上空前的鸿篇巨制，将在全国主要城市作一个月的巡展后开拍。在上海的巡展现场，陆俨少的儿子陆亨对记者说："父亲说过，这些画就好像是自己的'女儿'，现在'女儿'要出嫁了，心里既高兴又有些不舍。"

6月的某日，北京翰海拍卖会现场，当拍卖师开始报出这件拍品时，会场气氛刹那间变得凝重起来，在其后的十六分钟里，在无数双眼睛的注视下，在一阵阵的惊叹声中，陆俨少的《杜甫诗意百开册》，经过不断的叫价最后在拍卖师手中以六千九百三十万元落锤，创下当年中国书画拍卖史上的最高纪录。

对于如何画好画，陆俨少有自己的见地，他说："十分功夫，四分读书，三分写字，三分画画。"他认为自古大文学家、大诗人之鸿篇巨制，随手可得，一篇在手，讽咏咀嚼，不特其声容气势，甚至通篇结构，繁简虚实，移之于画，无非佳制，所以他认为学画而不读书，必致营养不良。杜甫的诗对他影响很大。

他自叙早年因为爱好画画而辍学，父亲便要他多读古人的诗书以增学养。于是阅读了唐宋以来的古文诗词，其中他对杜甫的诗产生了很浓的兴趣。后在王同愈老师的指点下也仿着学做五律七言。抗战避难时，随身携带的唯一一套书是杜甫诗集。闲暇时常常诵读杜诗，时而模仿写几首给朋友们传阅，大家都说他的诗有杜诗意味。

后世认为，唐诗以李白与杜甫为极致，而李诗豪放，杜诗沉郁，各有千秋。陆俨少的性格与杜甫相近。陆俨少八年抗战流寓四川与杜甫九载巴蜀天涯羁旅忧国怀乡出处相类，心情无二。由于陆俨少熟读杜诗，当他一一验证了蜀中的景物与杜甫诗中描写的是如此的吻合时，心中萌动了创作的欲望。“寓居大江南岸，每出游近治名胜古迹，以及乡店僻壤，……沿泯江而归，所见益广，征诸杜集，益深嗜之。”受此启发，陆俨少由此而爱上蜀中景物，认为杜诗配蜀境天下无双。他根据杜诗诗意，创作出一幅幅表现蜀中山水江流湍急、山石危耸、云树飞瀑之苍茫溅泻等壮观景象的画。故其一生多画杜陵诗意图。且每册八至二十幅不等，有时还为每开画配写一开抄录杜诗的书法。“陆家山水”也由此初露端倪。

1946年2月，陆俨少为早日返回故乡，冒险乘木筏顺长江激流东下。从重庆出发，途经著名的长江三峡（瞿塘峡、巫峡和西陵峡），到达宜昌，历时一月有余。陆俨少说：“这次坐木筏，在我一生是值得纪念的一次。所以回来以后，直到今天，我常常画峡江图，前后不下数百幅。”陆俨少乘筏险经三峡，沿途险滩相接，回波暗流，汹涌澎湃。他身临其境，感受到了江河险境的特殊构造。此后，陆俨少不断探索改进，始用线条作半圈弧形，正反相属，连成一行，行行相并，聚散疏密，取其变化；有的画作漩涡状，流波外溢，留出白地，以破其平；有时干脆间杂“网巾水”，或波头泛澜之法，以求变化。可见，峡江图是他在长江历险的传神写照。

回到南翔家中，不久他又画出了《杜陵秋兴》八段，加上自己在重庆时所作的秋兴五律六首，合在一起裱成手卷拿给老师冯超然看。冯先生为之大惊，原以为八年时间陆俨少仓皇避难，画艺必废，今日所见，其画艺已高出侪辈之上，于是欣然为其写了长题，并书引首，到处为他作宣扬。由此开始，陆俨少的绘画进入了新的转折，开始了新的里程，也为他日后创作百幅杜诗诗意图奠定了基础。

1962年是唐代大诗人杜甫诞辰一千二百五十周年，为了纪念这位与自己心灵相通的先贤，早在1959年，陆俨少盘算着画一套百开册页来纪念这位伟大的诗人。他把这个想法首先告诉了吴湖帆。吴湖帆提醒他这是画史上从未有过的，作者必须掌握多种笔墨技巧，具备各种风格、展示面目，方可胜任。他在吴湖帆的鼓励下开始了长达三年的创作。计划在1962年纪念杜甫诞辰一千二百五十周年之际，拿出这套前无古人的皇皇巨制，为中国美术史添上浓浓的一笔。于是陆俨少着手创作，花了两年的时间。先画了二十五幅用正楷书款，后又陆续画完七十五幅用隶书书款。完成后先在上海中国画院、浙江美术学院，及苏州等地展出。陆俨少准备为这套画作寻找归宿，曾想捐给成都的杜甫草堂。后因种种因缘未合，错过一次完美的结合，也给它后来平添了许多曲折离奇的故事。

“文革”开始后，陆俨少担心受到冲击主动把画交到画院工作组，但为此被批为借古讽今，遭到批判。据说当时还有人借去用作学习参考。由于那时也没有保管程序，到最后还给他时只剩下六十五幅了，其中最精彩的部分被人悄悄拿走了。遗失的画其中一些后来出现在美国的藏家手里。1986年，美国佳士得拍卖行顾问黄君实先生把在美国购得的杜甫册页十开寄来照片请陆俨少作跋，陆俨少一看赫然是以前遗失的那三十五开杜甫诗意册里的其中几开。

20世纪80年代后期，经北京荣宝斋经理劝说，陆俨少重新补画促成百开之数。1989年的夏日，他借住在北京郊区的怀柔县的宽沟，在此幽静的环境里开始他的二度创作，补齐了这一百幅画作。并于1991年在香港一家出版社出版了这套画集，名为《陆俨少杜甫诗意册特集》，出版后陆俨少尚觉不甚满意，此后又用了一年时间在他深圳的画室“晚晴轩”里重画，并以草书题款。第二次画的时候，有数幅画特意与旧作取同一题材，以示其艺术风格的前后嬗变。画完后再配上旧作又重新交出版社出版，成为最新的《杜甫诗意百开册》。

明清两代，曾有不少画家画过杜甫诗意图，如宋懋晋、王时敏、石涛等，但他们一般都以十二开为限画成一件作品。由如此多的画幅构成巨制可说是史无前例了，一册之中纯用山水画的形式来描绘出一地的风貌地质，且还必须有传统山水中各家各派的技法手段，不雷同、不重复，其难度便可想而知。因此，当这部巨制山水画册面世以后，立刻引起了画坛的巨大反响，好评如潮。“陆家山水”的“勾云留白”也成了定则。谢稚柳先生则称誉他画中的表现能力：“唐宋之际，画水高手，史不足书，即唐宋高手，亦不足为我俨少敌也。”

陆俨少是一位公认的现代山水画大师，生前就享誉海内外，辞世后更是声名益隆，赞评如潮。其文人画样式在现代海派山水画的发展历程中具有重要地位，并产生了深远的影响。他用自己独特的艺术语言、全新的技法形式，创造出了既有传统根基又富现代气息的“陆家山水”新风貌。那么，为什么人们对其艺术如此推崇激赏呢？山水画大师李可染对陆俨少先生“画到了自由王国的境界”的评价是最好的注解。人类在一切领域的努力都是为了从必然王国上达自由王国。但是其通往过程中也会经历九九八十一难，这里面有许多因缘，抓住了就能修成正果。陆俨少的人生道路坎坷，而且艺术活动重心也屡屡变迁，但他矢志绘画艺术的决心从没放弃，最终成为一代大家。

不管人生道路有多曲折，艺术征程有多艰难，我都会一直走下去，攀登更新、更高的艺术巅峰。

——吴青霞

吴青霞：从常州走出的“江南鲤鱼王”

丁言昭

吴青霞（1910—2008），上海中国画院画师、中国美术家协会会员、中国美术家协会上海分会理事。代表作品有《万紫千红》、《腾飞河海入云霄》等，出版有《吴青霞画集》。1979年被聘为上海市文史研究馆馆员。

卖画养家

1910年大年初二，阳历2月11日，吴青霞出身于常州古运河畔麻巷一户书香世家。她原籍是江阴夏港，祖父吴亮采经过一段合家骨肉的悲欢离合，流寓到常州定居下来，经营农庄。父亲吴仲熙在家中排行第二，是江南著名的收藏家、鉴赏家兼擅国

青年时期的吴青霞。

吴青霞（前排左二）与中国女子书画会的画友在一起。

画。吴亮采希望儿子好好经商，继承父业，无奈他心向书画，不喜贸迁，吴亮采拗不过他，便让他拜黄山寿为师，但并未得到认真的指授。光阴如梭，一年过去，除勾了一竹筒的墨线稿本，吴仲熙觉得没有学到多少技艺。之后，他逐渐熟谙画理，看得多，画得多，人物、山水、花鸟均为擅长。

吴青霞自幼聪慧，六岁就读于江苏武进女子师范附属小学时，就喜欢涂抹，石板上画满花儿鸟儿、狗儿鱼儿，父亲看见，非常惊奇，心想这孩子非常有天赋，将来一定能成大器。

吴青霞升入师范中学后，在家时由父亲督促学习书法绘画，指导她国画六法：气韵生动、骨法用笔、应物象形、随类赋彩、经营位置和传移模写。父亲鼓励女儿："不要怕浪费纸张，要多画多练，不懈地努力才能取得成功。"

吴青霞十岁起跟父亲学习绘画，听他评画、讲诗、论典。父亲对她说："学画必须学入其中，切不可有半点虚假，敷衍其事。"年幼的吴青霞虽然对父亲的教诲并不完全理解，但她刻苦用功，从临摹宋、元、明、清各派工笔画

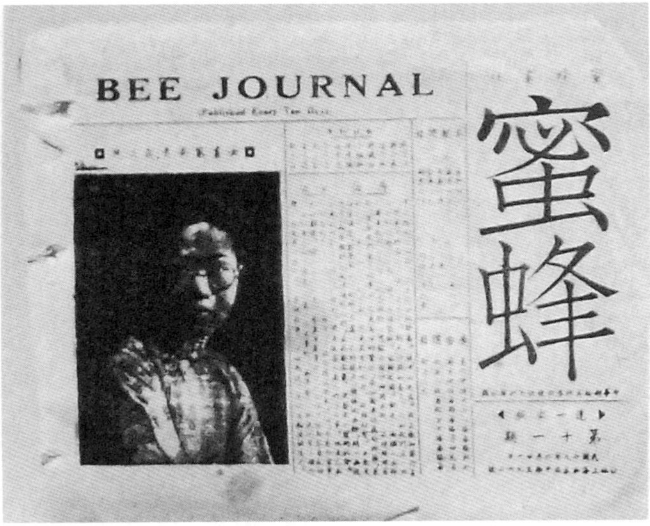

《蜜蜂画社》刊介绍吴青霞的文章。

入手，一步一个脚印地踏入中国画这个艺术圣地，深得其精髓，由此打下深厚的国画功底。

吴青霞从小即非常勤奋，在八十九岁时撰文回忆小时候学画的事，她说：“天刚现鱼肚色，就起床，不洗漱便在巾方纸上写字、作画，逢年过节也不闲散。记得春节期间宾客满座，孩子们谁不蹦蹦跳跳？我却静静地躲在书房里撇芦苇秆。撇芦最见笔力，最显功夫。父亲说：‘画花容易得梗难，写竹、撇芦、画梗，全赖笔底功夫，没有书法根底画不好。画是写出来的，不用功勤练，哪来笔力？’”

吴仲熙不善理财，家中商店破产，家境日渐中落，1928年带领全家搬到上海。

吴仲熙曾对夸吴青霞是书香之后的同道说：“女儿学画自然好，也勤奋，我只是担忧在此世道，生计还是首要的。”父亲的担忧是多余的，十八岁的吴青霞已能自行创作，便帮助父亲承担起家庭生活的重担，在上海设立画室，成为自力谋生的画家。她在名家如林的黄浦江畔，进入公开卖画的行列，因而崭露头角，二十岁就闻名上海画坛。

当时的上海，往往有些尚未出名的画家迫于生计，不得不冒用古代名家姓名仿作旧画。吴仲熙反对作假画，认为这是涉及到人品的事，并且屡屡教导女儿，吴青霞牢牢记在心，从不制作冒用古人姓名的赝品。她的画件在笺扇庄内，坐不更姓，行不改名，画作上署上“吴青霞”。她原来名叫“得舒”，书画装配上不用，起了一个号“龙城女史”，后来还增添一个别署“篆香阁主”。

“一个十八九岁的姑娘能画得这样好吗？”有人质问，怀疑是由人代笔。

为了打破疑团，平息众议，吴青霞几次在众目睽睽下当众挥毫，或泼墨经丈，或敷彩方寸，皆能笔墨纯熟，气势流畅不失法度，由是声名鹊起。爱其艺者，竞相购置。所作的《百雁图》、《桃花源图》、《洛神》、《五鬼闹钟馗》等画，经常接到复订。

以前的卖画者就如现在的个体户一般，顾客在笺扇店索取画家的润格单，委托店方按所列价目向合意的画家求画，求画方派学生每天下午送钱向画家求画，备一条红签，写上“敬求吴女士发挥，或山水，或人物……”如果是指定题材，收费就高些。上海沦陷时期，吴青霞的作品仍受到欢迎，不断有人来求画。

1929年3月，画家郑午昌、陆丹林、张善孖、钱瘦铁、贺天健等发起筹备蜜蜂画社，到当年冬天，画社正式成立，社址在二马路（今九江路）平乐里92号，后搬到山海关路964号。画社办过一个刊物，就叫《蜜蜂》，其旨“蜂微虫，出处以群，动息有序，采花酿蜜，供人甘旨，劳弗辞、功弗居，其义足多”。到1930年，《蜜蜂》出到第十四期，即改为《现象画报》（这份《蜜蜂》与1938年秋由丁景唐与王韬创办的《蜜蜂》文艺半月刊是两回事，千万别搞混了）。

吴青霞是蜜蜂画社的第一批参加者，在1930年6月21日出版的第十一期《蜜蜂》上刊有她的照片，标题为《女画家吴青霞近照》。她身着花色旗袍，带有稚气的脸上架副眼镜，剪了齐肩的短发，显得端庄文雅。该社每年花朝日，即农历二月十五日总要举行社员作品展览，作为画社的中坚，她当然有画作参加展览，在另一期《蜜蜂》上刊有吴青霞的画，画的旁边有一段文字：“常州吴青霞。

别署龙城女史。善画。山水人物花鸟。出入宋元。当代闺阁作家。偏衣者甚彩。如女士之兼擅泉妙。实为难得。海内鉴家。多推重之。”

1934年初，由冯文凤、李秋君、陈小翠、顾青瑶、杨雪玖、顾默飞等提议发起，得到吴青霞、陆小曼、唐冠玉、虞澹涵、包琼枝、丁筠碧、徐慧、余静芝、周炼霞、鲍亚晖、谢应薪、谢月眉、杨雪瑶、庞左玉等女士的响应，中国女子书画会于同年4月29日正式成立。吴青霞成为理事之当然人选。这是中国第一个女子美术家组织，会址在克能海路（今康乐路）890号。当时社会上，将吴青霞、周炼霞、房师田等称为“上海画坛十姐妹”呢。

此后，吴青霞经常与郑午昌、张善孖、张大千、冯超然、吴湖帆等名流切磋技艺，画路更广，笔墨与色彩运用也更加得心应手。

20世纪30年代初的一年秋天，上海画界许多名人，贺天健、张聿光、方介堪、熊松泉、马企周、张善孖、张大千等在上海宁波同乡会驻地举办秋英集会，大家合作《九秋图》。张善孖看见年轻的吴青霞站在一边没动笔，便对她说：“小姐也来画吧。”其实，吴青霞望着众位画家在挥毫时，就想好画什么了，听见张善孖在招呼她，便毫不怯场地提笔挥毫，不久，一枝婀娜多姿的菊花慢慢绽放，在座的各位名家高手纷纷叫绝，张善孖更是点头称是。这朵花好就好在和原来的画面浑然一体，非常和谐。

后人知道此事后，对吴青霞说：“您老那时这么年轻就能和这些名家同案挥毫，难怪人家都传说您当年就是个女神童！”

“鱼界”一绝

吴青霞一生探求传统书画艺术，对人物、山水、花卉以及翎毛、走兽都十分擅长。刘海粟说她“中国画十三科，她几乎科科均能，随意挥洒，咸成佳构”。

吴青霞并不是广学各科皮毛以应酬求画者。她热爱中国传统绘画，中国画每一科都有其长期形成的完整传承体系，在学习、了解的过程中不愿放弃每一科的学习，并且深入其中，最终掌握了中国画各科的精髓。

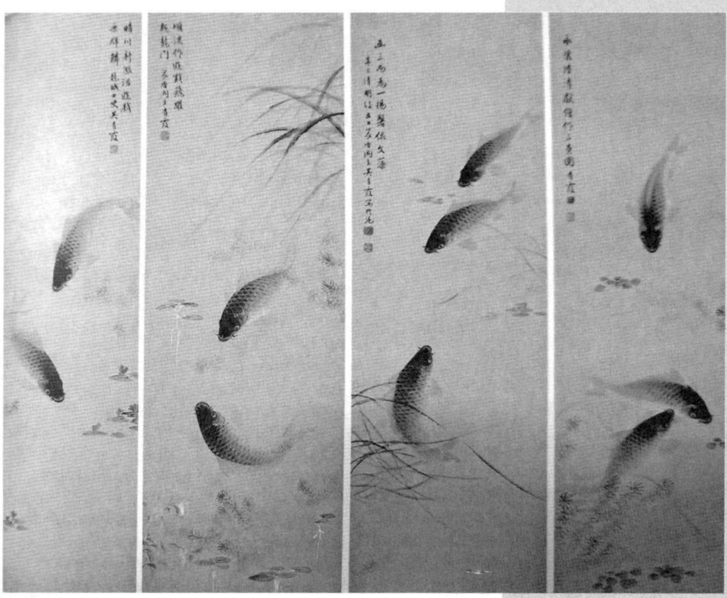

吴青霞绘画作品《鲤鱼四条屏》。

现今绝大多数人对吴青霞认识，是因为她笔下创作的鲤鱼和芦雁。古今画鱼者不少，但她画的鲤鱼在书画界享有特别高的声誉，“江南鲤鱼王”的称号也因此而得。画家总有其最为被人认可的题材，吴青霞笔下的鲤鱼确实精彩，可谓栩栩如生，出神入化，堪与徐悲鸿之马、齐白石之虾、李苦禅之鹰相媲美，成为举世无双之妙笔。大凡看过她画中鲤鱼的人无不赞叹，难忘她技艺的神奇，好奇她绘出的鲤鱼为何能如此活灵活现，充满了生命力。其实，艺术家的创作不只是单纯的绘画技法娴熟，其中蕴藏着艺术家的个性、思想、阅历以及对人生的感悟，他们是用“心”在创作，吴青霞曾经说过，自己爱画鱼、擅画鱼，是因为在大河海洋里无忧畅游的鱼，正是自己对艺术追求的象征。

说起画鲤鱼的事，还得感谢父亲。一次，吴仲熙不知从哪处携来日本人画的游鱼两帧，惟妙惟肖，吴青霞对此特别感兴趣，认为前人形容美貌女子为“沉鱼落雁”，鱼和雁各具美质，既以雁付诸丹青，不可不以鱼入于缣素，如此始得两全其美。但鱼的灵活性在尾部，此两帧为日本人绘，于鱼的圉圉洋洋尚感不足。

吴青霞对父亲说要画鲤鱼，精通画业的父亲对女儿的爱好和追求非常支持，于是在家中备着巨盎，蓄鱼其中，让女儿每日观其浅翔上下，领略濠上庄惠之趣，把活泼的真鱼作为画范，从事写生，大笔点染，细布鱼鳞。

吴青霞看过绢本上的鱼和日本人画的鲤鱼，但并未照搬，她觉得宋、元人画的鱼仅具有形而缺乏神气，比较呆板，而日本人画的鱼尾巴太小，泼刺无力，没有生气。

她还多次专程赴杭州“花港观鱼”写生，又到上海中山公园请教养鱼专家谈鲤鱼的生活习性，她是真正把鱼当作自己的“老师”。

经过长期的写生、钻研、练习，吴青霞对鲤鱼的体态结构、生活习性了然于心，进而专门揣摩表现鱼儿灵性的笔法，粗粗勾勒鱼身的轮廓，求其墨的鲜活，然后以工笔细细布鳞点睛，使其出神入化，最后泼墨敷彩，烘托气氛，使整个画面具有“赤鲤腾出如有神”的奇效。

吴青霞在宋、元和日本人画鱼的基础上，创出一套自己的画鱼技法，成为我国国画界的“一绝”。对此，吴青霞十分自信，直到晚年，每当有人向她请教鲤鱼画法时，她都会毫不客气地说：“这是我自创的。”

1956年，吴青霞的《双鲤图》参加在芬兰举行的世界女子画展，获得高度评价，中外爱画者遂都以收藏她画的鲤鱼为荣。

《九鲤图》是吴青霞的中年力作，因讨民间“年年有余”的口彩，又有九鲤跳龙门之典故，所以深受人们的喜爱，20世纪70年代在上海举行的一次画展上展出。这幅画吸收了宋代院体风格，而构图上又有现代感，工整清丽，隽秀逸雅；画面上九尾欢蹦乱跳的大鲤鱼，姿态生动，活泼妩媚，有的嬉戏碧波，有的浅翔觅食，有的跳跃追逐，赤鲤、黑鲤在一池碧波中千姿百态的情趣，跃然在画家的妙笔彩墨之中。

日本收藏家铃木先生在画展上见到《九鲤图》时，翘起大拇指，连连称道：

“精品，精品！”他一连三天内连续四次到画展看这幅《九鲤图》，之后找到画展负责人，表示愿意重金收购这幅佳作，但被吴青霞婉言谢绝。铃木先生以为画家要卖高价，便再次加价，可还是被拒绝。这是为什么？日本朋友不理解自己崇拜的女画家。在画展工作人员的安排下，日本朋友与吴青霞见面。铃木称赞《九鲤图》可称世界名画，并询问为何不肯出售，表示还可加价，只要吴青霞开个价。吴青霞爽朗地笑着说：“这幅画我准备献给祖国，再多的钱也不卖。请原谅。”她要把这幅画献给家乡，如今这幅画和另一幅《双鲤图》都收藏在常州吴青霞艺术院，成为镇院之宝。

《双鲤图》也是佳作，运用传统的工笔画技法，又融入当代艺术的审美情趣。构图将自下而上一黑一红的两条鲤鱼作对角线安排，黑鱼潜于水底，红鱼紧衔其尾，相同的鱼首与相反的鱼尾在统一中就有了变化。而紧靠上端的睡莲、浮藻与穿插于鲤鱼旁的串条小鱼进一步强化了动势，丰富了画面，极具艺术之匠心。

以后，吴青霞的《鱼跃图》在北京荣宝斋拍卖会上以220万元成交。2009年她的一幅鲤鱼题材画作又在“朵云轩·走进宁波”展销会上，以350万元售出。

吴青霞对“师法自然”的创作理念，有着敏锐的观察力，认为中国画要师古人，更要师从造化。中国画讲究传统，但并不全信仰传统，脱离大自然或僵化地学习传统都不是正确的创新态度，因此她把直接面对所画对象，零距离地感受自然的清新，作为经常的“功课”。

吴青霞画的芦雁也是其享誉之作，她幼年即临摹清代边寿民名作，芦苇刚劲婀娜，平沙雁群千姿百态，秋水芦草相缀成趣。

边寿民是清代画家，原名维祺，字寿民，号渐僧、苇间居士，江苏山阴（今淮安）人。工诗词，能书善画，在花卉、翎毛，均有别趣，尤以泼墨芦雁驰名于江、淮间，人称“淮上一高士”。1731年他作《芦雁图》册页，后又作《芦雁图》轴，分别藏于山东省博物馆和故宫博物院；1746年再作《芦雁图》轴，藏于南京博物馆。1925年中华书局出版《边颐公画册》，1928年文物书局出版《边寿民鱼雁杂画册》等影印本。

吴青霞刚开始学习画雁时，父亲说：“画雁，稍下一点功夫，一二年就可观了；而撇芦草可大难，得有七八年的苦练，才能达到出笔劲利，飘举有力。”她将这些牢记在心，锲而不舍，才达到火候。

吴青霞在回忆文章里说：“我还爱画大雁。雁爱群尚义，飞鸣宿食均有准则，我十几岁时就着手描绘，临摹过宋人的工笔芦雁，以后渐渐倾注于边寿民，以半写意的大笔，点垛落墨，力求洒脱生动。边氏芦雁，只数不多，布景简单；我感到大雁有气势，《西厢记》中有‘碧云天，黄花地，北雁南飞’句，何等慷慨苍凉。我追求辽阔的境界，就用山水来补景，‘平沙曲岸，白蘋红蓼’，芦苇也撇得远近掩映，疏密有致，气势、境界就不一样了。我画雁，要求显得出‘江南水阔，漠北沙寒’的气象。”

20世纪80年代中期，吴青霞从北苏州路河滨大楼搬到巨鹿路785弄3号时，客厅里挂着四幅她早年创作的以风花雪月表现春夏秋冬四季的《芦雁图》，画得炉火纯青。

有朋友问：“你的鲤鱼、芦雁为什么画得这么好，人见人爱呢？”

“‘功夫不负有心人’，我年轻时下过苦功夫，每天起早用毛边纸练习撇芦苇。日过一日，年复一年，不知撇掉多少毛边纸，才练出这套‘绝活’。”

1966年“文革”开始，“红色风暴”席卷全国，上海中国画院也是重灾区。

吴青霞也没有逃过这一劫难。她画一只小猫咪在玩一团绒线，不小心把桌上的花瓶碰倒，这样一幅充满童趣的画被诬为黑画，说是吴青霞与丈夫共同计谋，污蔑毛主席。她被批斗了，造反派的人凶狠地扇她的耳光、打她的头部，打得她头脑发昏，眼前冒金星，朦胧中只听见那人狂叫：花瓶后面是本《实践论》，你一根毛线针对准小猫，是影射毛主席！

“天啊！我怎么可能影射毛主席呢？”吴青霞心里在叫喊，可是她没出声，在那个疯狂年代里，你怎么辩，都无济于事，只能罪加一等。

一年后，上海市革委会到画院来调查此事，这事才不了了之。

“文革”结束后，文艺界迎来春天，吴青霞以极高的热情投入绘画创作中，积极参加画院组织的活动，赴四川三峡等地写生，沿着成昆铁路沿途写生，赴广州、深圳、中山、珠海，及云南、安徽、湖南、陕西等地参观并作画，与她以前

1961年吴青霞捐献的康熙五彩吉泰罐。

吴青霞与丈夫切磋画艺。

吴青霞（右三）在从艺七十年艺术研讨会上。

的作品比较，在技法上有明显创新。1988年她走出国门赴美国讲学，并举行画展。

常州的女儿

吴青霞常说自己是“常州的女儿”，把与丈夫共同珍藏的名家书画百余幅捐赠给常州。1999年4月，常州市人民政府准备建造吴青霞艺术院，当时为了寻找院址，颇费了些周折。先到吴青霞的出生地麻巷，但那地方太小，现在那儿建造了中医院。后又到双桂坊刘海粟美术馆，那儿原来有个少儿图书馆，已经搬走，地方空着，属于市中心，市口也好，只是巷子太小，车子来往不方便，最后定在常州钟楼区长江中路207-1号。

2012年12月12日，笔者与一位青年学者到常州吴青霞艺术院，经过一条长长的、很有纵深感的巷子，两边富有历史印迹的墙上，有美丽的窗框。一进门，哇，好大的庭院啊，有树有花，还有一池塘，水中央有一条红鲤鱼正腾空跃出水面，凝视着美好的世界……

在馆里，我看到吴青霞于2000年6月18日在吴青霞艺术院落成仪式上的讲话稿，要知道，那年吴青霞已有九十岁，怀着对家乡的热爱和思恋，亲自坐车到常州，这要多大的毅力啊！

让我们来看看她是怎么说的：

各位领导、各位来宾，家乡的父老乡亲们：

大家好！

今天我非常高兴，非常激动，因为我这个常州的女儿又回到了家乡父老的身边。我回来了，我又一次回家来看望你们啦！

七十多年前，我还是个不满二十岁的小姑娘。勇敢地背起装满笔墨颜料的行囊，带着家乡亲人的嘱咐和无比浪漫的梦想，踏上了茫茫无际的艺术征程。那时候，我无忧无虑，充满遐想，大有"天高任鸟飞，海阔凭鱼跃"之感，怎知道人生道路会如此曲折，艺术征程有这般艰难。

七十年来，多少次青砚寒灯下苦思冥想，多少回勾勒描摹不厌其烦，不记得涂抹过多少花鸟鱼虫，不记得踏足过多少名山大川，咽下过不计其数失败的苦涩，尝到过许许多多成功的喜悦和欢乐，回想往事我感慨万千，面对成绩我清楚地懂得：是家乡亲人七十年如一日对我的关怀、支持和鼓励，激励着我，才有可能取得今天的成果。对家乡亲人的厚爱，我将永志不忘，更期待家乡的父老乡亲为我的艺术征帆引航掌舵！

七十年过去了，我已迈入九十高龄，但我对家乡的感情却依然如故，我仍然像一个不满二十岁、天真无邪的姑娘，丝毫没有忘记故乡长辈们"知恩图报"的教诲，整理了自己七十年来辛勤耕耘的全部积存，连同平日零星的收藏共百余件，带回家乡交给我的父老乡亲，以表达我这个常州的女儿对家乡的一片孝心！我恳请家乡的父老，用你们的挚爱去审阅青霞为之奋斗了七十多年的成果，也期盼家乡的艺术家给予批评指教，为我今后的艺术创作指点迷津。我希望家乡的艺坛少壮能从这些展品中得到启示，在不久的将来超越我们，去攀登更新、更高的艺术巅峰！

泼墨习字六十余年，无论篆隶楷草，旨在创造生命的美感，陶冶人性的情操，升华做人的品位。

——赵冷月

赵冷月：豪华落尽见真淳

赵化南

赵冷月（1915—2002），曾任中国书法家协会会员，上海市书法家协会常务理事、副主席。擅长书法，早年师从书法家徐墨农。出版有《赵冷月八旬书法集》、《赵冷月墨迹选》等。1986年被聘为上海市文史研究馆馆员。

素业

翻阅先君书法作品集，见到一条幅，笔墨淋漓的一个“饮”字，右边三行小字题着：“古人云，饮人点水，当报涌泉，予少年时受业于徐墨农师，循循善诱，授以笔法，惜早归道山，师恩丝毫未报，为之饮恨。冷月。”徐墨农先生是20世纪初书法名家，有嘉兴

赵冷月夫妇。

赵冷月与书法作品。

书法第一人之称誉，先君受业时才十岁。第一人愿教授一个少年，可说很不寻常，这不平常处先君曾说起过，说墨农先生认为他可教，可教之意是指他已有写字根基，且也指今后会写好。先君的根基来自家渊，祖父是晚清孝廉，父亲在嘉兴某署任文书，都是提得起笔、作得了文的，于书法更有造诣，尤其祖父，品行孝廉正方，文与字上也下了大功夫。先君在家庭耳濡目染，又由祖父督训教谕，自六岁起便执笔临池，很是用功，七岁入私塾读书，勤学古文、书法两课，到十岁，一手唐楷已写得十分漂亮，墨农先生看出了字里天分，这才慎重说出可教两字。先生注重笔论，实践临摹，还教中国书法史，从甲骨文、铭文到宋、元书法，其发展，其沿袭，各体面目，各人品格，都透彻讲解，使先君受益匪浅。尤其是在先生处看到了大量碑帖，不仅开阔了视野，也提高了眼界，先君曾说，当时出版业不发达，能看到一本好碑帖不是容易的事，能看到，能捧在手里细读，这怡悦心情难以形容。他从它们身上领略了中国书法的源远流长和博大精深，及俯仰有仪、几微要妙的魅力，深深喜欢上了这门艺术，用他的话说，人生在世，会当有业，他选择了这个素业。数年的刻苦修学，勤勉磨莹，先君的字已被当地书画界称道，常替父亲代笔，书写寿联、牌匾、诔颂，但父亲时时提醒，这仅仅是起步，不要把称赞的好话当一回事，那只是别人的意思，自己不停努力才是最要紧的。对此他心里也十分明白，深知书道深奥，每天七八小时甚至更多时间的临摹练习，成了一生从不间断的功课。先君二十岁左右在经济上自立，在浙江、江苏两省靠写字与教学生书法谋生，居无定所，三十岁后到了上海，他觉得上海是文人荟萃的地方，经济也发达，写字作为事业的机遇会更多。但当时上海初解放，百废待兴，而先君也没有一个可得到帮助的亲戚朋友，完全是孤身闯荡，不要说书艺追求，就是养家糊口也是极大难事。他在老城隍庙附近租了一间很小的简陋房间，家具仅一桌、一床、两把方凳子而已，随身所带仅一只小皮箱和一捆毛笔。他一袭灰布长衫，四处寻找工作，到了三马路即汉口路，那里有不少礼品店，他随意进了一家，店主问明来由，又问有何技能，先君回答会写字，他见柜子上有剪刀和纸，拿起来剪，很快几个字剪成，字漂亮，有笔法，有行书，有正楷，且不用笔写底稿。当时的礼品店，制作锦旗和在金属礼品上刻字是主要业务，写字量不小，店主请了先君。工作了一段时间，先君为就近上班，把家搬到山西路上的谦吉旅馆居住，白天去店里，晚上在家临碑帖练字。住处离四马路即福州路只百步之遥，那里书店林立，是闻名全国的书市，各大书局与印书馆的出版物应有尽有，先君读书早已成为习惯，能与那么多的书籍亲近，不成为常客也难，真可谓日涉以成趣了。先君偏爱两类，古籍和书画，买得起的就买回，买不起的就在那里翻阅一番，对那些买不起的，常常有些依依不舍，但又无可奈何。在礼品店上班的好处是能知道上海的写字行情，行情熟悉后，先君离开礼品店，租借了一个画广告的朋友的写字间，自立门户，代客写字。客源不少，有照相馆、彩印作坊、印刷厂等，那时照相馆所拍团体照，顶或底都有一行字以表明照片内容，还有产品包装上的文字说明，以及运动衣上的队名，字体要求各异，都靠手工写了字后才可制作，先君称之为商业字。他写的字很令客户满意，故业务也不错，收入也颇可观，住处因此又有变动，租下了浙江路一条弄堂里的一处客堂间。不久房管所分了房子，住到了福州路，这才正式安居下来，他也离开了朋友的写字间，在家里工作了。到1958年，不准有个体自由职业，先君进上海市广告装潢公司，一直工作到1975年六十岁时退休。先君就凭了一支细细毛笔，把一个八口之家安顿得平安而裕如，这是一支为家人遮挡风雨的笔，一支为家人描绘春和景明的笔。同时，这又是一支如椽之笔，它在全国书坛产生了影响，其独特风格成就了不可无一、不能有二的艺术大家地位。

墨磨人

先君是把商业字与书法截然分开，区别看待，不作同日语的，商业字纯粹为着生活，而书法则是他摽拔志气、黼藻情灵的艺术。前者是任务，完成则可，后者则是幼承门业，加性爱重，是孜孜以求的高尚理想。在墨汁普遍使用之前，他磨墨写字，每次磨墨将近半小时，手上使劲，眼睛凝视碑帖，看每个字，看每个字的每一笔，“笔笔要有来历”，这是他常说的话。墨浓笔濡，展纸练字，这一坐就不计时间，只要时间允许，就从清晨一直练到晚上。一张垫高的椅子，他坐着，提着笔，前面是铺着的宣纸，再前面是竖着的碑帖，敛气凝神，一笔不苟地写，这幅似是静止的画面，几十年里无一日不呈现在家人眼前，成了令家人印象最最深刻、永远也不会忘却的一幕，人似乎是天生在椅子上的，笔似乎是天生在手上的，这非常能成为儿孙辈的榜样，学艺，非得有这样的精神不可，舍此别想成功。“墨磨人”，先君写过这张条幅，这三字刻画了他日复一日、寒暑不辍、不惮劬劳、刻苦磨砺的情状。但他说，墨磨人，确实，但如果前提是人磨墨，人喜欢写，喜欢磨这个墨，喜欢到迷恋，那被墨磨就成了乐趣，成了一种快意，成了锻炼书艺的炉火。墨磨他，他也磨墨，相辅相成，相得益彰。先君曾回忆他的磨墨经历，从唐碑入手，取法欧、颜、褚，并研习宋苏、黄、米、蔡，在大量购买字画的同时，也广泛收集古人书论来研读，后认为包世臣在《艺舟双楫》和康有为在《广艺舟双楫》中的见解可取，遂回溯到汉魏六朝，潜心于魏碑，多习《爨龙颜碑》、《爨宝子碑》、《张黑女墓志》、《嵩高灵庙碑》、《张迁碑》。尤喜《龙门二十品》，常置案头，到晚年还日日临写。他在古人中择师，在今贤中择友，与刘海粟、唐云、关良、来楚生、谢之光、张大壮诸公过从甚密，放谈书道画道，纵论墨法线条，互赠字画。互赠有不少趣事，有次到关良先生家，关先生正在画画，先君看得喜欢，关先生便说："这画送你，但须交换，你送我一幅字。"两人开心地交换了字画。唐云先生常来家谈天，先君留饭，一次因菜中有蟹，唐云先生餐后说："你请我吃蟹，我也还你两只。"说着便取纸拿笔，画了两只水墨大蟹，二老哈哈大笑。每得这些大画家一张画，先君往往会挂起数日，甚至数月，细致观看笔意、布局、意境、趣味，他说书画相通，从当今巨擘的作品中，可以看到传统、继承、变化、创新、自成一家的美学脉络和路径，这是很有益处的。他留心别人的字和画，成了一种习惯，这习惯常有好玩之处。如"文革"期间，大字报是常规武器，各处都有，上海市广告装潢公司当然也不会例外，他老人家从来不写，却有兴趣看，会一张一张地浏览过去，好像很关心政治似的，其实不是，他不看内容，而是看字，公司里以写字为业的人不少，有的还是书法篆刻家，各人的字张贴在那里，成了不是展览的展览。他看，还会自得其乐地独自说些评语，回家后有时也说起，说一些同事的创作作品字倒是一般，但写大字报的字却很是不错，可看看，因为是随手挥洒，心里不存刻意，就像一匹马卸去了马鞍、缰绳，跑得自然自由无拘无束了，这才跑得潇洒好看了。他还由此引申开去，谈一番古代文人尺牍的好处，说那是一种较自由的文体，随心所欲，不但文章脱了窠臼，说了真话、实话，字也放开，显出神韵。看大字报他还发现了一个青年才俊，很是称赞，后来那位果然成了名动一时的书法家。至于大字报内容，他是记不起来一点的。他宁肯被墨磨，或者他磨墨，对艺术之外的东西甚少关心，从不喜欢谈论政治，很少参加社会活动，说那与他没有关系，除担任过上海市书法家协会副主席外，对别的名誉、名头，能谢绝的都谢绝，他要把时间和心情用在书法上。先君崎岖碑碣之间，辛苦笔砚之役，每天不停地写，但作品不多，那是创作比练习的时间要少得多的缘故，还有，即使是作品，只要有一笔不称意，就当练字纸写掉了。先君曾举办过三次个人书法展，出版了三本书法

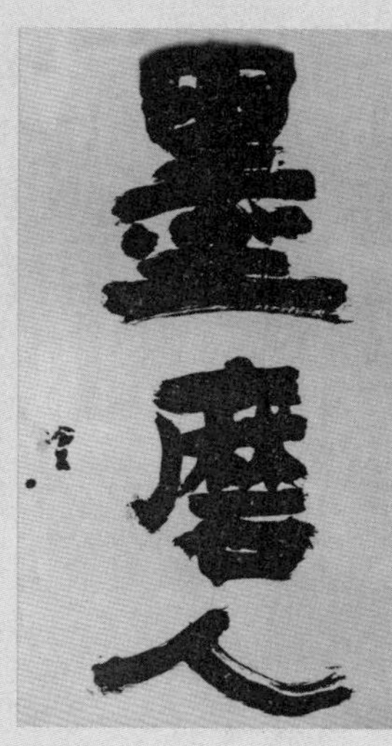

赵冷月书法作品《墨磨人》。

集子。三本集子为:《赵冷月墨迹选》,上海书店1989年出版;《赵冷月八旬书法集》,上海古籍出版社1994年出版;《当代书法家精品集·赵冷月》,广东教育出版社与河北教育出版社1996年联合出版。这三本集子是先君书法的精华,是成就的展示,也是人生哲学与艺术思辨及变法精进的例证。

探赜致远

文如其人,字如其人,这是一句老话,但老话往往状物述人入木三分,很有意思。外界评论先君的书法艺术,通常以字论字,很客观,应该是对的,因为艺术家用作品说话。不过,血管流血,河里流水,性格、品行、学养,甚至嗜好、习惯,对一个艺术家的艺术而言,很有决定性意义,了解了,也许会加深对其作品的认识,这也是很有意思的事。先君性格豁达,风神潇散,不拘泥大小事,不在乎钱与物,顺境逆境对他都不会产生影响,不以物喜,不以己悲。如进单位后,"文革"时,家庭经济顿时陷入困顿,而且非常严重,他设法维持生计,但没为此皱过一次眉头,说过一句抱怨话,坦然处之,我行我素,说话依然响亮,笑声依旧爽快。可以食不厌精,享受名茗,而且能吃喝出一堆理论,像个美食家,也可粗茶淡饭,一碗阳春面或一碗美味斋菜泡饭做早餐,吃上半载一年。考究的服装和粗旧衣衫可以同样穿得很惬意,都不失洒脱风度。喜欢诙谐,说起如章炳麟、于右任等民国人物的趣事,一口吴语,妙语连珠,引得听者大笑不止。成名之后,从没看到过他为此自喜,面对越来越多的赞誉、越来越高的声望,顺其自然,丝毫没变得矜持起来,也没有额外高兴起来,一如既往,不去关心。他不喜与权贵大贾交往,对邻里居委却真诚相与。有钱人求字,他像郑板桥一样列出润格,价格很高,要就要,不要拉倒。里弄里有人来请写字,甚至只是一条标语,他却不管自己的字是殿堂的清雅之物,有求必应,热情接待,分毫不取。对上门请求指导的青年,他会不厌其烦,循循引导、讲解。那些人他大多不认识,很多人又拘谨得不报姓名,他无所谓,只要对方是认真学字的,他宅心仁厚如此。在他心里,人无贵贱,只有贤与不贤;人无高下,只有善与不善。他身上自有一种古人据义履方的品格,邪席不坐,邪膳不食，不矫饰，不妄言，不被尘世浊流所侵，有情有义，如到古稀之年还念念不忘启蒙老师徐墨农，屡屡提及，还写字表达心情。这品格既来自祖德，也来自对古书理义的汲取。先君喜欢阅读古书，所谓握素披黄，乐此不疲，常看的有儒家经典和佛经，就是在临写碑帖时，也时常会咏诵文字，说字美，文美，意思也美，如家庙碑，如贤哲墓志，如《洛神赋》、《文赋》、《赤壁赋》，如《圣教序》、《寒山诗》等，说既可从中得到字品，也可得到文品和人品。他爱好很广泛，收集了不少西洋画册，如毕加索、莫奈、梵高、马蒂斯的作品，对新表现主义如帕德森、罗斯肯斯的作品也很喜欢，说他们的想象力丰富，艺术语言别开生面，抽象里包含着思想和情感。他也喜欢曲艺、戏曲、话剧、电影，当然是喜欢各门类中出类拔萃的。最初只有收音机，边写字边听苏州评弹，拣大师的听。周信芳、张君秋、马连良到天蟾舞台演出，他也去看。还很要看外国电影，挑有口碑的艺术片去欣赏。甚至连好的木偶剧也观摩。“文革”结束，邓丽君风靡，他买了录音机来播放，听得很有味道。我曾邀了一些表演艺术家到家，他谈论起表演艺术来相当内行，与书法结合，独具见解。他说艺术都是相通的，可以互相借鉴，说每门艺术的巅峰都难攀登，创立门派更加难之又难，要靠天分与勤奋，靠对这门艺术深入骨髓的深刻认知，没有捷径，也不存在侥幸。他也爱看乒乓和女排，每有大赛就非看不可，这首先因为这两项运动中有中国人参加，同时中国人又站在了世界之巅，巅峰对决，有风格，有绝技，有意志，有气魄。他说这正是他要看的地方，也是最能感染他的地方。先君的个性和广泛兴趣，使他不会囿于一轨，不会行休步止，而会勇于求变，八十四岁时写过“索隐　钩深　探赜　致远”一幅字，还说过“若无新变，不能代雄”，“一往无前莫如八十九十”，这很能体现他艺术上的心路历程。他不断探索书艺最深奥处，又从最深奥处开拓出不拘一格的恢宏远景。钱君匋先生有评语：“冷月幼承家学，功力深厚，艺术的防线不能说不坚固，享名以久，他日人书俱老，未必是千辛万苦的事，但他不愿在功成名就的殿堂中稳坐江山，而在辛劳的探索中领略攀登的艰险，品尝成功的喜悦。”他豁达，所以会漠视已有成就；他大胆，所以敢不断求变；他有非凡的深厚功力，所以能创造出更高的新境界来。先君变革的理念来自古典，却又具有强烈的现实感和时代意识，他常提到黄山谷说的

赵冷月书法作品《一笑百虑忘》。

赵冷月（左二）与谈家桢（左一）、严顺开（右二）及本文作者合影。

赵冷月绘画作品。

话，“世人但学兰亭面，欲换凡骨无金丹”。他说这情况何止是在宋朝，后世也是如此，学字只学外在美，而不探究精髓神韵，结果是华美轻巧有了，沉重浑厚却难见，更多的是软滑流靡，妩媚甜俗，一脸胭脂，而且竟成了时尚。时尚中的人应付科举考试可以，成为书家不行，他们也很少有人会产生脱胎换骨的想法，即使想也难换了，因恶习已成，就算送给他金丹，也不可能超度飞升了。先君说这金丹即是在继承中探索创新。他说探索创新是所有学科发展的翅膀，国家发展靠它，个人发展靠它，但又各具个性，艺术的个性使标准难定，尤其是书法，共同一致的审美观不存在，高下甚至有天壤之别，这就靠书法家个人修养的高下和艺术魄

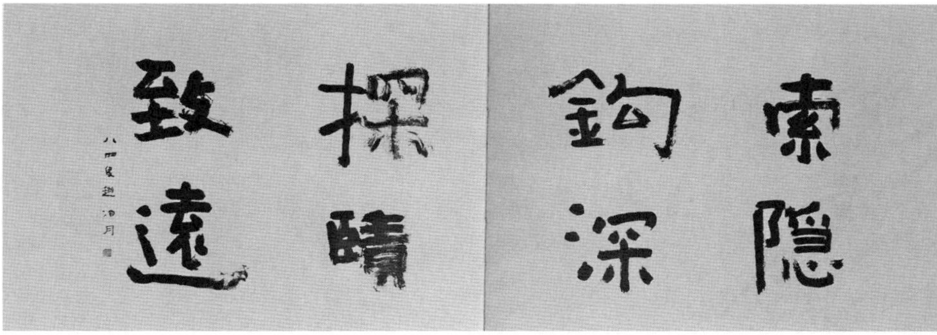

赵冷月书法作品《索隐　钩深　探赜　致远》。

力来实践自己，立足于主体创造，不为客体左右。先君变法实践的主旨，用他的话来说是要达到“豪华落尽见真淳”的大雅之境，而要谛是不被古已有之的法度规范死，法度有生命，可变化，应该是由此入而又要从此出。他把已把握了几十年的汉魏古碑重新咀嚼，着重其丰茂厚重、淳朴自然、质拙劲挺。同时借鉴西方先锋派现代表现主义大师的理论，以抽象线条来表达内心情感与人生哲理。在变法过程中，中国禅宗思想对他影响也很大，返璞归真，明心见性，见山是山，见水是水，人要回归本原，人境俱夺，这都是他常说的话，也录有许多经句和古尊宿偈语，“解彼真实性”的觉悟，都体现在了他的作品中。终于豪华落尽，见了真淳，字的内涵与形态又大变，由此也引来争议，关于外界评说，先君淡然处之，态度超然。对于赞美，对于来自各界人士的由衷钦慕，他淡淡一笑；对于不解，也是淡淡一笑而已，他说他走自己的路，进入化境，这才是最重要的。

先君最后一次作品展览在1991年1月举办，那年他八十五岁，展名是《赵冷月书画展》，展品五十幅，都是捐赠给上海市红十字会的，他的心灵与他的字同样地高古与现代，他说红十字会的救死济贫活动，是儒的仁和佛的善在现代的体现，他在《捐赠者的话》中写道：“余泼墨习字六十余年，无论篆隶楷草，旨在创造生命的美感，陶冶人性的情操，升华做人的品位，红十字会的尊重人类生命的理念便是我毕生的追求。”把书法与尊重生命相融合，这是个高贵的命题，很值得深思。

民间艺术应该从民间来回民间去。

——王子淦

王子淦：从街头走来的“江南神剪”

文　思

王子淦（1920—2000），曾任中国美术家协会会员、中国民间文艺家协会理事等。荣获“全国工艺美术特级大师”称号。著有《上海民间剪纸》、《王子淦剪纸选》等。1988年被聘为上海市文史研究馆馆员。

掀起日本横滨的“剪纸热”

1980年9月，在日本著名的海港城市横滨举行了为期两个星期的中国上海工艺品展览会。

这是一个专业性的大型展览会，展品全是工艺美术品，近一百个大类五千多件，展出面积近三千平方米。它集中反映了上海现代工艺美术的全貌和地方特色，并且沟通了上海人民对横滨人民的友谊。展览会吸引了横滨市民，他们非常喜爱上海的工艺美术品，特别是观看上海著名工艺师们的精彩表演。王子淦就是那些令人称奇的工艺师们中的一员。在展览会期间，王子淦不顾劳累，每天表演六次剪纸，每次半个小时。他的精湛技艺受到观众的热烈欢迎。他不仅创作松鹤、龙凤、柳鸟等传统作品，也创作富士山、樱花、熊猫等为日本人民喜闻乐见的作品。许多日本同行朋友来观看他的剪纸，对他的作品给予很高的评价，称赞他在传统的基础上创造了自己的风格。

在日本，虽有剪纸，但都是用电脑设计图案后再剪的。当观众看到王子淦的即兴表演，他们都难以置信，纷纷上前拿他的剪刀和纸进行“检查”，当他们确信是事实时，都感叹说：“若不是亲眼看到，简直是不可思议。”曾有个观众请王子淦剪匹奔马，须臾之间，他就举起了立即剪就的一匹昂首奋蹄的奔马，这位原想难倒他的日本观众在一片掌声和喝彩声中表示赞赏和佩服。

王子淦讲起这次日本横滨之行，还向笔者披露了一段往事。

1979年，横滨—上海的友好城市市长代表团访问上海，代表团在上海市府领导王一平的陪同下来到上海工艺美术研究所参观。当观看完王子淦的剪纸表演后，横滨市长细乡道一上前握住王子淦的双手说：“王先生的艺术真了不起，我们就是要邀请像王先生这样的艺术家到横滨去。”他再三表示明年横滨—上海结为友好城市纪念时，将邀请他前去表演。

然而，上海在组织访问团时，工艺美术方面的人选却安排了一位刺绣的同志。在出访前的两个月，横滨市派人来上海了解组团情况，当来者在出访名单上没有看到王子淦的名字后，立即向横滨作了汇报。横滨市长获悉，对此表示很不高兴，他向有关方面表示抗议：我们指定王子淦先生来横滨，怎么访问名单上没有他的名字？上海有关方面推托说王先生身体欠佳，不宜出国访问，但横滨市长对此全不理会。最后，在市二轻局党委罗书记的干预下，王子淦终于顺利地出访横滨。事后王子淦诚恳地对原先拟去横滨的同志说：“我根本不想与你争去横滨，是横滨市长一定要我去的。”

再说王子淦到横滨后，横滨市开了一个大型宴会隆重欢迎上海友好代表团。细乡道一市长亲自主持宴会，在致辞时，他特意对王子淦的到来表示热情洋溢的欢迎，他说："像王先生这样的艺术家到我们横滨来，那是横滨市民的光荣啊！"

细乡道一市长说毕，当即宣布请王子淦登台表演，王子淦即兴剪了中华民族的象征——龙，在翻译的陪同下，他下台赠送给市长先生。当市长接过礼物，他再一次登台向王子淦表示感谢。此时，台下掌声如雷，宴会进入了高潮，也预示着横滨拉开了"剪纸热"的帷幕。

王子淦曾向笔者谈起横滨之行，他惋惜地说："日本横滨细乡道一市长已去世了。"言辞中流露出对市长先生的深深怀念之情，这感情是上海和横滨两市人民的友谊之情啊。

王子淦先生享有"江南神剪"的美誉。他在横滨出访时的神奇经历，使我忆起另一个令人难忘的场景：那是1992年初春的一天上午，春雨连绵，上海市文史研究馆为属猴的馆员祝同庚寿，红烛高照，喜气洋洋。七十三岁的寿星王子淦先生那天异常激动，他当即为大家献艺，边剪边激动地说："今年是猴年，我今天为大家剪一只猴子，解放前我是一只流落街头的猴子呵！"

是的，王子淦确曾是一只流落街头的猴子。他的剪纸艺术生涯，也是从上海马路摊头开始的。

辍学流落上海滩学剪纸

1920年4月，王子淦出身于江苏南通金沙镇一个贫苦农民家庭。1932年，刚高小毕业的王子淦，因家境贫寒，不得不辍学，从江苏南通来到十里洋场的上海谋生。这年，他才十三岁。

王子淦先在浦东一家钟表店当学徒，老板叫他做的尽是些繁重的家庭杂务，晚上还要陪老板娘到鸦片烟店吞云吐雾。几个月后，不堪虐待的王子淦就愤然告别了钟表店。

1945年，青年时期的王子淦。

1957年“全国第一次工艺美术艺人代表大会”在北京召开，会议期间，王子淦（左二）与象牙雕刻大师蔡健生（左一）、瓷刻大师杨为义（右二）、漆器镶嵌大师乔松林（右一）在天坛合影。

那时，在上海要到工厂、商店当学徒需有人介绍，意为担保，王子淦举目无亲，自然是求职无门。中秋那天，他只好到八仙桥金陵路拜街头剪纸艺人武万恒为师，从此与剪纸结下了不解之缘。

剪纸，作为中国民间艺术之一，历史悠久，深受社会底层人民的喜爱。在那时的上海，就有两百多人靠剪纸谋生。八仙桥一带则是剪纸艺人集中的地方。王子淦通过几个月的勤学苦练，掌握了剪纸的基本功。然而，他第一次为客户剪纸就失败了。

提起这事，王子淦可谓刻骨铭心。有一次，一位顾客提出要剪《荷花鸳鸯》拖鞋花样。师傅为锻炼王子淦的手艺，就有意让他剪。但当王子淦充满喜悦，尽心尽力剪好后，客户却嫌他剪得呆板，直摇头，师傅连忙向客户赔礼道歉。望着扫兴而去的客人，王子淦深感自己坍了师傅的台，顿时满脸通红，惭愧不已。一连几天，他寝食不安，愁容不展。古人说知耻近乎勇，王子淦暗下决心：一定要勤学苦练，学好本领，为师傅争光！

王子淦出身贫苦，学生意肯吃苦，有钻劲。常言道：皇天不负苦心人。经过几年的勤学苦练，他的剪纸技艺进步很快。后来，王子淦的师傅武万恒在金陵路开了一家恒昌祥花样店。武氏爱好京剧，是个票友，常外出听戏。但每逢春夏雨季，却是剪纸的旺季。师傅就叫王子淦代己为客剪纸。这回，学得过硬剪纸本领的王子淦深为顾客满意，没多久，许多顾客就指名要他剪纸了。

当时，学徒三年满师，办了谢师酒后就可以自立门户。但王子淦的师傅见他手艺出众，一直把他留在身边。"一日为师，终身为父。"王子淦为报答师傅的恩情，直到十年后的1945年抗战胜利后，才离开师傅。其间他因剪纸的缘分，与为躲避战火随父母逃难到上海，租住在恒昌祥后楼的常熟姑娘潘妙新（1924—1988）喜结良缘。

王子淦在不远处的法租界新城隍庙设摊卖艺。直到上海解放，王子淦仍是一个流落街头的穷艺人，靠一把剪刀支撑着全家的生计。

穷艺人喜获新生

1953年的一天，王子淦被通知到上海市文化局开会，前来的都是一些手艺出众的民间艺人。会上，市文化局领导表示党和政府十分重视挖掘和发扬祖国的优秀民间艺术。王子淦听了，感到全身涌动着一股从未有过的热流。

不久，"华东民间工艺观摩展"在上海隆重开幕。这是一次华东地区民间工艺水平和现状的大展览。王子淦欣喜地将自己精心制作的《幸福的渔民》、《龙凤呈祥》、《喜鹊登梅》、《鸳鸯荷花》、《狮子滚绣球》等十来幅作品送去参展。他的作品以风格细腻，线条流畅、圆润、飘逸而赢得了广泛的好评。

1956年，上海成立了工艺美术研究室（今上海市工艺美术研究所），第一批十二位受聘的全是上海一流的"老艺人"，其中有灯彩大王何克明、面人赵阔明、象牙细刻薛佛影、砚刻张敬安、编织冯秋萍等，剪纸只有王子淦一人。从此他有了固定工作和收入，专门从事剪纸创作和研究工作。

王子淦没有机会接受良好的教育，但他在实践中善于学习，善于兼容并蓄，从而在传统剪纸的基础上，积极创新，开拓题材，用他独到的剪纸技艺创作出一批批富有时代和生活气息的作品，成果丰硕，艺坛瞩目。1957年，上海市政府将王子淦的剪纸作品《梅兰竹菊》，作为国礼献给苏联领导人伏罗希洛夫；《北京天安门和印尼藏物宫》剪纸赠送给印尼的苏加诺总统；英国前首相卡拉汉曾亲笔写信给王子淦，说王子淦的剪纸在他收藏的艺术珍品中占有很高的地位。这一年，他当选为上海市黄浦区人民代表，还赴京出席了“全国第一次工艺美术艺人代表大会”。

回忆在工艺美术研究室的那段时光，王子淦有说不完的喜悦。那时，不仅外国贵宾常到那里参观，而且还有许多党和国家的领导人到那里。陈毅市长陪同外宾来参观的次数最多，常会拍拍王子淦的肩膀，操一口浓重的四川话赞誉道：“王师傅，好手艺啊！”

大作家、文化部长茅盾曾到研究室看王子淦表演剪纸。茅盾的一番话王子淦一直铭记在心。茅盾说：“这种艺术很好，我很喜欢。希望你能培养接班人，把剪纸艺术发扬光大。”

20世纪60年代初，早到北京工作的新上海第一任市长陈毅元帅曾两次到研究室。有一次是陪同缅甸贵宾，当陈毅饶有兴致地看了王子淦的剪纸表演后，他随和、热情地和王子淦握手，并用赞许的口吻说：“王师傅，你的手艺相当好，希望你多培养一些接班人。你是国家的宝贝呵！”陈毅没有一点架子，待人好似亲人，令王子淦终身难忘。

此外，王光美、薄一波、蔡畅、胡厥文、朱德、康克清等中央领导同志都曾到过研究室。王子淦到晚年仍清楚地记得朱德为研究室的题词：“要继承民间艺术的优秀传统。”每当他想起这些往事，一种穷人翻身当家做主人的幸福感就涌上心头。

然而，“文革”期间，王子淦却被打成“反动学术权威”，下放到工厂、农村劳动。“四人帮”粉碎后，他获得了第二次艺术生命，以前所未有的热情投入创作，成了为国家创汇的大户。

登上香港市政局讲坛

再说继横滨成功出访之后，王子淦又应邀出访了很多地方，其中赴香港之行，也是令他难以忘怀的。

香港市政局大会堂所举办的一系列大型文化活动，经常邀请大陆京剧、昆曲、越剧等有声望的知名艺术家莅临献艺。1982年9月，王子淦应香港市政局主席张有兴的邀请，在市政局大会堂举办中国剪纸艺术讲座，这在中国民间艺术史上尚属首次。

1982年8月19日至22日，《中国剪纸作品展览》在香港市政局展览大厅隆重举办。开幕式那天，市政局主席张有兴、新华社香港分社李副社长以及香港文化艺术界的许多名流都来参加。展览大厅陈列着王子淦的一百多幅剪纸作品，令香港各界人士眼界大开。展览期间的每天下午2时30分由王子淦主持讲座及示范。观众可同时要求他即兴表演剪纸。在香港，原先很少有人光顾这类讲座，但开幕式那天却破天荒地爆满，第二、第三天更是拥挤，以至有不少人不得不站着听讲。王子淦谈论当时的情景时，脸上露出了欣慰的笑容。

除此，王子淦还应邀到香港的电视台进行表演和解说。对于这次展览的盛况，香港的《文汇报》、《大公报》等各大报刊以及电视台、电台都作了报道，这在当时也是少有的景况。

1988年，王子淦作为上海民间艺术展览团的成员之一，再一次到香港展出作品及主持讲座。香港，在王子淦漫长的剪纸生涯中，写上了绚丽灿烂的一页。

"寓情于纸"的艺术永无止境

1983年7月1日，由上海市工艺美术研究所主办的《王子淦剪纸艺术五十年纪念展览》在上海美术馆隆重开幕，同时，《王子淦剪纸选》一书也问世了。

在人流拥挤的展览会上，观众看到了王子淦五十年剪纸生涯中创作的四百余幅作品，展览的第一幅作品是他前晚连夜创作的一幅大红纸花，鲜艳夺

1986年王子淦与儿子王建中在上海市工艺美术研究所合影。

目，作为献给党的生日礼物。接着呈现在观众眼前的作品，题材广泛，凡花卉、瓜果、动物、风景、鱼虫等，无不“剪下生花”；更令观众钦佩的是，艺术家的剪纸风格既有南方剪纸秀丽、飘逸、潇洒的风味，又具北国剪纸粗犷、朴实、豪爽、淳厚、大方的气质，形成了“南方秀气”与“北方大气”完美统一的艺术风格，在中国剪纸艺坛上独树一帜，成为中国剪纸艺术的一座高峰。

面对成功，王子淦却谦虚地说：“我也是从街头中学来的。这些年再吸收一些姐妹艺术特长，加以融会贯通。譬如我喜欢京戏，还喜欢国画、年画。”显然，兼容并蓄、博采众长是王子淦在剪纸艺术上取得前人所没有的成果的关键所在。

1986年，王子淦（左）和动画大师万籁鸣在一起。

剪纸看似是一种“不登大雅之堂”的手工，实则是充满情感、“寓情于纸”的一门艺术。它诚如其他艺术一样，融进了创作者的喜怒哀乐。众所周知，王子淦的绝招是不打草稿，只打腹稿，腹稿既成，走刀如神，刀法变换，随情所至，构图奇特，犹如天成。

有一次，旅行社的翻译人员陪同一位澳大利亚妇女和她的两个女儿到王子淦的工作室参观剪纸表演。他见这位妇女愁容满面，甚为纳闷。翻译人员告诉他，这位妇女的丈夫刚刚去世，她带着女儿特地来中国旅游，以排遣内心的悲伤和哀愁。王子淦原准备为她剪一幅《凤凰展翅》，听了翻译人员的话，他即兴改做了一幅《杨柳三鸟图》：杨柳上一只老鸟，顾盼着树上的两只小鸟。艺术是一种世界共通的语言，当这位外国妇女双手接过这幅剪纸时，感动地流下了泪水。临别时，她再三道谢，表示这幅剪纸将作为她们的"传家宝"永远珍藏。对此，有人用诗赞曰："王老神剪似春风，梅花杨柳天然生。深情由衷随意发，冰心一瓣香袭人。"

然而，王子淦一再表示，"寓情于纸"的剪纸艺术是永无止境的。

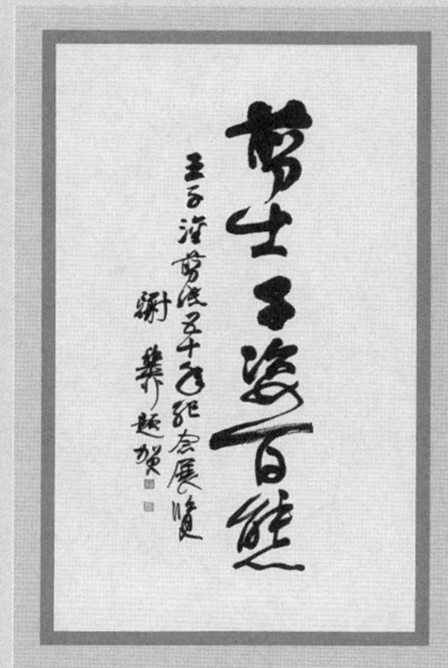

谢稚柳为王子淦剪纸艺术题词。

亚运购物中心献艺

王子淦于1987年4月退休，次年被朱镕基市长荣聘为上海市文史研究馆馆员。他不顾年迈，"老夫喜作黄昏颂"，始终将

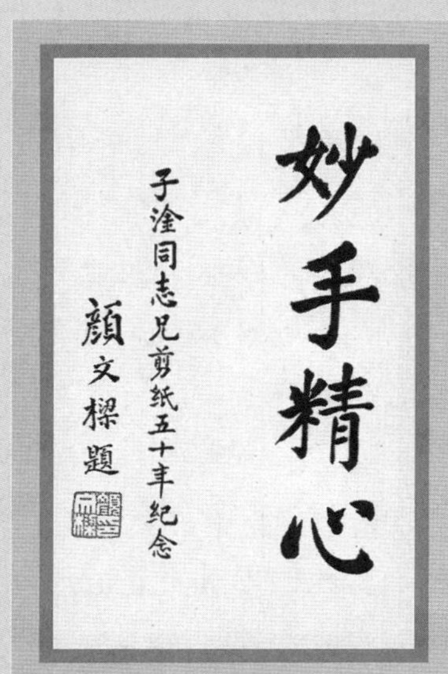

颜文樑为王子淦剪纸艺术题词。

1985年，王子淦在少年宫教小朋友剪纸。

茅盾、陈毅要他培养接班人的嘱托铭记在心，在理论上总结我国剪纸艺术的渊源和发展，撰写了不少有分量的学术论文，为后人留下了一笔宝贵的精神财富。

1990年12月底，王子淦作为亚运购物中心上海参展团的成员之一，赴京表演。这年，王子淦恰好七十岁，他是上海参展团中最年长的一位，但他仍和年轻人一样，天天忘我地工作。那些天，在展览厅上海展馆内，每天总有一群又一群的观众围观王子淦的剪纸表演，观众不禁连连称赞道："喔，这老先生太棒了！"

在亚运购物中心为中央领导同志开的专场上，来自全国各地的参展团都拿出绝技为中央领导同志表演。在上海展馆一角，康克清、胡乔木、倪志福、陈丕显、余秋里和迟浩田等中央领导同志被王子淦的精彩表演所吸引。只见他鹤发童颜，满面春风，戴着老花眼镜的双目炯炯有神地凝视着双手，手中的剪刀轻盈似流水，飞动如游龙。须臾，一幅巧夺天工的剪纸作品便呈

王子淦作品《羊猪狗马》,创作于20世纪70至90年代。

现在大家眼前,引来阵阵赞叹声。他郑重地将这幅作品双手赠送给人民解放军总参谋长迟浩田。当迟总参谋长双手接过礼物后,他后退三步,一个立正,恭恭敬敬地向王老行了一个军礼,并说:“谢谢王老先生!”这一赠接礼物的“仪式”,赢得了大家的阵阵掌声。

其后有一天,上海市领导朱镕基、谢丽娟、陈至立等来到购物中心慰问上海参展团成员,朱市长等领导同志走到每个柜台前与参展团的工作人员一一握手表示慰问。当朱市长看了王子淦神奇的剪纸表演后,连说:“神剪!神剪!”他握住王老的手说:“你这么大年纪还为亚运会作贡献,真是不容易啊!”

在王子淦人生的最后岁月里,每当他谈及在亚运购物中心与中央领导和上海市领导见面的情景,总是难以抑制自己的激动之情。

(本文题首照片为1980年,王子淦在上海为来访的马里文化代表团表演剪纸结束后,与马里来宾合影。)

画拿出去，先要过自己这一关。

——方增先

方增先：登高一览众山小

姚育明

方增先（1931— ），一级美术师。曾任浙江美术学院教授、上海美术馆馆长、中国美术家协会常务理事。出版《怎样画水墨人物画》、《方增先人物画集》等。2011年被聘为中国国家画院中国画院院长。2012年被聘为上海市文史研究馆馆员。

我来自乡下

没见着方增先之前，就很熟悉他了。只是这熟悉是抽象的、间接的，缘起于自己对美术的欣赏喜爱，他的名字常见于各类开幕式和各种画册序言，他的那些文学性甚好的专业用语，让我感受到一种权威性。

印象最深的是自1996年开始的

方增先所绘《艳阳天》插图。

上海双年展，参展的是国内外有代表性的艺术家，油画、国画、版画、雕塑、摄影、装饰、录像、媒体和建筑等各种艺术样式，全散发着强烈的当代气息，被人们视为一个具有国际性水准的艺术展。用方增先的话说，中国的艺术应该和西方有个交流，方便非专业人士和普通市民近距离地了解一些前卫的理念与表达。

方增先时为双年展艺委会主任，是展览发起人和组织者，这位享誉海内外的杰出中国画家，没有偏重中国画，他是兼容并包的。在挑选怎样的国外艺术作品的问题上，他告诉我，不是我一个人说了算的，有学术委员会，主题的确立是讨论出来的，找熟悉西方的艺术人才，通过他们挑选国外作品。

参加过双年展的画家陈心懋曾对我说：方增先这个人心胸特别宽大，并不因为自己是搞国画的，就排斥西画，他不但积极引进西画各种流派，也为我们这类搞实验水墨画的画家搭建了平台。

今天的上海美术馆双年展已成为中国当代具世界影响力和凝聚力的国际艺术展览。

作为一个组织者，他的正直禀性，使人产生敬慕之情。但是，对于他本人的创作我却没有多少概念。后来，无意间得知《艳阳天》的插图就是方增先画的，惊叹之余便是亲切，原来早就欣赏过他的作品了。当年，作为一个文学爱好者，我只记住了作家浩然的名字，却忽略了画家的名字。在文学作品匮乏的20世纪60年代，这本发行千万册的长篇小说被人们视为描写中国农民生活的一个绝唱。当年我读它，感受到一种英雄主义，对书中的几十幅精湛插图同样叹为观止，至今依然记忆犹新。世事浮沉，观念变迁，撇去时代对文学艺术的诸多制约，以艺术的眼光来单纯地欣赏这些水墨人物画，还是能看出极高的绘画造诣，人物的眼神、动态乃至衣服的皱褶，都是活的。这么多年过去了，这部长篇的文字描写已经淡忘，但那些插图中的水墨人物却自然地浮现于脑海，成为人物形象的固有符号。

方增先说起《艳阳天》插画一事，还是那样坦然自在，我甚至看到他嘴角含着孩童般的快乐。他说我是一个乡下人，看到《艳阳天》的许多细节描述准确，比如农民在阳光下干活，头发一闪一闪地亮，说明浩然描写农民生活细节十分真实。回忆往事，方增先还是充满了苦中作乐的感觉，为了体现书中男女主角的精神气质，他在京沪地区寻找了好几个模特儿，没一个能满足他的要求，最后还是按照自己心里的标准创作了人物形象。那时他住在浙江美院的集体宿舍，没条件画画，便躲到朋友家的阁楼上画画，空间局促，然而心胸

方增先赴青海玉树藏族自治州途中。

方增先（左）拜访颜文樑（中）。

方增先在外婆家门口。

开阔，充满了激情。这一组插图前后画了三年，杭州暑天热气腾腾，方增先持着画笔，汗流得眼睛都要睁不开了，宣纸两边落满了汗水。他有一个原则，画画达不到理想要求，就一直画下去，画到满意为止。这些插图后来由北京、上海、河北三地的出版社出版了四个不同版本的单行本，影响极大。不少画家用它作范本临摹。

有人把建国前三十年的美术归为宣传艺术，八五新潮后的美术界则流行多样形式风格。这位在艺术界有成就的画家好像不通晓这种世风，坦然而又自然地将自己的感情融入乡情之中。初次见方增先，他就告诉我喜欢画农民、画藏民，“因为我就是个农村人，来自乡下。农民与大自然最亲”。看他从20世纪50年代直至21世纪的诸多画作就知道了，《艳阳天》插图如此，《粒粒皆辛苦》、《说红书》、《帐篷里的笑声》、《母亲》等，无一不流露出这种赤子情怀。

他家的客厅墙壁，有一面完全是乡下的木门拼组而成，木质老旧，色泽黯淡，造型普通，彰显一种沉静而意味深长的格调，他不是要刻意创造什么独特的背景墙风格，仅仅是怀念小时候生活过的场景，那是他老家拆除的老房子门扇，留着他过去生活的气息。

方增先的童年是在西塘乡下外婆家度过的。在这个处处洋溢着文采画韵的江南水乡，水墨画的灵气在他身上发生着潜移默化的作用，外婆家挂着的水墨竹兰卷轴以及《芥子园画谱》之类的图书，都成了他的启蒙读物，也成了他临摹的教材。

除了画画，少年方增先还喜欢挖黏土做雕塑，捏一尊菩萨像，再捡些石头搭一座庙，让菩萨坐在里面。最后他又和小伙伴们一起在壁立山体的泥巴墙上挖了个中空大洞，藏进泥菩萨，再用砖头和石头封好。过了十几天，方增先想去看看泥菩萨是否安好，刚把墙挖开，菩萨眼里窜出两只手来，张牙舞爪地向他伸来。方增先吓了一跳，原来用黑色小豆做的菩萨眼睛，经湿土包裹后发芽了。百分之百的当代艺术感觉。

《西游记》里描写孙悟空“一窍通时百窍通，当时习了口诀，自习自练，将七十二般变化，都学成了”。方增先也具有美猴王的聪慧，他爱追究艺术的规律，视力所见，脑海呈现图形，可谓一通百通，随手拈一段方增先对外婆家外墙弄堂的描述，便可窥见他的文学艺术造诣与秉性色彩：

墙泥破败，漏痕剥蚀，斑驳凹凸，几类浮雕。常喜独处此弄中，对壁凝想，猿、狗、鸡、牛、虫、人物及鬼狐、兽面，皆可由壁中幻出。若寻之他意，两痕之间，或并成山；数点成列，又可成树。直弧点划，皆随意出，乃一幻变之画图也。余儿时喜图画，鸟兽人物，皆由此壁教之。败壁即余之师也。及长，终年奔走于尘土间，七十年来，常于闲处系之梦中。去岁，因便回故里，驱车探望，则村舍泰半新建，无复旧颜。入村细寻旧处，弄壁依然，而破败更甚。人壁俱老，抚然叹息……

方增先就是从这里走出来的，他在我眼里不仅仅是个懂行的领导，而且是一直超越自己的艺术家。

这个超越不是画了一幅得奖的画或者一幅尺幅特别大的作品而体

方增先绘画作品《凝视》。

1963年方增先夫妇和女儿。

现出来的，而是一种登高的状态，且步步莲花，令人叹为观止。

我是个画画的

方增先不仅画画眼界高，气象大，境界深，做人同样站得高，心量大，境界不俗。对外界的一些纷争，他从不参与，甚至碰到吃亏的事，也不斤斤计较，一句话就表露了他的情怀：我是个画画的，只想把精力集中在画画上。

20世纪60年代初他写的《怎样画水墨人物画》一书影响了整整一代人，直到现在，依然指导后辈年轻人学画。当时学画的人几乎人手一册，现在的一部分名画家当年都是从这本书入手的，这本书让他们知道了国画并不只是临那些古代的工笔画，也不仅仅是“芥子园”，他们第一次看到搞国画的人把形象画得这么像、这么准，才意识到用国画画现代人物是需要造型的。

方增先出这本书时，只有三十二岁，可在许多学水墨人物画的人眼里，他就像祖师爷一样。他当年受命为学院编教材，特地访问了浙江医学院解剖工作室，在那个充满福尔马林气味的空间里，对尸体解剖整整研究了三个月，把人的肌肉骨骼，用刀具仔细分开，手腕或膝关节拿在手里，翻来覆去仔细观察，一丝不苟地描摹下每一骨、每一腱的细节，带着图纸回到教研室，整整半年多的时间就做这一件事：将人体不同部位的不同运动态势所形成的形体画出来，供大家学习。但是当年的领导担心专家成就太大就难以管束，刚刚晒出草图，他就被调离了教材编写岗位，原本他想根据绘画的需要，再精确生动地重画一遍，他甚至产生制作一些可装可卸的模型的打算，后来却连原图也不翼而飞。

原图丢失的事不止一起，比如他画的三十幅《孔乙己》插图原画，在出版社存档后被人盗走，说不心疼是假的，他也想追回自己的原作，但二十年的追究纯粹只是为画，从来没有高额索赔一类的举动。还有“文革”中他画的《唤起工农千百万》，原本是学生的稿子，但要求将七十岁的毛泽东画成三十岁的模样，学生无法完成，这项任务就落到他的头上。而他也没有参照物，只能按照结构法和自己的理解，慢慢地改，光一张脸就画了半个月。画成功后出版了，但当时是集体创作，没有署名。这幅画在浙江省展览馆展出，后来在院子里放了半年，结果油画框架解体，画布掉在地上，被人捡走辗转卖到香港。之后在大英博物馆的展览交流中看到了一本展览目录，封面上用的就是这幅画。许多博物馆专家认为这幅画的艺术成就在同类题材中当属首位。

我是自己的主人公

中国水墨画向来淡泊、灵动，与文人追求优美的情怀相似，总是讲诗情画意，可方增先却改变了这一切，他浑厚粗犷、充满人生滋味的壮美画面像西画一样具有冲击力。

方增先的水墨人物画创作工程往往巨大，只能长期地分阶段地进行，他的艺术在时间中一点一点长大，往往从构思到着手画，有个漫长的过程。他五十多岁时，进入藏地后，参加当地节日，心灵受到极大的震撼，二十二年之后，才完成最后画稿。

时间追溯到1985年，方增先和上海电视台的工作人员同去甘南藏族自治州玛曲大草原，山风很大，气候寒冷，藏民骑马上山，他不会骑马，喘着爬上了山顶。方增先眼睛热辣辣的，仿佛不是自己融进了这个疾驰的队伍，而是自己胸间喷出了这股豪迈之情，眼前之境，唯他而现。

下山时，电视台的年轻人兴奋地滚下山道，方增先也欲飞欲飘，但心里却生出明确的念头，他要在画中再现这个场景。

工作繁忙，但构思一刻也没有停止，方增先终于决定画作以一比一的比例呈现。在这期间，有人劝方增先巩固已有成就，不必再作可能失败的尝试，毕竟近耄耋之年了。可是，方增先无法停下探索的步伐。他想做的事一定要做到，他是自己的主人公。他对西藏的感悟是那么的非同寻常。儿子方子虹在整理书桌时发现了父亲的一首长诗，其中有这样的句子：

方增先绘画作品《粒粒皆辛苦》。

方增先（右二）在2002年上海双年展新闻发布会上。

三十年间辗转中，丹青矻矻欠好风。
鱼笺蜀素有千叠，可怜尽付蠹书虫。
朝露人生转眼间，匆匆五十鬓毛斑。
本期驰骋丹青上，谁堪心事问苍天。
披衣夜起天月黑，秦中自古多英杰。
何缘说难犹说之，范叔原来寒衣劣。
志士重来走四方，安危用舍任行藏。
天涯浪迹寻常事，独对山河意气长。
一啸长天山谷应，乘风纵马任驰骋。
倒淌河流呜咽声，平沙落日风冷冷。

方增先有个习惯，经常在画画前写些长短句，文思中包括画境。他向儿子袒露，画藏民暂时没条件，一是时间不充足，更重要的是没有足够大的画面去包容这种气势。到了2000年，方增先采取了行动，为了画这幅巨画，他给自己造了一间一百平方米的画室，就这样，他仍叹惜不够大，二十米长的画是分两半画好再拼起来的。

方增先七十八岁时，才在上海美术馆

1995年中国美术家协会委员合影，前排右四为方增先。

举办了第一次个人画展。之后几年又在浙江美术馆、中国美术馆举办个人画展。

在观看方增先的画作时，人们为之震撼，也为之感慨。谁都知道，方增先以耄耋之年的瘦弱体力来完成巨幅画作是非常不容易的。要知道他不是一个什么事也不管的专业画家，繁忙的公务活动已经占据了他大量的时间，人们从画中不但看到了他的创作水平，也同时看到了他的探索精神与坚强的意志力。

登高一览众山小，方增先敢于攀登绝顶，他俯视一切的雄心和气概令人敬重。他的想象力在艺术的空间飞扬，令仰慕者心生敬重与喜悦。

一雕一凿，石材成形；一笔一画，心光显现。我只愿踏踏实实，不喜欢投机取巧。

——陈钧德

陈钧德：自性心光本灿烂

姚育明

陈钧德(1936—)，上海戏剧学院教授、中国国家油画院研究员。曾先后在中国香港、日本、法国、新加坡、马来西亚等地举办个人画展，并经常参与美国、英国、德国、芬兰等国的联展。出版多种画集。2010年被聘为上海市文史研究馆馆员。

推开他的门

也许是现代生活产生的必然精神压力，许多画家和文人一样，试图从题材选择以及精神落脚点离开都市氛围。远离水泥丛林，这是一种良愿，无所谓积极或者消极。倒是陈钧德有些例外，他无“远方即故土”一类的乡愁，反而处处流露“都市是家园”的心迹，那不是故作姿态，只是如实而已。1936年出生在上海的他，工作、生活都没离开上海，画室也设在上海，又画了不少都市主题的油画，他的所视、所感、所行离不开十里洋场，但重要的不是这些表象，而是他的领受。如果说任何文化都有优秀的部分，也有糟粕的部分，陈钧德饱浸都市文化，但他对利益驱动的商业性活动不感兴趣，不参与也不关心任何画派的分歧、矛盾，艺术的原则是他的最高原则。繁华生活中的享乐主义以及对名利的追逐他同样视而不见。他摄取的是都市建筑的形式美，看到的是水泥砂石结构出来的丰富性，除了人体主题系列，其他作品的人体形象都是抽象化的，仿佛出于本能的净化，或者直线，或者弯曲，形态逼真。他的画面上闻不到斤斤计较的市侩之气，看到的只是一种落落大方的文明，连那些美丽的花卉也有一种气质，纯净优雅、闲适淡定，仿佛在说，有什么好争的呢？我本有色，只要敞开自己，接受阳光，就可以了。

熟识陈钧德的人都知道他对艺术充满了激情，这是一体两面的事情，一个真正的艺术家不可能只有激情而无平静。陈钧德也不是生活在真空中的人，社会万相以及政治风波都是人心演绎，上海的命运跌宕就是家门前的事，有的人关注人性的阴暗丑陋，有的人看重荷花的高洁，陈钧德属于后者，他欣赏脱俗的物命，他的生命被艺术之美充满。在他眼里，都市既形而下，又形而上，他看到的是整体色彩、动态综合而成的生机及趣味，他的看已经动了艺术之心，下笔自然有了改造。我面对那些明艳奇崛的都市画面，就像看到山野荒坡上绽放的花朵，陈钧德的色彩是具平等心的。

终于有了拜见陈钧德的机会，在这之前，耳闻这是位孤傲清高的先生，下意识存了谨慎之心，结果发现那是一种表面化或想当然的结论。之所以被外界误传，可能与他极纯粹的艺术品格有关，只要看过他的画，就会被他呈现的艺术世界所感染，那种纯净之美，那种自由自在，那种如临大海或仰望高空的感觉，很容易让人既忘我又融入，大自然和精美的艺术都能以其纯粹的力量攫住我们的心。这样的人，当然有独立的纯粹的人格，志不同、道不合的闲杂者以及陌生客当然会被挡在门外，他钟爱的画画时间不容打扰。

永远难忘进入陈钧德画室的那个刹那，门一推开，极细微却富有激情的音乐就骤然而起，好像有人在演奏什么弹拨乐器。随之，几面墙壁飞出一片鲜亮的色彩，如冬日的阳光，明亮而和煦，它们完全是活生生的，脱离了画框的约束，半通透的色块和线条竟在空中舞动，我甚至感受到它们拂面而过的轻触感，那缥缈的音乐仿佛是被飞旋着的色彩奏响的。我看到的不是平面的五彩缤纷，而是多层次的立体世界，迅捷地展示出各自的空间以及延伸交错的空间，恍惚间，陈钧德也被色彩遮挡了，他面目不清，只是个隐约的影子。我好像大脑缺氧，愣了好几秒钟才回过神来，刹那色彩归位，细微的音乐也寂然泯去。肤色白皙干净的艺术家清清楚楚地站立着，他手里拿着一支画笔，眼神和蔼，眼眸深处却有一丝隐隐的锐气。他说，请进，不用脱鞋。

我还是换上拖鞋，直起腰时朝四周看了一下，满屋子的画。第一眼，西方风格，再一看，东方韵致，还想细品，不好意思了，七十七岁的陈先生身上有着不亚于年轻人的气息，他的举止不经意间透出对于时间的珍惜。果然，他在给我看一本画册的间隙，悄悄地回到隔壁画室中，捏上了一把调色刀。多么好的机会，正想看看陈钧德如何设色呢，他却有些不好意思了，“呵呵，一画画我就忘记了一切”。

周围全是他的画，那么多色彩簇拥着他，想起一句人们常用的句式：这是一个为画而生的人。

从听见石声开始

我问陈钧德绘画有没有家庭传承，他说父亲是搞家具设计的，硬要往艺术上扯就是牵强附会，倒是做石匠的外公无言地教诲自己。外公为寺院雕刻石像、龙座、石狮、梁柱，他技艺高超，远近闻名。每年春节，父母带着年幼的陈钧德回宁波探亲，外公很喜欢这个外孙，常常左臂环抱着陈钧德，右手抡动铁锤对着石块敲打不停，他那长长的白胡须随着铁锤飘动，那声响也富

陈钧德油画作品《上海苏州河》，创作于1978年。

有节奏。叮当、叮当，声声不落空，每一声都传递着一种踏实的人生态度，一块原石就在这样的敲打中成形了。这个场面深深地印进陈钧德脑海，形成了他日后的座右铭：艺术是结结实实雕刻出来的。我只愿踏踏实实，不喜欢投机取巧。

陈钧德同时也欣赏一种潇洒情致，他的身着长衫的小叔叔很穷，却喜欢画画、写字，这位乡人举止随意，却具有雅致情怀。比如别人求字，他没钱买纸，便从穿着的长衫上撕下一条，面不改色地在上面写字。有一次他逗陈钧德玩，随便地在一张纸上洒上几滴墨水，陈钧德见纸被污，当场吓哭了，小叔叔说别怕别怕，当即挥动了几笔，墨水滴变成了小鸟。小小的孩子破涕为笑，多么好玩，像变戏法一样。

说起现在的成就，陈钧德很感恩家人的宽容和支持。过去他家有一间朝北的亭子间，窄小的一扇窗，室内光线黯淡，原本黄色的墙壁因风化而斑驳累累，剥落处露出白色的内里。少年的他并没见过龙门石窟、敦煌壁画之类的艺术形式，却做了类似的事情，他似乎看到这些凹陷的小洞窟隐现着各种人形，便用画笔将他们一一显现出来，有的人物手攀握着壁沿探出头去，看上去就像要翻窗出去一样，十分有趣。一个来客看了大赞，呵，一百零八将！也有人不解，这么暗乎乎的房间，怎么就能画出这么明亮的色彩？陈钧德很自然地回答，画出心中的阳光就可以了。这就是他的“内心光明”一词的缘起。

父母从不呵斥他，他们尊重他的爱好。后来父亲还把这间亭子间给他当画室，供他尽情涂鸦。

自小他又因父母的关系结识了一位德国医生，陈钧德管他叫卢家伯伯，这位卢先生并不是艺术家，却酷爱艺术名品，赚到的钱全用来购买各类艺术品，以收藏世界著名油画为主。

因为藏品珍贵，德国医生从不邀请他人上门，却允许陈钧德登上二楼，那些收藏品全放在二楼。直到现在，陈钧德还记得那个场景，画前拉着一条绳子，表示这是不可逾越的界线。面对这些大师级的油画，陈钧德一临摹就是半天。他说那时候简单啊，只是铅笔素描，然后再涂颜色。这些罕见的名画打开了他的眼界。

他还提到自己的妻子。他拿她的国画给我看，是一幅山水画，画面仿佛荡漾着山风。他赞叹道，看，多么大气。随后发自内心地说，为了成全我，她放弃了自己的爱好，心甘情愿地操持家务，我对不起她。为了她这份心，我更要好好画画。

陈钧德的妻子身材挺拔，五官秀美，她不仅善良，还很聪慧，为了陪伴陈钧德去异国他乡创作，她自学了简单的多国语言，以便应付生活，令我既感动又钦佩。

我想，他的妻子肯定和他的父母一样，不但懂得他的志向，看到他的天赋，也相信他能成功，他们的支持不是盲目的。当年他报考大学，选择的条件是只要这个学校能画画就行，结果浙江美院、同济大学、上海戏剧学院全

陈钧德夫妇于新西兰。

陈钧德绘画作品《亚龙湾海滨》。

都中榜了，家人鼓动他读上海戏剧学院，理由就是离家近，父母总是疼孩子的。就这样，他成了上海戏剧学院舞美系的学生。

1956年至1960年，他在上海戏剧学院（以下简称上戏）舞美系念书时，就立志成为画家，其间他还读了大量的文学名著，直到现在，他还能背出普希金的不少诗篇，他喜欢这位诗人的浪漫纯真，也被约翰·克利斯朵夫的奋斗精神所激励，并赞赏这种孤独跋涉的人生态度。读书能陶冶性情，对心地有好处，而画画不正是从心出发的吗？他是个极其用功的学生，同学们都不知道他吃好午饭去哪里消遣，谁能想到，他从食堂出来便骑着自行车回家，来去一小时，在家画半小时，数年如一日地坚持着。

刘海粟夫妇(前排左二、左三)亲临在香港举办的陈钧德(前排左一)画展,左五为董建平。

听到这个细节,我非常感慨,这样的人想不成功都难,大艺术家几乎都有超过常人的毅力。

上戏图书馆资料丰富,陈钧德如鱼入水,当他看到西方现代主义画册时,感到自己所有的毛孔都透气了,他觉得遇到它们是一种必然,因为他在这些油画里看到了自己的情愫。那时候,全国美校和创作机构皆推崇苏联写实主义风格,他不能公开表示对西方现实主义的喜爱,因为太煞风景。

他说忘了是高中还是大一,有一天下着暴雨,街道上积满了水,他挽着裤腿趟水去参加市里举办的一个美术大展,谁知在门口刚把画递进去,就被人扔了出来,同时扔出了一句评语:印象派!

在那时候,这是一个贬义词。而现在,盛赞陈钧德的人都会提及这些字眼,印象主义、野兽主义、立体主义、中西融合等,真是世事浮沉啊。陈钧德的创作轨迹比较清楚,1979年,被视为边缘画家的《上海十二人画展》展出,陈钧德是其中之一,他没拿出带有强烈现代主义印记的作品,仅是一些带有印象主义风格的风景，便已引起观者震撼，他的名字也被内行一再提及。1980年《刘海粟、关良、颜文樑、陈钧德油画联展》之后，陈钧德声名鹊起，世界各地向他发出展览邀请，荣誉纷至沓来。他的画风似乎已经确立了，有人形容它是一种介于印象主义和抒情性书写之间的绘画。然而，21世纪后，人们突然发现，无法归类陈钧德的画了。

陈钧德喜欢塞尚、伦勃朗、梵高、莫奈、雷诺阿、西斯莱、毕沙罗、塞尚、马蒂斯、德朗等，也喜欢八大山人、石涛、黄宾虹、王国维等，同样，他也与刘海粟、林风眠、关良、颜文樑等前辈结成了忘年交。他敬爱一切有成就的前辈，不论是国内的还是国外的，谈起他们以及他们的作品，他总是充满了感恩和激情，但他又有着与众不同的眼光和深度，他说，一旦有谁说你的画像谁就要警惕了。曾经有人说他是刘海粟第二，他没有半点自得，反而说，做刘海粟第二干什么呢？要做就做陈钧德第一。

画内画外浑然一体

受篇幅限制，本文仅论他的写生，发现用艺术宗教徒来形容陈钧德一点也不为过。

一般人将写生视为一种收集素材之举，陈钧德却认为写生是独立的艺术，只有用自己的生命与大自然对话才能真实达到借景抒情的境地。

他笑谈自己经历过“水深火热”，每次都是解放军救出来的。“水深”指的是那年他在嵊泗某个岛屿差点被海水淹没的事情。那天清晨他早早登上了一块礁石，他觉得这个角度看出去的海景特别有味道，他期望在太阳升起的一刻，捕捉到不一般的光与色。当波澜之上抖动着朝阳的金辉时，他激动得连呼吸都屏住了，他的笔在纸上快速地移动，他并不知道对面就是军港，也没察觉海潮正在涌起，悄悄地包围了这块礁石，等他发现海水漫延到自己脚旁时，已经来不及了，他紧张地回头看岸，却看见一排持枪的解放军战士面对着他，他们已经监视他好一阵了。一位解放军涉水过来，陈钧德趴在了人民子弟兵的背上，被驮到了岸上，他的画具也被及时抢救了上来。当解放军了解到他因写生而待在这个敏感的地盘上时，不由微笑了。

而“火热”指的是在皖南山区的一次写生。他背着一米左右的画箱，到处找景，结果竟迷路了，正想找回原先的小道，却意外发现此时此刻的不寻常，透过树梢，他看到云和云之间的光线，千万条地变化，伫立的树林好像刚从梦境中醒来，还处于朦胧的状态，鸟叫声却非常清晰，他莫名地感动起来，眼眶一下湿润了。因为过于投入，他甚至没有闻到异常的烟火味，等他收住笔才发现附近正发生火灾，火势已像水流似地滚铺过来，他终于明白了为什么会有“火海”一词，千钧一发之际，解放军如天兵天将突然降临，他又一次被救出了险境。

在陈钧德年轻的时候，因为众所周知的时代原因，他无法像前辈艺术家去欧洲学习油画，就竭尽全力去天目山等地写生，并参观了国内各大艺术馆，直到改革开放，陈钧德才得以满足遍游世界各地的愿望，终于亲见那些艺术殿堂与风景特色了，他的心如儿童一般的快乐。他对物质生活没有什么奢求，钱全用在旅游上了，他着迷于不同地域的色彩，有的地方会反复地去，比如瑞士，就跑了四次，有的地方待的时间也长，比如法国，一住就是半年，它们最后都浓缩到了他的画布上。这几年，他用上了油画棒，他认为它们有覆盖力，很方便在画面上表现。半个多世纪以来，他一路走，一路画，他的画册里充满了异国风光，米兰、阿鲁巴、布拉格、海德堡等，他的足迹几乎遍布整个世界。每次出国，他先托运画具，总得耗掉他一笔可观的托运费，但他不悔，如同古人作战，粮草先行。在异国别境，游客们处处拍照，他则是处处写生。面对那些江山城镇，他没有疏离感，但也不是当地人的熟视无睹，它们像一面面镜子，照出了他内心里早就存在着的那些隐约的轮廓，仿佛来此只是一个印证式的会晤。每到一地必以画作纪录的旅行方式成了陈氏标志，他的画册上满是世界风采。我第一次见到陈钧德，他刚从美国回来，像过去一样，带回了六张画。画作本身是有生命的，它们带着许多信息。他是我看到的最有意思的旅行者，我甚至认为他就是一名独特的旅行家。

陈钧德油画棒作品《南美风情》(阿鲁巴)。

陈钧德油画棒作品《海德堡假日》(德国)。

有人质疑某些画不像实景，甚至有人当面对他说，你的写生不属实，你是写意。他豪气地回答，我就是写意，写心中之意。

实景的山水和经画家改造过的山水之间有什么区别？对不同的人来说或许各有所重，在本质的意义上来说，这两种山水是一样的，都是一种存在，可以说，艺术家和造化是棋逢对手，互相成全。陈钧德认为，艺术是极其个人的事情，内心有多宽阔，艺术之道就有多宽阔，现在摄影都在讲艺术感觉，绘画倒要去学摄影的形式？

我赞成陈钧德的观点，我们不可能搬一座山进屋，但我们可以挂一幅山水在壁上，因为空间的限制，我们当然更需要提炼过的山水，这种山水具有艺术家的精神性，我们喜欢的也正是这种精神性。

陈钧德有三个系列，山林云水图、花果图、人体图。他认为它们都是大自然的基本元素，值得反复画。但从数量上来说，山林云水画得最多。这大概也是人们关注他山水画的原因。有一位美术评论家如是说：陈钧德是继林风眠、刘海粟等先辈之后又一位大师，他的抒情风景画是迄今为止中国画坛上最纯粹的艺术之一。

1999 年陈钧德在梵高墓前。

陈钧德身上有着很浓的诗情，傍晚，他躺在草地上，看到了高空中的夕阳和月亮，在喧哗的市声中，他感受到的却是寂静。街头散步，他如入无人之境，视觉下意识地过滤了杂景，甚至熟人从他面前走过也没察觉，以致引起误会。殊不知，当一个人心无杂念地沉浸在自已的内心时，常常就是这种忘我的状态。陈钧德说，我听到了发自内心深处的，如此遥远的宇宙之音。

宇宙之音是怎样的？我突然想到最初听到的神秘声响，它们是有相貌的，那就是陈钧德的色彩、线条世界，静而奇美，令人目眩。

荒原需要耕耘，心田何能荒废？我也是一头牛，无时不在耕耘、调养，令其丰实厚重起来。

——梁洪涛

梁洪涛：一曲都市里的艺术牧歌

姚育明

梁洪涛（1939— ），在上海市美术家协会和上海中国画院长期从事研究工作和专业美术创作。现为中国美术家协会会员、郑州大学兼职教授、上海中国画院画师、国家一级美术师。2005年被聘为上海市文史研究馆馆员。

谈创作，日子以年计

初见梁洪涛，如遇邻家大哥，亲切随和，连鞋都不让我换就进了客厅。他背对着门坐在沙发上，脸部处于相对的暗色调中，但我看到的却是一个敞开的人，真实、透明，偶尔透出几分憨厚的自得之气，这样的画家很是少见，言谈中不知道迎合世风的观

1987年上海市美术家协会举办中国画进修班，梁洪涛（二排左三）作为人物画科主课教师和人物画科的学员合影。

念，也不懂得择有利于自己的说辞，更不善于表现自己。正因如此，另一个问题出来了，我拟定的问题似乎总也不能达到预期目的，他好像不能理解我的用心。比如我想了解他的创作状态，便装作随意地问道："你每天是怎么过的？"他竟回答："我的生活不是以日计而是以年计的。"

好像一对大牛角猝不及防地抵到我的面前，我不由一愣。棒喝？禅语？后来发现什么也不是，暗藏机锋并不符合梁洪涛坦然的禀性，他似乎对文人关注的东西并不感兴趣，他不明白我为什么想知道琐碎的细节，他一定认为，年比月重要，比日更重要，与年相比，日这个单位太小了，他眼里的时间是大块面的。

他刚从郑州大学归来的那次讲座上，他就是这样对学子们说自己的纪年史的，"我的人生有三个阶段：读书7年（本来附中4年，大学5年，总共9年，因在中央美术学院华东分院附中学业优秀，跳了2级，直升浙江美术学院中国画系）；工作20年（美协工作10年，画院10年）；退休10年……"

梁洪涛于画室。

我注意到他没有把少年的时间段归纳进去，这是否意味着他的年代界定是以艺术内容为标准的？

翻看梁洪涛的简历，确实是从1956年开始计的，也就是说，在他心里，艺术生活是从考取中央美术学院华东分院附中开始的。现略去具体年代标志，只作一个大致了解：

附中读书时期，水彩画《高炉》获得了上海青年美术创作比赛二等奖，其间也画了一些很有意思的小画。浙江美院就读时，毕业创作《迎朝阳》在《美术》杂志上发表，并被浙江美院收藏；其间，多次投稿《浙江日报》、《新民晚报》等报被采用。工作时期以及退休之后，更有大量的作品涌现：《想想过去，看看现在》入选第四届全国美展，被中国美术馆收藏；《边寨小学》入选第六届全国美展，获优秀作品奖；在山东烟台市博物馆举办首次个展；数年后又展出《梁洪涛作品专辑》；《夏日》获上海美术作品展览三等奖；《新美术画库23・夕阳——

梁洪涛中国画作品》、《中国画人物技法月讲》、《画院画家丛书——梁洪涛画集》、《丝路画踪——梁洪涛新疆速写集》、《梁洪涛釉下彩绘》纷纷出版；主编的《上海现代书画家名录》三次再版；《古道》入选第七届全国美展；《江南水乡》被中国美术家协会艺委会收藏；《蛟龙盘空》获上海火红钢城美展一等奖；《母与子》获上海迎春画展一等奖；《雏燕》获上海第三届体育美展三等奖；在上海刘海粟美术馆展出《梁洪涛作品——小品专辑》；《射猎》入选第八届全国美展；《乐在牛中》参加比利时布鲁塞尔首届世界书画艺术作品展，获最高荣誉奖；上海电视台拍摄并播放电视艺术片《墨海腾波——梁洪涛中国画艺术》；朵云轩举行《牛画小品百图展》；喜来登酒店举行《双百图展》；在景德镇绘制了一大批风格各异的陶瓷釉下彩绘；之后参加上海百家艺术精品展，现场举行首次《梁洪涛陶艺展》；上海中国画院举办《梁洪涛西部风情画展》；《人民画报》专版介绍《梁洪涛中国画艺术》。

对梁洪涛诸多的艺术成就大致了解了。但问题又来了，梁洪涛的少年生活其实是值得一提的，但是否真与艺术两字没有关系呢？

其实不然，他出生在山东省招远市北五里庄村。父亲远在上海一个商行里做账房先生。当时解放战争正激烈，邮路不畅，父亲一去杳无音讯，母亲终因积劳成疾，英年早逝，兄妹仨和奶奶相依为命，艰难度日。小小的他虽然不懂时局、家务、前途，但对于亲人的离世却有着肝肠寸断的体悟，即便如此，孩童天真的本性仍没泯灭，他用小刀在木头上刻出手枪，用泥巴捏出手榴弹，他做得太逼真了。在一群同样喜欢手工作品的孩子中，他是出类拔萃的一个，小伙伴们总是向他讨要……

奶奶很疼爱小孩子，但见梁洪涛热衷于捏捏刻刻，仍呵斥他太顽皮，她当然想不到，一个孩子的创造能力，恰恰展示了艺术的本质，硝烟弥漫的国土必然会生发出对应的艺术形态。作为小孩子的梁洪涛也没有意识到，只是感到它们为苦难的生活多少带来一些乐趣。

1947年某日，梁父花钱请人将乡下的大儿子带到上海工作，当时二儿子梁洪涛正在奶奶身边玩耍，奶奶还没反应过来呢，来人就不由分说地把他抱上了自行车后座……阴差阳错，梁洪涛的命运由此改变。他惶恐地跟着这个陌生人，一路避战火、闯哨卡，扒汽车、睡草房，饥一顿饱一顿，过早地见识了世相的凶险。在一个叫赵格庄的地方，他被安排在染房里吃住，火炕上住着五个成人，他被挤在中间，拘谨而又紧张。人们忙着染布、晒布、运布，没有一个人理他。梁洪涛虽然觉得无趣，目光又不得不定在那里，没染色的白坯垒堆着，染好的一匹匹挂着，蓝色、褐色，他被裹在单色调中，心却飞到了上海，在他小小的心里，大上海是五颜六色的。但他没有想到，眼前所见在潜意识中也落下了种子——现在的客厅里，他的青花瓷瓶画以及挂着的蓝色调饰件是那样的古朴，像少年颠簸途中的所见，深重厚实又恍若梦境的人生滋味早就沉淀心中了。

在驶往上海的大客轮甲板上，这个不谙世事的小小少年和一群狼狈不堪的国民党逃亡士兵站在一起。多么宽阔的海，海水在阳光下变着色，海鸟飞姿动人，它们在船头翱翔，或者从船舷一掠而过，也有几只紧追在船尾舞弄浪花。梁洪涛的视线跟随着它们，并不由自主地在虚空中画着飞速的海鸟，然而，客轮随浪颠簸，他头晕眼花起来，一阵阵呕吐，心像大海中断索的孤独小船，既茫然惶惑，又盼望着地平线早早出现。

在吴淞口，梁洪涛看到一艘沉船的桅杆歪斜地耸立着，仿佛欲言又止，它未说出的话被上海四川路桥旁堆积的沙堡代替了，少年的心里充满了模糊的憧憬，他感受到一种山雨欲来风满楼的局势变化。

梁洪涛的家就在四川北路桥南一座大楼内。次年，梁洪涛目睹了四川路桥的巷战，最终国民党残军丢盔弃甲，乔装打扮，狼狈逃窜。战斗结束后，楼里楼外，弹痕累累，邮政大楼的窗户千疮百孔，国民党一辆小型坦克车撞在电线杆上，像一只巨大的死龟。在这堆废铁边上，还躺着几具尸体。挤在人群中看热闹的梁洪涛心里激动起来，他奔回家，迅速地用铅笔勾勒了一幅上海解放的画面，它成了投考中央美术学院华东分院附中的答卷之一。

艺术灵感就是这样从生活中来的。在他未受到正规训练之前，一些小画就显示了他的才气。比如他十六岁时发表的处女作《为儿童的演出》，画面共有十四个人，两个在舞台上演出，“来宾席”位置上坐着六个成人。儿童们全在后面的矮凳上，他们有的攀在成人的椅背上，有的踮脚踩在矮凳上，有的单脚站立差点摔倒，还有一个因郁闷干脆把后脑勺对着舞台。

多么敏锐，多么幽默，充满了天真、童趣。所以，我想对梁洪涛先生作个建议，再加上一个以年计的时间段吧，你的少年生活也有艺术价值，仔细挖挖，也许还有新的发现呢。

忆往事，师恩终难忘

我采访了梁洪涛三次，加在一起的时间不下十五个小时了，他轻松自如地谈自己的人物画、牛画、都市画、釉下彩绘等，也谈到这二十年研究的两个课题：城市绘画以及人与牛的关系。他的身姿、表情很少变化，低调，却又自信。

在梁洪涛学艺、从艺的生涯中，受过刘海粟、潘天寿、诸乐三、陈翔龙、徐永祥、严友俊、唐和、朱恒有、宋忠元、李震坚、周昌谷等大师的教诲和鼓励。还在梁洪涛就读附中时，刘海粟先生就赞赏了他的作品，并将家藏的英国水彩画纸和他的《群牛图》精制印刷品赠送给梁洪涛，这张图像灯火一样照亮了少年学子的心，这也是梁洪涛喜欢画牛的缘起之一。事隔二十二年，刘海粟又亲笔为已是画家的梁洪涛书写诗词："穿山透石不辞劳，地远方知出处高。溪涧岂能留得住，终归大海作波涛。洪涛仁弟属己未春刘海粟。" 还有潘天寿先生，他的绘画艺术和人格魅力给梁洪涛留下深刻的印象，梁洪涛亲眼目睹他如何改动已经挂出的大幅画作，潘天寿不仅教他诗词，还在梁洪涛的毕业留言簿上赠词："洪涛研弟：在惊涛猛浪中，能做一个不迷方向的舵手。63年7月21日灯下寿。" 梁洪涛手捧墨迹如获至宝。程十发也赞叹他的牛画并写下 "神牛" 两字。大师们的赠词不仅使他感动，也给了他创作的无限灵感和无穷力量。

但我的心真正被打动的不是这些响当当的大师、名家对梁洪涛的亲教和眷顾，而是他对小学美术老师叶良富的启蒙和关爱产生的深重感恩。叶先生若还活着，当欣慰。

他在小学读书时负责少先队的队报编画工作，受到画材的限制，多用黑白色进行制作，复制、放大漫画作品，宣传抗美援朝。叶先生看出了梁洪涛的潜力，不仅手把手地教他临摹和写生，还提请他不要满足于政治宣传，要加强绘画的基础练习，学会色彩设置。在他的引导下，梁洪涛的心田里植下了纯正的艺术种子。少年梁洪涛深深地依恋着这位可亲可敬的美术老师。突然间，叶先生莫名地不见了，梁洪涛不知道发生了什么事情，画画上没了依靠，他心里很彷徨。过了一段日子，班主任转来叶先生的来信，短短的两个月中，他给梁洪涛写了六封信，信封是用旧报纸糊好再贴一张可书写的白纸，信纸也是劣纸，可叶先生的信函没有半点自卑寒酸气，他一如既往的亲切，第二封信的开头还纠正了第一封信中的一个别字，并检讨自己的粗心，叶先生一丝不苟的治学态度，也为梁洪涛的读书作文做出了好榜样。叶先生在信中鼓励他要有计划、有步骤地进行绘画，怕梁洪涛看不懂文字，还用图解说明，如何打轮廓、涂明暗，他多次强调要向音乐家训练听觉那样训练视觉，平时要集邮、剪报，积累绘画资料。叶先生爱心深广，还对梁洪涛

1996年程十发在观梁洪涛画展后题写两个字：神牛。

梁洪涛激情挥毫作画。

梁洪涛十七岁时所画的水彩画作。

20世纪80年代在贵阳，梁洪涛写生时与现实中的牛交上了“朋友”。

梁洪涛瓷画《秋歌》。

说，可以拿他的信和其他小朋友一起讨论，获得一些进步。叶先生还将自己喜爱的艺术书籍送给了梁洪涛。叶先生离开了学校还这样念及学生，使梁洪涛感动万分。他说叶先生的信极有水平，像千字文那样严谨，字体一点也不逊于名人手迹。

梁洪涛说直到小学毕业他才知道，原来叶先生因病被学校遣送回家乡了，他的病是个人感情受损引起的精神分裂症。我听了也忍不住动容，长叹一声：你太善良了，就不懂得保护自己的心啊。

梁洪涛接口说，是啊，他命苦

梁洪涛绘画作品《放风筝》。

梁洪涛绘画作品《清趣》。

梁洪涛绘画作品《和为贵》。

梁洪涛绘画作品《读》。

啊！就是在这一刻，一秒钟内，他的声音哽住了，脸突然涨得通红，鼻子也塞住了。之后他就有点坐立不安，不停地抽纸巾，擦鼻子，欠身扔纸巾，又起身抽纸巾，他似乎因为克制不住自己的激动而显得有些无措，终于他镇定下来，为我茶杯里续上水，但看得出，他的心神仍有些激荡，我完全相信他发自内心的感言：

叶先生不仅教我画画，也教我怎样做人。

他说工作后去外地找过一次叶先生，没有找着，但他一直不敢忘记叶先生的恩情，他已将叶先生写给自己的信整整保存了六十年。

周大融老师是他读初中时的美术老师，他也同样牢记在心。他说周老师水彩画顶级，还弹得一手好钢琴。周老师也喜欢梁洪涛，课余教他画水彩画，还传授了他许多美术知识，由此梁洪涛听闻了齐白石、徐悲鸿、刘海粟和潘天寿等大画家的名字和作品。后来报考中央美术学院华东分院附中，面试时轻车熟路、对答如流，这全得益于周老师平日的灌输。

论成就，大江以南唯梁牛也

还有另一类老师，与梁洪涛的生命紧紧相连，那就是牛。说到它们，梁洪涛的脸上就流露出发自内心的微笑。他闭起眼睛都能看到牛的各种妙相——它们的眼神以及身上的每一块肌肉。当有人不理解他为什么还画牛后背时，他正色道：它是整体的，因此每一部分都美。

梁洪涛不知画了多少头牛了，最大的丈二一头，最小的一尺左右，画中牛所在的环境也变化多端，南方、北方，山水、花卉，牛身置其间，自由自在。我初次看到梁洪涛的牛，心里有说不出的感动。文人以文字传达心声，画家以画表达情怀，梁洪涛的牛让我感受到久违的温情。过去，我一想到牛就是被宰杀的惨状，那类画面对我的心造成了很大的伤害，我们太需要梁牛来慰藉受伤的心灵了。

其实梁洪涛不仅画牛，他还画人、画驴、画鸡、画虎。我看过他的一些画，画得非常有感觉，比如表现黄浦江畔的《上海滩》、《金光四射》，化繁复为简略，却一点也不失凝重、高昂，反而有一种丰润和带点东方情调的异常风采；再比如草原之景，连随意摆在一边的一只水桶，也仿佛沾了人气，造型充满趣味。但人们一想起梁洪涛的作品总是跳出牛的形象，也许是他的牛更具亲和性吧？

画家谢春彦说，“大江以南唯梁牛也”，我觉得一点也不为过。看梁洪涛的牛是一种享受，也是一种治疗，牛并不自知自己的功能，就像梁洪涛并不觉得自己画牛有多么了不起，他和牛有些相像，对于艺术的追求，几乎是出于本能。

相濡以沫的梁洪涛夫妇。

与牛的最初结缘是在20世纪70年代，他被下放到上海郊县金山卫劳动。那里一片破房，到处在挖管道，做基础工程，梁洪涛看来看去没什么好画的。没什么人，只看到牛，于是他钻进了牛棚，时不时地喂它们一把饲料。牛很高兴，知道他不是来屠杀它们的，他一露面，它们就停止了吃草，抬头望他，他则速写它们。奶牛、小牛、公牛、种牛，一画就是三个月，牛成了他的模特儿。有时需要某个角度，牛的身体需要动一动，梁洪涛就拍拍它的头，把它的脑袋扳过去一点，或身体侧过去一些，牛会很听话地顺从他，配合着他的需要。梁洪涛感慨道，牛真能识人意啊。

牛是什么？牛是勤劳也是闲适，是忍耐也是平缓，是倔强也是温和，是踏实也是奋发，是厚道也是牢靠，是朴实也是安详，是无为也是奉献，是死心眼的执著也是大度的包容……梁洪涛喜欢的就是这些。他说现在也有不少人喜欢牛——吹牛皮嘛。他说画牛就是画人，就是画情，他很乐意一生走在画牛、师牛、颂牛的路上。多年来，梁洪涛走遍国内外，足印四方土壤，与牛心心相印。

他的画里，全是鲜活的生命：黄牛铮铮骨响地走着，像一条条硬汉；牦牛温驯地披着长毛，向主人传达冬日的暖意；奶牛鼓鼓的乳房，奉献着绵绵深情；而乌牛沉着的一鸣，述说着丰富的内心。画中的善意，画中的真诚，画中的美意，画中的光明，这就是牛存在的价值，它们都是梁洪涛的化身，他的牛就是他自己。画中那些和牛相依的少年就是他的心，手拂杨柳，或横吹竹笛，都市里一曲充满韵味的艺术牧歌，是异响，也是和谐。

我是个简单的人，我无怨无悔地做着书法这一件事。

——周慧珺

周慧珺：一生一首翰墨诗

李　静

周慧珺（1939—　），上海中国画院国家一级美术师、上海市书法家协会名誉主席。出版《周慧珺教魏碑》、《长恨歌楷书字帖》、《周慧珺行楷书千字文》等。2010年被聘为上海市文史研究馆馆员。

周慧珺不知“创新”，无意“流行”，却在不久以后成了“创新”与“流行”的代言人。

缘起《蜀素》

周慧珺幼年初学赵孟頫，学赵是由父亲的意志决定的，在父亲的眼里，赵字代表书法的正统。他希

1980年周慧珺在家中练字。

望自己的女儿将来能像赵夫人管道昇那样，成为享有书名的女子。然而，年幼的周慧珺并没有如父所愿，相反，那秀媚恬熟的赵字怎么也引不起她特别的兴趣，断断续续写了几年，说不上对书法有多少喜爱，况且年少贪玩，其他诱惑很多，而写字不过是为了交父亲的差事而已。

高中毕业，周慧珺考上了上海科技大学药物学系，仅上了几个月的学，便因严重的类风湿关节炎发作，不得不退学回家。在病魔缠身的日子里，周慧珺每天用大量的时间写字，以此来消磨时间和求得暂时忘却由病魔带来的痛苦。

有一天，周慧珺无意间在家中的书柜里发现了一本帖，顿时令她眼睛发亮，这本尺牍小行书结字左伸右缩，姿态奇逸；笔力遒劲，以侧势取妍，左右摇曳生姿的风格令周慧珺震惊，新奇和新鲜所带来的快感，第一次使周慧珺感受到了书法的魅力。她急忙翻看此帖的介绍，得知这是宋代书家米芾的《蜀素帖》。从此她心摹手追，浸淫其中，一发而不可收，专注于《蜀素帖》，春夏秋冬临池不辍。

理科出身的周慧珺敏行讷言，她的内心却潜藏着一股艺术激情。1962年，她开始了对书法艺术的求索之路。于是周慧珺慕名进入了上海市青年宫书法学习班，正式拜师学艺。因为这里云集了上海顶尖的书法师资队伍，有沈尹默、白蕉、拱德邻、翁闿运等一批享誉书坛的大名家在此执教。齐整而高水准的师资和严格的基本功训练，使周慧珺书艺益进。临帖是青年宫学习班的必修课程。拱德邻对于“悬腕”的见解，使她受益匪浅。拱先生认为：学书必先学会悬腕，同时人要站正，笔墨才能随心而动，灵动自如，肆意挥洒。这种观念对于周慧珺日后喜欢直立悬腕写字起了开蒙作用。同时，沈尹默“提按、运肘”的理论也深入周慧珺的书学理念中，始知“写字不必笔笔中锋，要妙于起倒，达到四面灵动、八面出锋的境界；字的结构就是布白，字由点画组成，空白处也是字的组成部分，虚实相生、相守，才成艺术品”。得名家指点迷津，周慧珺茅塞顿开，拿起一本帖时，不再像初学时那样茫然不知所措，能比较迅速地领会各种字帖的用笔技巧和结构特点。两年的时间里，周慧珺临习了多种碑帖，楷书有颜真卿、褚遂良、欧阳询等，行书以宋四家为主。

20世纪60年代中期，一场厄运席卷中国大地。“文革”骤起，书法老师们一个个被打倒，父亲成了专政对象，周慧珺也成了黑五类子女，家被抄，住房被紧缩。严重的类风湿关节炎再次发作，她不得不请长病假在家中休养。这段时间对周慧珺来说是痛苦而漫长的煎熬。父亲被打倒，母亲因抄家而受惊吓，得了精神分裂症。周慧珺微薄的病假工资要看病，还要贴补家用。贫病交加的周慧珺蜗居斗室，整天面对年迈无助的双亲无言以对，欲哭无泪。周慧珺越来越沉默，书法成了她此时唯一的精神寄托。她开始“三更灯火五更鸡”，悬着病痛的臂腕写啊写，寻找着赖以生存的希望和精神慰藉。在人生最艰难的岁月里，周慧珺送走了崇敬的拱先生、沈先生……

“文革”最残酷的前五年，在人心惶惶中过去了，到了70年代初，各方面的情况有了好转。上海东方红书画社（朵云轩）开始邀请部分年轻作者，参加一些书法活动，周慧珺也是其中一员。从那时起，朵云轩的橱窗里，经常有她的作品展示，此后的大小市、区级展览会，每每有她的作品亮相。1972年，《人民中国》日文版杂志上刊登了她的作品。从此，周慧珺的名字和她那清新脱俗、刚健有力的书风，给上海的广大书法爱好者留下了深刻的印象。

一帖成名

1974年，三十五岁的周慧珺受朵云轩之约，出版了平生第一本字帖——《鲁迅诗歌选行书字帖》。周慧珺在后来的作品《自序》中说：“文革”中家庭遭受变故及自身受疾病折磨，这一时期的书风追求雄强刚健，以表达自己在逆境中不甘屈服的心志。也许周慧珺字帖里所表达的精神，在当时的学书人心中产生了共鸣，人们争购踊跃，首版很快售罄。于是一版再版，在短短的几年时间里连印十多版，创下了印数100多万册的记录。从此周慧珺的名字以及她那具有独特风格的书法传遍了大江南北。

1975年，周慧珺得昔日青年宫老师翁闿运先生的介绍进入了上海中国画院，成为专业书法家。青年宫学习班停止后，翁先生总是主动上门赐教。此时的周慧珺已然摆脱了临摹的困惑，开始寻找新的感应点，其间难免遇到瓶颈，翁先生便不厌其烦地为其解惑。翁闿运是研究古籍碑帖善本的专家和收藏家，每次去周家总会带上几本为其讲解，供其读、临，这对以后周慧珺楷书形成“帖形碑质”的书风起到了关键性的作用。周慧珺始终对翁先生存有一份感恩、一份敬重。他们的关系亦师亦友，直到2006年翁老西归，翁闿运一直是周慧珺书学思想的启迪者和引路人。

周慧珺学书伊始，便把临帖看得至关重要。她经过反复研习和实践，探索出一套属于自己的独特临帖技法。她敬畏传统，但不保守，她的书风里有米芾的影子，但更包含着自己强烈的个性。最初，她从米字中寻找到了与自己学养、气质相吻合的东西，取其“一枝半叶”，融会在心，形成自己的风格。记得前人对入帖和出帖的关系曾有过这样的妙喻——“因筌得鱼，得鱼忘筌”。直白说来就是用“渔”(捕鱼的方法)捉“鱼”，待捕到“鱼”以后，就不要再受“渔”的束缚了。因此，从70年代中期进入画院起，周慧珺作为一名专业书法家，在体悟书法精神的实践中，不断地汲取和扬弃，使自己的书风在这一过程中，稳步地走向成熟，逐渐摆脱了“出帖难”、“创作难”的沉疴。

自20世纪80年代起，周慧珺楷书取法魏碑较多，魏碑元素的汲取，使她得以有机地将帖中以中锋为主的“圆笔”与碑中的“方笔”糅合在一起，表现出帖与碑交相辉映的样式。同时，这种方圆并举、气势雄阔的用笔也成就了周慧珺楷书“帖形碑质”的风格特点。

泰戈尔说：“只有经过地狱般的磨炼才能练出创造天堂的力量，只有流过血的手指才能弹出世间的绝唱。”周慧珺凭着几十年的书法创作的深厚功底，随着思想的成熟和对书法艺术多元化的不断吸纳，她的书风更趋成熟老辣，其行草技法已臻化境。

之后，1986年由黑龙江出版社出版的《长恨歌楷书字帖》及稍后出版的《周慧珺行楷书千字文》，都是多次再版，特别是1987年由上海书画出版社出版的《古代爱国诗词行书字帖》，取得了连续多版、印数百万册的骄人成绩，深受广大书法爱好者的喜爱。

书道苦旅

如果说到了80年代，周慧珺书法能得以大流行，是因为全国的书法热才刚刚开始，那么，在持续升温了三十多年后的今天，又是怎样的景象呢？ 2003年12月，上海书画出版社再度约请周慧珺写了《草书千字文字帖》，不得不令人叹服的是周慧珺风光依旧，在十年的时间里，已经第七次印刷了。之后，上海人民美术出版社出版的《三字经行书字帖》面世。近两年《周慧珺金刚经楷书作品集》、《周慧珺楷书前后赤壁赋》相继出版，对出版社来说，出版周慧珺字帖是不用担心赢利问题的。对书法爱好者来说，期盼周慧珺不断有新作问世是他们的心愿，长期以来，收集、收藏周慧珺作品的人成千上万。难的是周慧珺自己，一个人能领一时潮流已属不易，而经久不衰更是难上加难。常有“三十年河东、三十年河西”之说来形容事物转换迅速，在艺术领域，如流星、昙花般转瞬即逝的人实在不是少数。周慧珺却一直孜孜不倦地探索着、追求着、构筑着属于她自己的新境界。她善良、质朴、宽厚、谦虚，内心世界很充实，所有这些决定了她的作品意韵悠远并能经久不衰。

大道无垠

在高喊“创新”口号的今天，对周慧珺的书法也有各种议论。听得最多的是“保守”、“落伍”、“俗”等。周慧珺为人大度谦虚，听到后并不生气，她

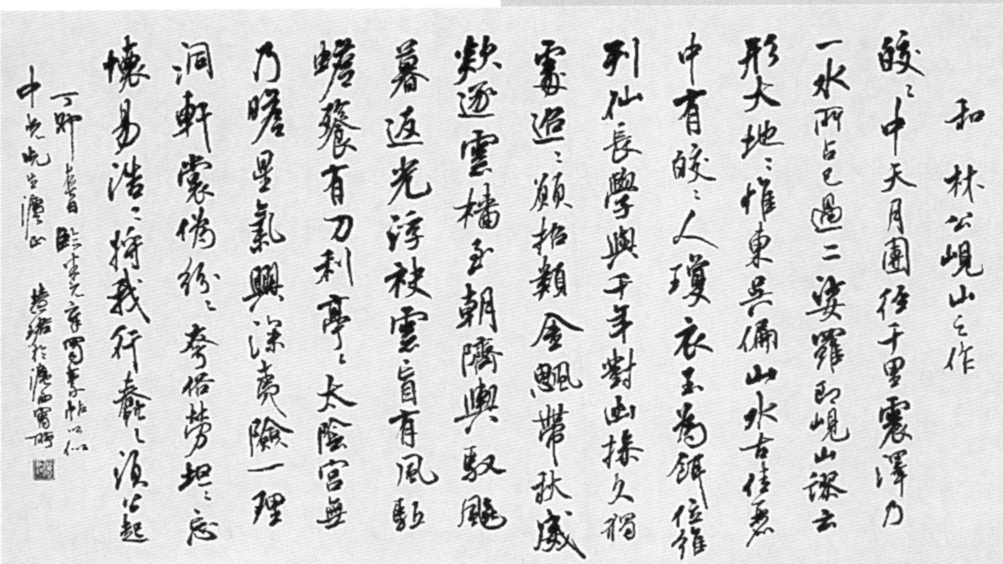

周慧珺临米芾《蜀素帖》，创作于1988年。

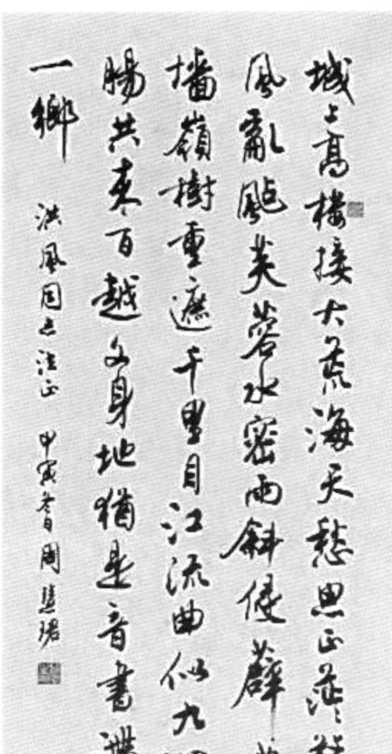

周慧珺书法作品《柳宗元诗》，创作于1974年。

经常说："书法在进步，也许我的观念真的落后了，但我的潜意识里是不甘落后的。不过，每个人都会有因各人的理念之差带来的局限性，我会尽力并尝试去做我所能意识到的那一部分。"

前不久，周慧珺接受了《新民晚报》记者的采访，当被问道"您的字近十多年中貌似变化不大"时，她答道："您觉得我的字没有变化，我也在想这问题。变化应该是有的，但到我们这样的年龄，到我们这样的程度，大的变化很难，革命性的突破很难。我在前面已经说过，这也是我痛苦的地方，体力、思想力、观念都束缚着你，限制着你，不是我不想变，而是很难达到升华程度的变，所谓凤凰涅槃、浴火重生的大变。你知道该变，但是你不清楚该如何变，突破不了，这就是所谓‘书道苦旅’。这种‘苦’将伴随你终身。”

疑惑、迷茫过后的周慧珺，对书法的精神和内涵有了深刻体悟；对书法的创新规律有了明晰的思维；对自己创作需要注入的元素更清楚了；审视思辨能力得到了一次质的升华。所谓“创新”，周慧珺有自己的理解，她认为凡在书法史上占有一席之地的大家，无一不是独辟蹊径开一代风气的，但独特鲜明的风格并不是可以迅速“创新”出来的，刻意地做作、摆弄，翻出来的花样显然与真正意义上的书法风格创新相去甚远。颜真卿的宽博沉实，欧阳询的险峻崇高，柳公权的法度森严，尽管他们都是取法钟王，但由于各自的阅历学养、性格审美的差异，最后都形成各自独特的面目。至于行草书更是流派纷呈。王羲之清健俊逸，颜真卿沉雄苍涩，苏东坡含蓄蕴藉，黄庭坚俊逸洒脱，米芾风樯阵马，张旭、怀素、王铎、傅山等，无一不是具有鲜明的个人风格。周慧珺认为个性强烈的艺术家，风格的形成一定会早于一般人，用心搞艺术的人必然会把自己的综合素质体现在他的作品里，形成其特殊的风格。但风格会随着年龄、学识的增长而变化，然而，这种变化需要时间，是一个渐变的过程，不同于戏剧中的“变脸”，可以在瞬间完成。周慧珺对经典的涵泳不狭隘、不固执，善于摄取与其性情可以相容的诸家法数，能虑定而直击要处。凡此种种，使她能凭借其卓见自异于常人而入得深，并因入得深而拓得开、看得远。

周慧珺书法的特色就是把雅与俗完美糅合、高度地统一起来。雅与俗是一种形态。书法艺术不是一体性的，它具有多元性、融合性，而“中和”才是极致。它集宇宙之大成，静中寓动，犹如天空，看似湛蓝，其实包含了所有的色彩。“二王”、宋四家、赵孟頫、董其昌等，经过历史的考验，赢得了大量的爱好者，他们的作品均属雅俗共赏一类，包括书圣王羲之的《兰亭序》，也非“纯高雅”之作。没人能说出“极雅”是什么，雅与俗的界限难以准确划分。“唯美”与“宁丑”两个极端，都不符合周慧珺的口味，正如她的为人处世，也是偏向儒家的“中庸之道”的。因此，周慧珺坚持强调书法本质的艺术性，但也顾及其实用成分。创作时把自己的艺术风格和自然美学不露痕迹地融会，恰到好处地表达，舒缓而紧致地体现雅俗共赏。

周慧珺强调当代书法创作，还是要到丰厚的历史积淀中追寻和探求。回归传统，重温经典，要成为当下书法艺术创作的主流。在艺术风格上应具有正大气象，自然、朴素、刚健、清新；在表现形式上要雅俗共赏，为大众所能接受认可。只有这样的作品，才是真正的优秀的作品，才能代表一个时代的风貌。历史证明不同朝代得以流传下来的经典作品，几乎都是雅俗共赏的，任何承袭偏枝，失其正脉，终究难以为继，书法毕竟写出来是给人看的，不是放在家里孤芳自赏的，高雅而又通俗才叫雅俗共赏，她说自己将会继续坚持将古代传统书法审美与现代创作形式相结合，走出一条雅俗共赏的新古典主义书法之路。

曾经有人问周慧珺：您所理解的完美书法是什么样的？您最想达到的理想的书法境界是什么？周慧珺的回答很有哲理："这世界上的事情没有完美，所谓完美只是相对而言，不完美才是绝对的。书法也就是没有完美，所以才充满了魅力，探索、实践才没有止境。就是《兰亭序》，也有人觉得它偏于软弱；就是苏东坡，也有人认为他书法太肥，是'墨猪'。至于我这样的书法作者，就关注今天是不是比昨天写得好一点，明天能否比今天又好一点，如此而已。要表达什么什么的高深思想，要体现什么什么的崇高品质，要与天地宇宙精神相往来，等等，我是做不到的。别人能否做到，我不妄加评论，但是怀疑。我所谓的书法理想境界就是写出我的性情、我的风格，同时有较高的书法技术难度，与中国书法传统审美标准也没有大的违背。如果能还有一点时代气息，能在传统审美基础上有一点点突破，那就更好了。但是能否实现，我也怀疑。"

其实，周慧珺书法之所以能经久不衰地深受大众喜爱，说到底，她的为人和她的作品一样，符合中国人的传统思维，即"中庸之道"，没有完美何来"极雅"？周慧珺自有卓识和襟度，对书法的本质看得深、溯得远，并能在与己不相合的事物中摄取所需以自壮，这一特质在她书法艺术的实践过程中发挥得淋漓尽致。怀揣着“雅俗共赏”的审美意趣，始终如一地用沉着娴雅的笔致书写，不激不厉、开合有度，是她优游斯事的自得之意和胜出之道。

踵继前贤

20世纪80年代初，上海凭借着政治、经济、文化、出版以及人力资源等各方面的优势，书法始终领全国风气之先，对全国书法的现当代格局及美学趣味产生了重要的影响。其次，由于具有全国影响的名家大多集中在江南一带，所以，在上海的名家也比其他地方多，加之师承关系，各门派之间的美学趣味也比较固定，不会轻易地被感染或变异，具有相对的稳定性。上海书法在“文革”后为什么能领全国风气之先？除了上述的天时地利以及人文底蕴因素之外，还有最重要的一点就是中青年书法中坚力量的形成，周慧珺无疑是其中的佼佼者。

周慧珺踵继前贤，从70年代崭露头角到后来的开风气、领潮流并作为一位主政上海书坛十二年的领军人物，她敢于不断自我否定、自我进取，

周慧珺和老师翁闿运在一起。

2005年周慧珺为粉丝作书法示范。

2005年周慧珺在家中读帖。

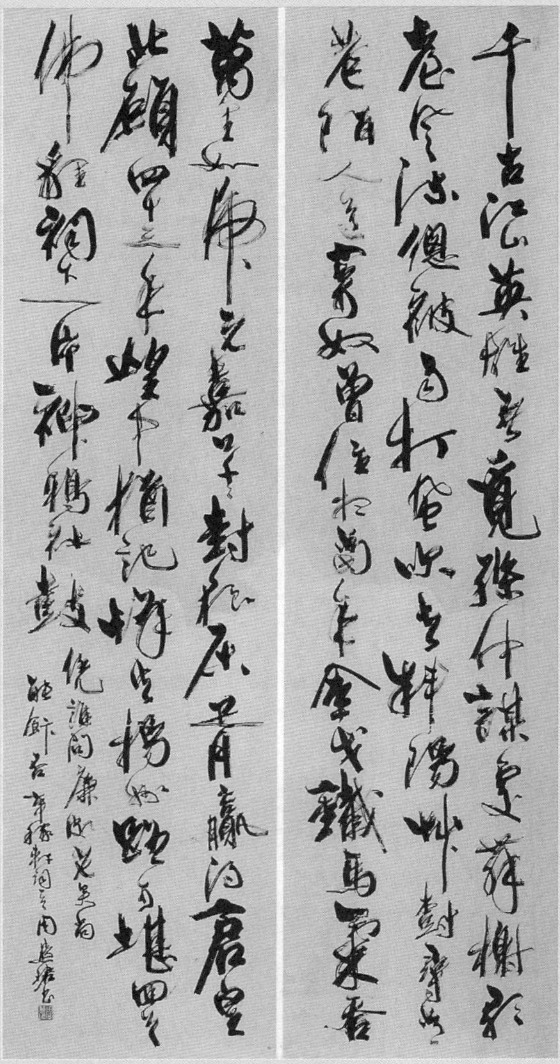

周慧珺书法作品《辛弃疾词》，创作于2006年。

在她的心目中碑帖结合既是理想也是目标。所以，在20世纪80年代初期她毅然地从单纯的帖学中走了出来，把自己的视野和触角深入到北碑之中，作品以刚强雄浑的面貌出现，她的成功对当时的上海乃至全国中青年书法作者的影响是巨大的，她以自身迥异于他人的强烈书风和独特的个性精神，使帖学和碑学有机融合。并以苍厚奇崛、险绝跌宕的风格，丰富了以沈尹默、白蕉为代表的平正秀逸的近现代海派书法的组成元素。海派书家一向对魏晋风雅蕴藏之美情有独钟，“二王”书法的中和简约与淳厚典雅历来是老海派书家们的审美追求。他们是“二王”为代表的魏晋法度得以传承不绝的关键人物，从维护和继承书法传统上来讲功不可没，但在个性张扬上略显不足。周慧珺深知学书若绕过“二王”，从技法积累到风格建树，将会缺失很多。但古人那种“非恨臣无二王法，亦恨二王无臣法”、“知二王以外有书，斯可与论书矣”的气概，也是书法创新中不可或缺的。

周慧珺在没有深入到魏碑前，临过的帖不下数十种，遍临了“二王”、赵孟颊、智永及颜、欧、柳等晋唐名家法书十多年，同时又主攻宋四家，尤于米芾书法上颇下功夫。米芾作为“集古创新”的代表人物，对周慧珺产生的影响是巨大的，几十年来，她且临且创作，对毛笔的驾驭能力非常人可比，古人的技法在她手中已是“百炼钢化作了绕指柔”。周慧珺深知临书集古是创新的跳板，若把跳板当作温床一辈子睡下去爬不起来就只能成为“书奴”。米芾以“二王”为宗，日日临池不辍，但创新始终是他终身的追求，晚年一反晋唐书法结体的稳定、典雅，一味追求结体奇险、跌宕，用笔打破“藏头扩尾”的古训，有意运用侧锋，如“风樯阵马，快剑斫阵”，造成了波澜起伏、峻特奇崛的神态。米芾的卓越创造使他理所当然地坐上了宋代书法的第一宝座。

周慧珺继承了米芾的笔法和创新精神，中年后取法魏碑，使作品在米芾欹侧的结体形态上更显气势，笔致方圆并举，“帖形碑质”使作品更具深刻感。那种带着强烈的时代气息的雄强刚健、藏露互见的书风，补充了老海派书法家的作品在力度上、节奏感上的欠缺。周慧珺使书法在视觉冲击力上实现了一个历史性的转折和突破，也把海派传统的审美观推向一个新的境界，不能不承认，她的出现丰富了海派书法的内涵，对海派书法的传承和弘扬做出了一定的贡献，也为新时期的海派书法竖起了一座崭新而璀璨的地标。

如今，周慧珺年事已高，将随着参与社会活动的减少而慢慢淡出人们的视线。然而，笔者想说的是：对于书法界而言，周慧珺的时代终将过去；就她自身而言，她是值得自豪的，因为她无愧于这个时代。她雁过留声了，她的艺术影响了整整一代学书人！可以肯定：今后并且很久的将来，人们都不会忘记曾经有那么一位身患残疾的奇女子，在中国书法史上抹上过重重的一笔！

舍即得，弃即存，舍弃无数，为塑一花苦经营。

——汤兆基

汤兆基：别去江海留一瓢

杨之立

汤兆基（1942— ），上海市工艺美术研究所高级工艺美术师、研究员，中国书法家协会会员、西泠印社社员。专长书画、篆刻、工艺品设计和创作及左手治印。擅画牡丹，首提“牡丹学”，有“汤牡丹”之誉。2009年被聘为上海市文史研究馆馆员。

采访汤兆基先生的日子是一个深冬，虽然我再三强调应当拜访他，他还是亲自驾车风风火火地来上海市文史研究馆找我。此前，汤老师拿着iPad飞快地翻页，得意地向懂书法的同事展示：外孙两岁时信手涂鸦的笔法隐然有“八大”神韵。

这是一种奇妙的感受：他的身上兼具少年的锐气、中年的沉稳和暮年的通达，他意气风发，跃马前行，将曾经历过的坎坷一一踏平，远远甩在尘土飞扬的身后。

一生两逆　艺兼三绝

汤兆基，祖籍浙江湖州，1942年11月生于重庆江北。父亲在国民政府中央银行任职，抗战爆发后时局动荡，举家随银行南下，经安南（今越南）、云南，至重庆蛰居。哥哥与他分别在颠沛流离中出生，为汤家愁苦的战乱生活带来亮色。抗战结束后，全家迁回上海定居。1949年，还是孩童的汤兆基水土不服，不幸患了当时的城市流行病——肺结核，在那时几乎可被宣判为绝症。

七岁孩童经历着肉体上极大的折磨，咳嗽、打针、吃药是家常便饭，更可怕的是精神上的孤独。因肺结核是强传染性疾病，虽有兄弟姐妹，却无法亲密接触，汤兆基形单影只，日夜与寂寞为伴。其间有过转好迹象，但去学校数日便病情复发，只得再度休学，回家静养。幸好善良的父母没有放弃他，当时治疗肺结核唯一的特效药是进口的链霉素，他们不惜倾家荡产，也要购买这种昂贵的药为他续命。这场大病延续了五年多，直到1954年，他才奇迹般地康复。

疾病折磨小汤兆基时，艺术之光却偷偷降临。因常年养病，他的生活空间局限于一方病床。那张雕刻精致的红木床，是母亲嫁妆中的一件，由在南市开设红木作坊的外公亲自精心挑选的。为解寂寞，母亲指导他用铅笔描绘床上浮凸的葡萄纹，画得多了便能默绘出一个大概。汤父与著名大画家吴待秋之子吴敦木是同事，经他指点入门书画，家中时常翰墨飘香。汤母在上海绣品厂从事刺绣工作，绣品中不乏牡丹、月季等花卉图样。耳濡目染，他在年幼时就沾染了艺术的气息，并在逆境中找到了创作的起点。

疾病的折磨、孤独的心灵以及艺术的启蒙互相交织，是至今令汤兆基印象深刻的童年情景。长大后的他总是笑吟吟的："这场人生之初的试练养成了我不急不躁、看淡得失的心态，令我终身受益。"

病愈后，汤兆基年龄偏大，就插班入学，在上海新闸路第三小学学习，三年级时由学校推荐，进了上海市中福会少年宫美术班，在少年宫时有机会跟陈道坦、虞子骏等指导员学习雕塑和绘画。用泥塑成伏在地上的骆驼，待干透后涂上烤熔的蜡，很有光泽也不易破碎。骆驼的头和双峰隆起，就成有趣的笔架，外宾来了就作为礼品送给他们，汤兆基也觉得很有成就感。

汤兆基很早就展露艺术才能。1958年，他进入上海重点名校育才中学，恰逢“大跃进”，他经常背着书包去学校附近的张家宅等里弄画壁画，画的内容是人民公社放高产卫星等。1959年画的《力争上游》的国画刊登在《新闻日报》上，画面是一群往上游的金鱼，这是他第一次公开发表的作品，算是极大的鼓励。

由于汤兆基的父亲曾在中央银行任职，解放后处境不佳，屡次运动均受波及，按照他略带玩笑的说法，每次运动过后都要减工资，后来又逢“三年困难时期”，家中捉襟见肘，日子清苦。早熟的他隐隐预感：虽然都在红旗下长大，自己和那些根正苗红的孩子们是不同的。在唯成分论的年代，仿佛有一堵无形的墙，将他隔绝在许多美妙的机会之外。尽管学业优异，少年汤兆基认定自己是无法上大学的，便决定学一门手艺，将来自力更生。当时上海市工艺美术学校对他很感兴趣，但中学老师们都觉得他不升大学太可惜，经慎重思考后他还是坚持己见考入工艺美术学校，这一选择体现出少年汤兆基非凡的人生智慧。

1961年至1965年的四年间，汤兆基得到海派黄杨木雕创始人徐宝庆的指导，毕业时已能雕刻非常精细的作品，如《觉醒》、《水乡茶清》等，不少作品还参加了上海、全国和国际的展览。

多年以后，汤兆基以书、画、印“艺兼三绝”和左手奏刀治印闻名，“其字尚势、画尚神、印尚质”。他的字以欧阳入门，继而二王，窥得堂奥后着意创新，不囿于古；其印以秦汉为宗，取法高古，著名书法家韩天衡概括出“平和、朴拙、丰赡”三大特点；绘画笔短趣长，意境深厚，得书法、篆刻双重滋养，尤擅牡丹。与莲长于淤泥相似，他的艺术之花发芽于泥泞的土壤：年幼时凶猛的疾病折磨和成长过程中无处不在的身份桎梏。然而冲破了两大逆境后，他迎来了辉煌的艺术成就。

20世纪80年代末，汤兆基（左）与韩天衡同创作。

1999年10月汤兆基（左）与画家徐昌酩。

汤兆基作品《牡丹瓶》。

以字拜师　书画起航

就内心而言，书画艺术才是汤兆基的最爱。在学校时，他就跟着著名画家申石伽学书画；在校外，1962年他进入江西路上的上海市青年宫书法班学习书法，聆听过沈尹默、潘学固、任政、胡问遂等大书法家讲课，课后自习，书法水准大有长进。

1965年，汤兆基参加了静安区文化馆业余书法展，作品被白蕉先生一眼相中，赞他的书法有“骨力”。白先生能篆刻，精书法，也擅长画兰、做诗文，沙孟海曾感叹“三百年来能为此者寥寥数人”，学养才情都极为出色，可惜“反右”时被打成“右派”，蹉跎岁月，一身技艺无人传授，引为憾事。看到汤兆基的作品，他顿起爱才惜才之心，经文化馆牵线，汤兆基顺理成章地拜入他门下。

白蕉先生要求严格，他常说“写字要写死，画画要写生”，要求徒儿从欧字的《九成宫》入门，务必做到临写的字与《九成宫》的字在太阳光照射下完全吻合，才算过关。汤兆基临池学书，笔耕不辍，先攻唐楷，后学行草。两人一个教一个学，感情日益深厚，逐渐发展为忘年交的情分。白先生唤他为“兆基贤友”，对他极是器重。可惜的是，在白蕉处接受一年多的严格训练后，“文革”开始了，学习也就此结束。

汤兆基回忆道，他追随“竹王”申石伽和“兰王”白蕉学画习字，深感荣幸。白蕉先生留给他最珍贵的财富，不仅是书法画艺，而且更是对人生和艺术的思考。先生多才多艺，为何专攻兰花？甚至到了晚年，他连石头、根也不画，只专注于花叶。人生有限的精力无法穷尽所有艺术的门类，懂得抉择才能有所建树。这句话犹如醍醐灌顶，深深启迪着汤兆基。

是金子总要发光。1972年5月，工艺美术服务部举办工人篆刻展，当时专业篆刻家都已经被打倒了，篆刻界十分萧条。汤兆基也没多想，挥笔写就“红军不怕远征难”和“钟山风雨起苍黄”两幅毛主席诗词书法条幅送去。著名书画篆刻家钱君匋先生前来观展，他对刻有孙悟空的“金猴奋起千钧棒”这类庸俗作品不太感兴趣，反而赞美汤兆基写的字“风格鲜明”，陪同前去的篆刻家徐云叔几天后就带汤兆基去拜会钱老，后来他又顺理成章拜入钱老门下。以文会友，以作品拜师，总能相交默契，倾盖如故。1995年，钱老赐诗云：“岁月堂堂去不还，阿基笔下起狂澜。旧时琐屑今安在，杀向士林无敌顽！”此诗既是对汤兆基崭露峥嵘的艺术才能给予极高评价，更是勉励他继续艺海行舟，乘风破浪。

因为钱君匋是丰子恺的徒弟，汤兆基就名副其实成了弘一法师第三代嫡系传人。2009年11月25日，浙江平湖李叔同纪念馆馆长突然致电，邀请他次年1月开个画展，纪念弘一法师一百三十周年诞辰。尽管时间仓促，汤兆基不愿拂人意，便一口答应下来。他自知并不擅长画李叔同，便采取了较为聪明的策略：将李叔同的箴言写成书法，配以国画，日夜赶工，最后成稿数十幅，将作品展办得图文并茂，有声有色。传承文脉，追思良师，他认为这是自己的分内之事。

不忘初心　厚积薄发

1965年，汤兆基学成毕业，分配到上海市工艺美术研究所黄杨木雕组。

他是个做一行爱一行的人，所以在所里，人人都知道有个勤奋的小汤，不久被评上个人技术先进。

1966年初，上海手工业局办展览要汤兆基一起去北京布展，火车票都领了，却被召回紧急赶制一件雕刻品，后来所长才告知实情：并没有什么紧急任务，只因家庭的缘故不能让他去北京，令他深感前途暗淡。不久，“文革”开始，处境更糟，他在研究所成为工宣队批判的对象。1969年研究所的房子被林立果强占，他被下放到中百一店楼上的工艺美术工厂，一待就是十七年。最糟的时候，曾被迫在大楼的楼梯拐弯处“摆拆字摊”，不断写检查，心中凄惶，难以名状。

1971年春，汤兆基成了家，新房里家具陈旧，窗子没有玻璃，全是用塑料纸糊的。他和妻子邀请楼上邻居参加家宴遭拒绝，说是资产阶级生活方式。“林彪事件”发生后传达中央文件，他拿着小板凳去听，结果被驱逐出会场。父亲更是连番被批，家人都过着惊魂不定的日子。困境中能让他天马行空、独来独往的，便是潜心于书画天地间。缺少资料，就向厂裱画组借名人书画，蒙上拷贝纸用钢笔勾勒下来作为范本。政治上的失落，倒保证了他研习的时间。直到1972年初，工会主席蔡天雄才私下告诉他：对你的审查差不多要了结了。此后境遇果然稍获改善。

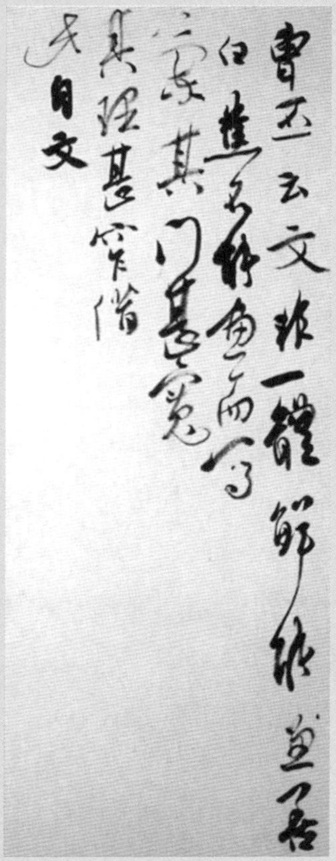

白蕉题款：“曹丕云：文非一体，鲜能兼善。白蕉不能画而写兰，其门甚宽，其理甚窄，借此自文。”

汤兆基篆刻《洛阳春》。

自1977年起，他感到政治空气松动，特意买了本笔记本，把报上激动人心的话抄下来，渴盼着自己能有个出头的日子。1978年12月女儿出生，给她取名字叫“佳临”，含意随着她的降生好事定会来临。这一预感是对的，后来才知道，女儿出生时正是党的十一届三中全会召开的前夕。

80年代起，汤兆基有机会参加社会艺术交流。1981年4月的兰亭书会是“文革”后第一次书法家雅集，他与书友王琪森、陈茗屋三人发起“兰亭书会倡议书”，并以左手治印之名引起费新我老人关注，即书“铁笔左篆”。从此，费新我左书，凌虚左画，汤兆基左篆，而有“艺坛三左”的佳话。1985年下半年，他终于回到了研究所，担任科研办的负责人。此后，多次应邀去中国香港、日本开展艺术考察和交流。1988年，汤兆基在上海美术馆举办了个人金石书画展，标题为王个簃先生题写，时任中共上海市委统战部副部长的陈福根先生致辞时一句“汤兆基经历坎坷”，令他瞬间眼眶湿润，几乎潸然泪下。

关于前半生的得与失，汤兆基说，在单位工作的几十年，是他韬光养晦、蛰伏积蓄的阶段，当中有不少压抑的日子，也不乏顺利的时候。“我成也于此，败也于此。”许多同事在厂里碰了壁就决然转行，但他却认为，当时社会的大气候如此，转行未必能改变处境，反而丢了自己一贯的专业。后来环境变好了，也曾面临诸多诱惑：有单位请他去做实职性干部，有朋友鼓动他下海经商，他都一一婉拒了。很少有人能做到如此不离不舍，不疾不徐，以不变应万变，执著守护心中的艺术理想踯躅前行。

世间最知易行难的，莫过于坚持。汤兆基说他信四个字“积健为雄”，无论是顺境还是逆境，都要呈现自己的志向和艺术造诣。只要初衷不改，百折不回，终能积少成多，百川汇海。这是他从白蕉、钱君匋等前辈身上承袭的精神，也希望它能薪火相传，世代流传。

2000年以后，他突然欣喜地发现：但凡经历，皆有意义。过往阶段式的工作逼得他多才多艺，广泛涉猎，十多年积累下来，自然而然实现了由量变到质变的飞跃，最终都集中到一个志向——牡丹文化学。这是从由繁至简又由简至繁的衍变：从诸多艺术意象中聚焦牡丹，又将牡丹文化扩展到瓷器、摄影、

汤兆基作品《牡丹图》。

雕刻、诗词、花卉园艺等全部门类。他说:“我将每段工作经历串联起来,用于牡丹文化学的创立。这既是轻车熟路,也是水到渠成。”

情钟牡丹 室植馨兰

汤兆基与牡丹早有前缘。1952年,十岁的他无意中看到父亲正俯身为扇面上一朵色泽娇艳、形态富丽的花填色,没想到这一瞥,就是一生的钟爱与牵绊。这张扇面历经了“文革”的动荡,至今仍为他悉心珍藏。1955年他还只是个小学生,就开始画牡丹的开笔之作,在上海市少年宫美术班学习雕塑,隔壁国画班的乔木教画牡丹,他看到后回家暗自试画起牡丹。

汤兆基坦言,钟情牡丹与其心境密不可分。1982年暮春,他来到山东菏泽,彼时早已过而立之年,回首此前坎坷,心中迷惘郁结。当地人将牡丹当庄稼来种,映入眼帘的是极为壮

汤兆基雕塑《铜牡丹》。

观的一幕：上万亩牡丹争相绽放，千姿百态，蔚为大观，得白居易笔下“千片赤英霞烂烂，百枝绛点灯煌煌”之妙。他深感自然之壮阔，生命之美好，反思道：何必因一时境遇而郁郁寡欢？自此心绪转变，豁然开朗。

此后，汤兆基真心爱上了牡丹，笔下的牡丹也多了起来。翻开他2007年出版的集大成之作《紫墨映画》：宋人的牡丹没骨工丽、明代的牡丹文墨深远、清朝“胭脂”牡丹色泽明艳……其画法乳于前人，务求脱俗，又参详西洋技法，细节处有中西合璧的神韵。如今“汤牡丹”之名大炙，然而在这本画册中，紫藤、红梅栩栩如生，山雀、白鹭活灵活现，可见聚焦牡丹是他主动的舍弃和选择。2004年，汤兆基成立工作室，创作了不少以牡丹题材为主的工艺品：留青竹刻《国色天香》、釉下彩《国色瓶》、金摆件《大宝贵》等。4月18日，《新民晚报》整版登载其十二件牡丹作品，配以徐昌酩先生《姹紫嫣红汤牡丹》一文。“汤牡丹”之名不胫而走，渐获业界公认。2011年奉贤区海湾国家森林公园建立汤兆基美术馆。2012年，静安区在石门二路康定路成立了上海汤兆基牡丹文化创作中心。2014年，普陀区政府诚邀汤兆基开设艺术馆。至今，他规划的“一个中心、两个馆”的牡丹文化工作阵地已有了雏形。

第二次采访约见在汤兆基先生家中。令人意外的是，他以“汤牡丹”驰名艺林，家中居然摆放着数盆兰花。他微笑解释道：“白先生擅兰，我却鲜少画兰，因为珠玉在前，后人难以逾越。我画牡丹，但家中却养兰，因为兰花令我睹物思人、饮水思源。”启蒙恩师白蕉先生的谆谆教诲、循循善诱，他无时或忘，点滴在心头。从兰花与牡丹之间的辩证关系，就能一斑窥全豹，看到汤先生的志向和人格。

当我走出汤先生家时，最冷的大寒节气已过。呼出一口冷气，思绪逐渐在湿寒的空气中沉淀，脑中汤兆基先生的形象愈加生动：他以一叶扁舟泛游江上，观沧海，语蛟龙，经风雷，见霓霞。在星罗棋布的夜空下，他俯下身来，双手合拢，掬起一弯泠泠的海水，那既有沧海之一味，又倒映着天上诗意的月华。正如他说：“自知老之将至，以为舍就是得，弃就是存，要舍却无数求一得，别去江海留一瓢。”

人要勇于面对各种艰难险阻，更不能放弃你热爱的事业。成功属于勤奋者。

——陈古魁

陈古魁：水墨清香一生缘

臧建民

陈古魁（1943—　），上海油画雕塑院原院长、一级美术师。中国美术家协会会员、中国雕塑家协会会员。代表作有上海博物馆南大门前《石兽群雕》、龙华烈士陵园《上海解放纪念碑》、上海图书馆巨型浮雕《上下五千年》等。2010年被聘为上海市文史研究馆馆员。

陈古魁很容易给人留下深刻的印象。他的相貌和装束，一副典型的艺术家形象。他的脸部轮廓和五官线条，透露出经过漫长岁月的无情雕刻后形成的坚毅的神态。他快言快语，话锋犀利，令人感受到胸怀坦荡的真情流露和充满智慧的敏锐思维。他的人生可谓经历坎坷，命运多舛，在历经折磨和苦难后尚能保持乐观豁达的人生态度，拥有了独特的人生价值，并在长期的艺术活动中不断充实他的精神生活，实现了他的人生理想。他以雕塑出名，成为艺术成就突出和卓有建树的大家，同时在水墨画、油画、书法、金石篆刻、瓷器绘画等领域也取得很大成功。他对艺术和人生有深刻和独特的理解，在艺术道路上勇敢地否定自己，不断地艰辛探索和努力创新。他胸襟开阔，豪爽磊落，自信果敢，这些意志品质的养成，又证实了那句老话——天下之事成于大度之君子。

陷囹圄

说起陈古魁，不得不说他的十年牢狱之灾，劳改队三年，加刑期七年，共十年。这段让一般人难以想象的磨难，正是他的人生老师，使他的人生经过磨砺而闪耀光芒，事业经过奋斗而期以有成。

1965年，陈古魁毕业于上海美术专科学校雕塑训练班，同年进入上海油画雕塑创作室（上海油画雕塑院前身），专业从事雕塑创作，这是青年陈古魁的黄金时代。

可是，世事纷扰，时运不济，他工作不久，"文革"爆发了。那个年代，是没事找事的年代，无中生有的事情经常发生，事情还得从陈古魁在美专学习时遇到的一件离奇的事情说起。某次上书法课，一个同学没有带毛边纸，陈古魁便把自己的一本毛边纸簿子送给他用，这是一本空白簿子。事后，过了两三个月，被人发现这本毛边纸簿子封面上写有"国民党万岁"的反动标语字样，于是查到了陈古魁头上。陈古魁在校曾是文化局系统的"学雷锋标兵"和"五好团员"，思想上要求进步，听组织的话，常常和同学到桥头推车做好事。他感恩于共产党给他带来的一切，他心里明白，没有共产党就没有今天的陈古魁。说一千道一万，他怎么可能做出这种事情呢？他当然不会做，当然也不会承认。因为查不到证据证明是陈古魁所为，时间久了，这件事情便不了了之。

谁知到了"文革"，这件事情又被拎了出来，陈古魁这次可是"罪责难逃"，他被隔离起来。那个年月，抄家隔离是惯常的斗争手段，常常发生这种事情。

于是一帮人闯入陈古魁的宿舍，对他实施搜查。没想到，在陈古魁的抽屉里，发现了一块尚未完工的印石，上面刻着“敬祝毛主席万寿无”这八个字。缺了一个“疆”字，矛头对着毛主席，那还了得。很快，对他进行隔离审查。“文革”时候的隔离审查相当于现在的坐牢，没有人身自由，一天三餐也是送进来吃的。

陈古魁遭遇厄运，这是他怎么也预料不到的。记得那是1968年5月的一天，他在自己的宿舍里刚刻到边款“敬祝毛主席万寿”的时候，外面有人进来通知开会，见时间紧，他就赶紧刻完“无”字，留下笔画多的“疆”字想等开会结束回来再刻。谁知开完会，单位又发了电影票，组织大家看电影。陈古魁看完电影回单位时已经很晚了，早把刻图章的事情忘得一干二净了。

陈古魁犯下了“滔天罪行”，这样的大忌可是“天理难容”的。陈古魁被隔离审查了四个月后，公安局的逮捕书下来了，紧接着他被关进上海第一看守所。在这期间，还有人在继续检举、揭发“陈古魁反动，画黑太阳”的罪行，其实就是他平时拿钢笔

1978年陈古魁平反后摄于上海西郊。

1982年陈古魁等人摄于常州。前左为肖锋，右为张充仁，后站者左为陈古魁、右为哈定。

画画,墨水是黑色的,画的太阳就算是"黑太阳"了。到了年底公审后,陈古魁被判刑七年,押入提篮桥监狱,开始了他的牢狱生活。

狱中生活,让陈古魁很难适应,犯人们睡不好,吃不饱,还要干重活。最难熬的是精神和肉体的折磨,常见的是政治学习。通常是把犯人组织起来成立学习小组,有时候学毛主席语录,有时候对不听话的人开批斗会,一般是由管教队长来组织。如果这个队长看不惯哪个犯人,这犯人就遭殃了,因为队长会暗示几个听话的犯人,就说某某人学习不认真,给他"加加温"。其实,"加加温"就是打人。队长借故离开,那些听话的犯人便开始打那个不听话的犯人。打到差不多时,队长进来,还会假装训斥,"叫你们文斗,为什么武斗?"这种精神上的折磨、肉体上的摧残,要比繁重的劳动更加令人难以忍受。

在狱中,陈古魁怎么也想不通,自己戴上红领巾、加入共青团,听毛主席的话,跟共产党走,结果却反被弄成了"反革命",身陷囹圄,遭受种种折磨。尤其是刚进监狱那年,陈古魁更是感到痛苦难熬,几度想到自杀。每当产生绝望念头的时候,他就不停地告诫自己:"我不能死,我死了,这些事情就讲不清了,我的一生也就毁掉了。我要坚强地活下去,我还要看看自己的一生究竟如何度过。"

"文革"结束,给陈古魁等一大批在"文革"中遭受迫害、蒙冤入狱的人带来希望,他接连多次上书有关方面,要求对自己予以彻底平反。陈古魁激动地说:"我的一生,离不开邓小平的复出,离不开党的十一届三中全会。没有邓小平,我今天可能还在狱中。"他说的是真心话,他的人生道路、艺术生涯,的确与邓小平复出和中国实行改革开放紧密相关。"文革"结束两年之际,陈古魁要求平反的申诉得到了回应。1978年6月20日,上海市高级人民法院经复查审定:

"原判认定陈古魁在1964年书写反革命字句的问题,缺乏足够的证据,不予认定。至于原判认定陈古魁以画反动画,以及刻练图章为名进行恶毒攻击我党中央领导人的问题与事实不符,应予否定。据此,原以'反革命'罪判刑处理是不当的。"

法院据此作出两条判决意见：一是撤销了军管会1968年对陈古魁的判决，二是“恢复陈古魁的公民权”。

1978年的9月9日，这是陈古魁终身难忘的日子。那天，陈古魁夜班结束，正准备回宿舍休息，管教队长把陈古魁叫到办公室，对他说：“你已经平反了，可以回家了。”听到这句话，陈古魁不敢相信是真的，人呆呆地站着。这时，上海油画雕塑院人事科的一个干部走了进来，手里拿着高级人民法院的平反判决书，对他说：“你平反了，单位派我来领你出去。”这时的陈古魁才真的相信自己是平反了，自由了。

出狱后，上海市高级人民法院院长在清理陈古魁的案子时，认为“改判判决在适用法律上仍属不当”，于是将案子再次提交审判委员会审查，经复审认定，1978年的改判判决第二项“恢复陈古魁的公民权”含义不清，应予以纠正。据此，于1981年12月20日作出第二次改判判决：撤销1978年和1968年的两次判决，并宣告陈古魁无罪。至此，陈古魁的十年冤案才得以彻底平反昭雪。

惜光阴

在同事和亲友眼里，陈古魁非常珍惜时间，他是个“工作狂”，始终为了艺术而忙忙碌碌。在他看来，荒废一点儿时间也是罪过，同样是不可原谅的。他年轻时是这样，如今退休十一年了还是这样。他说：“艺术是我的生命意义所在，作为雕塑家和画家，勤奋和不勤奋是很不一样的。”他认为，天才不是天赋予的，主要是靠后天的社会实践和主观努力。他深切地明白“一寸光阴一寸金，千金难买寸光阴”的道理，为此，他珍惜光阴，努力实践着自己的艺术抱负。

他这种理念和习惯的形成，缘于年少时受到家庭和社会环境的深刻影响，更缘于青年时期惨遭了那场人生浩劫。

陈古魁1943年出身于一个普通家庭。这是个大家庭，兄弟姐妹有十三人，他排行第九。他的父亲收入不高，还要维持这样的大家庭，经济十分拮据。按

1982年陈古魁(右)与李寿堂(左)及章永浩一起创作毛泽东纪念堂广场雕塑模型。

陈古魁篆刻作品。

陈古魁篆刻作品。

照情理，这样的家庭是很难培养出一个著名雕塑家的。然而，陈古魁是幸运的，用他的话说："我是跟随着新中国的脉搏跳动而一起成长的，正因为享受到了新中国的待遇，才可能接受高等教育，才可能走上艺术道路，才可能成为艺术家。"是啊，陈古魁反复强调，没有新中国，没有共产党，像他这样的家庭，子女是不可能接受高等教育的，更不会实现自己的艺术梦想，拥有自己的艺术人生。

因为父亲的缘故，陈古魁的家庭

陈古魁雕塑作品《旋转》。

陈古魁瓷画作品《意景·甲天下》。

对美术有着特别的喜好。那时候，父亲常买来张乐平的《三毛》、叶浅予的“老王”和“小陈”之类的漫画书，这些作品深深吸引了儿童时期的陈古魁，让他着迷，美术成了他难以舍弃的爱好，也形成了这个家庭主要的艺术氛围。他的姐姐陈菊仙考上了浙江美院，后来成为著名画家。他的两个哥哥平时的爱好就是画画，对画画十分入迷，一有时间就看书、画画。受到家庭的影响，陈古魁从小也喜欢上了画画，常常跟着哥哥到外面写生。在画画的时候，他感到身心充满了愉悦，人也觉得特别有精神，他沉浸在艺术的世界里，他希望这样的世界永远不会改变。

为了实现自己的理想，青少年时期的陈古魁十分珍惜时间，酷爱学习。他竭尽可能多读一些书，努力充实自己，以此提高自己的艺术素养。他考上武夷中学后，尽管上学路远，每天仍然步行上学。学校在武夷路上，靠近安西路，距离他在西郊的家较远，他感到每天花在路上的时间太多，就这么浪费掉实在可

1987年陈古魁与雕塑家王志强（左）于他们创作的塑像前合影。此塑像至今仍在新加坡义顺区义顺公园内。

惜，于是就利用走路的时间读书。几年下来，他读了包括《三国演义》、《水浒传》在内的不少书。好学深思，心知其意，这个早年养成的良好习惯，对陈古魁的人生道路产生了重要的影响，也对他的艺术创作起到了关键的作用。对此，陈古魁至今津津乐道。

陈古魁于1960年进入美专学习，当时有一千多人报考美专，但仅录取一百人。这一百人被分成四个班，每班二十五人，陈古魁先考取预备生，后来转为正式生，以优异成绩进入油雕训练班，他的同班同学有陈逸飞、王志强、王永强、刘跃真等人，从此他

陈古魁绘画作品《老松绮涧》。

走上了雕塑创作的漫长道路。

让陈古魁终生受益的是上海美专荟萃一堂的名师。上海美专师资力量很强，老师当中有不少是在中国现代美术史上占有一定地位的艺术家。他师从许利民、哈定、乔木等老一辈艺术家，还得到张充仁等一批名师的指导，其学业日益长进，对日后的创作也大有裨益。

陈古魁认为，“上海美专的教学体系是科学的，也很有特色。学生接受的是全面的专业基础教育，知识结构和框架、教学内容和方法等为日后的创作实践证明是有效的和成功的，也的确培养了一批卓有成就的艺术家”。美专的学习是科学而严格的，陈古魁虽说学的是雕塑专业，但是在美专的几年，他还要学习素描、色彩、中国画等其他门类，学中国画还得兼顾山水、花卉、人物等。学生在接触造型艺术的多种门类后，再来选择适合自己的专业发展方向，体现了因材施教的办学理念。这时候的陈古魁，不仅专业学习极其认真，艺术创作也十分刻苦，他的艺术素养得到很大的提高，而且创作欲望强烈，对中国画、版画、篆刻、木刻等也表现出极为浓厚的兴趣。可以说，在美专学习的几年，是陈古魁艺术道路上春风化雨的好时光。

经历了十年牢狱之灾，损失了整整十年青年时代最宝贵的光阴，这对于热爱雕塑、热爱艺术的陈古魁来说，无疑是巨大的损失，是无法挽回的损失。还有一种损失让陈古魁也很痛心，那就是他入狱以前创作的大量作品，包括很多速写，足足有半只樟木箱，家人怕受到牵连，就把它们都烧掉了。要知道，那可是陈古魁多年的心血，被他视为如生命一般珍贵。回到上海油画雕塑院，陈古魁继续他的艺术创作，他下决心要拼命工作，想方设法延长自己的艺术生命。他十分珍惜自己的艺术生命和今天的一切，他勤奋创作，除了雕塑创作，他还进行国画、瓷画等多种艺术形式的创作，他为了自己的理想而奋斗不懈。

“把失去的十年补回来！”这句话成了陈古魁的座右铭，他不断警诫自己，抓紧创作，多出作品。就这样，出狱后的三十多年，陈古魁始终保持着旺盛的激情和良好的状态，创作了一大批优秀作品，获得了业内和社会的公认。即便在他担任上海油画雕塑院院长期间，繁忙的工作之余，他依然勤奋创作。2003年，他从油雕院退休的时候，向院领导提出申请，请求保留他的创作室十年，让他继续在这里从事艺术创作，把失去的十年补回来。在退休后的这十年，他的创作势头、他的艺术追求、他的信念和良知，始终未变，依然像在职的时候一样。仅仅这几年，他创作的中国画超过一百幅，瓷画近两百件。

陈古魁的勤奋和正道得到了回报，他的创作机会越来越多，他的作品在社会上也产生了广泛和重要的影响，深受相关业内人士的认可和尊重，深得观众们的喜爱，这正是他实现自己人生理想、抱负的重要方式。龙华烈士陵园的《上海解放纪念碑》、南京雨花台烈士陵园的主碑雕刻《宁死不屈》(合作)、宋庆龄陵园陈列馆的《宋庆龄》、上海博物馆南大门前《石兽群雕》、上海图书馆目录大厅浮雕《上下五千年》等一些可以传世的大型纪念性雕塑，主题思想极为鲜明，倾注了他的激情，这些作品具有相当重的艺术分量，奠定了他作为一个雕塑大家的艺术地位。大型浮雕《春到江南》、《永康之春》，大型青铜辟邪《腾飞》，全球室内最大的雕塑《水月观音》等作品，均显示了一个造诣深厚的艺术家的良好修养和厚实功底。他创作的林义顺、齐白石、刘海粟、谢稚柳、张乐平、汪道涵、赵超构、傅培彬、汪庆正、林三渔等名人系列作品，高度概括和艺术表达了名人们不凡的人生内容，自己的思想情感也在作品中得到了充分的表达和释放。他的若干中国画及雕塑作品被西班牙瓦伦西亚画廊收藏，他还为西班牙1985年“发芽节”选美皇后塑像，其作品被发芽节博物馆收藏。他的部分作品多次入选全国美展，有些作品获得重要奖项。为此，他欣慰地表示：“我失去的十年已经补回来了，我在艺术活动中不仅充实了自己的人生，而且实现了自己的人生理想。”

悟真谛

历来成大业者，有超世之才，有不拔之志，亦有崇高之德。

与陈古魁做了二三十年的同事、也是艺术家的周加华说，“在创作时他从来也不会虑及这件作品有赢利或无赢利。他对待艺术创作的态度和用心非常的质朴，能始终保持着一份真诚而执著、认真而一丝不苟的责任心。毫无疑问，艺术创作是他生命中的最爱”。

是啊，为人大度、做事大气、从艺专心的陈古魁几十年如一日，他恪守这些准则，不会踩底线。在拜金艺术开始泛滥的年代，陈古魁不改初衷，继续“我行我素”。他说：“我的事业只是在雕塑和绘画艺术上，赚钱等事情不是我关心的。”陈古魁坚守自己的义利观，他创作作品，更多地是看重其中的艺术和思想价值，他创作了许多名人塑像，都是不取报酬的。他为人质朴、敦厚、直率、真诚，他对待金钱的态度和方式，都是构成他的个性的重要方面。他以艺术家的良知，来面对艺术创作，面对社会生活。

1985年，出于提高自己艺术水平的目的，陈古魁去西班牙访问考察。在那里，他考察了西班牙美术事业的状况，这对他以后的艺术发展大有裨益。在瓦伦西亚，“发芽节”是一年中最大的节日，这是一个集大型雕塑、焰火晚会、狂欢为一体的节日，历史悠久，规模宏大，影响深远。活动主办方指定陈古魁为选美皇后创作雕像，是对一位中国雕塑家的高度尊重和认可。陈古魁的雕塑作品，受到了西班牙人的赞赏和喜爱。

中国人在西班牙，多数是开餐馆和经商的，而要融入当地艺术界却是极其困难的。陈古魁说：“在那里赚钱的机会是有的，比如从事装潢艺术，但是要在艺术上得到发展的机会却是了无所见。我不愿意放弃自己的艺术理想和追求，再说，赚钱并不是我的人生目的。还有，国外的环境也让我很不适应，在那里，外国人不会关注一个中国艺术家的生老病死，更不会关注一个中国雕塑家的事业。所以，我的艺术天地只能在国内。”1986年，陈古魁毅然回到国内。对于此举，有不少人认为“阿魁太戆！回来做啥？”陈古魁不这么认为，他一点儿也不后悔自己当初的决定。

在艺术追求上，陈古魁坚持自己的创作理念。他认为，“当画家掌握了一定的艺术技巧后，他要追求的就不再是技巧，而是思想的表达、内心的表达、独特的表达。对于优秀的艺术家来说，技巧是为思想服务的”。陈古魁按照自己所

2005年陈古魁于上海大渡河路陶瓷艺术中心画陶瓷。

理解的美的形式，赋予作品所要表达的思想，通过创作一系列的雕塑和绘画作品，他充分地表达个人情感，执著地坚守审美标准。作为艺术工作者，他不忘自己的使命，那就是揭示美、创造美，这无疑是人生的价值所在，他必须要牢牢地抓紧自己人生和艺术之间的纽带——美。

周加华对陈古魁的艺术追求作了这样的评论："古魁先生的艺术创作，他所关注而在意的是他自我心境的精神衍生，真真实实、坦坦荡荡，存乎神思而意有所寄。在具象和非象的表现之间，他纵横捭阖，或叙事或阐理或抒情，或仅仅是一些单纯的美学符号所表现的抽象演绎。在一幅幅作品中，充溢着他那丰富而美妙的艺术想象，以及他粗犷的激情……他时而浅吟低唱，又时而引吭高歌，他所拿捏着的每一块泥土，或是笔下的每一根线条，以及色彩的涂抹，都好像是他自我心律的真实记录而物化成一件件令人感动的作品。"这一评论无疑是贴切的。

陈古魁认为，"画家的一生，就是要不断地'否定之否定'，就是要不断地看到自己的不足，不断地超越自己。一个‘肯定之肯定’的画家是没有出息的”。这是变革和继承相统一的扬弃，站在如此的高度来观照和审视自己的艺术活动，需要极大的勇气和智慧，但这恰恰是一个优秀的艺术家在艺术道路上突破自己、超越自己的不二法门。

艺术风格的形成是一个艺术家成熟的标志，而独创性是艺术风格中最为重要的表现。陈古魁对绘画向来有着很高的要求，在长期的艺术实践中，他坚持绘画艺术的探索和创新，在作品中努力形成自己鲜明的个性特色。陈古魁说：“大部分作品往往都是在探索状态中完成的，探索是必要的。即便是艺术大师，精品也是极少的。精品之所以有魅力，是因为达到了内容与形式、感性与理性、再现与表现的完美统一，具有独特的审美特征，具有强烈的艺术感染力。这是每个有理想的艺术家竭力追求的境界。”

陈古魁多才多艺，佳作迭出。他的雕塑作品既包含了现代艺术探索的语言和力度，又融合了东方文化的古典品格。他还不断探索尝试中国画、油画、瓷艺、木刻等艺术领域，取得了较大成就。尤其在绘画方面，他激发了用色彩表现生活、表达艺术理念的强烈欲望。难能可贵的是，他将现代抽象艺术和中国传统水墨有机结合，融合了西方艺术，并大胆设色，形成了自己的独特风格。绘画的探索经历，丰富和提高了他作为雕塑家对事物的理解能力和表现能力，通过透视、明暗、色彩等造型要素在二度空间里创造、演化出具有三度空间感的效果，给人以真实的感受。他的山水画采用“近焦”的表现手法，着重表现自然的、原生态的情景，画面雄奇壮观，局部笔触细腻，独特新奇，自成一家。近年来，他还醉心于瓷艺绘画的创作、研究，其釉里红作品，浑然天成，形式独特，内涵丰富。他的抽象油画，恣意的线条与斑斓的色块组成的画面，看似“随心所欲”，实则充盈着艺术家对生活的见地和迸发的艺术激情。

陈古魁说：“我七十多岁了，身体健康，精力旺盛，我是画家，就要用画来讲话，所以还要继续画下去。如今，国家越来越好，我的创作状态也越来越好，我要珍惜来之不易的今天。”古稀之年的陈古魁仍在艺术道路上继续前行，继续他的造型艺术创作活动，因为他坚信一点：艺术是他的生命意义所在！

对自然造化而言，我始终是一个信使，虔诚地传达着她的气息。

——张　渊

张　　渊：师造化大器天成 得心缘坐看云起

王　岚

张渊（1943—　），上海市美术家协会、书法家协会会员，上海书画院画师，曾任上海交通大学媒体与设计学院中国画教授。出版有《张渊画集》等十余种绘画专著。2005年被聘为上海市文史研究馆馆员。

出身于绘画世家

张渊出身于上海莘庄一个家境优渥的绘画世家，父亲张守成，字子靖、竞新，又名张成。1938年，年仅二十一岁的张守成和陆抑非、徐邦达、朱梅邨等八位画家成为画坛宗师吴湖帆“梅景书屋”首批入室弟子。此后十年间，他几乎天天出入

张渊(右)与江寒汀、颜梅华在宁波育王寺,摄于1962年。

1979年张渊与父亲张守成在天平路的家中。

张渊与舅舅陆抑非。

“梅景书屋”,参与观赏、鉴定了无数书画作品。1947年,曾作为代表之一带着自己及其他藏家藏品,赴南京参加“历代书画展”,后又赴台北博物馆参加“中国历代书画展”。1956年上海中国画院成立时,张守成被聘为首批画师兼任创作秘书,其间,他又创作了大量作品,精绘花鸟,亦擅山水。1981年旅居美国后,以英语在各大学、研究院讲授传统中国书画及中国艺术哲学,并独创将异国景色以中国画传统笔墨融入其间,为后人留下了大批新风格的花鸟山水精品,其重要作品收藏于纽约大学艺术研究院。张渊的母亲陆秀平出身常熟一个书香之家,与丈夫一起当年都是吴湖帆的得意弟子,堪称“画坛女杰”。舅舅陆抑非,是杰出的中国花鸟画大家、书法大家和卓越的美术教育家,被誉为近代花鸟画“四大花旦”之一。在这样的家庭氛围下,张渊从小吮吸法乳,耳濡目染,加之蕙质兰心,留心翰墨,很早就展露艺术天分,被父母视为掌上明珠。父亲更是发现了她异于常人的绘画天赋,亲授书画。

记得小时候,家里常常高朋满座,大人研墨挥毫,切磋画艺,交流

20世纪60年代张渊习画。

张渊于1979年在上海松江醉白池写生荷花。

心得。张渊也常随父亲去太先生的“梅景书屋”观摩古画。吴湖帆收藏极富，经常将古代书画挂在墙上，请朋友、学生一起观赏评论，过几天再换一批。他的教授方式让学生的学艺状态十分轻松，鉴别真伪的技术也在不知不觉中提高。在那里，张渊看太先生与朋友、学生评论书画，也常聆听太先生教诲。一次，太先生还将一部宋人花鸟画册借给她临摹，使她对宋代院体画有了直接的感受。

可惜，这样充满艺术气息的生活，在她十五岁那年戛然而止。张渊的父亲张守成因莫须有的罪名被戴上右派帽子。原本安宁和谐的生活一下子像绷紧的琴弦，奏出了走调的乐声。张渊迷茫、困惑甚至恐惧，却无处逃避。还好，她的心田里已经种下墨缘。

张渊三十七岁前和父母一起住在徐汇区天平路。张守成命书房名为“天平楼”，家住天平路固然是原因之一，但更深的因素则是希望天下太平、上天公平。张渊一直和父母同住，“文革”后父女共用一间书房；1982年父母亲去了美国，“天平楼”则成了她的斋名。经历过一番人生波折后，她更希望能有一个太平、公平的空间，能够自由挥洒。她数次受邀赴日本讲学、办展，带回了心仪的各种风格的青铜风铃，作为一名有着细腻心思的女性，她同时为自己的书房取名为“闻铃精舍”。

三月的风很凉，但阳光很好。坐在张渊的客厅里，想起她曾经说过：看书时的最佳佐料是午后的阳光。于是，不由得想象着她提笔作画时的模样。

困境中紧握画笔

1957年父亲张守成被打成“右派”，当时张渊刚刚从南洋模范中学初中毕业，因为父亲的问题，从此既不能升学又无法工作。本来，在一个正常的社会，张渊的生活可以有很多选择，做工程师、做医生，或者做人民教师等，但父亲说：“没路走了，还是学画吧。”当时的境况，她唯一可以选择的只有心爱的画笔，也许这就是命运的安排，就是缘分。

张渊习画之初，以临摹父亲的画稿和作品为主。父亲觉得光是临摹，没有创新，不可能有超越。父亲要求她转学多师。1959年，张守成为女儿请了上海中国画院的同事江寒汀（上海花鸟画四大名家之一）做老师。张渊至今清楚地记得，当时江寒汀先生家住五原路，在画院附近一家小饭馆举行了简单的拜师鞠躬仪式，以后每次到先生的“荻舫”画室，都要带几张花鸟册页回家临摹。这时，她已经随父学画花鸟多年，江先生非常欣赏她的天赋和对绘画的理解力，悉心引导她在花鸟领域走上一条阳关道。

因为张家住房条件不错，张守成的师兄俞子才多年寄居在张家，俞子才也是吴湖帆的学生、上海中国画院画师，父亲看着女儿的画越来越有起色，就让她随俞子才学山水画。1962年江寒汀先生去世后，张渊又师从刘旦宅先生习人物画十余年。

1962年，为纪念杜甫诞生一千二百五十周年，陆俨少先生推出专题巨册《杜甫诗意百开册》。张渊以晚辈身份向陆俨少先生请益，虽然未拜师，但张渊却受到弟子般的教导，使她在山水画创作理念、技法、风格等方面受益匪浅。张渊临摹《杜甫诗意百开册》时才二十一岁，虽然年轻，却有见识、有胆识，且悟性甚高，笔性甚“糯”。她的摹本忠实于原作，笔致秀润沉着，墨彩苍润变化，凡山石之刚柔，林木之老嫩，水云之动静，点睛人物之风神，无不形神皆备，可谓“下真迹一等者”。当刘旦宅先生见到张渊所临《杜甫诗意百开册》时，品行敦厚的刘先生说以前看到的他人临本“用纸不太好”，这样含蓄的夸赞，对张渊来说是多大的鼓舞啊。

正值妙龄的张渊一心想读大学，曾经想考浙江美院，便询问在杭州浙江美院任教授的舅舅陆抑非，舅舅说：“你考美院干什么？美院要上体育、政治等课程，毕业出来的学生，雕塑系的只能到宁波乡下去雕马桶箱子。你家里这么好的学画条件，你就安心在家学吧。”可是，张渊不甘心，在她年轻的心里，觉得画得再好，也不会让她得到一份体面的工作。从1959年到1966年她每天刻苦地学画、练书法、学篆刻、读书，但她是个彻底的“社会青年”。

可怜天下父母心。父亲张守成自觉在政治上已被打入另册，但他不想让女儿在动荡压抑的环境下生活一辈子，为了以后多条出路，他要女儿学点西洋画。这样，张渊又去余庆路的“哈定”画室学西洋画，并掌握了素描和速写的技巧。如此，她比一般美术学院的学生学得还要多，在艺术上打下了坚实的基础。

因为父亲，家里常遭无妄之灾，但舅舅陆抑非对这个外甥女非常关心。有一阵，张渊去舅舅家寄住。舅舅对她说：“你学习中国画，不单要研习诗、书、画、印，还要对音乐、戏曲、舞蹈等各方面的艺术有所了解，开拓视野，互为贯通，才能提高艺术水平。”在杭州，她临摹了舅舅的《吴门没骨荷花》、《临南唐王齐翰》、《临恽南田拟徐崇嗣》、《临倪瓒山水小卷》等作品，还观摩舅舅挥写书法、临习字帖，学习画论、画理，为她提升绘画综合素养打下了良好的基础。

在父亲的悉心指导下，张渊暂时忘却了现实中的烦恼，而是沉浸于艺术带来的精神愉悦。其间，她还临摹了元代黄公望的《富春山居图卷》等名作，由此熟记了黄公望的笔墨技法。1962年，上海中国画院的领导富华先生，带学员到苏州洞庭东山体验生活，父亲张守成便去请求他，让张渊自费跟去学习，富华爱才惜才，答应了。张渊跟着那些画院的学员半天劳动，半天写生，在干了清理猪塮、挑土、泥潭里挖茨菇等活后，还完成了一个写生手卷。张渊带着习作到“梅景书屋”，太先生吴湖帆见之赞许不已，欣然题写了“东洞庭山图　张渊画　时年十九”的款字。虽然生活动荡，前途未卜，但太先生的肯定让父女俩很高兴。不料从洞庭东山回上海后，不久画院里有人说张守成把女儿藏在家里走白专道路，又在政治运动中攻击富华先生培养资产阶级小姐。这又让张渊的父亲百口莫辩，心痛不已。

“文革”开始后，“天平楼”再也不太平，一批一批的红卫兵来抄家。张渊不能画花鸟山水了，只能画革命题材。为了能够画画，为了心中的理想，张渊就画泥塑《收租院》白描，画革命样板戏，这样至少还有研墨提笔的机会。苏格拉底曾说过：世上最快乐的事，莫过于为理想而奋斗。其间，除了画画，张渊只能去做临时工、支援工，代课。支援工是一个连临时工也不如的身份，却要在活儿最忙时随叫随到，还要在烈日暴晒下手握铁锤敲石子度日。

梅花香自苦寒来

行至水穷路自横，坐看云起云亦高。

因为有父母的深爱和鼓励，在外面哪怕受到再大的委屈，每每回到家里，张渊还是能静下心来潜心习画。张渊觉得：尽管那十年不堪回首，但自己又是幸运的。因为在她学画的时期，有一大批德高望重又各具绝艺的前辈指引和帮助她。

1972年，上海人民美术出版社有个编辑说，第二军医大学在招聘人员绘制由总后勤部主编的《野战外科手术图谱》，一心想找工作的张渊于是就去考，以她的水平，毫无疑问考上了。其实，早在20世纪50年代，画家失去生活来源后，张守成和陆俨少、俞子才、孙祖勃等几位同道好友，就在张家的“天平楼”画室为新亚书局绘制科学挂图。1972年，第二军医大学正调防在西安，张渊和另外七个绘图人员随之去了西安。在西安勤奋工作了一年，完成了图谱的绘制，获得好评。

机会是给有准备的人的，上帝在为你关上一扇门的同时，也为你打开了另一扇窗。回沪后，正巧上海科学技术出版社要出版《外科手术图谱》。当时的局面是会画的不懂医术，而学医的又不会画，于是张渊就成了出版社绘制医学插图的特约作者。这工作要求极高，必须精确细致，从二十八岁到三十六岁，她整日埋首于日光灯下绘制医学图，经常要去医院手术室观看手术、画速写，从无怨言。白天，在单位画医学插图，晚上回到家，就画喜欢的花鸟山水。这样的作息似乎缓解了她对现实生活的绝望，也稍稍满足了她对艺术的渴求。

“文革”结束后，长期在上海科学技术出版社帮忙的张渊终于得到转正，成了名正言顺的国家工作人员。转正三年后，1982年上海交通大学成立了美术研究室，她被调到交通大学，成为一名专职的中国画教师。张渊工作认真，学习能力强，几年后就升为讲师，后又升为副教授。五十三岁那年，经过上海市文科专家评审组评审，张渊晋升为正教授。

自进入大学工作后，安稳有节奏的校园生活，让张渊的内心宁静下来，她有条件按照自己理想的方式学习、生活了。张渊非常认同陆俨少先生的“四三三”理论，即“学画十分功夫，四分读书，三分写字，三分画画”。她每日坚持读书，并撷取精华，移之于画，丰富了创作素材，也启迪了创作灵感。

张渊在习画过程中，师法自然，这也成为她跋涉艺途的永恒动力。黄山、华山、桂林、湘西、衡山、闽粤大地……她乐此不疲地一次次去写生，感受大自然带给自己的心灵冲击。去华山时，山下还骄阳似火，等她费力爬到山顶，不料鹅毛大雪扑面而来。下山途中，从山腰滑下，浑身被泥浆湿透，她却为获得可喜的创作题材而高兴。享誉画坛的《华山图》就是她在华山聚仙台所见之境：近景草木丰茂，屋宇临崖，于实处求胜；远景云树逶迤，于虚中取趣。

中外哲人对生活的感悟是相通的。舅舅陆抑非曾在她最迷茫时安慰她说：二十八岁之后，你会越来越好的。著名戏剧家易卜生也曾劝解年轻人：青年时种下什么，老年时就收获什么。二十八岁以后的张渊，境遇好起来了，逐渐成了创作丰富、积淀丰厚的学人，同时也是一位优秀的画家。张渊有十余种著述和大批足以令人细细品味的创作作品，她的作品《新生》、

《松林夜月》、《柳塘霜禽》等，让人得以一睹她工中带写、结构整饬、风貌端丽、天趣不减的新颖风格。读张渊的画，一种天真、雍容和静寂的气息，时常跃出画面，体现出一种清新而不虚浮、自然而不粗率的格调。有人说："昔人论诗，谓文士无头巾气……闺秀无脂粉气，皆足名世。吾于画也亦云。"张渊身为女性教授，却能跳出职业和性别的局限，此中渊源，应该就是她内心的映象。

张渊画画，平日极重视写生，以自然为师，加上传统的营养汇聚，似两股清泉，经过云蒸霞蔚，在林泉花草间奔腾流淌了几十年，终于汇聚在一潭清澈之中。那潭清澈，幻化成缤纷的墨彩。

成就了张渊的，还有爱情。所谓：云水相知两相伴，高山流水唱知音。大凡专注于事业的女性，在日常生活中，往往是弱者。我去她家的时候，她想让我先看录制的她父亲张守成的光盘，拿着遥控器上下来回捣鼓，却不出画面，忍不住扭头喊来丈夫。这时候的张渊教授，在老爱人面前，就像一个爱撒娇的女孩，哪里像个七十多岁的老太？哪里像个叱咤画坛的巾帼？

静研画艺心自在

张渊教授被誉为当代最优秀的绿色女画家之一，只因她所画无论山水花鸟还是人物，都有一种清新的气息，给人们带来了美的享受。绿色，万紫千红生命之本源，也是生机勃勃之意。

张渊在上海交通大学媒体与设计学院任中国画教授期间，勤勤恳恳、认认真真地履行着自己的教学任务。退休之后，有了更多可以自由支配的时间，她倾注了更多的精力到创作之中。她喜欢画山水、画花鸟，她感知着花卉的清韵和禽鸟的灵性，感知着生生不息的生命传承，用手中的画笔描绘着对自然、对生命、对真善美的感悟。她说愿意做个信使，将大自然的信息通过自己的笔墨，传递给人们以美的享受。

人生最大的成功，不是别人的掌声，而是做什么都心安。人生最大的福报，

张渊绘画作品《马来亚三角梅》。

不是拥有多少财富，而是过得平安。

自从"文革"后期张守成的一项项罪名得到了平反，笼罩在张渊心头的阴霾也就消散了。她的艺术人生也有了大的起色。1981年，她被吸收为上海市美术家协会会员。1983年作品《松林月明图》被选入《中国女

1987年，张渊与俞子才于上海教育国际交流中心。

画家作品选》。1987年四次应邀公派访问日本，并在日本举办个人画展及中国画艺术讲学，同年9月举办“访日纪游作品展”，得到中外人士盛赞。1989年出版《写意山水花鸟技法》，1990年出版同名艺术教学录像片。1995年应邀访问马来西亚、新加坡、美国等地，在马来西亚国立艺术学院、吉隆坡中央美术学院、美国科罗拉多州Boulder Naropa Institute讲授中国画，并分别在纽约与科罗拉多举办个人画展。张渊有著作《从自然到创作——中国山水画皴法解析》、《从自然到创作——中国画花鸟技法》、《从摄影到创作》；作品集有《张渊画集》、《张渊绘画艺术》、《绣金掇彩——张渊金笺作品选》等。张渊在上海交通大学媒体与设计学院教授岗位上退休，历任上海市政协第九届、第十届委员，现为中央文史研究馆书画研究院研究员、上海市美术家协会会员、上海市书法家协会会员、上海书画院画师。

2010年在上海中国画院举办“张渊从艺五十年回顾展”，展示了她从事绘画五十多年来每个时期的代表作。2011年夏天，“梅景风范——张守成、张渊、安东师生画展”在上海市岳阳路197号上海中国画院开幕。此次画展旨在鸣谢故乡养育之恩，感恩先师培育之情，延续梅景育人之风。作为吴湖帆先生的弟子，时年九十三岁高龄的张守成先生所作花鸟描绘了大自然生命之美，幅幅寄托好兆之意，传达了作者心灵之境。画面平和之趣，实为内心淡泊写照。而张渊继承父亲及老师前辈的传统，花鸟画既以写意见长，又擅以宋元工笔创作，笔调清新，倾心于表现禽鸟间的亲密感情，更在背景上置以山水，意境大气脱俗，与其父的花鸟画各具特色。

这年夏天，同时在台北故宫和北京故宫展出的“富春山居图合璧大展”，观者如云，众多画坛名家争相点评，轰动海内外。《富春山居图卷》是元朝画家黄公望为郑樗所绘，以浙江省富春江为背景，全图用墨淡雅，山和水的布置疏密得当，墨色浓淡干湿并用，极富于变化，是黄公望的代表作，被称为“中国十大传世名画”之一。明朝末年传到收藏家吴洪裕手中，吴洪裕极为喜爱此画，甚至在临死前下令将此画焚烧殉葬，被吴洪裕的侄子从火中抢救出，但此时画已被烧成一大一小两段。较长的后段称《无用师卷》，现藏台北故宫博物院；前段称《剩山图》，现收藏于浙江省博物馆。其实真正的“合璧卷”是张渊60年代初临写的一卷，太先生吴湖帆借给她印行本《无用师卷》，又有《剩山图》的照片，她把前后段合连在一卷中，两段中间被烧毁的缺损部分被她精心接笔。临摹时父亲和她谨慎琢磨，手卷的后半部分有一段平坡，如若运笔用中锋往往重浊而不虚灵，于是以侧锋作折带皴，以元代倪云林的笔法下笔，效果颇佳。画成后达到天衣无缝之品相，舅舅陆抑非为之题写引首“富春山居图　张渊摹本”。由此可知，张渊对宋元名迹研究积累之深。

然而，当画坛乃至社会上掀起《富春山居图卷》热时，她却静坐“天平楼”，畅游于书山画海之中，不附和，不争辩，尽由众人口吐莲花，绘声绘色。当年，太先生吴湖帆为她题写“丹澄女弟”之名号，就是期望张渊在丹青修为和人格修养方面，达到更高的境界。

如今的张渊，更淡泊于名利物质，却更惜时惜福。画画之余，她最喜坐在午后的阳光里，在轻微而清脆的风铃声中泡一杯茶读书，《孙过庭书谱》和《蜀素帖》是必定会拿出来读一读和书写一下的。出门旅行，她带上iPad，里面存着资料，有空时可以看看、写写、画画。

张渊的人生，就像她画的莲花，净心素雅，不污不垢，淡看浮华。张渊的艺术人生，也像一部电影，起落曲折，却充满韵致，自有格调。

心的宽度，就是你艺术的宽度。

——陈　瑜

陈　瑜：用艺术的丝带编织美丽

朱慧君

陈瑜（1947—　），国家一级演员。1972年进入上海沪剧院。先后主演《半把剪刀》、《清风歌》、《明月照母心》等剧目。上海德艺双馨的文艺工作者和上海妇女“三八”红旗手标兵。2012年被聘为上海市文史研究馆馆员。

引　子

约见陈瑜老师的那天是一个很不适宜出门的日子，上海的PM2.5值又达新高，整个城市被雾霾包裹着，大街上，口罩迅速流行，人人处于自危之中，没有人会愿意在这样的天气走到户外。

因为是一周前就约定的时间，没料到雾霾会搞突然袭击，我不忍心让陈瑜老师从空气较好的郊区赶到雾霾严重的市区，一度想打电话给她建议换时间采访，但稿子催得紧，便只好打消了此念头。

采访约在下午一点半，当我穿过灰蒙蒙的城市赶到约定地点上海市文史研究馆时，她已安静地坐在了文史馆的玻璃房，倒是最不该迟到的我由于被一件临时的琐事缠身而迟到了几分钟。在考验着人们健康的天气里，陈瑜老师的守时着实让我在惭愧中顿生敬意。

我知道，陈瑜老师住在华漕镇纪王，即使没有雾霾，那个路段的堵车严重也是人人皆知的，她能够一分不差地准时赴约，可见她对守时的重视了。

由于雾霾，玻璃房外一片灰色，但陈瑜老师精致的妆容、令人愉悦的笑容顿时让小小的玻璃房如沐春风，显出被幸福过滤过的美丽和一份历尽繁华后的淡定。

当央视在大街上到处采访人们“你幸福吗?”的节目播出后，关于如何获得幸福的“圣经”每天都层出不穷，它们潜伏在微信、微博和无孔不入的广告之中，冷不丁地就会招惹你一下。

扑面而来，让人防不胜防。如此高频率的亮相，充分体现了“幸福”这一话题所具有的巨大的市场，确实，谁不向往自己拥有幸福的人生，可每个人的人生格局都很有限，幸福对很多人来说就如天上的月亮一样欣赏容易拥有难。

但是，如果你知道了上海沪剧院的著名演员陈瑜的故事，你一定会发现，幸福其实并不缥缈，只要你的心有足够的宽度和深度，就能和幸福左拥右抱……

给生命系上翅膀

艺术是编织幸福最好的丝线，陈瑜的幸福人生和她所从事的沪剧事业是密不可分的。

陈瑜和沪剧的缘分始于20世纪60年代的某个初夏，在她临近小学毕业的那一年，黄浦区艺华沪剧团的几位老师来学校招聘学员，其中一位老师走到了她跟前，亲切地问她会不会唱沪剧。从没有接受过戏曲艺术熏陶的陈瑜很诚实地摇了摇头。老师又问她会不会唱歌，陈瑜点点头，于是在老师的要求下，她唱了一首《社会主义好》。由于她从小就参加少年宫的独唱训练，嗓子很好，她纯净的声音立即征服了老师，于是，就在那年的夏天她同时收到了市六女中和黄浦戏校沪剧班的录取通知书。面对两份录取通知书，身为机关干部和小学教师的父母很希望她去市六女中走“唯有读书高”的大道，但是人小心大的陈瑜听从内心的召唤，选择了学艺，因为她喜欢舞台的炫目，喜欢艺术的表达，她要给自己的人生装上飞翔的翅膀。

由于容貌和嗓音的得天独厚，她很快就荣升为学校重点培养的学生。

一学期就要结束了，戏校要组织一次汇报演出，当时她以为自己这么好的条件理所当然地会演主要角色，但没想到的是老师给她安排的是《阿必大》中的“雌老虎”一角，同学们都为她打抱不平，和她一起学“雌老虎”的还有另外两位学员，她们一个不高兴，一个竟然哭了，但陈瑜倒迅速地调整了心情，很欣然地接受了这个不太喜欢的角色，并告诉自己人生的舞台上只有小演员，没有小角色，演好这么一个角色，是一件多么有趣又有挑战的事情啊！于是排练时，别人不肯排，她就多排几遍，老师怎么教，她就怎么学，进步神速。

汇报演出的时间终于到了，小小年纪的她穿着大人的戏服，化着老旦的妆容，戴着彩旦的头罩，瞪着一双水灵灵的大眼睛，一步一步地走上戏台。初次亮相就惊艳四座，台下的老师和家长不由地笑了起来，没有经验的她以为自己做错了什么，一下子就愣住了，把背熟的台词也忘得一干二净，于是她尴尬地溜到后台去了，一旁的老师立即鼓励她：“别怕，人家是笑你滑稽可爱呢，你一定能演好。”老师边说边把陈瑜推了出去，一到台上，突然找到了状态，把一个小“雌老虎”演得活灵活现。这次成功的演出，使她尝到了胆怯、冲动、冒险、敢拼交织的成功的喜悦。

1991年，陈瑜（左二）与胡曼丽（右三）和《明月照母心》的小演员们合影。

1990年《明月照母心》中陈瑜饰金晓晖。

抓住珍贵的机会

幸福和成功总是形影相随，而成功往往又离不开机会。

1964年的一天，陈瑜和同学们正在农村演折子戏，剧团领导打电话来，让她马上赶回上海，因为艺华沪剧团上演的《不准出生的人》的女主角突然生病，团里决定让陈瑜连夜观摩，第二天排戏，晚上就去演出。突如其来的机会让陈瑜一时找不到北，因为学戏不过几年的她要顶这么重要的一个角色可不是闹着玩的，何况

1965年《红灯记》中陈瑜饰李铁梅。

时间又是如此的紧迫，她能不负重望吗？老师、领导和同学看到她为难的样子，就一个劲地鼓励她去完成这个艰巨的任务，有一位同学激动地对陈瑜说："你是我们这批同学中第一个有机会和王盘声老师同台演出的人，这是一件多么幸福的事啊，是我们大家的骄傲。"

受到鼓励的陈瑜终于下定决心接受了这一艰难的挑战，就这样，同学们将陈瑜送到了汽车站，车开了，他们举起双手喊道："陈瑜，你不要怕，你一定会成功的。"面对如此的场景，她暗暗地下定决心，晚上就是不睡觉，也要把台词背熟，要争气！

排练开始了，王盘声老师亲自给她说戏，一次又一次地为她配戏，另外几位著名的演员也热情相助，有的给她倒茶水，有的给她送毛巾，让她非常的感动。那天晚上的演出非常成功，戏中的一句高腔，还博得了满堂的喝彩，她又一次体会到了成功给她带来的幸福的感觉。由此她感谢那位生病的演员，是她的退出给了自己一个这么好的机会，这次演出不但使她的艺术水平提高了一大步，而且更坚定了她献身沪剧事业的决心。

正当她信心满满地往前赶时，随之而来的十年浩劫却中断了她的艺术梦想，演出没有了，但她并没有为此消沉，而是卧薪尝胆地准备着东山再起的那一天。

1979年，她终于等到了机会。陈瑜荣幸地得到了饰演沪剧《樱花》女主角樱子的机会。这个角色年代跨度很大，第一场中她是一位十七岁的天真纯洁的少女。到了第二场，她摇身一变成了一位年近半百、风度翩翩的日本女作家，表演难度极大。面对困难，陈瑜迎难而上，拿到剧本一口气看了三遍，然后收集各种资料，从小说、画报、电影、电视中寻找灵感，为角色做足了功课。为了尽快地进入剧情规定的角色，她穿着日本的和服、木屐参加排练，功夫不负有心人，经过她刻苦的努力，她塑造的樱子在观众和同行中好评如潮。她又一次尝到了成功的喜悦。

演好剧一朝成名

上海第一届国际艺术节就要到了，陈瑜幸运地得到了出演《雷雨》中繁漪这一角色的机会，这是一个很多演员都渴望饰演的角色，也是一个内心极为复杂的角色，尽管那时她已演过许多各种各样的角色，但她还是一时找不到人物的基调，急得睡不好、吃不香，幸亏导演杨文龙通过各种方法给她说戏，引导她向角色靠拢，并要求她改变一下唱法和音色，让她把嗓子压下去，以配合繁漪压抑的心境。这个要求对陈瑜来说困难很大，让她感到无所适从，为此，她一度想打退堂鼓，就在这时，热爱她的观众们不断地给她写信，鼓励她演好繁漪。开演前二十天，观众们就通宵排队，简直到了一票难求的地步。陈瑜被深深地打动了，于是她和剧组的同事一起探讨、研究唱法，她的丈夫是该剧的副导演，更是给予了她最贴心的帮助。经过努力，她终于战胜了自己，刻苦训练，简直到了走火入魔的地步。

她的努力，终于为她迎来了阵阵的掌声。

一朝成名海上知，接二连三的成功很快让她得到了又一个日后为她带来无数荣誉的角色，剧团准备排演原创现代大戏《明月照母心》，这个戏取材于武汉钢化中学女教师胡曼莉收养孤儿的真实事迹，这样一个高大全的角色在当时是很符合主流价值观的，由于她以前的成功，她毫无悬念地又一次成为女主角。

为了演好角色，她捧着剧本一连看了好几遍，每看一遍，都泪流满面，激动万分，于是她坚定地表示，一定要把这个人物塑造好，不仅感动自己，更要感动成千上万的观众，用艺术的魅力来呼唤人间真爱。

由于是原创节目，剧本在排练过程中被不断地改台词、改唱腔，特别是剧中一段很长的“赋子板”，一口气要唱一百多句，这给她的演出带来了很大的困难，为此，她每天睡觉前必须连唱二十遍，不唱完不睡觉。好事多磨，到《明月照母心》终于首演的那天，陈瑜却累病了，只好进医院吊盐水，但为了晚上的大戏能准时开演，她拔掉针头，虚弱地走上舞台，坚持将戏演完。当很多观众知道了她带病演出的情况后，极为感动，戏一结束，好几位观众已叫来了出租车要送她回家。观众们的热情给她带来了无穷的力量，这一年里，《明月照母心》连演了二百七十几场，不仅得到了专家和观众的一致好评，而且还接连获得了文化部的“文华奖”、全国的“梅花奖”、上海的“白玉兰”主角奖。有人说她运气好，碰到了一个好剧本，其实只有她自己才明白为了这个戏付出了多少！

梅花香自苦寒来，是不怕挫折的奋斗精神，让她拥有了一份很多人无法企及的自信和幸福！

化作春泥更护花

正当陈瑜在艺术道路上一路狂奔的时候，沪剧团委托戏剧学校招生、培养的一批沪剧班的学员毕业了，需要一位有艺术造诣的人去带他们。沪剧团领导和文化局的领导都找到她，请她来完成这个任务。很多同事都劝她不要去，以便自己在艺术上再攀高峰，观众也给她写信，希望她能多演几个他们喜欢的角色。就在她为此事万分纠结的时候，她想到了老艺术家丁是娥当年为了培养青年演员，主动让戏给她演；想起了老艺术家石筱英老师将她的拿手好戏《杨乃武与小白菜》中的杨淑英和《雷雨》中的鲁妈的戏无私地教给她；还有一位灯光设计师，为了保证演出的质量，带病爬上舞台去调整灯光。她明白了，是别人的付出让她赢得了掌声、鲜花和荣誉，而现在，她有机会去为别人付出，于情于理都是一件不容推辞的事，于是她接受任命，当了十年的青年团团长，从一位演员转变成为培养沪剧新人的“护花使者”。

1998年陈瑜慰问消防队员。

为了更好地培养青年演员，她把社会上赞助她开个人演唱会的九十多万元经费移作青年演员的培养费，经过多年的培养，这些成长起来的青年演员许多也成了“白玉兰”奖的得主。

“落花不是无情物，化作春泥更护花。”如今，陈瑜虽然已退休多年，但她还在继续发挥着余热，不仅带年轻的演员，还去扶持一些业余的沪剧演出。为了支持茅善玉院长的工作，培养青年演员，曾经演过繁漪的她在茅善玉版的《雷雨》中又演起了配角鲁妈，这种甘为绿叶的态度，让她赢得了无数人的敬重！

金声玉韵蕙兰质

陈瑜的成功，除了她对艺术的追求，个人的品行也是极为重要的原因。

生活中，陈瑜是一位十分善解人意的女人，她有一位十分体贴又富有才情的丈夫。作为沪剧团的导演，他早年为了支持妻子的舞台事业，带小孩，照顾家庭，毅然放弃了去北京高校深造的机会，选择了在她身边默默地奋斗。陈瑜知恩感恩，十分厚待自己的丈夫，每当她的事业得到成功，都将功劳归于丈夫，并容忍他在情绪不好时发些小脾气，陈瑜的善良由此可见一斑。

陈瑜还是一位心灵手巧的女人，她不仅会织毛衣，还会自己做衣服。她身上的毛衣是亲手编织的，针法和配色都十分的精致，每当有女友过生日，她都会花时间亲手编织漂亮的围巾当礼物，这些围巾为她赢得了深厚的友谊。陈瑜还记得，早年去香港演出时，由于服装费不够，她就自己去买了两块丝绸料，做了两件服装，并将余下的边角料钉上从豫园小商品市场买来的珠片做成围巾，这套别致的服装得到了香港朋友的交口称赞。

陈瑜还是一位天性乐观开朗的女人，"文革"被发配到干校劳动期间，无论是冬天挑泥，还是秋天割稻，她都能想办法干得又快又好。她还发明了所谓的陈氏割稻法，就是自己动手做几只手指套套上，这样稻子不

1988年，陈瑜（右一）与茅善玉（左一）和孙徐春（右二）在香港。

陈瑜（左一）与王盘声（左二）、杨飞飞（右二）、马莉莉（右一）一起成为第一届国家非物质文化遗产沪剧传承人。

2005年，陈瑜与丈夫王梦九、女儿王晓蕾合影。

2006年陈瑜与沪剧作曲家万智卿老师一起推广沪剧。

会割坏手指，也避免了戴手套干活影响干活的速度的弊端；当需要放下割下的稻子时，她也能用脚配合着放下稻子。

为了艺术，陈瑜也有过愧对家人的时候。上演《樱花》的那段时间，由于每天忙于排练和演出，没有时间照顾女儿，只好把不满两岁的女儿送去全托。因为缺少周全的照顾，女儿的眼睛不幸得了病，当她发现时，医生只好让她女儿戴上眼镜。这件事让陈瑜内疚不已，她觉得《樱花》让她在艺术上得到了许多，但同时也让她付出了极大的代价。现在，她的女儿已结婚生子，她也成了幸福时尚的外婆，和丈夫住在郊区的别墅里，那是二十一年前闵行的纪王乡作为对她在艺术上做出了杰出贡献的奖励。说起这套别墅，还有一段故事呢。一天，刚获得"梅花奖"的陈瑜受邀去苏州参加两场商业演出，演出费是四千元，这在20世纪90年代初是很高的价了。就在这时，沪剧团打电话给她，让她去闵行的纪王乡参加演出，演出费只有二十八元，但以工作为重的陈瑜毅然放弃了商演，随

陈瑜夫妇（二排右四、右五）与部分上海市文史研究馆馆员及部分工作人员摄于河南。

团去了纪王乡。当她得知有两位大厨要在厨房烧饭，没能看到她们的演出时，她特意跑到厨房为两位大厨唱，这件事深深地感动了纪王乡的领导，就送了一套当时价值三十万元的别墅作为对她艺术上的奖励。陈瑜很重视这份情谊，尽管交通不便，但她还是在那套别墅里常住了下来，她和丈夫现在常常在园子里种上青菜、丝瓜、毛豆、黄瓜、茄子、萝卜、红薯等蔬菜，过着田园般的生活。她们夫妇还有一个梦想，那就是要一起跑遍五十个国家。

"金声玉韵，蕙心兰质"，这句出自王勃《七夕赋》的诗句，比喻女子的悠闲聪颖和品行高尚，送给陈瑜，是最恰当不过的了。

这个世界，没有人能轻易地取得成功，也没有人能随便地获得幸福。艺术的真谛是善。最起码，没有一颗宽大仁厚的心，任何幸福都不会不寻自来。从这个角度来说，陈瑜老师的一言一行无疑给了我们一个很好的榜样，令我们在追求幸福的道路上走得更远。

比较起班昭写《汉书》的辛苦，我演班昭更多的是享受，享受创作自己敬仰的人物的快乐。

——张静娴

张静娴：与班昭相隔两千多年的心灵呼唤

王小鹰

张静娴(1947—　)，上海昆剧团国家一级演员，第七届、第十九届中国戏剧梅花奖得主。主演《长生殿》、《班昭》、《玉簪记》、《牡丹亭》等剧目。现为中国戏剧家协会理事、上海戏剧家协会副主席。2012年被聘为上海市文史研究馆馆员。

搅动一池春水

中华古国数千年历史，留下了浩瀚的史册典籍。可惜，在这些史料里关于女子的记载非常少，因为史册典籍大都是男人写的，他们的笔墨对女性向来十分吝啬，最多在“列女传”、“女史箴”中作为遵循封建道德规范的典范记录在案，以此为教化。他们认为是英雄创造了历史，是男人创造了历史。

却有一位杰出的古代女子参与编撰了史书——恐怕是中华文明史上唯一的了——她继承父兄修史的勇气，以毕生精力补缀完整了《汉书》，并诠释、传播了《汉书》，却没有在《汉书》的扉页上签署自己的名字。她就是东汉史学家班彪之女、东汉史学家班固和东汉名将班超的妹妹，因夫家姓曹，故人称“曹大家”、“班女史”的才女班昭。

时光的齿轮缓缓辗过了两千多个春夏秋冬，走到了2001年的早春。那位沉睡了两千多年的女才子班昭，因着两千多年后知音的心灵召唤而苏醒了，生机盎然、激情洋溢地展现在上海的舞台上，就像早春枝头上的嫩芽，新鲜活泼，让人们耳目一新，精神振奋。

那一年，昆曲新编历史剧《班昭》3月上演；5月便传来喜讯，古老的昆曲被评上世界非物质文化遗产。也许是巧合，总之《班昭》的上演真正是搅动了一池春水，当时就有评论家如此评说：一个寂寞的剧种，一个寂寞的剧团，一群寂寞的演员，演出了一个寂寞的故事和几个寂寞的人物。而这一出寂寞却是如此动人心魄，令人荡气回肠！是两千多年前的班昭以她耗尽生命的坚韧不拔感动了两千多年后的现代观众，是扮演班昭的张静娴以她精到传神的演技征服了在场的每一个人。

从卓文君到班昭

事实上，张静娴在扮演班昭之前，已经是很著名的昆曲艺术家了。早在1989年，她就因出演昆曲传统戏《长生殿》中的杨贵妃而获得了中国戏剧最高奖项梅花奖。

在古代四大美女中，原先我最不喜欢杨贵妃。屈指算算，其他三位美女，王昭君、貂婵和西施，均为国家利益、民族大义而牺牲自己的美貌与青春。独是这位杨贵妃，凭天生丽质专宠于君王。作天作地，“一骑红尘妃子笑，无人知是荔枝来”，朝廷竟动用驿马运送新鲜荔枝，劳民伤财至此等地步。要演好这个人物，要表现出她与唐明皇“在天愿为比翼鸟，在地愿为连理枝”的真情实爱，又要表现出她作为封建皇权的牺牲品，“宛转蛾眉马前死，花钿委地无人收”的可悲可怜，确实是有一定的难度，这里面“分寸”的掌握十分重要。表演不到位，无以表现大唐贵妃的雍容华贵；表演稍过分，又会让人觉得矫揉造作。张静娴端雅典丽的扮相在外形上便占了先机，而她的表演更是拿捏得恰到好处，举手投足，仪静体闲，艳而不俗；言词唱腔，柔情

张静娴在《长生殿》中饰杨贵妃。

张静娴在《长生殿》中饰杨贵妃。

张静娴近影。

绰态，娇而不悍。

我第一次看昆曲在20世纪80年代中期，在那位以一部《秋海棠》名重文坛的老作家秦瘦鸥的引领下，看的是蔡正仁与张静娴联袂的《甲申祭》，一段悲怆惨痛的历史。虽是崇祯帝的主演，而深深揪住我心怀的却是张静娴饰演的宫女费贞娥，假冒公主，洞房之夜刺杀仇敌。先是张静娴贯珠扣玉的唱腔令人痴迷，而她表演得细腻传神，将一个外柔内刚、聪慧机智的平民女子刻画得入木三分。可以说，是张静娴的演唱让我成了昆曲戏迷。

昆曲号称“百戏之祖”，是我国最古老的传统戏曲之一。古老的传统戏曲要跟随时代发展，新剧目的创造是必不可少的。在新编历史剧《班昭》之前，上海昆剧团还创排过一出《司马相如》，当年也引起广泛关注，好评如潮，后来还被拍成电视剧。其中，岳美缇饰演的司马相如自是风流倜傥，格调儒雅，曲折深入地将古代知识分子在官场与学问之间临路迟回、徘徊瞻顾的心态演绎得淋漓尽致。而张静娴塑造的卓文君，风骨清俊，聪慧端方，大胆冲破封建礼教追求真爱，为昆曲舞台又增加了一个别具一格的艺术形象。

我以为《司马相如》和《班昭》是自改革开放以来，昆曲舞台上具有标杆意义的两出新编剧目，而张静娴对于《司马相如》中卓文君的演绎，为她日后成功塑造班昭的形象作了充分的铺垫。班昭比卓文君晚出生百来年，在精神上、气质上却有一脉相通之处，而张静娴在这两位与自己相隔了两千多年的女子身上，找到了精神上的契合点。

“我演班昭更多的是享受”

《班昭》是剧作家罗怀臻为张静娴度身定做的剧本。罗怀臻先生在《班昭》

中熔铸了自己对现实生活的探索与思考，可以说他是借两千年前的班昭喊出了自己对当下知识分子现状的忧虑与警策——从古到今，做真学问者，是注定要忍受清苦和寂寞的，这种清苦和寂寞并不仅仅指生活上的窘迫与艰辛，更是指精神上的坚定操守，不媚俗，不趋时，久经磨砺不堕其志。罗怀臻先生选中昆曲演员张静娴来演班昭，因为他看到了张静娴与上海昆剧团一批昆曲艺术家正如班昭之于《汉书》那般坚守在昆曲艺术寂寞的舞台上，在电视、电影、光碟、网络各种娱乐如汹涌潮水铺天盖地之际，张静娴们的坚守一隅是何等孤高。所以，罗怀臻选择了昆曲，选择了张静娴；张静娴选择了班昭，班昭也选择了张静娴。

回想与班昭相伴的日子，张静娴每每心潮涌动，难抑激情。

《班昭》是在1996年开始创作剧本的，直到2001年方才得以完整地呈现在舞台上。这出戏的排演横跨两个世纪，足见它的坎坷艰难。原来，在五花八门的娱乐样式的冲击下，戏曲舞台已经很萎缩了。而古老的昆曲刚刚复苏，有许多传统剧目有待抢救复排。创排一个新剧目，对当时的昆剧团来说，似乎有点奢侈。况且这出新编剧又不是传统戏曲所见长的才子佳人悲欢离合的故事，它所承载的内涵对古老的昆曲来说，似乎有点沉重。加上演员档期、资金等诸方面原因，《班昭》开排的时间一再被推迟。

那时，上海昆剧团推出全本《牡丹亭》，杜丽娘一角由三位演员分别饰演。张静娴担当还魂后的杜丽娘。这一部分的戏平时很少出现在舞台上，里面的唱段观众大都不熟悉，而恰恰整出戏矛盾的高潮正在于此。杜丽娘因柳梦梅而死，又因柳梦梅而返魂，可她活过来了，她的父亲却不承认她是人。事实上，这是封建礼教与真情真爱面对面尖锐的冲突。这一个杜丽娘反而更难把握了。张静娴的演绎令人信服，特别是她别具一格的唱腔，声情并茂，入耳入心。

我曾经问过张静娴，其他剧种，譬如京剧、越剧、沪剧等，都有流派，可昆曲的唱腔为什么没有流派之分呢？张静娴以她自己的经验和体会告诉我，其他剧种大都是板腔体，在唱腔上自由发挥的余地比较大，唯独昆曲是曲牌体，每个字、每句腔都有定式，自由发挥的余地很有限。而她自己在演出中，以角色的情感去带动唱腔，以情带声，达到“从心所欲，不逾矩”的境界。

在等待《班昭》开排的日子里，张静娴一面认真地投入《牡丹亭》的演出，一面研读《班昭》剧本和有关史料，用心去体验班昭修撰《汉书》的坎坷和艰辛，并且为塑造一个崭新的人物所必需的各种艺术手段做准备。这样积极地坚持、不懈地等待，对于张静娴来说并不陌生。

张静娴十二岁考进戏校学昆曲，毕业后就遭遇了“文革”。“文革”期间，除了京剧样板戏，什么戏都不能唱了。张静娴也被调到样板团，因她嗓音宽亮，表现上有可塑性，就叫她改唱老旦。然而张静娴并没有放弃对昆曲艺术的喜爱和追求，“文革”结束后，昆剧团恢复建制，她毅然回归昆曲。天天一大早就到练功房练功吊嗓，汗水常常把里外衣服都濡湿了。那时候，没有条件天天洗澡，张静娴说，自己都能闻到自己身上的汗臭。她以巨大的热情与坚韧的毅力，硬是将“文革”十年荒废的基本功捡了回来。

《班昭》终于开排了，那时张静娴已过了知天命之年。对于艺术家来说，这样的年龄已然积累了丰富的阅历和经验，正是出成果的大好时机。可是，对于戏曲演员来说，唱念做打，手眼身法步，这个年龄的精力、体力确实有些勉为其难。然而张静娴却仿佛焕发了青春，班昭有大段声情并茂的唱腔，亦有大段表达情感起伏的水袖功夫，她都能游刃有余、心手相应地呈现出来，人们不会知晓在她对班昭艺术形象近乎完美的塑造中，她究竟付出了多少心血和汗水。张静娴不善于说大话套话，问起她演出班昭的甘苦，她总说，比较起班昭写《汉书》的辛苦，我演班昭更多的是享受，享受创作自己敬仰的人物的快乐，享受与创作团队共同拼搏的苦中作乐。不过，《班昭》是原创剧目，不像排传统剧目有前辈大师们的楷模可供参考学习。排《班昭》一切从零开始，每一句台词、每一段唱腔、每一个动作，既要符合昆曲的套路，又要贴合人物的性格。张静娴的原话是：“这可不是冷饭热炒加点油盐酱醋就行了，而是要把生米煮成熟饭，所以要格外小心，勿要烧成夹生饭！”听说在排练《班昭》的日子里，张静娴对自己真的就是格外小心——走路时小心别崴了脚，吃东西小心别吃坏肚子，气候变化小心别伤风感冒——任何的意外都会妨碍《班昭》的排练，妨碍她对班昭这个人物的塑造啊！

《班昭》演出后张静娴为观众签名。

如班昭般的坚守

张静娴学生时在《牡丹亭·游园》中饰杜丽娘。

都说编剧罗怀臻给张静娴出了个大难题。整出《班昭》短短两个半小时的戏，班昭却从环髻少女到耄耋老妪，走完她的一生。这就是说，张静娴在戏中要以花旦、闺门旦、正旦、老旦各种行当共同来完成对班昭的塑造，几乎是每一场戏就换一个头套，换一身服装。这样的情况在传统戏曲舞台上几乎前所未有。要知道，传统戏曲中角色的行当是泾渭分明的啊！

张静娴却非常感谢罗怀臻，感谢《班昭》。这出戏是对她综合素养的考察和检验，为她提供了充分展现艺术潜质的机会。

在这里，我想逐场分析张静娴是如何以她深厚的艺术功底和她对班昭这个人物深刻的理解和认同，精湛而透彻地完成了对班昭的塑造。

幕启，班昭尚在少女时代（十四岁），张静娴自然是以花旦应对。但见她扮相甜美，玲珑轻盈的身段，甜润明快的行腔对白，活脱脱一个清纯活泼的豆蔻少女。可是，少女班昭绝非一般意义上的小花旦。譬如，她和婢女傻姐虽年龄相仿，却有着“质”的区别。班昭是书香门第出身，自幼受父兄辈著书立学的熏陶，较之傻姐要成熟一些，更具有智慧与胆识。张静娴很有分寸地把握了这细微的差别，特别运用眼神的变化表现出少女班昭的聪颖、敏捷和有主见。

我特别欣赏张静娴在选婿一场中对少女班昭的诠释表演，她没有将班昭演成高大全的、主动承担《汉书》重任的英雄。十四岁的少女情窦初开，她顺应自己的感情选择了二师兄，她虽然敬重大师兄的敦厚，却更爱慕二师兄的风流才气。张静娴的表现非常符合少女情怀，有点兴奋，有点羞涩，还带调皮。那时的班昭，还不可能理解兄长班固所说“班氏一门，《汉书》为大”的文化意义，也不可能感受到承接《汉书》这份使命的沉重，更无法预知，她的选婿将给她一生带来多少痛苦和苦难！

次场，新婚后的班昭已是少妇装扮了，张静娴闺门应对。新婚少妇仍在青春年华，仍不失明丽窈窕；然而班昭于婚后不久已遭遇人生挫折，命运的艰辛悲苦初露端倪。所以张静娴在把握这一个闺门旦时，糅进些许花旦形态和青衣韵致，一招一式、一声一腔尽显新婚少妇的柔情缱绻以及她突然面对丈夫情变时的柔肠百转，肝肠寸断！

接下去一场，时光已倏忽过去十数年，班昭已步入中年，张静娴是以青衣应对了。丈夫入宫数年不归，无尽的伤痛与孤寂侵蚀了她的面容和心灵，又遭遇谣诼中伤，大师兄离去，丈夫投河，《汉书》书稿被焚等一连串的打击，一个弱女子要以如何巨大的毅力方能承受得起！虽说传统戏中青衣大都是苦戏，可是，班昭的苦却不同于其他囿于儿女私情的悲情女子。班昭的苦不仅仅是情感之痛，她遭受的是理想的毁灭、人格的羞辱，是巨创深痛，大悲大愤。所以，单以传

张静娴（左）在授课。

统青衣委婉凄清的表演是难以表达班昭那一刻的情态的。在此，张静娴献演了一个激情迸发的大青衣，行腔高亢宽厚而激越，并充分利用传统水袖大圆场翻舞腾飞，着力烘托了班昭悲愤难抑、心潮汹涌的感情变化。这样的演绎，升华了班昭作为一个知识女性的人格力量，使观众受到心灵的强烈撞击。

又过了数十年，班昭被召入皇宫，成为一名在宫廷中教授《女诫》的女吏。这一场，张静娴换了花的头套，以老旦应对了。却因班昭还未老至耄耋，与序幕和尾声中白发苍苍的

张静娴扮演的中年班昭。

耄耋老人还有区别，又因此时班昭已是一位受君王器重、被众人敬仰的女教授，为了突出她的文人气质，张静娴甚至还借鉴了老生的方台步，念白行腔多用了真声并放缓了节奏，不温不火，不卑不亢，好一位雍容端方的曹大家、女班史啊！

这场戏乃是全剧的戏眼，是完成班昭这个人物最精彩的一笔，也是发人深省的一出。班昭自被召入皇宫，生活优裕富足，到处受人吹捧，整日价送往迎来，斡旋于名利场中，她修撰《汉书》的意志渐渐被吞噬。当游学归来的大师兄忧心忡忡地劝说她时，班昭回答："我为何就不能像常人那样享受几天人生呢？""不就是喝几壶茶，饮几杯酒，赴几回宴，偷几日闲吗？"这是班昭的强辩，却也是她人性中欲望的真实流露。张静娴这几句道白念得委婉深入，乍听是理直气壮，却掩不住内心积蓄的许多委屈和酸楚。最后，大师兄百般劝她不回，气恼地要将《汉书》书稿带走，这才触及了班昭的灵魂。张静娴这一刻的表演耐人寻味。她先是故作镇定，强笑道："好，你把书稿拿去吧！"话一出口，她便像被人摘了心肝似地支撑不住，轻轻追问了声："现在？"旋即她猛然惊醒了：她如何离得了《汉书》？几十年青灯黄卷、孤苦寂寞修《汉书》，《汉书》吞噬了她的青春，《汉书》已融入她的生命！她忽地大声对大师兄喊："太晚了！"说罢仰面大笑，转瞬又放声痛哭，哭自己逝去的青春和爱情，哭得好不凄惨悲凉。她恨《汉书》，爱《汉书》，恨之深，爱之深。只见她狠狠地将书稿推翻在地，又不顾一切地扑上去，跪着将书稿拥在怀里，恸声道："这是我的书稿，我的书稿啊！"至此，张静娴由表及里，细腻准确，令人信服地完成了她对班昭这个人物的塑造——这一个班昭有血有肉，有情有义，悲怆崇高，光照千古！

20世纪90年代，张静娴已经非常著名了，已经演了许多传统剧目，已经获得了戏剧最高奖梅花奖，她是有理由"像常人那样享受几天人生"，"喝几壶茶，饮几杯酒，赴几回宴，偷几日闲"的。可是张静娴却不愿消停，以半百年纪挑战《班昭》。《班昭》终于大获成功，国内外加起来演了将近百场，张静娴也因此"梅开二度"，这在上海戏曲演员中也是屈指可数的。她应该可以"偷几日闲"，"享受几天人生"了吧？可是张静娴又自找苦吃，为了推广昆曲，推介《班昭》，她和《班昭》剧组全体演职员工一起，马不停蹄地排出了《班昭》的简缩版本，不辞辛劳地到上海各大高校去巡演。我有机缘跟随《班昭》剧组去大学巡演，走了四五所高校。《班昭》剧组中除张静娴外，还有好几位一级演员、国宝级艺术家。而大学的演出条件跟正规剧场是无法相比的，且不说舞台的条件，好几处，演员们都要在教室里化好妆，然后提着裙子上楼下楼，穿廊过道，转到礼堂的舞台表演。

唯有当舞台大幕缓缓闭拢，幕后伴唱声起："最难耐的是寂寞，最难抛的是荣华。从来富贵欺学问，真文章在孤灯下。"大学中的莘莘学子报以暴风雨般的掌声，许多人流下了眼泪。这时，我理解了班昭，也理解了张静娴，理解了和张静娴一样坚守在昆曲舞台上的艺术家们。

我们是站在前人肩膀上的，也要俯下身去把后人托起来！

——孙重亮

孙重亮：周游艺术圣境的勇士

蔡东民

孙重亮（1948—　），曾任广州空政文工团演员、话剧队长、导演。1970年1月加入中国共产党。1982年转业，先后任上海电视台副台长，上海正大综艺电视制作有限公司董事长，上海京剧院院长、党委书记，上海京昆艺术中心总裁、党委书记，上海戏曲艺术中心艺术委员会主任。2012年被聘为上海市文史研究馆馆员。

常言道：戏如人生，人生如戏。

不错，人生经历往往变幻莫测，并非所有的人都能按照前辈的期望或本人意愿来设定目标、划定轨迹。然而，许多人仿佛曾有过冥冥中受到某种指引，经历了广泛的积累、孜孜不倦的追求，以及丰富的历练之后，总是与某一项事业有着不解之缘的奇特经历，从而写下一段普通人履历表少有的多彩人生。孙重亮先生便是其中的一位。

戏校生涯：花脸要当小秀才

1959年3月8日，上海市戏曲学校京剧二班花脸组，迎来了一个结实、英俊的少年新生。他，就是来自上海市实验小学的孙重亮。

当初录取通知书送达时，孙家全家一下子开了锅。祖祖辈辈没有人唱戏，小重亮成绩优异，是中队长及区优秀少先队员，学校的重点培养对象，父母对他的期望是做一名医生。另外，都说学京剧练功很苦，这么小的年纪，他能挺得住吗？能适应集体生活吗？其实，孙重亮很早就显露出了艺术方面的才华。当年里弄成立了一个"跃进号少年先锋中队"，经常学唱歌、排节目，开展文艺演出，其中最受欢迎的是孙重亮的哥哥以说唱形式表演的一个单人活报剧。耳濡目染，久而久之，小重亮这个有心人把唱词表演都熟稔于心。开学了，市区各小学都集中在实验小学举行文艺演出，孙重亮的哥哥已经毕业了，急得音乐老师直跺脚。经有人提议，音乐老师风风火火地把孙重亮拉到礼堂顶替，谁知不假思索便登上舞台的他一炮打响，好评如潮，演出获奖了。这一炮，让他不知不觉中越出了父母为他设计的人生轨道。

梅花香自苦寒来。初入科班的孩子谁不对艰苦的训练望而生畏，可是小重亮却坚定地咬牙挺住，暗自发狠，一定要在老师、同学和父母面前做个好样儿。一次修假养伤的经历，让另一个更广阔的世界的大门在他的眼前展开。右腿的两次受伤，令他不得不先住院然后在家休养，为了帮助他打发寂寞枯燥的时光，叔叔和哥哥不断把书借回家，像《平原枪声》、《烈火金刚》、《铁道游击队》、《钢铁是怎样炼成的》等，源源不断。当同龄的孩子们还在看少儿读物的时候，这些厚厚的长篇小说已经成了他的启蒙书籍。

对书籍的渴望，让他把目光不断向生活周围搜寻。1966年10月，上海市文化局安排戏校的学生提前毕业。于是他们就拿着工资在学校搞运动。在小剧场后面找了个偏僻房间，孙重亮和几个同学成立了一个"小人物战斗组"，可谓“躲进小楼成一统，管它冬夏与春秋”。当时，所有新华书店里除了《毛泽东选集》和马列著作外，只有《欧阳海之歌》和《艳阳天》两部小说，这怎么能够满足一个十八岁青年的求知欲呢？他只能从各种传单中找来两本油印的《毛主席诗词》和《鲁迅诗词》，请编研室青年教师方家骥讲解。方家骥是昆剧传字辈艺人方传芸的儿子，他古文底子很好，孙重亮虚心求教，久而久之两人成了无话不谈的好朋友。一天，他悄悄地塞给孙重亮两本撕去封面的书，一本是《唐诗一百首》，一本是北大教授王力编写的《诗词格律》。孙重亮如获至宝，经常躲着众人独自研读，刚刚走出戏校的他很快就成了个小秀才。

1983年8月，孙重亮戎装照。

军旅熔炉：能编能导的“洪常青”

1969年3月12日凌晨，孙重亮当兵入伍，顶着鹅毛大雪登上了南去的列车。背包里亲朋好友赠送的礼

1984年冬，孙重亮在电视连续剧《故土》中扮演郑柏年（左一）。

物中，最让他心动的是一本与众不同的散文随笔《早霞短笛》。原书是借来的，孙重亮忙着打点行装告别亲友，来不及看了。为了不让孙重亮带着遗憾离家远行，父亲、嫂子、姐姐、妹妹们通宵达旦，竟然轮流地把这本书全文抄录了下来，这珍贵的礼物，让孙重亮胸中热流涌动，文气豪生。

列车停靠在广西南宁，然而心急火燎地盼了两个月也未见下达“援越抗美”的战斗命令，原来美国在越南开始撤军，援越部队也分批返回，他们与战场擦肩而过。孙重亮被调到军事教导队担任文书，不久下连队，担任侦察班长。为了迎接全团文艺汇演，连里让他组织了一个六人演唱组。孙重亮带领演唱组收集素材、编写节目，日夜排练，一个月后如愿以偿地夺得第一。随着到各兄弟部队巡演，演唱组名声大振，军区空军文工团政委周示真亲自带着两个老同志从广州赶到广西，几经周折终于摸到五连驻守的山头找到了他，没过几天军区空军政治部一纸调令把他调到了广州军区空军政治部文工团。

学京剧出身的孙重亮为协助副团长加入了《红灯记》导演小组。团里在排芭蕾舞《红色娘子军》片断时，饰演洪常青的演员出场亮相时的节奏、气质都不对，孙重亮便和他私下交流，为他做了个示范，正好让导演看见，于是他又被调到芭蕾组饰演洪常青，以后的《大刀舞》、《碧空新兵》等舞蹈的领舞全落到了他的肩上。1973年，团里组建歌舞分队，他被任命为歌舞队长。

文工团有一个资料室，书柜里的书引起了他浓厚的兴趣。管资料室的是上海老乡，为他破例开了个后门，《斯坦尼斯拉夫斯基全集》、古里耶夫的《导演基础学》、托尔斯泰的《战争与和平》、马克·吐温和莫泊桑的短篇小说集等，无论戏剧理论还是小说散文、历史哲学，他都如饥似渴地拿来阅读。他的办公室就是宿舍，每晚关着门读到深夜，节假日战友们都上街了，楼里只剩下他一人抱着书本，畅游在知识的海洋里。

“文革”后，随着全国“拨乱反正”，文工团加强了业务建设，孙重亮被任命为演员队长，同时担任全团业务训练领导小组组长，文工团的定位向话剧、歌剧转移，当机会来临时，他已做好充分准备，踌躇满志地登上话剧舞台，在《于无声处》中饰演何为，在《撩开你的面纱》中饰演郑涛，等等，同时参与一些小剧目的创排。

1979年3月，对越自卫反击战打响，孙重亮在前线阵地的硝烟中，创作了相声《武装乞丐》和故事《英雄雷达站》。年底全空军组织汇演，孙重亮获得优秀表演奖，作品也被编入空军出版的专刊《高高的金鸡山》。1980年，该团诞生了历史上自己创作的第一部大戏《乌云里的闪电》，军区政治部极其重视，领导决定让孙重亮担任导演。这是激励，更是挑战，他顿时热血沸腾，斗胆领命。多年来自学导演理论，认真研读过《奥赛罗导演计划》和谢晋对电影《红色娘子军》的导演阐述和札记，今天终于有了用武之地，此战只能成功不能失败。他一头扎进中山图书馆查资料、找素材，几天后信心百倍地走进排练场。此剧在广州市公演以后，广东省戏剧家协会产生了极大的兴趣，专门为此剧召开了座谈会，还将此剧的成功上演评为当年广东剧坛十大新闻之一。此后，他又执导了歌剧《槐花香》，为其他部队导演了轻喜剧《是加还是减》。在军队这个火热的大熔炉里，孙重亮编、导、演的才华得到了全面充分地施展，成了军内赫赫有名、能编能导的"洪常青"。

电视先锋：挑大梁的男主角

1982年12月，刚从部队转业的孙重亮来上海电视台报到。他被派到电视剧《马克思流亡伦敦》剧组担任制片主任，没人告诉他制片主任该做什么，他只知道自己是上海电视台第一个专职制片主任。他的脑中灵光闪现，清晰地记得以前读到过一本苏联的关于电影拍摄流程的书，其中就有电影制片主任的工作职责及拍摄计划和经费预算表，此刻正好拿来学习、运用。台里对他的工作十分满意，第二年当他正要率领《插班生》剧组出外景的时候，局领导突然把他拦下。为什么？原来领导让他随工作组进驻"广播艺术团"并对该团进行整编，同时组建电视剧部，他被任命为电视剧部副主任。

魁伟帅气的孙重亮没有逃过影视导演们的眼睛，电视剧《故土》力邀他出演威望高、儒雅英俊的医院副院长郑柏年。这部连续剧在全国播出后反响极好，不仅获得飞天奖，也给孙重亮带来源源不断的片约。可惜因为职务在身，身不由己，孙重亮只得百般推脱，只是偶尔一露锋芒，饰演了电视剧《市长值班电话》中的市长孙安平、电影《血溅画屏》中的狄仁杰等角色。

1986年，孙重亮向台党委打报告，为顺应改革开放的形势，建议改变电视台演员剧团定位，成立译制部。提议马上被采纳，随即正式成立了"上海电视台演员译制部"，他被任命为译制部主任。当年就推出《海外影视》栏目。那几年，上海电影译制片厂缺少片源没活干，而上海电视台每周却要定时播出四集，再加上一年一度的国际电视节，配音任务极其繁重，这位名叫孙重亮的、上海电视台演员译制部的头儿横空出世，一下子就把全上海的配音演员都团结在他的周围。

随着《成长的烦恼》、《鹰冠庄园》、《神探亨特》、《大饭店》等高收视率的连续剧不断推出，《海外影视》成为上海电视台最受观众欢迎的栏目。《神探亨特》当中的台词，"你可以保持沉默，否则你所说的一切，都将作为法庭的供词"，一时间传遍大江南北的街头巷尾。1990年，全国译制片首次评奖，上海电视台夺得了半数奖项，由孙重亮担任导演的美国连续剧《根》荣获一等奖，他所撰写的导演札记《面对沉重的历史画卷》，也在《文汇电影时报》全文刊载。

1991年，孙重亮受命担任上海电视台党委副书记兼办公室主任，一年后又兼任电视剧制作中心主任，1995年又被任命为上海电视台副台长兼文艺中心主任。这期间，近百部集电视剧和一百多台文艺晚会从他率领的团队手中源源不断地搬上荧屏。

后来，他又调任上海正大综艺电视制作有限公司董事长。该公司系上海电视台与香港正大集团合资创办，成立该公司的目的是探索电视节目制播分离的道路。当时，社会化制作的文艺栏目要进入主流媒体尚有不少阻力，公司只有《五星奖擂台赛》一个栏目在上视播出，很多人对这个管理难题都望而却步。有着军人经历的孙重亮不畏艰难，到任不久，公司便又开辟了一个音乐栏目《今宵多珍重》，他亲自把两个节目带到北京，说服中国广播电影学会给个参评的机会，结果令人十分欣慰，两个节目双双夺得“星光奖”，开创了中外合资公司制作文艺栏目的获奖先例。

回归梨园：重返氍毹掌帅印

想当年，孙重亮离开戏校投笔从戎，就是想跳出这个圈子，拓展人生的新境界。然而，世事难料，2001年上海文艺界体制改革，所有文艺院团都归媒体托管，文广集团领导班子找他谈话，一上来就宣布两道命令：一是任命他为上海京剧院党委书记，二是任命他为上海京剧院院长。逃离京剧三十多年，在人生的道路上绕了一大圈，难道还要转回来吗？命运啊，不要开这样的玩笑。可是，他反复陈述各种理由都被一一驳回，无奈只得领命。

2002年1月10日，孙重亮正式走马上任。一走进剧院，焦虑和纠结便扑面而来。剧院曾是一支很有战斗力的队伍，先后创排过《曹操与杨修》、《狸猫换太子》等优秀剧目，但此时却非同以往，因种种原因矛盾重重，上访者有之，各自写联名信相互告状者有之。

这一切，让被军旅生涯锻炼得身强体壮的孙重亮多少个夜晚无法入眠，他觉得，不能让员工们纠缠在以往的矛盾中，要像部队战略部署那样，先把大家的精力引导到排练演出工作上去。少年时代常听的京胡声，仿佛又在耳边回响，京剧是他艺术的启蒙老师，他深思之后更深刻地感到：京剧不仅仅是艺术，在特定的时空条件下，它是华夏文化的重要载体，是一缕能勾起乡愁的情丝，包含着中华民族的正气。面对整个社会浮躁、媚外、泛娱乐的文化心态，作为一院之长，自己有责任在多元文化的碰撞中，率领大家冲出重围。

虽然来京剧院是被动地开始，但此后却变成了主动地继续。他以德艺双馨的尚长荣先生为楷模，将原有的新编历史剧《贞观盛事》打造成“国家舞台艺术精品工程精品剧目”。再组织力量先后创排了《廉吏于成龙》、《成败萧何》，这两个剧目均获得中宣部“五个一工程 · 优秀剧目奖”、“中国艺术节文华大奖”、

2003年4月，孙重亮（左二）与尚长荣（左三）等参加上海京剧万里行之长江行活动。

“中国京剧节金奖”、“中国戏剧节优秀剧目奖”、“国家舞台艺术精品工程精品剧目奖”、“中国戏曲学会奖”，双双夺得全国戏剧类奖项大满贯。《廉吏于成龙》拍成电影后又夺得了“华表奖”和“金鸡奖”。此外，他把莎士比亚的《哈姆雷特》改编成京剧《王子复仇记》，先后九次赴欧美巡演，2011年参加英国爱丁堡国际艺术节，夺得“先驱天使奖”，为中国在此艺术节实现了零的突破，被文化部评为“走出去工程优秀项目”。在演出营销上，他利用本院所属的天蟾逸夫舞台，实行院团一体的经营模式，推出“走马换将”，吸引全国京剧院团参加，形成“大京剧”意识，以降低成本、激活市场。经过一系列的工作和努力，上海京剧院被文化部评为“全国非物质文化遗产保护先进集体”，孙重亮本人也在2005年获得“全国文化系统先进工作者”荣誉称号。

2007年3月，上海对文艺院团分类管理，成立了上海京昆艺术中心，中共

2006年10月，孙重亮参加第八届中国上海国际艺术节大师论坛。

上海市委宣传部任命孙重亮为中心总裁、党委书记，同时仍兼任上海京剧院院长、党委书记。虽然中心所属的只有两个院团，但却是上海文艺界的获奖大户，2011年在文化部举办的第九届中国艺术节中，上海昆剧团的《长生殿》和上海京剧院的《成败萧何》双双夺得“文华大奖”。全国总共十个文化大奖，上海京昆艺术中心竟然豪气冲天，获得了五分之一的奖项，上海的氍毹英豪们终于再一次笑傲梨园。

“重亮，重亮，再放光明”

迄今为止孙重亮是上海京剧院任期最长的一任院长。这家举世闻名的剧院，实现了“市级文明单位六连冠”，人均年收入提高了320%，现在员工的生活

2013年，孙重亮摄于广州。

条件与精神面貌也发生了巨变。当以前离院出走寻求发展的青年演员怯生生地来到他的身旁，请求回归的时候，他爽朗地一笑："回来呗！"于是，青年演员奋发努力，现在已经成为上海京剧院不可替代的青年台柱。每年毕业季，全国艺术类院校毕业生的求职简历像雪片一样源源不断地飞来。

几年前，酷爱京剧的老领导朱镕基曾经握着孙重亮的手，热烈而又风趣地说："重亮，重亮，就是再放光明的意思啊！"并且在信中写道："名段

2014年，孙重亮（前排左二）与兄弟姐妹一起为九十五岁的母亲祝寿。

共赏，板乐和鸣，同声相应，同气相求，欢乐与共，谈笑风生，其乐融融，终生难忘。……不忘振兴京剧之志，毋失追求卓越之心。是所至望。”孙重亮也曾在诗作《感怀朱老总理创意〈京津沪京剧流派对口交流演唱会〉》中有云：“踏破临渊坎坷途，风云淡出卸征服。常抚丝弦慰发侣，偶忆论坛战群儒。协同四老绘蓝本，联袂三城合璧珠。此情绵绵系华夏，国剧当惊世界殊。”

如今，孙重亮虽已退休，但仍奋斗在上海戏曲艺术中心艺术委员会主任的岗位上，他敬业乐群，提携新人，精力充沛地展现着独特的魅力。谈起自己的艺术生活，他感慨地说：“回望履历，我曾变换过那么多工作岗位，其中我最不愿意任职的岗位却变成了最有成就感的岗位。由此我认为别在乎自己在什么岗位上，只要把每个岗位都看作重要岗位，激情满怀地注入心血，那么任何岗位都可以成为梦想起飞的地方。”

[编后记]

农历癸巳年出版了《仁者寿：文化名人的长寿人生》，时隔两年《仁者寿：文化名人的艺术人生》(上、下册)又亮相了。它是世纪人生系列丛书重点推出的第二部，六十余万字、近千张配图，是一年内完成采访撰写，半年内完成编辑工作的。中间经历了人事变动大、人手奇缺等困境，但在团队负责人、本书主编沈祖炜和副主编沈飞德的率领下，团队人员齐心协力，克服困难，此书终于与读者见面了。

《仁者寿：文化名人的艺术人生》共收入64篇文章(传主共65位，其中一篇文章写的是夫妻档艺术家)。他们为海派艺术精英、上海市文史研究馆馆员，人生经历与艺术创作都具有一定代表性，其中有指挥家、小提琴家、书画家、话剧艺术家、戏曲家等。他们都是光鲜亮丽的耀眼明星，那光环后的他们呢？常言道，名人也是普通人。这本书里就是说他们幕后的故事，讲述他们用艺术点亮生命、传播中国经典文化的历程，展示他们的从艺之路、人生轨迹。

在此书策划前期，我们已拟定了组稿计划。其中在挑选作者方面分两步，一邀请有经验、有名望、有深厚文字功底的沪上作家、记者、出版物编辑，确保出炉的文章能出彩。二由传主提供熟悉他们的作者，因为之前有过多方面接触与了解，或做过专题研究，采访易进入角色，笔下人物形象也更鲜活。开工后，我们开始寻觅，打了数百通电话联系落实。拟定名单，定睛一看，一拨笔杆子十分抢眼：上海作协原秘书长臧建明、作家王小鹰、张重光、姚育明、丁言昭、盛曙丽、管继平、淳子、孔曦、原《交际与口才》执行主编孔明珠、《新民周刊》主笔沈嘉禄、《东方早报》记者顾维华、《上海采风》记者胡凌虹，及《上海滩》编辑部主任葛昆元、上海教育出版社副编审刘芳、上海人民出版社副编审朱慧君，还有本馆的年轻人等。传主提供的作者有《新民晚报》总编辑陈启伟、上海大学教授徐建融等，可谓队伍雄壮。他们采访前先做案头工作，然后采访、撰稿、交稿。姚育明在进行采访的那段时期，家正好搬迁，但她仍然按时完成了采写任务，她在发给我的一封Email中这样写到："妹纸啊，陈钧德文总算写好了。现在发给你。昨晚写到半夜，今天白天去荣盛陪妈妈，吃过晚饭过来修改，大功告成。收到请回复一下。我要回出租房了，晚安！"正是有了这样的一支队伍，这样敬业的作者，才确保了书按时保质的出版。

此外，本书沈祖炜主编（上海市文史研究馆原馆长）、沈飞德副主编（上海市文史研究馆副馆长）对每篇文章严格把关，认真审读，并提出需要修改与核实的地方，还对一些具体的稿件提出修改意见和建议。特别是他们在对每篇已编辑的文章仔细审读的同时，还对文字、文章结构等进行琢磨、推敲、调整、完善等，对存在前后矛盾的地方，用笔划出来，甚至贴上红绿标签作提醒。这种务实的工作精神和作风，深深感染着我们。

传主对此书的奉献功不可没。譬如荣获第六届上海文学艺术终身成就奖、中国水墨人物画领军人物方增先，近年来由于身体等状况，几乎"归隐"，谢绝新闻媒体的常规性采访。联系前我抱着侥幸的心态拨通了电话，当小心翼翼、绕着圈子表达想上门采访的意图后，电话那头的他说可以接受采访。同意了？是的，他说，你们做书是为艺术家、为社会留下信史，肯定要支持的。那日他拖着病体，接受了作者姚育明将近三小时的一对一采访。十几年前，方家已从市中心搬至出行比较困难的市郊，他说就是想能有个宽敞地方作画。姚育明说大画家为艺术可以舍弃一切。联系采访画家陈钧德亦相当顺利，陈先生平时创作、办展、赴欧洲写生等，日程排得很紧凑。找过他的人都说觅其踪影相当困难。我们联系了他，而当他听说文史馆编书的事后，第一时间表示一定会全力以赴地配合。姚育明第一次采访后，发了封Email给我，难抑兴奋地用文学词汇描绘了陈家之景，并约我同去，饱下眼福。身临陈家，即居家兼工作室的大平层，房间内沿墙壁一溜码放着油画作品，连走廊上也悬挂着陈先生喜欢的风景油画。我们倾听陈先生讲述其艺术之旅，末了他说你们辛苦了。他话语诙谐，平添了我们对其画其人的探索欲。我们更放松了，向他提出看这画、看那画的额外要求，他都一一满足。大名鼎鼎的画家，却这般平易近人，是我们始料不及的，令人印象深刻。当我驱车往画家梁洪涛先生处取配文照片时，他早就准备好了一摞相册，说请挑吧，并耐心地为所挑出的照片作说明。取走前，我说，写张借条吧，他摆手说不用，直接拿去就好。对我们十分信赖。上海市书法家协会原副主席刘小晴先生得知我要赴他处取照片，电话里就不厌其烦地一一道明行车路线，使我敬佩之情油然而生。作者杨之立采访馆员汤兆基时，几次三番电话联系采访的事，汤馆员每次都主动找上门来，说："你工作忙，不如自动送上门。"吴柏森馆员同样把"货"（图片）送上门。这每一情每一景，都给我们留下难以磨灭的印象。正是因为传主的大力支持，才有今日这本书的诞生。现在回想起来，他们能达到如此的艺术高度，也正是出于他们的人品、思想的高度和大家风范。通过与艺术家馆员接触，我们觉得再苦再累也是非常值得的。

我的助手章洁，共同负责此项目的实施工作，她为开工前的动员会准备资料、草拟文章撰写要求、发放作者稿酬、处理各项应急事宜等，辛苦地忙碌。后因人事调动，到其他岗位工作，但仍加班加点，尽心尽责，做出了巨大努力。文字编辑杨之立、朱力等均立下汗马功劳。《世纪》杂志美编曹新芳，为每位传主提供的资料图片扫描、编辑，默默耕耘，尽管有时工作催得紧，但他总是乐呵呵地去面对，兢兢业业地完成工作。

团队中资格最老的“后台老板”——姚以恩先生，冒着酷暑，为此书做审读工作，要知道他今年已近九十高龄，大家都说，怎么谢他都不为过。

还要感谢中西书局的张安庆先生和毕晓燕女士，从出版的角度给予我们好的建议、帮助与指导。最后，对所有支持与参与此书工作的同志表示诚挚的敬意！

尽管出版工作已圆满完成，但此书中难免存在不足或瑕疵，希望广大读者不吝赐教，给我们提出宝贵的意见与批评。谢谢！

张　鑫

2015年6月9日

（作者为《世纪》杂志副主编）

图书在版编目(CIP)数据

仁者寿：文化名人的艺术人生／上海市文史研究馆编；沈祖炜主编．—上海：中西书局，2015.8
ISBN 978-7-5475-0894-7

Ⅰ.①仁… Ⅱ.①上… ②沈… Ⅲ.①文艺工作者-生平事迹-上海市-现代 Ⅳ.① K825.7

中国版本图书馆CIP数据核字(2015)第162872号

封面书法：启 功
封底篆刻：童衍方

上海文化发展基金会资助项目

仁者寿：文化名人的艺术人生（上、下册）

上海市文史研究馆 编 沈祖炜 主编

责任编辑 毕晓燕
装帧设计 王震坤
出 版 上海世纪出版集团
中西書局（www.zxpress.com.cn）
地 址 上海市打浦路443号荣科大厦17F（200023）
发 行 上海世纪出版股份有限公司发行中心
经 销 各地新华书店
印 刷 上海丽佳制版印刷有限公司
开 本 720×1000毫米 1/16
印 张 50.25
版 次 2015年8月第1版 2015年8月第1次印刷
书 号 ISBN 978-7-5475-0894-7/K·177
定 价 100.00元